비즈니스 애널리틱스를 위한

마케팅조사

제2판

R과 Python을 활용한 빅데이터 분석 기초

Marketing Research for Business Analytics:
Big Data Analysis with R and Python

도서출판 창명

제2판 머리말
PREFACE

마케팅조사는 기업경영과 마케팅실무에서 가장 활발한 활동영역 중 하나이며 가장 기본적인 배경업무라고 할 수 있다. 대학에서 상당 기간 동안 마케팅조사론을 강의해 오고 있지만, 많은 학생들이 마케팅조사론을 어렵게 여기며 활용하기 어려운 분야로 생각한다는 점은 가르치는 입장에서 참 애석한 일이다. 대학에서 마케팅조사론을 수강하는 많은 학생들의 학문적 배경이 인문 · 사회계열임을 감안하면 숫자, 그리고 수학 및 통계학에 대한 거부감이 한 역할을 한다고 할 수 있지만, 이를 적절히 헤아리지 못한 책임 또한 어느 정도는 가르치는 사람의 몫이라 생각한다.

21세기 들어서, 4차 산업혁명을 맞아, 우리 주변에는 데이터가 넘쳐나고 그 속에서 유용한 정보를 찾아야 하는 과업, 즉 마케팅조사는 이제 필수가 되었다. 이런 환경에서 마케팅조사가 기업경영과 마케팅실무에서 차지하는 중요성을 생각할 때, 우리 저자들은 미래의 경영자들에게 좀 더 쉽고 명확하게 마케팅조사의 개념과 기법을 전달할 방법을 찾을 필요가 있었다.

이 책은 이러한 현실적 문제의 해결을 고민하는 과정에서 계획되었고, 마케팅조사론을 배우는 경영학도들이 가능한 손쉽게 실무 활용 수준의 마케팅조사기법을 습득할 수 있도록 집필하려 노력하였다. 복잡한 통계적 지식과 설명은 원리와 개념의 이해를 목표로 가능한 쉽고 간명하게 설명하였고, 자료분석에 대한 복잡한 설명보다는 실제 자료분석의 과정을 연습을 통해 이해할 수 있도록 구성하여 강의와 더불어 자료분석을 위한 실습서로도 충분히 활용 가능할 것으로 기대한다.

이번 개정판, 즉 제2판에는 시장세분화 전략에 활용 가능한 군집분석과 판별분석을 추가하여 시장세분화의 기본적 개념의 실무적 활용이 가능하게 하였다. 또한 최근 비즈니스 애널리틱스 분야에서 많은 관심을 받고 있는 파이썬(Python)을 소개하고, 모든 데이터 분석기법을 파이썬으로 실습함으로써 이 책을 통해 빅데이터를 기반으로 한 비즈니스/마케팅 애널리틱스의 기본을 익힐 수 있도록 하였다. 마지막으로 실제 시장 데이터이며 2차 자료인 영화시장 데이터를 추가 샘플 데이터로 제공하고 이를 기반으로 동일한 모든 데이터분석기법을 다시 한 번 실습할 기회를 제공하여 마케팅조사에 대한 이해도를 높이도록 하였다.

이 책의 첫 번째 특징은 실무에 직접적으로 활용할 수 있는 다양한 자료분석과정을 자세히 다루어 학생들이 쉽게 따라 할 수 있도록 하였다는 점이다. 특히 자료분석과정과 결과의 이해를 위해 필요한 통계적 지식을 최대한 간결하게 요약·설명하고 이러한 지식을 실습과정에 접목하여 자료분석능력을 배양하는 것에 초점을 맞추어 구성하여 학습자의 부담을 최소화하였다.

두 번째 특징은 다양한 분석 소프트웨어의 연습과정을 담았다는 점이다. 학생들은 자신의 관심과 수준에 맞게 통계 프로그램(Excel, SPSS, R, Python) 중 하나 또는 전부를 선택하여 동일한 자료분석방법을 연습해 볼 수 있다. 간단하고 손쉬운 자료분석을 통해 마케팅조사의 기본적 과정을 익히고자 하는 학생은 비교적 접근이 쉬운 범용성 소프트웨어인 Excel을 활용하여 분석 연습을 하도록 권하며, 자료분석 관련 업무를 맡고 있거나 이에 관심이 많은 학생은 SPSS를 활용하여 연습을 한다면 좀 더 전문적인 자료분석기술을 습득할 수 있을 것이다. 만약 빅데이터 분석이나 최근 주목을 받고 있는 비즈니스 애널리틱스(Business Analytics), 혹은 마케팅 애널리틱스(Marketing Analytics)에 관심이 많은 학생은 R을 활용한 자료분석 연습에 도전해 보기 바란다.

세 번째 특징은 빅데이터 기반의 비즈니스/마케팅 애널리틱스의 기본을 익힐 수 있도록 구성되어 있다는 점이다. 이 책은 전통적인 마케팅조사의 툴인 Excel과 SPSS는 물론, 최근 빅데이터 분석에 대한 관심과 함께 빅데이터 분석 툴로 각광을 받는 R과 Python의 기본 활용방법을 기본 데이터분석과 함께 익힘으로써 향후 실질적인 비즈니스/마케팅 애널리틱스 기술을 습득하는 데 토대를 제공할 수 있다. 또한 설문조사를 포함한 1차 자료뿐만 아니라 시장 데이터로부터 확보된 2차 자료를 직접 활용하여 빅데이터 기반의 마케팅조사의 개념을 좀 더 확실하게 이해할 수 있도록 구성하여 빅데이터를 활용한 마케팅 애널리틱스의 입문서로 활용하기에 충분하다.

이 책은 크게 두 부분으로 구성되어 있다. 책의 전반부에서는 마케팅조사방법론의 전반적 이론을 다루었다. 마케팅조사의 기본적 개념과 과정, 그리고 다양한 마케팅조사방법을 유형별로 구분하여 구체적인 예와 함께 설명하였고, 측정과 설문조사, 표본추출방법 등 자료수집에 대해 상세히 설명하였다. 책의 전반부의 마지막 부분은 학생들이 이해하기 어려워하는 통계적 검정에 대한 상세한 설명과 더불어 좀 더 사실적으로 명확하게 통계적 검정의 개념을 이해할 수 있도록 실제 연습의 과정을 제공하였다.

책의 후반부에서는 자료분석방법에 대해 실습을 위주로 설명하였다. 자료분석에 대한 개념적 이해와 분석능력의 향상을 위해 다소 복잡한 통계적 개념과 지식들을 과감히 생략하고 주어진 데이터를 바탕으로 자료분석능력을 개발할 수 있는 연습과정에 초점을 두어 구성하였다. 더불어 모든 분석방법에 네 가지 통계 소프트웨어(Excel, SPSS, R, Python)로 연습하는 과정을 담아 강사와 학생 모두 선택적으로 통계분석기법을 참조할 수 있도록 하였다.

집필 도중 여러 번의 교정을 거쳐 완성도를 높이려 노력했지만, 처음 기획과 기대에는 다소 미치지 못하였다. 제2판에서는 초판의 한계와 문제점을 보완하기 위해 데이터분석 방법과 최신 분석기법을 추가하여 자료분석 부분과 연습 부분은 비교적 초기 기획 의도대로 충실하게 내용을 담을 수 있었지만, 복잡한 통계적 개념을 쉽게 설명하기 위해 과감히 복잡한 수식을 제거함으로 인해 이론적인 면에서 다소 빈약하고 부족한 면이 곳곳에서 눈에 띈다. 하지만 수학적 접근이 아닌 통계적 개념을 쉽게 이해할 수 있도록 노력하였다. 이 책에 존재하는 다양한 문제점들은 이후 개정판에서 차근차근 보완 · 수정해 나갈 것이다. 모쪼록 독자들께서 넓은 아량으로 이 책의 다양한 문제들에 대해 관심을 가지고 지적을 해줄 것을 바란다.

이 책이 나오는 과정에서 많은 도움을 주신 도서출판 창명의 김사설 대표님을 비롯한 출판사 관계자 분들과 강의자료 지원과 조언을 해준 서해진 박사님, 데이터분석 실습의 일부분 정리를 도와준 부산대학교 조동민 학생, 그리고 집필을 하느라 많은 시간을 함께 하지 못한 사랑하는 가족들에게 심심한 감사를 표하는 바이다.

2019년 4월

김상용 · 송태호

차례
CONTENTS

chapter 04 탐색적 조사

chapter 05 확증적 조사

chapter 06 측정과 척도

chapter 07 자료수집과 설문지

chapter 08 표본의 추출

chapter 09 통계적 검정의 개념과 통계분석 프로그램

chapter 10 자료의 요약 및 정리

chapter 11 척도의 평가

chapter 12 차이에 기반한 가설검정 I : 두 개 집단

CHAPTER

01

마케팅조사의 개요

MARKETING
RESEARCH

1.1 마케팅과 마케팅조사

마케팅(Marketing)은 고객을 위한 가치를 가지는 제공물을 생산하고 알리며 전달하고 교환하는 기업활동의 한 부분으로서, 가장 변화가 많고 역동적인 기업활동이다. 마케팅은 그 자체가 시장과 직접적인 관계를 가지기 때문에 시장의 다양한 위기와 기회의 변화(예: 경제적 요소, 정치적 요소, 법률적 요소, 기술적 요소 등)에 매우 민감하게 반응한다. 따라서 마케팅 책임자와 담당자들은 시장의 변화에 높은 관심을 가지고 이들 변화에 대해 시의적절하게 정보와 동향을 수집하고, 수집된 정보를 검토 및 점검한다. 그리고 이를 바탕으로 현재를 진단하고 미래를 예측하여 마케팅의사결정에 활용하고자 한다. 따라서 간명하게 마케팅조사를 설명한다면 마케팅조사는 본질적으로 기업의 마케팅활동을 위한 시장정보 요구에 대한 답을 제시하는 것을 목적으로 하는 활동으로 규정할 수 있다. 다시 말해, 기업의 마케팅활동에 필요한 다양하고 복잡한 시장정보를 조사하고, 이를 마케팅 책임자의 의사결정과정에 지원하거나 좀 더 직접적으로 기업이 당면한 마케팅 또는 경영문제를 해결하며, 궁극적으로는 경영과 마케팅의사결정의 답을 지원하기 위한 적극적 조사활동까지 포괄하는 것을 마케팅조사라 할 수 있다.

실무적 측면을 넘어 학술적인 측면에서 마케팅조사에 대해 정의해 보자면, 마케팅은 시장을 대상으로 하는 기업경영활동이고, 조사는 문제나 이슈에 대한 정보나 본질을 파악하기 위한 일련의 체계적이고 객관적인 탐구과정이라 볼 수 있다. 이러한 탐구과정은 일반적으로 두 가지 형태로 나뉠 수 있다. 먼저, 존재하는 문제에 대해 직접적으로는 해결할 필요가 없지만 일반적인 정보나 지식의 확장을 위해 필요한 탐구활동으로서 문제를 파악하기 위한 조사가 있다. 또한 문제의 파악을 넘어 특정 문제에 대한 해결책을 찾거나, 그 해결책을 위한 정보를 탐구하는 활동으로서 문제를 해결하기 위한 조사가 있을 수 있다. 이와 같은 마케팅과 조사의 개념을 바탕으로 마케팅조사를 규정해 보자면, 기업 내외에서 필요한 시장정보와 마케팅정보를 획득하거나, 기업이 당면한 마케팅문제 해결 등의 전반적인 마케팅기능을 지원하기 위한 일련의 체계적이고 과학적인 탐구과정으로 볼 수 있다. 공식적으로 2004년 미국마케팅학회(American Marketing Association: AMA)는 마케팅조사를 다음과 같이 정의하였다.

"마케팅조사는 마케팅기회와 문제를 식별하고 정의하기 위해, 마케팅활동을 창출하고, 정제하고, 평가하기 위해, 마케팅성과를 점검하기 위해, 마케팅과정의 이해를 증진하기 위해 사용되는 정보를 통해 소비자, 고객, 그리고 공중을 마케팅 담당자와 연결하는 기능을 한다. 마케팅조사는 이들 이슈들을 다루기 위해 요구되는 정보를 구체화하고 정보수집방법을 계획하며, 정보수집과정을 관리 · 실행한 후, 결과를 분석하고 결론과 그 시사점을 전달한다."

미국마케팅학회는 다양한 마케팅활동(마케팅기회와 문제의 식별, 마케팅활동의 수행, 성과 점검, 시장 반응의 이해)에 관한 정보가 시장(소비자, 고객, 공중)과 기업(마케팅 담당자)을 연결하게 하는 기능으로서 마케팅조사를 정의하였다. 즉, 마케팅조사는 정보획득이 주요 기능이며 획득된 정보는 시장과 기업을 연결해 주는 역할을 한다고 이해할 수 있다. 또한 필요 정보의 구체화, 정보수집방법 계획, 정보수집 실행, 결과 분석 및 결론 이라는 마케팅조사의 주된 과정 역시 정의하고 있다.

마케팅조사는 일반적으로 고객(Customer: 시장, 구매자, 소비자), 기업(Company: 제품 디자인, 판매촉진, 가격, 유통, 서비스), 경쟁자(Competitor: 기업과 관련된 환경 포함)를 대상으로 한다. 먼저, 고객을 대상으로 하는 마케팅조사의 예를 들어 보자. 고객과 소비자의 생활 트렌드를 점검하는 조사를 주기적으로 시행하는 경우, 기업은 이러한 조사를 통해 시장의 트렌드의 변화를 조기에 포착하여 새로운 시장기회나 위험에 적절히 대응할 수 있다. 또한 기업을 대상으로 하는 마케팅조사의 경우, 브랜드 이미지, 인지도를 주기적으로 조사하여 기업이 실시하는 다양한 마케팅활동의 성과를 효과적으로 검토할 수 있고 신제품의 시용(샘플 사용) 후 소비자 반응을 조사해 봄으로써 신제품에 대한 소비자 평가는 물론 향후 신제품을 위한 적절한 마케팅전략을 도출할 수 있다. 더불어, 기업은 다양한 환경적 요소에 대한 조사를 통해 기업전략 또는 마케팅전략에 활용할 수 있다. 특히, 전반적인 경기 추이나 산업 추세 조사를 기업의 생산이나 판매전략 수립에 활용할 수 있다.

마케팅조사가 고객만을 대상으로 하는 것이 아니라, 기업, 경쟁자를 포함한 기업환경까지를 조사의 범위로 한다는 관점에서 마케팅조사의 결과물이 마케팅의사결정자에게뿐만 아니라, 기업 최고경영자에게도 유용하게 활용될 수 있다. 사실, 기업 외부를 대상으로 실행하는 많은 조사활동들은 대부분 마케팅조사의 영역에 포함되고, 실제로 마케팅조사활동은 기업의 조사활동 중 가장 활발히 일어나고 있다. 따라서 마케팅조사 전문가

그림 1-1 마케팅조사의 개념

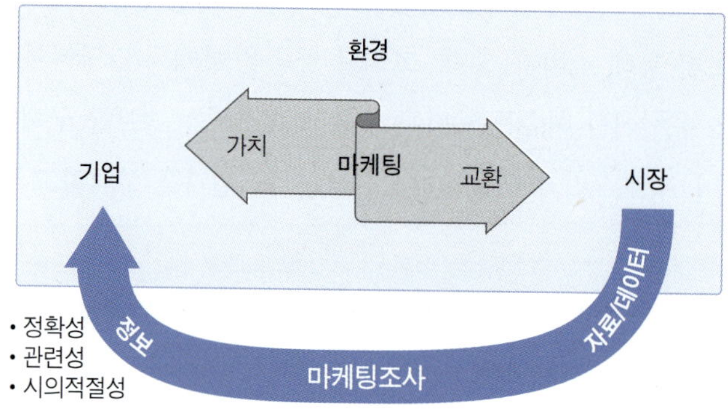

는 기업에서 필요한 대부분의 조사전문지식과 능력을 보유하고 있어야 하며, 이를 위해 마케팅조사에 대한 전문교육이 다양한 방식으로 이루어지고 있다.

[그림 1-1]은 마케팅조사의 개념을 명확하게 보여 주고 있다. 마케팅조사는 기업과 시장이 가치를 교환하는 과정인 마케팅활동에 필요한 시장, 환경, 그리고 기업 자신의 자료를 수집하여 마케팅정보로 개발하여 제공함으로써 기업의 마케팅의사결정과정을 지원하는 기능을 담당한다. 특히, 마케팅조사에 의해 개발된 마케팅정보는 현재의 상황과 미래의 환경을 정확하게 분석하여야 하고 기업의 마케팅활동 또는 당면한 문제와 관련성이 높아야 하며 제공된 정보가 시의적절할수록 그 가치가 높게 평가될 수 있다.

1.2 마케팅 애널리틱스

최근 IT기술의 발달에 힘입어 빅데이터에 대한 기업의 높은 관심과 더불어 보다 진보적이고 적극적이며 정밀한 마케팅조사기법인 마케팅 애널리틱스(Marketing Analytics) 분야에 대한 마케팅 책임자 및 조사전문가의 관심이 증가하고 있다. 마케팅 애널리틱스는 수학, 경제학, 통계학적 분석기법을 활용하여 IT기술에 의해 축적된 다양한 형태의

그림 1-2 마케팅 애널리틱스 개념도

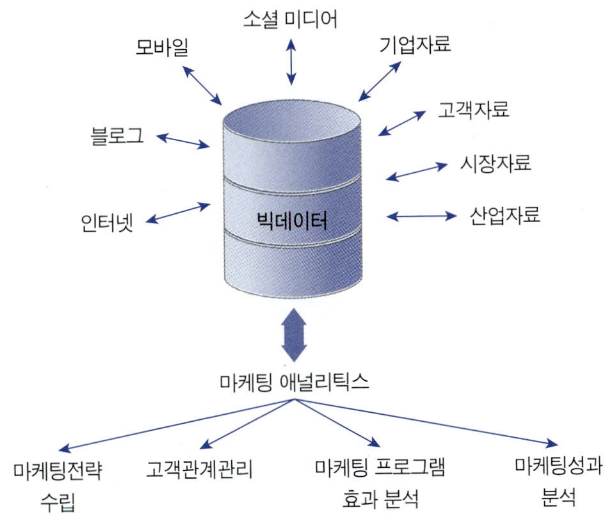

자료들을 바탕으로 경영 및 마케팅환경, 시장기회와 위험, 그리고 성과지표 등 경영과 마케팅 전반에 대한 새로운 통찰을 제시하고 기업환경과 시장에 대한 이해를 높임으로써 경영전략과 마케팅전략 수립 시 활용하고 경영 및 마케팅성과를 과학적이고 체계적으로 관리하기 위해 지속적이고 반복적인 탐구와 조사를 하는 전문분석기술과 능력을 일컫는다. 최근 마케팅 애널리틱스는 빅데이터 기술에 기반한 자료수집 및 축적 능력과 과학적이고 체계적 분석 능력의 조합으로써 기업의 시장 예측 능력을 획기적으로 높이는 데 크게 공헌하고 있다. 특히, 최근 대부분의 기업과 조직에서 여러 가지 목적으로 빅데이터를 적극적으로 활용하고자 하며, 자신의 핵심 사업 운영과 관련된 분석인 소비패턴분석, 고객불만분석, 고객행동분석, 판매 및 거래 데이터 분석 등을 빅데이터를 기반으로 수행하여 빠르고 쉽게 통찰력을 얻고 의사결정과정에 이를 반영함으로써 경쟁우위를 점하기 위해 노력하고 있다.

최근 제시되는 마케팅 애널리틱스에 대한 이슈는 다음과 같이 정리할 수 있다.

① 자동화된 데이터 웨어하우스 및 분석시스템
② 더욱더 진보되고 고객화된 가시화 기능
③ 다양한 형태의 데이터분석시스템 개발

④ 상시적이고 손쉬운 데이터의 접근
⑤ 실시간 데이터 접근 및 분석
⑥ 빅데이터분석의 광범위하고 신속한 활용
⑦ 클라우드기법이 적용된 대용량 데이터분석기술 발전
⑧ 예측시스템의 정밀성 강화

기술의 발달로 인해 자료와 데이터의 접근성과 정밀성이 높아지고, 분석기법과 시스템의 개발속도가 점차 빨라지고 있기 때문에 가까운 시일 내에 적정 수준의 해결책들이 제시될 것으로 예상되며, 또 다른 미래 지향적인 이슈들이 대두될 것으로 보인다. 더불어, 마케팅조사의 형태는 더욱더 다양해질 것이며, 그 범위도 과거에 비해 훨씬 넓어질 것이다. 따라서 마케팅 애널리틱스를 포함하여 유사한 경영분석 전문 분야의 역할과 비중이 점점 증대되어 향후 애널리틱스 관련 전문 분석기술을 보유한 인력에 대한 수요가 점차 늘어날 것으로 기대된다.

그림 1-3 구글 애널리틱스 예

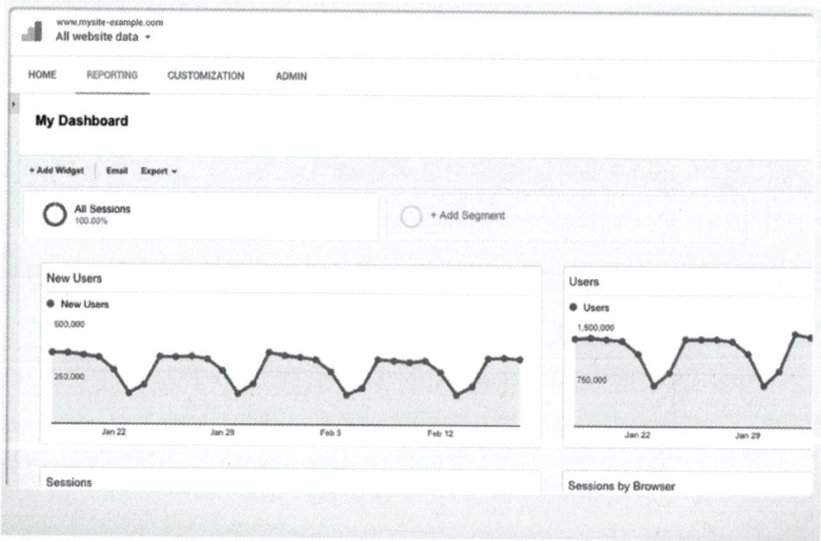

자료: www.google.com/analytics/analytics

1.3 마케팅조사의 종류와 역할

마케팅의 전 분야에 걸쳐 다양한 목적을 바탕으로 마케팅조사가 실시될 수 있다. 전문 설문조사기관인 퀄트릭스(Qualtrics)는 자신들이 주로 수행하는 마케팅조사의 유형을 20여 가지로 제시하였는데, 이를 유형별로 재정리하면 신제품이나 제품과 관련된 조사, 고객 및 시장과 관련된 조사, 브랜드 관련 조사, 광고 관련 조사, 가격 관련 조사 등으로 구분할 수 있다.

1.3.1 신제품 및 제품/서비스 조사

신제품 개념 시험 조사

새로운 서비스의 시장성공을 위해 사전에 신제품에 대한 시장의 반응을 조사할 수 있다. 신제품의 개념이란 신제품이 실제로 개발되기 이전의 대략적인 아이디어나 샘플을 의미하며, 신제품의 개발 이전에 신제품 개념만을 활용하여 신제품 개념에 대한 고객들의 이해방식과 시장반응을 조사하는 방식을 신제품 개념 시험 조사라 할 수 있다.

이러한 신제품 개념 시험 조사는 통상 기획된 신제품이나 새로운 서비스의 개념을 증명하는 과정에 많이 활용되곤 한다. 잠재적 고객들은 기본적인 아이디어를 표현하는 다양한 형태(사진, 그래픽, 샘플 등)에 대해 자신들의 반응을 제시하고 신제품 담당자는 이를 신제품 개발 의사결정에 반영할 수 있다. 신제품 개념 시험 조사는 단순히 신제품의 개발뿐만 아니라, 새로운 광고, 새로운 가격, 새로운 디자인, 새로운 유통채널 투입 등 신규 마케팅 프로그램이나 전략에 대한 의사결정의 보조도구로써 활용이 가능하다.

새로운 프로그램이나 전략의 사전 시험 조사로서의 개념 시험 조사는 신개념이 고객들에게 어떻게 해석되며 그 해석방식이 신제품의 개념과 일치하는지를 확인하고자 할 경우, 신개념의 어떤 가치가 고객들에게 중요한지를 확인하고자 할 경우, 어떤 속성이 고객만족을 이끄는 데 핵심적 요소인지 또는 그 중요도에 우선순위를 부여하고자 할 경우 등에 활용할 수 있다. 이러한 목적을 달성하기 위해 욕구분석, 사용 및 구매패턴분석, 긍정・부정요소 분석, 가치/비용분석 등을 수행할 수 있다.

컨조인트분석

컨조인트분석은 제품이나 서비스 각각의 속성에 대해 고객들이 생각하는 중요도를 평가하는 분석방법이다. 제품 또는 서비스관리자는 컨조인트분석을 통해 각 속성에 대한 잠재 가치를 평가할 수 있어 제품 구성에 필요한 속성들의 최적화된 조합을 추정할 수 있다.

제품관리조사

제품이나 서비스의 전체 생애주기 동안 수행하는 모든 마케팅활동들을 관리하기 위해 필요한 모든 활동을 지원하는 상시적 조사 및 특별한 조사를 모두 포함한다. 예를 들어, 현재 제품에 대한 마케팅 프로그램의 효과를 주기적으로 점검하기 위한 조사나 시장의 고객반응이나 행동패턴을 점검하는 조사들이 이에 해당된다.

서비스품질조사

서비스만의 독특한 특성을 반영한 서비스품질 측정방법인 서브퀄(SERVQUAL)을 활용 또는 응용하여 서비스의 품질을 측정한다.

그림 1-4 2016년 한국산업의 서비스품질지수 생명보험 부문

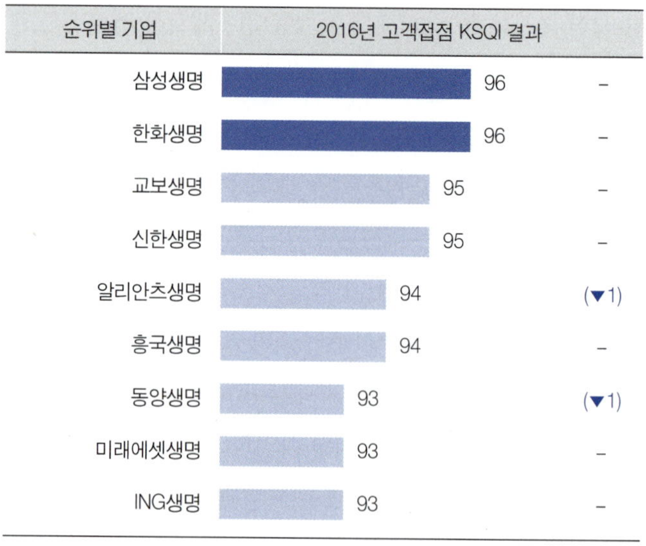

* ( )는 2015년 고객접점 부문 KSQI 결과 대비 증감 차이(GAP)임

자료: 2016년 한국산업의 서비스품질지수 고객접점 부문 조사 결과 발표, www.kmac.co.kr

1.3.2 고객 및 시장조사

고객데이터 통합 분석

마케팅조사자는 기존의 데이터베이스에 다양한 형태로 존재하는 고객데이터들을 통합하여 분석하고 고객의 행동을 추정할 수 있다. 최근 인터넷이나 모바일 서비스의 발전으로 데이터의 생성이 자동화 · 전자화되고, 보다 쉽게 접근 가능하게 되어 데이터분석 전문가들이 이들 데이터들을 통합하여 분석하는 기술에 많은 관심을 가지고 있다. 마케팅 분야에서도 특히 고객행동 관련 데이터는 다양한 형태로 자동화 · 전자화되어 데이터가 저장되고 있으며, 이들 데이터에 대한 접근이 점점 용이해진다면 통합된 분석에 대한 요구가 매우 증가할 것으로 보인다.

고객욕구분석

고객욕구분석은 신제품 개념 및 핵심 개념 개발, 제품 개발, 가치분석 등 다양한 제품이나 브랜드 관리상황에서 활용된다. 고객욕구분석은 일반적으로 고객의 깊은 내면의 생각을 이끌어 내는 것을 목적으로 한다. 예를 들어, 제품이나 브랜드 속성에 관한 긍정적 또는 부정적 연상을 확인하거나, 제품이나 브랜드 간의 유사성 분석 또는 분류(군집) 분석, 제품의 사용상황에 대한 조사, 또는 구체적 구매 및 소비시점 분석, 사용패턴분석, 대체재 분석 등이 고객욕구를 직접적 · 간접적으로 분석하는 조사가 될 수 있다. 특히 구매 후 평가 분석, 주기적인 만족도 조사, 지속적인 만족도 점검을 통해 효과적인 고객유지분석이 이루어질 수 있다.

고객유지분석

고객관계관리에서 고객유지는 가장 중요한 개념이라 할 수 있으며, 현재의 고객이 미래에도 계속 해당 기업 또는 브랜드의 고객으로 남아 있을 확률을 고객유지율이라고 표현한다. 개념적으로 봤을 때, 고객유지를 위해서는 제품이나 서비스에 대한 고객기대를 충족시켜야 하는데, 이를 위해서는 고객만족도를 높이고 더불어 불만족고객이나 이탈고객의 원인을 파악할 필요가 있다. 따라서 고객유지분석에는 고객이탈률 조사, 불만족고객 조사, 불만족고객 원인분석, 고객유지 최적화 분석 등이 포함된다.

고객만족도조사

마케팅조사에서 가장 널리 알려진 조사로서 제품이나 서비스 성능에 대한 고객의 경험적 평가 의견을 반영하며, 특정 제품이나 서비스에 대한 기대 대비 결과를 조사한다. 국내에서는 한국생산성본부에서 조사 · 발표하는 국가고객만족도(National Customer Satisfaction Index: NCSI, www.ncsi.or.kr)와 한국능률협회컨설팅에서 조사 · 발표하는 한국산업의 고객만족도(Korean Customer Satisfaction Index: KCSI, www.kmac.co.kr)가 주로 활용된다. 국가고객만족도 공개용 설문지를 [부록]에 제시하였다.

표 1-1 2016년 손해보험사 국가고객만족도

순위	업체명	2015년	2016년
1	삼성화재	76	76
2	현대해상	75	75
2	KB손해보험	75	75
2	동부화재	75	75
5	메리츠화재	74	74

자료: 분기별 조사대상기업 NCSI, www.ncsi.or.kr

그림 1-5 2016년 손해보험사 국가고객만족도

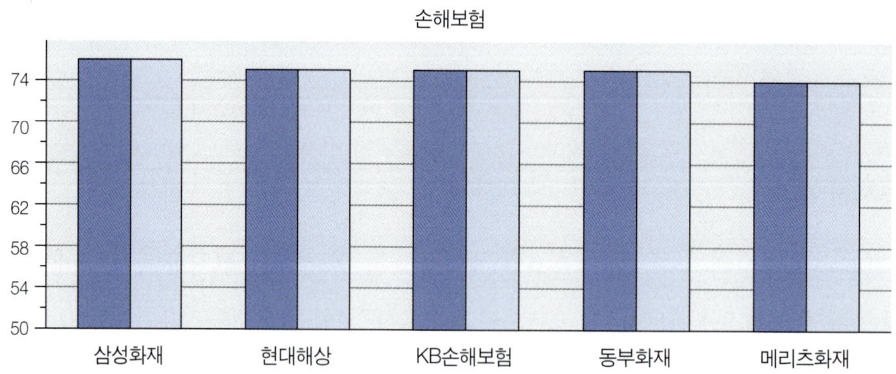

자료: 분기별 조사대상기업 NCSI, www.ncsi.or.kr

표 1-2 2016년 소비재 제조업 고객만족도

No	산업	1위 기업	분석대상기업(브랜드)	연속 1위 횟수	역대 1위
1	간장	샘표식품	샘표식품(80.7), 대상(청정원)(76.6)	5년 연속	6회
2	고추장	CJ제일제당(해찬들)	CJ제일제당(해찬들)(81.9), 대상(청정원)(78.4)	2015년 1위 대상(청정원)(4년 연속)	2회
3	과자	크라운제과	크라운제과(80.2), 롯데제과(78.7), 오리온(77.5) 해태제과(75.3)	2015년 1위 해태제과	4회
4	맥주	롯데칠성음료(클라우드)	롯데칠성음료(클라우드)(85.8), OB맥주(카스 포함)(84.7), 하이트진로(84.0)	2년 연속	2회
5	소주	하이트진로	하이트진로(85.9), 금복주(84.9), 롯데칠성음료(주류BG)(80.8), 무학(80.6)	2015년 1위 금복주(4년 연속)	7회
6	식용유	사조해표(해표)	사조해표(해표)(74.8), CJ제일제당(백설표)(72.3)	4년 연속	12회
7	아이스크림	빙그레	빙그레(79.5), 롯데푸드(78.5), 롯데제과(75.7) 해태제과(74.8)	10년 연속	11회
8	우유	서울우유	서울우유(83.7), 남양유업(82.5), 매일유업(80.8)	9년 연속	11회
9	유산균발효유	한국야쿠르트	한국야쿠르트(83.5), 남양유업(82.2), 매일유업(81.4)	15년 연속	18회
10	음료	동아오츠카	동아오츠카(81.9), 한국코카콜라(80.3), 롯데칠성음료(78.2), 웅진식품(77.5)	2년 연속	11회
11	참치캔	동원F&B(동원참치)	동원F&B(동원참치)(80.5), 사조해표(사조참치)(71.2), 오뚜기(오뚜기참치)(68.6)	13년 연속	16회
12	홍삼가공식품	한국인삼공사(정관장)	한국인삼공사(정관장)(85.0), 농협홍삼(한삼인)(80.2)	4년 연속	4회
13	남성 내의	좋은사람들	좋은사람들(80.6), 쌍방울(76.2), BYC(74.4)	5년 연속	17회
14	남성용 기초화장품	아모레퍼시픽	아모레퍼시픽(80.8), LG생활건강(79.2), 소망화장품(77.0)	14년 연속	15회
15	남성 정장	삼성물산	삼성물산(76.1), LF(73.9), 파크랜드(69.9)	12년 연속	16회

자료: 2016년 제23차 한국산업의 고객만족도 조사 개요 및 결과, www.kmac.co.kr

시장세분화분석

시장세분화는 여러 측면에서 유사한 고객들을 분류하여 유사성이 높은 고객들을 집단화하는 것을 의미한다. 시장세분화를 위해서는 다양한 특성들(인구통계학적 특성, 심리학적 특성, 행동적 특성, 기술적 특성, 사용상황이나 사용량, 주요 소구 혜택 등)을 고려해야 한다. 이러한 다양한 특성들은 시장세분화의 중요한 기준이 되며, 이 기준들을 정확히 조사하고 명확히 적용하는 것이 마케팅조사 담당자의 중요한 역할이라 할 수 있다.

온라인 고객행동조사

고객행동분석은 오랫동안 다양한 형태의 마케팅조사로 이루어져 왔다. 최근에는 온라인을 통한 경제활동의 증가로 과거에 비해 고객행동을 감지하는 것이 상대적으로 수월해짐으로 인해 온라인 고객행동조사 방법이 많이 활용된다. 온라인 고객행동조사는 고객의 구매이력이나 관심상품의 확인 등 고객의 행동이 다양한 형태로 저장되어 있는 로그 파일의 분석을 활용한다. 이러한 로그 파일 분석은 개별 고객에게 과거 구매경험에 대한 기억을 되살릴 필요 없이 저장된 고객행동에 대한 실제 자료를 직접적으로 분석할 수 있다는 장점이 있다.

1.3.3 브랜드 가치 조사

브랜드 가치는 브랜드 인지도, 브랜드 연상, 지각된 품질, 브랜드 충성도 등으로 구성된다. 국제적 마케팅조사기관들은 주기적으로 세계 유명 브랜드의 브랜드 가치를 조사한다. 대표적으로는 인터브랜드(Interbrand)사에서 매년 전 세계 100대 브랜드를 평가하여 발표하고 있으며, 국내에서는 한국능률협회컨설팅의 브랜드파워와 (주)브랜드스탁에서 하이스트브랜드를 매년 발표하고 있다.

그림 1-6 Best Global Brands 2016

Interbrand

Return to 2016 report home

Best Global Brands 2016 Rankings

Filter +

2016 Rank	Brand	Change in Brand Value	Brand Value
01	Apple	+5%	178,119 $m
02	Google	+11%	133,252 $m
03	Coca-Cola	-7%	73,102 $m
04	Microsoft	+8%	72,795 $m
05	TOYOTA	+9%	53,580 $m
06	IBM	-19%	52,500 $m
07	SAMSUNG	+14%	51,808 $m
08	amazon	+33%	50,338 $m
09	Mercedes-Benz	+18%	43,490 $m
10	GE	+2%	43,130 $m
11	BMW	+12%	41,535 $m
12	McDonald's	-1%	39,381 $m
13	Disney	+6%	38,790 $m
14	intel	+4%	36,952 $m
15	Facebook	+48%	32,593 $m

자료: www.interbrand.com

그림 1-7 하이스트브랜드

자료: www.brandstock.co.kr

표 1-3 2016년 소비재 산업군 브랜드파워

중분류	산업군	1위 연속년수	1위 브랜드	2위 브랜드	3위 브랜드
식품 일반	커피(믹스)	18	맥심커피믹스(817.1)	카누(473.2)	스타벅스(380.9)
	과자	17	새우깡(567.0)	허니버터칩(411.2)	프링글스(389.2)
	라면	17	신라면(746.7)	안성탕면(416.6)	오징어짬뽕(386.9)
	식용유	17	해표식용유(663.2)	백설식용유(592.2)	청정원식용유(371.5)
	참치캔	17	동원참치(839.9)	사조참치(501.2)	오뚜기참치(343.3)
	김치	16	종가집(710.0)	하선정김치(465.2)	동원양반김치(398.4)
	간장	15	샘표간장(724.6)	해찬들간장(393.0)	오복간장(349.1)
	냉장/냉동육	14	하림(729.7)	목우촌(583.3)	하이포크(368.4)
	건강식품	10	정관장(724.1)	암웨이(385.5)	유니베라(356.0)
	농산물 브랜드	10	임금님표이천(433.8)	의성마늘(344.7)	충주사과(341.0)
	아이스크림	10	부라보콘(489.1)	월드콘(417.7)	셀레임(414.6)
	축산물 브랜드	10	횡성축협한우(582.5)	안동한우(369.4)	영주한우(348.3)
	고추장	5	해찬들고추장(668.6)	청정원순창고추장(604.2)	신송고추장(359.2)
	냉동만두	5	고향만두(653.7)	비비고만두(452.2)	동원개성만두(412.8)
	조리김	5	동원양반김(726.7)	청정원재래김(287.0)	광천김(284.9)
	육가공햄	3	스팸(687.3)	목우촌햄(440.9)	백설햄(397.1)
	분유/이유식	2	남양(624.7)	매일(495.7)	씨밀락(373.3)
	소스/드레싱	2	청정원드레싱(633.7)	오뚜기드레싱(575.2)	백설파스타/스파게티 소스(339.8)
	자연조미료	2	연두(549.2)	산들애(467.5)	맛선생(461.4)
	차(Tea)류	2	동서(520.8)	담터(348.9)	설록(340.8)
	된장	1	해찬들된장(595.4)	청정원순창된장(537.4)	옹가네된장(340.4)
	즉석간편식	1	CJ제일제당햇반(643.1)	오뚜기3분요리(486.2)	동원죽(322.5)

자료: 2016년 제18차 한국산업의 브랜드파워(K-BPI) 조사 결과, www.kmac.co.kr

1.3.4 광고조사

광고효과조사

광고효과조사는 광고 메시지의 설득력, 효과성, 그리고 결과에 대하여 분석한다. 일반적으로 성공적인 광고에는 누가, 누구에게, 무엇을, 어떻게 전달하여 어떤 결과를 원하는

지가 명확하게 포함된다. 따라서 이들 요소에 대해서 계획대로 소정의 목적이 달성되었는지를 분석하기 위한 조사가 진행될 수 있다. 예를 들어, 광고를 전달하고자 하는 고객들에게 정확히 잘 전달이 되었는지, 광고를 통해 전달하고자 하는 의미가 계획대로 잘 전달되었는지 또는 광고를 통해 원했던 결과(예: 브랜드 인지도 상승 또는 긍정적 브랜드 이미지)를 얻었는지를 확인할 수 있다.

온라인 광고조사

최근에는 소위 4대 매체(텔레비전, 라디오, 신문, 잡지)를 통한 광고에서 인터넷과 모바일을 통한 광고의 비중이 폭발적으로 증가했다. 다양한 형태의 온라인 광고 조사기법이 소개되고 있으며 온라인 광고 조사기법의 발달은 광고비 책정에도 중요한 역할을 하고 있다. 즉, 온라인 광고효과의 정확한 측정은 결국 해당 매체의 광고비 단가에 큰 영향을 줄 수 있으며, 최근에는 온라인 광고시장에서 광고효과에 기반한 광고비 단가 책정[예: CPC(Cost per Click)]이 일반화되고 있다.

그림 1-8 네이버 키워드 검색 광고 예

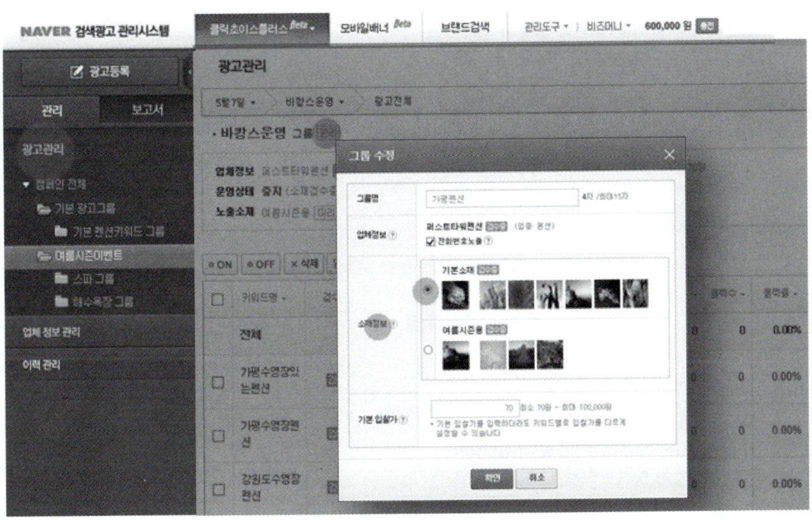

자료: https://searchad.naver.com

부록 NCSI 공개용 설문지

주유소 서비스 고객만족도 조사	ID ID				

안녕하십니까?
저희 기관(한국생산성본부, 산업통상자원부 산하 특별법인)에서는 산업통상자원부와 공동으로, 우리나라 주유소 서비스 산업의 품질 경쟁력을 높이기 위해, 주유소를 사용하고 계신 고객 여러분의 의견을 조사하고 있습니다.
앞으로 여쭤볼 여러 질문들은 제품의 사용 경험을 통해 고객 여러분께서 직접 보시고 느낀 내용을 조사하기 위한 것입니다. 따라서 귀하의 대답에는 정답이 있는 것이 아니므로, 평소 느끼신 그대로를 말씀해 주시기 바랍니다. 또한 귀하께서 말씀해주신 내용은 저희 기관에서 직접 품질 경쟁력을 측정하고 통계를 작성하는 데에만 사용되며, 그 외의 목적으로는 절대 사용되는 일이 없습니다. 잠시만 시간을 내어 협조해 주시면 대단히 감사하겠습니다.

BQ1) 지 역:

1. 서울 2. 부산 3. 대구 4. 대전 5. 광주

BQ2) 성 별 1. 남자 2. 여자

BQ3) ○○님의 나이는 어떻게 되십니까?

________세 ☞ **20세 미만 60세 이상 면접중단**

▣ ○○님께서는 지난해(2012년)에 주유소 서비스의 고객만족도 조사에 응하신 경험이 있습니까?

1. 예 ☞ **면접중단** 2. 아니오

▣ ○○님이나 ○○님 가족 중에 다음기관에 근무하고 계시는 분이 있습니까? **해당자 면접중단**

1. 시장조사기관
2. 광고회사(대행사)
3. 방송/언론사
4. 정유회사/주유소 판매/관련계열회사

SQ1) ○○님께서는 현재 자동차를 소유하고, 직접 운전하고 계십니까?

1. 예 2. 아니오 ☞ **면접중단**

SQ2) ○○님의 자동차는 휘발유차량입니까? 경유차량입니까?

1. 휘발유 2. 경유 3. 가스 ☞ **면접중단**

SQ3) ○○님께서는 최근 3개월(7월~9월)사이에 주유소에서 연료(휘발유/경유)를 주유하신 적이 있습니까?

1. 예 2. 아니오 ☞ **면접중단**

SQ4) 그럼 그 기간(7월부터 9월 사이) 중 주유를 위해 가장 자주 이용하신 주유소 명은 무엇입니까? (하나만)

1. GS칼텍스 주유소
2. SK 주유소
3. S-OIL 주유소
4. 현대오일뱅크 주유소

SQ5) 그럼 XX주유소에서는 월평균 몇 회정도 주유하십니까?

월________회

1. 2회 이상 2. 2회 미만 ☞ **면접중단**

SQ6) 그럼 1회 주유시 평균 얼마 정도의 기름을 주유하십니까?

약 (   )원

SQ6-1) 주로 이용하시는 결제수단은 무엇입니까?

1. 현금 2. 카드 3. 상품권

SQ7) XX 주유소의 보너스카드를 사용하고 계십니까?

1. 예
☞ 그 보너스카드의 발급년도는요? ________년도
2. 아니오

SQ8) 주로 이용하시는 XX주유소는 주택가에 있습니까? 아니면 도심지(시내)에 위치하고 있습니까?

1. 주택가 2. 도심지

SQ9) 주로 이용하시는 XX주유소는 직영주유소 입니까? 아니면 자영주유소 입니까?

1. 직영주유소 2. 자영주유소 3. 모름

▶ **지금부터는 ○○님께서 자주 이용하셨던 XX주유소만 생각하시면서 다음의 질문에 답해 주십시오.(SQ4 주유소 명 대입하여 질문)**

문1) XX주유소를 이용하기 전의 기대수준에 관한 질문입니다
○○님께서는 XX주유소를 이용하시기 전에, XX주유소의 전반적인 품질에 대해 어느 정도 기대하셨습니까?

기대하신 정도가 매우 높으면 10점, 매우 낮으면 1점 등 1점에서 10점사이의 점수로 말씀해 주십시오.

_________ 점

문2) 실제 이용경험에 대한 질문입니다.
그럼, 실제로 ○○님이 지금까지 XX주유소를 이용하신 경험에 비추어 볼 때, XX주유소의 전반적인 품질에 대해 어떻게 평가하십니까?

'매우 높다' 10점, '매우 낮다' 1점
등 1점에서 10점 사이의 점수로 말씀해 주십시오.

_________ 점

문3) 개인적인 욕구충족 정도에 대한 XX주유소 이용 전 기대에 대한 질문입니다.
○○님께서는 XX주유소를 이용하시기 전에, 연료의 성능, 주유소 및 주유시설의 접근편리성, 주유원의 태도, 결제 편리성, 환경 청결성, 부대 및 편의시설 등에 있어 XX주유소가 개인적으로 원하시는 사항들을 얼마나 충족시켜 줄 것이라고 기대하셨습니까?

'매우 잘 충족시켜줄 것이다' 10점,
'전혀 충족시켜주지 못할 것이다' 1점
등 1점에서 10점 사이의 점수로 말씀해 주십시오.

_________ 점

문4) 실제 이용경험에 대한 질문입니다.
그럼, 실제로 XX주유소를 이용하시면서, 연료의 성능, 주유소 및 주유시설의 접근편리성, 주유원의 태도, 결제 편리성, 환경 청결성, 부대 및 편의시설 등에 있어 XX주유소가 개인적으로 원하시는 요구사항들을 얼마나 많이 충족시켰다고 생각하십니까?

'매우 많이 충족시켰다' 10점,
'전혀 충족시키지 못했다' 1점
등 1점에서 10점 사이의 점수로 말씀해 주십시오.

_________ 점

문5) XX주유소의 신뢰성에 대한 이용 전 기대에 관한 질문입니다
○○님께서 XX주유소를 이용하시기전에, 연료의 성능, 주유소 및 주유시설의 접근편리성, 주유원의 태도, 결제편리성, 환경 청결성, 부대 및 편의시설 등에 있어 XX 주유소를 어느 정도 신뢰할 만 하다고 예상하셨습니까?

매우 신뢰했다' 10점, '전혀 신뢰하지 않았다'1점
등 1점에서 10점 사이의 점수로 말씀해 주십시오.

_________ 점

문6) 실제 이용경험에 대한 질문입니다.
그럼, 실제로 XX주유소를 이용하시면서, 연료의 성능, 주유소 및 주유시설의 접근편리성, 주유원의 태도, 결제편리성, 환경 청결성, 부대 및 편의시설 등에 있어 XX 주유소를 어느 정도 신뢰하고 계십니까?

매우 신뢰한다' 10점, '거의 신뢰하지 않는다'1점
등 1점에서 10점 사이의 점수로 말씀해 주십시오.

_________ 점

문7) ○○님은 주유소 서비스 품질 수준의 높고 낮음을 판단하는 것이 쉽다고 생각하십니까? 아니면 어렵다고 생각하십니까?

'매우 쉽다' 10점, '매우 어렵다' 1점
등 1점에서 10점 사이의 점수로 말씀해 주십시오.

_________ 점

문8) ○○님은 XX주유소 서비스의 품질을 고려할 때, 휘발유(경유)가격이 얼마나 적정하다고 생각하십니까?

'품질에 비해 매우 적정하다' 10점,
'품질에 비해 매우 비싸다' 1점
등 1점에서 10점 사이의 점수로 말씀해 주십시오.

_________ 점

문9) 반대로, XX주유소의 휘발유(경유) 가격을 고려할 때, 주유소 서비스의 품질이 얼마나 좋다고 생각하십니까?

'가격에 비해 매우 좋다' 10점,
'가격에 비해 매우 나쁘다' 1점
등 1점에서 10점 사이의 점수로 말씀해 주십시오.

_________ 점

이번에는 XX주유소 서비스에 대한 OO님의
전반적인 만족도에 대해 여쭙겠습니다.

문10) 그동안 XX주유소 서비스를 이용하신 경험에 비추어볼 때, XX주유소 서비스에 대해 전반적으로 얼마나 만족하십니까?

'매우 만족' 10점, '매우 불만족' 1점 등 1점에서 10점 사이의 점수로 말씀해 주십시오.

________ 점

문11) 그럼, 위에서 말씀하신 만족수준은 XX주유소 서비스 이용 전에 가졌던 기대수준과 비교한다면 어떻습니까?

'기대보다 훨씬 좋다' 10점, '기대보다 훨씬 나쁘다' 1점 등 1점에서 10점 사이의 점수로 말씀해 주십시오.

________ 점

문12) XX주유소가 반드시 도달해야만 될 최고 수준의 서비스 품질을 상상해 주십시오. 그것을 이상치로 보았을 때, 현재의 만족도 수준은 이상치에 어느 정도 가깝다고 생각하십니까?

'이상치에 매우 가깝다' 10점, '이상치에 훨씬 못 미친다' 1점 등 1점에서 10점 사이의 점수로 말씀해 주십시오.

________ 점

문13) ○○님은 XX주유소를 이용하시면서 주유소 서비스와 관련하여 불만사항을 제기한 적이 있습니까?

1. 예 ☞ **문13a)로 갈 것**
2. 아니오 ⟶ **문14)로 갈 것**

문13a) **(있다면)** 그럼, 전화나 서신, 이메일(E-mail)등으로 XX주유소 본사에 불만을 제기한 적은 몇 번 정도 있습니까?

________ 번

문13b) **(있다면)** 그럼, 주유소 서비스를 받은 주유소의 직원이나 소장에게 직접 불만을 제기한 적은 몇 번 정도 있습니까?

________ 번

문13c) **(있다면)** 그럼, 그때 불만처리 또는 조치에 대해 어느 정도 만족하셨습니까?

'매우 만족' 10점, '매우 불만족' 1점 등 1점에서 10점사이의 점수로 말씀해 주십시오

________ 점

문14) ○○님은 XX주유소 서비스를 이용하시면서 느꼈던 점을 가족이나 주위 분들과 이야기를 나눈 적이 있습니까?

1. 예 ☞ **문14a)로 갈 것**
2. 아니오 ⟶ **문14b)로 갈 것**

문14a) 그 때 주변 사람들과 나눈 얘기는 XX주유소에 대한 긍정적인 얘기였습니까? 아니면 부정적인 얘기였습니까?

'매우 긍정적' 10점, '매우 부정적' 1점 등 1점에서 10점 사이의 점수로 말씀해 주십시오.

________ 점

문14b) 그럼, 향후 XX주유소에 대한 이야기를 나누게 될 경우 가족이나 주위 분들게 XX주유소에 대한 긍정적인 대화를 나눌 생각이 얼마나 있으십니까?

'매우 많다' 10점, '전혀 없다' 1점 등 1점에서 10점사이의 점수로 말씀해 주십시오.

________ 점

문14c) 그럼, 가족친지나 주위 분들이 주유소 서비스를 이용하고자 할 경우, XX주유소를 권유할 생각이 얼마나 있으십니까?

'매우 많다' 10점, '전혀 없다' 1점 등 1점에서 10점 사이의 점수로 말씀해 주십시오.

________ 점

문15) ○○님은 향후 주유소 서비스를 이용하실 때 다시 XX주유소를 이용하실 생각이 얼마나 있습니까?

'매우 많다' 10점, '전혀 없다' 1점 등 1점에서 10점 사이의 점수로 말씀해 주십시오.

________ 점 ☞ **6~10점일 경우 : 문16)으로 갈 것**
☞ **1~ 5점일 경우 : 문17)로 갈 것**

문16) **(문15에서 6~10점인 경우 - 재구입 의향이 높은 응답자 대상)** 만일 XX주유소가 휘발유(경유) 가격을 올리고 다른 주유소가 휘발유(경유) 가격을 올리지 않는다고 가정해 주십시오. XX주유소를 계속 이용하기 위해 ○○님이 허용하실 수 있는 가격상승의 범위는 몇 % 정도 까지입니까?

________ % (1~25사이 기입)

문17) **(문15에서 1~5점인 경우 - 재구입 의향이 낮은 응답자 대상)** 만일 XX주유소가 휘발유(경유) 가격을 내리고 다른 주유소는 가격을 내리지 않는다고 가정해 주십시오. ○○님은 가격을 몇 %까지 내리면 XX주유소를 다시 이용하시겠습니까?

________ % (1~25사이 기입)

문18) 향후 XX회사가 주유소와 관련된 다른 산업의 제품이나 서비스를 제공할 경우 XX회사의 제품이나 서비스를 사용할 의향이 얼마나 있으십니까?

'매우 많다' 10점,'전혀 없다'1점 등 1점에서 10점사이의 점수로 말씀해 주십시오.

________ 점

문19) 향후 주유소를 선택하게 될 경우, 다른 주유소를 고려하지 않고 XX주유소를 선택하시겠습니까?

'매우 그렇다' 10점, '매우 그렇지 않다' 1점 등 1점에서 10점사이의 점수로 말씀해 주십시오.

________ 점

자료: www.ncsi.or.kr/images/ncsi/questionnaire.pdf

CHAPTER

02

마케팅조사의 과정

MARKETING
RESEARCH

2.1 마케팅조사의 일반적 과정

2.1.1 마케팅조사의 유형

마케팅조사는 기업이 처한 현재의 문제에서 출발한다. 기업은 현재 처한 문제에 대해서 명확히 알고 있을 수도 있고, 그렇지 못할 수도 있다. 만약 기업이 현재의 문제를 파악하지 못하고 있는 경우에 마케팅조사는 문제현황을 파악하는 것을 주목적으로 하여 실시할 수 있으며, 현재의 문제를 파악하고 있는 경우에는 해당 문제의 해결을 위한 마케팅조사를 실시할 수 있다.

현재 기업이 처한 문제를 정확하게 파악하기 위한 조사는 해결책을 찾기 위한 조사의 예비조사 성격을 가지며, 불분명한 문제나 미래의 문제를 파악하는 데 도움을 주게 된다. 시장잠재성, 시장점유율, 상표나 기업의 이미지, 시장특성, 판매분석, 단기예측, 장기예측, 사업추세조사 등이 그 대표적인 예이다. 이들 유형은 마케팅환경에 대한 정보를 제공하거나 문제를 진단하는 데 도움을 주는 조사로서 많은 마케팅조사를 수행하는 기업들이 통상적이고 일상적으로 해당 조사들을 수행한다.

이러한 조사를 통해 기업은 시장환경에 대한 정보를 얻거나 문제를 파악하고 진단할 수 있다. 예를 들어, 시장잠재성, 시장점유율의 변화와 소비자행동의 경향에 대한 진단은 기업이 현재의 문제를 파악하게 해줄 수 있을 뿐만 아니라 새로운 기회를 포착할 수 있도록 해준다.

기업이 자신이 처한 문제에 대한 진단을 한 뒤에는 진단된 문제를 해결하기 위한 해결책을 찾는 조사를 실시할 수 있다. 조사를 바탕으로 찾은 해결책에 대해 기업은 현재의 다양한 마케팅문제들을 해결하기 위한 의사결정에 활용할 수 있다.

시장진입을 위한 시장세분화, 제품 개발을 위한 다양한 제품 관련 조사, 적정한 가격을 산정하기 위한 조사, 최적의 판매촉진전략 설계를 위한 시장반응조사, 최선의 유통구조설계를 위한 유통구조조사 등은 각 기업이 처할 수 있는 마케팅문제를 적절히 해결하기 위한 조사의 예들이다.

2.1.2 마케팅조사의 전반적 과정

마케팅조사의 과정을 살펴보면, 먼저 기업 내의 문제의 발생으로부터 시작하여, 문제 정의의 단계, 예비조사 단계, 조사계획 수립 단계, 자료수집 단계, 자료분석 단계, 그리고 마지막으로 의사결정 및 보고서 작성 단계의 과정을 거친다. [그림 2-1]은 마케팅조사의 과정을 개괄적으로 보여 준다.

문제의 발생

마케팅조사는 다양한 형태의 기업 내 · 외부 문제발생으로부터 시작된다. 예를 들어, 시장점유율이 줄어드는 경우, 판매촉진효과가 제대로 나타나지 않는 경우, 경쟁기업이 출현한 경우, 시장정책이 바뀌는 경우, 소비패턴의 변화가 발생한 경우 등 무수히 많은 형태의 문제가 발생할 수 있다. 기업이 일상적이고 상시적으로 문제를 파악하는 과정에서 문제가 도출되거나, 특별한 사건이나 현상에 의해 문제가 새로이 도출될 수도 있다. 각각의 문제의 유형에 따라 조사의 유형과 형태 그리고 실행방안이 결정된다.

그림 2-1 마케팅조사의 과정

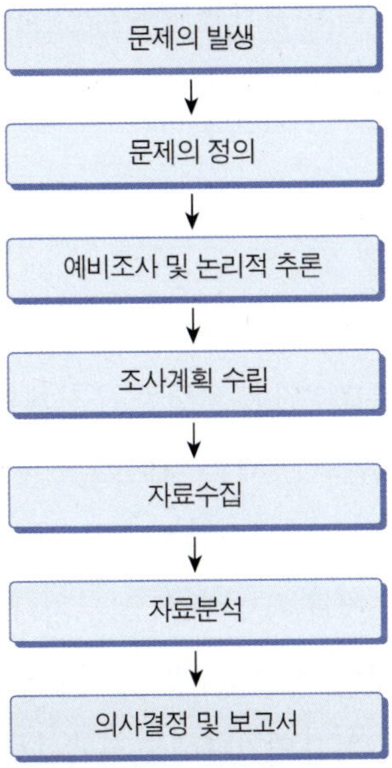

문제의 정의

마케팅조사 담당자들은 발생한 문제를 명확히 하기 위해 조사의 목적, 관련된 문제의 배경, 필요한 정보, 의사결정의 종류 등을 고려하여 문제를 정의하여야 한다. 명확한 문제의 정의를 위해서 마케팅조사 담당자는 관련 문제의 전문가나 의사결정자와 함께 해당 문제에 대한 논의와 면담을 진행할 수 있다.

예비조사 및 논리적 추론

마케팅조사 담당자는 정의된 문제를 바탕으로 조사의 목적과 관련 이론을 정리하는 것은 물론, 조사과정에 영향을 줄 수 있는 다양한 특성이나 요인들을 파악할 필요가 있다. 이 과정에서 마케팅조사 담당자는 기업 내부와 외부의 2차 자료를 분석할 수 있고, 표적집단면접이나 심층면접, 그리고 사례조사와 같은 정성적 방법을 활용하여 자료를 수집하고 수집된 자료를 분석할 수 있다. 이러한 예비조사만으로도 의사결정을 위한 의미 있는 정보가 수집될 수 있기 때문이다.

또한 예비조사를 바탕으로 사전에 정의된 문제와 조사의 목적을 달성하기 위해 논리적 추론과정을 수행할 수 있다. 논리적 추론과정은 예비조사를 통해 파악된 다양한 이론과 요소들 중 문제와 직접적 관련성이 높은 이론들을 선별하고 그들 간의 논리적 관계를 추론하여 대략의 논리적 예상 결과를 추론하는 것을 의미한다. 이 추론과정에서는 어떤 분석적 모형을 활용할지도 함께 결정할 수 있다.

조사계획 수립

앞선 예비조사를 통해 조사의 목적을 달성할 수 없다고 판단되는 경우, 마케팅조사 담당자는 다양한 형태의 자료수집을 포함한 조사계획을 수립하여야 한다. 조사계획은 전체 마케팅조사를 위한 일종의 상세 설계도로, 구체적인 조사의 목적을 달성하기 위해 필요한 정보를 얻는 면밀한 계획을 포함한다. 조사설계에는 필요한 자료의 형태 결정, 자료수집의 방법, 정보의 측정과 척도 개발, 설문지의 질문문항이나 실험 측정문항의 개발, 표본추출방안, 자료분석방법과 보고방법 등이 포함된다. 마케팅조사 담당자가 외부조사기관에 조사를 의뢰할 경우, 용역기관에 조사제안서를 요청하고 제출된 제안서가 최선의 조사계획을 포함하고 있는지를 평가한 후, 추가 협의를 통해 이후의 조사를 진행할 수도 있다. 본 서의 제3~5장에서 다양한 조사유형에 대하여 자세히 설명하고 있다.

자료수집

조사계획을 수립한 후, 계획에 따라 자료를 수집하기 위한 수집기법과 측정도구를 구체적으로 도출하여 실행 가능한 자료수집도구를 준비한다. 자료수집도구의 준비와 함께 마케팅조사 담당자는 표본추출계획에 따른 표본추출을 실행하여 자료수집을 위해 필요한 표본을 확보한다. 자료수집도구와 표본이 준비되면 표본현장에서 실제로 자료를 수집하는 과정을 거치는데 개별 접촉, 전화 접촉, 우편 접촉, 전자 접촉 등 다양한 표본접촉방법을 통해 자료를 수집한다. 이때 직접적인 접촉 실무자의 역할이 매우 중요하며 이들에 대한 적절한 교육과 감독을 통해 자료수집 오류를 줄여야 한다. 본 서의 제6장에서는 측정도구에 대해서, 제7장에서는 설문지 작성에 대해서, 제8장에서는 표본추출에 대해서 자세히 설명하고 있다.

자료분석

현장에서 수집된 실제 원자료를 바탕으로 자료분석을 실시하기 위해 수집된 원자료에 대한 정제작업을 진행한다. 원자료에 대한 정제작업은 다양한 형태로 수집된 자료의 정확성과 진실성을 검증하여 적절하지 않은 일부 원자료에 대한 처리를 하는 과정으로, 정제작업의 명확성과 일관성은 향후 자료분석 결과의 신뢰성에 큰 영향을 미칠 수 있는 과정이다. 자료의 정제가 완료되어 분석에 필요한 자료가 준비되면 자료의 종류와 형태 등에 따라 적절한 통계분석을 실시하여 통계적 결과를 도출한다. 본 서의 제9장 이후에는 다양한 통계적 분석방법이 상세히 설명되어 있다.

의사결정 및 보고서

자료분석과정을 통해 도출된 결과를 활용하여 마케팅조사 담당자는 최종 의사결정대안을 제시함으로써 마케팅조사의 과정을 완료한다. 조사의 과정을 완료하기에 앞서 실무 담당자나 전문가와의 논의를 통해 도출된 조사 결과에 대한 조율의 과정을 거쳐 조사 결과의 현실성을 높일 수도 있다. 마케팅조사과정의 완료와 함께 조사 담당자는 조사에 관한 상세한 과정을 기록한 보고서를 만들 수 있다. 이 보고서에는 조사의 종류, 질문문항이나 측정문항 개발과 결정과정, 표본추출방법 및 결과, 자료수집방법, 자료분석방법, 기술통계량, 통계분석 결과, 주요 발견사항 등이 포함된다.

2.2 문제의 정의

현재 기업이 직면한 현실과 문제는 마케팅조사의 출발점이며 동시에 명확한 문제의 정의가 향후 진행될 마케팅조사의 합리적 결과 도출을 위한 올바른 길의 단초를 제공한다. 이러한 점에서 문제의 정의는 마케팅조사과정에서 가장 중요한 단계라 할 수 있다. 문제의 정의는 문제의 특성, 그리고 연관된 요소를 정확히 파악하여 문제에 대해 명확한 설명을 하는 것을 의미한다. 따라서 문제의 명확한 정의를 위해서는 해당 문제의 파악을 위한 조사가 수반될 수도 있다.

예를 들어, 신제품 디자인이나 신제품에 대한 소비자반응과 같이 내부로부터 발생한 분명한 문제도 있지만 매출액 감소와 같이 외부로부터 발생하여 원인이 불명확한 문제도 존재한다. 전자의 경우, 별도의 문제파악을 위한 조사가 필요없지만 후자의 경우 다양한 매출액 감소 원인 중 어떤 원인(들)이나 문제(들)가 현재의 상황에 영향을 미치고 있는지에 대한 정확한 판단이 필요하다.

만약 문제를 잘못 파악하거나 이로 인해 문제에 대한 잘못된 정의를 한다면, 향후 투입될 마케팅조사에 수반되는 시간적 · 금전적 손해는 상당할 것이다. 특히, 잘못된 문제 정의에 따른 마케팅조사는 조사 자체가 실패로 끝날 수도 있지만, 잘못된 마케팅조사에 따른 잘못된 결과의 실행으로 인해 기업에 더 큰 손실을 줄 가능성도 배제할 수 없다. 따라서 마케팅조사 담당자는 직면한 문제에 대한 신중한 접근을 통해 명확한 정의를 얻기 위해 노력해야 한다.

마케팅조사 담당자는 문제를 명확히 정의하기 위해 기업 내 · 외부의 2차 자료를 분석하고, 실무 담당자, 의사결정자, 산업계 전문가 등 관련 정보를 보유한 다양한 전문가들과 집단 토론이나 개별 면담 등의 정성적 조사를 수행할 수 있다. 이러한 조사를 위해 마케팅조사 담당자들은 이들 전문가와 긴밀한 의사소통을 유지하는 것이 필요하고, 실제로 마케팅조사 담당자와 실무 담당자 그리고 의사결정자와의 긴밀한 의사소통은 문제의 정의를 넘어 마케팅조사의 성패에 중요한 역할을 할 수 있다.

2.2.1 문제의 정의를 위한 2차 자료 조사

명확한 문제정의를 위해 당면한 문제와 관련된 다양한 2차 자료의 수집과 분석이 반드시 필요하다. 2차 자료는 비록 당면해 있는 문제를 위해 수집된 자료는 아니지만 직접적인 자료조사 전에 손쉽게 사용할 수 있는 경제적이고 신속한 정보원천으로 본격적인 조사 전에 많이 활용된다. 2차 자료는 여러 다양한 기관에서 다양한 환경과 배경으로 조사되었기 때문에 방대한 양의 정보를 획득할 수 있어 조사분석 시 적절히 정보를 정제 · 가공한다면 명확한 문제정의에 큰 도움을 줄 수 있으며 심지어 문제의 해결책을 제시하거나 최소한 단초를 제공해 줄 수도 있으므로 신중히 분석 · 검토할 필요가 있다.

2.2.2 문제의 정의를 위한 정성적 조사

2차 자료의 분석만으로 당면한 문제를 명확히 정의하기에는 일반적으로 한계가 있으며 현재 기업이 처한 개별적 환경과 상황을 파악하기 위해 내 · 외부 전문가로부터 필요한 정보를 얻는 것 역시 중요한 과정이 된다. 기업의 의사결정권자(들) 또는 실무 담당자(들)와의 집단 토론이나 심층면접, 또는 다른 형태의 정성적 조사방법을 통해 기업 내부에서 파악하고 있는 당면한 문제와 관련된 심도 있는 정보를 획득할 수 있다. 유사하게 기업 외부 관련 정보를 확보하기 위해 산업계 전문가(들)를 대상으로 한 정성적 조사방법도 필요하다.

2.2.3 문제의 정의에 영향을 주는 요인

조사자는 2차 자료 조사와 정성적 조사를 통해 문제에 대한 명확한 정의를 시도하는 한편, 문제정의에 영향을 줄 수 있는 다양한 요소들 또한 면밀히 고려할 필요가 있다. 가능한 영향요인으로, 역량요인, 시장요인, 법률적 환경, 경제적 환경 등이 있다. 예를 들어, 정의된 문제의 범위에 따라 수반되는 마케팅조사의 비용과 시간이 다양해질 수 있다. 따라서 조사 담당자는 문제정의과정에서 사전에 필요한 자원과 조직의 제약을 고려하여 문제의 본질을 해치지 않는 범위 내에서 문제의 정의를 해당 기업의 역량에 맞춰 넓히거나 좁히는 것을 고려해 볼 수 있다. 또한 외부의 경제적 여건은 문제를 정의하는 방향에 영향을 줄 수도 있다.

2.2.4 광범위한 문제정의 vs. 구체적 문제정의

문제의 정의에는 반드시 범위의 문제가 수반되기 때문에 범위의 수준을 어떻게 결정하느냐가 상당히 중요한 문제가 될 수 있다. 문제를 너무 광범위하게 정의할 경우, 향후 조사의 범위와 방향이 방대해져 조사의 목적성과 효율성을 저해할 가능성이 높다. 예를 들어, 단순히 효율적 마케팅전략의 개발이나 신제품 개발방안과 같은 방식으로 지나치게 광범위하게 문제를 정의한다면 너무 다양한 해석이 기능해져 조사의 목적이나 향후 조사계획 수립 등과 같은 구체적 과정의 실행 시에 많은 혼란이 일어날 수 있다.

반대로, 문제를 너무 구체적으로 정의한 경우에는 중요한 요인을 반영하지 못하거나 잠재적 기회를 배제시킬 가능성이 존재하며, 향후 조사결과에 대한 활용도를 낮추게 된다. 예를 들어, 특정 가격 변화에 대한 소비자 구매량의 변화와 같이 직접적 행동수준으로 조사문제를 구체화할 경우, 소비자 구매량의 변화에 미치는 다른 요소들의 영향을 적절히 고려하지 못할 뿐만 아니라 조사결과의 활용이 극히 제한될 가능성이 높다.

마케팅조사 담당자는 범위의 문제를 다루기 위해 먼저 가능한 큰 범위에서 문제를 파악한 후 여러 가지 작은 조사문제들을 정의함으로써 문제정의가 지나치게 광범위해지거나 좁아지는 오류를 적절히 통제할 수 있다.

2.2.5 일반적 마케팅문제

일반적으로 기업에서 고려하게 되는 마케팅문제의 종류는 다음과 같다.

① 신제품 개발방안

② 신제품 출시방안

③ 매출 및 시장점유율의 변화원인

④ 경쟁브랜드 대응방안

⑤ 효율적 마케팅 프로그램(4P) 전략

⑥ 소비패턴 변화의 추세

⑦ 제품 개념 시험

⑧ 상표 및 포장에 대한 소비자반응

⑨ 시제품에 대한 소비자반응

⑩ 광고 카피에 대한 시장반응

⑪ 시험시장

⑫ 세분시장조사

⑬ 시장경쟁구조 파악

⑭ 표적시장조사

⑮ 브랜드 인지도/태도 조사

⑯ 광고 인지도/태도 조사

⑰ 제품사용실태 조사

⑱ 광고 반응 추적 조사(브랜드 인지도, 브랜드 이미지, 브랜드 선호도 등)

⑲ 브랜드 이미지 및 포지셔닝 조사

⑳ 판매촉진 프로그램에 대한 시장반응

㉑ 마케팅 프로그램에 대한 효과 측정

2.3 예비조사 및 논리적 추론

마케팅조사 담당자는 문제의 명확한 정의가 확립된 후, 2차 자료, 문헌조사, 사례조사,

정성적 조사 등 다양한 예비조사를 통해 조사결과에 영향을 줄 수 있는 다양한 구성요소들을 파악할 필요가 있다. 주요 구성요소로는 당면한 문제 자체 또는 문제의 해결과 관련된 적절한 이론이나 요인들의 탐색, 해결책을 조사·분석하기 위한 분석모형 종류의 결정, 적절한 이론을 바탕으로 결과에 대한 논리적 추론과 그 외 조사에 영향을 줄 수 있는 특성들이 있다.

2.3.1 이론

마케팅조사를 포함한 사회과학조사는 객관적 증거를 바탕으로 예측된 이론을 지지하는 과학적 조사의 형태를 가진다. 따라서 과학적 조사의 특성을 유지하기 위해서는 객관적 사료수집을 통한 객관적 증거의 도출뿐만 아니라 객관적 증거가 뒷받침할 적절한 이론의 존재 역시 필요하다. 객관적 증거가 자료조사계획 등을 통해 현실에서 수집된 자료를 바탕으로 한다면, 이론은 도서, 학술지, 단행본, 전자자료, 전문 학술지 및 잡지 등에서 얻을 수 있는 이전의 학술적 자료들을 통해 수집되어 검토될 수 있다.

이론은 과학적 마케팅조사의 한 축을 이룰 뿐만 아니라 조사에 필요한 변수를 특정할 수 있고 특정된 변수의 측정방법을 포함한 조사방법과 조사설계를 위한 탄탄한 배경지식을 제공할 수 있다. 하지만 이론은 추상적인 개념을 통해 현실 세계의 복잡함을 단순화하여 표현한 경우가 많기 때문에 현실을 정확히 반영하지 못하는 단점이 있으므로, 마케팅조사 담당자는 이론의 다양한 요소들을 어떻게 현실에 적용할지에 대해 신중히 고민할 필요가 있다.

2.3.2 분석모형의 유형

분석모형은 이론의 표현방법으로 이론 속의 다양한 변수 집단과 그들의 순서와 관계를 논리적으로 표현하는 방식을 의미하고, 일반적으로 언어적 모형, 도식적 모형, 수학적 모형의 3가지로 구분된다.

언어적 모형은 변수들과 그들의 관계를 문장의 형태로 표현하고, 도식적 모형은 시각적으로 변수들을 분리하고, 그들 간의 순서와 관계를 도식적 형태로 표현하며, 수학적 모형은 변수들 간의 관계를 명확하고 구체적으로 나타내며 보통 수식의 형태를 취한다. 일반적으로 언어적 모형은 이론의 결과 또는 주장을 표현하는 데 많이 사용하고, 도식적 형태는 이론의 결과와 주장을 요약하여 보여 주는 데 많이 사용하며, 수학적 모형은 이론의 이유와 근거 그리고 결과를 명확하게 보여 주기 위해 많이 사용한다.

2.3.3 논리적 추론

마케팅조사 담당자가 관심을 갖는 요인, 현상, 문제에 대해 비록 객관적 증거를 바탕으로 검증되진 않았지만, 이론적으로 검증이 된 진술 또는 예측된 결과를 보통 가설이라고 하며, 마케팅조사 담당자는 예비조사들을 바탕으로 가설 또는 유사한 형태의 논리적 추론을 종종 하곤 한다. 예비조사를 통해 확보된 관심 현상, 문제와 관련된 이론들을 바탕으로 논리적 전개를 통해, 마케팅조사 담당자는 자료조사 이전에 논리적 추론을 통한 결과를 예측할 수 있다. 이러한 논리적 추론은 결과의 예측을 목적으로 하고, 향후 자료조사 및 분석에 의한 객관적 증거와 함께 전체 마케팅조사의 타당성을 확장하는 데 큰 역할을 할 수 있다.

논리적 추론을 통해 도출되는 가설의 또 다른 역할은 조사계획상에 포함된 다양한 변수들과 그들 간의 관계를 일목요연하게 정리할 수 있다는 것이고, 이는 향후 조사계획과 분석의 효율성과 정확성을 높이는 데에 기여할 수 있다. 하지만 모든 상황에서 가설을 만드는 것이 적절한 것은 아니다. 예를 들어, 적절한 선행 연구나 조사, 이론이 없는 경우에 제대로 된 논리적 추론이 불가능하고, 이런 환경에서 만들어진 가설은 그 타당성을 인정받기 어렵다. 또는 정확한 논리적 추론을 바탕으로 도출된 가설이 큰 가치를 가지지 않는 경우도 종종 존재한다.

따라서 마케팅조사 담당자는 필요한 경우 적절한 이론을 바탕으로 논리적 추론을 거쳐 가치 있는 가설을 도출하는 노력을 할 수 있으며, 이러한 노력은 마케팅조사의 타당성 또는 일반화 가능성을 높이는 데 기여할 것이다.

CHAPTER

03

마케팅조사방법의 유형

MARKETING RESEARCH

3.1 마케팅조사방법의 유형

마케팅조사방법은 크게 탐색적 조사(Exploratory Research)와 확증적 조사(Conclusive Research)로 구분된다.

탐색적 조사의 주요 목적은 조사자가 직면하는 문제상황에 대한 통찰을 제공하고 문제에 대한 이해의 깊이를 더하기 위한 것이다. 탐색적 조사는 문제를 더 정밀하게 정의하고, 적절한 행동과정을 확인하며, 추가적인 통찰력을 얻고자 하는 경우에 사용한다. 탐색적 마케팅조사는 필요한 정보를 대략적으로 정의하고, 비체계적이고 상대적으로 유연한 과정을 적용한다. 기업 전문가와의 면담 또는 소비자 그룹과의 토론 등이 탐색적 마케팅조사의 한 예이다. 탐색적 마케팅조사의 표본은 상대적으로 적고, 주요 데이터는 현실의 상황을 반영하는 비정형 형태의 질적 데이터(Qualitative Data)가 많다. 탐색적 마케팅조사의 이러한 특성으로 인해 결과는 시험적이며 추가 연구를 위한 자료로 많이 활용된다.

따라서 일반적으로 탐색적 마케팅조사 후, 조사결과를 바탕으로 추가 탐색적 조사나 확증적 조사가 이루어진다. 특히, 탐색적 조사 중 정성분석(Qualitative Analysis)은 비정형 데이터에 대한 일관된 관찰을 통해 통찰력 있는 결과를 도출하는 것을 목적으로 한다. 비록 정성분석의 결과가 조사자에게 새로운 통찰력을 제시해 줄 수는 있지만, 결과를 일반화하는 과정에서 정성분석의 객관적 특성과 주관적 특성을 면밀히 고려하여 활용하여야 한다. 탐색적 마케팅조사는 다음 단계에서 더 세부적으로 논의한다.

확증적 마케팅조사는 탐색적 마케팅조사에서 얻은 직관을 좀 더 객관적으로 입증하고 일반화한다. 확증적 조사의 목적은 현상에 대한 구체적인 가설을 고려하고, 현상에서의 구체적인 관계를 알아내는 것이다. 조사자가 필요한 정보는 명확하고 구체화되어야 한다. 확증적 조사는 전형적으로 탐색적 조사보다 훨씬 체계적이고 구조적이다. 표본의 크기가 크고, 데이터는 정량분석(Quantitative Analysis)에 용이하다. 조사결과는 현실적이고 확증적이며, 경영의사결정과정의 실제 투입자료(Input)로 활용 가능하다.

[그림 3-1]에서 보듯이, 확증적 조사설계는 현상 간의 단순관계를 파악하는 기술적 조사와 직접적인 원인과 결과를 조사하는 인과적 조사로 구분되며, 그리고 기술적 조사는 다시 특정 한 시점에서의 상황만을 고려하는 횡단적 조사와 어떤 상황의 여러 시점을 동시에 고려하는 종단적 조사로 분류한다. 탐색적 조사와 확증적 조사 그리고 기술적 조사

그림 3-1 마케팅조사설계의 유형

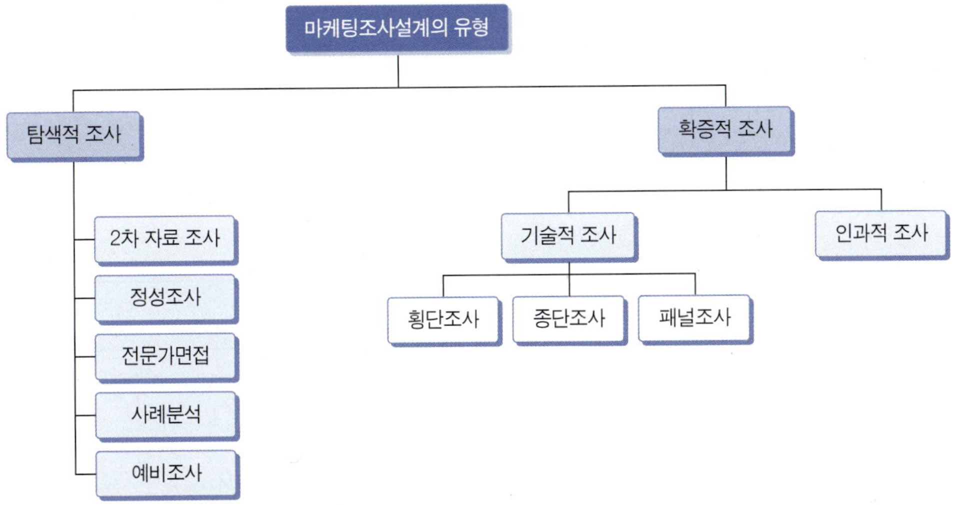

와 인과적 조사 간의 비교는 〈표 3-1〉에 요약되어 있다.

표 3-1 마케팅조사방법의 유형별 특징

	탐색적 조사	확증적 조사	
		기술적 조사	인과적 조사
목적	• 직관을 통한 현상의 발견 • 현상에 대한 이해와 통찰력 제공	• 현상에 대한 구체적 기술 • 현상 간의 상관관계의 설명	실험을 통한 명확한 인과관계의 설명
정보/데이터	대략적 정의, 비정형, 정성 데이터	명확한 정의, 정형, 정량 데이터	
조사과정	비체계적, 유연성	체계적/구조적, 경직성	
표본	적은 표본수	많은 표본수	
결과	시험적/잠정적	결론적/확증적	
특징	주로 본조사설계의 전단(Pre-test)의 목적이 있음	• 구체적인 가설에 대해 사전 예측을 함 • 독립변수와 종속변수를 측정하여 이들 간의 관계를 설명	• 하나 혹은 그 이상의 독립변수 조작 • 종속변수 효과 측정 • 다른 환경변수 통제
방법	• 전문가 설문조사 • 사전조사 • 사례 연구 • 3차 자료: 정성분석 • 질적연구 • 관찰	• 2차 자료: 정량분석 • 횡단적 조사 • 종단적 조사 • 설문조사 • 패널조사	실험

탐색적 조사는 조사의 초기 단계에 마케팅문제를 파악하기 위해 주로 사용되며, 문제에 대한 가능한 원인들이 발견될 경우에는 원인을 명확히 결론 내리기 위해 확증적 조사를 수행하여 마케팅문제의 정확한 해결책을 제시하게 된다.

3.2 탐색적 조사

탐색적 조사의 목적은 통찰과 이해를 통해 문제상황을 분석하고 조사하는 것이다. 조사자는 탐색적 조사를 통해 문제를 명확하고 체계적으로 정의하고, 문제해결대안들을 확인하여 가설을 개발할 수 있다. 조사자는 가설 개발과정에서의 주요 변수들과 변수들 간의 관계를 구분할 수 있다. 결국 탐색적 조사는 현재의 문제해결 접근을 위한 통찰을 제시하고 추가 연구들의 우선순위를 세우게 해준다.

일반적으로 탐색적 조사는 조사자가 조사연구를 수행할 때 해당 분야에 대한 충분한 이해가 없는 상황에서 더욱 유용하다. 공식적인 조사의례나 절차가 없기 때문에 탐색적 조사방법은 유연하고 융통성이 있다. 구조화된 설문지, 큰 표본, 표본화 계획 등의 체계적이고 형식화된 과정을 생략하거나 융통성 있게 수정하는 것이 가능하다. 조사자는 탐색적 조사를 통해 새로운 아이디어나 통찰력이 발견되면, 이를 바탕으로 새로운 방향이 문제해결의 중요한 실마리를 만들 가능성이 높아질 때까지 탐색적 조사를 추가로 지속할 수 있다. 새로운 방향과 실마리를 찾아야 한다는 점에서 탐색적 조사에서는 조사자의 창의성과 독창성이 상당히 중요할 수 있다.

탐색적 조사에서 흔히 활용되는 방법으로는 앞의 [그림 3-1]에서 살펴본 바와 같이 2차 자료 조사(문헌 조사 및 2차 데이터 수집), 정성조사(표적집단면접, 심층면접, 투사법, 연상법), 전문가면접, 사례분석, 예비조사 등이 있다.

3.2.1 2차 자료 조사

2차 자료 조사(Secondary Data Analysis)란 마케팅조사의 목적을 달성하기 위해 기존에 공개되어 있는 자료들을 검토하는 것을 의미한다. 조사자는 조사의 목적에 부합하는 자료들을 취합하여 마케팅조사로 해결하고자 하는 문제점을 명확히 파악하기 위하여 다양한 경로를 통해 자료를 수집 · 분석한다. 2차 자료는 내부자료 또는 외부자료로 분류될 수 있다. 내부자료는 조사가 진행되어지는 기관 내에서 만들어진 자료를 말한다. 이러한 정보는 경영정보시스템으로부터 일상적으로 제공되는 정보와 같이 바로 사용할 수 있는 형태로 이용 가능하다. 반면에, 이러한 자료들은 기관 내에서 존재하지만, 그것들이 조사자에게 유용하게 되기 전에 상당한 절차를 요구할 수 있다. 예를 들어, 다양한 형태의 제품판매정보가 내부적으로 존재할 수 있지만 이 정보는 기업 비밀과 연관되어 있기 때문에 쉽게 접근할 수 없기 때문에, 해당 정보를 얻기 위해서는 일련의 보안 절차가 요구될 수 있다.

외부자료는 기관 외부의 출처들(언론사, 각종 경제단체나 협회, 통계청과 같은 정부기관, 대학교나 연구소, 온/오프라인 자료검색기관)로부터 만들어진 자료들(뉴스 기사, 사례 보고서, 통계자료, 연구보고서, 연구논문)을 말한다. 이러한 자료들은 출판된 자료, 컴퓨터화된 데이터베이스, 또는 전문업체로부터 사용 가능하게 만들어진 정보의 형태로 존재한다. 2차 자료는 상대적으로 적은 비용(시간, 금전)으로 관련 문제점에 대한 최근 현황을 파악할 수 있다는 점에서 효과적인 탐색적 조사방법으로 활용될 수 있다.

3.2.2 정성조사

2차 자료 조사와 유사하게 조사자가 어떠한 문제에 대해 정의하거나 혹은 좀 더 발전적인 접근을 하기 위해 문제에 대한 현실적 예를 확인함으로써 일반화된 가설을 만들거나 혹은 관련 중요 변수를 확인하기 위해 사용한다. 비록 정성조사방법을 통해 조사대상에게서 얻어진 자료가 직접적인 조사의 목적에 부합하는 문제점을 과학적으로 해결해 줄 수는 없지만, 조사대상자들의 심층적인 생각 또는 내면의 모습을 파악하기 위한 적절한 조사방법으로 활용될 수 있다. 정성조사는 직접적 접근방법으로 표적집단면접과 심층면접 그리고 간접적 접근방법으로 투사법이 있다. 기업은 조사대상자의 내면을 파악하기 위한 정성조사를 활용하여 조사대상자들과의 심층적 의사소통이 가능하고, 이를 마케팅상황에 적용할 수 있는 기회를 포착할 수 있다.

3.2.3 전문가면접

특정한 기업, 산업 또는 현상에 대한 전문지식이 있는 사람(전문가)의 경험, 정보, 의견, 견해가 기업이 직면한 다양한 마케팅문제들의 해결을 위한 실마리 또는 통찰력을 제공하는 경우가 종종 있다. 따라서 특수한 전문지식을 보유하고 있는 전문가를 대상으로 문제의 해결책이나 또는 아이디어를 얻기 위해 전문가의 지식을 이끌어 내는 조사방법을 전문가면접이라고 한다. 전문가면접은 조사대상에 대한 많은 지식을 가진 사람을 대상으로 한다는 점에서 경험설문조사(Experience Survey) 또는 핵심 정보원 기법(Key-informant Technique)으로 알려져 있기도 하며, 기술을 주도하는 사용자를 대상으로 한다는 점에서 선도 사용자 조사(Lead-user Survey)라고 하기도 한다. 일반적으로 전문가 인터뷰는 관심 있는 특정 현상이나 문제에 대한 상황이나 과정을 재구성하는 목적의 조사에 많이 활용된다.

예를 들어, "한국시장에서의 사물인터넷시장 전망"에 대한 조사의 경우 해당 분야 전문가들의 다양한 의견을 바탕으로 시장상황에 대한 재구성을 통해 미래시장을 전망하게 된다. 전문가면접은 조사대상에 대한 통찰력을 이끌어 내는 것을 목적으로 한다는 점에서 조사과정에서 정형화된 질문 형태와 같은 체계적인 과정을 거치지 않고, 그 결과 역시 비정형 상태의 정보가 주를 이룬다.

전문가조사에서 전문가는 조사당사자가 관심을 두는 문제에 관한 필요지식을 얻기 위해 도움을 주는 매개체이지만 직접적인 조사대상을 항상 대표하지는 않는다. 심지어 전문가는 조사대상과는 배타적인 집단에 속해 있을 수 있다. 예를 들어, 앞서 "한국시장에서의 사물인터넷시장 전망"에 대한 조사에서 많은 외국 관련 전문가들은 조사대상인 한국시장의 구성원이 아니지만, 전문가로서 그들의 정보는 아주 중요하게 다루어진다. 따라서 조사자는 전문가면접의 결과를 일반화할 경우 이러한 특징을 고려하여야 한다.

3.2.4 사례분석

소수의 구체적 현상이나 특정 단위, 일반적으로 관심의 대상이 되는 특정 상황에 대한 심층적이고 광범위한 자료수집을 통해 선택된 해당 상황을 집중적으로 조사하여 그 특정 상황에 대한 일반화된 설명을 도출하는 과정을 사례분석(Case Study)이라고 한다. 따라서 마케팅조사에서 사례분석의 단위는 산업, 기업, 브랜드와 같은 마케팅활동 그리고 고객 등이 될 수 있다. 사례분석에는 기업 내부자료, 외부자료, 1차 자료, 2차 자료, 비정형자료, 정형자료 등 다양한 형태의 자료가 활용될 수 있다. "소비자의 전통시장 점포 선택에 대한 영향요인"에 대한 사례조사의 경우 성공적인 전통시장 사례와 그렇지 않은 사례를 비교하여 그 영향요인에 대한 가치 있는 변수들을 조사할 수 있다.

3.2.5 예비조사

예비조사(Pilot Study)는 탐색적 조사에서 본조사 이전의 조사들을 일컫는다. 일반적으로 설문지 작성의 이전 단계에 실시되며, 그 조사내용은 주로 연구의 문제파악을 위해 포괄적 질문(개방형 질문)을 포함한 설문지를 바탕으로 적은 표본을 대상으로 기초자료를 수집하는 것을 목적으로 한다. 예비조사는 본조사의 타당성을 높이기 위해 본조사에 사용되는 다양한 측정방법들의 사전검증(타당성, 신뢰성)을 위해 사용되기도 한다. 특히 본 설문지의 내용, 구성 형태, 응답자의 반응 점검 등을 통해 설문지의 오류나 설문지 응답시간, 설문지 응답률 등 설문지 실시과정상에 발생할 수 있는 상황이나 문제점을 파악하기 위해 많이 사용되곤 한다.

3.3 기술적 조사

기술적 또는 서술적(Descriptive) 조사의 주요 목적은 현상이나 상황의 특징이나 역할을 설명하고 묘사하는 것이다. 조사자는 기술적 조사를 통해 조사대상에 대한 보다 명확한 그림을 그릴 수 있다. 일반적으로 마케팅상황에서의 기술적 조사는 고객, 판매기업, 기관이나 시장과 같은 집단의 특징을 설명하고자 하는 경우, 특정한 행동을 하는 고객집단의 비율이나 점유율을 추정하고자 하는 경우, 특정 상품, 특히 신제품의 시장반응을 이해하고자 하는 경우, 다양한 마케팅활동의 영향력을 파악하고자 하는 경우, 그리고 앞서의 여러 경우들을 종합하여 미래시장의 결과를 정확히 예측하고자 하는 경우에 많이 활용된다. 탐색적 조사와 달리 기술적 조사는 정형화된 자료를 수집하기 용이한 설문지와 같은 정형화되고 규격화된 자료수집도구를 주로 사용하며, 현실적으로 대부분의 마케팅 조사는 기술적 조사의 형태를 가진다.

가장 대표적인 기술적 조사는 시장과 기업의 다양한 현상과 원인들의 특징을 수량화(Quantify)하기 위해 설문지의 형태로 이루어진다. 기술적 조사는 탐색적 조사에 비해 조사자가 문제상황에 대한 많은 사전지식을 가지고 있어야 한다. 시장에서 나타나는 문제 또는 현상에 대한 주요 원인과 변수는 기술적 조사 실시 이전에 이미 탐색적 조사를 통해 확인하고, 이를 바탕으로 기술적 조사를 위한 설문지가 작성된다.

탐색적 조사와 기술적 조사의 주요한 차이점은 기술적 조사가 사전조사를 통해 어느 정도 확인된 구체적인 주장인 가설의 형태로 사전예측을 하고, 가설검정을 위한 필요한 정보를 명확하게 정의한다는 것이다. 결과적으로 기술적 조사는 탐색적 조사 또는 이전의 전문적 경험 등을 통해 사전에 미리 계획된 주장을 검증한다는 특징이 있다. 따라서 가설의 일반화를 위한 대량의 표본을 사용하고 공식적인 조사설계는 정보를 선택하는 방법과 자료를 수집하는 방법 등을 구체적으로 제시한다.

기술적 조사의 대표적 형태는 조사에 활용하는 데이터의 종류에 따라 횡단조사(Cross-sectional Study), 종단조사(Longitudinal/Time-series Analysis) 그리고 패널조사(Panel Study)로 구분된다.

횡단조사는 특정 시점에서 집단 간 차이 조사나 특정 시점에서 다른 특성을 가지고 있는 집단들 사이의 차이를 조사하는 경우에 실시한다. 예를 들어, "남녀 간의 특정 브랜드에 대한 충성도의 차이"를 조사하는 경우에는 횡단조사가 적절하다.

반면에, 일정한 시간 간격을 두고 반복적으로 특정 현상에 대한 자료를 얻고, 시간에 따른 차이 조사나 동일한 현상을 두고 동일한 대상에 대해 반복적으로 조사하는 경우, 각 기간 동안에 일어난 변화 또는 그 변화의 동향에 대한 조사를 목적으로 할 경우에는 종단조사를 실시한다. 예를 들어, "특정 제품의 출시 이후의 브랜드 충성도 변화"를 조사하는 경우에는 종단조사가 적절하다. 횡단조사의 경우에는 종단조사에 비해 적은 비용으로 표본을 크게 하여 조사의 타당성을 높일 수 있는 반면, 현상과 상황에 대한 동태적/시간적 특성(시간 또는 환경에 따른 소비자반응의 변화, 추세분석, 상황적 특성 고려)을 파악하는 것은 불가능하다. 반대로 종단조사의 경우에는 자료의 특성상 종단적 특성을 가지는 대량의 자료를 확보하기는 어렵지만, 특정 현상 또는 상황에 대한 동태적/시간적 특성의 파악이 가능하기 때문에 횡단조사에 비해 상대적으로 심층분석이 가능하다.

마지막으로 패널조사의 경우, 패널이라는 특정 조사대상을 사전에 선정하고 이 패널을 대상으로 반복조사를 실시한다. 예를 들어, "광고 전후의 고객의 브랜드 충성도의 차이"를 조사할 경우 패널조사가 가능하다. 패널조사는 횡단조사(패널 선택)와 종단조사(반복조사)의 특징을 모두 가진 조사유형으로서 상당히 가치 있는 조사결과를 만들어 낼 수 있고 다양한 조사에 응용할 수 있다.

그러나 패널조사의 경우에는 조사대상자인 패널이 다음 조사기간에 응답하지 않을 수 있다. 이 경우 표본의 차이에 의해 조사결과에 중요한 편차가 발생하거나, 표본수 감소로 인해 조사결과의 신뢰성 또는 타당성에 문제가 발생할 수 있다. 따라서 패널조사의 이러한 단점을 피하기 위해 적절한 패널 유지에 상당히 많은 비용이 들 수 있으며, 관리 역시 쉽지 않다는 어려움이 존재한다. 이러한 이유로 패널조사는 대개 특정 기업이나 개별 조사자가 실시하기보다는 전문적인 조사기관에서 조사를 하고 이를 필요로 하는 조사자가 구매하여 활용하는 경우가 많다.

3.4 인과적 조사

인과적 조사는 현상과 원인 사이의 인과관계를 확인하는 것을 목적으로 한다. 마케팅 관리자는 인과적 조사를 통해 검증된 인과관계를 바탕으로 중요한 마케팅의사결정을 지속적으로 하게 된다. 인과적 관계의 타당성은 공식적이고 과학적인 실험의 과정을 통해 조사와 검증이 이루어지며, 다음의 특성을 가진다. 첫째, 인과관계는 한 사건(원인)의 영향에 의해 다른 사건(결과)이 발생하는 것을 의미하므로 원인과 결과가 함께 관찰되어야 하며, 둘째, 원인과 결과는 순차적으로 발생하고 마지막으로 독립변수와 종속변수 외의 외생변수의 영향이 통제되어야 한다.

인과적 조사는 주로 "현상에 나타나는 원인변수(독립변수)와 결과변수(종속변수) 간의 관계"를 이해하거나 "원인변수와 예측된 결과 간의 관계"에 대해 설명하는 것을 목적으로 한다. 인과적 조사는 기술적 조사와 마찬가지로 계획적이고 구조적인 설계를 필요로 한다. 기술적 조사를 통해 변수 간 관련성 또는 연관성 정도를 알 수 있지만, 원인과 결과의 순차적 결과를 명확히 조사하지 않고, 외생변수의 영향을 통제하는 데 한계가 있기 때문에 인과적 관계를 검증하기에는 부적절하다.

인과적 조사는 인위적으로 조작되고 통제된 환경에서 원인(독립)변수가 결과(종속)변수에 미치는 영향을 명확히 조사한다. 인위적으로 조작된 환경이란 종속변수에 영향을 미칠 수 있는 다양한 외부변수를 통제하여 조사의 목적이 되는 원인변수가 종속변수에 미치는 영향만을 조사하기 위해 인위적으로 통제된 실험실과 같은 환경을 의미한다. 조작된 환경을 통해 하나 또는 그 이상의 외부변수를 통제한 결과를 바탕으로 원인변수와 종속변수 사이의 인과관계를 명확히 추론할 수 있다.

예를 들어, 판매원의 노력과 판매성과 간의 인과관계를 조사하는 경우 조사자는 판매원의 노력(원인변수)이 판매성과(결과변수)에 영향을 주는 직접적 원인인지를 알고 싶어 한다. 조사자는 원인변수인 판매원의 노력 정도가 다른 집단들을 대상으로 판매성과를 비교하여 판매성과가 다르게 나타나는지를 확인하여 두 변수 간의 인과관계를 추론할 수 있다. 특히, 이때 각 집단에 대한 판매원의 노력을 제외하고는 각 집단의 다른 모든 조건들은 동일하여야 한다. 즉, 다른 조건이 모두 동일한 고객집단을 두 개의 집단으로 구분한 뒤 한 집단에는 판매원이 많은 노력을 하도록 하고 다른 집단에는 판매원의 노력을 아주 적게 하거나 거의 하지 않게 인위적으로 실험환경을 설정할 수 있다.

두 집단에 다른 형태의 실험처치(판매원의 노력)를 한 후, 결과변수인 두 집단의 판매성과를 비교하여 그 차이 여부에 따라 판매원의 노력이 판매성과의 원인이 될 수 있는지를 추론할 수 있게 된다. 이때 원인변수인 판매원의 노력 이외에 다른 조건이 모두 동일하다는 전제는 원인을 과학적으로 추론하기 위한 핵심 근거로 활용된다.

이와 같이 인과조사의 주요 조사방법인 실험은 일반적으로 실험집단과 통제집단을 구성하여 두 집단의 관찰 결과, 그 차이로 인과적 원인을 밝히는 과정을 거친다. 이 과정에서 실험집단은 원인(독립)변수만을 처치하고, 통제집단은 아무런 처치를 하지 않고 다른 영향요인들을 모두 통제하여 두 집단 사이의 유일한 차이를 원인(독립)변수만으로 만든다. 따라서 원인(독립)변수를 명확히 검증하는 실험을 위해서는, 첫째, 원인(독립)변수와 결과(종속)변수가 동시에 관찰되어야 하며, 둘째, 원인/결과변수의 시계열적/상황적 효과가 통제되어야 하고, 셋째, 실험집단과 통제집단에 실험대상이 무작위적으로 할당되어야 한다.

실험은 실험집단과 통제집단의 통제 정도에 따라 원시실험설계(Pre-experimental Design)와 유사실험설계(Quasi-experemineta1 Design), 그리고 순수실험설계(Pure-experimental Design)가 있다. 순수실험설계는 실험상황에서 다양한 요인들을 완벽하게 통제하는 것을 의미하는 것으로 진정한 의미의 실험이다. 하지만 원시실험설계와 유사실험설계는 순수실험설계에 비해 실험변수에 대한 통제가 상대적으로 느슨한 형태의 실험을 의미한다. 유사실험설계는 실험대상과 실험시기는 통제하지만 실험대상의 무작위할당을 통제할 수 없는 경우에 활용되며, 원시실험설계는 실험대상의 무작위할당조차 불가능한 경우에 활용된다.

3.5 탐색적 조사, 기술적 조사, 인과적 조사 사이의 선택

지금까지는 마케팅조사설계를 탐색적 조사, 기술적 조사, 인과적 조사로 분류하여 설명하였다. 이러한 분류의 구별이 절대적인 것은 아니며 상황에 따라 탐색적 조사, 기술적 조사, 인과적 조사의 구분이 명확하지 않을 수 있고, 때로는 이들 조사의 연합 형태로 조사가 이루어질 수도 있다. 따라서 마케팅조사방법의 선택은 하나 이상의 마케팅조사설계와 관련이 있을 수 있으며 마케팅조사설계의 목적과 문제특성에 부합되어야 한다. 다음은 마케팅조사설계를 선택하는 개략적인 기준을 설명한 것이다.

① 문제상황에 대해 알려진 바가 적다면, 탐색적 조사를 적용하는 것이 적절하다. 탐색적 조사는 문제를 훨씬 명확하게 정의하고 해결대안에 대한 통찰을 제공하며, 연구문제와 가설을 만들고 중요한 독립변수나 종속변수로 탐색하고 분류할 때에 사용한다.

② 탐색적 조사는 전체적인 마케팅조사설계 틀의 초기 단계이며, 이후에 기술적 조사나 인과적 조사를 실행한다. 예를 들어, 탐색적 조사를 통해 설정한 가설은 기술적 조사와 인과적 조사를 이용하여 기술통계분석과 실험으로 검증한다.

③ 모든 마케팅조사설계에 탐색적 조사가 필요하지는 않으며, 이는 문제정의의 정확성, 문제접근에 대한 조사자의 명확성에 따라 다르다. 마케팅조사설계는 기술적 조사와 인과적 조사로 시작할 수도 있다. 분기별로 시행되는 고객만족도조사는 탐색적 조사로 시작할 필요가 없고, 각 단계마다 탐색적 조사를 시행할 필요도 없다.

④ 탐색적 조사는 일반적으로 초기 단계이지만, 반드시 그러하진 않다. 탐색적 조사는 기술적 조사나 인과적 조사 후 시행하기도 한다. 예를 들어, 기술적 조사와 인과적 조사의 결과가 예측과 지나치게 상이하거나 해석하기 어려운 경우, 탐색적 조사는 광범위한 조사를 통해 이러한 결과를 이해하도록 돕는 통찰을 제공한다.

CHAPTER

04

탐색적 조사

MARKETING RESEARCH

4.1 탐색적 조사의 유형

본 장에서는 기업의 마케팅조사방법 중 하나인 탐색적 조사에 대해 살펴보기로 한다. 탐색적 조사는 일반적으로 크게 두 가지 형태로 분류할 수 있다. 먼저, 기존에 존재하는 자료들을 바탕으로 문제점, 현상, 현황을 비교적 빠르고 손쉽게 파악할 수 있는 2차 자료 조사방법이 있다.

2차 자료조사방법은 직접적으로 자료를 조사하기보다는 기존에 조사되어진 자료들을 활용하여 현재의 문제를 기술한다는 점에서 간접적 탐색조사로 볼 수 있다. 2차 자료의 분석은 복잡한 마케팅조사의 문제를 정의하거나 불확실한 마케팅조사의 접근방법을 결정하는 네 있어 사선에 현황을 파악하는 데 도움을 줄 수 있다. 따라서 1차 자료의 수집 전이나 마케팅조사설계 전에 조사자는 종종 적절한 2차 자료에 대한 분석을 실시한다. 특히, 일상적인 시장현황조사와 같은 경우 2차 자료만으로도 충분히 설명이 가능한 마케팅조사 프로젝트도 존재하며, 단순히 예산상의 이유로도 2차 자료를 통한 탐색적 조사가 많이 활용되기도 한다. 2차 자료조사를 위해 조사자는 기업 내부의 자료를 활용(내부 2차 자료조사)할 수 있고, 기업 외부의 자료를 활용(외부 2차 자료조사)할 수도 있다.

2차 자료조사가 기존에 조사된 자료들을 바탕으로 현안문제를 파악하기 위한 간접적 탐색조사라면, 정성적 조사방법 또는 질적 조사방법은 당면한 현안문제를 보다 적극적으로 조사하는 직접적 탐색조사방법이다.

정성적 조사방법은 사전에 본격적인 마케팅조사를 할 수 있을 정도로 조사문제와 현황에 대한 정보나 이해가 부족한 경우 조사문제와 현황을 구체적이고 직접적으로 파악하기 위해 활용한다. 또한 정성적 조사방법은 일반적으로 조사자가 다소 주관적이지만 직접적인 조사방법을 활용하여 비체계적 자료를 수집하는 방식으로 실행된다. 정성적 조사방법은 본격적인 마케팅조사에 비해 비구조화되어 있는 조사방법으로 일반적으로 조사대상에게 다양한 형태로 질의 · 응답을 하는 면접방법과 조사대상을 관찰하는 관찰방법으로 구분된다.

면접방법의 경우, 조사자와 조사대상자의 입장과 관점에 따라 직접적 방법과 간접적 방법으로 구분할 수 있다. 조사자가 관심대상이 되는 현상이나 문제에 대해 직접적으로 질문을 하는 전문가면접, 심층면접, 표적집단면접 또는 은유나 비교, 제3자 입장에서 간접적으로 질문하는 투사법, 연상법, 완성법, 구성법, 표현법 역시 많이 활용된다.

관찰의 방법은 관찰주체와 대상에 따라 인적 관찰, 기계적 관찰, 문화인류학적 조사, 내용분석, 흔적분석 등으로 구분된다.

2차 자료조사와 정성적 조사 외에 사전조사 또는 예비조사로서 문헌조사 또는 사례조사방법도 탐색적 조사의 방법으로 활용되기도 한다. 문헌조사와 사례조사가 모두 기존 자료를 활용한다는 점에서 2차 자료조사유형으로 분류할 수도 있지만, 일반적으로는 2차 자료조사의 형태가 기술적 조사를 의미한다는 점에서 대부분 질적 조사를 추구하는 문헌조사와 사례조사는 별도의 유형으로 구분하고 있다. 〈표 4-1〉은 탐색적 조사의 유형을 보여 주고 있다. 다음 절부터 각 조사유형에 대해 자세히 살펴보자.

표 4-1 탐색적 조사의 유형

<table>
<tr><td rowspan="6">탐색적 조사</td><td>2차 자료조사</td><td colspan="3">• 내부 2차 자료조사
• 외부 2차 자료조사</td></tr>
<tr><td rowspan="3">정성적 조사</td><td rowspan="2">면접방법</td><td>직접적 방법</td><td>• 전문가면접
• 심층면접
• 표적집단면접</td></tr>
<tr><td>간접적 방법</td><td>• 투사법
• 연상법
• 완성법
• 구성법
• 표현법</td></tr>
<tr><td>관찰방법</td><td colspan="2">• 인적 관찰
• 기계적 관찰
• 문화인류학적 조사
• 내용분석
• 흔적분석</td></tr>
<tr><td colspan="4">문헌조사</td></tr>
<tr><td colspan="4">사례조사</td></tr>
</table>

4.2 2차 자료 조사를 통한 탐색적 조사

4.2.1 2차 자료 vs. 1차 자료

2차 자료는 현재 조사자가 해결하고자 하는 마케팅조사의 목적과는 관계없이 특별한 다른 목적을 위해 수집한 자료나 특별한 목적 없이 일상적이고 상시적인 자료수집과정에서 수집된 자료를 의미한다. 2차 자료는 조사자가 직접적으로 자료수집을 하지 않기 때문에 자료조사 자체에 추가 비용이 들지 않거나 직접적 자료조사 비용보다는 상대적으로 저렴한 비용으로 자료를 획득할 수 있다. 비록 마케팅조사의 목적에 부합하는 적절한 2차 자료를 검색하는 데 상당한 시간과 노력이 필요하지만, 전체적으로 조사자가 직접 자료조사를 하는 경우에 비해 상대적으로 빠른 시간과 적은 비용으로 수집할 수 있는 장점이 있다. 이러한 2차 자료는 언론사 뉴스, 각종 경제단체, 컨설팅전문기업, 협회의 보고서, 정보기관의 통계자료, 대학교나 연구소의 연구논문 등 다양한 형태의 자료에서 얻을 수 있다.

반면에 1차 자료는 연구자가 가지고 있는 문제를 직접적으로 해결하기 위한 특별한 목적으로 수집된 자료를 의미한다. 1차 자료조사는 마케팅조사의 목적을 달성하기 위해 체계적인 마케팅조사과정을 거치므로, 2차 자료조사에 비해 상대적으로 많은 조사비용과 시간이 소요된다. 일반적으로 기업이나 조사전문가가 특별한 목적을 달성하기 위해 실시하는 대부분의 마케팅조사는 특별한 마케팅조사목적을 달성하기 위한 1차 자료조사일 가능성이 높으며, 이러한 1차 자료와 2차 자료의 차이점은 〈표 4-2〉에 요약되어 있다.

표 4-2 1차 자료 vs. 2차 자료

구분	1차 자료	2차 자료
수집목적	현안문제의 직접적 해결	현안문제와 관계없는 목적
수집과정	매우 복잡함	빠르고 쉬움
수집비용	높음	상대적으로 낮음
수집시간	길다	짧다

4.2.2 2차 자료의 장점과 단점

2차 자료는 1차 자료에 비해 다음의 장점들을 가지고 있다. 먼저, 2차 자료는 쉽게 접근이 가능하며 상대적으로 저렴하고 빠르게 획득할 수 있다. 비록 2차 자료가 특별한 마케팅조사목적들에 모두 적합하지는 않지만, 2차 자료는 다양한 분야에서 조사자가 특별한 마케팅조사목적을 달성하기 위해 필요한 사전지식 또는 통찰을 얻을 수 있는 탐색적 조사과정을 제공한다.

예를 들어, 조사자는 2차 자료를 활용한 탐색적 조사를 통해 문제를 발견하고 명확히 할 수 있으며, 더 나아가 문제를 재정의할 수 있다. 또한 2차 자료를 통해 얻은 사전지식과 통찰을 활용하여 조사문제에 대해 새롭고 적절한 접근법을 제시할 수 있으며, 이를 바탕으로 중요변수를 도출하고 독립변수나 종속변수를 명확히 파악함으로써 적합한 마케팅조사설계를 수행할 수 있다.

마지막으로, 조사자는 2차 자료조사의 결과물을 바탕으로 문제나 현상에 대한 사전예측을 할 수 있고 이를 검증하기 위한 조사과정을 거쳐 조사결과에 대한 통찰력 있는 해석을 할 수 있는 능력을 가질 수 있다. 따라서 2차 자료에 대한 조사와 검토는 사실상 이후 실행되는 모든 조사형태의 사전조사 성격을 가지고 이후 조사들의 성공적 수행과 실행을 위한 필요조건이 된다. 즉, 조사자는 먼저 2차 자료조사를 통해 현재 관심 있는 마케팅조사목적을 달성하기 위한 노력을 기울이고, 이것이 충분하지 않을 경우 추가적인 마케팅조사설계를 계획하고 수행하여야 한다.

2차 자료조사의 장점과 사전조사로서의 역할과 유용성에도 불구하고, 다른 목적으로 수집된 2차 자료는 현재의 마케팅조사목적을 달성하는 데 있어서 타당성과 정확도의 측면에서 몇몇 단점이 존재한다. 가장 큰 단점은 2차 자료수집의 목적, 성질, 그리고 수단들이 태생적으로 현재의 마케팅조사목적과 정확히 일치하지 않기 때문에 조사자료와 그 분석결과가 현재의 마케팅조사목적을 명확히 달성해 주지 못하거나 심지어 편향된 결과를 도출할 수 있다는 점이다. 또한 마케팅조사목적의 측면에서 자료의 정확성, 최신성, 그리고 신뢰성이 떨어질 수도 있다.

4.2.3 2차 자료의 평가를 위한 기준

조사자는 2차 자료조사에서 2차 자료의 단점과 한계를 명확히 이해하고 이를 바탕으로 2차 자료조사의 결과를 평가하여야 한다. 〈표 4-3〉은 2차 자료의 가치를 평가하기 위해 주로 다루어지는 기준들을 보여 주고 있다.

표 4-3 2차 자료 평가기준

기준	세부 평가항목
자료수집방법의 구체성	• 자료수집방법 • 응답률 • 자료의 질 • 표본추출방법 • 표본크기 • 설문지설계 • 자료조사형태 • 자료분석 • 오류 가능성
자료의 최신성	• 자료수집시기 • 자료갱신주기
목적의 관련성	• 자료수집의 목적
측정형태	• 변수정의 방법 • 측정단위 • 사용된 범주 • 측정방식
신뢰성	• 전문지식, 수집과정의 신뢰성, 평판, 그리고 출처의 신뢰성

자료수집방법의 구체성

2차 자료에 대한 신뢰성과 타당성을 확인하기 위한 자료수집과정에 대한 평가는 매우 중요하다. 자료수집과정의 평가에서는 세부 평가항목으로 표본의 특성, 응답률과 자료의 질, 설문지의 설계와 관리, 설문조사과정, 그리고 자료분석과정을 포함한다. 이러한 평가 세부항목들은 자료의 신뢰도와 타당성 판단을 위한 정보를 제공해 주고 2차 자료조사를 통해 도출된 결과를 일반화할 수 있는지에 대한 판단의 기준이 된다. 자료수집 및 접근방법에 따라 다양한 형태의 오류를 포함할 수 있어 가능한 오류에 대한 검토가 필요하다. 특히 2차 자료는 조사자가 직접 조사에 참여하지 않았기 때문에 오류를 점검하는 것이 쉽지 않다. 조사자는 2차 자료의 오류 가능성을 점검하기 위해 다양한 출처의 자료를 비교하여 오류를 점검할 수 있다.

자료의 최신성

2차 자료는 최신의 것이 아닐 수도 있고, 인구통계자료와 같은 경우 자료수집과 공개 사이에 시간 차이가 길 수도 있다. 게다가 자료가 주어진 문제의 목적을 위해 충분히 주기적으로 갱신되어지지 않을 수도 있다. 마케팅조사는 일반적으로 최신의 자료를 요구한다. 그러므로 2차 자료의 가치는 오래될수록 그 가치가 떨어진다. 따라서 여러 마케팅 조사기관들은 주기적으로 마케팅 관련 통계자료를 갱신한다. 조사자는 조사에 활용되는 2차 자료가 최신의 상태가 유지되고 있는지 확인하여야 한다.

목적의 관련성

자료는 일반적으로 특별한 목적과 함께 수집되기 때문에 어떤 목적으로 해당 2차 자료가 수집되었는지는 중요한 세부 평가기준이 된다. 2차 자료의 본래 수집목적과 현재 마케팅조사목적과의 관련성은 2차 자료가 현재 마케팅조사목적에 얼마나 잘 부합하는지를 판단하는 중요한 기준이 된다. 일반적으로는 2차 자료의 수집목적이 현재 마케팅조사목적과 정확히 일치할 가능성은 높지 않지만, 현재 마케팅조사목적과 관련성이 상대적으로 높거나 낮을 수는 있다. 따라서 조사자는 이 관련성 정도가 얼마나 높은지를 판단하여 해당 2차 자료가 현재 마케팅조사목적에 얼마나 잘 부합하는지를 평가하여야 한다.

측정형태

자료의 측정형태의 평가는 변수의 정의, 측정단위, 사용된 범주, 그리고 조사된 관계에 대해 충분한 검토가 이루어져야 한다. 만약 변수의 정의가 적절하지 않거나 조사자의 정의와 다르게 일관성 없는 방식으로 정의된다면, 자료의 유용성에 문제가 생길 수 있다. 또한 2차 자료는 현재의 문제에 대해 적합하지 않은 단위로 측정될 수도 있다. 조사와 측정에 사용되는 단위는 향후 조사결과의 해석에 지대한 영향을 미치기 때문에 자료의 가치평가뿐만 아니라 해석에 있어서 반드시 고려되어야 하는 세부사항이다. 마지막으로, 측정방식을 명확히 파악하고 그 특성을 평가하여야 한다. 실제 행동을 측정했는지 의도를 측정했는지에 따라 자료의 유용성은 달라질 수 있다.

신뢰성

일반적으로 자료의 신뢰성은 전문지식, 수집과정의 신뢰성, 평판, 그리고 출처의 신뢰성 등의 세부항목을 평가한다. 특별한 목적을 가지고 조사된 2차 자료는 해당 목적과 함께 면밀히 평가하여야 한다. 익명으로 조사된 자료나 자료수집의 방법이나 절차의 세부사항이 명확하지 않은 2차 자료 역시 그 신뢰성 평가에 있어 주의하여야 한다. 또한 2차 자료가 직접적인 조사를 통해 도출된 자료인지 아니면 또 다른 2차 자료 또는 간접적 자료조사를 통해 재구성되었는지 역시 확인하여야 한다. 일반적으로 특수한 목적에 따라 재가공된 2차 자료보다는 일반적 목적으로 직접 조사된 2차 자료의 신뢰성이 상대적으로 높다.

4.2.4 2차 자료의 분류

2차 자료는 기업 내부 자료 또는 기업 외부 자료로 분류될 수 있다. 기업 내부 자료는 조사를 진행하는 해당 조직 내에서 만들어진 자료를 말하고, 기업의 경영정보시스템으로부터 일상적으로 제공되는 정보와 같이 기업 내에서 일반적 절차를 거쳐 바로 활용 가능하다. 하지만 기업 내부 자료는 기관 내에서 존재하지만 조사자가 해당 자료를 사용하기 위해서는 보안 점검 등 상당한 절차가 필요할 가능성이 있다. 예를 들어, 특정 브랜드의 매출정보는 기업 내에 항상 존재하는 정보이지만 영업기밀일 가능성이 높아 모든 조사자가 손쉽게 접근할 수 없을 수도 있다. 반면에, 기업 외부 자료는 조사기관 외부의 출처들로부터 만들어진 자료를 말한다. 기업 외부 자료들의 출처로는 뉴스, 저서, 보고서, 논문들을 포함한 출판된 자료, 인터넷 또는 모바일을 통해 접근 가능한 전자화된 데이터베이스, 그리고 이러한 정보들을 재가공하여 유료 또는 무료로 제공하는 전문 정보 서비스 등이 있다.

일반적으로 2차 외부 자료는 수집에 상당한 금전적 · 시간적 비용이 소요되고 상대적으로 광범위하거나 일반적인 목적으로 수집되기 때문에 2차 외부 자료를 수집하기 전에, 2차 내부 자료를 분석하는 것이 효율적일 수 있다.

2차 내부 자료

대부분의 현대 기업들은 풍부한 내부정보를 가지고 있기 때문에, 어떤 자료들은 바로 사용 가능하거나 일반적 과정을 거쳐 유용한 통찰력을 제공할 가능성이 높다. 특히 마케팅조사과정에서 내부 자료에 대한 조사는 문제와 상황의 파악을 위해 필수적인 과정으로, 기업 내부 자료를 바탕으로 조사자는 문제의 객관적 결과, 본질, 문제의 발생원인에 대한 추론, 심지어 해결방법까지 예측할 수 있는 근거를 제시해 줄 수 있다. 또한 2차 내부 자료는 다른 외부 자료나 조사에 비해 쉽고 저렴하게 사용 가능하기 때문에 조사의 첫 출발점으로 적절하고, 특히 내부 자료의 특성상 외부에서의 접근이 대부분 불가능하여 그 가치가 상대적으로 높다.

대표적인 2차 내부 마케팅 자료로는 고객정보 데이터베이스가 있다. 고객정보 데이터베이스는 고객 프로필과 구매 세부사항을 저장하고 추적하기 위한 전자적 기록을 의미한다. 예를 들어, 고객정보 데이터베이스는 매장, 홈페이지 등 다양한 공간에 분산되어 있는 판매정보를 포함한 다양한 종류의 고객정보를 중앙 데이터 서버에 저장한다. 이렇게 저장된 고객정보들은 단순한 고객분류에서 좀 더 복잡한 분석모형을 적용하여 향후 고객행동 예측과 고객가치(고객생애가치: Customer Lifetime Value) 평가에까지 활용된다.

최근 고객정보 데이터베이스 구축과정은 IT기술의 발달로 상당한 수준으로 자동화가 이루어져 있으며 점점 저장되어지는 고객정보의 종류가 다양해지며 동시에 저장빈도는 빨라지고 저장량 역시 증가하여 기업 내부에서 관리할 수 있는 빅데이터로 최근 주목을

그림 4-1 고객정보 데이터

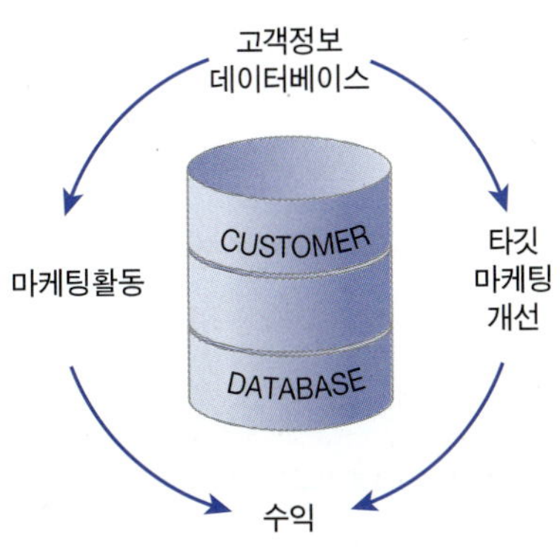

받고 있다. 현대 마케팅 관점에서 고객정보 데이터베이스는 고객관계를 육성하고, 확장하고, 지키기 위한 고객관계관리(Customer Relationship Management: CRM)의 효율적 운영을 위해 기업에 필수적 도구로 자리매김하고 있다.

2차 외부 자료

2차 외부 자료의 출처들은 정부, 협회, 시민단체, 출판사, 투자분석전문 회사/기관, 그리고 전문적인 마케팅조사 회사/기관들을 포함한다. 이들 2차 외부 자료는 그 양이 엄청나게 많기 때문에 이들을 조사의 목적에 맞게 분류하는 것이 중요하다.

출판된 외부 출처들은 기업이나 영리 조사기관들이 주로 유료로 배포하는 상업자료(Commercial Data)와 정부기관이나 비영리 기관 등에서 주로 무료로 배포하는 비상업자료(Non-commerical Data)로 분류할 수 있다. 상업자료의 예로서 투자분석기관들의 기업정보, 시장과 마케팅에 대한 정보 등이 있으며, 비상업자료의 예로는 정부의 인구통계자료, 산업통계자료 등이 있다. 최근 많은 2차 외부 자료들이 디지털화되어 이러한 2차 자료 대부분이 온라인, 모바일로 접근 가능하여 자료의 검색과 확보가 용이해졌다.

4.2.5 2차 외부 자료 상세

2차 전문 자료

2차 전문 자료는 수많은 의뢰인들에 의해 공유되어진 정보 필요를 제공하기 위해 만들어진 자료들을 의미하고, 일반적으로 전문적인 마케팅조사회사/기관에 의해 유료로 판매된다. 전문 자료 서비스를 이용하는 것은 특수한 목적을 바탕으로 자료를 모으는 것보다 비용 면에서 더 효율적일 수 있다. 전문 자료 서비스는 세대/소비자의 응답을 조사하는 설문조사, 소비자패널조사 또는 전자 스캐너 서비스로부터 얻게 되는 스캐너 패널조사 등이 있다. 설문으로부터 얻어진 정보는 소비자의 가치, 그리고 생활패턴, 광고 평가, 또는 선호, 구매, 소비, 그리고 다른 소비자행동 측면과 관련된 일반인 정보들을 제공한다. 패널은 구매 또는 미디어 소비에 대한 주기적이고 객관적인 정보를 제공한다. 전자 스캐너 서비스는 UPC 스캐너 데이터, 패널과 연결된 스캐너 데이터, 또는 패널과 (케이블) TV가 연결된 스캐너 데이터로부터 자료를 얻을 수 있다.

주기적 설문조사 자료

전문 마케팅조사기관들은 주기적으로 미리 만들어진 설문지를 사용하여 많은 수의 조사대상자들을 대상으로 조사를 실시한다. 종종 이러한 설문조사들은 패널들로부터 추출되어진 표본들에 대해 수행되어진다. 패널들은 일정한 간격을 두고 장기간에 걸쳐 특정한 정보를 제공하는 조사대상자 표본을 의미하고, 개인, 세대, 단체 등이 그 대상이 될 수 있다. 우편 패널을 포함한 패널 설문조사의 응답률은 충실한 패널 구성원들을 설문조사에 참여하도록 만드는 무작위 표본추출과정에 의해 상당히 향상되어질 수 있다.

전문 마케팅조사기관들의 주기적 설문조사들은 전화, 면대면, 우편, 또는 전자 접촉방법 등의 방식으로 진행될 수 있고 소비자의 심리묘사적 특성(Psychographic Characteristics)이나 라이프스타일(Life Style), 광고평가, 또는 일반적인 설문조사의 내용과 유사한 내용 등 광범위한 목적으로 이루어질 수 있다.

또한 주기적 설문조사를 통해 관심매체에 대한 광고효과를 평가하기도 한다. 효과 측정의 일반적 원리는 테스트 광고를 매체에 시험적으로 삽입하여 인지, 기억, 설득, 태도, 선호 등의 광고반응을 평가한다. 예를 들어, TV 광고의 경우 청중을 모집하여 광고반응을 평가하는 시사방법과 집이나 특별히 선정된 지역에서 그 반응을 평가하는 현장방법으로 구분된다. 광고시청 후 광고효과를 직접 질문하는 설문조사를 실시하는 형태로 이루어질 수 있다.

주기적 설문조사는 조사대상자들로부터 데이터를 얻는 가장 유연하고 손쉬운 방법 중 하나이다. 조사자는 많은 사람들 중 어떤 특정 집단에만 집중할 수도 있고, 소비자의 동기, 태도 그리고 선호에 대해 직접적으로 질문할 수도 있고, 시각적 자료, 패키지, 제품, 또는 다른 도구들을 설문조사 중에 사용할 수 있다. 제대로 분석된 설문자료는 조사자가 그룹 간의 차이점을 살펴보거나 어떤 현상이나 특성의 효과를 시험하거나 심지어 미래 행동을 예측하는 것과 같은 다양한 목적으로 활용될 수 있다.

반면에, 설문조사는 조사대상자의 자기보고(Self-report) 응답에 의존하는 방식으로 다음과 같은 몇 가지의 한계점을 가지고 있다. 우선, 사람들이 말하는 것과 그들이 실제로 행동하는 것에는 상당한 차이가 존재하므로, 조사대상자가 잘못 기억하거나 사회적으로 원하는 응답을 하는 등의 응답 오류가 발생할 수 있다. 그리고 조사대상 표본에 문제가 있을 수 있고, 설문조사의 질문에 표현상의 오류가 존재하거나, 조사 자체가 적절하게 시행 또는 관리되어지지 않았을 수 있으며, 심지어 설문조사의 결과가 잘못 해석될 수도 있다.

주기적 행동 조사 자료

주기적 행동 조사의 형태는 구매 패널과 미디어 패널 조사로 나누어 볼 수 있다. 구매 패널과 미디어 패널은 조사대상자들이 행동(구매 또는 TV 시청)할 때, 그들의 특정한 행동을 일정 규칙에 따라 기록한 자료를 의미하는데, 조사대상자의 행동은 특정한 형태의 일지에 기록되고 일지는 정기적으로 조사자에게 제공된다.

구매 패널과 예상 판매, 시장점유율 추정, 브랜드 충성도와 브랜드 전환 행동의 평가, 특정한 사용 그룹의 프로필 측정, 홍보의 효과, 그리고 통제된 매장시험(Store Test)을 시행하는 데 활용될 수 있다. 미디어 패널은 라디오나 TV에 의한 광고비율 측정, 적절한 프로그래밍 선택, 시청자나 청취자의 하위집단을 특정하는 데 도움이 되는 자료를 제공한다.

구매 패널과 미디어 패널의 장점은 다음과 같다. 패널은 종단적 자료(Longitudinal or Time-series Data), 즉 같은 조사대상자들로부터 여러 차례 수집된 자료를 제공해 준다. 패널의 일원으로서 역할을 다하고자 하는 사람들은 표본 조사대상자들보다 더 많은, 그리고 더 높은 질의 자료를 제공할 수 있다. 구매 패널에서 조사대상자가 구매할 때 기록을 하기 때문에 조사대상자의 기억의존도를 최소화할 수 있으며, 전자 기기에 의해 기록된 정보는 인간의 기억에 의한 오류를 배제할 수 있다.

구매 패널과 미디어 패널의 단점은 대표성의 부족, 시간의 변화에 따른 성숙, 그리고

그림 4-2 시청률 조사 기기: 피플 미터

반응 편향을 포함한다. 일반적으로 패널 표본의 추출은 일반적인 표본의 추출보다 어렵고 복잡하기 때문에 조사기관의 편의에 따라 패널들이 전체 모집단을 대표하지 못하는 경우가 종종 존재한다. 특히 이러한 문제는 패널 구성원들의 응답에 대한 거부 또는 조사 기간 동안 일어나는 패널 구성원의 이탈에 의해 더 심화될 수 있다. 반복적 응답을 요구하는 패널조사는 태생적으로 시간의 변화가 패널 구성원들의 응답에 다양한 형태로 영향을 줄 수 있다. 조사대상자는 패널조사의 반복적 구조로 인해 조사대상자의 인위적 응답을 유도하는 다양한 형태의 응답 편향(Response Bias)의 가능성이 상대적으로 높다.

전자 스캐너 자료

최근 혁신적인 IT기술과 전자기술의 발달로 전자 기기를 활용한 자료조사 또는 수집 방식인 전자 스캐너 서비스의 활용이 점점 더 일반화되고 있다. UPC 스캐너 자료는 상품에 인쇄되어진 바코드(Universal Product Code: UPC)를 시각적으로 읽는 레이저 스캐너 위로 상품이 통과되면서 판매정보가 자동으로 수집된다. 자동으로 수집된 상품판매정보는 고객정보 데이터베이스에 자동으로 저장되어 판매된 모든 제품과 구매한 고객의 정보를 실시간으로 수집하고 추적할 수 있다. 현재 많은 소매업에서 사용되어지는 스캐너는 포장되어진 제품에 대한 마케팅 연구에 대변혁을 일으키고 있다.

스캐너 패널 조사를 위해 고객들은 매번 그들이 쇼핑할 때마다 간단하게 계산대에서 사전에 등록한 고객카드를 보여 줌으로써 자신의 거래기록을 자동으로 기업에 제공한다. 이에 대한 대가로 고객은 기업으로부터 소정의 할인 서비스나 선물을 제공받기도 한다.

스캐너 패널 조사는 다음과 같은 장점과 단점을 가지고 있다. 스캐너 자료는 고객의 인터뷰, 기록, 기억, 또는 전문가 편향의 대상이 아닌 구매행동 자체를 직접적으로 반영

그림 4-3 전자 스캐너와 바코드

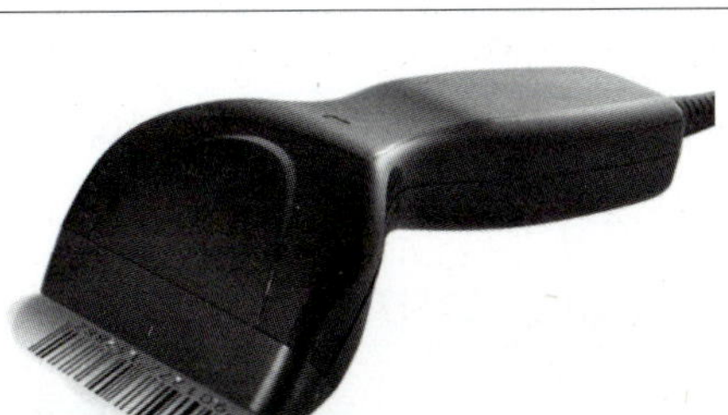

하기 때문에 설문조사나 구매 패널과 비교해 더 높은 신뢰성과 정확성을 가지고 있다. 스캐너로부터 얻어진 구매에 대한 기록은 가격수준이나 변동이 크게 부각되지 않기 때문에 조사에 대한 응답 편향의 가능성을 현저히 낮추게 된다. 또한 가격, 홍보, 그리고 진열과 같은 민감한 상점 환경 변수들의 자료와 연동되어 자료를 활용할 수 있으며 동시에 스캐너 패널 자료는 최신 자료로 실시간으로 업데이트된다. 스캐너 자료의 주요한 단점은 대표성의 부족이다. 스캐너 자료는 해당 자료가 저장된 상점의 고객 또는 정보 제공을 선택한 고객들만을 대상으로 하기 때문에 전체 고객으로 일반화되기 어렵다. 최근에는 바코드 대신 사용자 편의성이 높아진 QR코드를 활용하기도 한다.

스캐너 자료의 질은 다음 몇몇의 요소들에 의해 제한되어진다. 먼저, 모든 제품이 스캔되는 것은 아니다. 예를 들어, 점원이 무거운 물품을 들어올리는 것을 피하기 위해 수기로 기록할 수도 있다. 만약 상품의 바코드를 스캔하는 것이 불가능한 경우, 점원은 바코드를 무시하고 손쉽게 가격만 입력할 수도 있다. 또한 가끔은 소비자들이 다양한 유형의 세트 제품을 구매하지만 점원은 그중 한 유형의 제품만을 스캔하고 구매수량에 직접 입력할 수도 있다. 아울러 스캐너 패널 자료가 행동과 판매정보를 제공하지만, 고객의 태도, 선호도, 그리고 특정한 선택에 대한 이유들에 대한 정보를 제공하지는 않는다.

공개된 기업의 감사자료

공개된 기업의 감사자료는, ① 전체 시장의 크기와 업체수, 지역, 또는 도시의 종류에 따른 매출, ② 브랜드 점유율과 경쟁활동, ③ 판매량과 생산량, ④ 유통문제의 분석, ⑤ 시장잠재력의 개발과 전망, 그리고 ⑥ 판매량에 기초한 촉진비의 할당 등에 활용된다.

감사자료는 기업 수준에서 다양한 경쟁제품들에 대해 상대적으로 정확한 정보를 제공한다. 게다가 이러한 정보는 브랜드, 상점의 종류, 그리고 시장의 크기와 같은 수많은 중요한 변수들로 더 세분화되어질 수 있다.

하지만 감사자료는 한계점을 가지고 있다. 모든 시장들이나 운영기관이 기업의 감사자료를 공개하지는 않는다. 또한 감사정보는 상대적으로 긴 주기를 갖기 때문에 최신의 것이 아닐 수도 있다. 전형적으로, 감사주기의 완성과 보고서의 발행 사이에는 최소한 두 달 이상의 시간 차이가 있다. 또 다른 단점은 스캐너 자료와 다르게 감사자료는 소비자특성과 연결되어지지 않는다는 것이다. 사실, 감사자료를 광고비용과 다른 마케팅노력과 연관시키기에는 문제가 있을 수 있다.

4.3 정성적 조사방법

4.3.1 정성적 조사방법의 개요

정성적 조사에서 조사자는 어떠한 문제에 대해 정의하거나 혹은 좀 더 발전적인 접근을 하기 위해 조사에 착수한다. 정성적 조사이든, 정량적 조사이든, 모두 조사자의 특정한 조사목적을 바탕으로 조사가 이루어져 조사의 결과물이 1차 자료라는 공통점이 있다. 특히 정성적 조사는 가설을 만들거나 혹은 변수를 확인하기 위한 사전 탐색적 조사의 목적으로 많이 활용된다. 정량적 조사는 데이터의 수량화와 표준화 그리고 다양한 형태의 통계적 방법을 적용할 수 있는 반면, 정성적 조사방법은 불분명한 문제상황에 대한 명확한 통찰과 이해를 제공해 줄 수 있다. 그래서 정성적 조사는 종종 정량적 조사로부터 발견된 사실들을 설명할 때 활용되기도 한다. 그렇지만 정성적 조사를 통해 발견된 사실들의 활용상의 문제, 또는 섣부른 일반화가 불가능하다는 단점이 존재한다.

따라서 정량적 조사와 정성적 조사가 서로 경쟁적이기보다는 상호보완적인 방법으로 선택될 때 올바르고 성공적인 마케팅조사가 이루어질 수 있다. 〈표 4-4〉에서는 이 두 방법론의 차이를 간략히 보여 주고 있다.

표 4-4 정성적 조사와 정량적 조사

구분	정성적(Qualitative) 조사	정량적(Quantitative) 조사
목적	기초적인 원인이나 동기에 대한 질적인 이해를 얻음	자료를 계량화시키고 표본으로부터 모집단의 결과를 일반화시킴
표본	대표성 있는 소규모의 사례	대표성 있는 대규모의 사례
자료수집	비구조화	구조화
자료분석	비통계적	통계적
주요방법	심층면접, FGI 등	설문조사, 실증분석
결과	초기 현상의 파악 및 이해	의사결정의 최종 단계에 활용

정성적 조사방법을 사용하는 이유

정성적 조사방법을 사용하는 이유를 몇 가지로 정리해 보면 다음과 같다.

첫째, 때때로 조사대상자에게서 직접적으로 얻어진 자료(응답 등)만을 가지고는 특정한 조사목적이나 근본원인에 대한 설명을 항상 얻을 수 있는 것은 아니다. 사람들은 어떠한 질문에 대해 정확한 대답을 하는 것을 회피하려는 경향이 강하고, 스스로의 사생활을 지키기 위해 진심을 담은 대답을 하기 싫어 하기 때문이다. 특히 최근에는 개인정보와 관련된 질문에 대한 대답에 대해서는 조사대상자들이 상당히 민감하게 반응하는 경우가 종종 발생한다.

둘째, 조사대상자에게 무의식에 존재하는 것들을 질문할 경우 조사대상자 스스로가 질문에 대해 정확한 대답을 할 수 없는 경우가 많다. 가치나 감정, 동기부여에 관한 것들은 때때로 그 정도를 정확히 알 수 없으며, 심지어 전혀 모를 수도 있기 때문이다. 이와 같은 이유로 인해 정량적 조사를 통해 조사의 목적을 달성하기 어려운 경우에는 정성적 조사를 활용하여 확증적이 아닌 탐색적인 목적을 달성할 수 있다. 특히 정성적 조사는 조사대상자들의 매우 섬세하고 중요한 감정들을 알아내기에 적절하다.

정성적 조사방법 분류: 직접적 접근 vs. 간접적 접근

정성적 조사의 분류는 [그림 4-4]처럼 도식화할 수 있다. 이 분류는 조사자가 조사의 목적을 명시적으로 제시하는가, 아니면 암묵적으로 제시하는가에 따라 '직접적 접근'과

그림 4-4 정성적 조사방법의 분류

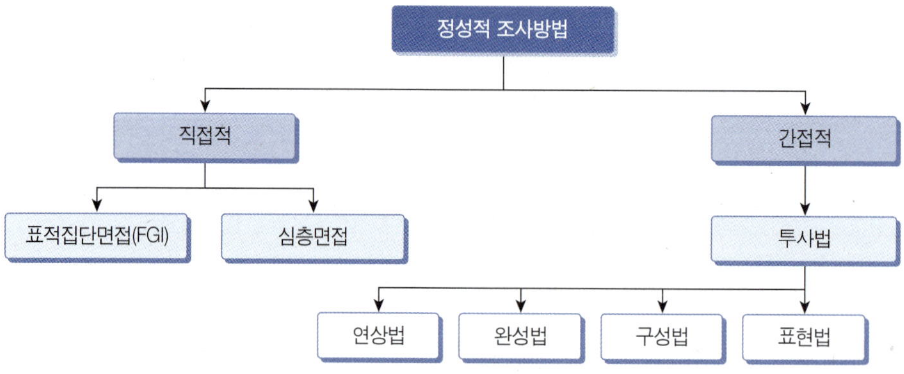

'간접적 접근'으로 나뉜다.

직접적인 접근방법에서는 그 목적을 숨기려 하지 않고 조사의 목적을 조사대상자에게 명확히 제시하며, 표적집단면접과 심층면접이 직접적인 접근의 대표적 예이다. 반대로 간접적인 접근은 그 조사목적을 조사대상자에게 제시하지 않는다. 간접적인 방법으로는 투사법을 대표적인 예로 들 수 있으며, 연상법, 구성법, 표현법들이 사용된다. 각각의 방법은 관심집단을 설명하면서 자세히 설명하기로 한다.

4.3.2 직접적 접근방법

표적집단면접

표적집단면접(Focus Group Interview: FGI) 또는 표적집단토론(Focus Group Dis-cussion: FGD)은 훈련된 사회자(조사자)가 특정한 집단을 선택하여 면접하고 그 대답을 얻는 것을 말한다. 표적집단면접의 목적은 조사자가 조사목적에 맞는 조사대상자들을 대상으로 조사문제에 대한 다양한 대답을 얻어 조사문제에 대한 통찰을 얻기 위함이다. 따라서 표적집단면접을 통해 조사자는 조사대상자들이 자유롭게 대화하는 가운데서 예

그림 4-5 표적집단면접실의 예

상하지 못했던 아주 중요한 답이나 통찰을 얻기도 한다. 표적집단의 선정은 정성적 연구에 있어 매우 중요한 절차이다. 정성적 조사자들에게 많이 알려져 있으며 높은 관심을 받고 있는 표적집단면접의 세부사항을 알아보자.

표적집단은 주로 8명에서 12명으로 구성된다. 8명 이하의 집단은 역동적인 토론을 만들기 어렵고, 12명이 넘는 집단은 너무 많아서 자연스러운 토론이 어려울 수 있기 때문이다. 표적집단은 사회경제적으로나 인류학적으로 통일되거나 비슷한 집단이어야 한다. 일반 공동체 구성원들은 토론 등의 상호작용을 꺼려 하거나 다른 주제에 대해 갈등을 일으킬 수도 있기 때문이다. 또한 참가자들은 특정 기준에 맞아야 하고, 관련 주제에 대한 충분한 경험이 있어 토론이 가능해야 한다. 특히 편향된 결론을 피하기 위해 이미 참가했던 사람들은 중복으로 표적집단에 포함시켜서는 안 된다.

표적집단면접에서 물리적 환경은 매우 중요하다. 편안하고 아늑한 분위기는 더 많은 응답을 이끌어 낼 수 있고, 순서를 적절히 바꾸어 주는 것도 응답유도를 위한 중요한 전략이 될 수 있다. 표적집단면접의 지속시간은 1시간 반에서 2시간 정도가 통상적이다. 이 시간의 길이는 조사대상자 간에 친밀해지는 시간, 조사대상자들의 감정과 믿음, 생각, 태도나 주제에 대한 통찰을 공유하는 시간을 포함한다. 표적집단면접은 비디오나 글 등으로 기록하게 되는데, 특히 비디오 녹화는 초기 설치비용이 많이 소요되지만 조사대상자

그림 4-6 표적집단면접의 진행순서

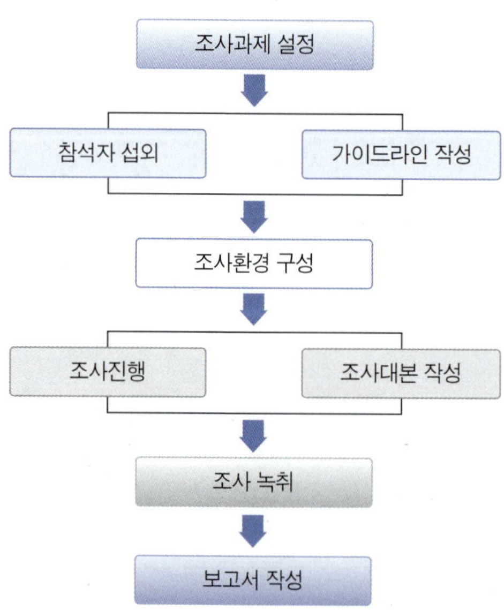

들의 표정이나 몸동작 등을 명확히 기록할 수 있어 조사대상자의 행동을 면밀히 관찰할 수 있다.

표적집단면접에서 사회자는 표적집단면접의 성공 여부에 중요한 열쇠를 지니고 있다. 사회자는 참가자들과 친밀한 관계를 만들어야 하고 계속해서 토의를 이끌고 그들의 통찰을 이끌어 내야 한다. 또한 면접내용의 분석과 해석 시에 매우 중요한 역할을 할 수도 있다. 그러므로 사회자는 기술과 경험, 토론주제에 대한 해박한 지식을 가지고 있어야 하며, 표적집단의 특성에 대한 충분한 이해를 가지고 있어야 한다. 표적집단면접의 진행순서를 간략히 도식화하여 나타내면 [그림 4-6]과 같다.

표적집단면접은 비구조화된 가이드라인을 통해 조사가 유연하게 진행되기 때문에 진행자는 질문의 유형을 사전에 숙지하고 있는 것이 좋다.

한편 피해야 할 질문유형을 보면, 첫째, 다중질문을 피해야 한다. 다중질문은 두 가지 질문을 한 번에 하는 것과 하나씩 대답할 수 없는 여러 가지 질문을 연속적으로 하는 것이다. 예를 들어 "이 서비스의 특징과 장점에 대해서 어떻게 생각하십니까?"라는 유형이다.

둘째로는 유도질문(Leading Question)이다. 유도질문은 연구대상자가 가지고 있지 않을 수 있는, 하지만 질문자에 의해 가실 수 있는 연구자의 편견이나 생각을 만들 수 있다. 이러한 질문은 응답자가 연구자의 관점을 받아들이도록 유도하게 된다.

셋째로 "예 또는 아니오" 식의 답이 나오는 질문도 가급적 지양해야 한다. 이는 대답하기 싫거나 말수가 적은 응답자에게 빠져 나갈 길을 열어 주는 것이다.

표 4-5 표적집단면접의 질문유형

유형	적용	예시(질문 후 Probing)
가정적 질문	어떤 상황에서 어떻게 대처할 것인지, 또는 어떻게 생각하는지를 묻는다. 주로 "만약 ~라면" 또는 "~라고 가정해 보면"으로 시작한다.	"만약 친구를 기다리다가 특별하게 할 일이 없으면 무엇을 하세요?"
대안적 질문	연구주제가 논쟁의 여지가 있을 때, 응답자의 의견이나 느낌을 알고자 할 때 사용한다.	"A서비스에 ○○○기능을 추가한다면 현재 사용하는 B서비스를 해지하고 A서비스를 이용하겠습니까?"
이상적 질문	특정 이슈의 긍정적인 면, 부정적인 면 등을 밝혀 주기에 적합하다.	"A서비스에서 가장 마음에 드는 (이상적인) 기능은 어떤 것이라고 생각하십니까?"
해석적 질문	지금 이해하고 있는 것을 확인하게 해줄 뿐만 아니라 어떤 정보나 견해, 그리고 느낌을 알 수 있도록 기회를 제공한다.	"이 제품은 인터넷으로도 구매할 수 있는데 왜, 불편함을 무릅쓰고 직접 구매하셨는지요?"

자료: 강윤수 외 7인 역, 정성연구방법론과 사례연구, 2005에서 발췌 후 내용 수정하여 재구성

심층면접

표적집단면접과 함께 심층면접(Depth Interview) 역시 정성적 조사를 위한 직접적 접근방법의 하나이다. 그러나 표적집단면접과는 다르게 심층면접은 조사자와 조사대상자가 일대일로 진행된다. 심층면접은 체계가 없고 직접적이며 사적인 면접으로 이루어진다. 따라서 조사자는 조사대상자의 주제에 대한 내면의 감정과 태도, 믿음 등에 대한 대답을 매우 유능하게 이끌어 낼 수 있어야 한다. 심층면접은 30분 또는 1시간이 넘게 소요될 수 있다. 조사자는 조사대상자가 말하기 편한 환경을 만들어 주어야 한다. 조사자의 질문은 조사대상자의 대답에 의해 달라지므로 조사자는 조사대상자의 대답에 대응하여 상세하고 점점 더 깊고 자세한 질문을 제시하여 조사대상자의 대답과 생각의 본질을 파악할 수 있도록 준비해야 한다.

심층면접은 표적집단면접에서보다 더욱 깊고 자세한 통찰을 얻을 수 있다. 심층면접은 표적집단면접과는 다르게 알아내기가 어려운 특정 질문이나 문제에 대한 직접적인 답이나 통찰을 얻을 수도 있다. 심층면접의 결과는 사회적인 압박이 없고 집단면접에 비해 사적인 환경에서 이루어지기 때문에 외부환경에 따른 정보의 왜곡이 상대적으로 적다.

그러나 심층면접은 많은 문제점을 가지고 있다. 먼저, 경험이 많은 조사자들이 매우 적을 뿐만 아니라 많은 비용이 필요하다. 또한 구조화 또는 체계화가 거의 되지 않기 때문에 심층면접의 결과는 사회자에게 매우 의존적이며, 심층면접을 통해 얻어진 데이터는 분석과 해석 그리고 객관화가 상당히 어렵다. 따라서 심층면접은 표적집단면접에 비해 조사에 필요한 시간이 많이 소요되며 이는 조사의 비용을 높이면서 동시에 면접 횟수를 제한하게 된다.

〈표 4-6〉은 표적집단면접과 심층면접을 비교하여 설명하고 있다. 심층면접은 "조사대상자의 내면을 파악하기 위해 좀 더 자세한 질문이 필요할 때", "예민하고 개인적인 문제에 대해서 질문해야 할 때", 그리고 "사회적인 기준이 존재하고 조사대상자가 관심집단에 의해 영향을 받기 쉬운 질문일 경우"에 많이 활용된다.

표 4-6 표적집단면접 vs. 심층면접

종류	활용 적합 분야	진행자/연구자	참석자/대상자
표적집단면접	참석자 간 특정 의견을 공유하면서 그 의견을 계속적으로 발전시키고자 할 경우	참석자들에게 이슈를 질문하고 상호작용이 잘 이루어지도록 중개	상대방의 의견에 대해서 본인의 생각을 덧붙여 논리를 확장
심층면접	연구자 입장에서 알고자 하는 특정 이슈에 대하여 집중적으로 파악하고자 할 경우	연구자가 주도해서 조사의 목적상 구체적으로 알고 싶은 부분에 대해서 계속적으로 질문	특정 이슈에 대해서 지식이 풍부하고 많이 알고 있는 사람

4.3.3 간접적 접근방법

투사법

투사법(Projective Technique)은 정성적 조사에서 직접직 집근방법들과는 다르게 연구의 목적을 숨기는 간접적 접근방법이다. 투사법은 체계적이지 않으며 질문에 있어서도 조사대상자의 내면의 의견 또는 내밀한 사적인 감정을 확인하기 위해 간접적인 형태의 질문을 취한다. 예를 들어, 투사법에서는 본인에 대해서보다는 제3자의 행동에 대한 해석을 질문하고 이를 통해 조사대상자의 상황에 대한 자신의 판단이나 생각, 또는 태도를 간접적으로 판단한다. 투사법은 연상법, 완성법, 구성법, 그리고 표현법으로 분류된다.

1940년대 후반 네슬레에서 인스턴트커피(네스카페)를 출시했다. 당시에는 원두커피를 끓여 마시던 시대였기 때문에, 인스턴트커피는 뜨거운 물만 있으면 바로 커피를 마실 수 있는 '편리함'을 강조하였다. 그러나 커피 소비의 주체였던 대다수의 주부들은 인스턴트커피를 구매하지 않았다. 주부들은 원두커피에 비해 맛이 없기 때문이라고 대답했다. 하지만 인스턴트커피를 출시하기 전 진행했던 블라인드 테스트에서는 대다수가 인스턴트커피와 원두커피의 맛을 구분하지 못했다. 이러한 연구결과가 있었기에 인스턴트커피가 맛이 없다는 주부들의 대답은 쉽게 이해될 수 없었다. 하지만 이후 실시된 마케팅조사에서는 투사법을 실시하여 주부들의 숨겨진 동기를 발견하게 되었다.

조사에서는 100명의 주부를 두 집단으로 나누고 쇼핑리스트를 주었는데, 그 쇼핑리스트에는 모든 항목이 동일했지만, 〈표 4-7〉과 같이 유일하게 커피항목만 달랐다. 조사에서는 주부들에게 주어진 쇼핑리스트를 보고 '쇼핑하는 주부'에 대해 묘사하라고 하였는

데, 두 그룹은 완전히 다른 묘사를 하였다. 〈표 4-8〉과 같이 기존의 원두커피를 구매하는 주부는 검소하고 절약하며 분별력 있는 여자로 묘사하였지만, 인스턴트커피를 구매하는 주부는 게으르고 생각 없이 아무렇게나 사는 여자로 묘사하였다.

이 연구결과에 따라 인스턴트커피의 포지셔닝이 달라졌다. 기존의 '편리함'을 버리고 '활동적이고 계획성 있는 세심한 여자'가 인스턴트커피를 대접하고, 사회적으로 그러한 행위가 '보상'받는 모습을 연출하였다. 새로운 포지셔닝 이후 조사를 한 결과 원두커피를 이용하는 주부들의 인식은 그대로였으나, 인스턴트커피를 사용하는 주부들은 긍정적인 인식으로 전환되었다. 네슬레는 투사법을 통해 주부들이 인스턴트커피를 구매하지 않는 이유가 게으르고 분별력 없는 주부로 보일지 모른다는 부정적 인식 때문이라는 점을 발견했다.

표 4-7 네슬레 네스카페 인스턴트커피에 사용된 투사법 자극물

A그룹 쇼핑리스트	B그룹 쇼핑리스트
1.5파운드짜리 햄버거	1.5파운드짜리 햄버거
식빵 2개	식빵 2개
럼퍼드 베이킹파우더 한 깡통	럼퍼드 베이킹파우더 한 깡통
델몬트 복숭아 통조림 두 깡통	델몬트 복숭아 통조림 두 깡통
감자 5파운드	감자 5파운드
분쇄된 맥스웰하우스 원두커피	네스카페 인스턴트커피

표 4-8 네슬레 네스카페 인스턴트커피에 사용된 투사법 결과

A그룹이 묘사한 여자(원두)	B그룹이 묘사한 여자(인스턴트)
• 검소하고 현실적인 여자 • 요리하기 좋아하는 여자 • 절약하며 분별력 있는 여자	• 늦잠 잘 것 같은 여자 • 게으를 것 같은 여자 • 생각 없어 보이는 여자 • 아무렇게나 사는 여자 • 앞을 내다볼 줄 모르는 여자 • 칠칠하지 못하게 보이는 여자

연상법

연상법은 조사대상자가 대상을 보고 처음 떠오른 것을 대답하는 것을 말한다. 연상법

에서 조사대상자는 단어 목록을 보고 떠오르는 것을 대답하도록 하는데, 이때 목록에 적혀 있는 단어들은 이 연구의 목적을 숨기도록 구성되며, 연상법을 통해 관련 주제의 내적 감정을 추론할 수 있다. 조사대상자는, ① 질문지의 응답에 따른 결과, ② 응답이 주어지기까지 걸린 시간, ③ 적정 시간 내에 대답하지 못한 조사대상자의 수를 바탕으로 분석된다. 예를 들어, 매우 높은 감정적 개입이 있는 조사대상자는 쉽게 대답을 하지 못하는 경향이 있으므로, 개인적인 응답패턴과 응답의 미세한 부분들은 그 사람의 관련 주제에 관한 내적 감정을 간접적으로 나타내 줄 수 있다.

표 4-9 제품별 연상단어의 예

구분	MP3플레이어	휴대폰	햄버거	김치냉장고	백화점
1	음악(21.8%)	편리한(16.8%)	맛있다(20%)	신선한(19.5%)	고급스런(9%)
2	노래(5.8%)	필수적인(5%)	살찌다(10%)	시원한(10.2%)	비싸다(9%)
3	즐겁다(5.8%)	편하다(3%)	더부룩한(5%)	김치(6.2%)	쇼핑(7.8%)
4	신나다(3.5%)	구속하다(2.5%)	비만(5%)	맛있다(5.5%)	복잡한(6.8%)
5	편리한(3.5%)	전화(2.5%)	인스턴트(5%)	싱싱한(4.8%)	다양한(5.2%)
6	자유로운(2.5%)	갖고 싶다(2.2%)	지방(5%)	아삭아삭(4.5%)	많다(2.8%)
7	휴대하다(2.5%)	연락하다(2.2%)	패스트푸드(5%)	김장독(2.8%)	화려한(2.8%)
8	흥겹다(2.5%)	문자(1.8%)	땡긴다(2.5%)	장독대(2.2%)	럭셔리(1.5%)
9	자유(2%)	친구(1.8%)	몸에 안 좋다(2.5%)	맛(2%)	명품(1.5%)
10	–	전자파(1.5%)	미국(2.5%)	숙성(1.5%)	편리한(1.5%)

완성법

일반적으로 완성법은 조사대상자에게 불완전한 문장이나 이야기를 제시하고 이를 완성하는 과정에서 조사대상자의 감정이나 느낌을 확인하는 방법이다. 문장완성은 단어연상과 유사하므로, 조사대상자는 제시된 불완전한 문장을 보고 첫 번째로 떠오른 단어나 구로 문장을 완성할 수 있다. 문장완성법은 단어연상법에 비해 좀 더 많은 정보를 조사대상자에게 제공하게 되어 조사대상자가 연구의 목적을 쉽게 알아챌 수 있다는 단점이 있다. 따라서 이를 보완하기 위해 조사대상자가 구나 절을 이용해 단락 전체를 완성하는 단락완성을 활용하기도 한다. 또한 문장완성과 단락완성을 넘어서는 방법으로는 이야기완성법을 들 수 있다. 이야기완성법에서 조사대상자는 하나의 불완전한 이야기와 이야기

그림 4-7 완성법을 활용한 프로모션 예

자료: 2015년 캐딜락 홈페이지 리뉴얼 기념 이벤트

의 완성방법에 대한 설명을 듣고, 불완전한 이야기를 완성하게 된다. 이때 조사대상자는 스스로의 단어를 통해 이야기의 결론을 도출하고 이야기를 완성시킴으로써, 조사대상자의 감정과 느낌을 표현하게 된다.

구성법

구성법은 완성법과 매우 연관이 깊다. 구성법에서 조사자는 완성법에 비해 최소한의 필수적인 구성요소만 제공하고 조사대상자가 그 제공된 구성요소를 바탕으로 이야기, 대화, 혹은 서술에 대해 구성하게 하는 방법으로, 그림응답법과 만화응답법이 대표적이다.

그림응답법은 조사대상자가 주어진 일련의 그림들을 보고 그림을 해석함으로써, 그들의 개인적인 성향이 표출된다. 따라서 조사대상자의 그림 해석을 바탕으로 충동적이거나, 창의적이거나, 상상력이 부족한지의 여부 등을 판단할 수 있다. 마케팅조사에서는 이 방법을 통해, 조사대상자에게 그림을 보고 이야기를 통해 묘사하게 하고, 묘사된 이야기는 해당 주제에 대한 조사대상자들의 태도를 판단하게 하는 가치척도로 활용한다. 유사한 방법의 하나인 은유유발법(Zaltman's Metaphor Elicitation Technique: ZMET)은 조사대상자가 12개에서 15개 정도의 그림을 선택해서 가져오고 그림의 선택에 대한 자세한 설명을 하도록 하는 것이다. 선택된 그림들이 조사대상자의 내적인 가치나 태도, 믿음을 표현할 수 있기 때문이다.

만화응답법은 어떤 상황을 나타내는 만화들을 보여 주고 만화 속의 인물들의 대화를 빈칸으로 두어 조사대상자가 완성하게 한다거나 또는 인물의 행동 등을 설명하게 함으로써 조사대상자들의 태도나 평가를 판단하는 방법이다.

표현법

표현법에서 조사대상자는 글보다는 말이나 행동으로 타인의 감정과 태도를 표현하게 되는데, 역할극이나 제3자 역할극이 표현법의 대표적 예이다. 역할극의 경우, 조사대상자는 특정 상황에서 다른 사람의 행동을 표현하고 그 역할 안에서 자신의 감성을 표출하게 된다. 제3자 역할에서 조사대상자는 직접적으로 자신의 믿음이나 태도를 나타내기보다는 제3자의 표현을 통해 자신을 표현하게 되는데, 이는 다른 사람에 대해 물어보는 것이 사회적 압박이나 '상황에 맞는 대답'을 하는 것을 좀 더 피할 수 있기 때문이다.

간접적 접근방법의 장점과 단점

간접적 접근방법은 직접적 접근방법에 비해 조사대상자들이 조사의 목적을 알게 되었을 경우에 이끌어 낼 수 없었던 많은 응답들을 이끌어 낼 수 있다는 장점을 가지고 있다. 특히 매우 강한 사회적 통념이 존재할 경우, 간접적 접근방법의 효과는 더 크게 나타난다. 또한 조사대상자의 내적인 동기와 믿음, 그리고 태도 등의 심도 있는 정성적 특성을 좀 더 쉽게 이끌어 낼 수도 있다. 직접적인 접근방법은 해석에서의 오류가 존재할 수 있어 조사자가 잘못된 결과를 이끌어 낼 수도 있지만, 간접적인 접근방법은 다양한 정황과 부가정보들로 인해 잘못된 해석의 가능성을 줄일 수 있다.

하지만 간접적 접근방법의 효과적인 진행을 위해서는 수준 높은 사회자와 해석자가 필요하다. 또한 해석에 있어서 연상법을 제외하고는 모두 열린 결론을 가지고 있어서 분석과 해석이 매우 어렵다는 문제점을 가지고 있다. 특히 역할극과 같은 표현법은 일반적이지 않은 행동을 통한 응답이 가능하게 되는데, 이러한 경우에 연구자는 그들이 일반적이지 않은 행동을 하는 것으로 판단할 수 있고, 이것은 모집단을 대표하지 못하는 결과를 초래할 수도 있다.

4.4 관찰조사

4.4.1 관찰조사의 개념

관찰방법은 탐색적 조사에서 사용되는 또 다른 유형의 방법을 의미하는데, 관찰이란 관심이 있는 현상에 대한 정보를 얻기 위해 사람, 물체 그리고 사건의 행동경향을 체계적인 방법으로 기록하는 것을 말한다. 관찰자는 관찰대상이 되는 사람에게 질문을 하거나 의사소통을 하지 않고, 사건이 발생하는 순간이나 과거 사건의 기록으로부터 정보만을 기록한다. 관찰방법은 구조적이거나 비구조적일 수 있고, 직접적이거나 간접적일 수 있으며, 또한 자연적인 환경에서 이루어질 수도 있고 인위적인 환경에서 이루어질 수도 있다.

구조적 관찰 vs. 비구조적 관찰

구조적 관찰에서 조사자는 구체적으로 무엇을 관찰하며 어떻게 측정하고 기록할 것인지 정해야 한다. 마케팅조사문제가 명백하게 정의되어 있고 필요한 정보가 구체적일 때에는 구조적 관찰이 적합하다. 비구조적 관찰에서 관찰자는 수중에 있는 문제의 모든 측면을 감시한다. 이런 형태의 관찰은 아직 문제가 정확하게 형성되지 못하고 문제의 핵심부분을 파악하기 위해서나 해결책을 개발하기 위해서 유연성이 필요할 때 적합하다. 비구조적 관찰에서 관찰자의 왜곡 가능성은 상대적으로 높다.

직접적(비위장) 관찰 vs. 간접적(위장) 관찰

위장된 관찰에서 조사대상자들은 자신들이 관찰되고 있다는 것을 인식하지 못한다. 사람들은 자신이 관찰된다는 것을 알면 다른 행동을 보이는 경향이 있다. 위장은 일방거울이나 몰래카메라와 같이 눈에 띄지 않는 기계장치에 의해 이루어지므로 조사대상자들을 자연스럽게 행동하게 만든다. 반면, 비위장 관찰에서 조사대상자들은 자신들이 관찰되고 있다는 것을 알고 있다. 비위장 관찰에서 관찰자 효과가 미미하거나 순간적으로만 존재한다는 견해도 있지만 행동 양상을 심하게 왜곡시킬 수 있다는 견해도 존재한다.

자연적 관찰 vs. 인위적 관찰

자연적 관찰이란 주어진 환경에서 일어나는 대로 행동을 관찰하는 것을 말한다. 반면, 인위적 관찰이란 쇼핑몰에 설치된 부엌과 같이 인위적으로 만들어진 환경에서 조사대상자의 행동을 관찰하는 것을 말한다. 자연적 관찰의 장점은 관찰된 현상은 실제 현상을 보다 정확하게 반영해 준다는 점이며, 단점은 자연적 환경에서 바라는 현상이 일어나기를 기다리는 데 드는 비용과 현상을 측정하기가 어렵다는 점이다.

4.4.2 관찰방법의 종류

인적 관찰

인적 관찰은 관찰자가 관찰되고 있는 현상을 통제하거나 조작하려고 시도하지 않고, 자연에서 일어나는 것이나 계획된 환경에서 일어나는 것을 단순히 기록하는 것을 말한다. 예를 들면, 조사자가 교통량을 기록하거나 백화점에서 고객의 흐름을 관찰하는 것을 들 수 있다.

기계적 관찰

기계적 관찰에서는 관찰장비가 관찰하고자 하는 현상을 기록한다. 관찰장비들은 진행되고 있는 행동을 나중에 분석하기 위하여 계속하여 관련 정보를 저장한다. 인터넷은 다양하고 유익한 관찰정보를 제공할 수 있는 매우 좋은 환경이다. 웹페이지의 방문 횟수,

페이지에 소요되는 시간, 방문한 사용자가 특정 아이콘을 클릭한 횟수 등이 모두 측정될 수 있다. 또한 다양한 링크는 웹페이지의 조사자에 의해 제공될 수 있으며, 이는 어떤 링크가 더 잘 접속되는지 관찰할 수 있다. 이것은 표적세분화를 위하여 개인의 중요한 정보를 조사자에게 제공할 수 있다.

인터넷 사용자의 웹 기반 추적은 하나의 흥미롭고 논란이 많은 전자추적기술이다. 인터넷 브라우저가 제공하는 쿠키는 사용자를 식별하는 브라우저에 저장된 문자와 숫자의 조합이며 웹사이트의 방문객에 대한 정보를 수집할 수 있는 복잡하지만 유용한 방법을 제공한다. 종종 이 과정은 사용자 모르게 진행되기도 한다. 회사 및 개인 호스트 웹사이이

그림 4-8 웹로그분석의 예

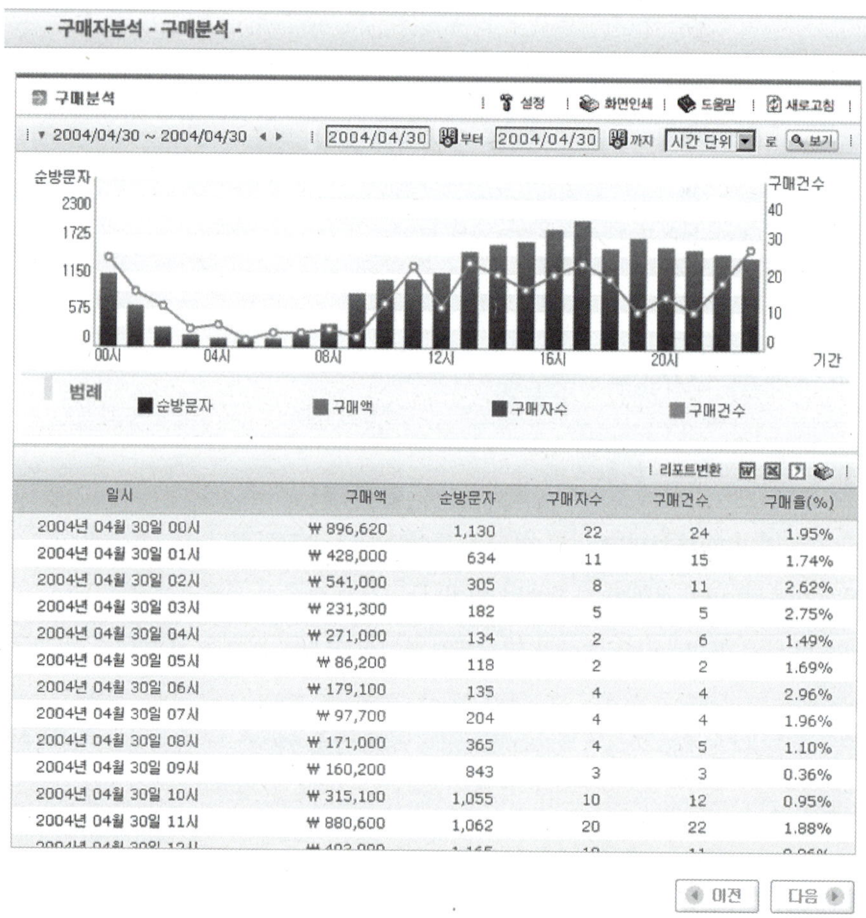

일시	구매액	순방문자	구매자수	구매건수	구매율(%)
2004년 04월 30일 00시	₩896,620	1,130	22	24	1.95%
2004년 04월 30일 01시	₩428,000	634	11	15	1.74%
2004년 04월 30일 02시	₩541,000	305	8	11	2.62%
2004년 04월 30일 03시	₩231,300	182	5	5	2.75%
2004년 04월 30일 04시	₩271,000	134	2	6	1.49%
2004년 04월 30일 05시	₩86,200	118	2	2	1.69%
2004년 04월 30일 06시	₩179,100	135	4	4	2.96%
2004년 04월 30일 07시	₩97,700	204	4	4	1.96%
2004년 04월 30일 08시	₩171,000	365	4	5	1.10%
2004년 04월 30일 09시	₩160,200	843	3	3	0.36%
2004년 04월 30일 10시	₩315,100	1,055	10	12	0.95%
2004년 04월 30일 11시	₩880,600	1,062	20	22	1.88%

자료: ACE Counter

트는 방문자에 대한 시장조사정보를 수집하기 위해 쿠키를 사용한다. 쿠키는 웹사이트를 통해 방문자에 의해 접속된 페이지, 각각의 페이지에 소요된 시간을 기록한다. 방문자의 이름, 주소, 전화번호 및 접속 사이트는 쿠키에 의해 수집되고 방문자의 정보가 데이터베이스에 저장된다.

몇몇 기계적 관찰은 조사대상자의 참여가 필요하다. 기계적 관찰을 위한 기계는 안구추적모니터, 동공계측기, 심리검류계, 음성고저분석기, 응답대기 측정장치, 기능성 자기공명장치 등이 있다. 안구운동측정기, 안구카메라, 안구조망 정밀측정기와 같은 안구추적장치는 모니터를 응시하는 눈의 운동을 추적하여 기록한다. 이 관찰장비들은 조사대상자들이 어떻게 광고를 읽으며 TV 광고를 보고 얼마나 오랫동안 자극의 여러 부분을 보는지를 측정할 수 있으며, 이 측정결과는 광고효과를 평가하기에 아주 유용하다. 동공계측기는 조사대상자의 동공직경의 변화를 측정한다. 조사대상자들은 광고나 다른 자극이 투사되는 스크린을 응시하도록 요청받게 되며, 영상의 밝기와 눈으로부터의 거리는 일정하게 유지한다. 동공크기의 변화는 자극에 노출된 결과로서 생각에 변화가 있는 것으로 해석되며, 동공크기의 증가는 자극에 대한 관심과 긍정적인 태도가 반영된 것으로 가정한다.

그림 4-9 마우스 추적 시스템의 예

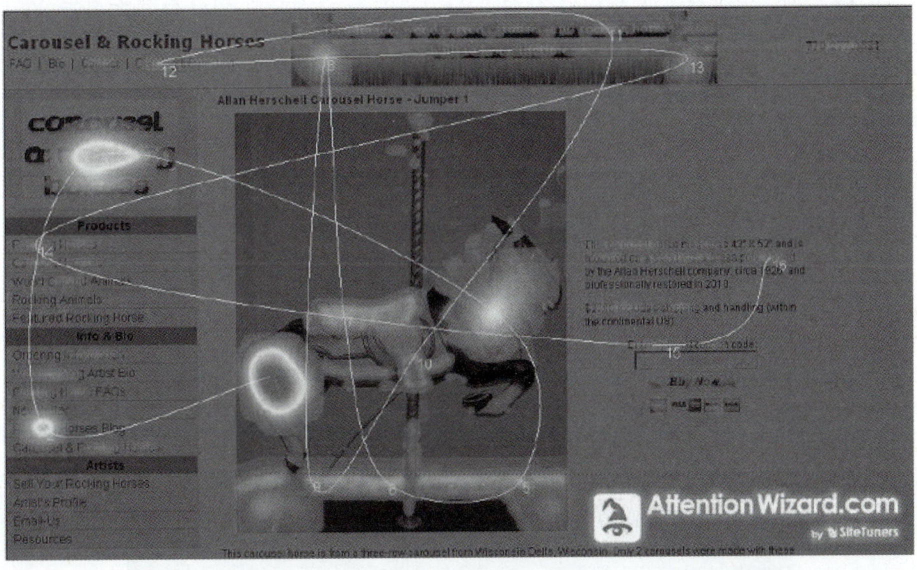

자료: AttentionWizard

심리검류계는 피부의 전류반응이나 피부의 전기저항에 대한 변화를 측정한다. 조사대상자는 전기저항을 감지하는 작은 전기봉을 차고 광고, 포장, 슬로건과 같은 자극을 보게 된다. 흥분하게 되면 땀이 증가하고, 땀의 증가는 피부의 전기저항을 증가시키게 되므로, 자극에 대한 반응의 강도에 따라 조사자는 그 자극에 대한 조사대상자의 관심, 수준, 태도 등을 유추하게 된다.

음성고저분석은 조사대상자의 소리에 나타나는 변화를 통해 감정적인 반응을 측정하는 분석을 말한다. 이 분석기는 감정적인 반응을 나타내는 인간음성의 상대적 진동주기에 대한 변화를 음향적용컴퓨터 장치를 통해 측정한다.

반응대기시간이란 질문에 답하기 전에 조사대상자가 갖는 시간을 말하는데, 이 시간은 여러 대안들에 대한 상대적 선호의 측정으로 사용된다. 응답시간이 불확실성과 직접적인 관계가 있다고 생각하고 조사대상자가 두 대안들 간에 선택하는 데 걸리는 시간이 길어질수록 그 대안들에 대한 선호의 차이가 더욱더 작아진다는 것으로 해석한다. 다른 한편, 조사대상자가 신속하게 선택한다면 하나의 대안을 분명히 선호한다는 것으로 해석할 수 있다. 컴퓨터를 통해 자료를 수집하는 방법은 조사대상자가 인식하지 못하는 가운데 반응대기시간을 정확하게 기록할 수 있다.

[그림 4-10]의 기능성 자기공명영상기록법(fMRI)은 원래 뇌종양을 참조하기 위해 개발된 것으로, 누군가가 다른 자극에 어떻게 반응하는지를 참조하는 데에도 사용하고 있다. 특히 의사결정과 관련된 감정과 사고과정을 측정하고 의사결정을 하는 동안 어떻게

그림 4-10 기능성 자기공명영상기록법(fMRI)에 의한 뇌 기능 사진

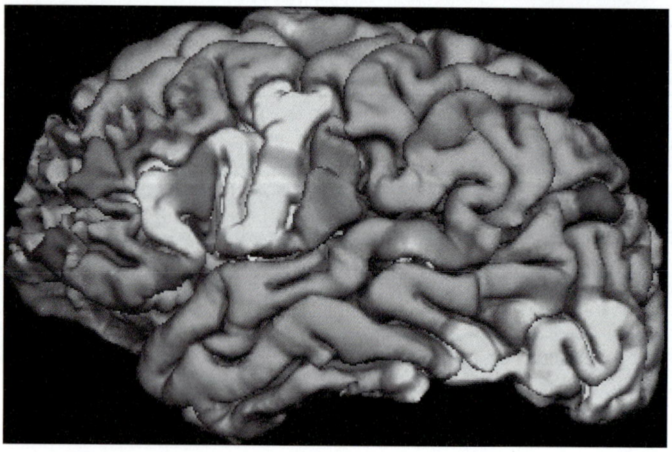

뇌 기능이 강조되는지 알 수 있도록 돕는다. 또한 긍정적인 두뇌 반응을 일으키는 요소가 무엇인지 발견함으로써, 마케팅조사자는 더 효과적인 광고캠페인 또는 더 매력적인 제품을 고안할 수 있다.

동공추적장치, 동공계측기, 심리검류계, 음성고저분석기, 기능성 자기공명영상장치 등의 사용은 신체적 반응이 특수한 인식과 감정적 반응에 연관되어 있다는 것을 가정한다. 아직은 이 가정들에 대한 명확한 검증이 필요하고 신체적 흥분을 측정하기 위한 이들 도구들의 신뢰성 역시 제한적이며, 이들 관찰장비들이 매우 고가라는 단점을 가지고 있다. 다른 한계점은 조사대상자들이 본인들이 측정을 위해 인위적 환경에 놓여져 관찰된다는 것을 안다는 점이다. 하지만 이런 한계점에도 불구하고 이들 관찰장비들은 향후 다양한 마케팅조사에 유용하게 사용될 것으로 기대할 수 있다.

내용분석

내용분석은 관찰해야 할 현상이 행동이나 물체가 아닌 의사소통일 때 적합한 방법이다. 내용분석은 커뮤니케이션의 명백한 내용에 대한 목적과 체계성, 그리고 정량적 설명으로 정의된다. 이 방법은 관찰과 함께 분석을 포함하며, 분석의 단위는 단어(메시지 내의 다른 단어들이나 단어의 형태), 특성(개인 또는 물체), 주제(명제), 공간과 시간 측정(메시지의 길이와 기간), 또는 표제(메시지의 제목) 등이다. 분석단위를 분류하기 위한 분석범주를 개발한 후, 미리 정한 규칙에 따라 커뮤니케이션을 분석한다. 마케팅조사에서는 광고, 신문기사, TV, 라디오 프로그램 등의 메시지나 내용을 관찰하고 분석하는 데 응용한다.

내용분석은 지루한 코딩과 분석을 포함하는데, 명백한 내용은 컴퓨터 코드가 가능하다. 관찰된 분류 코드의 빈도는 컴퓨터를 사용하여 관심의 기준에 따라 비교할 수 있다. 마케팅조사에서 내용분석이 폭넓게 사용되지는 않는다 할지라도 이 기법은 커다란 가능성을 제공한다. 예를 들어, 이 기법은 개방형 질문의 분석에 유용하게 사용될 수 있다.

흔적분석

창의적으로 사용한다면 상대적으로 손쉽게 이용할 수 있는 관찰의 한 방법이 흔적분석이다. 흔적분석에서 자료수집은 물리적 추적이나 증거 또는 과거의 행동에 기초한다. 이런 흔적은 조사대상자들에 의해 의도적이거나 비의도적으로 남겨진 것이다. 예를 들

그림 4-11 마케팅 관련 단어들의 단어 구름(Word Cloud) 분석

그림 4-12 VOSviewer를 활용한 Twitter Hashtag 내용분석 결과의 예

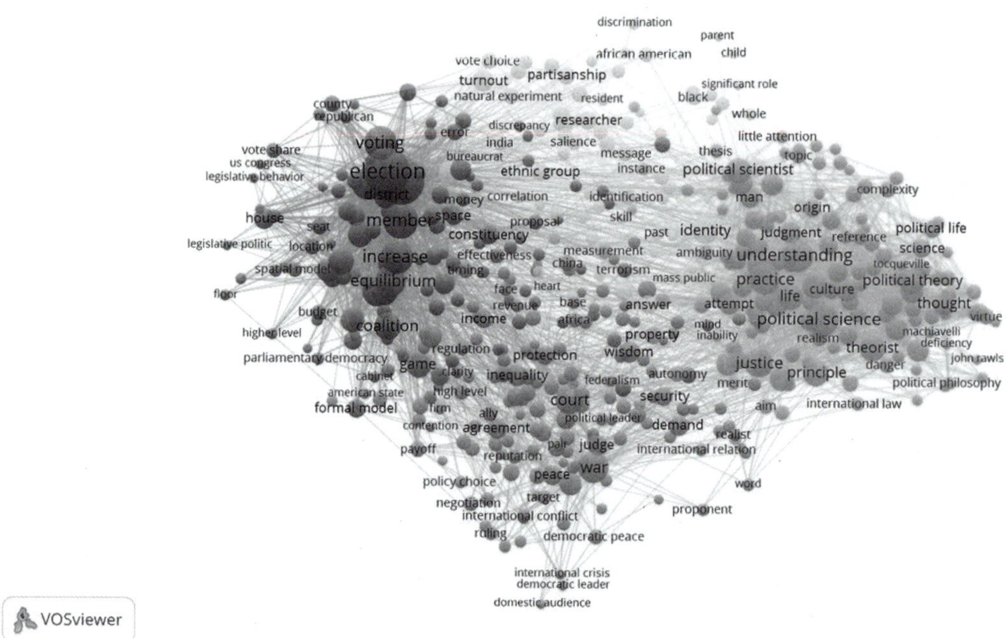

자료: VOSviewer

어, 백화점 충성도 조사에서 멤버십카드를 사용한 전표는 흔적으로 쇼핑객의 구매내역을 조사하기 위해 사용할 수 있다. 마케팅조사에서 흔적분석은 다양한 형태로 혁신적으로 활용되곤 한다.

① 박물관에서 타일의 마모작용으로 인한 교체비율의 집계는 전시물의 상대적 인기도

를 결정하는 데 사용된다.

② 잡지 페이지에 나타난 여러 지문의 수는 여러 다양한 광고와 관계를 측정하는 데 사용된다.

③ 수리를 의뢰해 온 자동차 라디오의 다이얼의 위치는 여러 방송국의 청취자 점유율을 추정하는 데 사용된다. 광고주들은 이 추정치를 근거로 어느 방송국에 광고할 것인가를 결정할 수 있다.

④ 주차장에 주차된 자동차의 연령과 상태는 소비자의 생활수준을 평가하는 데 사용된다.

⑤ 사람들이 자선을 위해 잡지사에 기부한 금액은 잡지사의 인기도를 측정하는 데 사용된다.

⑥ 인터넷 방문자들이 남기는 흔적은 검색이나 사용행위를 검사하기 위해 분석될 수 있다.

민족지학적 조사

민족지학적 조사(Ethnography Research)는 자연적인 맥락에서의 인간행동연구이며, 행동관찰과 설정된 심층인터뷰를 포함한다. 오디오 및 영상 녹음자료도 얻을 수 있으며 질문과 관찰, 두 방법을 동시에 결합하여 고객행동을 조사한다.

기타 방법들

민족지학적 조사와 더불어 질문과 관찰의 사용을 결합한 다양한 다른 방법들이 있는데 그중 한 가지는 흔히 사용되는 미스터리 쇼퍼(Mystery Shopper)이다. 훈련된 관찰자들은 고객들로 위장하고 가격, 디스플레이, 레이아웃 등과 같은 고객과 직원의 상호작용과 더불어 다른 마케팅변수에 대한 데이터를 수집하기 위해 회사 또는 경쟁업체의 상점에서 쇼핑한다.

관찰방법의 장점과 단점

1차 자료를 얻기 위하여 관찰에 전적으로 의존하는 마케팅조사 프로젝트는 상당히 드물다. 이는 관찰조사가 서베이조사와 비교하여 사용 비중이 상당히 작다는 것을 의미한다. 그럼에도 불구하고 관찰조사와 서베이조사를 병행한다면 유익한 점이 있다.

관찰조사의 가장 큰 장점은 행동에 대한 측정이 의도적인 행동과 선택한 행동에 대한 보고라기보다는 실제 행동이라는 점이다. 여기에는 면담자가 원인이 되는 잠재왜곡이나 면담과정이 생략되거나 줄어들어 발생하는 잠재왜곡과 보고왜곡 등의 다양한 오류의 가능성을 줄일 수 있다. 어떤 유형의 자료는 관찰에 의해서만 수집될 수 있다. 여기에는 조사대상자가 인식하지 못하거나 의사소통할 수 없는 행동유형도 포함된다. 예를 들어, 선호되는 유아장난감에 대한 정보는 놀고 있는 유아들을 관찰함으로써 가장 잘 얻을 수 있다. 이는 유아들이 그들 자신을 적절하게 표현할 수 없기 때문이다. 더욱이 관찰되는 현상이 자주 일어나거나 일어나는 기간이 짧다면 관찰방법은 가장 비용이 저렴하고 서베이방법보다 신속하다.

관찰조사의 가장 심각한 단점은 관찰된 행동에 대한 이유를 알 수 없다는 점으로, 이는 내재된 동인, 신념, 태도, 선호가 알려져 있지 않기 때문이다. 관찰조사의 다른 단점은 선택적 지각이 자료를 왜곡시킨다는 점이다. 게다가 관찰된 자료는 때때로 시간과 비용이 많이 소모되고 개인의 사적 활동과 같은 형태의 행동은 관찰하기가 상당히 어렵다. 마지막으로, 관찰방법은 때때로 윤리적 문제에 봉착할 수 있다. 예를 들어, 사람들이 알지 못하거나 또는 조사대상자의 동의를 받지 않은 상태에서 그 사람의 행동을 관찰하는 것은 비윤리적이므로 상당한 주의가 요구된다.

CHAPTER

05

확증적 조사

MARKETING RESEARCH

앞서의 탐색적 조사에서는 2차 자료 조사와 정성적 조사에 대하여 살펴보았다. 본 장에서는 확증적 조사방법인 기술적 조사와 인과적 조사를 이해하기 위해 기술적 조사의 대표적 방법인 설문조사방법에 대해 알아보고, 인과적 조사의 대표적 방법인 실험에 대해 살펴보고자 한다.

5.1 설문조사의 종류

기술적 조사는 대상에 대한 기술(서술: Description)을 목적으로 하며 마케팅조사에서는 일반적으로 시장의 특성(시장의 크기, 성장률, 상표별 점유율 등)이나 반응(인지도, 선호도, 구매의사, 이미지 등)에 대한 이해를 목적으로 한다. 마케팅조사 분야에서는 설문지 형태의 정형화된 응답방식을 이용해 자료를 수집하고 수집된 자료를 통계적인 분석을 통해 결과를 도출하는 과정을 거치는 설문조사방법이 가장 일반적이고 대표적인 기술적 조사의 형태이다. 설문조사방법에는 주기적으로 다양한 형태로 자료를 수집하는 패널조사, 샘플지역조사(Centeral Location Test), 가정사용조사(Home Usage Test) 등이 있다. 일반적으로 기술적 조사에는 횡단(Cross-sectional)조사와 종단(Longitudinal)조사가 있다. 본 장에서 횡단조사의 대표적 예인 설문조사방법에 대해 설명한다. 〈표 5-1〉은 횡단조사와 종단조사의 장단점을 비교 · 설명하고 있다.

표 5-1 횡단조사와 종단조사의 장단점 비교

	횡단조사	종단조사
장점	• 자료수집 비교적 용이 • 객관적 비교 가능	시간에 따른 변화추적
단점	추세, 계절 및 기타 시계열적 분석 불가	• 장시간 소요, 자료수집의 어려움 • 패널관리의 어려움 • 외생변수 통제: 성숙효과, 시험효과, 우발적 사건

5.1.1 설문조사의 개념과 과정

설문조사는 조사의 특별한 목적에 부합하는 정보를 얻기 위해 질문에 대한 조사대상자들의 응답을 수집한다. 설문조사는 조사대상자들의 행동, 의도, 태도, 인식, 동기, 인구통계적 특성, 생활양식의 특징에 관련된 다양한 질문들로 구성된다. 질문은 음성이나 문자, 컴퓨터 또는 스마트폰을 통하여 하고, 응답도 유사한 형태로 얻는다. 전형적으로 질문은 앞서의 탐색적 조사에 비해 구조적인데, 이때 구조적이란 자료수집과정의 표준화 정도를 의미한다. 구조적 자료수집에서는 공식적인 설문지가 준비되고 질문들을 사전에 배열된 순서에 따라 묻는다. 조사가 직접적이거나 간접적으로 분류된다는 것은 조사의 목적이 조사대상자들에게 알려져 있느냐에 기준을 둔다. 직접적 조사의 경우, 조사의 목적이 조사대상자들에게 공개되어 있거나 묻는 질문에 그 목적이 명백하게 드러나 있다. 전형적인 설문지에서 대부분의 질문들은 고정된 대안 질문으로 조사대상자는 사전에 정해진 선택 응답지에서 답을 선택하게 된다.

설문조사의 일반적 과정은 [그림 5-1]과 같다. 설문조사의 첫 번째 단계에서는 일반적인 조사과정과 마찬가지로 목표(마케팅의사결정 문제)와 필요정보(필요한 마케팅정보)를 결정한다. 문제와 필요정보가 결정되면 그에 적합한 설문조사방식을 선택하고 조사의 대상인 표본을 선정한다. 다양한 설문조사형태에 대해서는 다음 절에서, 표본의 선정방법은 다음 장에서 설명한다. 마케팅조사 전문가와 해당 문제의 전문가들을 통해 설문지의 초안을 작성하여 사전에 시험적으로 사전설문조사를 실시하여 문제점을 파악하고 보완하여 최종 설문지를 완성한다. 설문지가 완성되면 적절한 기준을 바탕으로 설문응답자료를 직접 수집할 조사원을 선발하고 설문자료의 수집과정 중 필요한 경우 그에 상응하는 기술을 교육시킨다. 교육된 조사원에 의해 수집된 자료는 1차적으로 부적절한 자료들을 점검하여 정제한 후 자료를 정리(자료의 코딩)한다. 마지막으로, 정리된 자료를 바탕으로 통계분석을 실시하여 조사결과를 도출하고 이를 마케팅의사결정 문제에 적용한다.

설문조사방법은 다음의 몇 가지 장점을 갖는다. 첫째, 설문지는 대부분 구조화 또는 표준화되어 있어 상대적으로 관리하기가 수월하다. 둘째, 제한된 응답대안으로 일관된 응답을 유도할 수 있기 때문에 수집된 자료는 신뢰성이 높다. 고정 응답 질문을 사용하면 조사자들의 차이에 의해 발생할 수 있는 결과에서의 다양성이 줄어들기 때문이다. 끝으로, 설문자료의 코딩, 분석, 해석의 과정은 정성적 조사방법의 분석과정에 비해 객관적이

그림 5-1 설문조사의 과정

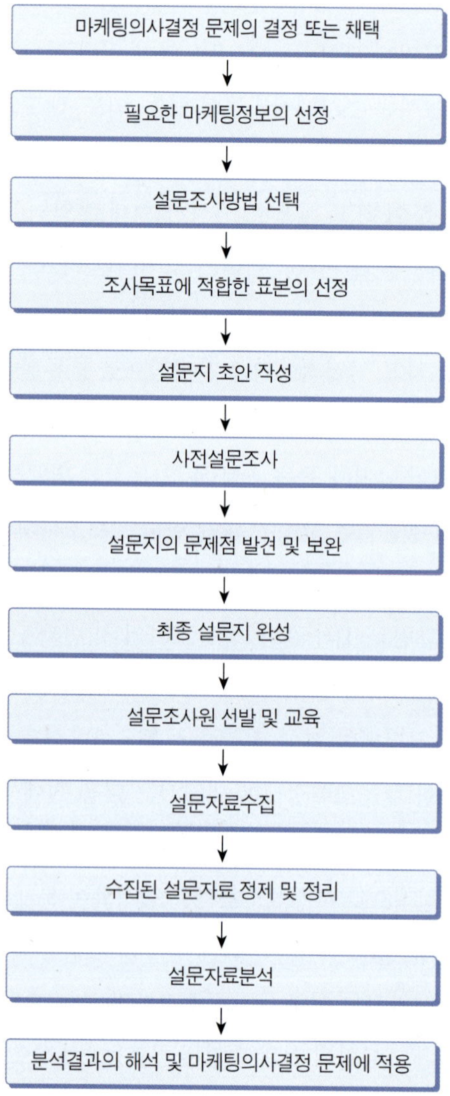

고 비교적 간단하다고 할 수 있다.

단점으로는 조사대상자들이 원했던 정보를 제공할 수 없거나 제공을 꺼리게 될 수 있다. 예를 들어, 동기유발요소에 대한 질문을 고려해 본다면 조사대상자들은 특정 상표를 선택한 동기나 특정 백화점에서 쇼핑한 동기를 의식적으로 인식하지 못할 수도 있다. 이러한 경우, 조사대상자들은 선택동기를 묻는 질문에 정확한 대답을 제공할 수 없게 된다.

만약 요구한 정보가 민감하거나 개인적이라면 조사대상자들은 아마도 응답을 꺼릴 것이다. 또한 구조적인 질문과 고정 응답 대안 질문은 신념이나 느낌과 같은 형태의 자료에 대해서 타당성이 없는 결과를 초래할 수 있다.

일반적으로 설문조사는 다양한 조사대상자들을 대상으로 하기 때문에 설문지 이외의 보조물(신제품, 광고물 등)이 설문조사에 필요한 경우 효율적인 조사진행이 어렵고, 해당 보조물의 제작비가 비싼 경우에는 조사경비가 증가할 수 있다. 또한 제한된 응답시간은 수집할 수 있는 정보의 양을 제한하게 되어 복잡하고 많은 양의 정보가 필요한 조사의 경우, 설문조사가 부적절할 수 있다.

마지막으로 설문조사과정에 조사원이 조사대상자에게 영향을 줄 수 있는 가능성이 있으며 이를 적절히 통제하는 것이 쉽지 않아 조사원이 설문조사에 영향을 줄 수 있다. 그러나 이러한 단점에도 불구하고, 설문조사 접근법은 마케팅조사에서 1차적 자료수집의 가장 보편적인 방법으로 활용되고 있다. 설문조사방법들은 설문응답자료 수집방법에 따라 분류된다.

5.1.2 설문조사의 분류

설문조사는 설문조사의 대상자와의 접촉방법에 따라 ① 개별 접촉, ② 전화 접촉, ③ 우편 접촉, ④ 전자 접촉(인터넷/이메일)의 네 가지 방법으로 시행할 수 있다.

개별 접촉은 가정이나 매장에서 컴퓨터 보조 개별 접촉 형태로 실행할 수 있다.

전화 접촉은 더욱 세분화하여 전통적 전화 접촉 또는 컴퓨터 보조 전화 접촉으로 분류할 수 있다.

세 번째 방법인 우편 접촉은 정상적 우편 접촉이나 우편 채널을 통한 접촉형태로 이루어진다.

끝으로 전자 접촉은 이메일이나 인터넷을 통하여 시행된다.

이들 방법들 중에서 최근 전자기술의 발달로 전자 접촉과 전화 접촉이 가장 보편적이고 다음으로 개별 접촉, 우편 접촉순으로 이어진다. 하지만 어떤 주어진 상황에 모든 조사방법이 적합한 것은 아니기 때문에 조사자는 다양한 조사방법들을 비교 · 평가하여 어떤 방법이 적절한지를 결정하여야 한다.

표 5-2 설문조사방법의 분류와 특성

	개별 접촉	전화	우편	인터넷
조사의 정확성	○	△	×	×
자료의 양, 복잡성	○	×	○	△
조사의 유연성	○	△	×	×
응답률	○	△	×	×
비용	×	△	△	○
시간	×	○	×	△
적합한 조사유형	중요한 결정 마케팅조사	간단, 신속 여론조사	자료수집 실태조사	간단한 의견 이벤트성 조사

개별 접촉

개별 접촉은 조사대상자들이 질문내용을 이해하지 못하는 경우, 이에 대해 자세히 설명해 줄 수 있어 양질의 정보를 얻어 낼 수 있다는 장점을 갖고 있다. 또한 사례품 증정 등을 통해 조사참가에 대한 동기부여를 제공함으로써 응답률을 높이고 성실한 답변을 얻을 수 있다. 하지만 비용이 많이 들고 질문과정에서 조사원이 조사대상자의 응답에 영향을 미쳐 응답의 객관성을 저해할 수 있다는 단점이 있다. 개별 접촉은 가정을 방문하여 조사대상자를 접촉하는 가정 개별 접촉, 매장에서 쇼핑하는 소비자를 대상으로 하는 매장 개별 접촉, 그리고 컴퓨터나 태블릿 PC에 응답하는 형태인 컴퓨터 보조 개별 접촉이 있다.

① 가정 개별 접촉

가정 개별 접촉이란 조사대상자의 가정에서 서로 얼굴을 맞대고 응답이 이루어지는 형태를 말한다. 조사자는 조사대상자들과 접촉하고 질문하여 응답을 기록하는 방식으로 진행되는데, 최근에는 높은 조사비용으로 인해 사용비율이 감소하고 있다.

② 매장 개별 접촉

매장 개별 접촉에서의 조사대상자들은 상가지역에서 쇼핑하는 사람들이 해당된다. 이들에게 요청하여 매장에 위치한 시험시설로 데려온 후, 조사자는 가정에서 응답을 하는 것처럼 동일하게 질문을 하게 된다. 매장 개별 접촉의 장점은 조사자가 조사대상자를 찾아가는 것보다 조사대상자가 조사자 또는 조사지역을 찾아오기 때문에 더욱 효율적이다. 매장 개별 접촉은 조사대상자들이 의미 있는 정보를 제공하기 전에 제품을 보고, 만지고, 소비할 필요가 있을 때 가장 적합하다.

③ 컴퓨터 보조 개별 접촉

컴퓨터 보조 개별 접촉은 제3형태의 개별 접촉으로서, 조사대상자는 컴퓨터의 모니터 앞에 앉아 키보드, 마우스, 터치스크린 등을 사용하여 모니터 화면에 나타난 질문에 답을 하게 된다.

조사대상자가 쉽게 이해할 수 있는 다양한 부가방법들(동영상, 애니메이션, 반응식 응답 등)을 적용한 질문을 담고 있는 전자 장치는 사용자에게 친근감을 줄 수 있다. 예를 들어, 스크린을 통해 다양한 형태의 동적인 질문이나 응답을 할 수 있고 잘못할 경우에는 친절하게 잘못되었다는 메시지를 제공한다. 또한 천연 색감이 넘치는 스크린과 스크린 속의 특별한 자극들은 조사대상자에게 흥미를 일으키게 하고 맡은 일에 몰두하게 한다. 이 방법은 일반적으로 조사자가 조사대상자에게 질문을 하며 조사대상자를 필요한 데로 이끌기 때문에 개별 접촉 기법으로 분류되었다.

컴퓨터 보조 개별 접촉은 쇼핑몰, 제품수리, 대회의장, 전람회 등에서 자료를 수집할 때 사용된다. 컴퓨터 보조 개별 접촉의 인기 있는 하나의 방법은 키오스크(Kiosk)를 활용하여 조사대상자로부터 자료를 수집하는 것이다.

전화 접촉

전화 접촉은 조사자가 조사대상자를 직접 만나는 대신에 전화를 통하여 조사대상자로부터 응답을 받는 방법이다. 전화 접촉의 경우 조사대상자들을 전화번호부를 표본프레임으로 하여 선정한다. 전화 접촉은 빠른 시간 내에 저렴한 비용으로 조사를 실시할 수 있다. 짧은 조사기간에 많은 수의 표본을 대상으로 조사를 하는 경우 전화 접촉이 효과적이다. 일반적으로 전화 접촉의 조사비용은 개별 접촉에 비해 50% 이상 저렴하다. 전화 접촉은 전화번호부를 표본프레임으로 활용할 수 있기 때문에 개별 접촉에 비해 표본선정이 용이하고 효과적으로 표본을 선정할 수 있다.

하지만 전화 접촉의 경우 조사대상자들이 전화를 통해 질문내용을 이해하고 응답을 하여야 하기 때문에 질문내용이 어렵거나 설문내용이 길어지면 조사대상자들로부터 협조를 얻기가 어려운 단점이 있다. 게다가 전화 접촉의 표본프레임으로 활용되는 전화번호부가 불완전하기 때문에 선정된 표본의 대표성에 문제가 발생할 수도 있다. 예를 들어, 전화번호부에 전화번호가 등록되어 있지 않거나 부재중이어서 통화가 불가능한 조사대상자들은 표본추출에서 제외될 수 있다. 전화 접촉은 전통적 전화 접촉과 컴퓨터 보조 전화 접촉으로 분류할 수 있다.

① 전통적 전화 접촉

전통적 전화 접촉 방법은 표본으로 뽑힌 조사대상자에게 전화를 걸어 설문조사를 하는 것을 말한다. 조사자는 조사대상자의 전화응답을 설문지나 기록지에 기록한다. 통신기술의 발달로 전국적인 전화 접촉을 중앙에서 손쉽게 실시할 수 있다.

② 컴퓨터 보조 전화 접촉

컴퓨터 보조 전화 접촉은 최근에 전통적 전화 접촉 방법보다 더 인기를 얻고 있다. 컴퓨터 보조 전화 접촉은 전화를 통하여 조사대상자들에게 녹음되거나 컴퓨터화된 질문을 자동으로 하여 설문조사를 한다. 조사시간이 감소되어 자료의 질은 높아지고, 자료수집과정, 설문지 코딩, 컴퓨터에의 자료입력과 같은 번거로운 과정이 줄어든다. 조사대상자의 응답이 직접 컴퓨터에 입력되기 때문에 실시간으로 데이터가 수집되고 결과 역시 거의 즉각적으로 확인할 수 있다.

우편 접촉

우편 접촉 방법은 우편을 통하거나 우편 패널을 통해 실시될 수 있다. 우편 접촉 방법은 기본적으로 조사대상자가 우편으로 발송된 설문지에 응답하도록 한 후 이를 반송용 봉투를 이용하여 회수함으로써 자료를 수집한다. 우편 접촉법은 개별 접촉에 비해 조사원 비용이 들지 않기 때문에 조사비용이 저렴하면서 동시에 설문지의 양이 길어도 조사대상자가 상대적으로 잘 협조해 준다는 장점이 있다. 그러나 조사대상자가 질문내용을 이해하지 못할 경우 보충설명이 불가능하며 응답률이 낮을 수 있다. 따라서 적절한 표본수를 유지하기 위해 상당히 많은 설문지를 발송해야 하기 때문에 실제로는 상당히 많은 조사비용이 들 수도 있다. 또한 낮은 응답률은 선정된 표본의 대표성을 떨어뜨려 조사의 신뢰성을 낮출 수 있다. 신뢰성과 관련된 문제로 인해 우편 접촉 방법은 중요한 마케팅조사보다는 내부 간이조사 등에 많이 활용된다.

① 일회성 우편 접촉

전통적인 우편 접촉 방법에서는 설문지를 사전에 선발된 조사대상자들에게 보내게 된다. 우편 설문봉투에는 송부할 봉투, 표지편지, 설문지, 회신봉투와 때로는 인센티브(보상)가 들어 있게 되며, 조사대상자들은 설문지에 응답한 후 설문봉투를 반송한다. 조사자와 조사대상자 사이에 직접적인 대화는 없으나, 자료수집을 시작하기 전에 조사대상자들의 주소를 파악하여야 한다. 따라서 첫 번째 단계로 확실한 조사대상자들의 주소목록을 작성한다. 이 주소목록은 전화번호부, 고객명부, 연합회 회원명부, 매체독자목록, 광고회사 등에서 구입하거나 주소를 제공하는 기업을 통해 입수할 수 있다.

주소목록은 최근에 작성된 것일수록 좋고, 조사대상이 되는 모집단이어야 하며, 조사자는 우편 접촉을 위해 필요한 여러 요소들에 대한 의사결정을 해야 한다. 우편 설문조사는 고객의 선호를 측정하는 등 다양한 목적으로 사용될 수 있다.

② 우편 패널

우편 패널은 정기적인 우편설문조사, 제품시험, 전화조사 등에 동참하기로 동의한 가구들로 구성된 대표성이 있는 전국적 대규모 표본을 말한다. 이들 회원 가구들은 다양한 보상을 받게 된다. 패널 회원의 자료는 매년 갱신된다. 다양한 보상에 따른 동기로 인해 패널 회원들이 적극적으로 참여하기 때문에 응답률은 일반적으로 높은 편이다.

최근에는 여러 마케팅조사기업들이 우편 패널에서 온라인 패널로 이동하고 있다. 우편 패널은 동일한 조사대상자들로부터 정보를 반복하여 입수할 수 있다. 따라서 이 패널은 종단조사를 실시하는 데 사용되기도 한다.

전자 접촉

IT기술의 발달과 확산으로 인해 다양한 형태의 조사기법들이 도입되었다. 전자 접촉 방법은 인터넷이나 모바일을 통하여 조사대상고객들에게 전자적 형태의 설문지를 발송하고 이에 대한 응답도 파일로 전송받아 자료를 수집하는 온라인 설문조사의 형태라 볼 수 있다. 인터넷조사법을 이용함에 있어 모든 고객들을 대상으로 무작위적으로 조사를 실시할 수 없기 때문에 적절한 온라인 표본을 선정하기 위해 체계적인 사전준비를 하여야 한다. 특히 최근 스팸메일에 대한 규제와 온라인 설문에 대한 조사대상자의 부정적 인식은 온라인 설문조사에 영향을 줄 가능성이 높다. 전자설문조사는 이메일, 인터넷, 웹 그리고 모바일 접촉 방법으로 실시할 수 있다.

① 이메일 접촉

이메일 조사를 실시하기 위하여 이메일 주소목록을 구입해야 한다. 이 방법은 조사내용을 이메일로 작성하여 조사대상자에게 인터넷을 통하여 전송하는 방식을 의미한다. 이메일 설문조사는 설문지를 다양한 형태의 전자적 형식으로 작성하여 웹에 접속할 수 없다 할지라도 이메일 주소가 있는 누구에게나 보낼 수 있다. 조사대상자들은 응답 칸에 폐쇄적이거나 개방적인 질문에 답을 입력한 후 회신을 클릭하면 응답자료가 자동으로 데이터베이스에 저장되고 도표화되거나 통계처리될 수 있다.

② 인터넷 접촉

인터넷 접촉은 이메일 조사와는 반대로 설문지를 인터넷이나 모바일을 통해 접촉할 수 있는 웹사이트에 올려두고 조사를 실시하는 방법을 말한다. 마케팅조사기업이 관리하는 잠재조사대상자의 데이터베이스로부터 조사대상자들을 모집하거나 전통적인 방법에 의해 조사대상자들을 모집할 수 있다.

조사를 완성하기 위해 조사대상자들은 설문지가 저장되어 있는 특정한 웹 위치를 방문하여 조사에 응한다. 종종 조사대상자로 모집된 것은 아니지만 공개된 조사 웹사이트를 우연히 방문한 사람들도 조건에 따라 조사에 참가할 수 있는데, 웹조사는 다음의 여러 장점을 갖는다.

먼저, 웹은 HTML 언어를 사용하기 때문에 선택단추나 체크박스와 같이 다양한 응답 형태를 제시할 수 있다. 또한 여러 답 중에서 하나만을 선택해야 되는 질문인 경우, 조사대상자가 하나 이상을 선택하지 못하도록 막을 수 있으며 응답을 요구하지 않는 곳에서 입력을 하지 못하도록 막을 수 있다.

그리고 설문의 순서나 질문을 자동적으로 뛰어넘게 만들 수도 있으며, 응답이 입력될 때마다 타당한 응답인지를 점검할 수 있다. 마지막으로, 그래프, 영상, 애니메이션, 다른 웹페이지와의 연계 등과 같은 부가적인 것으로 조사에 응하도록 할 수 있는 자극제를 조사 사이트 속이나 조사 사이트 주변에 만들어 둘 수 있다. 조사대상자의 응답의 결과는 데이터베이스에 자동으로 저장되며 통계처리를 위해 다양한 형태로 데이터를 제공한다.

5.2 설문조사방법의 선택

5.2.1 설문조사 접촉방법의 비교

〈표 5-3〉은 조사방법들을 비교하기 위해 중요한 요소들을 제시하고, 제시한 요소들

표 5-3 설문조사방법의 비교 상세

기준	전화 접촉	가정 개별 접촉	매장 개별 접촉	컴퓨터보조 개별 접촉	일시적 우편 접촉	우편 패널	이메일 접촉	인터넷 접촉
질문의 다양성과 유연성	낮음에서 중간까지	높음	높음	중간에서 높음까지	중간	중간	중간	중간에서 높음까지
물리적 자극의 이용	낮음	중간에서 높음까지	높음	높음	중간	중간	낮음	중간
표본통제	중간에서 높음까지	잠재적 높음	중간	중간	낮음	중간에서 높음까지	낮음	낮음에서 중간까지
자료의 양	낮음	높음	중간	중간	중간	높음	중간	중간
응답률	중간	높음	높음	높음	낮음	높음	낮음	매우 낮음
자료수집 환경의 통제	중간	중간에서 높음까지	높음	높음	낮음	낮음	낮음	낮음
현장 조사자의 통제	중간	낮음	중간	중간	높음	높음	높음	높음
잠재적인 조사자 편견	중간	높음	높음	낮음	없음	없음	없음	없음
속도	높음	중간	중간에서 높음	중간에서 높음	낮음	낮음에서 중간까지	높음	매우 높음
비용	중간	높음	중간에서 높음	중간에서 높음	낮음	낮음에서 중간까지	낮음	낮음
조사대상자의 지각된 익명성	중간	낮음	낮음	낮음	높음	높음	중간	높음
사회적 바람직성 응답	중간	높음	높음	중간에서 높음까지	낮음	낮음	중간	낮음
민감한 정보의 획득	높음	낮음	낮음	낮음에서 중간까지	높음	중간에서 높음까지	중간	높음
발생률	높음	낮음	낮음	낮음	중간	중간	중간	높음

에 따라 각 조사방법들을 비교하고 있다. 조사 프로젝트의 성격에 따라 각 비교요소의 중요성은 차이가 있을 수 있다. 조사방법들을 비교하기 위한 중요요소들은 크게 작업, 상황, 조사대상자 요인들로 분류될 수 있다.

작업에 관련된 작업요인들은 데이터의 수집과 조사의 주제에 관한 것으로 질문의 다양성과 유연성, 물리적 자극의 이용 여부, 표본통제, 자료의 양, 응답률로 구성된다.

상황요소들은 자료수집환경의 통제, 현장 조사자의 통제, 잠재적인 조사자의 편견, 속도, 비용을 포함하고 있다.

응답요소는 조사대상자들의 응답과 관련이 있는 익명성, 사회적 바람직성 응답, 민감한 정보의 획득, 낮은 발생 정도를 포함한다.

질문의 다양성과 유연성

조사에서 물을 수 있는 질문의 다양성은 조사대상자와 조사자, 그리고 설문지 간에 일어나는 상호작용 정도와 조사대상자가 질문을 이해하는 능력 정도에 달려 있다. 개별 접촉에서는 아주 다양한 질문을 할 수 있는데, 그 이유는 조사대상자가 설문지를 육안으로 볼 수 있으며 조사자가 애매한 질문을 명확하게 설명하기 때문이다. 조사대상자와 조사자는 서로 얼굴을 맞대고 만나기 때문에 조사자는 복잡한 설문지를 쉽게 설명할 수 있으며, 심지어 비구조적인 방법을 이용하여 질문을 할 수도 있다.

따라서 가정에서의 개별 접촉, 매장 개별 접촉, 컴퓨터 보조 개별 접촉 방법에서는 다양성이 허용되며, 특히 가정과 매장 개별 접촉은 유연성 또한 높다. 그러나 제한된 상호작용 때문에 컴퓨터 보조 개별 접촉은 다양성과 유연성이 상대적으로 제한되며, 인터넷 조사에서는 조사자의 부재에도 불구하고 다양한 매체의 능력을 활용할 수 있어 다양한 질문을 묻는 능력은 중간 정도로 높게 나타난다. 게다가 다양한 매체기술을 활용한 상호작용이 가능한 설문지 제작은 유연성을 향상시킨다. 메일조사, 메일 상호작용과 이메일 조사에서(의) 설문조사는 기본적으로 독립된 조사대상자를 대상으로 하고 어떠한 설명을 제공하는 조사자가 없기 때문에 비교적 다양성과 유연성이 적다.

인터넷조사의 이점은 질문문항을 포함한 설문지 형태를 빠르게 변형할 수 있다는 용이성이다. 예를 들어, 초기 응답에서 추가 질문의 필요성이 제기된다면 필요한 시점에서 변경 또는 추가 질문하는 것이 우편 설문지 그리고 개인 또는 전화 설문지에서는 거의 불가능하다. 그러나 인터넷조사시스템에서는 손쉽게 필요한 질문을 추가할 수 있다.

물리적 자극의 이용

설문조사과정에 제품, 제품 원형, 상업 또는 촉진 전시물 등과 물리적 자극을 이용하는 것이 도움이 되거나 필요하기도 하다. 따라서 대부분의 예시에서 맛을 시험할 때는 제품의 맛을 보게 하거나 때때로 사진이나 지도 및 다른 시청각 자극물을 활용하기도 한다. 가정 개별 접촉은 조사 전에 미리 준비한다면 물리적 자극의 활용이 가능하며, 촉진 지원 또는 심지어 제품 샘플을 우편으로 같이 보낼 수 있기 때문에, 우편 접촉이나 우편 패널도 물리적 자극의 활용이 가능하다. 인터넷조사의 경우에도 물리적 자극을 적당한 수준에서 활용 가능하다. 예를 들어, 웹을 기초로 하는 설문지에 광고를 포함하여 조사할 수 있으나, 전통적인 전화 접촉과 컴퓨터 보조 개별 접촉, 이메일 접촉에서는 물리적 자극을 이용하는 데는 상당한 제한이 있다.

표본통제

표본통제란 표본으로 정해진 단위에 조사가 이루어지도록 정확하게 통제할 수 있는 정도를 의미하며, 원칙적으로 개별 접촉은 가장 효율적으로 표본통제를 할 수 있다. 어느 표본단위를 접촉해야 할지, 누구를 접촉해야 할지 또한 가구 내의 다른 구성원을 어느 정도 참여시켜야 할지 등 자료수집의 여러 측면에서 통제가 가능하기 때문이다.

하지만 실제에서 최상의 표본통제를 위해, 가정 개별 접촉 조사자는 여러 가지의 문제를 극복해야 한다. 예를 들어, 대부분의 사람들은 낮 동안에 집 밖에서 일을 하기 때문에 가정에 머물고 있는 조사대상자를 찾기가 쉽지 않다. 또한 안전상의 이유 때문에 조사자를 가정에 불러들이기를 꺼려 하며 동시에 외부인에게 응답하는 것 역시 조심하기 때문이다.

매장 개별 접촉과 컴퓨터 보조 개별 접촉은 적당한 수준에서 표본통제를 허용한다. 그에 따라, 조사자가 어떤 조사대상자를 선택할 수는 있으나 그 선택이 밀집상가 쇼핑객으로 한정되면 빈번하게 쇼핑하는 소비자가 표본으로 선택되어 표본의 대표성이 손상될 가능성이 생기며, 또한 잠재적 조사대상자도 의도적으로 조사를 회피하거나 조사자와의 접촉을 주도할 수 있다. 매장 개별 접촉과 비교하여 컴퓨터 보조 개별 접촉은 표본할당을 정할 수도 있고 조사대상자가 자동적으로 무작위로 선택되기 때문에 밀집상가에서의 표본통제보다 좀 더 나은 통제가 가능하다.

전통적 우편 접촉과 컴퓨터 보조 전화 접촉에서는 보통 이상의 표본통제가 가능하다. 전화는 지리적으로 분산되어 있으며 도달하기가 어려운 지역에 사는 조사대상자에게 접근하는 것을 가능하게 한다. 이런 절차는 전화번호부에 나타난 모집단 단위의 목록과 같은 표본프레임에 의해서 좌우된다. 보편적으로 사용되는 표본추출프레임은 전화번호부이지만 이 번호는, ① 개개인 모두가 전화를 보유하고 있지는 않으며, ② 어떤 사람들은 전화번호부에 명단을 올리지 않고 있으며, ③ 이 번호부는 최근에 새롭게 전화를 개설한 사람은 포함되어 있지 않는 한계를 갖고 있다.

무작위 다이얼 기법(RDD)은 전화번호부에 등재되지 않은 번호나 최근에 가입한 전화번호로 인한 편의(Bias)를 극복하기 위해 사용된다. RDD는 무작위로 전화번호 10자리 숫자를 모두 선택할 수 있도록 구성되어 있다. 이 방법은 모든 가구가 표본에 포함될 수 있는 거의 동일한 확률을 제공하지만 다음과 같은 한계점도 있다. 먼저 비용과 시간이 많이 드는데 그 이유는 전화를 건 전화번호 모두가 이용 가능하지 않기 때문이다. 사용 가능한 전화번호는 100억 개이지만 실제 가구가 사용하는 전화번호는 약 1억 개 정도이기 때문이다. 또한 RDD는 관심대상인 전화번호와 그렇지 못한 번호를 구별하지 못한다.

우편 접촉은 표본이 되기에 적합한 개인과 가구의 주소록이 필요하다. 우편 접촉은 지리적으로 분산되어 있는 조사대상자들이나 오지의 조사대상자들과 접촉할 수 있는 이점이 있지만, 주소록은 때때로 존재하지 않거나, 오류가 많을 수도 있으므로 주로 전형적인 전화번호부를 표본추출프레임으로 사용한다. 조사자가 통제할 수 없는 또 다른 요소는 "설문지에 응답을 해줄 것인가"와 "누가 응답을 해줄 것인가"라는 점이다. 어떤 조사대상자들은 관심이 부족하거나 동기유발이 되지 않아 응답을 거부하기도 하고, 다른 조사대상자들은 문맹이기 때문에 응답을 할 수 없는 등의 이유로 인하여 우편 접촉에서 표본통제의 정도는 낮은 수준이다.

한편, 우편 패널은 표본에 대해 중간 수준에서 높은 수준까지 통제가 가능하다. 따라서 패널 내의 특정한 집단을 파악할 수 있게 하며, 구체적인 특성을 갖는 가구를 조사할 수 있게 하고, 패널 내의 특별한 가구 구성원에게 질문을 할 수 있다.

인터넷 접촉은 모든 모집단이 조사대상이 되는 것은 아니다. 조사대상자들이 기준에 맞는지에 대한 자질검사와 표본할당이 가능하지만 표본할당능력은 웹사이트를 방문하는 조사대상자들의 수와 특성에 따라 제한되기 때문에, 이메일 접촉은 우편 접촉의 여러 한계점과 유사하여 낮은 수준의 표본통제가 가능하다.

자료의 양

조사자가 가정 개별 접촉을 통해 자료를 수집할 경우 조사자와 조사대상자 간의 면대면 접촉이 가능하고, 가정이라는 안정적 환경에서 조사를 하기 때문에 상당한 양의 자료조사가 가능하다. 개별 접촉 조사에서 조사대상자는 조사자의 도움을 받기 때문에 질문을 이해하거나 응답하기 위해 많은 노력을 할 필요가 없다. 조사자는 조사대상자가 질문에 대한 응답을 기록하면서 때때로 복잡한 척도에 대한 시각적 정보 등 조사대상자에게 질문을 쉽게 이해하고 응답할 수 있는 추가정보를 제공할 수 있다.

가정 개별 접촉과 대조적으로 컴퓨터 보조 개별 접촉은 중간 정도 양의 자료를 제공할 뿐이다. 개별 접촉과 다르게 컴퓨터 보조 개별 접촉은 조사의 장소가 가정과 같이 조사대상자에게 친숙한 환경이 아닌 특별한 장소(매장 등)에서 실시되기 때문에 조사대상자들이 응답하고자 하는 시간은 상대적으로 적다.

우편 접촉 역시 중간 정도 양의 자료를 제공한다. 우편 접촉을 통한 조사 시 상당히 방대한 설문지를 사용하는데 그 이유는 짧은 설문지가 긴 설문지보다 응답률이 높지 않기 때문이다. 이것은 이메일조사와 인터넷조사에서도 동일하다.

우편 패널은 대량의 자료를 낳을 수 있는데 그 이유는 패널 구성원에게 지속적인 보상을 제공하기 때문에 패널 구성원이 조사에 몰입할 가능성이 높기 때문이다.

전통적 전화 접촉과 컴퓨터 보조 전화 접촉은 가장 적은 자료량을 제공한다. 전화 접촉 조사는 조사대상자들이 쉽게 전화를 끊을 수 있기 때문에 여타 다른 조사에 비해 비교적 짧은 조사시간을 가진다.

응답률

조사응답률은 시도한 총 조사에 대한 완성된 응답의 백분율로 정의할 수 있다. 개별 접촉과 가정 개별 접촉, 그리고 컴퓨터 보조 개별 접촉은 응답률이 가장 높다고 할 수 있다. 전화 접촉과 컴퓨터 보조 전화 접촉은 두 번째로 응답률이 높고, 우편 접촉은 응답률이 가장 낮은 편이다. 우편 접촉의 낮은 응답률은 심각한 오류로 이어지는데, 그 이유는 우편 접촉을 통한 조사에서 조사대상자가 해당 주제에 대한 관심에 따라 응답을 할 수도 있고 안 할 수도 있기 때문이다. 즉, 관심이 있는 경우 주로 응답을 하기 때문에 표본선택의 문제가 조사과정상에 발생하게 된다.

따라서 우편 접촉에서는 응답률을 높이기 위한 적절한 응답 유도 절차를 사용하여야 한다. 응답률은 높이기 위해 다음과 같은 방법을 활용할 수 있다.

① 현금 또는 상품과 같은 보상 지급

② 조사대상자에게 조사 여부를 사전통보

③ 다중 요청 전략의 활용: 첫 번째 요청에서는 상대적으로 쉬운 질문을 하여 쉽게 응답하도록 유도하고, 점점 어렵고 복잡한 질문에의 응답을 유도할 수 있다.

④ 개인화된 접촉방법 활용

인터넷 접촉는 가장 낮은 응답률을 보이고 이메일조사보다도 더 응답율이 낮다. 그 이유는 조사대상자들이 이메일에는 다양한 이유로 접속하게 되지만, 인터넷 설문에 응답하기 위해서는 웹에 의도적으로 접속하여야 하기 때문이다. 즉, 웹에 접속하기 위해서는 더 많은 노력과 기술이 필요하다.

자료수집환경의 통제

조사대상자가 질문에 응답할 수 있는 환경을 얼마나 통제할 수 있는가의 여부는 여러 조사방법에 따라 차이가 있다. 중앙에서 실시되는 개별 접촉은 환경을 통제하는 정도가 가장 높다. 예를 들어, 조사자는 제품을 시연할 수 있는 특별한 시설을 설치할 수 있으며, 가정에서 실행하는 개별 접촉은 조사자가 참석하므로 중간 정도에서 높은 수준까지 통제가 가능하다.

또한 전통적 전화 접촉과 컴퓨터 보조 개별 접촉은 중간 정도의 통제를 제공한다. 전화 접촉에서 조사자는 조사가 진행되는 환경을 볼 수 없지만 주변환경여건을 감지할 수 있으며 조사대상자들에게 주의 환기와 참여를 독려할 수 있다. 마지막으로, 우편 접촉, 패널, 이메일, 인터넷 접촉에서 조사자는 환경을 거의 통제할 수 없다.

현장 조사자의 통제

조사대상자는 조사자와 자료수집에 참여하는 책임자에 의해 영향을 받을 수 있다. 우편 접촉, 우편 패널, 이메일과 인터넷조사에서는 조사자와 접촉할 필요가 없기 때문에 조사자로 인해 발생할 문제는 없다. 전통적인 전화 접촉, 컴퓨터 보조 전화 접촉, 컴퓨터 보조 개별 접촉은 모두 중간 정도의 통제가 가능한데, 그 이유는 조사에 대한 통제가 한곳에서 실시되기 때문에 조사자에 대한 감독과 통제가 상대적으로 단순하기 때문이다. 가정에서 실시하는 조사는 현장 조사자의 통제에 어려움이 수반될 가능성이 존재하며, 다수의 조사자가 여러 다른 장소에서 조사를 실시하기 때문에 세밀한 감독과 통제는 사실상 불가능하다.

잠재적인 조사자 편견

조사자는 ① 조사대상자의 선택에서, ② 조사대상자에게 질문을 하면서, ③ 조사대상자의 응답을 기록하는 과정에서 등 다양한 형태로 조사결과를 왜곡시킬 수 있다. 가정 개별 접촉과 매장 개별 접촉과 같이 조사과정에 조사자의 개입이 큰 경우 조사자의 왜곡 가능성 역시 높아진다. 전통적인 전화 접촉과 컴퓨터 보조 전화 접촉은 조사자의 개입이 상대적으로 적기 때문에 조사결과의 왜곡 가능성 역시 낮다. 하지만 전화 접촉에서도 조사자의 개입이 어느 정도 존재하기 때문에 왜곡 가능성이 전혀 없는 것은 아니다. 예를 들어, 억양과 음색을 통해 조사자는 그들의 태도를 전달하여 답을 유도할 수 있다. 컴퓨터 보조 접촉은 왜곡 가능성이 상당히 낮으며, 우편 접촉, 우편 패널, 이메일과 인터넷조사는 왜곡 가능성이 거의 없다.

조사속도

인터넷은 많은 조사대상자들로부터 가장 빠른 방법으로 정보를 얻을 수 있다. 첫째, 설문지가 작성되고 조사대상자에게 배달되며 자료를 수집하는 속도가 아주 빠르다. 인터넷을 통한 설문지 작성은 질문을 인쇄하거나, 우편을 보내거나, 입력하는 데 소요되는 시간이 필요 없기에 인터넷 설문지는 자료를 몇 시간 안에 손에 넣을 수 있다. 전자형태로 얻어진 자료는 표준 설문지가 통계적 분석 소프트웨어로 처리되어 통계적 요약과 차트를 자동적으로 만들어 준다.

반면에 이메일 접촉은 이메일 목록을 작성하고 자료를 입력하는 데 인터넷 접촉에 비해 추가적인 시간이 필요하다. 하지만 이메일 접촉은 인터넷 접촉을 제외하고 여타 다른 접촉방법에 비해 상대적으로 빠른 방법이다.

전통적인 전화 접촉과 컴퓨터 보조 전화 접촉도 비교적 신속하게 자료를 얻을 수 있는 방법이다. 중앙집중식 전화시설을 이용하면 수백 통의 전화 접촉이 하루 만에 가능하다.

가정 내 개별 접촉은 자료수집속도가 상대적으로 느리다. 그 이유는 조사자가 조사대상자들에게 이동하는 시간이 필요하고 또한 여러 자료조사자들로부터 수집된 자료를 모집하는 데 추가적인 시간이 소요되기 때문이다. 개별 접촉의 자료수집속도를 높이기 위해 다른 시장과 지역에서 조사를 동시에 진행할 수 있다.

우편 접촉은 자료수집속도가 가장 느린 접촉방법이다. 완성된 설문지를 회수하는 데 보통 몇 주가 소요된다. 후속 우편조사를 시행할 경우 시간은 더 길어진다.

조사비용

대규모 표본일 때 인터넷조사의 비용이 가장 저렴하다. 설문지 인쇄비, 우송비, 입력비용, 조사비용 등이 불필요하기 때문이다. 조사대상자를 추가할 때의 비용도 적기 때문에 대규모 조사대상자를 대상으로 하는 연구에서는 우편, 전화, 개별 접촉조사와 비교하여 상당한 금액이 절약된다.

그러나 작은 표본일 때, 프로그램 비용이 상당히 많이 들기 때문에 다른 저렴한 비용이 드는 우편, 이메일조사를 고려해 봐야 한다. 개별 접촉은 조사대상자 1인당 자료수집비용이 가장 비싼 방법이라 할 수 있다.

일반적으로 인터넷, 이메일, 우편 접촉, 우편 패널, 전통적 전화 접촉, 컴퓨터 보조 전화 접촉, 컴퓨터 보조 개별 접촉, 가정 내 개별 접촉은 순서대로 점점 더 많은 조사자가 필요하고 더 엄격한 감독과 통제가 필요하다. 따라서 비용도 이에 따라 증가하지만, 상대적 비용은 조사주체와 적용하는 절차에 따라 다를 수 있다.

조사대상자의 지각된 익명성

지각된 익명성이란 조사대상자가 그들의 정체를 조사자가 알지 못할 것이라는 인식을 말한다. 조사대상자의 지각된 익명성은 우편 패널, 인터넷조사에서 가장 높이 보장되는데, 그 이유는 응답을 하는 동안 조사자와 물리적 접촉이 거의 없기 때문이다. 개별 접촉은 조사자와 대면을 하기 때문에 조사대상자가 지각하는 응답자의 익명성이 낮다. 전통적 전화 접촉과 컴퓨터 보조 전화 접촉은 조사대상자의 지각된 익명성 정도가 중간 정도이다. 이메일조사의 경우도 중간인데, 그 이유는 조사자와는 접촉이 없지만 조사자의 이름이 회신 이메일을 보낼 때 노출될 수 있기 때문이다.

사회적 바람직성 응답/민감한 정보의 획득

'사회적 바람직성 응답'이란 조사대상자들이 자신의 의사와 관계없이 사회에서 용납하는 응답을 하는 경향을 말한다. 우편 접촉, 우편 패널, 인터넷조사는 조사자와 조사대상자 간의 상호작용이 거의 없으므로 이들 조사는 사회적 바람직성 응답의 가능성이 가장 낮다. 이런 방법들은 재산이나 수입과 같이 사생활과 관련되는 민감한 정보를 얻는 데 좋다. 전통적 전화 접촉, 컴퓨터 보조 전화 접촉, 그리고 이메일 접촉은 사회적으로 바람직한 응답이 일어날 가능성이 높지 않다. 하지만 이메일 접촉의 경우 조사대상자들이 회신을 할 때 자신을 노출할 수 있다는 것을 인식하여 사회적으로 바람직한 응답을 할 가능성도 여전히 존재한다. 가정이나 쇼핑몰에서 컴퓨터의 도움으로 이루어지는 개별 접촉 시에도 조사응답자가 사회적으로 바람직한 응답을 할 가능성이 높다. 컴퓨터 보조 개별 접촉의 경우는 조사자와의 제한된 상호작용 때문에 사회적 바람직성 응답의 가능성이 어느 정도 줄어들 수 있다.

살펴본 바와 같이 지각된 익명성, 사회적 바람직성, 그리고 민감한 정보의 획득 간에는 밀접한 관계가 있다. 일부 예외를 제외하고, 사회적 바람직성 응답은 지각된 익명성과 깊은 관계를 가지고 있다. 또한 민감한 정보를 얻는 것 역시 지각된 익명성과 관계가 깊다. 조사대상자들은 그들의 응답이 익명이 될 것이라고 인식할 때 민감한 정보를 제공하려고 하는 경향이 있다.

발생률

발생률은 연구에 참여할 자격이 있는 조사대상자의 비율로 나타낸다. 발생률은 필요한 표본의 크기와 얼마나 많은 조사대상자들과 접촉을 하는지의 정도에 따라 결정된다. 조사자는 발생률이 낮기 때문에 조사응답률이 낮은 상황에 직면하는 경우가 있다. 예를 들어, 일반인 20명 중 1명만 자격이 있는 경우, 일반인을 대상으로 표본을 추출한다면 조사대상자의 접촉과정에서 적절하지 않은 접촉이 많이 발생할 수 있다. 이러한 경우, 조사방법은 효율적으로 자격을 갖춘 조사대상자를 찾아 낭비를 최소화할 수 있는 선택을 해야 한다.

전화 접촉의 경우 잠재적인 조사대상자에게 자격을 결정하는 선별적 방법을 사용할 수 있기 때문에 효율적으로 발생률을 통제할 수 있다. 개별 접촉 방법은 조사자가 잠재적인 조사대상자와 개별 접촉을 해야 하기 때문에 발생률을 높이는 데 비효율적이다. 전화와 우편 접촉 방법은 상대적으로 낮은 비용으로 어느 정도 효율적으로 발생률을 높일 수 있다. 또한 우편 접촉 방법은 원하는 크기의 자격을 갖춘 조사대상자 표본을 얻을 수 있고 많은 잠재적인 조사대상자와 접촉할 수 있다. 또한 인터넷은 발생률을 효과적으로 높일 수 있다는 점에서 아주 좋다. 인터넷조사는 사전질문검사를 이용하여 빠르고 효율적으로 자격이 안 되는 조사대상자를 제거할 수 있다.

5.2.2 최신 설문조사방법

현재까지 설명한 기본적이고 전통적인 조사방법 외에 다양한 방식의 최신 설문조사방법이 존재한다. 〈표 5-4〉는 다양한 최신 설문조사의 방법을 보여 준다.

표 5-4 다양한 최신 설문의 방법

방법	장단점
완전히 자동화된 전화조사	컴퓨터 보조 전화 접촉과 같음
무선 전화 접촉(음성 기반)	컴퓨터 보조 전화 접촉과 같음
무선 전화 접촉(문자 기반)	이메일 접촉과 같음
사무실 개별 접촉	가정 개별 접촉과 같음
중앙 위치 개별 접촉	매장 개별 접촉과 같음
키오스크(Kiosk) 기반 컴퓨터 접촉	컴퓨터 보조 개별 접촉과 같음
팩스 설문조사	높은 응답률을 제외하고 우편 접촉과 같음

5.2.3 설문조사방법의 선택

〈표 5-3〉에서 제시되고 앞에서 논의된 바와 같이 어떤 조사방법도 모든 상황에서 우수할 수 없다. 필요정보의 조건, 예산 제한, 조사대상자의 특색과 같은 요인에 따라 좌우되기 때문에 하나, 둘 또는 모든 방법이 적합할 수도 있고 적합하지 않을 수도 있다. 다양한 자료수집방법들은 상호배타적인 것이 아니고, 이들 방법들은 서로 간의 장점을 보충할 수 있거나 서로 간의 단점을 보완할 수 있다. 조사자들은 다양한 설문조사방법들을 결합하고 적용한 새로운 창조적인 방법을 개발할 수 있다. 마케팅조사 프로젝트에 다양한 조사방법을 활용할 때 역시 주의해야 한다. 다양한 조사방법에 따라 응답에 다양한 영향을 미치고, 따라서 다른 방법으로 얻어진 응답은 직접적으로 비교하기 어렵다.

5.3 실험과 인과관계

5.3.1 인과관계의 개념과 조건

실험은 일반적으로 인과관계를 언급할 때 사용한다. 보통 두 개의 사건이나 변수에서 하나의 사건에 영향을 주거나 그 사건을 발생시키는 다른 사건이 존재할 때, 이 두 사건 또는 변수 사이에 인과관계가 존재한다고 한다. 이러한 인과관계가 규명되면 조사자는 특정 사건의 원인을 이해할 수 있고, 규명된 원인을 바탕으로 결과를 예측할 수 있는 타당한 근거를 제시할 수 있다. 하지만 인과관계를 증명하기 위해 여러 가지 필요조건들이 존재하여 현실에서 인과관계의 규명은 쉽지 않을 뿐만 아니라 잘못된 인과관계를 추론하는 경우도 상당수 존재한다.

인과관계를 규명하거나, 인과관계를 가정하기 전에는 ① 공존성, ② 순차성, ③ 외생변수의 통제라는 세 가지 조건을 만족해야 한다.

공존성

인과관계가 있다고 가정하기 위해서는 인과관계의 원인과 결과가 같이 존재하거나 발생하여야 한다. 즉, 원인변수와 결과변수로 가정되는 변수가 존재할 때 원인변수와 결과변수가 함께 발생하거나, 원인변수가 변할 때 결과변수도 같이 변해야 한다. 예를 들어, 브랜드 매출액(결과변수)과 브랜드 광고(원인변수) 사이에 인과관계가 있다고 가정할 경우, 브랜드의 광고량이 증가하거나 감소하는 광고량의 변화가 있을 경우 브랜드 매출액이 증가하거나 감소하는 매출액의 변화가 있어야 한다. 일반적으로 인과관계 공존성(Concomitant Variation)의 존재는 정성적 방법으로 추정하고 조사를 통해 공존성의 존재를 밝히는 형태로 증명한다.

순차성

발생하는 상황의 시간적 우선성은 사건원인의 발생이 사건의 결과 전에 일어나거나 최소한 동시에 일어나야 한다는 것을 뜻한다. 원인은 결과가 발생하기 전에 나타나야 하며, 결과는 원인이 발생한 후에 나타난다. 예를 들어, 일반적인 브랜드 광고 의사결정의 과정에서 브랜드 광고는 브랜드 매출 이전에 결정이 되기 때문에 브랜드 매출은 브랜드 광고 이후에 발생한다고 알려져 있다. 이 경우 브랜드 광고와 브랜드 매출 사이에는 시간적 순차성이 존재하여 인과관계의 존재를 추정할 수 있다.

하지만 원인과 결과로 가정되는 두 조건의 이러한 순차성이 명확하여 두 조건 사이의 인과관계를 명확히 증명하는 것이 쉽지 않은 경우도 존재하다. 예를 들어, 비록 브랜드 광고가 브랜드 매출 이전에 결정이 될 수 있지만, 브랜드 광고의 결정과정에 이전 브랜드 매출이 브랜드 광고전략에 영향을 줄 수 있다. 이 경우 브랜드 매출이 브랜드 광고 결정 이전에 발생하기 때문에 브랜드 광고와 브랜드 매출의 시간적 순차성은 모호해지게 된다. 이와 같은 경우, 인과관계의 내생성(Endogeneity)이 존재한다고 하며, 인과관계 증명을 위한 특별한 방법을 사용하기도 한다.

외생변수의 통제

조사자가 관심을 갖는 특정 원인변수와 결과변수 외에 인과관계에 영향을 줄 수 있는 기타 가능한 변수들이 존재할 수 있다. 이렇게 결과에 영향을 줄 수 있는 변수를 외생변

그림 5-2 인과관계의 조건

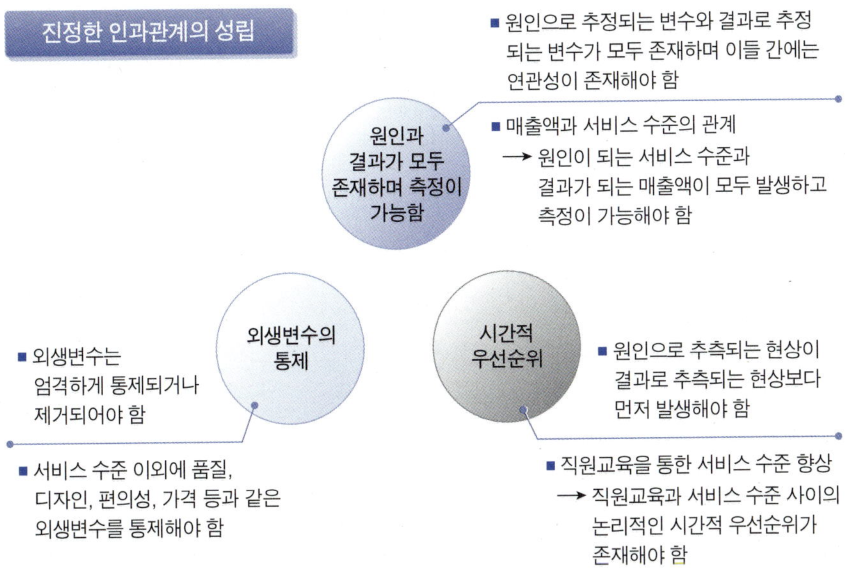

수(Extraneous Variable)라고 한다. 일반적으로 두 변수 사이의 인과관계 존재의 증명은 결과변수의 발생에 대해 원인변수 외에 다른 가능한 원인들이 없다고 밝혀지거나 여러 다른 기타 원인들을 통제함에도 해당 원인변수에 의해 결과변수가 발생함을 보이는 것이다.

따라서 명확한 인과관계를 증명하기 위해서는 외생변수의 통제가 아주 중요하다. 예를 들어, 브랜드 매출은 해당 브랜드의 판매촉진방법, 가격, 판매시점 등 다양한 요인들에 의해 영향을 받을 수 있다. 따라서 브랜드 광고와 브랜드 매출 간의 인과관계를 증명하기 위해서는 촉진방법, 가격, 판매시점 등 다양한 외생변수들의 영향을 통제한 후에도 브랜드 매출이 브랜드 광고에 영향을 주는지를 증명하여야 한다. 하지만 현실에서는 외생변수의 완벽한 통제가 쉽지 않은 것이 사실이다. 특히 이미 발생한 외생변수의 통제는 사실상 불가능하다.

여러 제한에도 불구하고 외생변수의 통제를 가장 적절히 할 수 있는 방법으로 실험방법이 있다. 앞서 살펴본 설문조사의 경우 변수(사건)들 간의 관계를 확인하는 과정에서 인과성을 밝히는 데 필요한 조건인 외생변수들에 대한 통제가 어렵다는 문제점을 갖고 있다. 물론 설문조사 후 사후적으로 적절한 통계분석방법을 활용하여 외생변수의 효과를 간접적으로 통제할 수 있지만 설문조사를 통해 엄격한 의미의 인과관계를 밝히는 것은 쉽지 않다.

실험은 보다 직접적으로 외생변수의 영향을 제거할 수 있으며 인위적으로 통제된 상황 속에서 원인변수와 결과변수 간의 관계를 확인할 수 있다. 따라서 실험을 통해 엄격한 의미의 인과관계를 규명하기 위해 조사자는 정교한 실험설계를 통해 외생변수를 통제하고 원인변수의 효과를 조사하여야 한다.

5.3.2 실험과 관련 개념의 정의

실험

실험(Experiment)은 조사자가 관심을 가지는 변수들 간의 인과관계를 밝히기 위해 인위적으로 원인변수를 조작하고 외생변수를 제한하는 통제된 실험환경 속에서 결과변수의 발생을 조사하는 방법이다. 예를 들어, 브랜드 광고가 브랜드 매출에 미치는 영향을 조사하기 위해 실험방법을 활용할 경우, 조사자는 다른 모든 가능한 외생변수를 통제하고 브랜드 광고의 변화를 조작할 수 있는 실험환경을 만든 후 이 환경 속에서 브랜드 매출의 변화를 조사하게 된다.

원인변수/독립변수

원인변수 또는 독립변수는 조사자에 의해 변수들의 수준이 변화되도록 조작되는 변수로서, 실험변수, 처치(Treatment)변수 또는 실험적 처치라고도 한다. 예를 들면, 광고형태의 변화, 가격의 변화, 포장형태의 변화 등의 형태로 조작 가능한 형태의 변수들을 의미한다.

실험단위

실험단위는 실험에 참가하는 대상으로서 개인(고객, 소비자)이나 단체(지역, 기업)가 될 수 있다. 조사자는 실험단위를 대상으로 원인변수를 처치하여 결과를 조사하는 실험을 시행하게 된다. 실험단위는 실험변수에 직접적으로 노출되는 실험집단(Experiment

Group)과 실험변수에 노출되지 않고 비교를 위해 조사되는 통제집단(Control Group)으로 구분될 수 있다.

결과변수/종속변수

원인변수에 대한 조작의 결과 나타난 실험단위의 반응이나 효과를 의미한다. 일반적으로 매출액, 시장점유율, 브랜드 인지도, 브랜드 이미지 등 원인변수에 의해 발생한 변수를 의미한다.

외생변수

외생변수는 실험단위의 반응에 영향을 미치는 독립변수를 제외한 모든 변수를 의미한다. 이러한 변수는 실험결과를 약화시키고, 무효화시켜 실험의 타당성을 낮출 수 있다. 외생변수는 기업의 크기, 기업의 형태 그리고 경쟁력 등 주로 환경적 변수들이 대표적이다.

그림 5-3 변수의 종류

변수의 정의 | 관심대상인 개체(Item)의 속성이나 특성을 측정하여 기록한 것

- 실험변수(독립변수) : 결과변수(종속변수)의 값에 영향을 미쳐 종속변수가 특정한 값을 갖게 되는 원인이 된다고 가정한 변수
- 결과변수(종속변수) : 실험변수(독립변수)의 영향을 받아 그 값이 변할 것이라고 가정한 변수
- 외생변수(통제변수) : 일종의 독립변수이나 실험변수가 아니므로 그 값이 종속변수에 미치는 영향이 제거되거나 통제되어야 하는 변수

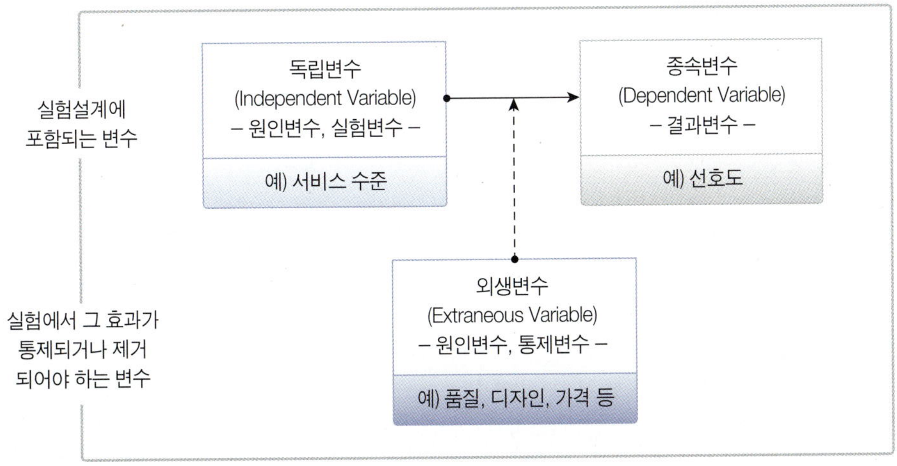

실험설계

실험설계는 ① 실험단위 선정과 분류방법, ② 원인변수의 조작방법, ③ 결과변수의 측정방법, ④ 외생변수의 통제방법을 계획하는 일련의 과정을 의미한다.

5.3.3 실험의 타당성

실험의 타당성은 실험결과를 통해 두 변수 사이의 인과관계를 얼마나 자신 있게 주장할 수 있는지의 정도를 의미한다. 실험의 타당성은 크게 내적 타당성(Internal Validity)과 외적 타당성(External Validity)으로 나눌 수 있다. 내적 타당성은 실험에서 원인변수가 결과변수에 미치는 영향을 명확히 규명하는 정도를 의미하고, 외적 타당성은 실험의 결과가 더 큰 모집단 또는 현실에서 일반화될 수 있는지 여부를 의미한다. 즉, 내적 타당성은 측정된 결과변수의 변화가 실제로 원인변수의 변화에 의해 일어났는지 여부를 의미하고 외적 타당성은 실험에 의해 나타난 인과관계의 일반화(Generalization) 가능성을 의미한다. 내적 타당성과 외적 타당성에 대해 좀 더 자세히 살펴보면 다음과 같다.

내적 타당성

내적 타당성은 원인변수나 처치변수의 조작이 결과변수에 관찰된 효과를 발생시키는지에 관한 것이다. 그러므로 내적 타당성은 실험단위 내에서 관찰된 효과가 처치변수 외의 다른 변수에 의해 영향을 받지 않은 것인지를 명확히 규명함으로써 확인할 수 있다. 만일 관찰된 효과가 외생변수에 의해 영향을 받을 가능성이 있다면 원인변수와 결과변수 간의 인과관계를 명확히 증명하는 것은 불가능하며, 이 경우 내적 타당성을 심각하게 저해하게 된다. 내적 타당성이 낮다면, 실험의 결과는 왜곡되었을 가능성이 높으며 실험결과에 대한 신뢰성이 떨어지게 되므로, 외생변수의 통제는 내적 타당성을 성립하기 위한 가장 중요한 요소가 된다.

외적 타당성

외적 타당성은 실험에서 규명된 인과관계를 일반화할 수 있는 정도를 의미한다. 다시 말해, 통제된 실험환경이 아닌 상황에서도 실험에서 규명된 인과관계가 발생할 수 있는가 또는 어떤 조건이나 환경에서 실험과 동일한 인과관계가 발생할 수 있는가를 의미한다. 외적 타당성은 주로 통제된 실험조건에서는 고려하지 않아도 되는 통제되지 않은 상황에서 나타날 수 있는 다른 관련된 변수들 또는 원인변수와의 상호작용에 의해 위협받는다.

따라서 실험연구가 외적 타당성을 갖추기 위해서는 다음과 같은 요건들이 고려되어야 한다. 먼저, 현재 실험과 다른 방식으로 변수들을 측정하였을 때도 동일한 실험결과가 나타나야 한다. 만약 실험에 활용된 변수들의 측정방식이 달라져 실험결과까지 달라지게 된다면 해당 실험은 외적 타당성을 갖추고 있다고 볼 수 없다. 다음으로 다른 실험단위에서도 동일한 실험결과를 얻을 수 있어야 한다. 만약, 실험대상자가 해당 모집단을 대표하도록 추출된 표본이라면 실험결과는 해당 모집단의 다른 표본을 대상으로 한 실험을 실시하여도 동일한 결과를 얻을 수 있어야 한다. 마지막으로, 실제 모집단을 대상으로 하는 실험에서도 동일한 결과가 도출될 수 있어야 한다.

내적 타당성 vs. 외적 타당성

내적 타당성과 외적 타당성 모두를 고려한 실험설계를 하는 것이 중요하지만, 이 두 타당성 개념의 상충관계로 인해 종종 하나의 타당성만 이용할 때가 있다. 외생변수를 조절하기 위해서 조사자는 인공적인 상황에서 실험을 진행한다. 이는 내적 타당성을 강화하지만 통제된 실험환경은 결국 실험결과의 일반화를 저해하고 외적 타당성을 감소시킨다. 하지만 실험의 내적 타당성이 부족하다면 실험결과의 일반화를 논의하는 것 자체가 의미가 없다. 따라서 내적 타당성을 저해하는 요인은 동시에 외적 타당성을 위협하게 되기 때문에 내적 타당성은 실험의 타당성 확보에 있어서 선결조건이 된다. 따라서 실험의 타당성 확보를 위한 실험설계를 위해 내적 타당성을 가장 저해하는 요인이라 할 수 있는 외생변수에 대한 통제과정은 아주 중요한 절차이다.

5.3.4 외생변수의 종류

내적 타당도를 위협하는 외생변수를 다음과 같이 구분할 수 있다. ① 우연적 사건(History), ② 성숙효과(Maturation), ③ 시험효과(Testing), ④ 측정방법의 변경(Instrumentation), ⑤ 통계적 회귀(Statistical Regression), ⑥ 선정 편향(Selection Bias), ⑦ 실험대상의 소멸(Mortality)이 바로 그것이다.

우연적 사건

우연적 사건은 실험 외에 발생하는 구체적인 사건으로서 실험 전에 예상치 못했지만 실험과정에서 발생하는 사건을 의미한다. 특히 우연적 사건은 결과변수에 영향을 미치는 외생변수로 작용할 수 있다. 예를 들어, 백화점 매출액에 미치는 새로운 홍보 캠페인의 효과에 관한 실험을 진행할 경우, 새로운 홍보 캠페인 전후의 백화점 매출액을 비교하는 실험을 통해 새로운 홍보 캠페인의 효과를 확인할 수 있다. 즉, 새로운 홍보 캠페인 실시 후에 백화점 매출액의 변화를 조사하여 새로운 홍보 캠페인의 효과를 실험적으로 확인해 볼 수 있다. 예를 들어, 매출액의 변화가 없다면 새로운 홍보 캠페인의 효과가 없다고 결론 내릴 수 있다.

하지만 실험기간 동안 예상치 못한 경제불안요소가 발생하였다면 이 경제불안요소가 백화점 매출액에 미치는 영향도 동시에 고려해야 할 것이다. 만약 우연적 사건인 경제불안을 고려하지 않는다면 실험의 결과는 심각하게 왜곡될 수 있다. 이때 우연적 사건인 경제불안은 이 실험에서 고려해야 하는 외생변수로 볼 수 있다.

일반적으로 우연적 사건은 예측이 불가능하여 사전에 통제할 방법을 모색하기 어렵다. 하지만 경험적으로 예측이 가능한 경우 사전에 통제할 방법을 고려해 볼 수도 있다.

성숙효과

성숙효과는 실험단위 그 자체가 내부적으로 변화한다는 것을 제외하면 우연적 사건과 비슷하다. 이러한 변화는 원인변수나 처치변수의 영향에 의해 발생하지는 않지만, 시간의 결과로 실험단위에 변화가 발생한다. 사람과 관련된 실험에서의 성숙효과는 사람들이 점점 나이가 들거나, 경험이 풍부해지고, 학습을 하거나, 피곤해지거나, 지루하여 흥미를 잃어버리는 등 실험단위 내 실험대상자의 내적 특성에 변화가 생기는 것을 의미한다. 일반적으로 실험단위의 변화가 수반되는 장기간에 걸친 실험에서 성숙효과가 잘 나타나지만, 단기간의 실험일지라도 심리적 변화를 유도하거나 많은 인지적 노력이 필요한 실험의 경우 성숙효과가 발생할 수 있다.

그림 5-4 외생변수의 종류

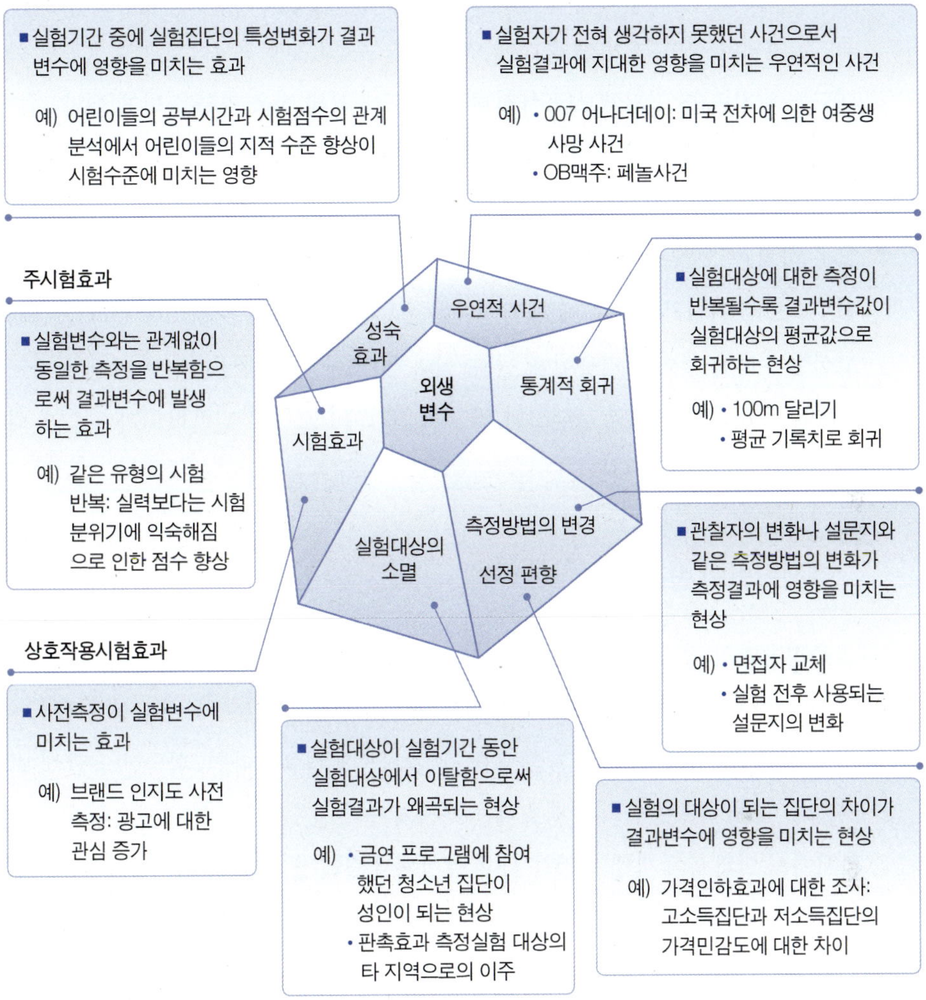

시험효과

시험효과는 전형적으로 처치변수의 발생 전후에 종속변수를 측정하는 실험에 관한 효과를 말하며, 실험의 반복과정에서 발생한다. 시험효과는 주시험효과와 상호작용시험효과의 두 가지 종류가 있으며, 주시험효과는 앞 측정값이 다음 측정값에 영향을 미칠 때 발생한다. 특정 브랜드 광고에 관한 태도의 효과를 측정하는 실험에서 조사대상자는 브랜드에 관한 기본지식과 태도를 측정하는 사전설문지를 받는다. 이후 적절한 프로그램으로 구성된 실험상황, 즉 상업 광고에 노출된다. 상업 광고를 시청한 뒤 조사대상자는 다시 다른 것들 사이에서 브랜드 태도를 측정하는 설문지에 답한다. 이와 같은 실험에서 조사대상자는 실험 전과 후의 태도 간 정확성을 일관적으로 유지하기가 어려울 수 있다. 즉, 첫 번째 측정이 두 번째 측정에 영향을 줄 수 있으며 주시험효과의 결과로 사후 처치 태도는 처치변수 그 자체보다 사전 처치 태도에 의해 더욱 영향을 받게 된다. 주시험효과의 발생은 실험의 내적 타당성을 왜곡할 수 있다.

상호작용시험효과는 실험과정에서의 노출이 독립변수에 대한 실험단위의 응답에 영향을 미치는 것을 의미한다. 광고실험에서 사람들이 브랜드 태도를 나타낼 때 브랜드를 필수적으로 인지하기 때문에 실험집단이 아닌 사람들보다 브랜드에 관해 민감해지고 광고실험에 더욱 주의를 기울이게 될 수 있다. 이러한 상황에서 측정된 브랜드 태도에 대한 효과는 실험단위가 해당 브랜드와 광고에 민감해졌으므로 일반화되기 어렵게 되어 외적 타당성에 영향을 미친다.

측정방법의 변경

측정방법의 변경은 조사자가 또는 그 자체적으로 측정방법을 변경하는 것을 의미한다. 때때로 측정방법은 실험이 진행되는 동안 수정될 수 있으며, 광고실험에서 만일 새롭게 변경설계된 실험지가 사후 태도를 측정하는 데 사용된다면, 획득한 응답에 변화를 가져온다. 특히 측정방법의 변경효과는 조사자가 사전 · 사후 측정을 할 때 발생하기 쉽다. 조사자의 일관성이 사전 측정과 사후 측정에서 달라질 수 있기 때문이다.

통계적 회귀

통계적 회귀는 극단의 수치를 지닌 실험단위가 실험이 진행되는 동안에 평균 수치에 가까워지는 현상을 말한다. 광고실험에서 사전 측정 시 몇몇의 조사대상자는 매우 호의적이거나 매우 비호의적 태도를 지닌다. 하지만 사후 처치 측정에서 조사대상자의 태도는 평균으로 옮겨가거나 변하여 점차 평균에 가까워질 수 있다. 극단의 태도를 지닌 사람들은 변화할 가능성이 크다. 이는 측정된 효과(태도의 변화)가 처치(광고실험)보다는 통계적 회귀로 인해 변화될 수 있기 때문에 실험결과에 왜곡된 영향을 줄 가능성이 있다.

선정 편향

선정 편향(표본의 편중)은 처치상황에서 실험단위의 부적절한 배정을 의미한다. 이러한 편중은 실험단위의 선택이나 배정이 처치상황에 노출되기 전에 종속변수와 다른 처치집단의 결과로 나타날 때 발생한다. 만일 실험단위가 스스로 그룹을 선택한다거나, 조사자의 판단에 편중된 그룹에 배정된다면, 표본의 편중이 발생할 수 있다. 예를 들어, 두 가지 다른 상품 배치(신제품 vs. 구제품)를 서로 다른 백화점에 배정하는 실험을 가정하자. 실험에 참여한 백화점은 시작부터 동일하지는 않으며 백화점의 크기처럼 주요한 특징에 조사대상자가 다르게 반응할 수도 있다. 백화점의 크기는 상품 배치가 백화점에 따라 다르게 배정된 것 외에 판매에 영향을 미칠 수 있는 외생변수로 작용할 수 있다.

실험대상의 소멸

실험대상의 소멸은 실험이 진행되는 동안 실험단위가 소멸되는 것을 말한다. 실험에서 실험대상의 소멸로 인해 몇몇 실험단위에 대한 실험이 중단될 수 있다. 실험대상의 소멸이 결과를 왜곡하는 이유는 소멸된 실험단위가 남아 있는 검사단위와 처치에 동일하게 반응할지 확신할 수 없기 때문이다.

〈표 5-5〉는 실험설계에 따라 통제할 수 있는 외생변수를 보여 주고 있다.

표 5-5 실험설계와 통제 가능한 외생변수들

외생변수의 종류	통제집단 사전사후측정설계	통제집단 사후측정설계
우연적 사건	○	○
성숙효과	○	○
주시험효과	○	○
상호작용시험효과	×	○
측정방법의 변화	○	○
실험단위선정의 오류	○	○
실험단위의 소멸	×	○
실험목적에 대한 예상	×	×

○ : 해당 실험설계에 의해 외생변수가 통제됨을 의미함
× : 해당 실험설계에 의해 외생변수가 통제되지 않음을 의미함

5.3.5 외생변수의 통제

외생변수의 존재는 실험결과에 대해 원인변수와 다른 상반된 설명을 제공하거나 또는 왜곡된 해석을 만들 수 있으며 이는 실험의 내적 타당성과 외적 타당성에 심각한 위협이 된다. 외생변수를 통제하지 않는다면 통제되지 않은 외생변수는 결국 종속변수에 영향을 미치고 실험의 결과를 왜곡할 수 있다. 이러한 이유 때문에 외생변수를 교락변수(Confounding Variables)라고도 부른다. 외생변수를 통제하는 방법으로는 ① 무작위화, ② 균형화, ③ 통계적 통제, ④ 설계 통제라는 네 가지 방법이 있다.

무작위화

무작위화(Randomization)는 무작위 숫자를 사용하여 실험집단의 실험단위를 무작위로 할당하는 것을 말한다. 처치상황은 또한 무작위로 실험그룹에 배정하는데, 예를 들어 조사대상자는 세 실험집단 중 하나에 배정되고 무작위로 선택된 세 가지 실험처치가 각각의 실험집단에 적용된다. 무작위 할당의 결과로, 결과에 영향을 미칠 가능성이 있는 외생변수들은 동일하게 각각의 실험상황에 나타날 수 있다. 무작위화는 실험집단의 조사대상자들의 특성을 사전에 균일화하기 위해 선호하는 방식이다.

그러나 무작위화는 표본의 크기가 작을 때에는 효과가 없다. 왜냐하면 무작위화는 단지 평균이 동일한 집단을 만들어 내기 때문이다. 하지만 표본의 크기가 작은 경우에도 가능한 외생변수를 측정하고 실험집단을 비교하면서, 무작위화가 효과적인지 아닌지를 측

그림 5-5 인과관계와 외생변수

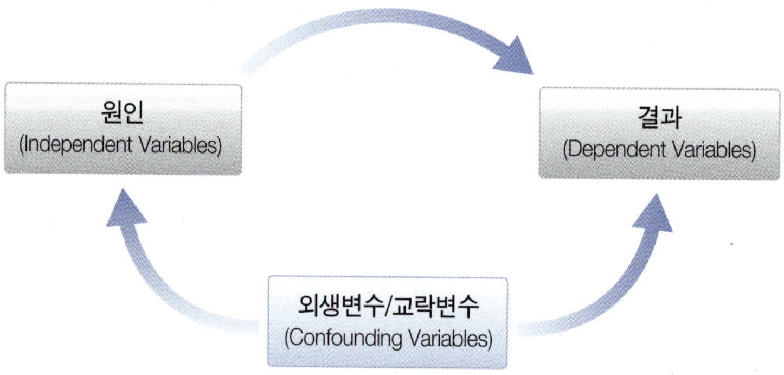

정하는 것은 가능하다.

균형화

균형화(Matching)는 실험상황에 할당하기 전에, 주요한 기본변수와 실험단위를 비교하는 것과 관련이 있다. 실험에서 상점은 평균 판매량, 크기, 위치에 기초하여 균형화된다. 그러면 각각의 균형화된 쌍으로부터 하나의 상점은 각각의 실험집단으로 배정된다. 균형화는 두 가지 결함이 있는데, 그 첫 번째는 실험단위가 오직 몇 가지 특성으로 균형화되어 실험단위는 선택된 변수들에 대해서만 유사하고 다른 변수들은 동일하지 않다는 것이고, 두 번째는 만일 균형화된 특성이 종속변수에 부적절하다면 균형화의 효과는 의미가 없다는 점이다.

통계적 통제

통계적 통제(Statistical Control)는 외생변수를 측정하고 통계적 분석을 통해 효과를 조절하는 것을 말한다. 예를 들어, 패션 의복과 교육 사이의 관계를 조사하기 위해 수입의 효과를 통계적으로 통제할 수 있다. 즉, 공분산분석(ANCOVA)과 같은 다소 복잡한

그림 5-6 외생변수의 통제

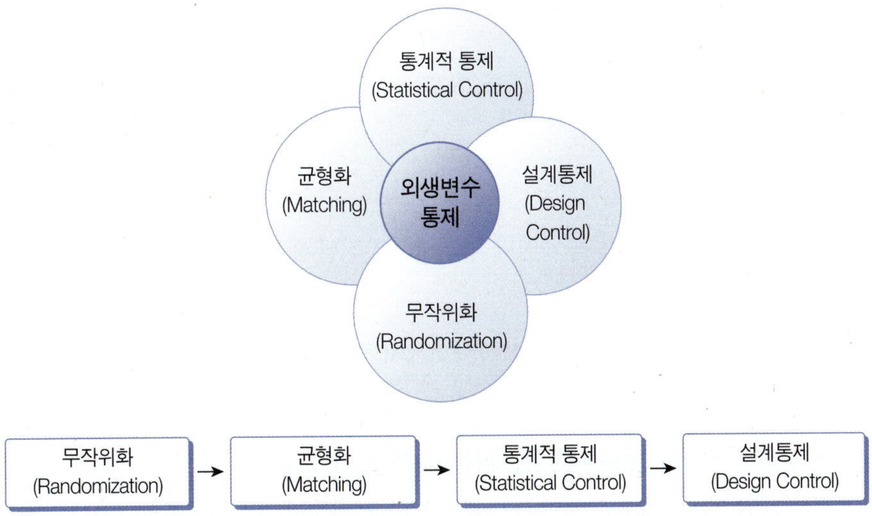

통계적 절차를 활용하여 통계적 통제를 할 수 있다. 공분산분석에서 종속변수에 영향을 미치는 외생변수의 효과는 각각의 처치상황에 있는 외생변수의 평균치를 통제하여 적용함으로써 제거된다.

설계통제

설계통제(Design Control)는 특정한 외생변수를 통제하기 위해 실험을 설계하는 것을 의미한다. 적절하게 설계된 실험에서 외생변수들은 통제될 수 있다. 예를 들어, 순서통제(Counter Balancing)는 외생변수인 순서효과를 제거하기 위한 실험설계방법의 하나이다.

5.4 실험설계

실험설계는 사전실험설계, 순수실험설계, 유사실험설계, 통계적 실험설계로 구분된다.

사전실험설계는 외생변수를 조절하기 위해서 임의 할당 절차를 거치지 않는다. 이러한 설계의 예로는 단일시도사례연구, 단일집단 사전사후측정설계, 집단비교설계가 있다.

순수실험설계는 조사자가 실험집단에 대한 단위 테스트와 처치변수를 무작위로 할당한다. 이러한 분류에는 통제집단 사전사후측정설계, 통제집단 사후측정설계, 솔로몬 4집단 실험설계가 있다.

유사실험설계는 조사자가 실험단위에서, 전체적인 조작이나 처치변수의 무작위 할당이 어려울 때 사용한다. 그러나 여전히 순수실험의 참고자료로 활용된다. 두 가지 종류로서 단일 시계열 설계와 다중 시계열 설계가 있다.

통계적 실험설계는 기본적인 실험의 단계로, 외적 변수를 통계적으로 조절하고 분석한다. 통계적 실험설계에 사용되는 기본적인 설계는 사전실험설계, 순수실험설계, 유사실험설계이다. 통계적 실험설계는 설계의 특성이나 사용에 기초하여 구분된다. 중요한 통계적 실험설계는 무작위 블록 설계와 라틴방격설계, 팩토리얼설계가 있다. 이러한 설계는 백화점의 광고 테스트를 효과적으로 측정하기 위한 요소로서 설명된다.

표 5-6 실험설계의 분류

사전실험설계	순수실험설계	유사실험(Quasi-experiment) 설계	통계적 실험(Statistical Experiment) 설계
• 단일시도사례연구(One-shot Case) • 단일집단 사전사후측정설계 • 집단비교설계(Static Group)	• 통제집단 사전사후측정 설계 • 통제집단 사후측정설계 • 솔로몬 4집단 실험설계	• 단일 시계열 설계 • 다중 시계열 설계	• 무작위 블록 설계 • 라틴방격설계 • 팩토리얼(이원분산분석) 설계

사전실험설계

사전실험설계는 외생변수 중 실험대상의 구성과 변수의 조작이 체계적으로 이루어지지 않은 실험설계를 의미한다. 즉, 사전에 실험집단과 통제집단을 구분하여 무작위적(Randomization)으로 대상들을 할당하여 독립변수를 노출시키는 과정을 거치지 않고, 설문조사에서와 같이 조사가 이루어진 후 응답대상의 특성을 구분하고 변수들 간의 관계를 기술적으로 설명하는 방법으로 엄격한 의미로 실험이라 볼 수 없다. 세 가지 구체적인 설계의 예로는 단일시도사례연구, 단일집단 사전사후측정설계, 집단비교설계가 있다.

순수실험설계

사전실험설계와 비교하면 순수실험설계를 구별하는 요소는 무작위 할당이다. 순수실험설계에서, 조사자는 무작위로 실험집단에 실험단위와 처치변수를 할당한다. 순수실험설계는 실험기간 동안 실험집단과 통제집단을 엄격히 격리한 상태에서 원인변수의 조작과 결과변수의 측정이 이루어지도록 설계된 체계적인 실험방법이다. 순수실험설계로는 통제집단 사전사후측정설계, 통제집단 사후측정설계, 솔로몬 4집단 실험설계가 있다.

통제집단 사전사후측정설계(고전적 실험설계)

$(R)\ EG : O_1 \quad X \quad O_3$
$(R)\ CG : O_2 \qquad\quad O_4$
$(E) = (O_3 - O_4) - (O_1 - O_2)$

여기서, O_i : i번째 측정결과

R: 무작위 할당
EG: 실험집단
CG: 통제집단
X: 실험처치

- 실험집단과 통제집단의 처리 전 상태가 동일한지 여부를 점검할 수 있음
- 검사요인(역사요인, 성숙요인, 회귀요인 등)의 효과를 통제할 수 없음

통제집단 사후측정설계

$(R)\ EG : X\ O_1$
$(R)\ CG : \quad O_2$
$(E) = (O_1 - O_2)$

- 역사요인, 성숙요인, 회귀요인 등의 내적 타당성 위협요인을 제거
- 실험변수의 처리 전에 두 집단의 관찰값이 동일한지를 점검할 수 없음

유사실험설계

유사실험설계는 다음의 조건으로 발생한다.

첫째, 조사자는 측정시간과 측정대상을 통제한다.

둘째, 조사자는 처치변수의 일정을 조절하기 힘들고, 처치변수에 무작위로 테스트단위가 노출될 수 없다.

유사실험설계는 순수실험이 불가능한 경우에 유용하다. 그리고 순수실험보다 훨씬 빠르고 비용이 적게 든다. 그러나 실험을 전반적으로 통제하는 것이 불가능하기 때문에 조사자는 통제할 수 없는 구체적인 변수를 사용해야만 한다. 유사실험설계의 인기 있는 형태는 단일 시계열 설계와 다중 시계열 설계가 있다.

통계적 실험설계

통계적 실험설계는 외생변수의 통계적인 통제를 통해 분석하는 기본적인 실험설계들로 구성된다. 즉, 여러 개의 기본적 실험설계들이 동시에 실행된다. 따라서 통계적 실험설계는 사용하는 기본적인 실험설계에 영향을 미치는 외생변수들에 동일하게 영향을 받게 된다. 하지만 통계적 실험설계는 몇 가지 추가적인 장점이 있다.

첫째, 하나 이상의 독립변수들의 효과를 측정할 수 있다.

둘째, 일부 외생변수들을 통계적으로 통제할 수 있다.

셋째, 각 실험단위가 한 번 이상 측정될 때 경제성 있는 실험설계를 만들 수 있다. 통계적 실험설계의 예로는 무작위 블록 설계, 라틴방격설계, 팩토리얼설계가 있다.

실험실 실험 vs. 현장 실험

기본적으로 실험은 실험실이나 현장에서 시행될 수 있다. 실험실 환경은 인공적이며, 조사자는 실험에 적합한 바람직한 조건을 구성할 수 있지만, 현장 환경은 실제 시장조건과 동일하고 조사자의 개입이 불가능하다. 예를 들어, 광고실험의 효과성을 측정하기 위한 실험이 실험실 환경에서 시행된다면 실험실에서 조사대상자는 특정 광고를 시청하게 되지만, 현장 실험으로 시행된다면 조사대상자는 집에서 TV를 통해 특정 광고를 시청할 수 있다. 두 환경의 차이점은 〈표 5-7〉에 요약되어 있다.

표 5-7 실험실 실험 vs. 현장 실험

요소	환경	통제	내적 타당성	외적 타당성	시간	변수	조작의 용이성	비용
실험실	인공	쉬움	높음	낮음	짧음	적음	쉬움	적음
현장	사실	어려움	낮음	높음	긺	많음	어려움	많음

실험실 실험은 현장 실험에 비해 몇 가지 이점이 있다. 실험실 환경은 통제하기가 쉽고 엄격한 환경에서 결과변수를 관찰할 수 있기 때문에 우연한 사건의 발생 가능성이 적다. 실험실 실험은 실험단위의 수가 적으며, 소요시간이 짧고, 훨씬 제한된 지리적 특성을 지녔으며, 현장 실험보다는 쉽게 실시할 수 있다. 따라서 일반적으로 실험비용이 적게 든다.

현장 실험과 비교하면, 실험실 실험은 몇 가지 단점이 있다. 환경의 인공성은 조사대상자의 반응에 심각한 오류를 가져올 수 있다. 예를 들어, 조사대상자는 독립변수 또는 처치변수보다 오히려 실험상황 자체에 반응할 수 있다. 또한 실험실 환경은 조사대상자가 실험의 목적을 추측하고 적절하게 반응하게 하는 인위적 예상(Demand Artifacts)을 야기할 수 있다. 예를 들어, 실험광고를 보는 동안 조사대상자는 브랜드에 관한 사전처치 질문을 회상하고, 광고가 브랜드 태도를 변화시키는 실험임을 추측할 수 있다. 마지막으로, 실험실 실험은 인공적인 환경에서 시행되기 때문에 결과를 실제상황에 일반화하기 어렵고, 실험실 실험은 현장 실험보다 외적 타당성이 낮다.

조사자는 실험실 실험과 현장 실험 중 어느 것을 실시할지를 결정할 때, 이러한 모든 요소를 고려해야 한다. 비록 실험실 실험과 현장 실험이 상호보완적인 역할을 하지만, 마케팅조사에서는 실험실 실험이 현장 실험보다 더 일반적인 것이 사실이다.

CHAPTER

06

측정과 척도

MARKETING RESEARCH

6.1 측정과 척도의 개념

측정(Measurement)은 대상(고객, 제품, 서비스 등)의 특징에 사전에 특정하게 명시된 규칙을 따라 수치(Number)나 어떤 특별한 상징(Symbol)을 부여하는 체계적 과정을 의미한다. 마케팅조사에서 측정대상은 고객이나 제품과 같은 대상물 그 자체가 아니라 조사자가 관심 있는 대상물의 특별한 특징이다. 예를 들어, 마케팅조사에서는 고객 자체를 측정하기보다는 고객의 소득, 연령과 같은 조사대상자의 현상태나, 브랜드의 각 속성에 대한 고객의 지각, 태도, 선호도와 같은 조사대상자의 생각, 그리고 브랜드의 구매 여부, 점포 방문 여부 등과 같은 조사대상자의 행동을 측정한다.

측정대상을 수치화하게 되면 다음과 같은 이점이 존재한다. 첫째로, 분석대상자료의 수치화는 자료에 대한 통계적 분석을 가능케 한다. 둘째로, 수치를 통해 측정규칙들과 측정결과들 간의 관계를 좀 더 용이하게 파악할 수 있다.

측정과정에서의 가장 중요한 고려사항은 측정하고자 하는 측정대상의 측정결과에 수치를 부여하는 규칙들의 구체적이고 체계적인 명시이다. 예를 들어, 어떤 종류의 수치를 어떻게 부여할지, 또한 어떻게 수치를 평가할 것인지 등이 고려되어야 한다. 수치의 부여 과정은 반드시 일관되고 체계적이어야 한다. 측정된 특징들과 수치들 사이는 반드시 일대일로 대응이 되어야 한다. 예를 들어, 연간 수입을 금액으로 수치화한 경우 동일 금액을 가진 조사대상자들은 동일한 연간 수입을 가진 세대들을 의미하여야 한다. 또한 수치를 부여하는 규칙은 조사대상이나 시간에 따라 변화가 되지 않게 표준화되고 일관되게 적용되어야 한다.

척도(Scale)는 측정을 위해 특별히 개발된 표준화된 측정도구를 의미한다. 예를 들어, 어떤 물체의 길이를 재기 위해 표준화된 척도는 미터(Meter)법을 적용한 자나 야드-파운드(Yard-Pound)법을 적용한 자를 사용할 수 있다. 이때 길이를 재는 과정을 "측정"이라고 하고 이 측정을 위해 사용하는 미터법 자나 야드-파운드법 자를 "척도"라고 할 수 있다. 마케팅조사에서 표준화된 척도는 대상에 대한 측정결과가 체계적이고 일관되게 대응되는 수치나 상징체계의 형태로 나타난다. 예를 들어, "브랜드에 대한 태도"를 측정하고자 하는 경우, 조사대상자의 생각(태도)을 측정하기 위해 어떤 척도를 사용할지 생각해 보자. 조사대상자가 전혀 좋아하지 않는 경우를 1점, 아주 좋아하는 경우를 7점으로

그림 6-1 7점 척도의 예

매우 나쁘다	대체로 나쁘다	약간 나쁘다	보통 이다	약간 좋다	대체로 좋다	매우 좋다
1	2	3	4	5	6	7

하고 그 사이의 수치들은 아주 좋아하는 경우와 아주 좋아하지 않는 경우와 비교하여 비례하는 만큼 좋아하는 정도를 의미하는 척도를 사용할 수 있다. 소위 이러한 척도를 7점 척도라 한다. 이 척도를 활용하여 측정을 할 경우, 조사대상자들은 브랜드에 대한 자신의 태도를 1점과 7점 사이의 수치에 배정하고, 조사자는 이 배정된 수치가 조사대상자들이 1점과 7점 사이의 비례를 활용하여 자신의 태도를 표현하였다고 가정한다.

하지만 "브랜드에 대한 태도"를 측정하기 위한 척도는 단 하나만 존재하는 것이 아니라 조사의 목적에 따라 다양하게 존재하거나 새로이 개발될 수 있다. 예를 들어, 조사의 목적에 따라 "브랜드에 대한 태도"를 측정하는 데 있어 "좋다" 또는 "나쁘다" 형태의 이분법적인 척도만을 사용할 수 있다. 어떤 척도를 사용할 것인가는 조사의 목적에 따라 결정되고, 사용한 척도의 적절성은 정해진 기준에 따라 평가되어져야 한다.

6.2 측정과정과 측정대상

6.2.1 측정의 일반적 과정

측정의 일반적 과정은 다음과 같다.

① 측정의 목적에 따라 조사대상자로부터 측정할 구체적 대상이 무엇인가? (측정의 대상)
② 어떤 척도를 사용할 것인가? (척도의 종류)

③ 어떤 방식으로 측정을 할 것인가? (측정의 방법)

④ 측정을 위해 사용한 척도와 측정방식이 적절한가? (측정의 평가)

측정은 일반적으로 그 목적에 따라 구체적으로 측정대상으로부터 수집하려는 정보가 무엇인지를 명확히 규정해야 한다. 수집하려는 정보의 형태와 종류에 따라 측정의 다음 과정들이 영향을 받기 때문에 수집하려는 정보에 대한 명확한 규정은 매우 중요하다.

측정의 대상이 명확히 규정되었다면 해당 측정대상을 가장 잘 측정할 수 있는 척도를 선정하여야 한다. 일반적으로 마케팅과 같은 사회과학조사에서 사용하는 척도는 자연과학에서 주로 사용하는 표준화된 척도와 달리 상대적으로 덜 표준화되고 다소 주관성이 고려된 척도를 사용한다. 마케팅조사에서 사용할 수 있는 척도는 미리 준비되어 있는 척도를 사용할 수도 있고, 미리 준비된 척도가 해당 측정을 위해 적절하지 않거나 해당 측정을 위한 척도가 없는 경우에는 정해진 규칙에 따라 새로운 척도를 개발하기도 한다. 하지만 새로운 척도를 개발하는 것은 상당히 복잡하고 세밀한 과정이기 때문에 척도를 개발할 전문지식이 없는 경우 가능하면 사전에 미리 준비된 척도를 활용하는 것을 권장한다.

척도의 종류가 결정되면 구체적으로 어떻게 측정을 할 것인지 검토하여야 한다. 마케팅과 같은 사회과학조사에서 사용하는 척도는 주관성이 개입될 여지가 많기 때문에 어떻게 측정할 것인지에 대한 결정은 아주 중요하다. 측정방법의 고려 시 중요한 사항은 크게 척도의 수준, 척도의 표시방식, 척도에 대한 응답방식 등이 있다. 각각의 측정방법들은 장단점을 동시에 가지고 있기 때문에, 조사의 목적과 상황에 맞는 측정방법의 선택이 필요하다.

이러한 과정을 거쳐 측정이 실시되면, 최종적으로 측정의 설계과정과 결과를 바탕으로 측정에 대한 평가가 필요하다. 기본적으로 측정에 대한 평가는 타당성과 신뢰성을 기준으로 하며, 타당성은 사전에 일부 평가가 가능하지만 사후에 통계적으로 평가하고, 신뢰성은 사후에 통계적으로 평가한다. 본 장에서는 측정의 일반적 과정에 대해 순서대로 살펴보기로 한다.

6.2.2 측정의 대상

측정의 첫 번째 과정은 조사의 목적에 맞는 명확한 측정대상에 대한 정의이다. 조사자

그림 6-2 개념과 측정의 대상

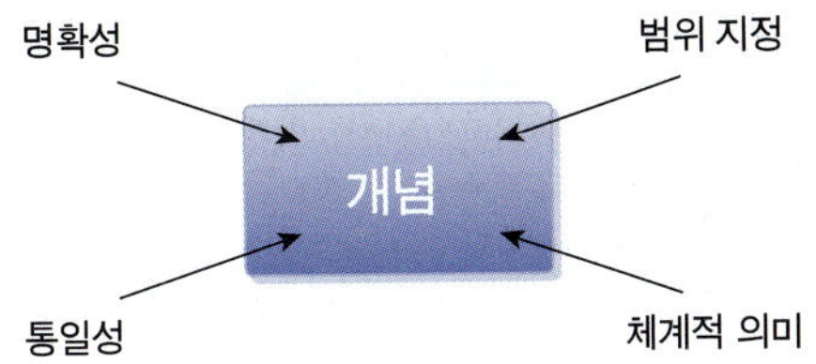

는 조사의 목적을 명확히 이해하고 이를 바탕으로 조사대상자들로부터 어떤 특성을 파악하려고 하는지를 명확히 규정하여 이를 측정대상으로 정의하여야 한다. 측정대상은 나이, 성별, 소득, 구매량 등 객관적으로 측정될 수도 있지만, 인지, 지각, 선호, 태도 등 조사대상자가 주관적으로 생각하는 정도를 측정해야 하는 경우도 있다. 조사대상자의 주관적 관념은 추상적이고 눈으로 직접 관찰할 수 없는 객관적이지 않은 개념이기 때문에 정확히 측정하는 것은 사실상 불가능하다. 주관적 관념은 조사대상자마다 서로 다른 의미를 부여하거나 다르게 해석할 수 있으므로 측정의 주관성을 최대한 배제하기 위해 조사자는 주관적 관념의 측정대상을 보다 구체적이고 객관적으로 정의하여야 한다.

예를 들어, 조사대상자들은 측정대상의 불명확한 정의로 인해 서로 다른 개념인 선호도와 만족도를 정확히 구분하지 못할 수도 있고, 객관적 기준 또는 척도의 부재로 인해 동일한 선호수준을 가진 두 조사대상자들이, 한 조사대상자는 "매우 좋아함"으로 응답하고 다른 조사대상자는 "보통"으로 응답하는 것과 같이 서로 다른 수준으로 응답할 수 있다.

따라서 조사자는 측정대상에 대해 정확한 개념을 정의해야 하며 정의된 개념에 대응되는 통일된, 그리고 체계적 의미를 지닌 명확한 측정범위와 기준을 제시하여야 한다.

6.3 척도의 종류

척도는 크게 명목척도, 서열척도, 등간척도, 비율척도로 나누어 생각할 수 있다.

그림 6-3 척도의 종류

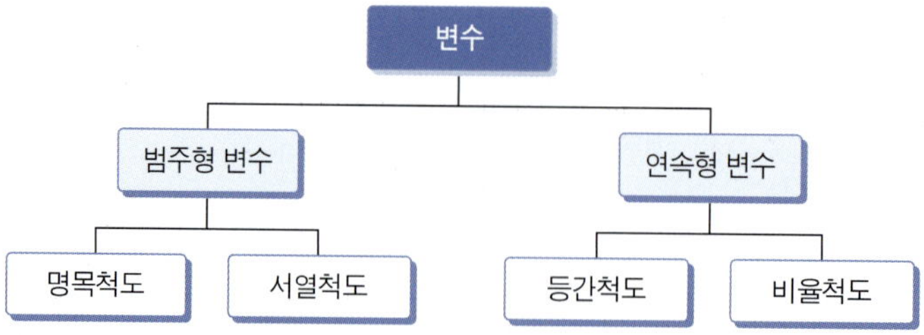

표 6-1 척도의 기본적 특성

척도	기초적인 특성	일반적인 예시	마케팅 예시
명목척도	측정값을 분류하기 위한 수치를 정의한다.	성별, 직업, 주민번호	브랜드의 수, 상점의 유형, 성별 분류
서열척도	수치는 측정값의 상대적 위치를 나타내지만 측정값 간의 차이나 크기를 나타내지는 않는다.	등수, 등급, 메달리스트	선호도 순위, 시장 위치, 사회계급
등간척도	측정값 간의 차이를 비교할 수 있다. 상대적 영점이 존재한다.	온도(화씨, 섭씨)	태도, 의견, 지수
비율척도	절대적 영점이 고정되어 있다. 측정값의 비율이 계산될 수 있다.	길이, 무게	나이, 수입, 비용, 매출액, 시장점유율

6.3.1 명목척도

명목척도(Norminal Scale)는 측정값에 특별한 상징을 부여하는 방식으로 측정값을 분류하고 구분하는 것을 주로 목적으로 하며, 이를 위해 측정값에 대한 이름표 또는 꼬리표의 형태로 숫자를 부여한다. 마케팅연구에서 명목척도들은 조사대상자, 브랜드, 속성, 점포 등 다른 대상들을 분류하기 위해서 사용된다. 명목척도가 분류를 목적으로 사용될 때, 숫자들과 측정값 분류(예: 남/여) 사이에는 정확한 일대일 대응이 있어야 한다. 각각의 숫자들은 하나의 측정값 분류에만 배정되고, 각각의 측정값 분류들은 하나의 배정된 숫자만을 갖는다. 이때 배정된 숫자는 숫자로서의 어떠한 가치나 정보를 가지지 않기 때문에 측정값 분류들 간의 구분 이외의 의미는 전혀 존재하지 않는다.

명목척도에서 숫자들은 등급 또는 범주를 위한 이름표로서의 역할을 한다. 예를 들어,

조사 응답자를 남자집단과 여자집단으로 구분한다면, 두 집단은 상호배타적이고, 두 집단에 의해 전체집단은 표현된다. 각 집단에 있는 대상들은 명목만을 의미하는 숫자(예: 남-1, 여-2)에 의해 표현된다. 같은 집단에 있는 모든 대상들은 같은 숫자를 가지고 있고 두 집단은 서로 같은 숫자를 가지고 있지 않다. 하지만 명목척도가 숫자들의 배정을 반드시 포함할 필요는 없으며, 알파벳 또는 다른 형태의 상징들을 배정할 수 있다.

가령 소비자의 성별을 분류하기 위해 사용된 1과 2라는 수는 단지 집단 간의 구분만을 나타내 주고, 순서와 크기의 개념도 없으며, 아무런 의미가 없다. 즉, 1과 2를 더하여 얻어진 3이라는 수는 어떠한 의미도 가지지 않는다. 또한 큰 수의 주민번호를 가진 어떤 조사대상자가 작은 수의 주민번호를 가진 조사대상자보다 우월하다거나 또는 그 반대의 경우를 의미하지도 않는다.

명목척도에서 유일하게 허용되는 연산은 출현 횟수의 계산, 즉 빈도를 바탕에 둔 제한된 형태의 통계량만을 활용할 수 있다. 따라서 명목척도를 사용하여 수집된 자료는 집단별 빈도, 비율, 백분율에 대한 분석만이 가능하고, 전체집단에 대한 대표치는 최빈치(Mode)만을 이용하여 나타낼 수 있다. 최빈치는 개체수 또는 빈도수가 가장 많은 개체 또는 계급을 의미하기 때문에 출현 횟수 또는 빈도만을 활용할 수 있는 명목척도에서 이용할 수 있는 가장 적합한 통계량이다. 최빈치에 대한 자세한 설명은 제9장에서 살펴보기 바란다. 자료에서 남녀의 평균(남자-1, 여자-2)을 계산하는 것 역시 아무런 의미가 없다.

명목척도의 예

1. 귀하의 결혼상태는?
   (1) 미혼______ (2) 결혼, 배우자 있음______ (3) 기타______

2. 귀하가 가장 자주 이용하는 백화점은?
   (1) 롯데______ (2) 현대______ (3) 신세계______ (4) 기타______

3. 귀하는 승용차를 소유하고 계십니까?
   (1) 예______ (2) 아니오______

4. 지금까지 수강한 마케팅 관련 과목은? 해당란에 모두 표시하시오.
   (1) 마케팅______ (2) 마케팅조사______ (3) 소비자행동______
   (4) 유통관리______ (5) 신제품개발과 제품관리______ (6) 광고와 판촉______

6.3.2 서열척도

서열척도(Ordinal Scale)는 명목척도의 집단 구분 외에 측정대상의 상대적 크기도 나타내기 위해 측정값에 수치를 배정한다. 예를 들어, 1, 2, 3, 4학년은 집단 간의 구분 외에 순서의 개념이 들어가기 때문에 1, 4, 3, 2학년과는 다른 의미를 가지게 된다. 서열척도에서 측정값의 차이는 측정대상에 대한 대소관계를 명시해 준다. 서열척도에서는 측정값이 큰 경우가 작은 경우에 비해 측정대상에 대해 더 우월하거나 또는 덜 우월함을 의미한다. 서열척도의 예로서는 품질등급, 경기에서 팀들의 순위, 사회경제적 계급, 그리고 조직에서의 직급 등이 있다. 마케팅조사에서 서열척도는 상대적인 태도, 의견, 인식, 그리고 선호도들을 측정하는 데 활용될 수 있다. 서열척도의 측정을 위해 조사자는 "~보다 좋은" 또는 "~보다 못한"과 같은 질문형태를 조사대상자에게 질문하여 서열척도를 측정한다.

비록 서열척도가 우월 정도 또는 더 큰지 작은지를 명시해 줄 수 있지만, 그 차이가 어느 정도인지는 알려주지 않는다. 즉, 첫 번째 순위인 측정대상은 두 번째 순위인 측정대상과 비교할 때 더 많은 특성을 가지고 있지만 두 번째 순위의 측정대상보다 얼마나 더 많은 특성을 가지고 있는지는 알 수 없다. 예를 들어, 서열척도로 브랜드 선호도를 측정하는 경우 1위 브랜드는 2위 브랜드보다 더 선호되고, 2위 브랜드는 3위 브랜드보다 더 선호됨을 알 수 있지만, 각 순위 브랜드 간의 선호 차이는 알 수 없다. 즉, 서열척도를 바탕으로 측정된 선호도 측정결과는 1위 브랜드와 2위 브랜드의 선호 차이와 2위 브랜드와 3위 브랜드의 선호 차이가 동일한지 다른지에 대해 명확히 알려주지 않는다.

명목척도와 마찬가지로 서열척도에서도 동등한 측정대상들은 같은 순위를 부여받는다. 서열척도의 측정값은 측정대상들 간의 순위를 표현하기 위해 다양하면서도 일관된 방식으로 수치가 부여된다. 예를 들어, 브랜드 A, B, C, D에 대한 선호도를 서열척도로 표시할 경우 1, 2, 3, 4로 표시하는 것과 10, 20, 35, 45의 형태로 표시하는 것 사이에는 차이가 없다. 서열척도의 측정값은 측정대상들의 순위가 변하지 않는 한 어떠한 방식으로든 바뀔 수 있기 때문이다. 즉, 수치상의 차이는 순위의 차이만을 의미하고 다른 의미는 결여되었기 때문에 척도의 순위가 유지되는 한 다양한 형태로 변형 가능한 것이다.

따라서 서열척도는 명목척도 자료로 활용 가능한 통계량에 추가로 백분위수를 바탕으로 한 통계량의 활용까지 가능하다. 서열척도를 사용하여 측정한 측정값은 순위만을 나타내므로 측정값들의 대표치로서 중위수(Median)를 이용하게 된다. 중위수란 전체 조사 대상들의 반응을 순위에 따라 나열했을 때 가운데에 위치한 응답자의 반응을 의미하기 때문에 순위를 기반으로 하는 서열척도를 위한 가장 적합한 통계량이라 할 수 있다. 중위수에 대한 자세한 설명은 제9장을 참고하기 바란다.

서열척도의 예

1. 다음의 다섯 가지 음료 브랜드를 당신이 좋아하는 순서에 따라 표시하십시오.
   코카콜라____ 펩시콜라____ 칠성사이다____ 게토레이____ 포카리스웨트____

2. 다음에 제시된 음료 브랜드 두 개 중 귀하가 보다 선호하는 브랜드에 V표 하십시오.
   코카콜라____ 펩시콜라____
   코카콜라____ 칠성사이다____
   코카콜라____ 게토레이____
   코카콜라____ 포카리스웨트____
   펩시콜라____ 칠성사이다____
   펩시콜라____ 게토레이____
   펩시콜라____ 포카리스웨트____
   칠성사이다____ 게토레이____
   칠성사이다____ 포카리스웨트____
   게토레이____ 포카리스웨트____

6.3.3 등간척도

[그림 6-4]의 등간척도(Interval Scale)에서 각 구간은 동일한 거리를 유지하고 등간척도에 의해 측정된 측정값의 차이가 단위 길이를 기준으로 했을 때 일정하다. 등간척도에서 두 인접한 측정값의 차이는 다른 두 인접한 값들의 차이와 같다. 즉, 등간척도로 측

그림 6-4 등간척도

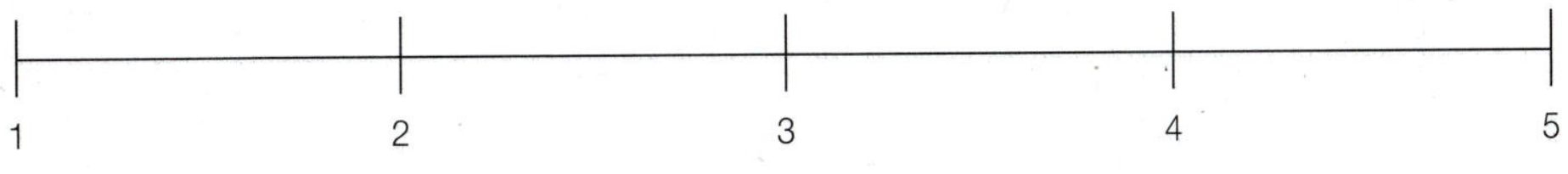

정된 측정값 3과 4의 차이는 측정값 4와 5의 차이와 같고, 3과 5의 차이의 반이다. 하지만 등간척도는 절대적 영점을 가지지 않고 상대적 영점을 가진다. 즉, 절대적 영점을 가지지 않기 때문에 측정값 6은 측정값 3보다 2배 더 많은 속성을 가진다고 말할 수 없게 되고, 따라서 측정값에 비율의 개념을 적용하는 것은 의미가 없다는 것을 알 수 있다.

등간척도의 일반적 예로 온도계의 눈금을 들 수 있다. 온도계는 온도 간의 간격이 일정하지만, 영점 섭씨 0도는 절대온도 0점이 아니라, 현실 속에서의 편의에 의해 설정된 상대적 0점이다. 이에 섭씨 온도는 화씨 온도로 손쉽게 변경이 가능하다. 마케팅조사에서 고객의 생각, 의견 등은 주로 등간척도의 형태로 측정되며, 등간척도로 측정된 마케팅 측정값들은 산술평균의 계산이 가능하고, 분산과 같은 통계량의 계산도 가능하게 되어 그 정보의 활용폭이 넓어진다.

등간척도는 앞서 언급했듯이, 평균의 계산이 가능하고 서열척도로 측정된 것에 비해 측정된 값에 포함된 정보의 양이 많기 때문에 더 다양한 통계기법을 활용할 수 있다. 즉, 측정값들의 전체적인 분포를 보여 주는 평균(Mean)과 분산(Variance)을 계산할 수 있으므로, 활용범위가 넓은 모수통계학(Parametric Statistics)의 활용이 가능하다. 반면에 서열척도와 명목척도는 평균과 분산을 계산할 수 없기 때문에 활용범위가 제한적인 비모수통계학(Non-parametric Statistics)만을 활용할 수 있다.

등간척도는 마케팅조사에서 가장 많이 활용되는 척도로서 브랜드, 점포, 속성 등에 대한 소비자지각을 측정하기 위해 많이 사용된다. 등간척도를 적용하면 다양한 형태의 통계기법을 활용할 수 있기 때문에 조사자는 등간척도를 이용한 측정을 주로 하고자 한다.

하지만 소비자의 브랜드에 대한 신념이나 태도, 구매의도 측정 등의 내면적 생각을 측정할 때 등간척도의 사용에는 다음과 같은 문제가 존재할 수 있다. 먼저, 조사대상자들이 등간척도상의 등간을 명확히 인식하고 응답하는지는 알 수 없다. 조사대상자들이 등간보다는 대략적인 순위에 기반해서 응답할 수도 있기 때문이다. 하지만 조사자는 조사대상자가 등간을 명확히 인식했다고 가정하고 자료를 처리하는 경우가 일반적이다. 심지어 마케팅조사자는 시간과 비용 등의 현실적 문제로 인해 서열척도로 측정된 자료를 등간척도로 측정된 것으로 간주하여 모수통계기법을 적용하여 통계적 추론을 하는 경우가 종종 있다. 하지만 이러한 추론은 통계적 가정을 위반하기 때문에 상당히 신중히 적용하여야 한다.

등간척도의 예

1. 귀하 가정의 연간 소득은 다음 중 어디에 해당합니까? (만 원 단위로 나타냄)

______________ 1,999만 원 이하

______________ 2,000만 원~2,999만 원

______________ 3,000만 원~4,999만 원

______________ 5,000만 원~7,999만 원

______________ 8,000만 원 이상

2. 귀하의 나이는 다음 중 어디에 해당합니까?

______________ 19세 이하

______________ 20세~29세

______________ 30세~39세

______________ 40세~49세

______________ 50세~59세

______________ 60세 이상

3. 대개의 경우 1주일에 몇 번 인터넷에 접속합니까?

______________ 20회 초과 ______________ 16~20회 ______________ 11~15회

______________ 6~10회 ______________ 1~5회 ______________ 접속 안 함

---

1. 나는 코카콜라를 좋아한다

1	2	3	4	5	6	7
___	___	___	___	___	___	___

전혀 동의하지 않는다 　　　　　　　　　　 전적으로 동의한다

2. 코카콜라

−3	−2	−1	0	1	2	3
___	___	___	___	___	___	___

매우 나쁘다 　　　　　　　　　　 매우 좋다

6.3.4 비율척도

비율척도(Ratio Scale)는 명목 · 서열 · 등간척도들의 모든 성질들을 소유하고 있고 다른 척도들이 표현할 수 없는 절대적 영점(0점)의 표현이 가능하다. 그러므로 비율척도는

측정대상을 확인하거나 분류할 수 있고 순위를 매길 수 있으며, 간격이나 차이를 비교할 수 있을 뿐만 아니라 비율과 배율도 계산할 수 있다. 즉, 비율척도로 측정된 측정값은 절대적 값을 의미하기 때문에 측정값 4와 측정값 2의 차이는 측정값 5와 측정값 3의 차이와 동일할 뿐만 아니라, 측정값 4는 측정값 2에 정확히 2배가 된다. 절대적 값을 측정할 수 있는 비율척도는 일반적으로 직접 관찰할 수 있는 물리적 사건이나 현상을 측정하는 데 사용된다. 비율척도의 일반적인 예는 키, 몸무게, 나이, 그리고 돈과 같이 절대적 가치를 의미하는 척도들이 대표적이다. 마케팅상황에서는 판매, 비용, 시장점유율, 그리고 고객 수 등이 비율척도로 측정된 값들의 예이다.

비율척도는 모든 사칙연산을 적용하여 계산할 수 있기 때문에 산술평균, 기하평균, 조화평균 등 다양한 유형의 평균계산방법이 적용 가능하고, 또한 다양한 모수통계기법을 적용할 수 있다. 제품의 선호도, 인지도, 속성에 대한 태도나 신념 등과 같이 다소 주관적이고 상대적인 가치를 주로 측정하는 마케팅조사에서의 비율척도의 활용은 등간척도에 비해 상대적으로 많지 않다. 비율척도는 제품가격, 소득과 같이 금전적 가치를 측정하거나 연령, 종업원의 수와 같은 절대적 수량을 측정하는 경우에 주로 활용된다.

비율척도의 예

1. 귀하는 지난 7일 동안 식품을 쇼핑하러 점포에 몇 번 가셨습니까? ______ 회
2. 귀하의 나이는 만으로 몇 세입니까? ______ 세
3. 귀하는 1년에 대개 몇 km 정도 운전하십니까? ______ km

표 6-2 척도와 통계방법의 비교

척도	최빈값	중앙값	평균	평균의 측정	기술통계량 (평균의 측정)	추론통계방법
명목척도	○	×	×	최빈값	백분율, 최빈값	카이스퀘어, 이항검정
서열척도	○	○	×	중앙값	백분위수, 중위수	서열순위상관관계, 프리드만 ANOVA
등간척도	○	○	○	산술평균	범위, 산술평균, 분산	적률상관계수, t검정, ANOVA, 회귀분석, 요인분석
비율척도	○	○	○	기하평균, 조화평균	범위, 산술평균, 분산, 기하평균, 조화평균	변동계수

6.4 측정방법

상대측정법과 절대측정법은 마케팅연구에서 흔히 사용되는 측정법이다. 상대측정법은 측정대상 간의 직접적인 비교를 통해 측정하는 방법으로 주로 서열척도에서 많이 활용된다. 예를 들어, 코카콜라나 펩시의 선호를 확인하기 위해 코카콜라와 펩시 중 어떤 것을 선호하는지를 비교하여 질문할 수 있다. 상대측정법은 반드시 상대적인 개념이나 용어로 설명되어야 하고 서열 또는 순위적 특성을 가져야 한다. 이러한 이유로 상대측정법은 서열척도와 같은 비계량척도에서 주로 사용하게 되고, 쌍대비교법과 순위법이 있으며, 계량척도로도 활용되는 고정총합법 등이 있다.

상대측정법의 가장 큰 장점은 측정대상 사이의 작은 차이를 발견할 수 있다는 것이다. 조사대상자들은 측정대상들을 비교하면서 반드시 우월한 대상을 선택하여야 하며, 일정한 기준으로 측정대상의 순위를 평가한다. 결과적으로 상대측정법은 복잡한 평가를 포함한 평가점수 제시가 아닌 측정대상 간의 비교를 바탕으로 일반화된 방법이기 때문에 조사대상자가 쉽게 이해하고 쉽게 응답할 수 있다. 상대측정법의 단점들은 측정결과가 순위적인 특성을 포함하기 때문에 계량적 또는 통계적 방법의 활용이 어렵고, 한 상황에서의 상대측정법에 따른 측정결과는 다른 상황으로 그 결과를 적용할 수 있는 일반화가 어렵다는 것이다. 예를 들어, 두 개의 브랜드 A와 B의 선호도 조사결과는 새로운 브랜드 C가 출현했을 때는 무용지물이 되어 브랜드 A, B, C의 선호도를 새로이 조사하는 프로젝트를 실시하여야 한다.

등간척도와 비율척도 같은 계량척도에서 주로 사용되는 절대측정법은 각각의 측정대상들이 측정과정에서 다른 측정대상들과 독립적으로 측정된다. 측정결과의 측정값들은 일반적으로 등간척도의 형태나 비율척도의 형태가 된다. 예를 들어, 조사대상자들은 브랜드 A의 선호도를 1에서 7 사이의 등간척도로 표시할 수 있다(1=전혀 선호하지 않음, 7=매우 선호함). 조사대상자들은 브랜드 B와 브랜드 C에 대해서도 유사한 방식으로 선호도를 표시할 수 있다. 절대측정법은 연속측정법 또는 구간측정법으로 분류될 수 있는데, 연속측정법은 다시 리커트척도법, 어의차이척도법, 또는 스타펠척도법으로 더 세분하여 구분된다. 절대측정법은 마케팅조사에서 가장 폭넓게 사용되는 측정방법이다.

그림 6-5 측정방법의 구분

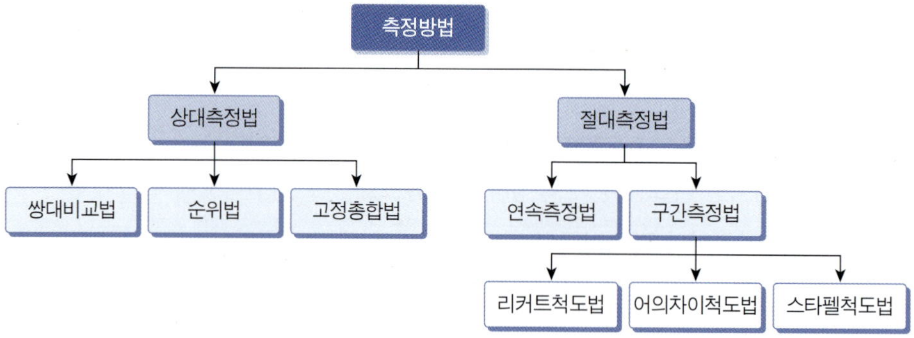

6.4.1 상대측정법

쌍대비교

쌍대비교 측정방법은 가장 광범위하게 쓰여지는 상대측정법이다. 쌍대비교 측정방법은 조사대상자에게 두 개의 비교대상을 제시하고 조사대상자는 어떠한 기준에 따라 비교대상 중 하나를 선택한다. 쌍대비교 측정방법에 의한 측정결과는 자연적으로 순위적 특성을 가지게 된다. 조사대상자는 "브랜드 A보다는 브랜드 B, 브랜드 B보다는 브랜드 C를 더 선호한다."라고 응답할 수 있다. 이 경우 쌍대비교 측정방법의 순위적 특성과 선호의 이행성(Transitivity of Preference)을 활용하여 브랜드 A보다는 브랜드 C를 더 선호한다고 결론 내릴 수 있다. 〈표 6-3〉은 5개 브랜드의 선호도를 파악하기 위해 쌍대비교 측정방법으로 측정한 결과를 하나의 표(쌍대비교표) 형태로 제시하고 있다. 표를 통해 알 수 있듯이, 조사대상자는 5개 브랜드의 선호도를 평가하기 위해 10가지 비교쌍이 필요한데, 일반적으로 n개의 브랜드를 쌍대비교하기 위해 필요한 모든 가능한 쌍은 $\frac{n(n-1)}{2}$이다.

쌍대비교 측정방법에 의한 자료는 몇 개의 방법들로 분석될 수 있다. 조사자는 모든 조사대상자들의 행렬들을 대상으로 각 셀(Cell)에 대한 백분율을 구할 수도 있으며, 순위와 선호의 이행성을 활용하여 각 열의 합을 기준으로 브랜드의 선호순위를 도출할 수도 있다. 〈표 6-3〉의 경우 선호 횟수에 있어서 브랜드 B가 가장 많고 브랜드 C가 가장 적기

표 6-3 5개 브랜드 선호 측정을 위한 쌍대비교표의 예

	A	B	C	D	E
A		1	0	1	0
B	0		0	0	1
C	1	1		1	0
D	0	1	0		1
E	1	0	1	0	
선호 횟수	2	3	1	2	2

주: 1은 열의 브랜드가 행의 브랜드보다 선호됨을 의미하고, 0은 행의 브랜드가 해당하는 열의 브랜드보다 선호됨을 의미한다.

때문에 브랜드 B를 가장 선호하고, 브랜드 C를 가장 선호하지 않는다고 할 수 있다.

쌍대비교 측정방법은 다음과 같이 변형하여 활용할 수 있다. 먼저, 선호의 차이가 없는 경우를 "차이가 없음"으로 응답할 수 있도록 하는 것이다. 이 경우 조사대상자는 "더 선호/덜 선호/선호 차이 없음"의 3가지 대안 중 하나로 응답할 수 있다. 또 다른 쌍대비교 응용은 쌍대비교 후 선호의 정도도 함께 질문하는 것이다. 조사대상자는 쌍대비교에 대해 응답을 하고 바로 선호하는 대안에 대한 또 다른 질문에 답하게 된다. 예를 들어, 쌍들에 있는 어떠한 브랜드가 선호되어지는지 그리고 어느 정도 선호되어지는지를 동시에 응답할 수 있다.

쌍대비교 측정방법은 직접적인 비교를 바탕으로 하고 명시적인 선택을 필요로 하기 때문에 비교쌍의 수가 상대적으로 적을 때 유용하다. 많은 수의 비교쌍이 있다면 해당 비교쌍을 모두 조사하기가 현실적으로 어려울 뿐 아니라 조사대상자 역시 너무 많은 비교쌍들에서 비교를 통해 명시적으로 선택하는 것은 쉽지 않은 일이다. 또 다른 단점은 선호의 이행성 가정이 항상 옳지 않을 수도 있다는 것이다. 조사자는 많은 심리학적 이론들에서 상황에 따라 선호가 변할 수 있다고 가정한다는 사실을 고려하여 선택상황의 변화를 무시하고 있는 이행성 가정의 오류를 인정하고 쌍대비교의 결과를 해석하여야 한다. 게다가 비교대상의 제시순서도 선택에 중요한 영향요인임을 감안해야 한다. 비교쌍 제시 시 일관된 순서로 비교쌍을 제시할 경우 제시순서가 결과에 영향을 줄 가능성을 고려하여야 한다.

순위법

쌍대비교 측정방법 다음으로 가장 인기 있는 상대측정법은 순위법이다. 순위법에서 조사대상자들은 동시에 여러 개의 측정대상들을 제시받고, 어떠한 기준에 따라 그들의 순서나 순위를 매기게 된다. 예를 들어, 조사대상자들은 자신의 선호에 따라 브랜드들의 순위를 제시할 수 있다. 선호 브랜드의 순위는 가장 좋아하는 브랜드에 1을, 두 번째로 선호하는 브랜드에 2를, 그리고 계속해서 가장 적게 선호하는 브랜드에 n을 부여하여 선호를 순위의 형태로 제시할 수 있다. 쌍대비교방법과 같이 순위법은 본질적으로 비교를 바탕으로 한 상대적 특성을 가지고 있어 조사대상자가 1순위로 제시한 브랜드조차 실제로 좋아하지 않을 가능성도 존재한다. 순위법에 의해 조사된 자료는 서열척도와 동일한 형태 또는 상대적 비교 자료의 형태로 결과가 집계된다.

순위법의 예

다음의 여러 브랜드 중 가장 좋아하는 브랜드를 1번, 다음으로 좋아하는 브랜드를 2번, 순서대로 가장 싫어하는 브랜드를 5번까지 표시하시오.

- 브랜드 A ( )
- 브랜드 B ( )
- 브랜드 C ( )
- 브랜드 D ( )
- 브랜드 E ( )

위의 예와 같이 순위법은 브랜드에 대한 선호도를 측정하기 위해 흔히 사용된다. 특히, 순위법은 여러 개의 측정대상들을 동시에 비교할 수 있기 때문에 컨조인트분석과 같은 다중비교 분석방법에 많이 활용된다. 쌍대비교 측정방법에서 지적한 바와 같이, 다중비교환경은 일반적인 쇼핑환경과 아주 유사하다고 할 수 있다. 또한 쌍대비교 측정방법에 비해 순위법은 여러 대상의 비교를 동시에 하기 때문에 비교시간이 적게 걸리고 과도한 응답 횟수를 줄일 수 있다. 예를 들어, n개의 측정대상이 있다고 가정한다면, 순위법에서는 적게는 1번에서 많게는 $n-1$번의 비교를 통해 순위를 결정할 수 있지만, 쌍대비교 측정방법에서는 $\frac{n(n-1)}{2}$의 비교쌍이 필요하다. 또 다른 장점은 대부분의 응답자들이 순위를 매기는 지시사항을 쉽게 이해한다는 점이다.

순위법 역시 쌍대비교 측정방법과 유사하게 오직 순위형태의 자료만을 결과로 얻을 수 있어 통계적 방법 적용에 제한이 많다는 단점을 가지고 있다.

고정총합법

고정총합법에서 조사대상자들은 어떤 기준에 따라 정해진 총량의 수(점수, 금액 등)를 측정대상들의 집합에 일관되게 배분한다. 예를 들어, 조사자들은 특정 제품에 대한 각 속성의 중요성을 반영하여 다양한 제품속성들에 총 100점을 할당할 수 있다. 만일 한 속성이 중요하지 않다면, 응답자는 그 속성에 영점을 부여할 것이며, 한 속성이 다른 어떤 속성보다 2배 더 중요하다면 그 속성은 두 배만큼 더 많은 점수를 받게 될 것이다. 이때, 모든 속성에 부여된 점수의 합은 100이 된다.

속성들은 모든 조사대상자들이 각각 부여한 점수를 계산하여 조사대상자들의 수로 나눔으로써 평가된다. 속성에 대한 중요도 평가는 마케팅조사에서 세분시장조사와 그 맥락이 일치한다고 볼 수 있다. 예를 들어, 속성 1에 대한 중요성이 높은 고객집단을 세분시장 1, 속성 2에 대한 중요성이 높은 고객집단은 세분시장 2와 같이 분류할 수 있다. 이러한 결과들은 응답자들을 세 집단이나 세 개의 세분시장으로 구분할 때 활용될 수도 있다. 고정총합법에서 부여되는 점수는 절대영점을 가지고 있기 때문에 10점은 5점의 두 배만큼 많고 5점과 2점의 차이는 57점과 54점의 차이와 동일하다. 고정총합법은 그 계량적 특성으로 인해 종종 계량적 자료처럼 가정되어 계량통계분석을 적용할 수 있다. 하지만 계량적 자료로 간주되는 것이 특수한 상황에서 가능할 수 있지만 조사에 고려되지 않은 다른 상황으로까지 일반화할 수 없다. 따라서 엄격하게 말하면 고정총합법의 비교적인 특성과 일반화 가능성 부족의 결과로 인해 고정총합법의 측정결과는 서열척도로서 고려하는 것이 원칙적으로 옳다고 할 수 있다.

고정총합법의 중요한 장점은 많은 시간을 필요로 하지 않고 자극대상들을 판별할 수 있다는 것이다. 하지만 고정총합법은 다음의 두 가지 중요한 단점을 가지고 있다. 먼저, 조사대상자는 여러 가지 이유로 배정된 점수보다 더 많거나 또는 더 적은 점수를 배정할 수 있다. 예를 들어, 한 응답자가 한 문항의 총합으로 102점이나 98점을 배정할 수 있다. 조사자는 그런 자료를 수정하거나, 분석에서 이 조사대상자를 배제시켜야 한다. 또 다른 잠재적인 문제는 만일 너무 적은 단위들이 사용된다면 반올림 오차가 일어날 수 있다. 반면에, 너무 많은 수의 단위들이 사용되어지면 응답자들이 느끼는 계산 부담이 커지게 되고, 이는 응답자들을 혼란스럽게 만들고 지치게 할 수 있다.

표 6-4 고정총합법에 따른 제품속성에 대한 중요도 평가

아래에 제시된 8개의 제품속성에 대해 상대적 중요성을 반영하여 전체 100점을 부여하시오. 더 많은 점수를 받은 속성은 더 중요한 속성이라고 할 수 있습니다.

	3개의 세분시장의 평균 응답		
속성	세분시장 1	세분시장 2	세분시장 3
속성 1	8	8	4
속성 2	5	4	27
속성 3	23	19	7
속성 4	33	17	9
속성 5	9	0	14
속성 6	7	5	9
속성 7	5	13	15
속성 8	10	40	15
합계	100	100	100

6.4.2 절대측정법

절대측정법은 연속측정법과 구간측정법으로 분류되며, 특히 구간측정법에는 리커트척도법(Likert Scale)과 어의차이척도법(Semantic Differential Scale), 스타펠척도법(Stapel Scale) 등이 있다.

표 6-5 절대측정법의 유형과 특성

<table>
<tr><th colspan="2">구분</th><th>기본적 특성</th><th>장점</th><th>단점</th></tr>
<tr><td colspan="2">연속측정법</td><td>연속선 위에 표시</td><td>• 구조화가 용이
• 사용에 용이</td><td>계산하지 않으면 사용이 불편</td></tr>
<tr><td rowspan="3">구간측정법</td><td>리커트 척도법</td><td>1점(전혀 동의하지 않음)부터 5점(매우 동의함)까지 동의 정도를 평가</td><td>• 구조화가 용이
• 관리가 용이
• 이해가 용이</td><td>많은 시간이 소요</td></tr>
<tr><td>어의차이 척도법</td><td>양극단을 이용하여 평가하는 7점 척도법</td><td>• 다용도로 쓰임</td><td>자료 간격에 관한 논쟁의 소지</td></tr>
<tr><td>스타펠 척도법</td><td>중간값(0)을 제외하고, 일방향의 10점 척도로 구성(+5, −5)</td><td>• 구조화가 용이
• 전화 사용에 용이</td><td>적용에의 어려움과 혼란스러움</td></tr>
</table>

연속측정법

연속측정법에서 조사대상자들은 기준이 되는 한쪽 끝의 한 점으로부터 다른 끝의 한 점까지 연결된 하나의 선이나 공간 위의 적정한 위치에 표시를 하게 된다. 그러므로 조사대상자들은 조사자가 조사를 실시하기 전에 대상자들에게 어떤 표시들을 선택하는지를 강제하지 않는다는 장점이 있다. 연속측정법은 다양한 형태로 활용될 수 있는데, 그 예로서 수직선으로 등급을 표시하기도 하고 혹은 수평선으로 등급을 표시하기도 하며 숫자나 간략한 설명 형태를 추가하기도 하는 등 조사자와 조사환경에 따라 다양한 형태로 변형하여 활용할 수 있다. 다음은 몇 가지 형태의 연속측정법의 예를 제시한다.

연속측정법의 예

Version 1:

아주 좋지 않다 ----------------------------------X------ 아주 좋다

Version 2:

아주 좋지 않다 ----------------------------------X------ 아주 좋다

0 20 40 60 80 100

Version 3:

아주 좋지 않다 ----------------------------------X------ 아주 좋다

0 20 40 60 80 100

좋지 않다 보통이다 좋다

구간측정법

구간측정법은 응답자들에게 간단한 숫자나 혹은 각각의 개별적인 범주나 구간에 대한 간단한 설명을 덧붙인 형태로 제시된다. 구간측정법에 표시된 범주들은 특정 측정값의 위치라는 관점에서 순서를 의미할 수 있다. 또한 조사대상자들은 측정하고자 하는 대상의 등급을 가장 잘 설명한 위치를 선택한다. 구간측정법은 마케팅조사에서 매우 폭넓게 사용되는 측정법으로 다중척도와 같이 보다 복잡한 구조를 가진 척도로도 구성될 수 있다. 통상적으로 많이 활용되는 척도들은 리커트척도, 어의차이척도, 스타펠척도로 구분할 수 있다.

① 리커트척도

리커트척도(Likert Scale)는 가장 널리 사용되는 평가 척도이다. 조사대상자에게 일련의 설명문을 활용하여 동의 또는 의견 불일치의 평가 정도를 표시하게 하는 방식이 가장 일반적이다. 예를 들어, 5점 리커트척도는 1점(전혀 동의하지 않음)부터 5점(매우 동의함)까지의 동의 정도를 5개의 범주로 구분하여 제시하며, 조사대상자는 각각의 질문에 대한 동의 정도를 5개의 범주 중 하나로 선택하게 된다. 즉, 매우 동의할 경우 5점을 선택하고 적당히 동의할 경우 4점, 동의 또는 동의하지 않음이 비슷한 경우 3점, 적당히 동의하지 않는 경우 2점, 전혀 동의하지 않는 경우 1점으로 선택한다.

리커트척도는 개발자인 Rensis Likert의 이름을 따 명명한 것으로 매우 폭넓게 사용되는 척도이며, 응답자들로 하여금 측정대상들이 갖는 연속적 상태에 대해 "동의"와 "비동의"의 정도를 표시하게 하는 척도로 구성된다. 전통적으로 리커트척도는 5가지의 응답범주로 구분되는 것이 일반적이며, 등급은 "전혀 동의하지 않는"부터 "매우 동의하는"까지의 범주로 구성된다. 하지만 최근에는 7점 리커트 척도, 9점 리커트 척도도 많이 사용된다.

리커트척도를 사용하기 위해서는 무엇보다도 사용되는 개념이 동일한 의미로 사용되어야 한다는 점이 중요하다. 만약에 각 항목이 서로 다른 개념을 측정하기 위한 것으로 측정을 하게 된다면, 차후에 측정된 값들을 합산하여 이용할 수 없기 때문이다. 리커트척도법은 일반적으로 20~30개의 서술문 또는 질의문들을 이용하여 평가한 다음, 이를 합산하는 방법으로 사용되는 경우가 많다. 리커트척도로 수집된 자료를 분석하기 위해서는 우선적으로 각 항목에 −2부터 +2까지 혹은 1에서부터 5까지의 수치를 부여해야 한다. 그런 다음 항목별로 분석하거나 혹은 항목 전체를 합산하여 분석하는 등의 방법을 활용하게 된다.

표 6-6 리커트척도의 예

구분	문항	점수 매우 그렇지 않다				매우 그렇다
A	우리 조직은 매우 인간적이며 마치 가정의 연장선상에 있는 것 같다.	①	②	③	④	⑤
B	우리 조직은 매우 역동적이며 진취적이다. 직원들은 기꺼이 위험을 감수한다.	①	②	③	④	⑤
C	우리 조직은 매우 제도화되고 안정적이다. 업무절차를 중시한다.	①	②	③	④	⑤
D	우리 조직은 결과와 업무완수를 매우 중시한다 .	①	②	③	④	⑤

리커트척도는 구성과 관리가 용이하고 조사대상자가 척도를 쉽게 이해할 수 있는 장점을 가진 반면, 조사대상자의 응답에 상대적으로 많은 노력이 필요하다는 단점을 가지고 있다.

② 어의차이척도법

어의차이척도법(Semantic Differential Scale)은 마케팅조사에서 기업 이미지나 광고 이미지 측정에 자주 사용되는 척도이다. 이와 같이 어의차이척도법은 소비자의 태도나 방향 혹은 정도를 파악하기 위한 방법으로 양극단에 차이가 있는 반의어들로 구성된다. 예를 들어, 양극단이란 한쪽은 "약한"이라는 의미의 등급을 나타내며, 다른 한쪽은 "강한"이라는 의미를 갖는 등급으로 배치하여 척도를 구성한다. 어의차이척도법은 위의 예와 같이 "약한–강한"처럼 대립되는 형식의 구성과 혹은 "좋다–좋지 않다"와 같이 어느 한쪽 방향으로 척도를 구성하는 2가지 방식이 있다.

양극단을 이용하는 경우, 척도의 중앙점은 어느 한쪽에도 속하지 않는 중위점이 되며, 응답자들은 각각의 등급에 정확하게 X표나 기타 다른 표식을 함으로써 자료를 수집한다. 즉, 조사대상자들은 주어진 등급에서 측정하고자 하는 대상을 가장 잘 설명하는 등급에 표시를 하는 것이다.

개별적인 항목과 어의차이척도는 −3부터 ＋3까지 혹은 1부터 7까지 점수를 부여한다. 이러한 자료는 프로파일분석을 통하여 분석되는데, 프로파일분석을 하는 데 있어, 각각의 등급들은 통계분석을 통해 분산이나 산술평균 등으로 분석할 수 있다.

이러한 어의차이척도법이 사용되는 경우를 간단하게 정리하면 다음과 같다.

- 특정의 제품이나 서비스, 기업에 대해 소비자나 제조회사가 가지는 이미지를 비교할 때
- 경쟁제품과 비교할 때
- 특정 제품군을 구매하는 사람들의 태도를 조사하는 경우
- 광고나 판촉활동에 대하여 소비자들의 태도나 지각이 변화할 때, 효과적인 광고나 판촉도구 혹은 콘셉트를 개발할 때

어의차이척도의 예

	매우 많이	약간	둘 다 아니다	약간	매우 많이	
약한						강한
수동적						능동적
나쁜						좋은

③ 스타펠척도법

스타펠척도법(Stapel Scale)은 어의차이척도법의 변형된 형태로, 개발자인 Jan Stapel의 이름을 붙여 명명한 척도이다. 스타펠척도는 단일의 일방향의 등급을 갖는 범주형의 척도이며, 중위점인 0(Zero)이 없는 +5점부터 −5점까지로 형성된 척도이다. 응답자들은 각각의 항목의 점에 명확하게 응답해야 하며, 중간에 어정쩡하게 응답점을 표시해서는 곤란하다.

스타펠척도에서 −5점은 측정대상을 전혀 이해하지 못하거나 혹은 전혀 그렇지 않다는 것을 의미하며, +5점은 조사대상을 매우 정확하게 설명하거나 그러한 속성을 최대한 많이 보유하고 있다는 것을 의미한다. 또한 스타펠척도는 전통적으로 수직형태를 취하는 것이 일반적이다.

스타펠척도의 예

+5	+5
+4	+4
+3	+3
+2	+2
+1	+1
나쁘다	강하다
−1	−1
−2	−2
−3	−3
−4	−4
−5	−5

6.4.3 절대측정법에서의 고려사항

절대측정법의 방식을 결정하는 데 있어 고려해야 할 6가지 사항에 대해 살펴보자. 그 첫 번째는 사용하고자 하는 응답범주의 수를 어느 정도로 정하느냐 하는 것이며, 두 번째는 균형 잡힌 척도를 쓸 것인지 아니면 불균형의 척도를 사용할 것인지를 결정하는 문제이다. 세 번째는 범주의 수를 홀수로 할 것인지 혹은 짝수로 할 것인지를 결정하는 것이며, 네 번째는 강제적으로 선택하게 할 것인지 아닌지를 결정하는 것이다. 또한 다섯 번째는 의미 표현의 본질과 정도에 대한 결정이고, 여섯 번째는 척도의 물리적 형태를 결정하는 것이다.

척도점의 수 결정

척도점의 수나 응답의 범주를 결정하는 것은 양면적 문제를 내포하고 있다. 척도점의 수를 많게 하면 자극들 사이의 가능한 차이점들을 보다 상세하게 얻을 수 있지만, 응답자들이 응답을 회피하거나 혹은 혼란스럽게 느껴 실질적으로 유효한 응답을 많이 얻기가 어렵게 될 수 있다. 전통적으로 적절한 척도점의 수는 5개부터 9개까지가 적절하다고 알려져 있지만, 척도점은 어느 것이 최적이라고 정의되지는 않는다. 척도점의 수를 결정하는 방법의 하나로 분산의 정도를 고려해 분산이 너무 작으면, 척도점들 사이의 응답의 결과가 애매모호해지기 때문에 척도점을 늘려 줄 필요가 있으며, 분산이 너무 크게 되면 응답자들의 응답이 지나치게 커 응답의 특성을 판단하기가 어려워지는 경향이 있게 되므로 척도점의 수를 줄여 주는 것이 타당하다.

일반적으로 마케팅조사에서는 주로 척도점의 수가 5개인 5점 척도를 많이 사용한다. 5점 척도는 응답자가 판단하기 용이한 장점이 있으나, 응답자들이 극단적인 값을 회피하는 경향이 있어 대부분의 응답이 중앙척도점인 3점을 기점으로 정규분포와 유사한 형태를 띠며 분포하는 경우가 많다. 이를 분산시키기 위하여 7점 척도나 혹은 9점 척도를 사용하는 경우도 있다. 또한 응답자가 질문의 내용을 완전하게 이해하지 못할 경우에도 응답의 중심화 경향이 두드러지게 나타나게 된다. 이러한 중심화 경향을 없애기 위하여 최근에는 짝수의 4점 척도나 6점 척도 혹은 10점 척도를 사용하는 경우도 종종 있다.

일반적으로 응답자들의 응답범주가 7개 이상을 넘게 되면, 자신의 의사나 태도, 생각을 명확하게 판단하기가 어려운 것으로 알려져 있다. 따라서 수집된 자료의 신뢰성을 확보한다는 차원에서 조사자는 척도점의 수를 세심하게 정해야 한다.

균형척도 vs. 비균형척도

척도를 표현하는 데 있어 균형 잡힌 척도는 긍정과 부정형 범주의 형태와 수가 동일하게 균형을 이루는 것이 특징이며, 불균형의 척도점은 그와는 다른 형태를 띠게 된다. 전통적으로 척도점은 균형을 이루는 것이 바람직한 것으로 여겨지고 있다. 만약에 척도점이 어느 한쪽으로 치우치게 되면, 긍정적이든 부정적이든 객관적인 정보의 수집이 어려울 수 있다. 또한 마케팅조사 이후에 많은 논란의 소지를 남겨 두게 된다.

짝수척도 및 홀수척도

일반적으로 홀수의 척도로 구성하게 되면, 중간척도점은 중립적이거나 혹은 어느 한쪽으로 치우치지 않도록 구성하여야 한다. 즉, 중립적인 위치와 중립인 척도점을 표현해 줄 수 있는 라벨링(혹은 앵커링) 등이 명확하게 규정되어야 한다.

척도의 수를 짝수나 홀수로 정하는 문제는 설문의 내용이 얼마나 중립적이냐의 문제와 응답자들이 얼마나 중립적 성향을 가지고 있느냐에 달려 있다. 만약에 응답자들이 중립적인 성향이 없이 냉철하게 설문에 응답할 수 있다면 홀수척도를 사용해도 중앙치에 집중되는 경향이 적어질 것이다. 그러나 중앙에 집중되는 경향이 많다면 짝수척도를 사용하여 강제적으로 어느 한쪽을 선택하도록 하는 방법이 보다 타당한 척도결정방법이다.

강제적 응답의 유도

절대측정법에서는 응답자들이 의견이 없다고 해서 '응답 없음'으로 표현할 만한 척도가 없다. 다만, 이러한 경우 응답자들이 중앙의 척도점에 표시하는 경우는 있을 수 있다. 만약 응답자들의 일정 비율이 질문사항에 대하여 적절한 응답이 없는데도 척도법상 중앙에 표시하였다면, 이는 심각한 사실의 왜곡이 일어날 수 있음을 고려하여야 한다.

의미 표현의 본질과 정도

척도와 관련하여 척도점의 의미를 묘사하거나 혹은 표현하는 정도에 따라 응답자들에게 영향을 주게 된다. 보다 정확한 척도점의 묘사를 위해 마케팅조사에서는 단순히 숫자의 나열이 아닌 그림이나 어휘 등을 동원하여 척도점의 의미를 응답자들에게 정확하게 전달하고자 노력하여야 한다. 그러나 정확하게 의미를 전달한다고 해서 수집된 자료의 신뢰성을 보장하는 것은 아니며, 신뢰성 보장의 문제는 조사현장에서 혹은 조사자들의 태도에 의존하는 경우가 많다.

물리적 형태

척도의 물리적인 형태는 어떤 형태를 취하든 응답자들로 하여금 혼동이나 혼란을 최소화하는 형태가 좋다는 것이다. 예를 들어, 어휘로 표현된 척도를 그림으로 표현하게 되면 더욱 명확한 의미를 전달할 수 있게 된다. 또한 수평으로 놓는 것보다 수직인 형태로 놓는 것이 보다 타당할 수도 있다. 예를 들어, 온도계 그림을 수평으로 놓고 온도를 측정하도록 하는 것보다는 수직으로 놓고 측정하도록 하는 것이 보다 설득력이 클 수 있다.

CHAPTER

07

자료수집과 설문지

MARKETING RESEARCH

표준화된 측정문항을 개발하여 설문지를 구성하는 것은 조사설계의 마무리 단계로서 세밀함을 요하는 중요한 단계이다. 앞서의 다양한 조사설계의 과정(조사의 목적, 조사의 유형, 척도의 유형)을 바탕으로 조사자는 표준화된 측정문항을 선택 또는 개발하고, 이를 바탕으로 측정문항의 순서를 적절히 배치하여 설문지를 구성한다. 본 장에서는 표준화된 방식으로 조사대상자에게 질문을 할 수 있는 자료수집방법인 설문지의 구성에 대해 살펴보고자 한다.

7.1 설문조사와 설문지

기술적 조사에서 정량적 자료를 얻기 위한 가장 기본적인 방법은 설문조사이다. 정량적 자료를 얻기 위해서는 자료수집과정 동안 특정한 지침에 따라 정해진 질문을 하고, 표준화된 방식으로 응답을 기록하여야 한다. 설문조사는 표준화된 자료수집과정을 거치기 때문에 설문조사를 통해 수집된 자료는 일관성이 있어, 다양한 형태의 비교 또는 분석이 가능하다. 특히 표준화된 설문조사는 응답을 신속히 기록할 수 있고, 기록의 정확성 역시 높은 편이기 때문에 자료의 수집이 상대적으로 용이하다.

7.1.1 설문지

설문지는 설문일정, 면접방식, 측정도구 등의 여러 형태로 표현되기도 하지만, 단순하게 조사대상자로부터 정보를 얻기 위한 질문과 방식을 명확화 · 구체화한 것을 의미한다. 기본적으로 설문지는 자료수집도구의 한 요소로서 응답자 선정, 응답자 접촉, 질문도구를 포함한 설문조사를 위한 통합적 도구를 의미하고, 상황에 따라 응답에 대한 보상(선물이나 금전)이나 정보획득을 위한 추가적인 보조도구들(그림, 광고, 제품, 회신봉투 등)을 포함하기도 한다. 설문조사의 형태와 목적에 관계 없이 설문지는 일반적으로 조사대상자로부터 좋은 응답을 얻는 것을 목적으로 한다.

7.1.2 설문지의 목표

좋은 설문지를 구성하기 위해서는 다음의 세 가지 목표를 달성하도록 해야 한다.

첫째, 설문지는 조사대상자가 대답할 수 있는 질문의 형태로 구성되어야 한다. 하지만 조사대상자들이 응답 가능하며, 조사자가 원하는 정확한 정보를 얻을 수 있는 질문을 개발하는 것은 쉽지 않은 일이다. 예를 들어, 조사자가 필요한 정보를 얻기 위해 개발된 두 가지 형태의 다른 질문이 있는 경우, 질문이 다르기 때문에 각 질문에 대한 응답은 상식적으로 다를 가능성이 높다.

둘째, 설문지는 조사대상자에게 응답의 동기를 부여하여 조사대상자가 질문에 협조하고 설문지에 완벽하게 응답할 수 있도록 해야 한다. 조사대상자가 완벽히 응답하지 않은 불완전한 자료는 유용성이 현저히 줄어든다. 따라서 설문지를 설계할 때에 조사자는 조사대상자가 설문에 응답하는 과정에서 느낄 수 있는 피로나 지루함 등 불완전한 응답에 영향을 줄 수 있는 다양한 요소들을 고려하여 완전한 설문조사자료를 얻을 수 있도록 노력하여야 한다. 특히 잘 설계된 설문조사는 응답자들에게 동기를 부여하고, 응답의 속도도 향상시킬 수 있다.

셋째, 설문응답 중의 오류를 최소화시켜야 한다. 조사과정에서 일어날 수 있는 다양한 잠재적 오류의 원천에 대해서는 이전 장들에서 논의하였다. 응답 오류는 조사대상자가 정확하지 않은 응답을 하였거나 응답을 잘못 기록하였거나 잘못 분석했을 때 발생하는 오류로 정의할 수 있다. 설문지는 응답 오류의 주요 원인이 될 수 있으며, 설문지 설계 시에 이러한 오류를 최소화시키는 것은 매우 중요한 목표이다.

7.2 설문지 설계과정

설문지 설계과정에서의 가장 큰 어려움은 이상적인 설문지에 대하여 이론적으로 명확한 정의가 없다는 것이다. 최선의 설문지 또는 이상적인 설문지를 보장할 수 있는 과학

그림 7-1 설문지 설계과정

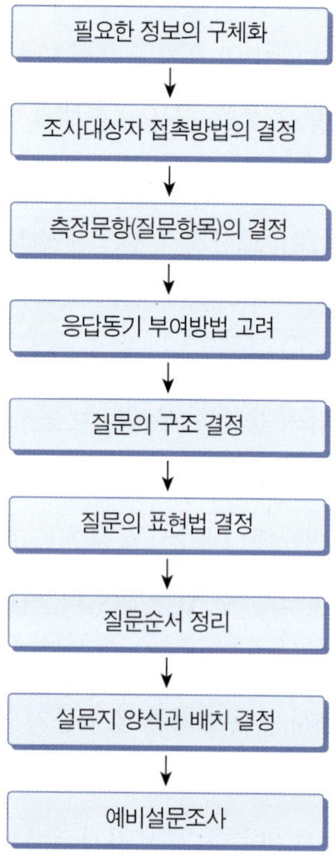

적 원리가 없기 때문에, 설문지 설계과정의 전문성은 경험을 통해 얻게 되는 지식에 대부분을 의존하게 된다. 좋은 질문에 관한 기본적인 지침서들은 경험이 적은 조사자들이 설문지를 설계할 때 유용한 가이드라인을 제시하고 큰 실수를 피할 수 있게 도움을 주지만, 세밀하고 미세한 설문지에 대한 보정은 경험이 많은 숙련된 조사자들에 의해 주로 이루어질 수밖에 없다.

[그림 7-1]과 같이 설문지의 설계과정은 여러 단계로 구성된다. ① 필요한 정보의 구체화, ② 조사대상자 접촉방법의 결정, ③ 측정문항(질문항목)의 결정, ④ 응답동기 부여방법 고려, ⑤ 질문의 구조 결정, ⑥ 질문의 표현법 결정, ⑦ 질문순서 정리, ⑧ 설문지 양식과 배치 결정, ⑨ 예비설문조사를 통한 오류 점검 등이다. 비록 여러 설계과정의 단계가 독립적으로 존재하지만, 각각의 단계가 서로 체계적으로 연결되어 있고, 설문지 설계의 전반적 과정은 실행과 점검과정의 반복을 포함한다.

예를 들어, 조사자들은 설문지 구성 도중에 조사대상자가 질문 표현에 대한 다른 해석으로 질문을 잘못 이해할 수 있음을 알게 될 수 있다. 이 경우, 조사자는 질문구조를 결정하는 이전의 단계를 재검토할 필요가 있다. 다음으로 각각의 설문지 설계과정에 대해 자세히 살펴보기로 하자.

7.2.1 필요한 정보의 구체화

설문지 설계의 첫 번째 단계는 필요한 정보를 구체화시키는 것이다. 필요한 정보를 명확히 하는 것은 조사설계과정에서도 첫 번째로 고려해야 할 요소이다. 따라서 조사과정이 진행될수록 필요한 정보들은 점점 더 명확하게 정의되어야 하며, 명확하게 정의된 필요한 정보들은 현재 해결하고자 하는 문제점과 접근방법의 관련 요소인, 조사문제, 가설 그리고 필요한 정보를 재검토하는 데 도움이 될 수 있다.

필요한 정보가 구체화되면 조사자는 표적 모집단을 명확히 선정하여야 한다. 조사대상자 집단의 특성은 설문지 설계에 큰 영향을 미치기 때문이다. 예를 들어, 대학생에게 적절한 질문문항이 주부한테는 적절하지 않을 수도 있다. 설문지의 질문문항에 대한 이해는 조사대상자의 사회 · 경제적인 특성과 관련성이 있을 수 있으며, 질문문항에 대한 이해가 어려운 경우, 불확실한 응답이나 잘못된 응답 또는 무응답이 일어날 가능성이 높다. 조사대상자 집단이 다양해질수록, 전체 집단에 적합한 단일 질문문항으로 구성된 설문지를 설계하는 것은 더 어려워지게 된다.

7.2.2 조사대상자 접촉방법의 결정

제5장(확증적 조사)에서는 조사대상자의 접촉유형에 따른 설문조사방법에 대해 자세히 다루었다.

개별 접촉 방법의 경우, 조사대상자는 조사자 또는 면접관과 함께 설문지를 직접 보면서 응답한다. 이때 조사대상자는 조사자 또는 면접관과 함께 대화 등의 상호작용이 가능하므로, 개별 접촉 방식의 경우에는 상대적으로 길고 복잡하며 다양한 질문문항을 제시하는 설문지의 적용이 가능하다.

전화 접촉 방법에서 조사대상자들은 개별 접촉과 유사하게 면접관과 대화할 수 있지만, 개별 접촉과 같이 설문지를 직접 볼 수는 없다. 전화 접촉의 이러한 특성으로 인해 이를 위한 설문지는 상대적으로 짧고 간단한 질문문항들을 제시하는 설문지로 제한된다.

우편 접촉 방법은 조사대상자가 홀로 설문지를 검토하고 그에 대해 응답하게 된다. 따라서 간단한 질문문항들 위주로 설문지를 구성하고 상대적으로 상세한 응답지침을 설문지에 포함시켜야 한다.

컴퓨터에 의해 지원되는 전자 접촉 방법은 실시간으로 질문문항이 제시되기 때문에 조사대상자의 응답에 따라 질문문항이 달라질 수 있는 복잡한 형태의 질문순서 적용이 가능하다. 또한 질문순서에 따른 응답 오류를 제거하기 위한 무작위 질문순서의 적용도 가능하다. 전자 접촉 방법의 하나인 이메일 접촉의 경우, 이메일에 대한 조사대상자들의 반응을 고려하여 인터넷 접촉보다 상대적으로 더 간단한 질문문항들로 구성된 설문지를 활용하여야 한다.

개별 및 전화 접촉을 위해 설계된 설문은 조사자 또는 면접관과의 대화형태로 이루어지기 때문에 모두 대화형식으로 구성되어야 하지만, 개별 면접의 경우 설문지에 조사자나 면접관을 위한 지침이나 지시사항이 더 많이 제시될 수 있다.

이상과 같이 조사대상자의 접촉유형에 따라 설문지의 구성과 형태에는 큰 차이가 존재하며 동시에 측정문항 또는 질문항목에도 영향을 줄 수 있다.

7.2.3 측정문항(질문항목)의 결정

필요한 정보들이 구체화되고 조사대상자와의 접촉방법이 결정되었으면 다음 단계에서는 각각의 질문항목, 즉 구체적 측정문항을 결정한다. 측정문항 또는 질문항목은 필요한 정보를 얻기 위해 구체적으로 하게 되는 질문내용을 의미한다.

측정문항의 필요성

설문지의 모든 질문항목은 필요한 정보를 얻기 위한 목표에 기여하여야 한다. 만약, 질문항목에 대한 응답자료가 필요한 정보를 얻는 데 적절하지 않거나 관련이 없다면, 그 질문항목은 제거되어야 한다. 하지만 특정 상황에서는 필요한 정보와 직접적인 관계가 없는 질문항목이 제시될 수도 있다. 조사대상자의 참여를 유도하거나 설문조사에 대한 공감을 얻고 응답에 대한 동기를 부여하기 위해 설문지의 일정 부분에 설문의 목적과 무관한 특정 정보를 제공하거나, 중립적 의견을 위한 전혀 무의미한 질문항목을 제시할 수도 있다. 예를 들어, 설문조사의 주제가 민감하거나 논란이 많을 때, 조사의 목적을 숨기기 위한 경우가 이에 해당된다.

측정항목의 신뢰성과 타당성의 확보를 위한 목적으로 질문항목을 중복하여 사용하거나, 여러 개의 유사한 질문항목들을 동시에 설문지에 포함할 수 있다. 또한 설문조사에 현재 직접적으로 필요한 정보는 아니지만 현재의 설문조사목적에 간접적으로 필요하거나, 향후 미래에 필요할 만한 정보로 기대되는 질문항목도 조사자의 의지에 의해 설문지에 포함될 수 있다.

질문항목의 정확성

질문항목을 결정함에 있어서 각각의 질문항목이 필요한 정보를 정확히 얻을 수 있는지를 평가해야 한다. 때때로 하나의 질문항목이 두 가지 이상의 필요정보를 포함할 수도 있고, 하나의 질문항목을 통해 얻은 응답자료가 필요정보를 정확히 얻기에 애매할 수도 있다. 이를 피하기 위해 하나의 질문에 여러 개의 중복된 의미가 포함되는 것과 다양한 의미의 응답이 나오는 질문구조는 피해야 한다.

예를 들어, 질문에 두 개의 평가단위가 들어가는 단어나 구절은 제외시켜야 한다. "착한 맛집"의 경우, 조사대상자가 착한 정도와 맛있는 정도를 동시에 판단해야 하고 그에 대한 두 가지 응답을 제시해야 할 필요가 있기 때문에, 응답에 따라 얻게 되는 정보가 애매할 가능성이 크다. 즉, "착한 맛집"에 긍정적인 경우에는 착한 것과 맛있는 것에 모두 동의하지만, 부정적인 경우에는 착한 것에 부정적인지 맛있는 것에 부정적인지, 아니면 둘 다 부정적인지를 명확히 알기 어렵다.

또 다른 예로 "왜"를 질문문항에 포함하는 경우, 여러 가지 측면의 질문으로 이해될 수 있다. 이 경우 명확히 지시되지 않은 대안으로 인해 다양한 관점에서의 원인이 응답될 가능성이 있다. 즉, "왜 이 학교에서 공부합니까?"의 경우, 이 학교를 선택한 이유를 질문하는 것인지 공부하는 이유를 질문하는 것인지에 따라 응답의 분류가 다를 수 있다. 따라서 좀 더 명확하고 정확하게 질문의 의미를 전달하기 위한 질문항목을 신중히 고려해야 한다.

7.2.4 응답동기 부여방법 고려

조사대상자가 설문지의 모든 질문을 정확히 이해하고 적절한 응답을 제공할 가능성은 그리 높지 않다. 따라서 조사자는 조사대상자가 적절히 응답할 수 없는 경우를 대비하여야 한다. 때로는 조사대상자의 응답능력의 한계를 벗어나는 질문이 존재할 수도 있다. 예를 들어, 조사대상자가 적절한 응답을 모르거나 기억할 수 없거나, 표현하기 어려운 응답일 수 있다.

조사대상자의 정보인지 점검

조사대상자는 자신이 인지(Recognition)하지 못한 정보, 즉 잘 모르는 정보에 대해 종종 질문을 받는다. 특정한 분야에 대한 설문조사의 경우, 조사대싱자가 전문가 또는 관련자가 아닌 경우에 해당 설문지의 질문에 적절한 응답을 제공하기 위한 정보를 가지고 있지 않거나 잘못된 정보를 가지고 있을 수도 있다. 이 경우 조사대상자는 해당 질문항목에 응답을 하지 않거나 부적절한 응답을 할 수도 있다.

많은 경우에 조사대상자는 자신이 적절하지 않은 정보를 가지고 있는 상황에서도 질문항목에 응답을 하는 것으로 알려져 있다. 따라서 조사자는 조사대상자의 응답의 적절성을 평가하기 위한 방법을 고려하여야 한다. 예를 들어, 조사자는 자신의 설문지에 조사대상자가 자신의 설문목적에 적합한 정보를 가지고 있는지를 파악하기 위한 추가질문항목을 포함시킬 수 있는데, 이를 통해 조사자는 조사대상자의 응답의 적절성을 평가할 수 있다. 또한 응답이 어려운 조사대상자를 위한 응답항목(예: 잘 모르겠음/의견 없음 등)을 추가할 수도 있다.

조사대상자의 정보재인 활성화

조사대상자가 기억할 수 있는 정보에는 한계가 있으며, 조사대상자가 기억하는 정보의 양과 질은 조사자의 생각보다 상당히 적을 수 있다. 따라서 조사자는 조사대상자들의 기억능력을 고려하여 질문항목을 결정하여야 한다. 조사대상자의 제한된 재인(Recall) 능력은 생략(기억을 하지 못하는 경우), 단축(기억에 대한 시간적 정보를 최근으로 잘못 기억하는 경우), 조작(기억을 잘못하는 경우) 등의 형태로 나타날 수 있다. 인간의 재인능력은 기억대상인 해당 정보와 정보획득시점, 그리고 정보의 재인을 돕는 외적 요소들에 의해 영향을 받는다. 중요하거나 자주 활용할수록, 또한 최근에 획득한 정보일수록, 그리고 연관된 정보들이 많을수록 특정 정보를 쉽게 기억하고 재인할 가능성이 높아진다.

설문조사환경에서 조사대상자의 재인능력을 향상시킬 수 있는 방법은 정보의 재인을 돕는 외적 요소(대상정보와 연관이 있는 단서)들을 활용하는 것이다. 예를 들어, 몇몇 브랜드들을 제시하고 그중에서 좋아하는 브랜드를 선택하는 경우, 선택할 브랜드에 대한 단서를 제공하여 조사대상자가 브랜드를 기억하는 것을 도와준다. 하지만 이러한 외적 요소를 활용한 질문항목의 제시는 반대로 조사대상자의 응답에 다른 형태로 영향을 줄 수 있음을 신중히 고려하여야 한다.

조사대상자의 응답 표현능력 보조

조사대상자가 자신의 응답내용이나 의견을 표현하기 어려운 경우가 존재할 수 있다. 예를 들어, 매장위치의 적절성에 대한 의견을 묻는 질문항목의 경우에는 해당 매장의 지리적 위치에 대한 충분한 정보가 없고, 지리적 위치에 대한 평가에 관한 전문성이 없으므로 대부분의 조사대상자가 적절한 응답을 표현하기 어렵다. 하지만 조사자가 몇 가지 응답을 위한 선택대안을 제시한다면 조사대상자는 상대적으로 손쉽게 자신의 의견을 표현하여 응답할 수 있다.

만약 조사대상자가 질문항목에 대하여 자신의 응답을 명확히 표현할 수 없다면, 조사대상자들은 해당 질문문항을 무시하는 것에 그치지 않고, 나머지 질문문항들에 대해서도 무시하여 응답을 하지 않을 가능성이 있다. 따라서 조사자는 조사대상자의 응답 표현에 도움을 줄 수 있는 사진, 그림, 지도 및 보완 설명 등 다양한 표현자료의 활용을 신중히 고려할 필요가 있다.

조사대상자의 응답을 위한 노력 최소화

조사대상자는 조사자가 원하는 필요정보를 제공하기 위해 일정의 노력을 할애하고, 이러한 노력이 일정 수준을 초과할 경우 질문항목 또는 설문지 전체에 대한 응답을 회피하려고 할 수 있다. 따라서 조사자는 조사대상자의 필요한 노력을 최소화하여 질문항목과 설문지를 구성할 필요가 있다. 예를 들어, 너무 많은 과거의 사건이나 정보를 기억하여 기록하라는 요구는 많은 경우 조사대상자에게 피로감을 느끼게 하고 반발심을 일으킬 수 있다. 따라서 필요한 정보를 얻기 위해서는 조사대상자가 할애해야 하는 노력을 최소화할 수 있는 방안을 고려해야 한다.

적절한 상황 설정

어떤 질문항목들은 특정 상황에서는 적절하지만 다른 상황에서는 적절하지 않을 수 있다. 적절하지 않은 상황에서 부적절한 질문을 받은 경우, 조사대상자는 부적절한 질문에 대해 응답을 기피하거나 잘못된 응답을 할 수 있다. 예를 들어, 점원이 있는 상황에서 점원의 서비스에 대한 평가를 요청받는다면 조사대상자는 해당 질문항목에 대해 정직하게 답하기 어려울 수 있다. 따라서 조사자는 조사대상자의 설문조사 또는 질문항목에 대한 수월한 응답을 위한 적절한 상황을 설정 또는 구성할 필요가 있다.

때로는 조사를 위한 적절한 상황이 조사자에 의해 인위적으로 조작되어 제공될 수도 있다. 다양한 시나리오 기법들은 조사자가 조사대상자들에게 조사의 목적에 맞는 적절한 상황을 제시할 수 있는 방법을 제공해 줄 수 있다.

합당한 목적 제시

조사대상자들은 그들이 정보를 제공하는 것이 합당하지 않은 경우에 해당 정보의 제공을 기피할 가능성이 있다. 예를 들어, 브랜드의 선호도를 조사하는 설문지에서 조사대상자의 나이, 소득 등의 정보가 필요한지에 대해 의문을 느낄 수 있으며, 최종적으로 해당 정보를 제공할 필요가 없다고 생각할 수도 있다. 따라서 조사자는 해당 질문항목이 왜 현재의 조사목적에 부합하는지를 잘 설명할 필요가 있다. 이러한 설명을 통해 조사대상자가 해당 질문항목에 응답하는 정당성을 제공해 줄 수 있으며, 이러한 정당성은 조사대상자의 응답 의지와 동기를 높일 수 있다.

민감한 정보 요청 회피

최근 개인정보 보호 이슈와 결부되어 대부분의 조사대상자에게 개인정보의 제공은 굉장히 민감한 사안이 되고 있다. 개인정보와 같은 민감한 정보의 요청은 조사대상자의 응답 기피 의지를 크게 증가시킬 수 있음을 고려하여야 한다. 게다가 조사대상자가 민감한 정보 요청에 응답을 한다 할지라도 잘못된 정보를 의도적으로 제공할 수도 있음을 조사자는 상기할 필요가 있다. 조사대상자가 기피하기 쉬운 민감한 정보로는 돈, 가족생활, 습관, 정치적 신념, 종교적 믿음, 불법적/비윤리적 활동 등을 포함한다. 민감한 정보를 요청할 때 조사대상자의 응답 기피를 최소화하는 구체적인 방법들은 다음과 같다.

① 민감한 질문은 설문지의 맨 마지막에 배치한다.
② 질문항목을 지지하거나 정당화할 수 있는 보편적 주장을 질문항목 앞에 서술한다.
③ 제3자에게 묻는 형식으로 질문한다.
④ 다른 질문들 속에 숨겨 조사대상자의 민감도를 낮춘다.
⑤ 구체적이고 명확하게 수치화된 응답보다는 다소 애매하고 불명확하게 범주화된 응답으로 유도한다.

7.2.5 질문의 구조 결정

비구조적 질문

비구조적 질문은 조사대상자들이 자유로운 형식으로 자신의 응답을 표현할 수 있는 형태를 의미하며, 자유응답이 가능한 질문구조이다. 비구조적 질문은 주로 주관식 응답을 추구하는 형태로 이루어지며 응답의 범위가 상당히 넓어 탐색적인 특징을 가지고 있다. 예를 들어, "당신은 어떤 브랜드를 좋아합니까?"와 같이 조사대상자의 응답은 조사자가 예측할 수 없는 다양한 형태의 응답으로 제시될 수 있다. 따라서 비구조적 질문은 개방형 주제나 특정 주제의 첫 번째 질문으로 매우 좋으며, 조사대상자의 태도나 의견을 표현하게 함으로써 조사자가 비구조적 질문의 응답을 다양하게 해석할 수 있도록 한다.

또한 비구조적 질문은 구조적 질문에 비해 조사대상자가 조사자의 의도에 영향을 덜 받기 때문에 조사대상자의 의견 표현이 훨씬 자유롭다. 조사대상자들의 의견은 조사자들에게 풍부한 통찰력을 제공해 줄 수 있어 탐색적 조사에 자주 활용된다.

비구조적 질문의 주요 단점은 조사대상자의 응답을 조사자가 다시 정리하고 해석하는 과정을 거치기 때문에 응답자료의 분석과정에서 조사자 또는 분석자의 주관적 영향을 받을 가능성이 상대적으로 높다는 점이다. 따라서 조사자는 조사대상자의 응답을 그대로 기록하거나 조사대상자의 응답 자체를 그대로 녹음 또는 녹화하여 원자료로 보관하여야 한다. 따라서 분석과정은 이러한 원자료를 바탕으로 응답들을 자료분석과 해석이 가능한 형태로 코딩하는 절차에 상당한 비용과 시간이 필요하다는 것이다. 또한 비구조적 질문은 조사대상자들이 응답을 구두로 표현하는 것보다 문장으로 기록하는 것이 더 간결해지는 경향이 있기 때문에, 풍부한 의견을 얻기 위해서는 자기 스스로 작성하는 설문지 형태가 부적절한 방법일 수 있다.

구조적 질문

구조적 질문은 비구조적 질문에 비해 응답대안과 응답형식이 명확하게 정의된다. 구조적 질문에는 다지선택형, 양자택일형, 연속형 척도의 형태 등이 있다.

다지선택형 질문은 범주형 척도로서 조사자는 소사대상자가 응답할 선택대안들을 미리 제시하고, 조사대상자들은 제시된 선택대안 중에서 하나 또는 여러 개의 대안을 선택하게 된다. 다지선택형 질문의 구성 시에는 몇 가지 고려사항이 있다.

첫째, 선택된 대안들은 상호배타적이어야 한다. 독립된 선택대안들 간에 공통점이 존재한다면 조사대상자는 선택에 혼란을 느끼고 잘못된 선택 또는 응답 자체를 기피할 가능성이 있다.

둘째, 조사자가 제시하는 선택대안들은 조사대상자가 고려할 수 있는 모든 가능한 응답을 포함하여야 한다. 하지만 현실적으로 조사자가 조사대상자의 모든 응답을 예측하는 것은 불가능하며, 설사 가능하다 할지라도 모든 선택대안을 나열하는 것은 비효율적이다. 따라서 현실적으로는 "기타"와 같은 형태의 대안을 두어 조사대상자의 소수의견들을 확인하는 방법이 유용하다.

셋째, 선택대안의 배치순서에 따른 오류를 제거해야 한다. 일반적으로 첫 번째나 마지막 순서의 선택대안이 많이 선택되는 경향이 있기 때문에, 조사대상자의 대안선택에 이러한 경향이 영향을 미칠 수 있다. 따라서 이러한 순서효과를 통제하기 위하여 선택대안의 나열순서를 변화시킨 다양한 순서를 가지는 설문지를 작성하는 것이 필요할 수 있다.

다지선택형 질문유형은 앞선 비구조적 질문의 단점들을 많이 보완하지만, 제한된 선택대안에서 조사대상자의 의견을 표현해야 하는 응답의 제한성과 조사대상자에게 영향을 줄 수 있는 선택대안을 제시함으로써 응답 오류를 야기할 수 있다는 단점이 존재한다.

양자택일형 질문은 여러 개의 선택대안을 제시하는 다지선택형 질문과는 달리 단지 2

개의 선택대안만을 제시하는 것을 의미한다. 양자택일형 질문의 응답은 주로 "예/아니요", "동의/비동의" 등의 형태로 이루어진다. 양자택일형 질문의 장단점은 다지선택형 질문의 장단점과 상당히 유사하지만, 양자택일형 질문만의 특이한 문제점은 "예"나 "아니요"가 아닌 중립적 응답을 표현하는 것이 어렵다는 것이다. 또 다른 단점으로는 순서 오류와 비슷하게 질문항목에서의 용어순서에도 조사대상자의 응답이 민감하게 반응한다는 것이다. 예를 들어, "귀하는 브랜드 A와 브랜드 B 중 어떤 브랜드를 더 좋아합니까?"라는 질문과 "귀하는 브랜드 B와 브랜드 A 중 어떤 브랜드를 더 좋아합니까?"라는 질문은 다른 응답결과를 도출할 수 있다. 따라서 이러한 질문유형의 경우, 순서효과를 통제하기 위해 두 가지 유형의 질문을 가지는 별도의 설문지를 구성할 수 있다.

마지막으로, 연속형 척도는 앞서 제6장에서 자세히 설명하였다. 사실, 앞서 다지선택형 질문과 양자택일형 질문은 모두 범주형 척도에 해당되며, 연속형 척도의 질문은 서열 · 등간 · 비율척도가 해당된다.

7.2.6 질문의 표현법 결정

질문의 표현이란, 질문의 내용과 구조를 조사대상자가 명확하고 쉽게 이해할 수 있도록 적절한 용어 문구를 선택하여 질문을 만드는 것을 의미한다. 질문의 표현은 설문지를 구성하는 데 있어 가장 중요하고 어려운 작업 중의 하나이다. 만약 질문의 표현이 적절하지 않다면 조사대상자는 질문을 잘 이해하지 못하는 등의 여러 가지 이유로 응답을 안 하거나 부정확하게 대답하거나 조사자의 질문의도와 다르게 대답할 수 있다. 따라서 적절한 질문의 표현에 대한 고민은 조사자와 조사대상자가 해당 질문의 의미를 동일하게 이해하도록 하기 위해 반드시 필요한 과정이다.

필요한 정보를 명확히 표현

조사자는 필요한 정보를 명확히 표현하는 질문을 구성해야 한다. 육하원칙(누가, 언제, 어디서, 무엇을, 어떻게, 왜)을 활용하여 질문항목을 구성하면 필요한 정보를 명확히 표현할 수 있다. 예를 들어, "어떤 화장품 브랜드를 주로 구매합니까?"라는 질문보다는 "당신은 이번 달에 색조화장을 위해 어떤 화장품 브랜드를 주로 구매했습니까?"라는 질문이

조사자가 필요한 정보를 좀 더 명확히 표현하고 있다고 볼 수 있다. 조사대상자로부터 조사자가 필요한 정보를 정확하게 얻기 위해서는 조사대상자와 조사자가 해당 질문항목을 동일하게 이해해야 하며, 이를 위해서는 질문을 통해 얻고자 하는 필요한 정보의 표현을 명확히 하는 것이 필수적인 조건이다.

일상용어의 사용

질문에 사용되는 용어는 조사대상자의 일반적 어휘수준 내에 있는 용어를 사용하여야 한다. 설문지에 사용할 용어의 수준은 조사대상자의 교육수준, 직업군 등을 종합적으로 고려하여야 한다. 교육수준의 경우, 조사대상자의 교육수준에 따라 용어에 대한 이해도가 달라질 수 있기 때문이며, 직업군의 경우에는 직업군에 따라 사용하는 전문적 용어가 다를 수 있고, 심지어 같은 용어의 해석이 다를 수도 있기 때문이다.

따라서 설문조사의 목적에 따라 결정된 조사대상 모집단이 쉽게 이해할 수 있는 수준의 일상 용어들을 사용하여 설문지를 구성하여야 한다. 모집단이 비전문집단인 경우 비전문가들이 이해할 수 있는 수준의 용어를 사용하여야 하고, 반대로 전문집단인 경우 오히려 명확한 표현을 위해 전문용어를 사용할 수도 있다.

명확한 단어 사용

설문지에 사용되는 단어들은 다양한 조사대상자들에 의해 동일하게 해석될 수 있도록 애매하지 않고 명확한 단어를 사용하여야 한다. 애매하게 해석될 수 있는 단어들은 조사대상자에 따라 다르게 해석될 가능성이 높다. 특히, "보통", "평소에", "자주", "가끔", "규칙적으로", "많은", "적은" 등의 수량, 빈도, 시간을 표현하는 형용사나 부사 등은 조사대상자에 따라 해석기준이 다르기 때문에 설문지 사용에 부적절한 경우가 많다. 따라서 이러한 형용사나 부사를 질문항목에 사용하기보다는 좀 더 객관적인 질문항목의 표현을 위해 "1회에서 3회 미만", "3회에서 5회 미만", "6회 이상" 등과 같이 직접적으로 수량을 표시하는 것이 명확한 표현이다.

이와 같은 명확한 단어의 사용은 조사대상자가 질문의 해석에 대한 자의적 판단을 할 가능성을 줄여 준다. 또한 조사자는 질문항목에 사용될 단어들의 명확성을 확인하기 위해 사전이나 유의어 사전들을 참고하여 각 사용단어들에 대해 "조사자의 의도를 정확히 내포하고 있는지", "다른 의미를 가지지는 않는지", "그 의미가 명백한지", "혼동될 수 있는 다른 단어가 있는지", "더 단순한 단어나 표현은 없는지" 등에 대해 고민해 봐야 한다.

꼭 필요한 정보만 제공: 유도질문 제한

질문항목 구성 시에는 꼭 필요한 정보만을 제공하여야 한다. 만약, 불필요한 정보를 제공할 경우에 해당 질문항목은 유도질문이나 편향된 질문이 될 가능성이 높다.

유도질문은 질문항목에 조사대상자가 어떤 대답이 바람직하며 어떻게 대답해야 하는지의 단서를 포함시킨 질문을 의미한다. 이러한 유도질문이 포함된 설문지는 설문조사의 객관성에 부정적 영향을 주며, 조사의 진실성에 심각한 악영향을 줄 수 있다. 예를 들어, "최근 국가 경제가 어려움에 처해 있습니다. 당신은 수입 브랜드를 구매할 생각이 있습니까?"라는 질문은 조사대상자에게 불필요한 정보를 노출시켜 질문에 대한 응답을 유도할 가능성이 있다.

편향된 질문은 조사자가 질문항목에 조사자에 대한 정보를 단서로 포함시킨 질문을 의미한다. 조사자에 대한 정보를 조사대상자가 인지한 경우, 조사대상자는 해당 질문에 좀 더 긍정적인 반응을 보이는 경향이 있다. 예를 들어, "당신은 삼성전자의 TV를 좋아합니까?"라는 질문은 사실 여부에 상관없이 조사대상자가 조사자를 삼성전자로 추측할 수 있도록 하여 응답에 다른 요소가 영향을 미치도록 할 수 있다.

긍정적 질문과 부정적 질문의 조화

조사대상자가 질문에 응답할 때 질문항목의 방향성, 즉 긍정적 질문인지 부정적 질문인지에 따라 영향을 받을 수 있다. 따라서 이러한 영향을 통제하기 위해 설문지에 포함된 질문항목들의 방향성(긍정 vs. 부정)을 적절히 조화시킬 필요가 있다. 즉, 질문항목들의 반은 긍정적으로 표현하고 나머지 반은 부정적으로 표현할 수 있다. 이 경우, 순서효과를 통제하기 위해 두 가지 형태의 설문지를 구성할 수 있다.

7.2.7 질문순서 정리

초기 질문항목

초기 질문항목은 조사대상자의 협조와 확신을 얻는 데 매우 중요하기 때문에 흥미롭고 간단하여야 하며 위협요인이 없어야 한다. 많은 사람들이 자신의 의견을 표현하고 싶어 한다는 점에서 조사대상자들에게 그들의 의견을 묻는 질문은 좋은 초기 질문항목이 될 수 있다. 이러한 이유로 조사문제와 관련이 없는 질문들이 종종 초기 질문항목으로 활용되기도 하며, 또는 조사대상자의 자격을 판단하기 위해 초기 질문항목을 구성할 수도 있다.

설문정보의 유형에 따른 질문순서

설문지로부터 얻을 수 있는 정보의 유형은, ① 기본정보, ② 분류정보, ③ 식별정보로 나눌 수 있다. 기본정보는 연구주제와 직접적으로 관련이 있는 정보이고, 분류정보는 조사대상자를 분류하기 위해 사용되는 사회경제적 · 인구통계적 조사대상자의 특성 정보이며, 식별정보는 조사대상자의 이름, 주소, 전화번호 등 개인신상정보를 의미한다. 일반적으로 기본정보가 조사의 목적과 직접적으로 관련이 있는 가장 중요한 정보이고, 개인신상에 관한 사적 질문은 조사대상자가 기피하기 때문에 기본정보를 가장 처음에 확보하고 다음으로 분류정보, 마지막으로 식별정보를 확보한다.

질문항목의 난이도에 따른 질문순서

어렵고 민감한 질문, 당황스럽고 복잡한 질문, 재미없고 따분한 질문항목일수록 설문지의 마지막에 배치하여야 한다. 난이도가 높은 질문항목들이 나오기 전에 설문지에 대한 조사대상자의 신뢰가 이루어진다면 조사대상자가 난이도가 높은 질문에 대해 반대할 가능성은 줄어들게 된다. 따라서 설문지의 앞부분에는 비교적 가볍고 재미있으며 난이도가 낮은 질문항목을 배치하고, 개인의 사적인 영역에 관한 질문들이나 개인신상에 관한 질문들, 사회적으로 부담되는 질문들은 설문지의 마지막 부분에 배치하는 것이 효과적이다.

후속질문에 미치는 영향 고려

설문지의 질문순서에 따라 앞선 질문항목 또는 그 응답은 다음 질문항목에 대한 응답에 영향을 줄 수 있다. 일반적으로 구체적인 질문은 일반적인 질문에 영향을 줄 수 있다. 예를 들어, "TV의 전력 효율성이 중요하다고 생각하십니까?"라는 구체적 질문은 "TV 선택 시 중요하게 생각하는 요소는 무엇입니까?"라는 일반적 질문에 영향을 줄 수 있다. 즉, 일반적 질문에 대한 응답 단서로 구체적 질문의 질문내용이 활용될 수 있기 때문이다. 따라서 조사자는 질문 간의 효과관계를 면밀히 분석하여 질문의 순서를 정리하여야 한다.

논리적 구조

질문의 순서는 논리적 구조를 갖추어야 하며, 특정 주제와 관련된 질문들은 하나의 주제범위 안에 같이 존재하여야 한다. 그렇지 않고 동일한 주제와 관련된 질문들이 설문지의 앞, 뒤, 중간 등 여러 부분에서 산발적으로 나타난다면 조사대상자는 응답에 상당한 혼란을 겪을 수 있다.

조사자는 질문의 논리적 구조를 명확히 하기 위해 분기질문을 활용할 수 있다. 분기질문이란 조사대상자의 응답에 따라 조사대상자마다 다른 질문을 제시할 수 있는 순서를 통제하는 질문방식이다. 이러한 분기질문 설계 시에 조사자는 모든 가능한 사건들이 포함되어 있는지를 확인해야 한다. 분기질문에서 질문항목들을 건너뛰는 방식은 조사자가 향후 자료를 해석하고 분석하는 과정을 복잡하게 할 수 있음을 알고 신중히 결정하여야 한다.

7.2.8 설문지 양식과 배치 결정

설문지의 질문항목들과 유사하게 설문지의 양식과 배치 역시 조사대상자가 질문항목에 응답할 때 큰 영향을 미칠 수 있다. 조사대상자가 스스로 작성하는 설문방식에서 설문지의 양식과 배치는 특히 중요하다. 예를 들어, 상단에 배치된 질문은 하단에 배치된 질문보다 조사대상자들에게 더 많은 관심을 받는 것으로 알려져 있으며, 빨간색 지시사항의 사용은 조사대상자들이 해당 설문지를 오히려 더 복잡하게 생각하게 만든다고 알려져 있다. 또한 설문지 양식을 주제에 따라 여러 부분으로 나누는 것은 조사대상자들이 효과적으로 응답하는 데 도움을 준다.

마지막으로, 설문지의 실물 또한 설문결과에 영향을 미칠 수 있다. 예를 들면, 설문지가 좋지 않은 품질의 용지에 복사되거나 외관이 초라한 경우에 조사대상자는 해당 설문조사가 중요하지 않다고 판단하게 되어 응답의 품질에 악영향을 미칠 수 있으므로, 설문지는 전문적인 외관도 갖추어야 한다.

7.2.9 예비설문조사

예비설문조사는 잠재적인 문제를 점검하여 발견된 오류들을 제거하기 위해 적은 수의 조사내상사 표본에 설문지를 시험적으로 적용하여 조사하는 것을 의미한다. 최선의 설문지라 할지라도 반드시 예비설문조사를 통해 오류를 점검하고 확인하여야 실제 설문조사에서 나타날 수 있는 피해를 예방할 수 있다.

예비설문조사는 설문지의 다양한 요소들, 즉 질문항목의 내용, 질문항목의 표현과 배열, 질문의 난이도 및 순서, 설문지의 양식과 배치 그리고 지시사항까지 모든 측면에서 예비설문조사 및 검토가 이루어져야 한다. 그리고 실제 조사를 할 때 참고할 수 있도록 조사대상자들의 배경 특성, 주제에 대한 친숙도, 조사대상에 대한 태도와 행동 등도 역시 검토할 필요가 있다. 이를 위해, 예비설문조사는 실제 조사의 모집단으로부터 조사대상자를 표본추출하는 것이 좋다.

예비설문조사에서는 조사대상자의 설문응답자료뿐만 아니라 설문지 자체에 대한 반응과 태도 등을 동시에 조사하여야 하기 때문에, 실제 조사의 방법에 상관없이 예비설문조사는 일반적으로 조사대상자의 직접적 반응을 가장 잘 관찰할 수 있는 개별 접촉 방법에 의해 이루어진다.

예비설문조사는 실제 조사와는 달리 프로토콜분석(Protocol Analysis)과 조사대상자 보고라는 특별한 과정을 거치게 된다. 프로토콜분석에서 조사대상자는 설문지 응답과 동시에 생각하는 바를 진술하도록 요청받고, 조사자는 이 진술을 녹음하여 추후 설문지의 문제를 검토하기 위해 분석한다. 조사대상자 보고는 설문지에 대한 응답이 완료된 후 조사대상자에게 설문지가 예비설문조사였음을 알리고, 설문지의 각 질문항목에 대한 의미를 기술하고 응답에 대한 추가설명을 요청하여 설문지의 오류라고 볼 수 있는 내용을 분석한다.

예비설문조사를 통해 설문지의 문제와 오류들을 발견한 후에 조사자는 이들을 해결하기 위해 설문지를 수정 · 보완한다. 중요한 수정을 한 후에는 수정된 설문지를 대상으로 다시 예비설문조사를 실시하여 오류 여부를 다시 검토한다. 이러한 예비설문조사를 여러 번 거쳐 더 이상 오류가 발견되지 않으면 최종 설문지가 완성된다.

부록 설문지의 예시

다음에 제시된 설문지와 제공된 데이터 파일을 활용하여 본 서의 통계분석 연습과정을 설명할 것이다.

TV 프로그램과 광고에 대한 시청자 태도 조사 설문지

설문지 유형(프로그램형태): 드라마(1), 예능(2)

안녕하십니까? 본 설문에 참여해 주신 것을 진심으로 감사드립니다.
본 조사는 TV 프로그램과 광고에 대한 시청자들의 일반적인 태도를 조사하기 위한 것입니다.
귀하의 응답내용은 오직 연구목적으로만 사용되며, 이 외의 목적으로는 일체 사용되지 않습니다(통계법 제13~14조).
혹시, 설문내용에 대한 의문사항이 있으면 아래의 연락처로 연락해 주시기 바랍니다.

- 설문조사기관: ○○○○○○
- 조사책임자: ○○○ (연락처: 000-0000-0000)

1. 다음은 TV 프로그램 장르(드라마)에 대한 선호도를 묻는 질문입니다. (드라마선호도)

	전혀 그렇지 않다			보통이다			매우 그렇다
나는 평소 드라마에 관심이 많다.	1	2	3	4	5	6	7
나는 평소 드라마에 호의적이다.	1	2	3	4	5	6	7
나는 평소 드라마를 좋아한다.	1	2	3	4	5	6	7

2. 다음은 TV 프로그램 장르(예능)에 대한 선호도를 묻는 질문입니다. (예능선호도)

	전혀 그렇지 않다			보통이다			매우 그렇다
나는 평소 예능 프로그램에 관심이 많다.	1	2	3	4	5	6	7
나는 평소 예능 프로그램에 호의적이다.	1	2	3	4	5	6	7
나는 평소 예능 프로그램을 좋아한다.	1	2	3	4	5	6	7

※ 지금부터 여러분들은 TV 드라마의 한 에피소드를 시청하게 됩니다. 시청 후 응답을 이어 나가시기 바랍니다.

3. 다음은 TV 프로그램에 등장한 브랜드에 대한 질문입니다. (브랜드인지도)

	전혀 그렇지 않다			보통이다			매우 그렇다
나는 해당 브랜드를 알고 있다.	1	2	3	4	5	6	7
나는 해당 브랜드에 대해 들어보거나 본 적이 있다.	1	2	3	4	5	6	7

4. 다음은 TV 프로그램에 등장한 브랜드에 대한 귀하의 생각을 묻는 질문입니다. (브랜드선호도)

	전혀 그렇지 않다			보통이다			매우 그렇다
나는 해당 브랜드에 관심이 많다.	1	2	3	4	5	6	7
나는 해당 브랜드에 호의적이다.	1	2	3	4	5	6	7
나는 해당 브랜드를 좋아한다.	1	2	3	4	5	6	7

5. 다음은 TV 프로그램에 대한 질문입니다. (프로그램인지도)

	전혀 그렇지 않다			보통이다			매우 그렇다
나는 해당 프로그램을 알고 있다.	1	2	3	4	5	6	7
나는 해당 프로그램에 대해 들어 보거나 본 적이 있다.	1	2	3	4	5	6	7

6. 다음은 TV 프로그램에 대한 귀하의 생각을 묻는 질문입니다. (프로그램선호도)

	전혀 그렇지 않다			보통이다			매우 그렇다
나는 해당 프로그램에 관심이 많다.	1	2	3	4	5	6	7
나는 해당 프로그램에 호의적이다.	1	2	3	4	5	6	7
나는 해당 프로그램을 좋아한다.	1	2	3	4	5	6	7

7. 다음은 TV 프로그램의 등장인물에 대한 질문입니다. (광고모델인지도)

	전혀 그렇지 않다			보통이다			매우 그렇다
나는 프로그램 속에서 PPL 브랜드를 노출시킨 등장인물을 알고 있다.	1	2	3	4	5	6	7
나는 프로그램 속에서 PPL 브랜드를 노출시킨 등장인물에 대해 들어보거나 본 적이 있다.	1	2	3	4	5	6	7

8. 다음은 TV 프로그램의 등장인물에 대한 귀하의 생각을 묻는 질문입니다. (광고모델선호도)

	전혀 그렇지 않다			보통이다			매우 그렇다
나는 프로그램 속에서 PPL 브랜드를 노출시킨 등장인물에 관심이 많다.	1	2	3	4	5	6	7
나는 프로그램 속에서 PPL 브랜드를 노출시킨 등장인물에 호의적이다.	1	2	3	4	5	6	7
나는 프로그램 속에서 PPL 브랜드를 노출시킨 등장인물을 좋아한다.	1	2	3	4	5	6	7

9. 귀하의 성별은 무엇입니까? (성별)

① 남자　　　　　　　　② 여자

10. 귀하는 간접광고(PPL)에 대해서 알고 있습니까? (간접광고 인지 여부)

① 예　　　　　　　　② 아니요

11. 귀하의 나이는?

만 (　　　) 세

* 설문에 응해 주셔서 고맙습니다. *

CHAPTER

08

표본의 추출

MARKETING RESEARCH

표본추출은 설문지의 구성이 완료된 후에 실제 설문조사를 하기 전 단계에서 조사의 대상을 직접적으로 선정하는 과정이다. 표본추출을 위해서 조사자는 먼저 다음의 다섯 가지 고려사항에 대해 신중히 검토해야 한다. 첫째, 표본의 필요성, 둘째, 표본추출과정에 대한 이해, 셋째, 표본추출방법의 종류, 넷째, 표본의 크기, 다섯째, 표본추출에 따른 응답 오류의 통제이다. 본 장에서는 이와 같은 고려사항을 중심으로 표본추출에 대하여 살펴보자.

8.1 전수조사와 표본조사

대부분의 마케팅조사에서의 목표는 조사대상이 되는 모집단의 특성, 즉 모수에 관한 정보를 획득하는 것이다. 모집단은 통계적 분석을 위한 관찰의 대상이 되는 전체집단을 의미하며, 특정한 성질(관심의 대상이 되는)을 갖는 다수의 개체를 포함하게 된다. 모수는 모집단의 특성(특정한 성질, 관심의 대상)을 나타내는 수치를 의미한다. 마케팅조사에서는 고객충성도나 고객만족도 등이 대표적인 모수의 예이다.

모집단의 모수에 대한 정보는 전수조사나 표본조사에 의하여 획득될 수 있다. 전수조사는 모집단 전체를 대상으로 관심 있는 특정한 성질을 직접 조사한다. 전수조사에 의해 수집된 특정한 성질은 간단한 산술적 방법으로 직접 모수로 계산된다. 또 다른 방식은 표본조사를 통하여 모집단의 모수를 추측하는 것이다. 표본이란 모집단을 대표할 수 있는 집단으로서 표본조사의 대상이 되는 모집단의 부분집단을 의미한다. 표본집단에 관심 있는 특정한 성질의 수치를 통계량이라 하며, 이 통계량은 모집단의 모수를 통계적으로 추론하기 위해 사용한다. 표본의 통계량을 바탕으로 모수를 추론하기 위해서는 추정절차와 가설검정의 과정을 거치게 된다. 통계적 추론과정에 관한 자세한 설명은 제9장에서 설명하도록 한다.

전수조사와 표본조사의 선택에 영향을 미치는 요소로는 예산, 시간, 모집단의 크기, 모수 분산의 크기, 조사오차의 정도, 측정의 난이도 등이 있다. 상식적으로 조사예산과 시간이 많은 경우에 전수조사의 실시 가능성은 높아진다. 하지만 현실 속에서는 충분한 예산과 시간이 주어지는 경우가 매우 드물어 이러한 예산과 시간의 제약은 조사자가 표본조사를 선택하게 되는 주요 요인이다. 모집단의 크기가 클수록 전수조사에 들어가는 예산과 비용은 커지게 되어 전수조사보다는 표본조사가 더 선호된다. 하지만 관심 있는 모집단에서 모수의 분산크기가 크다면 조사자는 표본조사보다는 전수조사를 선호할 가능성이 높다. 모수의 분산이 크다는 것은 모집단의 특성이 상당히 다양하여 추출된 표본을 통해 계산된 통계량이 모집단의 특성을 대표할 확률이 낮아지기 때문이다.

조사오차는 표본추출오차와 비표본추출오차로 구분될 수 있다. 표본추출오차는 표본추출과정에서 발생할 수 있는 오차를 의미하는데, 우연히 발생할 수도 있고, 편의 또는 특정한 의도에 의해 표본이 잘못 추출되는 경우에도 발생하게 된다. 비표본추출오차는 표본추출과정이 아닌 다른 과정에서 발생하는 조사오차로서 주로 관찰이나 기록상의 잘못으로 발생하는 측정오차들을 의미한다.

표본추출오류의 가능성이 큰 경우 표본추출오류의 원천인 표본추출 자체를 기피하게 되어 조사자는 표본조사보다는 전수조사를 더 선호하게 된다. 반면에, 비표본추출오차는 측정과정에서 주로 발생하기 때문에 측정의 횟수나 방법을 최소화시켜 해당 오류를 줄일 수 있으므로 비표본추출오차가 큰 경우 측정의 양이 많은 전수조사보다는 표본조사를 더 선호하게 된다. 게다가 표본조사는 측정과정이 어렵거나 측정과정에 있어서 측정요소들의 파괴나 오염 등의 결과를 초래할 수 있는 경우에 많이 사용된다. 표본조사는 또한 심층면접과 같이 깊이 있는 정성적 조사나 연구의 기밀을 유지해야 하는 중요한 조사를 하는 경우에도 유용하게 활용될 수 있다.

8.2 표본추출과정

표본추출과정은 [그림 8-1]과 같이 다섯 단계로 이루어진다. 이 단계들은 문제의 정의에서부터 결과 제시에 이르기까지 마케팅조사과정의 모든 측면들과 밀접하게 연관되어

그림 8-1 표본추출과정

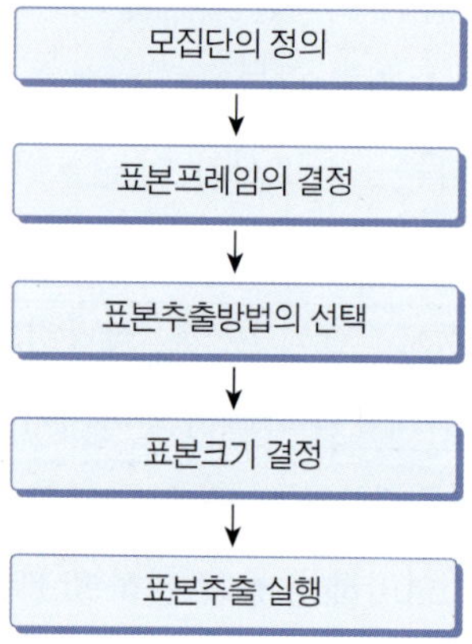

있기 때문에 표본추출과정은 다른 모든 마케팅조사과정의 단계들과 함께 통합하여 설계되어야 한다.

8.2.1 모집단의 정의

표본추출의 시작은 조사의 대상이 되는 모집단을 명확히 정의하는 것이다. 모집단은 조사자가 관심 있는 특성이나 정보를 포함한 대상들의 집단이다. 모집단에 대한 정의는 명확해야 하며 만약 모집단을 애매모호하게 정의한 경우에는 표본추출과정이 비효율적으로 이루어지고, 최악의 경우 잘못된 조사결과를 초래한다. 모집단에 대한 정의는 어떤 대상이 모집단에 포함되는지 혹은 배제되어야 하는지가 정확하게 표현되어야 한다.

모집단은 대상, 표본추출단위, 범위, 그리고 시간의 관점에서 정의되어야 한다. 대상은 필요한 정보를 획득하거나 제공할 대상을 의미하며, 설문조사에서 대개 그 대상은 응답을 해주는 조사대상자이다. 표본추출단위는 표본에 포함될 대상의 단위로서 통상 마케팅조사에서는 개인, 가구(가족), 조직(팀, 기업, 단체) 등이 된다. 범위는 공간적 · 물리적 경계를 의미하고, 시간적 요소는 대상에 대해 고려하고 있는 조사기간을 의미한다. 하지만 이러한 모집단의 정의 시 필요한 명확한 요소들이 있음에도 항상 그 정의가 쉬운 것은 아니다. 예를 들어, 신제품이나 새로운 브랜드에 대한 소비자들의 반응을 조사하는 경우 어떻게 모집단을 정의할지는 어려운 문제이다. 전체 모든 소비자를 대상으로 해야 하는지, 아니면 해당 신제품에 대한 정보를 잘 알고 있는 소비자만을 대상으로 해야 하는지, 아니면 직접적인 구매자들만을 대상으로 해야 하는지 결정을 해야 한다. 따라서 모집단은 표본추출과정뿐만 아니라 전체 조사의 목적을 통합적으로 고려하여 정의되어야 한다.

8.2.2 표본프레임의 결정

표본프레임은 모집단의 대상들의 집합 또는 그 집합을 목록화한 것을 의미하며 전화번호부, 우편명부, 협회명부, 주소록 등이 대표적인 예이다. 정의된 모집단에 대한 표본프레임은 경우에 따라서 쉽게 획득할 수도 있지만 아예 획득하는 것이 불가능한 경우도 있으며, 때때로 모집단의 대상이 표본프레임에 누락되거나 배제대상이 표본프레임에 포함되는 등 잘못된 표본프레임이 만들어질 수도 있다. 잘못된 표본프레임의 사용으로 발생하는 오류를 표본프레임 오차라 하며, 몇 가지 방법으로 이 오차를 통제할 수 있다.

첫 번째 방법은 현실 가능한 표본프레임을 기준으로 모집단을 재정의하여 모집단과 표본프레임의 부조화 문제를 해결하는 것이다.

다음으로, 실제 조사대상자 선정과정에서 모집단을 대표할 수 있는 표본인지 검증을 하는 방법으로 잘못된 표본프레임으로부터 발생하는 오류를 최소화하는 것을 목적으로 한다.

마지막으로, 선정된 표본의 응답자료를 통계적으로 조정하는 방법으로서, 표본프레임 오차를 통계적으로 통제하는 것이다. 여러 가지 접근방식이 존재하지만 조사자는 정의된 모집단과 표본추출을 위한 표본프레임의 조화가 현실에서는 상당히 어려울 수 있음을 고려하여 모집단과 표본프레임을 결정하여야 한다.

8.2.3 표본추출방법의 선택

표본추출방법은 표본추출과정에서 가장 중요하고 기술적인 과정이다. 표본추출방법의 선택은 마케팅조사의 목적과 특성에 많은 연관이 있다. 조사자들은 교체 또는 교체 없는 표본추출의 여부, 그리고 비확률적 또는 확률적 표본추출의 여부, 베이지안 방식을 적용할지 또는 전통적인 방식을 적용할지의 여부를 결정해야 한다.

베이지안 방식의 표본추출은 표본을 순차적으로 선택하며 자료가 수집, 분석되고 이를 바탕으로 다시 표본이 선택되는 점진적 형태로 표본을 구성한다. 베이지안 방식의 표본추출의 가장 큰 특징은 표본추출과정에서 이전의 정보가 표본추출에 활용된다는 것이다. 베이지안 접근방법은 이론적으로 상당한 설득력을 가지고 있지만 비용적인 측면과 통계적 과정에서 많은 정보가 손실될 수 있기 때문에 마케팅조사에서는 많이 활용되지 않고 있다. 전통적 방식의 표본추출은 자료수집 전에 전체표본이 결정되는 가장 흔한 방식의 표본추출방식이다. 따라서 본 장에서는 전통적 방식의 표본추출에 대해 자세히 살펴본다.

또 다른 대표적인 표본추출방식의 분류기준은 복원 여부이다. 복원표본추출은 표본프레임의 하나의 대상이 중복되어 표본에 선정될 수 있지만, 비복원표본추출은 표본프레임의 하나의 대상이 중복되어 선정될 수 없으며 반드시 한 번만 표본에 선정될 수 있다. 두 표본추출방식에 대한 통계적 추론방식이 다르긴 하지만 표본프레임의 크기가 표본크기에 비해 충분히 크다면 통계적 추론결과는 크게 다르지 않다. 따라서 표본프레임의 크기가 충분히 크지 않은 경우에 표본추출에서의 복원 여부는 중요한 고려사항이 될 수 있다.

표본추출단위가 집단인 경우에 표본추출은 좀 더 세밀해야 한다. 예를 들어, 표본추출단위가 가구인 경우, 응답자를 가구 구성원 중에 누구로 할 것인가가 중요한 문제가 될 수 있다. 많은 마케팅조사가 개인 소비자를 대상으로 조사를 하지만, 실제 표본추출단위는 가구가 되는 경우도 많다. 이 경우 가구 구성원 중에 누가 응답하는가에 따라 수집된 자료의 질이 달라질 수 있으며, 조사결과가 달라질 수도 있다. 따라서 표본추출방법과 더불어 표본추출의 단위를 함께 통합적으로 고려하여야 한다.

8.3 표본추출방법의 분류

가장 중요한 표본추출방법의 분류는 [그림 8-2]에서 나타난다. 표본추출방법은 크게 비확률표본추출과 확률표본추출로 구분된다.

비확률표본추출법은 표본대상을 선택하기 위해 확률보다 조사자의 주관적 판단에 의존하며, 조사자가 임의로 어떤 대상이 표본에 포함되어야 하는가를 결정할 수 있다. 경우에 따라 비확률표본이 좋은 모수 추정이 가능할 수도 있지만, 일반적으로 비확률표본추출은 추출된 표본의 객관성 또는 대표성이 낮고 표본결과를 통한 통계적 추론의 정확성이 떨어진다. 비확률표본추출법으로는 편의표본추출법, 판단표본추출법, 할당표본추출법 등이 있다.

확률표본추출법은 확률을 바탕으로 표본대상들을 선택하는 것을 의미한다. 확률표본을 위해서는 표본프레임을 사전에 확보하여 각 대상이 선택될 확률을 미리 정의할 수 있을 때 가능하다. 이때 표본프레임 내의 대상들의 선택확률이 반드시 동일할 필요는 없지만 정해진 지침에 따라 체계화된 선택확률의 분포가 명시되어야 한다. 따라서 확률표본추출을 위해서는 모집단에 대한 정확한 정의가 필요하고 정확한 표본프레임의 존재가 전제되어야 한다. 선택된 표본이 확률에 의해 선택되었기 때문에 확률표본추출에 의해 선택된 표본은 객관성과 대표성을 가지고 표본의 통계량에 대한 통계적 신뢰성과 정확성의 검증이 가능하여 모집단의 모수를 통계적으로 추론할 수 있게 된다. 대표적인 확률표본추출방법은 단순무작위 표본추출법, 비례/불비례 층화표본추출법, 체계적/비체계적 군집표본추출법 등이 있다.

그림 8-2 표본추출방법의 분류

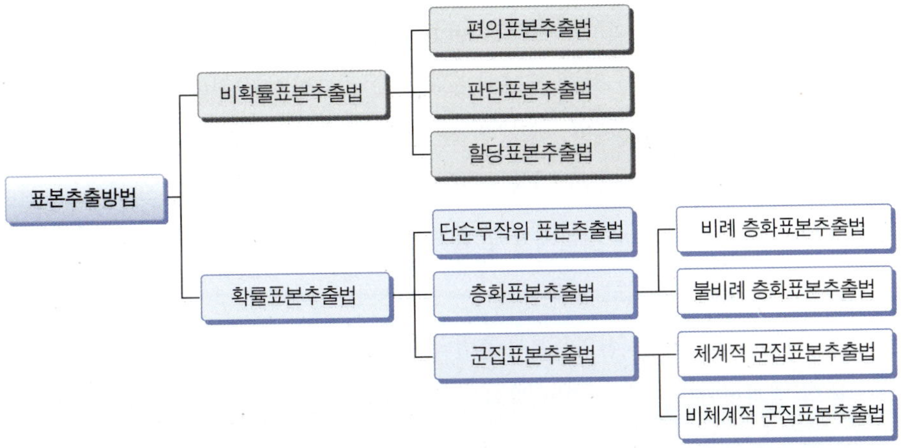

8.3.1 편의표본추출법

편의표본추출법(Convenience Sampling)은 조사자가 선택하기 편한 대상으로 표본을 구성하는 것을 의미한다. 표본추출단위의 선택 역시 실제 조사자 또는 질문자가 결정한다. 따라서 적당한 시간에 적당한 장소에 있는 대상이 표본으로 선택되기도 한다. 편의표본추출은 표본추출방법 중 비용과 시간이 가장 적게 드는 방법이다. 편의표본추출로 추출된 표본은 태생적으로 접근하기 쉽고 측정이 쉬우며 조사에 협력적이다.

편의표본추출은 이러한 몇몇 장점에도 불구하고 선택 편향 등을 포함한 심각한 문제점을 가지고 있다. 먼저, 편의표본추출에 의한 표본은 심각한 선택 편향의 가능성이 존재하며, 어떤 모집단도 이론적으로 대표할 수 없기 때문에 편의표본에 의한 조사결과는 모집단으로의 일반화가 사실상 불가능하다.

따라서 편의표본추출법은 모집단 추론을 전제로 하는 마케팅조사에는 적절한 표본추출방법이 아니니다. 편의표본추출법은 기술적 조사를 위해서는 권장되지 않지만 현상의 파악이나 통찰, 아이디어 생성을 위한 탐색적 조사에는 유용하게 활용될 수 있기 때문에 표적집단면접이나 예비설문조사에 잘 활용된다. 하지만 표본으로부터 도출된 결론에 대한 해석과 적용에 있어서는 신중한 주의가 필요하다.

8.3.2 판단표본추출법

판단표본추출법(Judgement Sampling)은 비확률표본추출법의 한 형태로 조사자가 모집단의 특정 대상을 해당 조사의 표본으로 포함시키기 위한 적절한 규칙 아래에서 표본대상을 선정하는 것이다. 이 경우 적절한 규칙은 표본에 포함될 대상들이 조사의 목적에 맞는 모집단을 적절히 대표하는지를 판단하는 주관적 기준을 의미한다. 신제품의 잠재성을 알아보기 위한 시험시장과 같은 다양한 시험조사 또는 전문가조사를 위해 판단표본추출법이 활용되고 있다.

판단표본추출법은 편의표본추출법과 같이 비용이 적게 들며 편리하고 신속하지만, 표본의 결과를 모집단으로 일반화하는 것은 어렵다. 비록 판단표본추출법에서 조사자가 적절한 규칙을 활용하여 표본을 선정할 수 있다고 하더라도, 이 규칙 역시 자의적 · 주관적 성격을 가지고 있기 때문에 전적으로 조사자의 판단, 전문지식 등에 의존한 편의표본추출의 한계를 벗어나기 어렵다. 따라서 광범위한 모집단의 추론이 필요하지 않은 경우에 많이 활용되고 상업적 마케팅조사에서도 종종 활용된다.

8.3.3 할당표본추출법

할당표본추출법(Quota Sampling)은 2단계 판단표본추출법으로서, 첫 번째 단계에서는 모집단을 여러 부분집단(할당)으로 구분하고, 두 번째 단계에서는 각 부분집단에서 판단표본추출을 한다. 부분집단을 효과적으로 구분하기 위해 조사자는 모집단의 여러 특성들을 검토하여 부분집단 구별을 위한 기준을 선정하여야 한다. 일반적으로 많이 사용하는 집단 구분의 특성들로는 성별, 나이, 그리고 인종 등이 있으며, 모집단과 조사의 목적에 따라 적절한 집단 구분 특성을 활용할 수 있다.

부분집단 구분이 완료되면 조사자는 각 부분집단별로 조사자가 판단하여 표본대상을 선정하고 해당 부분집단에 배정한다. 부분집단을 표본선정에 활용할 때 모집단에서의 부분집단의 크기에 따라 필요한 표본의 할당크기를 반영할 수 있다. 이때 이 비율을 고려하여 표본대상들을 선정하는 경우를 비례 할당이라 하며, 모집단의 비율을 표본비율에 고려하지 않는 경우를 불비례 할당이라고 한다.

상식적으로는 모집단의 부분집단의 크기와 표본에서의 부분집단의 크기가 비례하여야 적절하다. 하지만 상황에 따라서는 이러한 비례가 반드시 필요한 것은 아니다. 모집단의 대표성이 높은 부분집단이 있는 경우 표본에서 해당 부분집단의 비율을 모집단의 비율보다 더 많이 선정하는 것이 조사의 목적에 더 부합하는 경우도 존재한다.

비록 할당표본추출법이 부분집단 구분을 통해 모집단의 특성비율을 표본에 반영한다고 할지라도 여전히 비확률표본추출법의 한계를 벗어나지는 못한다. 하지만 부분집단의 구성은 앞서 편의표본추출법과 판단표본추출법에 비해 상대적으로 할당표본추출법을 통해 추출된 표본의 모집단에 대한 대표성을 제고할 수 있다. 특히 부분집단의 수를 증가시키고, 두 번째 단계에서의 판단규칙을 엄격히 통제한다면 전통적 확률표본추출법과 유사한 결과를 얻을 수도 있다.

8.3.4 눈덩이표본추출법

마지막으로 눈덩이표본추출법(Snowball Sampling)은 초기 조사대상자를 판단표본추출 또는 무작위(확률표본)로 선택한 뒤, 조사가 끝난 후 조사대상자들에게 모집단에 속하는 대상들을 추천받아 추가적인 표본을 늘려 나가는 방식으로 표본선정이 이루어지며, 표본추천대상의 증가가 눈덩이처럼 증가한다고 하여 눈덩이표본추출법이라고 한다. 추천된 표본은 확률적으로 추천한 사람과 여러 가지 면에서 유사한 인구통계적 특성과 심리묘사적 특성을 갖는 경향이 있는데, 눈덩이표본추출법의 최종표본은 비확률적 표본이 된다.

눈덩이표본추출법은 큰 모집단에서 상대적으로 소수인 집단에 대한 조사를 하는 데에 유용하게 활용된다. 예를 들어, 무기명으로 주어지는 식량 배급표와 같이 특정 정부나 사회복지사업을 이용하는 사람들에 대한 조사, 35세 미만 홀아비와 같은 특별한 집단에 대한 조사, 그리고 흩어져 있는 소수 인구 구성원들에 대한 조사 등이 대표적인 예이다.

8.3.5 단순무작위 표본추출법

단순무작위 표본추출법(Simple Random Sampling)은 모집단의 각 대상들이 선택될 확률을 모두 동일하게 판단한다. 각각의 표본대상에 대한 선택은 확률과정을 따르기 때문에 모든 대상들이 각자 다른 대상들과 독립되어 있다는 가정하에 모집단에 대한 표본프레임 안에 존재하는 모든 대상의 선택될 확률은 동일하게 된다. 표본은 표본프레임으로부터의 무작위과정을 통해 그려지는데 이것은 복권통 안에 이름을 넣고, 그 통을 흔들어 우승한 사람의 이름을 공평하게 뽑는 복권방식과 동일하다.

단순무작위 표본추출을 하기 위해 조사자들은 먼저 모집단의 모든 대상들에게 유일한 식별번호를 배정하고 표본프레임을 구성하여 표본프레임의 각 대상에게 일련번호를 부여한다. 컴퓨터 프로그램 또는 계산기를 활용하여 무작위번호를 생성하고 표본프레임으로부터 표본에 포함할 대상을 선정한다.

단순무작위 표본추출은 많은 장점을 가지고 있고 쉽게 이해가 되며, 추출된 표본의 결과는 모집단을 대표하게 된다. 대부분의 통계적 추론은 통계분석대상 자료가 단순무작위 표본추출에 의해 수집되었다고 가정한다.

그러나 단순무작위 표본추출법은 다음의 한계를 가지고 있다. 첫째, 단순무작위 표본추출을 정상적으로 적용하기 위한 표본프레임의 생성이 쉽지 않다. 둘째, 표본크기가 너무 크거나 너무 넓은 지역을 대상으로 하는 경우에 단순무작위 표본추출을 통한 자료수집은 비용과 시간이 증가하게 된다. 셋째, 단순무작위 표본추출은 상대적으로 표준오차가 커서 정확성이 낮아질 수 있다. 넷째, 단순무작위 표본추출이 항상 대표성을 갖는 표본을 추출한다고는 볼 수 없다. 비록 일반적으로 단순무작위 표본이 모집단을 잘 대표할 수도 있지만, 특정한 단순무작위 표본은 이상치들을 많이 포함하고 있어서 모집단을 제대로 대표하지 못할 수도 있으며, 특히 표본크기가 작은 경우 이러한 현상은 더 잘 일어날 수 있다.

8.3.6 체계적 표본추출법

체계적 표본추출(Systematic Sampling)은 표본이 임의시점에서 선택되어지며 표본프레임으로부터 매 i번째 요소들을 선택한다. 표본추출간격인 i는 표본크기 n에서부터 인구크기 N으로 나누어 결정되며 가장 가까운 정수로 반올림되어진다. 예를 들어, 인구가 100,000명인 모집단에서 1,000개의 표본을 추출한다면 이 경우의 표본추출간격 i는 100이다. 1에서 100 사이 무작위로 숫자가 선택되어지며, 이 숫자가 23일 경우의 표본은 23, 123, 223, 323, 423, 523 등으로 구성된다.

체계적 표본추출법은 모집단의 대상들이 선택될 확률이 동일하게 알려져 있다는 점에서 단순무작위 표본추출법과 유사하다. 체계적 표본추출법에서 조사자는 표본프레임이 어떤 특성에 따라 정렬되어 있다고 가정한다. 만약, 표본프레임의 순서(예를 들어, 알파벳 순으로 나열된 전화번호부)가 관심의 대상이 되는 특성들과 연관이 없는 경우, 체계적 표본추출은 단순무작위 표본추출과 상당히 유사한 결과를 도출할 것이다.

하지만 표본프레임의 순서가 관심의 대상이 될 수 있는 어떤 특성들과 연관이 있는 경우, 체계적 표본추출법은 표본의 대표성을 증가시킨다. 만약 연간 판매실적으로 순서를 매기는 기업성과자료의 경우, 체계적 표본추출은 작은 기업과 큰 기업 모두를 균등하게 포함할 수 있지만, 단순무작위 표본추출은 작은 기업 몇 개 또는 큰 기업만을 포함할 가능성이 존재한다. 체계적 표본추출은 단순무작위 표본추출에 비해 무작위 추출이 한 번만 이루어지기 때문에 비용이 적게 들고, 쉽다. 게다가 무작위로 선택된 숫자들은 단순무작위 추출에서와 같이 각각의 요소들과 일치되어야 할 필요가 없다. 만약 관심의 대상이 되는 특성들과 관련된 정보가 이용 가능하다면, 체계적 표본추출은 단순무작위 표본추출보다 좀 더 전형적이고 믿을 만한(낮은 표본추출상 오류) 표본을 구하는 데 사용될 수 있다. 또 다른 장점은 체계적 표본추출은 표본프레임에 대한 구체적 정보 없이 사용할 수 있다는 점이다.

8.3.7 층화표본추출법

층화표본추출법(Stratified Sampling)은 모집단을 부분집단(층)으로 나눈 뒤, 각 부분집단 내에서 단순무작위 표본추출 또는 다른 확률표본추출법을 적용하는 2단계 무작위 표본추출법이다. 층화표본추출법은 표본이 편의성 또는 판단에 기반하여 선택되기보다는 확률적으로 선택된다는 점에서 할당표본추출법과 다르다.

층화표본추출법의 주요 목적은 비용을 증가시키지 않으면서 정확성을 증가시키는 것이다. 모집단을 여러 개의 부분집단으로 나누는 변수 또는 특성을 층화변수라고 하며, 이 변수나 특성은 구별된 부분집단 내 동질성, 부분집단 간 이질성, 그리고 조사목적과의 관련성과 분류비용 등을 고려하여 선택한다. 마케팅조사에서 많이 활용되는 분류기준변수로는 인구통계적 특성, 고객의 유형, 기업의 규모 및 산업의 유형과 같은 기업통계적 특성 등이 있다.

부분집단을 표본선정에 활용할 때, 모집단에서 부분집단의 크기를 각 부분집단의 표본크기에 반영할 수 있다. 조사자는 각 부분집단의 표본크기에 모집단의 부분집단비율을 적용할지에 대해 결정하여야 한다. 이때 이 비율을 고려하여 표본대상들을 선정하는 경우를 비례 층화표본추출법이라고 하며, 그렇지 않고 모집단의 비율을 표본비율에 고려하지 않으면 불비례 층화표본추출법이라고 한다.

상식적으로는 모집단에서의 부분집단의 크기와 표본에서의 부분집단의 크기가 비례하여야 적절하지만, 상황에 따라서는 이러한 비례가 반드시 필요한 것은 아니다. 모집단의 대표성이 높은 부분집단이 있는 경우 표본에서 해당 부분집단의 비율을 모집단의 비율보다 더 많이 선정하는 것이 조사의 목적에 더 부합하는 경우도 존재한다. 만약 조사자가 주로 집단 간의 차이를 조사하는 데 관심이 있는 경우에도 불비례 층화표본추출은 적절할 수 있다. 층화표본추출법은 집단의 크기에 상관없이 모든 중요한 하위 모집단의 대상들이 표본에 선택되도록 하기 때문에 모집단의 분포가 치우친 경우에 잘 활용될 수 있는 표본추출법이다.

8.3.8 군집표본추출법

군집표본추출법(Cluster Sampling)은 먼저 모집단을 상호배타적인 부분집단(군집)으로 나누고 이들 나눠진 부분집단들 가운데서 무작위로 부분집단을 표본으로 선택하는 1단계 과정과 무작위로 선택된 부분집단에서 표본대상을 다시 무작위로 선택하는 2단계 과정의 무작위 표본추출법이다. 군집표본추출법과 층화표본추출법 사이의 가장 큰 차이는 층화표본추출법은 모든 모집단에서 표본이 추출된다면 군집표본추출법에서는 오직 하나의 부분모집단에서만 표본이 선택된다는 것이고, 군집표본추출의 목적은 비용을 줄임으로써 효율성을 높이는 데 있다면 층화표본추출법의 목적은 정확도를 높이는 것에 있다.

따라서 동질성과 이질성에 관련하여 군집표본추출법에서 집단을 구성하는 기준과 층화표본추출법에서 집단을 형성하는 기준은 반대이다. 즉, 군집표본추출법에서 집단 내 요소들은 가능한 이질적이어야 하지만 집단 그 자체는 가능한 동질해야 한다. 이상적으로, 각각의 집단은 모집단에 비하여 소규모이지만 모집단을 대표하여야 한다. 군집표본추출에서 표본프레임은 표본에 선택된 집단을 대상으로 하기 때문에 상대적으로 쉽고 비용과 시간이 적게 든다.

국가, 공용 주택지 또는 구역과 같은 지형적인 부분으로 구성되는 지역을 기반으로 한 집단을 바탕으로 하는 표본추출이 군집표본추출법의 대표적인 예이다. 만약 군집표본추출법의 첫 번째 단계만이 적용된다면(예를 들어, 조사자들이 구역을 표본으로 삼고 나면 선택된 구역의 모든 세대주들이 표본에 포함된다) 이러한 설계를 1단계식 군집표본추출법이라고 하고, 두 가지 단계가 모두 적용된다면(조사자가 구역을 표본으로 삼고, 선택된 구역의 세대주가 표본이 된다), 이러한 설계를 2단계 군집표본추출법이라고 부른다.

8.4 표본크기 결정

8.4.1 표본크기 결정 시 고려사항

표본크기는 조사에 포함되어야 하는 대상의 수를 나타낸다. 표본크기를 결정하는 것은 복잡하며 질적인 고려사항과 양적인 고려사항이 모두 연관되어 있다. 표본크기 결정 시 고려하여야 하는 질적인 요소는, ① 조사의 중요성, ② 조사의 성격, ③ 변수의 수, ④ 분석의 성격, ⑤ 비슷한 연구에서 사용된 표본크기, ⑥ 사고율, ⑦ 완성률, ⑧ 자원 제약 등이다.

일반적으로, 더 중요한 결정에 있어서는 더 많은 정보가 필요하며 그 정보는 좀 더 정확하게 수집되어야 한다. 이것은 큰 표본들을 요구하지만 표본크기가 커지면서 표본추출비용도 함께 증가한다. 정확도는 표준편차에 의해 측정될 수 있으며 표준편차는 표본크기의 제곱근에 반비례한다. 즉, 표본이 커질수록 표준편차는 작아지고 정확도는 높아지지만 표본크기의 증가량이 커짐에 따라 정확도의 증가량은 반대로 작아진다.

조사의 성격 또한 표본크기에 영향을 미친다. 질적 조사나 탐색적 조사의 경우, 표본크기가 대체로 작으며 기술조사와 같이 조사결과의 일반화가 필요한 경우 상대적으로 큰 표본이 필요하다.

결국, 표본크기의 결정은 자원 제약을 고려하여 결정하여야 한다. 어떤 마케팅조사에서도 비용과 시간은 제한적이다. 다른 제약으로는 제한적인 상대가 대상이 될 가능성을 포함할 수 있으며, 표본크기는 자격조건에 부합하는 조사대상자와 완성률의 영향범위 내에서 조절되어야 한다.

8.4.2 표본크기를 결정하기 위한 통계적 방법

조사자가 표본으로부터 구해질 추정값의 오차와 신뢰수준의 범위를 결정했다면, 다음과 같은 방법을 통해 이를 충족시킬 수 있는 표본의 크기를 결정할 수 있다.

① 표본추정치의 허용할 수 있는 오차의 범위(E)(가령 모집단의 참값 ±5%)를 결정한다.

② ①에 대한 신뢰수준을 결정한다. 즉, 오차의 범위가 95%의 신뢰수준에서 믿을 수 있는지(20번 중 1번 정도는 잘못된 결론을 내릴 수 있는 것인지), 아니면 99%의 신뢰수준에서 믿을 수 있는 것인지를 결정하는 것이다.

③ 정규분포하에서 ②에서 결정된 신뢰수준에 해당하는 표본통계량의 값을 결정한다. 예를 들어, 정규분포하에서 신뢰구간 95%에 해당하는 값은 ±1.96이 된다.

④ 모집단의 평균을 μ, 표본의 평균을 X, 모집단 표준편차를 σ, 표본평균의 표준오차(Standard Error)를 $SE\left(=\frac{\sigma}{\sqrt{n}}\right)$라 할 경우, $Pr[X-1.96SE<\mu<X+1.96SE]=95\%$의 관계가 성립된다. 여기서 SE는 표본평균을 중심으로 표본값들이 분산되어 있는 정도를 말한다.
이때 정규분포하에서 $\pm1.96SE$가 바로 ①에서 조사자가 결정한 표본추정치에 대한 오차의 범위가 된다.
이를 수식으로 표시하면, 다음과 같다.

$$E=Z\cdot SE=\frac{Z\sigma}{\sqrt{n}}$$

따라서 조사자에 의해 결정된 신뢰수준과 오차의 범위를 충족시켜 주기 위한 표본의 크기는 다음과 같이 결정된다.

$$n=\frac{Z^2\sigma^2}{E^2}\quad \text{(위의 예에서, } Z=1.96,\ E=5\%\text{)}$$

위의 식에서 모집단의 표준편차인 σ를 추정하는 것이 어려우므로, 과거의 추정치를 대신 이용하게 된다.

CHAPTER

09

통계적 검정의 개념과 통계분석 프로그램

MARKETING RESEARCH

9.1 통계적 검정의 개념

9.1.1 통계적 검정의 필요성

지금까지 과학적 마케팅조사를 위한 개념 및 절차, 종류(Research Methodologies), 표본계획(Sampling)을 포함한 자료수집방법(Data Collection)에 대하여 알아보았다. 그러나 마케팅조사의 범위가 일반적으로 모집단(Population)을 대상으로 하기 때문에 표본계획에 의해 수집된 자료의 요약된 정보 그 자체를 마케팅조사의 결과로 그대로 인정하기에는 부족한 부분이 많이 존재한다. 예를 들어, 한 마케팅조사기업이 브랜드 A의 소비자인지도 조사를 의뢰받아 표본을 선정하여 조사를 실시하였다. 분석 결과, 브랜드 A의 소비자인지도 평균은 7점 리커트척도 기준 4.7점이었다. 한 달 뒤 동일한 조사를 새로운 표본에 실시하여 조사자료를 분석한 결과 브랜드 A의 소비자인지도는 5.0점이었다. 이때 마케팅조사기업과 이를 의뢰한 고객기업은 "브랜드 A의 소비자인지도 조사결과 브랜드 A의 소비자인지도는 지난달 4.7점에 비해 5.0점으로 0.3점 증가하였다."라고 결론을 내렸다. 과연 이 결론이 합리적인가?

현명한 마케팅조사 담당자라면 다른 표본을 선정하면 브랜드 A의 소비자인지도가 동일하게 5.0점을 얻을 수 있을지에 대한 의문을 제기할 것이다. 일반적으로 표본을 대상으로 한 조사는 태생적으로 표본오차가 존재하게 된다. 표본이 전체모집단(Population)의 모든 구성원을 포함하고 있지 않기 때문에 평균, 중위수, 중앙값 등 표본의 통계량은 전체모집단의 통계량과 차이가 발생하게 되는 것이다.

표본오차(Sampling Error)는 이 모집단과 표본 사이의 통계량 차이를 의미한다. 예를 들어, 대한민국 국민의 몸무게 평균을 조사하기 위해 표본으로 1천 명을 선정하여 이들의 평균 몸무게를 조사하였다면, 표본의 평균 몸무게와 대한민국 5천만 명의 평균 몸무게는 같지 않을 것이다. 이때 발생하는 차이 중 다른 원인이 아닌, 순수하게 표본 선택에 의해 발생한 차이를 표본오차라고 한다. 따라서 브랜드 A의 소비자인지도 조사결과 0.3점의 증가는 한 달간 브랜드 A의 인지도를 높이기 위한 다양한 노력, 또는 시장의 변화 등에 의한 시스템적 차이에 의한 변화일 수도 있지만, 표본의 변화로 발생하는 단순오류에 의한 표본오차이거나 심지어 단순우연일 수도 있다. 이 표본오차는 모든 표본조사에서 발생하고, 서로 다른 표본에서 다르게 발생할 수 있다. 표본오차의 정확한 측정은 불가능하지만, 확률적 추론(Probabilistic Inference)을 통해 표본오차를 추정(Estimate)할 수 있다. 이 표본오차를 추정하기 위한 확률적 추론과정이 바로 표본의 통계량에서 모집단의 통계량을 추정하기 위한 통계적 검정과정이다.

여기서 주의할 점은 수학적으로는 당연히 4.7과 5.0이 절대 같을 수 없지만, 통계적으로는 4.7과 5.0이 다르지 않은 상황이 존재한다는 것이다. 이는 수학에서는 4.7과 5.0이 절대적 값을 의미하는 반면, 통계에서 4.7과 5.0은 절대적 값을 조사하기 위한 부분집합인 표본으로부터의 추정치에 불과하기 때문에 이를 수학에서와 같이 절대적 수치와 동일하게 생각하는 오류를 범하지 말아야 한다. 앞서의 예와 같이, 두 번의 소비자인지도 조사결과 소비자인지도는 4.7과 5.0으로 수학적 의미에서는 일견 차이가 있어 보이지만, 결론을 내리기 전에 이 두 소비자인지도가 표본조사에 의한 통계량이라는 점을 고려한다면 통계적 검정을 통해 과연 이 두 통계량이 통계적으로 다른지 검토를 한 후 결론을 내려야 한다.

또 다른 예로 마케팅조사기업이 두 개의 다른 시장에서 특정 브랜드에 대한 소비자선호도 평가를 조사하였다. 이때 시장 A의 소비자들은 4.7점, 시장 B의 소비자들은 5.0점을 주었다. 그렇다면, 이 조사를 통해 시장 A의 소비자보다 시장 B의 소비자가 이 브랜드를 더 선호한다고 결론을 내릴 수 있을까? [그림 9-1]은 이 조사결과에 대해 두 가지 형태의 가능한 결론을 비교하여 보여 준다. 4.7점을 a, 5.0점을 b라고 한다면, 당연히 산술적 비교에서는 a<b가 되어 시장 B의 소비자들이 이 브랜드를 선호한다고 할 수 있다.

그림 9-1 평균의 산술적 차이와 통계적 차이의 비교

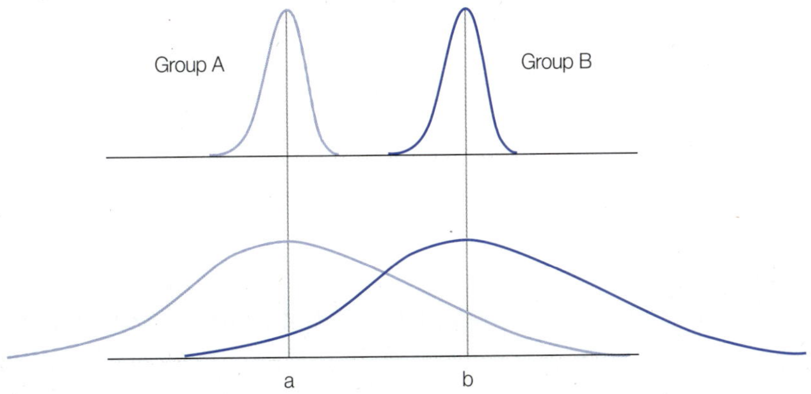

하지만 다양한 소비자들의 의견을 묻는 선호도 조사의 경우, 그 본질이 통계적 조사이기 때문에 통계적 비교를 통해 결론을 얻어야 한다.

[그림 9-1]의 상단 그림은 두 개의 집단 그룹 A(시장 A, 연한 색)와 그룹 B(시장 B, 진한 색)의 선호도 조사결과의 분포(빈도)를 보여 준다. 평균은 각각 a와 b로 다르고 그 분포도 다르다. 하단 그림 역시 동일하다. 그러나 상단 그림과 하단 그림은 그 형태가 명백히 다르다. 상단 그림의 경우 두 집단(시장 A와 시장 B) 사이에 교집합이 전혀 존재하지 않는다. 하지만 하단 그림의 경우 두 집단 사이에 교집합이 많이 존재한다. 즉, 상단 그림의 경우 그룹 B의 선호도 평균이 그룹 A의 선호도 평균보다 더 높으면서 동시에 그룹 B의 소비자 모두는 그룹 A의 소비자보다 이 브랜드를 더 선호하지만, 하단 그림의 경우 그룹 B의 선호도 평균이 그룹 A의 선호도 평균보다 더 높음에도 불구하고 그룹 B의 소비자 중 상당수가 그룹 A의 소비자보다 이 브랜드를 더 선호하지 않는 경우가 발생한다. 이러한 상황을 고려할 때 하위 그림의 경우 상위 그림에 비해 두 그룹 또는 두 시장 간에 브랜드 선호도의 차이가 상대적으로 적거나 또는 확률적으로 적다고 이야기할 수 있다. 따라서 통계적 비교에서는 조사대상의 분포를 함께 고려하여 그 결론을 얻고, 이러한 과정을 통계적 검정과정이라고 한다.

표본의 통계량으로 모집단의 통계량을 통계적 검정으로 추정한다는 것은 모집단의 통계량을 직접적으로 또는 하나의 숫자로 추정한다는 것을 의미하지 않는다. 대신에, 통계적 검정을 통하여 모집단의 통계량을 간접적으로 또는 그 범위를 추정한다. 예를 들어, 앞서의 소비자인지도 조사 중 첫 번째 표본조사에서 소비자인지도 평균은 4.7이었다. 이를 이용하여 모집단의 통계량을 통계적 검정을 통해 추정한다면 그 결과는 "소비자인지도의 평균은 4.3점에서 5.1점일 가능성이 95%이다."와 같이 표현될 것이다. 즉, 추정된 모집단의 소비자인지도의 평균을 정확하게 하나의 숫자형태가 아닌 범위형태(신뢰구간: Confidence Interval)로 나타내고 이 범위조차 절대적이 아닌 "95%"와 같이 확률적(물론 가능성이 아주 높지만, 여전히 오류의 가능성을 내포한다)으로 표현하게 된다. 이와 같이 통계적 검정에 의한 추정의 결과는 적당한 범위와 함께 그 가능성(확률)을 제시함으로써 표본오차 또는 오류의 가능성을 고려한다.

게다가 이 추정된 소비자인지도의 평균의 범위는 사실 정확한 의미에서 모집단의 소비자인지도의 평균이 추정된 범위인 4.3점에서 5.1점에 있을 가능성이 95%임을 의미하지 않는다. 정확히 그 의미를 표현한다면, 100번의 표본조사를 했을 때 95번(95%)의 표본조사의 소비자인지도 평균은 4.3점에서 5.1점 범위 안에 있을 것임을 의미한다. 그 이유는 다음 통계적 검정의 이론적 근거에서 자세히 설명할 것이다.

인구조사(Census)와 같이 전체모집단을 대상으로 하는 조사가 아닌 표본에 대한 조사가 대부분의 조사의 형태라는 점을 감안한다면 통계적 검정은 조사의 결과해석에 상당히 큰 영향을 끼칠 수 있다. 앞서 소비자인지도 조사의 예의 목적이 광고효과의 분석이라고 한다면, 소비자인지도가 한 달 동안 4.7점에서 5.0점으로 증가한 사실은 브랜드 A 관리자에게 이 광고효과분석을 바탕으로 상당히 중요한 의사결정을 하는 기회를 제공한다. 하나의 가능성은 이 증가량(0.3점의 소비자인지도 변화)이 브랜드 A의 마케팅팀 또는 광고팀의 효과적 광고전략으로 증가되었다고 해석하여 현재 마케팅 또는 광고전략의 유지를 결정할 수 있다. 또 다른 가능성은 이 증가량이 효과적 광고전략에 의한 것이 아니라, 사실은 단순한 표본오차에 의한 것으로 통계적으로 소비자인지도에 변화가 없다고 해석하여 현재의 전략을 수정할 수 있다. 따라서 통계적 검정은 조사의 결과를 최종적으로 일반화(Generalization)함으로써 조사의 결과가 의사결정을 위해 중요한 증거로서 활용될 수 있게 한다.

9.1.2 통계적 검정의 이론적 근거: 표본분포 및 정규분포, 중심 극한 정리

일반적으로, 조사의 목적은 모집단의 특성 또는 모수(Parameter)를 알기 위한 것이다. 예를 들어, 기업이 가격인상을 하였을 때의 시장의 반응을 조사하고자 한다면, 그 궁극적 목적은 가격인상에 대한 해당 기업의 모든 고객반응을 확인하는 것이다. 하지만 특수한 경우를 제외하고는 모든 고객들의 반응을 일일이 확인하는 것은 사실상 불가능하다. 이러한 목적을 달성하기 위해 가장 자주 사용되는 방법이 모든 고객들을 대표할 가능성이 높은 일부 고객들을 제한된 크기로 선정하여 이들로부터의 반응을 조사하여 이를 바탕으로 모든 고객들의 반응을 유추하는 것이다.

여기서 모든 고객들을 모집단(Population), 대표할 가능성이 높은 일부 고객들을 표본(Sample), 일부 고객들의 반응을 통계량(Statistics), 궁극적 목적인 모든 고객들의 반응을 모수(Parameter), 그리고 통계량을 이용하여 모수를 유추하는 것을 통계적 추론(Statistical Inference) 또는 검정(Statistical Testing)이라 한다.

따라서 궁극적 목적인 모든 고객들의 반응을 정확히 확인하기 위해서는 좋은 표본과 적절한 통계적 추론의 사용은 필수 불가결한 요소이다. 좋은 표본은 앞 장에서 설명한 표본추출방법(Sampling Method)을 통해 얻을 수 있고, 적절한 통계적 추론은 다양한 통계적 이론을 바탕으로 얻을 수 있다. 통계적 추론의 이론적 과정에서 중요한 핵심 개념으로 표본분포(Sampling Distribution)를 들 수 있다. 표본분포와 또 다른 중요한 핵심 개념인 중심 극한 정리(Central Limit Theorem)는 통계적 추론의 과정을 단순화시키는 데 결정적 역할을 하기 때문에 이들에 대한 이해는 통계적 추론의 이해를 위해 반드시 필요하다. 중심 극한 정리는 다음 절에서 설명을 하고, 이 중심 극한 정리의 이해를 위한 기초 개념으로 표본분포에 대해 알아보도록 하자.

표본분포를 이해하기 위해서는 먼저 분포의 개념을 이해하는 것이 필요하다. 분포(Distribution)란 일반적으로 흩어져 있는 정도 또는 형태를 의미한다. 조사의 관점에서는 하나의 사건 또는 변수에 대한 전체 관측치, 측정치 또는 자료의 집합을 의미하며, 좀 더 이론적으로는 통계학에서 확률변수(Random Variable)의 분포인 확률분포(Probability Distribution)를 의미한다고 볼 수 있다. 여기서 확률변수란 일정한 확률을 가지고 발생하는 사건에 수치가 부여된 변수를 의미하고, 확률분포란 확률변수가 특정한 값을 가질 확률을 나타내는 함수를 의미한다. 즉, 분포란 일련의 특정한 관측치들 또는 수집된 자료들의 빈도/횟수/확률들로 표현된 빈도수치의 집합이라 볼 수 있다.

예를 들어, [그림 9-2]는 2015년도 대한민국 경제활동인구 분포를 보여 준다. 우리는 이 분포를 통해 20~29세, 30~39세, 40~49세, 50~59세, 60세 이상의 연령별 경제활동인구수와 그 분포를 확인할 수 있으며, 이를 전체 경제활동가능인구수로 나누어 그 확률분포를 얻을 수 있다.

대표적인 확률분포로는 정규분포를 들 수 있다. [그림 9-2]의 경제활동인구 분포와 [그림 9-3]의 표준정규분포를 비교하면 그 형태가 상당히 유사하다. 정규분포(Normal or Gaussian Distribution)는 확률이론에서 가장 일반적인 연속확률분포로서 분포가 알려지지 않은 자연 또는 사회현상을 설명하기 위해 종종 사용되며, 통계학적으로 아주 중요한 분포이다. 특히 정규분포는 다음에서 설명할 중심 극한 정리(Central Limit Theorem)로 인해 다양한 분야에서 수집된 자료의 분포를 근사하는 용도로 폭넓게 사용된다. 정규분포는 전체 관측치의 평균을 중심으로 좌우대칭인 형태를 보이며, 가운데인 평균이 관측될 가능성이 가장 높고 양극단으로 갈수록 관측될 확률이 적어진다. 이와 같

그림 9-2 2015년도 대한민국 경제활동인구 분포

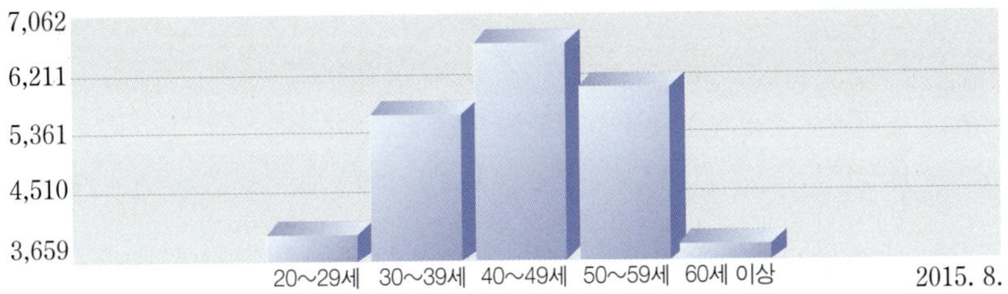

성별	연령계층별	2015. 8. 경제활동인구(천 명)
계	20~29세	4,034
	30~39세	5,852
	40~49세	6,819
	50~59세	6,156
	60세 이상	3,902

자료: 통계청

그림 9-3 표준정규분포

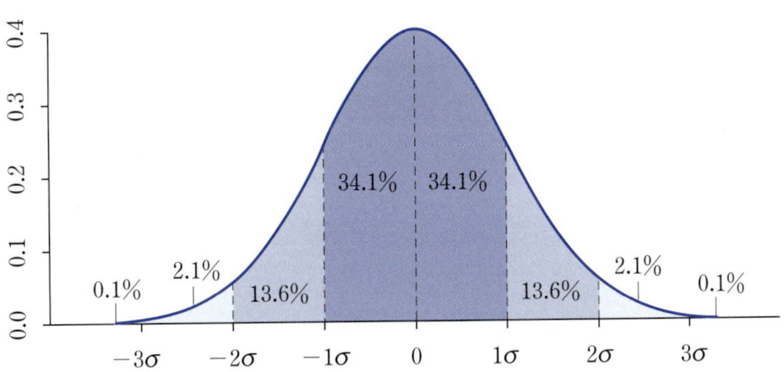

이 분포는 관측치 또는 자료의 빈도들의 집합을 의미하고 이 집합을 다양한 도표로 표현하여 그 특성을 확인해 볼 수 있다. 통계학적 분포로는 정규분포 외에도 이항분포, 포아송분포, 기하분포, 지수분포, 감마분포, 베타분포 등 그 수를 헤아릴 수 없이 많이 존재하고 다양한 현상들을 위해 사용된다.

표본분포(Sampling Distribution)란 모집단으로부터 같은 크기의 표본을 반복적으로

그림 9-4 표본분포의 예(미국 SAT 시험 성적)

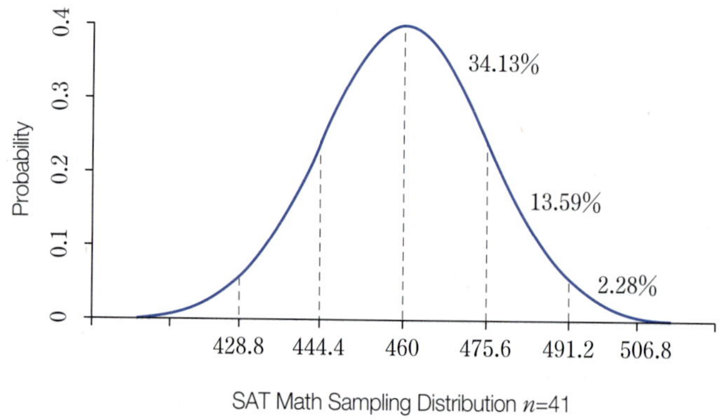

추출하여 얻게 되는 통계량이 갖는 분포를 의미한다. 즉, 모집단으로부터 첫 번째 표본을 추출하여 얻게 되는 통계량, 두 번째 표본을 추출하여 얻게 되는 통계량, 이를 반복하여 n번째 얻게 되는 통계량을 포함한 n개의 통계량으로 구성된 집합을 표본분포라 한다.

예를 들어, 대한민국 남성의 평균 키를 조사하고자 할 경우, 모수(Parameter)인 대한민국 전체 남성들의 실제 평균 키를 조사하기 위해 대표성을 고려하여 추출한 200명의 남성 표본으로부터 평균 키(통계량)를 얻을 수 있다. 표본분포를 얻기 위해서는 또 다른 200명의 남성 표본을 추출하여 이 표본으로부터 다시 평균 키(통계량)를 얻고, 이를 약 30번 이상 반복할 경우, 30개 이상의 표본들의 평균 키를 얻을 수 있다. 이 30개 이상의 표본들의 평균 키(통계량)의 집합이 바로 표본분포가 된다.

[그림 9-4]의 표본분포는 표본의 크기가 41인 표본을 반복적으로 추출하여 얻은 각 표본들의 SAT 시험 성적 평균들의 분포를 보여 주고 있다. 그 형태가 앞서 설명한 정규분포와 상당히 유사하다. SAT 시험 성적의 표본분포가 정규분포와 유사해지는 이유는 다음의 중심 극한 정리로 설명할 수 있다.

통계학적 분포로는 이항분포, 포아송분포, 기하분포, 정규분포, 지수분포, 감마분포, 베타분포 등이 있다. 앞서 설명한 바와 같이 일반적으로 분포란 하나의 사건을 복수로 관측하였을 때 각 관측치들의 빈도(확률)로 이해할 수 있다. 이러한 분포 중 일반적으로 정규분포가 대중에게 가장 많이 알려져 있고 학문적으로도 가장 중요한 분포이다. 이는 세상의 많은 일들이 정규분포를 따르고 있다는 믿음(사실은 오해)에서 시작되었다. 이러한 믿음의 기초에 중심 극한 정리가 있다. 하지만 이러한 믿음에는 다소 왜곡된 면도 존재한다. 다음을 통해 중심 극한 정리를 이해하고, 왜곡된 믿음의 양상도 살펴볼 수 있을 것이다.

중심 극한 정리(Central Limit Theorem)

모집단으로부터 무작위로 추출된 확률변수(X)의 표본평균($\overline{X}$)의 분포는 표본의 크기가 충분히 큰 경우 근사적으로 모집단의 평균(μ)과 분산(σ)에 의한 정규분포를 따르게 된다.

$$\frac{\overline{X}-\mu}{\sigma/\sqrt{n}} \rightarrow N(0,1),\ \ n \rightarrow \infty$$

표본조사를 바탕으로 모집단의 특성(예: 평균)을 추정하는 통계적 검정의 방법론적 기반으로 중심 극한 정리는 매주 중요한 역할을 한다. 특히, 중요한 점은 모집단 변수의 분포형태에 대한 제한이 없다는 것이다. 정규분포가 아닌 어떠한 종류의 분포를 가지는 모집단의 변수라 할지라도, 그 표본분포는 정규분포를 따르게 된다는 것이다.

예를 들어, 대한민국의 소득평균을 추정하고자 조사를 할 경우, 일반적으로 소득분포는 정규분포와는 상당한 차이를 가지게 된다. 따라서 표본조사의 평균으로 대한민국의 소득평균을 추정할 때 대한민국의 소득분포를 정규분포라 가정하여 표본조사의 평균으로 이를 추정하는 것은 적절치 않다. 그러나 중심 극한 정리를 활용하여 표본조사의 평균과 정규분포를 활용하여 대한민국의 소득평균을 추정할 수 있다. 중심 극한 정리에 의하면, 표본크기가 1,000명인 표본을 무작위로 100회 추출하여 100개의 표본의 평균들의 히스토그램을 그리면 정규분포에 가까운 형태가 되어 표본평균들의 분포가 정규분포를 따르게 된다. 즉, 모집단의 분포가 정규분포를 따르는 것이 아니라, 그 표본들의 표본평균들의 분포가 정규분포를 따르게 된다.

[그림 9-5]는 모집단이 균일분포(위)인 경우와 표준정규분포(아래)일 경우 추출된 표본의 평균의 분포를 모의실험(Simulation)한 결과를 보여 준다. 모집단의 분포가 균일분포일 경우 모집단으로부터 30개, 100개, 250개의 표본을 500번 추출하여 얻게 된 평균의 표본분포는 전반적으로 정규분포의 형태를 따르고, 표본의 크기가 커질수록(N=30 → N=100 → N=250) 정규분포에 더욱 가까워짐을 확인할 수 있다. 이러한 현상은 모집단이 표준정규분포일 경우에도 동일하며, 카이제곱 테스트 결과 이들 간에 유의한 차이가 없음을 알 수 있다. 따라서 [그림 9-5]는 모집단의 분포에 상관없이 표본크기가 상당

그림 9-5 모의실험을 통한 중심 극한 정리의 검증

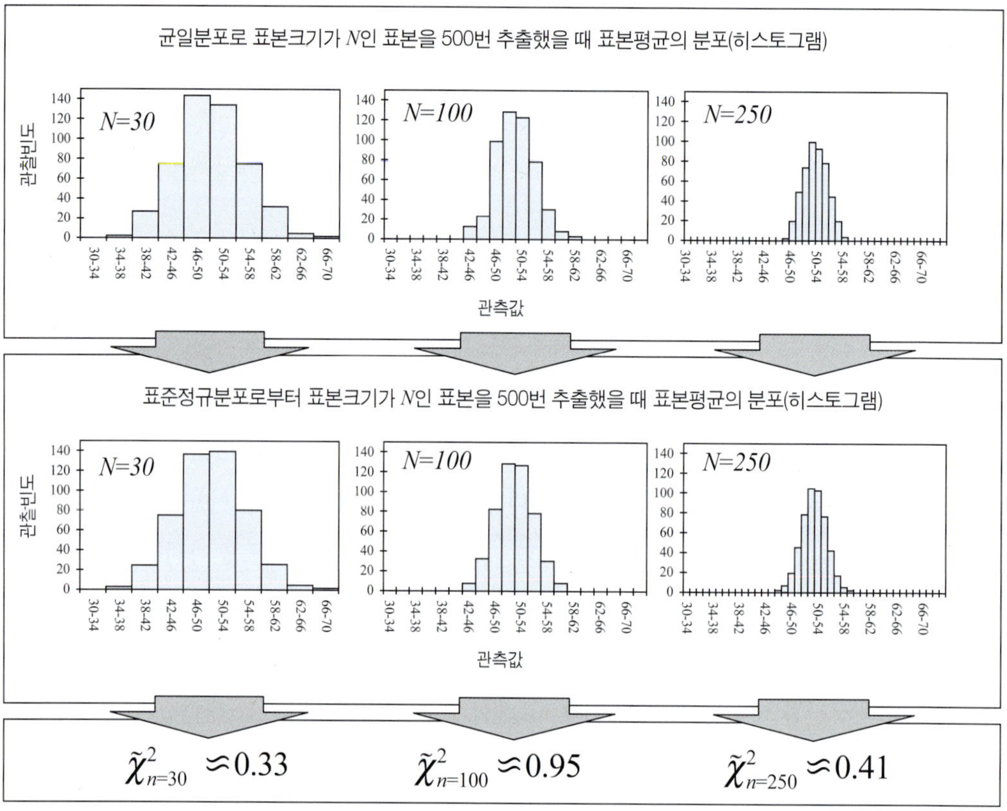

히 클 경우 표본분포는 정규분포를 따르게 된다는 중심 극한 정리와 일치된 결과를 보여준다.

확률이론에서, 중심 극한 정리는 가설의 통계적 검정에 중요한 이론적 토대를 제공한다. 일반적으로 조사에서는 동일한 목적을 위해 하나의 조사주체가 여러 개의 표본을 조사하는 경우는 드물다. 대부분 하나의 표본을 바탕으로 모집단의 평균을 추정한다. 이러한 상황을 고려하면 중심 극한 정리의 중요성을 쉽게 이해하기 힘들다. 그러나 하나의 표본에 대한 평균(표본평균)이라고 해도 이 표본평균이 정규분포에 따른 확률변수의 관측값이라는 사실이 통계적 추론을 위해 중요한 역할을 한다. 즉, 현재 조사된 표본의 평균값은 여러 개의 표본들의 평균에 의해 구성될 분포(또는 이상적으로 표본평균들의 분포)로부터 실현된 값이라는 것이다. 따라서 이를 역으로 활용하여 표본평균 또는 기타의 표본

통계량에 대해서 정규분포를 가정한 가설에 대해 통계적 검정을 하거나 신뢰구간을 추정할 수 있다. 가설의 통계적 검정에 대한 자세한 설명과 중심 극한 정리의 적용은 다음 절에서 자세히 설명하도록 하겠다.

9.1.3 통계분석 연습: 중심 극한 정리 모의실험

R 활용

R을 활용하여 실제로 중심 극한 정리대로 임의의 분포로부터 표본을 추출하여 표본평균의 분포가 정규분포가 되는지를 모의실험을 통해 확인해 보자.

모의실험의 과정은 다음과 같다.

① 모집단분포가 될 임의의 분포를 정한다.
② 모집단분포로부터 표본크기만큼 표본을 임의(Random)로 추출한다.
③ 추출된 표본의 평균을 구하고 이를 모집단의 평균과 분산으로 표준화한다.

표준화: $\dfrac{\overline{X}-\mu}{\sigma/\sqrt{n}}$

④ ②와 ③의 과정을 충분히 많이 하면서 표본평균의 표준화값을 저장한다.
⑤ 저장된 표본평균의 표준화값으로 히스토그램을 그려 정규분포를 이루는지 확인한다.

다음은 지수분포(Exponential Distribution)를 모집단의 분포로 하는 중심 극한 정리 모의실험을 위한 R코드이다. 이때 표본크기는 30개, 10,000회의 표본을 추출하였다. 지수분포의 평균과 분산은 지수분포의 모수가 λ일 때, $\frac{1}{\lambda}$이다. [그림 9-6]은 모수인 λ에 따른 지수분포의 형태를 보여 준다.

그림 9-6 지수분포

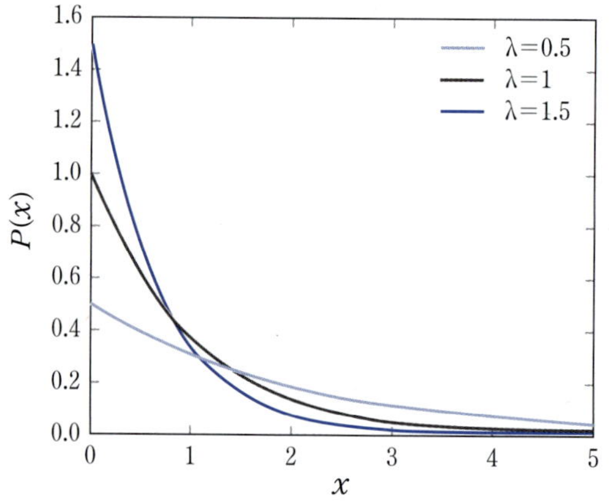


```
n=30 # sample size
lamda=1 # Parameter for distribution
smean=numeric(0)
for (i in 1:10000) { # number of sampling
   S=rexp(n,lamda)  # Draw n random numbers from exponential distribution  # with
parameter lamda
   smean[i]=(mean(S) - (1/lamda))/sqrt(1/lamda)/sqrt(n) # Normalization of # Sample
Mean
}
hist(smean,prob=T) # Graph 10000 sample means
hist(S,prob=T)
```

모의실험의 결과는 다음과 같다. 먼저, [그림 9-7]은 10,000번 추출된 표본 중 하나의 표본의 분포를 예시로 보여 준다. 그래프에서 볼 수 있듯이, 표본의 분포는 앞서 [그림 9-6]에서 확인한 모집단의 분포인 지수분포의 형태를 따른다. 그러나 표본평균의 분포는 모집단의 분포인 지수분포와 별개로 중심 극한 정리대로 [그림 9-8]과 같이 대칭의 정규분포형태가 됨을 알 수 있다.

다른 분포, 예를 들어 이산(Binomial)분포나 포아송(Poisson)분포를 모집단의 분포로 했을 때도 유사한 결과가 나타남을 확인해 볼 수 있다.

그림 9-7 표본의 분포: 모집단분포는 지수분포

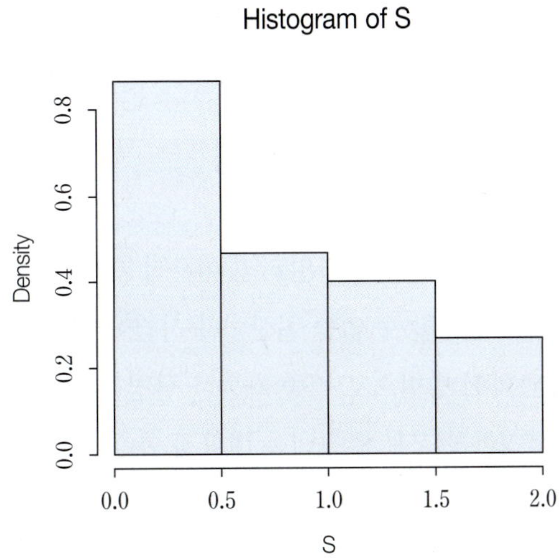

그림 9-8 표본평균의 분포

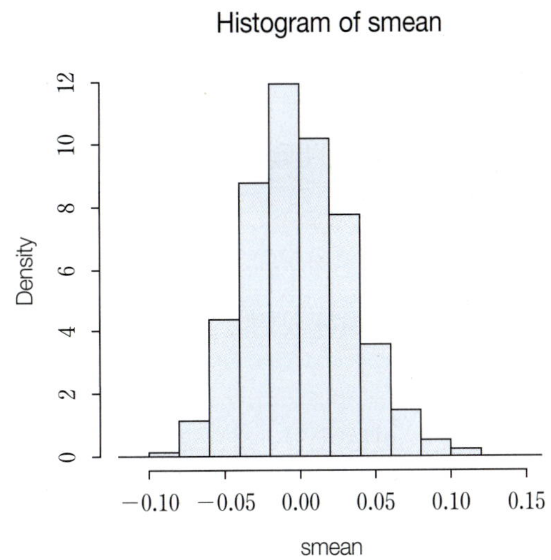

9.2 가설검정의 절차

9.2.1 가설의 의미와 통계적 검정

가설의 검정은 흔히 가설이라고 알려진 이론적 가정과 함께 출발한다. 가설이란 기존의 과학적 이론으로 설명할 수 없는 현상이나 사건에 대해 이론 근거가 뒷받침되며 논리적 체계를 갖춘 과학적 방법으로 검증 가능한 설명을 의미한다. 마케팅조사에서 마케팅조사자는 앞서 설명한 연구문제에 대한 대안적 답안 또는 가능한 답안으로 가설을 설정하고, 이 가설이 옳은지 여부를 판단하기 위해 조사를 진행한다. 많은 마케팅조사에서 가설설정 대신에 연구문제를 설정하여 조사가 수행된다. 하지만 이러한 연구문제는 가설과 본질적으로 다르다. 가설은 본질적으로 대안적 답안 또는 예측된 결과를 제시하기 때문에, 조사의 목적과 방향을 명확히 결정하는 데에 많은 도움이 된다. 따라서 좋은 마케팅조사자는 연구문제로부터 어떻게 적절한 가설을 설정하는지를 이해해야 한다. 연구문제로부터 적절한 가설을 도출하기 위해서는 연구문제와 가설의 차이에 대한 이해가 선행되어야 한다. 예를 들어, "간접광고가 프로그램 시청에 영향을 주는가?"라는 연구문제에 대해 다음과 같은 몇 가지 대안적 답안들로서 가설을 설정할 수 있다.

가설 1: "간접광고의 노출 횟수는 프로그램선호도에 영향을 준다."
가설 2: "간접광고가 현저한 정도는 프로그램 시청태도에 영향을 준다."

예로 든 가설에서 알 수 있듯이 일반적으로 가설은 두 개 이상의 변수들을 포함하고 이들 간의 관계를 규정하는 형태이다. 가설 1의 경우 노출 횟수와 선호도, 두 개의 변수가 있고, 가설 2의 경우 현저한 정도와 시청태도라는 두 개의 변수가 있다. 앞서 제시된 연구문제와 가설을 통해 이 둘의 차이를 파악할 수 있다. 먼저, 연구문제에서는 두 개의 변수 또는 개념(간접광고와 프로그램 시청) 간의 관계에 대한 문제를 제기하였고, 가설은 이 문제제기에 대한 가능한 답안을 제시하고 있다. 또한 연구문제는 실증적 조사를 통해 제시한 문제가 해결 가능하지만, 가설만큼 구체적인 방향이나 결과를 예상하지는 않는다. 즉, 연구문제는 가설에 비해 좀 더 추상적이고 넓은 개념들을 활용하여 서술되고, 이러한 연구문제의 답안이 될 수 있는 다양한 가설들을 설정하게 된다. 마지막으로, 연구문제는 본질적으로 참 또는 거짓으로 판정될 수 없지만, 가설은 조사결과에 따라 옳다고 판정(채택)되기도 하고 옳지 않다고 판정(기각)되기도 한다. 특히 가설을 기반으로 하는 조사의 최종과정은 가설을 채택 또는 기각하는 과정이 된다.

가설은 조사자가 예측한 이론적 · 논리적 설명이지만, 모두 좋은 가설이 되는 것은 아니다. 좋은 가설이 되기 위해서는 몇 가지 갖추어야 할 조건이 있다.

첫째, 좋은 가설은 반드시 질문형태의 의문문이 아닌 예측결과를 서술하는 설명문 형태여야 한다. 즉, "수영 선수가 육상 선수보다 힘이 더 좋은가?"의 형태가 아닌, "수영 선수가 육상 선수보다 힘이 더 좋다."의 형태여야 한다.

둘째, 변수들 간의 기대되는 관계에 대해 서술하고, 이 관계를 명확히 표현하여야 한다. 즉, 앞서 가설 2의 경우 "간접광고가 현저한 정도는 프로그램 시청태도에 부정적 영향을 준다."라고 변경할 경우 기대되는 관계를 좀 더 명확하게 표현한 가설이 된다.

셋째, 가설은 그 가설의 이론적 · 논리적 근거가 되는 이전의 이론들을 반영한다. 따라서 좋은 가설은 존재하는 이전의 이론들과 중요한 연결성을 가지고 있다. 앞서 예를 든 가설의 경우 간접광고가 현저할수록 시청자들의 집중력을 낮추거나 심리적 거부감을 높일 수 있다는 이전 이론 또는 문헌들이 존재하는 경우 좋은 가설로 평가될 수 있다.

넷째, 좋은 가설은 간명하여야 한다. 즉, 변수들 간의 관계를 직접적이고 명시적으로 표현하여야 한다. 따라서 많은 변수들 간의 다양한 관계를 동시에 표현한 가설은 지양되어야 한다. 예를 들어, "간접광고의 현저한 정도는 프로그램선호도와 시청태도에는 부정적 영향을 주고, 브랜드선호도에는 긍정적 영향을 줄 것이다."라는 가설은 4개 변수 간의 3가지 관계를 동시에 표현함으로써 가설의 간명성(Parsimony)를 낮추고 있다.

다섯째, 가장 중요한 좋은 가설의 요건은 검증 가능성(Testability)이다. 즉, 가설의 변수들을 실제로 측정 또는 관찰 가능하여야 하고 이 변수들 간의 관계를 과학적 방법으로 조사할 수 있어야 한다. 가설 1의 경우 간접광고의 노출 횟수는 직접적으로 간접광고의 노출 횟수를 확인할 수 있고, "프로그램선호도" 역시 직접 조사 가능하기 때문에 이 가설은 검증 가능하다.

마지막으로, 좋은 가설은 더 큰 일반적 환경에 잘 적용될 수 있어야 하고 새로운 이론을 제시할 수 있어야 한다. 즉, "화장품 간접광고의 노출 횟수는 프로그램선호도에 영향을 준다."라는 가설보다는 가설 1이 좀 더 일반성이 높은 가설이라고 하겠다. 또한 좋은 가설은 현재까지 알려져 있는 이론으로 설명하기 어려운 사실이나 미래를 잘 예측하거나 설명할 수 있어야 한다.

가설의 통계적 검정은 가설에 가정된 모집단의 모수와 표본통계량 간의 차이에 대한 통계적 평가를 의미한다. 많은 마케팅조사상황에서 가설에 가정된 모집단의 모수를 검증하기 위해 표본의 통계량과 가설에 가정된 모집단의 모수를 비교한다. 표본의 통계량과 가설에 가정된 모집단의 모수의 차이가 작을수록 가설에 가정된 모집단의 모수가 맞을 가능성이 높고, 반대로 그 차이가 클수록 틀릴 가능성이 높다. 예를 들어, "대한민국 남자 고등학생의 수학 성적은 여자 고등학생의 수학 성적보다 높다."라는 가설에서 가설에 가정된 모집단의 모수는 남자 고등학생의 수학 성적과 여자 고등학생의 수학 성적의 차이 정도가 될 것이다. 이 경우 표본으로부터 남자 고등학생과 여자 고등학생의 수학 성적의 차이가 큰지 작은지를 조사하여 가설을 검정하게 된다. 이때 통계적 검정의 경우 가설에 가정된 모집단의 모수가 맞을 가능성과 틀릴 가능성에 대한 판단은 앞으로 설명할 통계적 기준을 따르게 된다.

통계적 검정을 위해 가설을 설정할 때 귀무가설 또는 영가설(Null Hypothesis)과 대립가설 또는 연구가설(Alternative Hypothesis)이 명시적 또는 암묵적으로 동시에 설정된다. 연구가설 또는 대립가설은 일반적으로 조사자가 조사를 통해 입증하고 지지하고자 하는 예상이나 주장으로서 일반적으로 두 개 이상의 변수 간의 특별한 관계를 제시하고 H_a로 표시한다. 반대로, 귀무가설은 연구가설과는 정반대의 주장으로 조사자가 부정 또는 기각하고자 하는 예상이나 주장으로 일반적으로 두 개 이상의 변수 간의 관계가 없다고 가정하고 H_0로 표시한다. 통계적 검정에서 귀무가설이 필요한 이유는 과학적 연구방법이 가설을 채택하려는 의도보다 가설을 기각하려는 의도로부터 출발했기 때문이다. 즉, 통계적 검정방법은 연구가설 또는 대립가설을 채택하려는 의도보다는 귀무가설을 기각하기 위한 시도로 해석하는 것이 합당하다.

따라서 실제 조사자 또는 연구자는 자신이 주장하는 연구가설을 지지하고자 하지만 과학적 연구방법에서는 연구가설과 반대되는 귀무가설을 기각함으로써 연구가설을 채택하는 논리적 구조를 가지고 있다. 예를 들어, 가설 1(간접광고의 노출 횟수는 프로그램선호도에 영향을 준다)은 조사자의 주장을 직접적으로 제시한 연구가설로서, "간접광고의 노출 횟수는 프로그램선호도에 영향을 주지 않는다."라는 귀무가설을 암묵적으로 내포하고 있다. 조사자는 가설 1의 채택 또는 기각 여부를 확인하기 위해 자료수집 및 분석을 통해 귀무가설의 기각 여부를 통계적으로 판단하고, 만약 귀무가설이 기각될 경우 연구가설이 채택되고, 귀무가설을 기각할 수 없을 경우, 연구가설이 기각된다고 통계적 결론을 내린다. 따라서 전문 연구자 또는 조사자는 이러한 귀무가설의 개념과 논리를 이해할 필요가 있다.

9.2.2 가설의 통계적 검정의 일반적 과정

마케팅조사를 포함한 대부분의 사회과학조사는 전수조사(Census)를 제외하고 일반적으로 가설검정을 목적으로 한다. 조사의 목적인 가설검정을 위해서는 적절히 선정된 표본으로부터의 조사된 결과 또는 통계량과 모집단의 실제값 또는 사실과의 관계를 설명하는 과정이 반드시 필요하다. 이러한 과정을 통상 조사결과의 일반화(Generaliza-

그림 9-9 가설의 통계적 검정과정

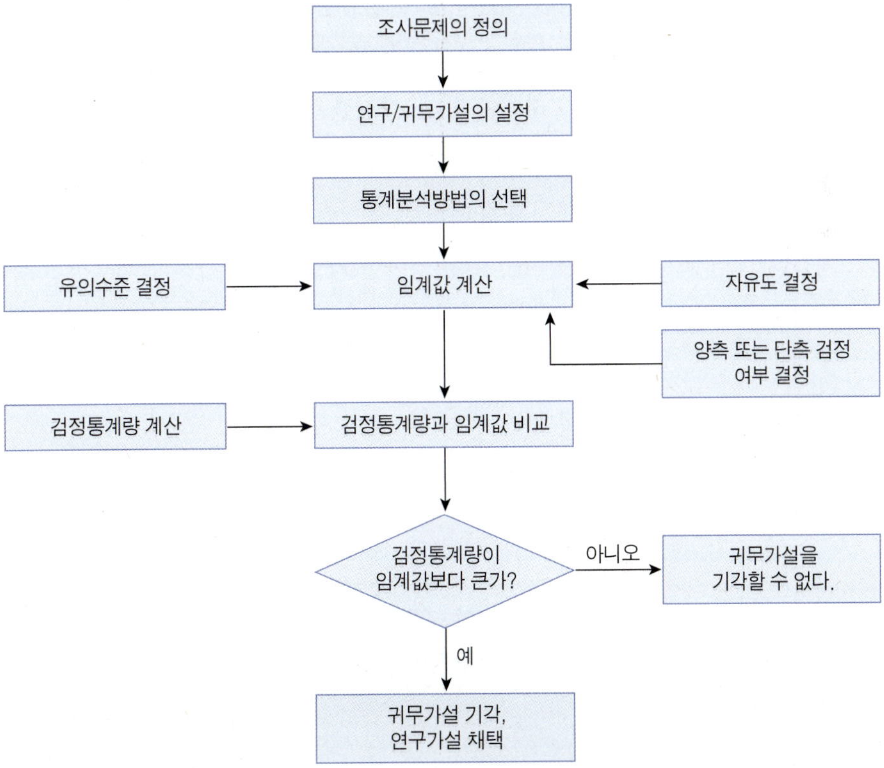

tion)라고 하며 이 과정 중 다양한 통계분석방법을 적용하는 통계적 검정과정을 거치게 된다.

[그림 9-9]는 가설의 통계적 검정과정을 설명하고 있다. 그림에서 보는 것처럼 마케팅조사 전에 현재 당면한 마케팅조사 문제정의를 하고 이를 바탕으로 마케팅조사를 위한 가설을 설정하고, 이 가설을 검정하기 위한 적당한 확률분포(Probability Distribution)와 통계검정방법(Statistical Test)을 선택한다. 적당한 통계검정방법이 정해진 후 해당 검정방법의 통계량에 대한 검정기준이 되는 임계값(Critical Value)을 유의수준(Significance Level), 자유도(Degrees of Freedom), 검정방법(One or Two Tail Test)을 고려하여 정한다. 마케팅조사로 수집된 자료를 통해 도출된 검정통계량(Test Statistic)과 사전에 정의된 임계값을 비교하여, 검정통계량이 임계범위(일반적으로 임계값보다 같거나 큰 경우) 안에 들어올 경우, 귀무가설은 기각된다.

조사문제의 정의

마케팅조사와 마찬가지로 가설의 통계적 검정의 첫 번째 과정은 명확한 문제의 정의이다. 문제를 정의할 때 조사자는 조사의 목적, 적절한 배경정보, 필요한 정보의 유형, 조사결과의 활용형태 등을 고려해야 한다. 적절한 문제를 정의하기 위해 조사자는 사전에 의사결정권자, 관련 산업 전문가 및 조사 전문가들과의 면담은 물론, 이를 바탕으로 표적집단면접과 같은 정성적 조사를 통해 문제를 명확하게 정의할 수도 있다. 특히 통계적 검정 단계에서 조사문제의 정의는 이후 명확한 가설설정의 사전 단계로서 조사문제의 검정 가능성을 높이는 것이 중요하다.

귀무/연구가설의 설정

야기된 문제 또는 관심주제에 관한 적절한 가설, 연구가설과 그에 수반되는 귀무가설을 명확히 설정한다. 앞서 설명한 좋은 가설의 조건을 갖춘 가설을 설정한 후 마케팅조사자가 해당 가설을 검증하기 위해 여러 가지 다양한 통계분석기법 중 가장 적절한 통계기법을 선택한다. 때로는 여러 개의 적절한 통계기법을 활용하여 하나의 가설을 검증하기도 한다.

통계분석방법의 선택

조사의 목적에 따라 수립된 가설의 종류와 형태에 따라 가설검정을 위해 적절한 통계분석방법 또는 검정확률분포(Z분포-정규분포, t분포, F분포, 카이제곱분포 등)를 선정하여야 한다. 가설의 형태(집단 비교 또는 관계 비교), 가설 내 변수 또는 척도의 유형(범주형, 연속형 또는 명목 · 서열 · 등간 · 비율척도), 표본의 수, 표본의 분산에 대한 정보 및 독립성 등을 고려하여 통계분석방법과 검정확률분포가 결정된다. 검정확률분포에 따라 가설의 채택 또는 기각을 판단하기 위해 중요한 판단기준 중의 하나가 되는 검정통계량이 계산되는 방법이 결정된다. 따라서 통계분석방법의 선택은 가설검증결과에 대한 타당성 판단에 중요한 역할을 하게 된다.

일반적으로 통계분석방법은 종속변수의 수에 따라 단변량 분석방법(Univariate Statistical Methodology)과 다변량 분석방법(Multivariate Statistical Methodology)으로 구분된다. 단변량 분석방법은 종속변수가 하나인 분석으로서 관련된 하나 이상의 독립변수들과 하나의 종속변수 간의 관계를 설명하기 위한 다양한 통계적 방법을 사용할 수 있다. 본 서에서는 단변량 분석방법으로 t검정, 분산분석, 회귀분석 등을 다룬다. 다변량 분석방법은 여러 개의 종속변수들과 여러 개의 독립변수들의 관계를 동시에 분석하는 것으로서, 여러 개의 단변량 분석을 종속변수들의 관계를 고려하여 동시에 수행하는

그림 9-10 척도와 통계분석방법

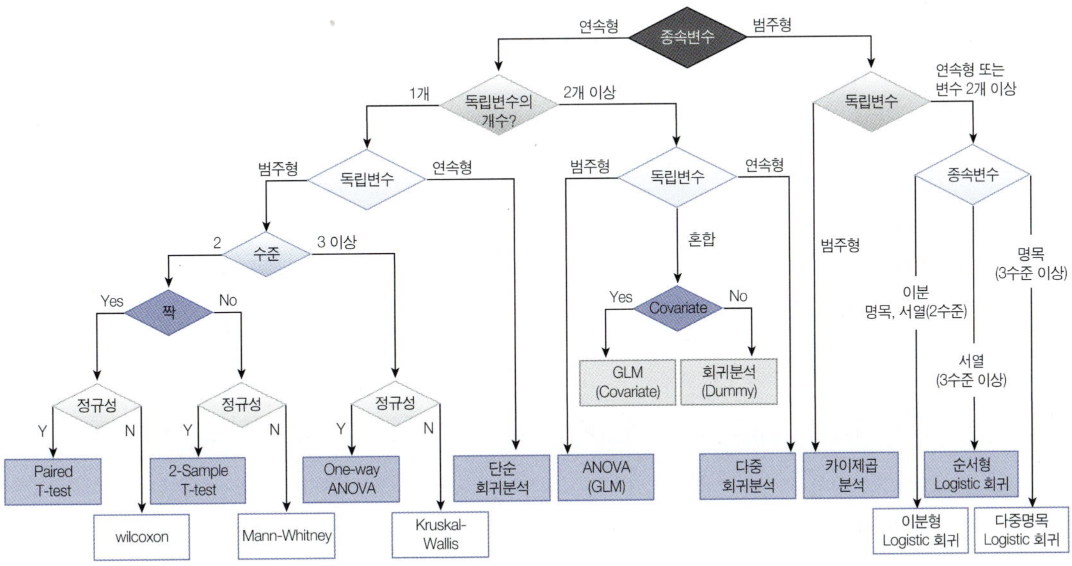

것을 의미한다. 본 서에서는 다변량 분석방법으로 요인분석, 판별분석, 군집분석을 다루고, 그 외 다변량 분산분석, 구조방정식모형, 그리고 정준상관계수 등이 대표적인 다변량 분석방법이다.

[그림 9-10]은 가설을 구성하는 변수의 척도에 따른 검정통계량의 분류이다. 먼저 가장 기초적인 형태로서 종속변수가 등간 및 비율척도와 같은 연속형인 경우로 독립변수가 명목이나 서열척도 같은 범주형인 경우 t-test, ANOVA 등의 통계분석방법을 활용할 수 있고, 독립변수가 연속형인 경우 일반적으로 상관분석 또는 회귀분석을 활용할 수 있다. 상대적으로 분석방법의 난이도가 높은 형태로서 종속변수가 범주형인 경우 카이제곱분석과 이산형(Binomial) 또는 다중명목(Multinomial) 로짓 등이 활용 가능하다.

검정기준의 결정: 유의수준, 자유도, 양측/단측 검정, 임계값의 선택

가설검정을 위한 통계분석방법과 검정확률분포를 선정하였다면 가설의 채택과 기각 여부를 판단할 수 있는 기준을 결정하는 것이 필요하다. 일반적으로 이러한 기준을 임계값(Critical Value)이라고 하고, 귀무가설이 맞다고 가정하였을 때 검정확률분포에서 표본으로부터 계산된 검정통계량이 나타나야 될 최대 한계로서 정의된다. 이 임계값을 결정하기 위해 유의수준(Significance Level), 자유도(Degrees of Freedom), 그리고 단측/양측 검정(One or Two Tail Test) 여부라는 3가지의 기준을 고려하여야 한다.

유의수준은 일반적으로 가설검증 시 귀무가설이 참임에도 불구하고 표본결과가 귀무가설을 기각하는 판단의 오류수준(귀무가설을 잘못 기각할 확률)을 말하며, 제1종 오류(Type I Error)의 확률(α)을 의미한다. 따라서 유의수준은 제1종 오류의 허용확률을 의미한다. 즉, 제1종 오류인 참인 귀무가설을 기각할 위험의 허용 가능한 수준을 설정함으로써, 잘못된 판단의 가능성을 통제하는 것이다. 따라서 유의수준에 대한 선택은 제1종 오류를 범할 경우에 발생할 유무형의 비용에 따라 결정된다. 일반적으로 사회과학에서는 5% 유의수준을 준용한다. 5% 유의수준에서 가설을 검정한다는 의미는 연구가설을 채택할 경우 귀무가설이 참일 확률이 최대 5%가 된다는 것을 의미하고, 현재 연구가설이 잘못 채택될 확률이 5% 된다는 것을 의미한다. 따라서 5% 유의수준에 따른 가설검정 결과에 대한 신뢰성을 대변하게 된다. [그림 9-11]은 유의수준이 5%($\alpha=0.05$)일 때 귀무가설의 채택영역과 기각영역을 보여 주고 있다. 결국 유의수준은 표본분포에서 귀무가설 기각영역의 넓이를 의미하게 된다. 즉, 유의수준을 크게 하면(5% → 10%) 귀무가설이

그림 9-11 귀무가설의 채택영역과 기각영역

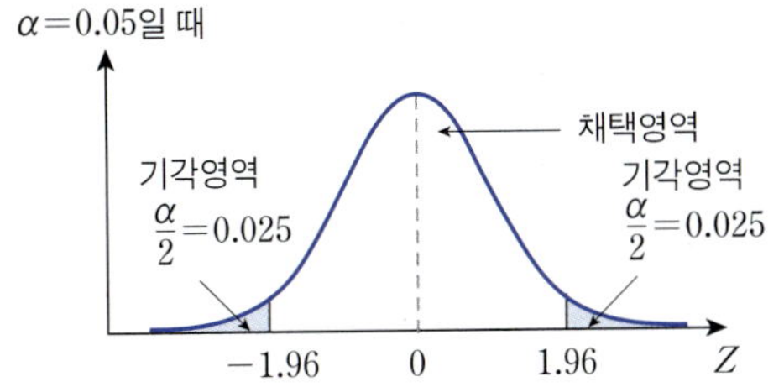

채택될 확률이 낮아지고, 기각될 확률이 높아지게 되는 것이다. 결국, 가설검정의 신뢰성인 가설검정결과가 잘못될 확률이 커지게 된다.

자유도는 이론상으로는 주어진 조건하에서 자유롭게 변할 수 있는 정도를 의미한다. 하지만 개념적으로는 활용 가능한 자료의 개수와 추정하고자 하는 모수 간의 관계를 의미한다. 따라서 자료의 개수 또는 표본의 개수가 적고 추정하고자 하는 모수가 많다면 자유도는 작아지고, 자료의 개수 또는 표본의 개수가 많고 추정하고자 하는 모수가 적다면 자유도는 커지게 된다. 이 자유도는 확률분포와 유의수준을 통해 임계값을 추정할 때 분포의 형태를 결정하는 데 중요한 역할을 하게 된다. 일반적으로 각 분포별로 자유도를 계산하는 방법은 결정되어 있으며 조사자는 이 방법을 따르면 된다.

검정의 방법으로 양측(Two-tailed) 검정과 단측(One-tailed) 검정이 있으며 이들 검정방법의 선택은 가설검정의 방향성과 관련이 있다. 원론적으로 연구/대립가설의 형태가 "같지 않다."의 형태라면 큰 경우와 작은 경우를 모두 조사해 봐야 하기 때문에 양측 검정을 적용하고 "크다." 또는 "작다."의 형태라면 큰 경우 또는 작은 경우만을 조사하면 되기 때문에 단측 검정을 적용한다. 따라서 다음 두 개의 가설 중 가설 1은 양측 검정을 가설 2는 단측 검정을 할 수 있다.

가설 1: "간접광고의 노출 횟수는 남녀에 따라 다를 것이다."
가설 2: "간접광고의 노출 횟수는 여자가 남자보다 클 것이다."

[그림 9-12]의 상단은 양측 검정, 하단은 단측(좌/우) 검정의 예를 보여 주고 있다. 양측 검정과 단측 검정은 기본적으로 같은 형태의 검정이다. 다만, 검정의 유의수준의 크기가 달라져 검정의 신뢰성 또는 엄격성의 정도에 차이가 있다. 앞서 설명하였듯이 가설

그림 9-12 양측 검정과 단측(좌/우) 검정

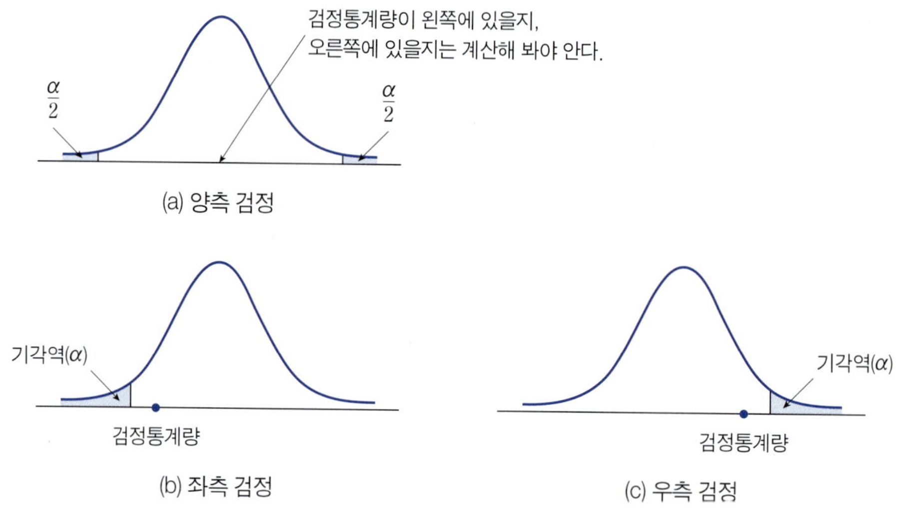

의 형태에 따라 단측 검정을 하거나 양측 검정을 하는 차이가 있지만, 동일한 검정확률분포를 이용한다는 점에서 검정의 전반적 과정과 형태는 동일하다. 그러나 동일한 유의수준에 대한 사실상의 기각역의 넓이가 단측 검정이 양측 검정의 두 배가 된다. 즉, 단측 검정이 양측 검정에 비해 귀무가설을 기각할 확률이 두 배가 된다. 이는 가설검정의 결과의 신뢰성을 낮출 가능성이 존재하기 때문에, 양측 검정이 단측 검정에 비해 엄격한 가설검정의 결과를 제시하게 된다. 따라서 조사결과의 엄격성을 확보해야 하는 경우 단측 검정보다는 양측 검정을 시행하는 것을 권장한다.

임계값은 가설검정에서 기각역과 채택역의 경계가 되는 값으로 유의수준, 자유도, 그리고 양측 또는 단측 검정에 따라 검정 확률분포의 계산방식에 따라 결정이 된다. 따라서 조사자가 유의수준과 검정의 형태(양측 또는 단측)를 결정하면 자동으로 계산이 된다. [그

그림 9-13 양측 검정의 귀무가설 기각역과 채택역

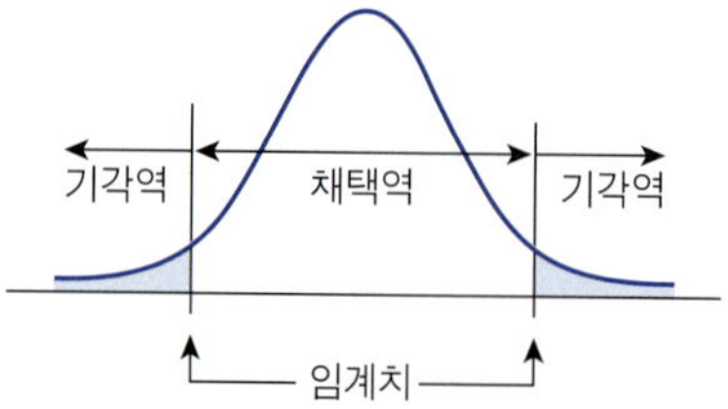

림 9-13]은 임계값과 귀무가설의 채택역, 기각역의 관계를 보여 주고 있다.

검정통계량의 계산 및 임계값과의 비교 그리고 가설의 채택 여부 결정

검정통계량이란 통계적 가설검정을 위한 표본으로부터의 관측값들의 어떤 특성 또는 통계량을 대표하는 하나의 값이다. 일반적으로 가설의 검정은 표본의 관측값들을 수리적으로 요약할 수 있는 하나의 값으로 변환한 검정통계량을 대상으로 수행된다. 이러한 검정통계량은 일반적으로 표본의 관측값들을 활용한 계산식으로 정의된다. 예를 들어, 집단 1과 집단 2의 모평균이 같다는 귀무가설을 검정하기 위해서 t검정통계량을 사용하는 분석방법을 일반적으로 t검정(t-test)이라고 하며, 평균의 크기를 통계적으로 비교할 때 주로 사용한다.

대부분의 통계분석방법은 적절한 확률분포를 가정하고 이 확률분포에 따라 검정통계량을 계산하는 방법이 결정이 된다. 따라서 조사자는 앞서의 통계분석방법의 선택을 통해 사실상 검정통계량의 계산방법을 결정하게 되며, 대부분의 통계분석 프로그램은 관련된 검정통계량의 계산방법을 제공한다.

검정통계량이 계산된 후 앞서 계산한 임계값을 바탕으로 귀무가설을 채택하거나 또는 대립가설을 채택하게 된다. [그림 9-14]는 가설 채택 여부에 따른 임계치와 검정통계량의 관계를 보여 준다. 임계값보다 검정통계량이 클 경우 귀무가설을 기각하고 대립가설을 채택하고, 반대로 임계값보다 검정통계량이 작을 경우 귀무가설을 기각할 수 없어 대립가설을 채택할 수 없게 된다. 최종적으로 조사자는 이러한 가설검정의 결과를 바탕으로 조사의 목적과 문제에 따라 조사결과를 해석하고 표현하여야 한다.

그림 9-14 검정통계량과 임계값의 관계

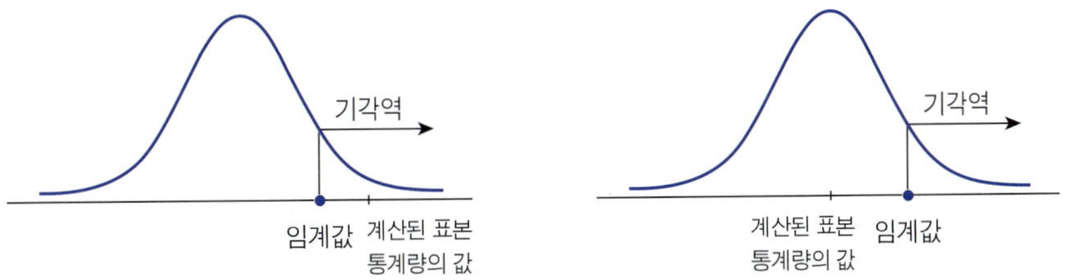

(a) 대립가설의 채택 (b) 귀무가설의 채택

9.2.3 가설의 통계적 검정 사례

조사문제의 정의

다양한 마케팅활동을 통해 특정 브랜드의 "브랜드충성도"가 지난달에 비해 이번 달에 증가했는지를 확인하고자 한다.

귀무/연구가설의 설정

귀무가설 H_0: 이번 달의 "브랜드충성도" = 지난달의 "브랜드충성도" ($\mu=5$)
대립가설 H_a: 이번 달의 "브랜드충성도" > 지난달의 "브랜드충성도" ($\mu>5$)

통계분석방법의 선택

Z검정(정규분포가정)

검정기준의 결정

유의수준=0.05, Z값 임계치=1.96, t값 임계치(자유도=99)=1.98
양측 검정을 시행한다.

검정통계량의 계산 및 임계값과의 비교

평균($\overline{X}$)=5.5, 표본표준편차(s)=0.5, t값=10

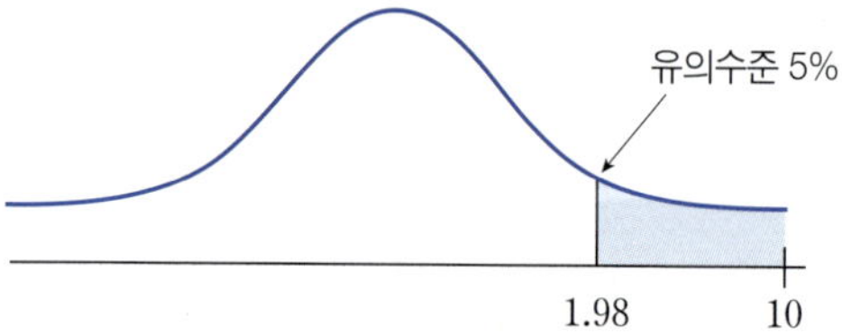

t분포

가설의 채택 여부 결정

t값 통계량(10)이 임계값(1.98)보다 크며, 검정통계량이 기각영역에 있어 유의수준 0.05에서 귀무가설을 기각하고 대립가설을 채택한다. 따라서 이달의 "브랜드충성도"는 증가하였다고 볼 수 있다.

9.3 통계분석 연습의 준비

Excel 설정

본 서는 다음 장부터 Excel을 활용하여 통계분석을 하기 위한 방법을 소개한다. 이에 앞서 통계분석을 위해 Excel을 활용하는 데 필요한 기본적인 설정사항에 대해 살펴보자. 본 서에서 활용하는 Excel의 버전은 "Microsoft Office Professional Plus 2010"을 기준으로 한다. 하지만 Excel의 버전이 다른 경우에도 통계분석방법의 과정은 거의 유사하다.

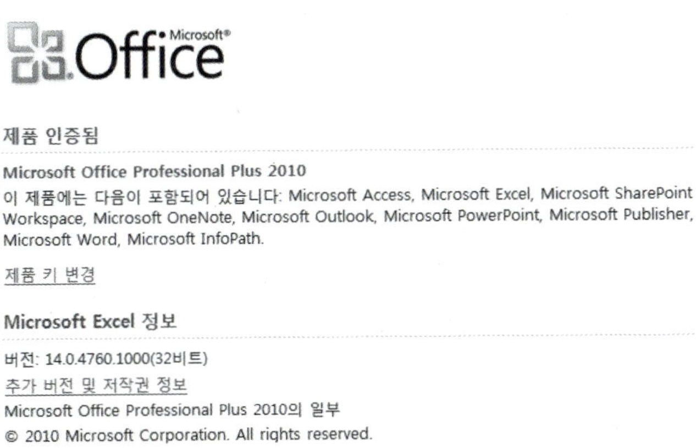

Excel에서 다양한 그래프 및 통계 기능을 사용하기 위해서는 먼저 "분석 도구" 추가 기능을 활성화시켜야 한다. 이를 위해 주메뉴에서 "파일" → "옵션"을 선택한다.

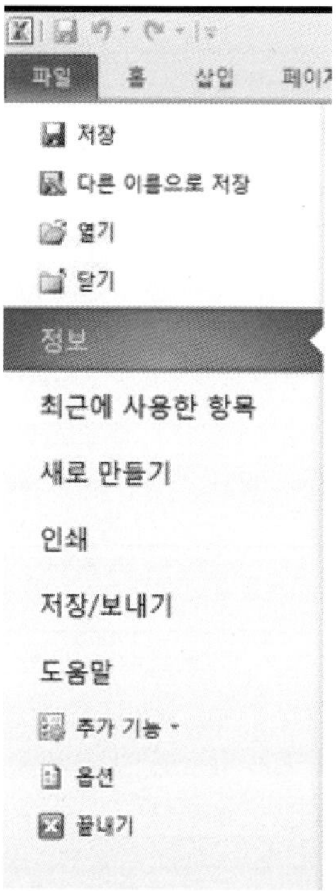

"옵션" 창에서 "추가 기능" → "분석 도구"를 선택한 후 "이동"을 선택한다.

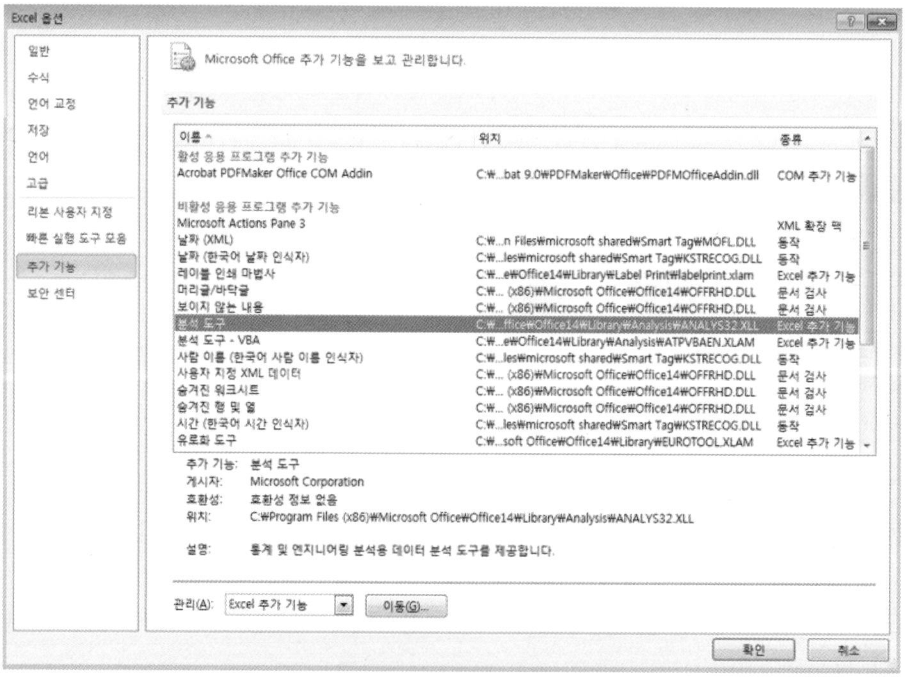

"추가 기능" 창에서 "분석 도구" → "확인"을 선택하여 "분석 도구"를 활성화시킨다.

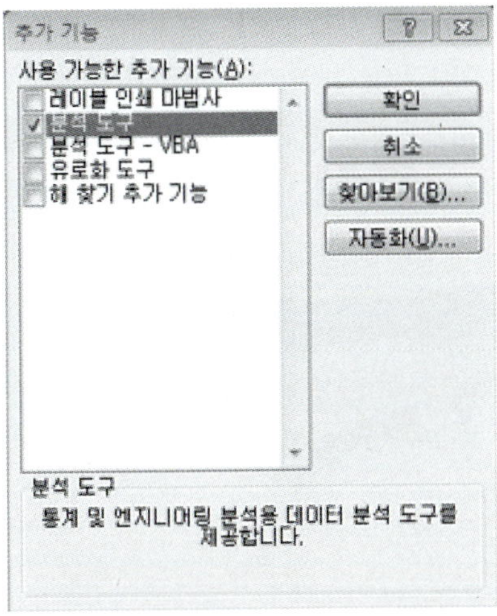

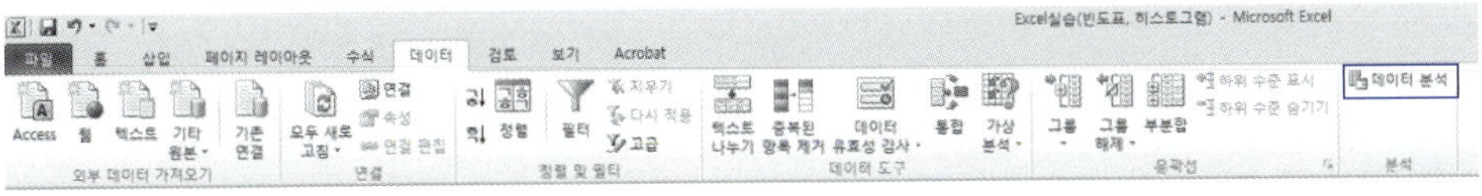

이제 "데이터" 탭에서 "데이터 분석" 아이콘을 확인할 수 있으며, 이 아이콘을 선택하여 다양한 분석방법을 활용할 수 있다. Excel에 입력된 자료를 대상으로 다양한 통계분석의 활용이 가능하다. 다음 장들에서 다양한 통계분석방법에 대해 설명하도록 한다.

SPSS 활용

Excel과 더불어 본 서는 다음 장부터 통계분석 패키지 프로그램인 SPSS를 활용하여 통계분석을 하기 위한 방법을 소개한다. 이에 앞서 통계분석을 위한 SPSS를 활용하기 위해 필요한 기본적인 설정사항과 사용방법에 대해 간단히 살펴보자. 본 서에서 활용하는 SPSS의 버전은 "IBM SPSS Statistics 버전 23"을 기준으로 한다. 하지만 SPSS의 버전이 다른 경우에도 통계분석방법의 과정은 거의 유사하다.

만약 정식 SPSS 프로그램이 없다면 다음의 SPSS 홈페이지에서 무료 체험판(14일 제한)을 다운로드받거나 정식으로 월정액 라이선스를 구매하여 사용할 수도 있다.

IBM SPSS 무료 체험판 URL
https://www.ibm.com/analytics/kr/ko/technology/spss

다음은 SPSS 무료 체험판 설치 과정이다. 먼저 위의 IBM SPSS 홈페이지 무료 체험판 다운로드 URL에 접속하여 다음의 화면에서 "무료 체험판 다운로드"를 선택하여, 회원 가입 및 로그인 등의 과정을 거쳐 무료 체험판 설치 파일을 다운로드받는다.

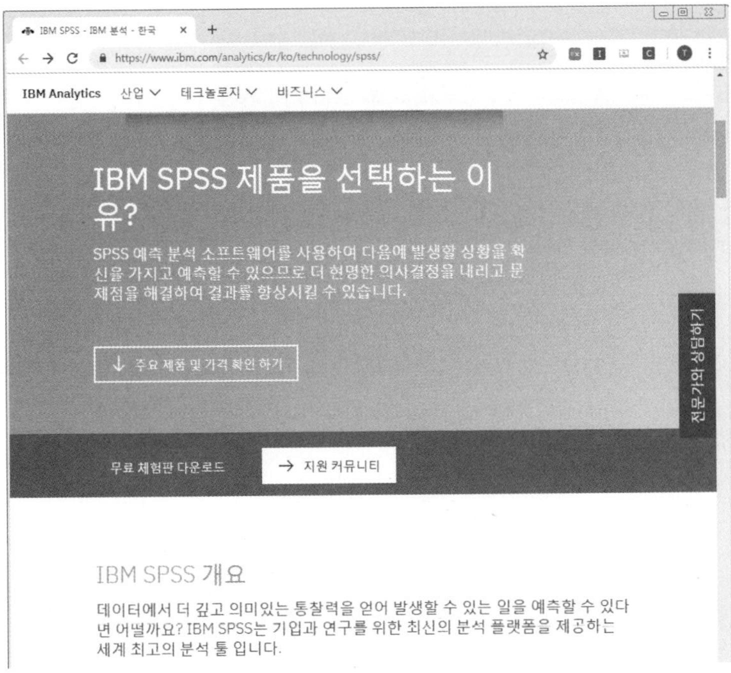

무료 체험판 설치 파일을 다운로드받은 후 설치 파일을 실행하면 다음과 같은 화면이 나타난다.

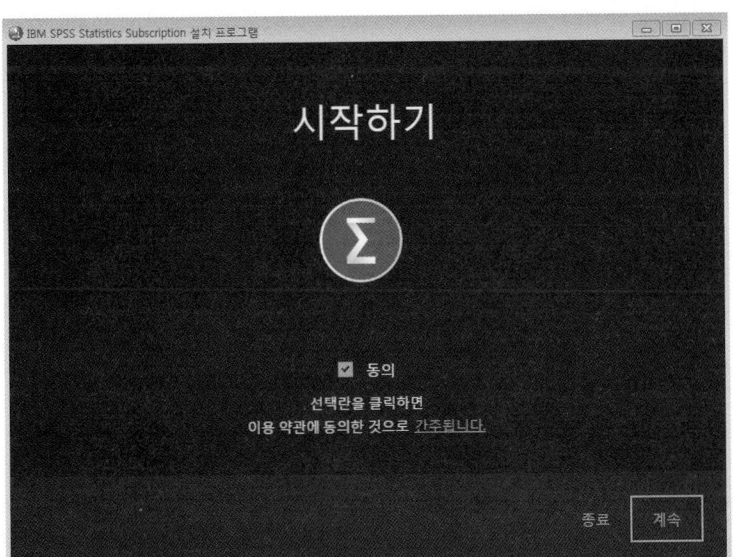

기본 이용약관에 동의하고, "계속"을 선택하고, 설치 폴더를 선택하면 설치가 완료된다.

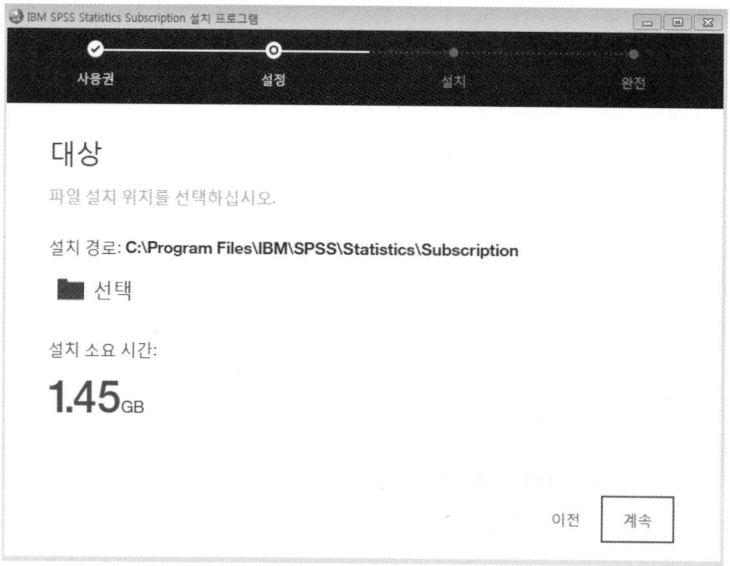

설치가 완료되고 SPSS 프로그램을 처음 실행하면 다음과 같이 로그인 정보 입력을 요청하게 되는데, 여기서는 SPSS 설치 프로그램을 다운로드받을 때 가입하거나 입력한 로그인 정보를 입력해 주면 된다. 반드시 로그인 정보 입력 후 "사용자 이름 및 비밀번호 저장" 설정을 선택해야 다음 프로그램 실행 시 다시 로그인 정보를 요청하지 않는다.

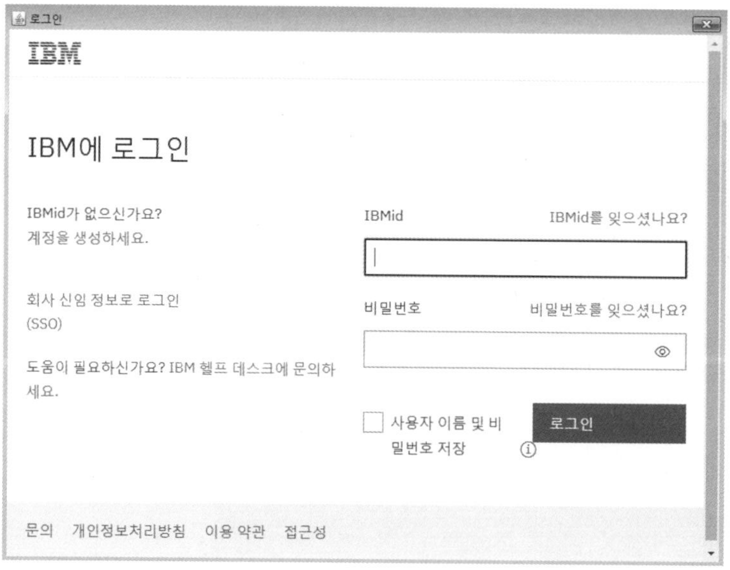

로그인 정보를 입력하고 로그인을 하게 되면 이제 정상적으로 SPSS 프로그램이 다음과 같이 실행된다.

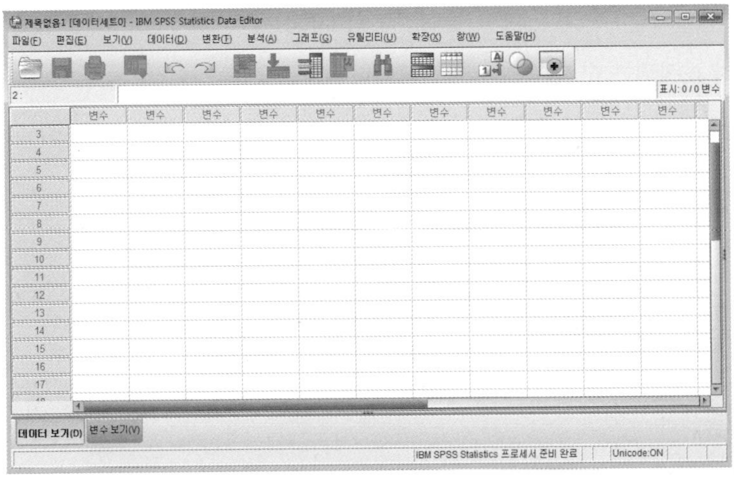

■ SPSS에서의 자료입력

SPSS를 실행시키면 다음 그림과 같이 Excel의 워크시트와 유사한 형태로 "데이터 보기" 탭의 화면이 나타난다. 이 화면에서 Excel과 동일한 방식으로 다음과 같이 직접 조사하고자 하는 자료를 입력할 수 있다. "데이터 보기" 탭에서 열은 변수들을 의미하고, 행은 개별 자료들을 의미한다. 따라서 다음의 예는 "VAR00001"이라는 변수에 3개의 자료 또는 3명의 응답자가 있음을 알 수 있다.

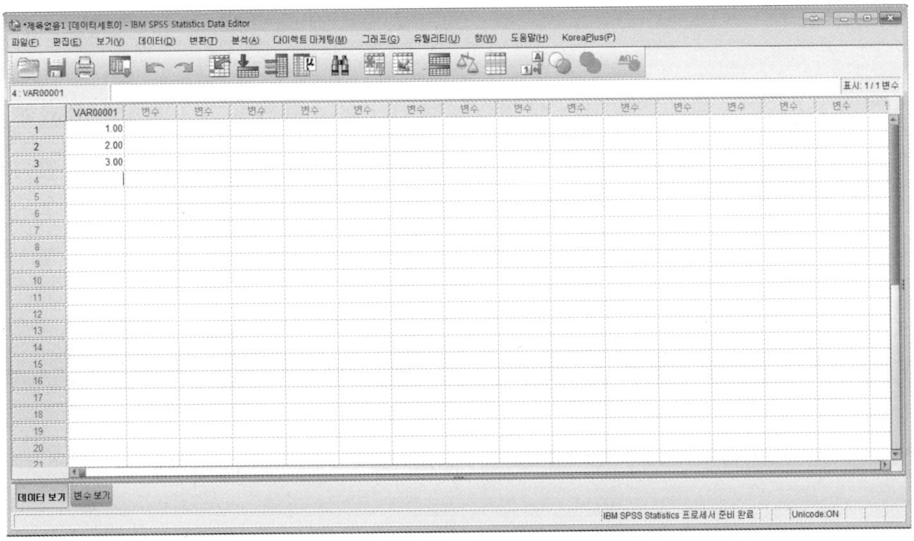

"데이터 보기" 탭 옆에 있는 "변수 보기" 탭을 선택하면 다음과 같이 화면이 전환되고, 이 자료에 어떤 변수들이 있고 그 변수들은 어떤 형태 또는 특징이 있는지가 정의되어 있다. 화면에서 보는 바와 같이 변수 이름과 변수 유형 등의 다양한 변수의 특징들이 표시되고 동시에 분석자가 정의할 수 있다. 예를 들어, "VAR00001"은 정수 자리 8개와 소수점 이하 자리 2개까지 표시되는 숫자 형태의 자료들이다.

물론 SPSS 프로그램에 직접 자료를 입력할 수 있지만, 사용자의 편의와 프로그램의 유용성이 상대적으로 좋은 Excel에 자료를 먼저 입력하고, 이를 SPSS에서 불러와서 통계분석과정을 진행하는 방식이 선호된다. Excel에 자료를 입력하는 방식은 앞서의 SPSS "데이터 보기" 탭의 형태와 동일하게 열에는 변수들을, 행에는 개별 자료들을 입력하면 된다.

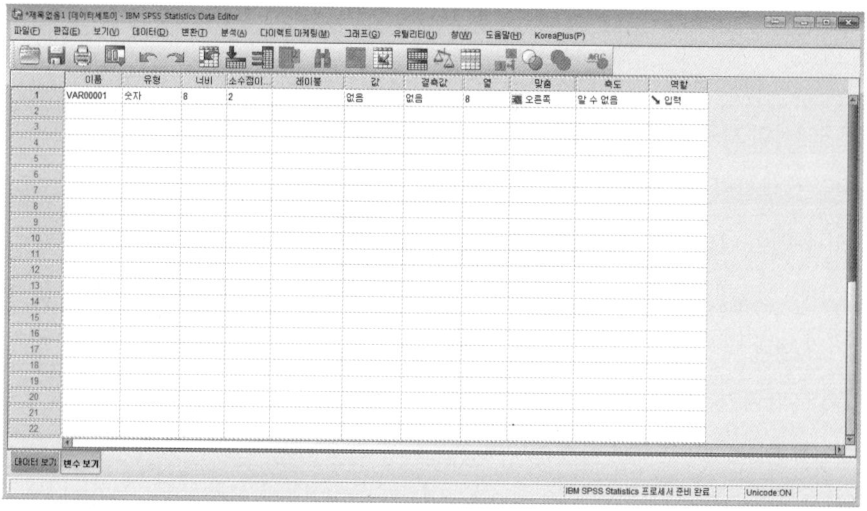

SPSS "파일" 메뉴에서 "열기"를 선택한 후 "데이터"를 선택하면 다음과 같은 자료 파일을 불러올 수 있는 창이 나타난다. SPSS는 다양한 자료 파일 형태를 지원한다. 만약, 불러올 자료의 형태가 SPSS이면 바로 원하는 SPSS 자료 파일을 선택하면 된다. 그렇지 않은 경우, "파일 유형"에서 원하는 자료의 파일 형태를 설정한다. Excel 자료 파일을 원할 경우 Excel을 선택하면 다음 화면처럼 해당 자료 파일들이 보이고, 이들 자료 파일 중 원하는 자료 파일을 선택한 후 "열기"를 선택하면, 해당 자료 파일을 SPSS로 불러올 수 있다.

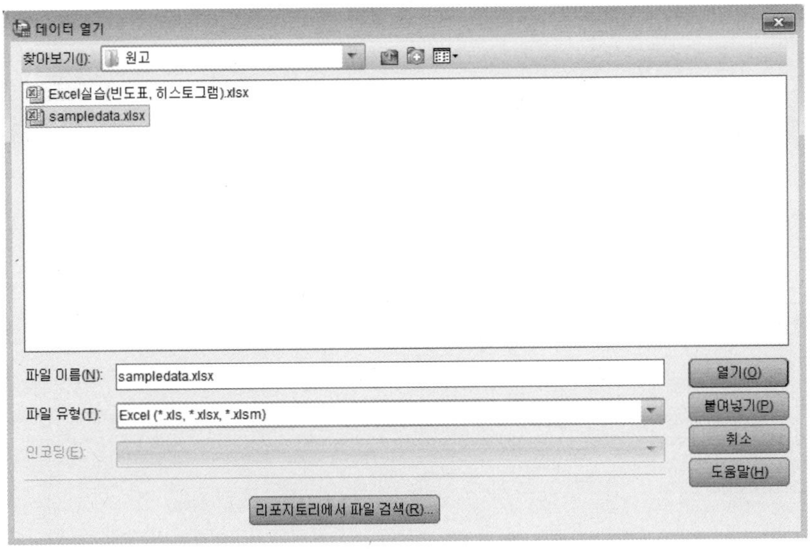

Excel 자료 파일을 선택한 경우, 다음과 같이 불러올 자료가 있는 정확한 Excel의 워크시트와 범위(필요 행과 열의 위치)를 결정하기 위한 "Excel 데이터 소스 열기" 창이 나타난다. 여기서, SPSS는 자동으로 필요한 위치를 설정하여 알려 준다. 이를 확인하거나 필요시 워크시트와 범위를 변경하면 된다. 일반적으로 Excel의 첫 번째 행은 변수 이름으로 입력하기 때문에 자료의 첫 행을 자료의 변수로 정의하기 위해 "데이터 첫 행에서 변수 이름 읽어오기" 옵션을 선택할 수 있다. 이를 선택할 경우 다음 그림과 같이 SPSS 자료의 변수명이 Excel의 첫 번째 행에 입력한 변수명으로 자동으로 정의된다.

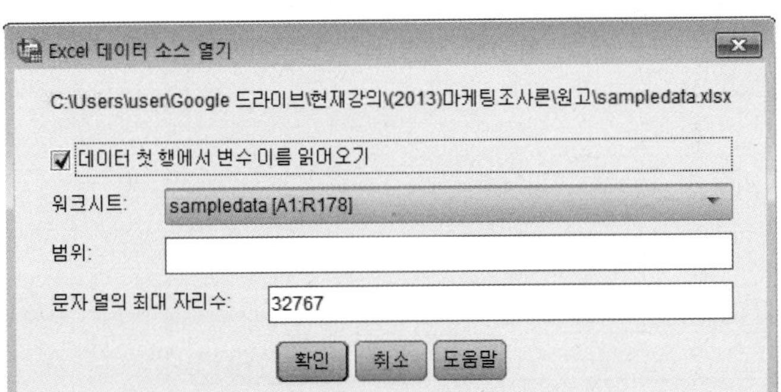

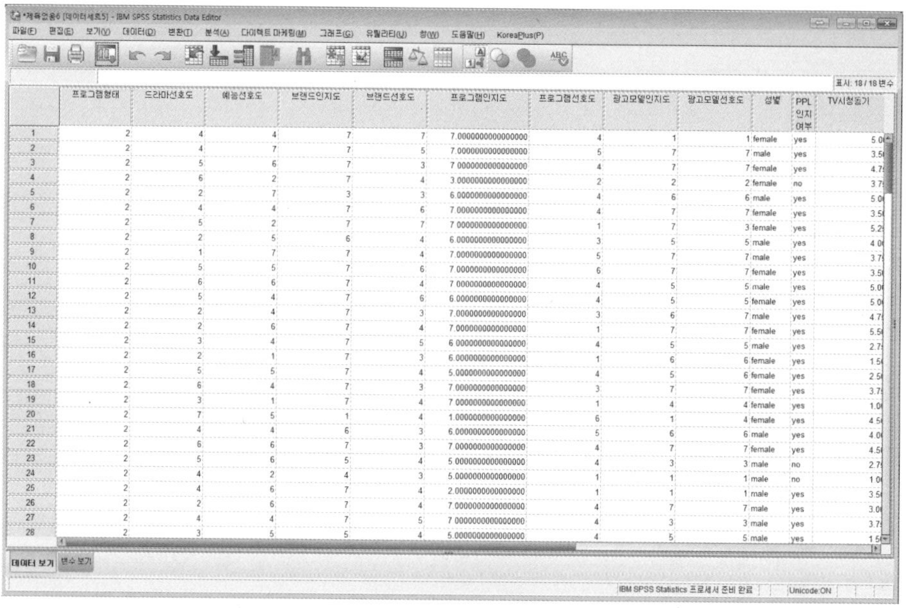

CSV(Comma Separate Version) 형태의 데이터도 SPSS의 데이터로 활용하여 분석할 수 있다. SPSS "파일" 메뉴에서 "열기"를 선택한 후 "데이터"를 선택하면 다음과 같은 자료 파일을 불러올 수 있는 창이 나타난다. 텍스트(txt, data, csv, tab)를 선택하면 다음 그림처럼 해당 자료 파일들이 보이고, 이들 자료 파일 중 원하는 자료 파일을 선택한 후 "열기"를 선택하면, 해당 자료 파일을 SPSS로 불러올 수 있다.

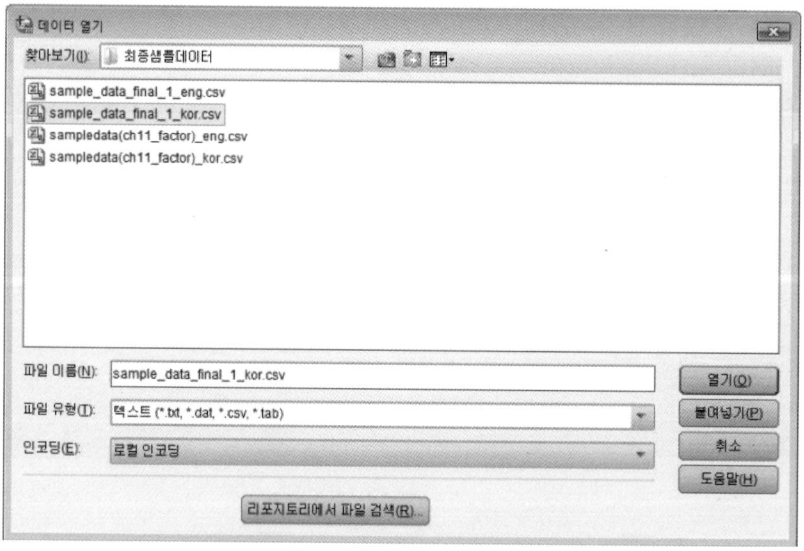

CSV 형태의 데이터의 경우 데이터를 열기 위해 몇 가지 추가 과정이 필요하다. 이를 위해 SPSS는 CSV 형태와 같은 텍스트 포맷의 데이터를 쉽게 가져오기 위한 마법사를 지원한다. 이의 첫 단계는 다음의 창과 같이 사전 정의된 형식이 있는지 여부를 확인하는 것이다.

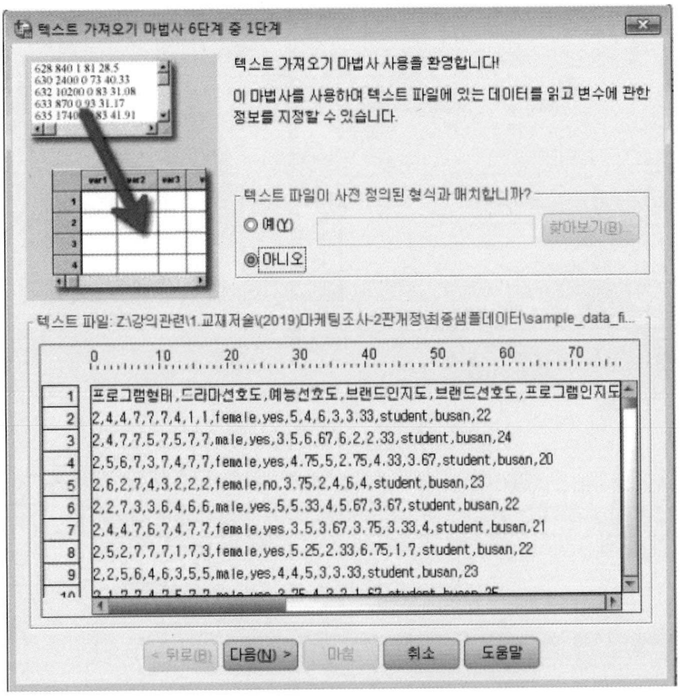

다음으로 텍스트 데이터가 어떻게 구분되고 변수 이름이 있는지를 다음의 창으로 확인한다.

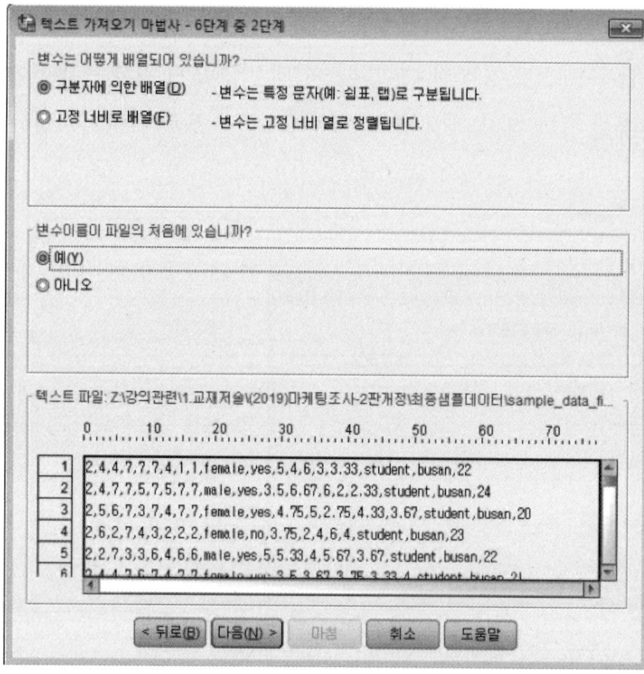

마지막으로 어떤 특수문자를 변수 구분을 위해 사용했는지 확인한다. CSV의 경우 콤마(Comma, “,”)로 구분되어 있다.

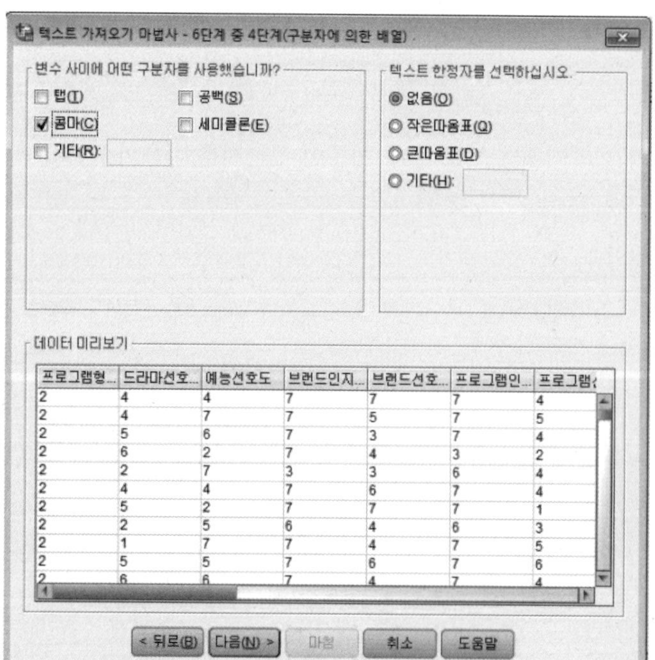

CSV 데이터 가져오기를 위한 모든 준비가 끝났고, 다음의 창에서 가져오기를 실행한다.

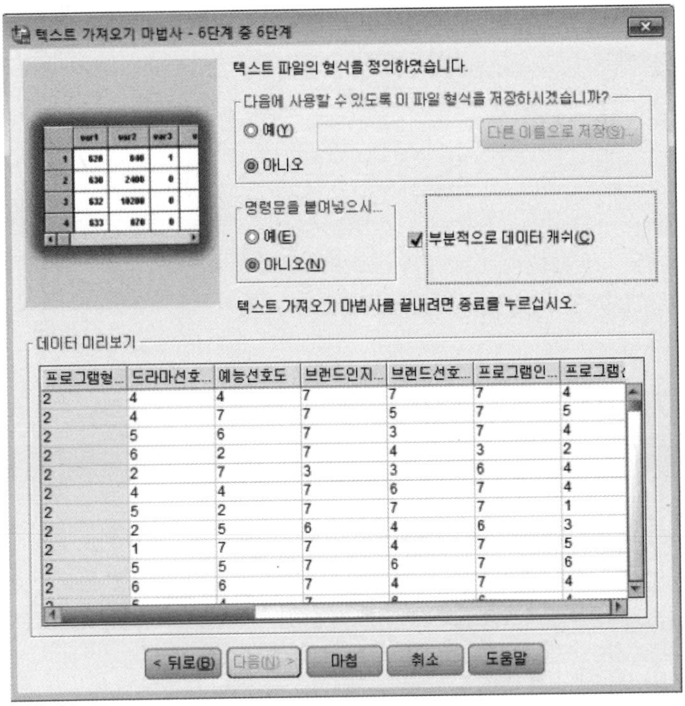

SPSS에 자료가 입력된 후 입력된 자료의 변수들을 그 특성에 맞게 설정할 필요가 있다. 단순히 입력된 자료들은 숫자나 문자 이상의 의미를 가지지 않기 때문에 통계분석에 필요한 변수들의 형태, 예를 들어, 숫자변수인지 문자변수인지, 척도의 형태가 범주형인지 연속형인지, 범주형인 경우 각각의 숫자가 갖는 의미는 무엇인지 등의 해당 변수에 대한 구체적 정의가 필요하다. 자료가 입력된 SPSS 파일에서 "변수 보기" 탭을 설정한 후 "측도" 항목에서 변수의 측정방식에 따라 등간척도와 비율척도인 경우 "척도"를 선택하고, 서열척도인 경우 "순서형", 명목척도인 경우 "명목형"을 선택한다.

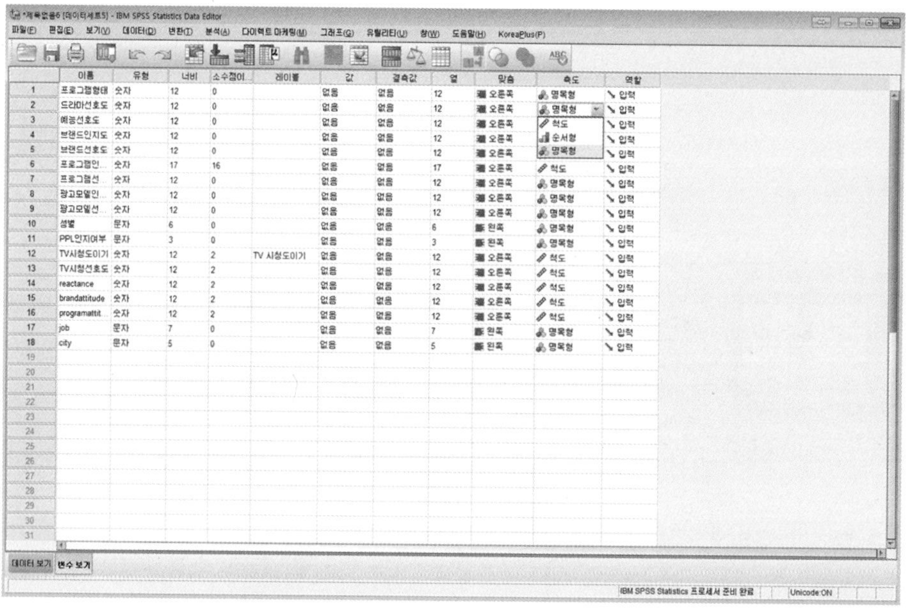

"명목형" 척도의 경우 "값" 항목에서 각 명목 또는 범주에 대한 값을 정의해 준다.

예를 들어, 첫 번째 행의 "프로그램형태" 변수는 명목형으로서 대상 프로그램이 "드라마" 또는 "예능"인지를 구분해 준다. 이때 숫자 "1"은 "드라마"를 의미하고 숫자 "2"는 "예능"을 의미하도록 자료가 입력되었다. 이를 SPSS에서 손쉽게 확인하고, 분석에 정확히 반영하기 위해, 다음과 같이 각각의 "기준값"에 "레이블"을 입력한 후 "추가"를 선택하여, 해당 "기준값"(범주값)의 의미(범주명)를 정의한다. 여러 개의 "기준값" 또는 범주가 있는 경우, 해당 개수만큼 이를 반복하여 추가하면 된다.

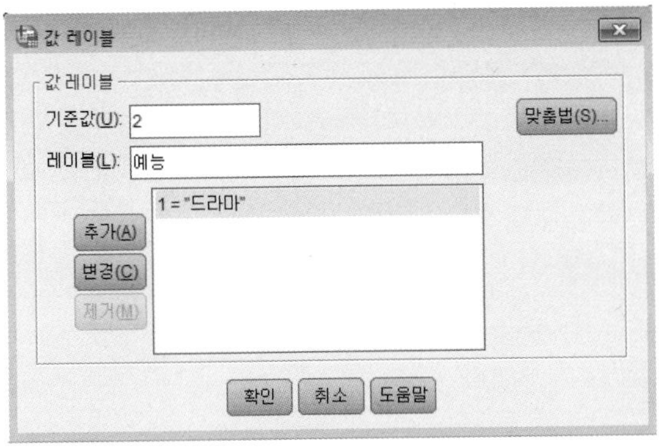

통계분석의 종류와 형태에 따라 입력된 자료를 바탕으로 통계분석에 적당한 자료로 재가공할 필요가 있을 수 있다. 예를 들어, 연속형 척도 형태인 개인소득을 고소득집단과 저소득집단으로 나눠 통계분석을 할 경우 개인소득변수를 바탕으로 평균소득 또는 중간소득 이상은 고소득집단, 평균소득 또는 중간소득 미만은 저소득집단으로 구분하는 소득집단변수가 필요할 수 있다. 이와 함께 이미 존재하는 변수를 활용하여 새로운 형태의 변수를 생성 · 변경하기 위해 SPSS에서는 "변수 계산" 또는 "코딩 변경"의 기능을 제공한다.

"변환" 메뉴에서 "변수 계산" 기능을 선택하면, 다음과 같은 "변수 계산" 창이 나타난다. 현재 입력된 자료에서 "드라마선호도" 변수와 "예능선호도" 변수를 종합하여 "전체선호도"라는 새로운 변수를 생성하고자 할 경우, 다음과 같이 "목표 변수"에 새로이 생성될 "전체선호도" 변수를, "숫자표현식" 창에 "전체선호도"를 위한 변수와 그 계산방식 "드라마선호도+예능선호도"를 입력한다. "숫자표현식"을 입력할 때 "변수"는 "왼쪽" 선택창과 이동화살표를 이용하여 변수를 선택할 수 있고, 표현식은 가운데 다양한 표현식을 선택하여 사용할 수 있다. "목표 변수"와 "숫자표현식"을 모두 입력한 후 "확인"을 선택하면 SPSS 입력창에 새로운 변수인 "전체선호도"가 새롭게 입력되어 있다.

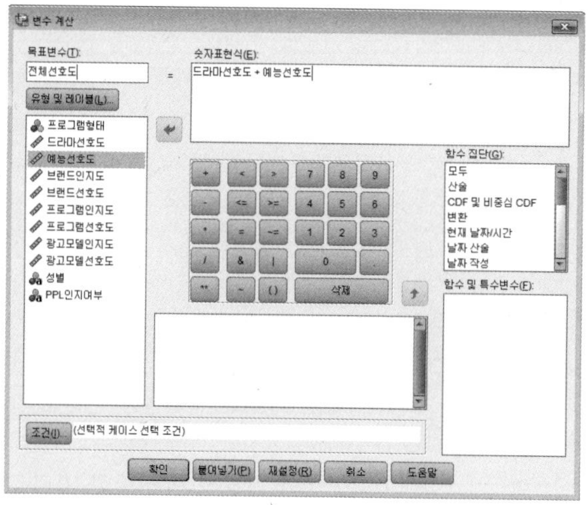

"변환" 메뉴에서 "다른 변수로 코딩변경" 기능을 선택하면, 다음과 같은 "다른 변수로 코딩변경" 창이 나타난다. 코딩변경을 원하는 변수를 왼쪽 창에서 선택하여 이동화살표를 활용하여 "숫자변수 → 출력변수" 창으로 이동시킨다. "출력변수" 입력영역의 "이름" 입력란에 코딩이 변경된 자료가 입력된 변수명을 입력한다. 예시 화면은 "드라마선호도" 변수를 "드라마선호2" 변수로 코딩변경한 것이다.

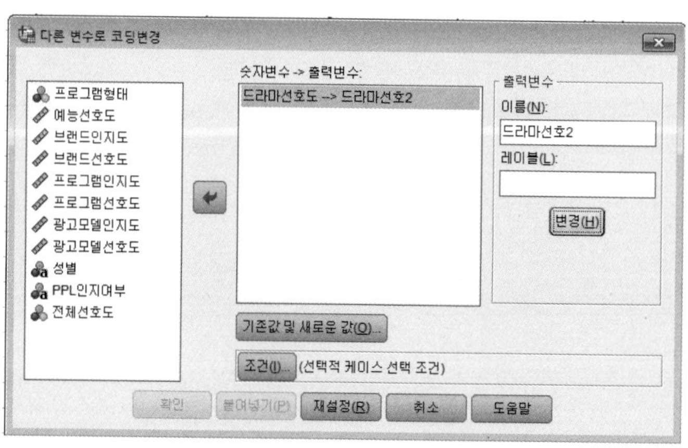

변경될 변수(숫자변수)와 변경된 변수(출력변수)가 설정되었으면, 다음으로 "기존값 및 새로운 값"을 선택하여 "다른 변수로 코딩변경: 기존값 및 새로운 값" 창에서 변경될 변수의 기존값과 변경된 변수의 새로운 값을 각각 매칭하여 입력한다. 다음 예시는 변경될 변수(드라마선호도)의 값 1부터 3까지의 값을 변경된 변수(드라마선호2)의 새로운 값(기준값) 1로 변경하고, 변경될 변수(드라마선호도)의 값 4부터 7까지의 값을 변경된 변수(드라마선호2)의 새로운 값(기준값) 2로 변경한 것이다.

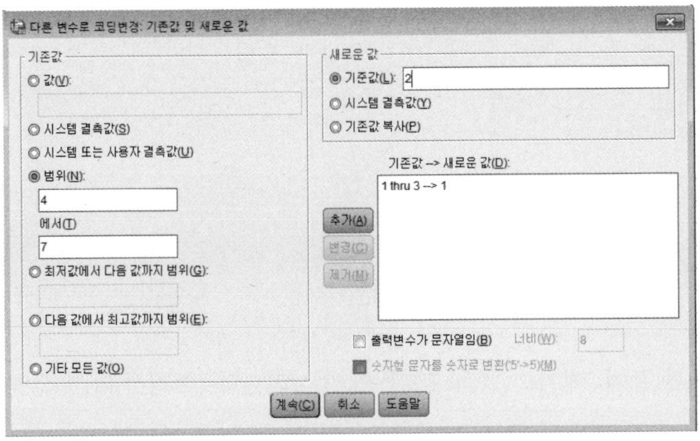

"다른 변수로 코딩변경"의 결과는 다음과 같다.

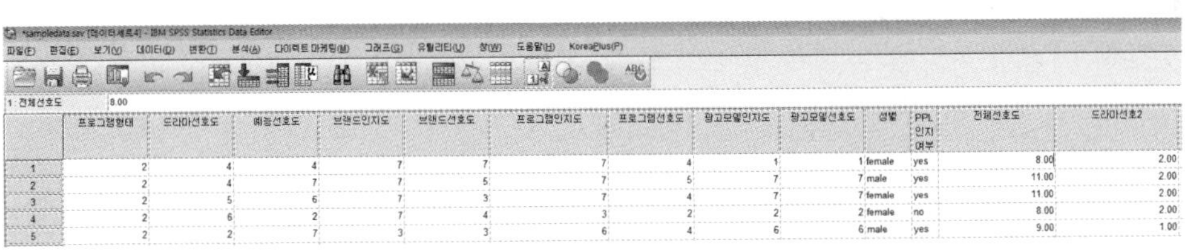

변수의 변경 및 재생성과 더불어 SPSS는 통계분석에 포함될 자료를 선택적으로 결정할 수 있다. SPSS는 자료를 "케이스"라고 정의하며 일반적으로 설문조사에서의 응답자를 의미한다. SPSS는 통계분석에 포함된 응답자를 선별적으로 선택할 수 있는 기능을 제공한다.

"데이터" 메뉴에서 "케이스 선택"을 선택하면 다음과 같은 "케이스 선택" 창이 나타난다. 이 창에서 선택의 기준을 제시할 변수를 선택한다. 예를 들어, "프로그램형태"가 "드라마"인 케이스만을 선택하여 통계분석을 하고자 할 경우, 먼저 선택기준변수로서 왼쪽 창에서 "프로그램형태" 변수를 선택한 후, 적당한 조건을 입력하기 위해 "조건" 버튼을 선택한다.

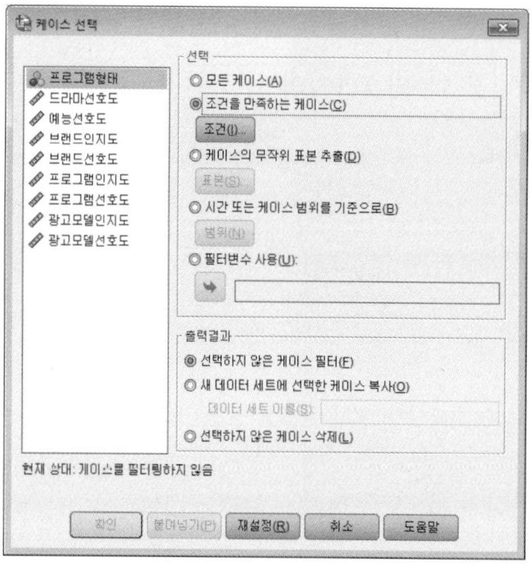

"조건"을 선택하면 다음과 같이 "케이스 선택: 조건" 창이 나타난다. 여기서 다시 선택기준변수로서 "프로그램형태"를 선택한 후 선택조건을 입력한다. "프로그램형태"가 "드라마"인 케이스만을 선택하기 위해 "드라마" 범주의 "기준값"인 "1"을 고려하여 "프로그램형태=1"인 조건을 입력한다. 이 조건의 의미는 "프로그램형태"의 값이 "1"과 같은 케이스만을 통계분석에 적용하라는 것으로서 여기서 "1"의 의미는 앞서 명목형 변수 정의 시 입력한 직접적 명목인 "드라마"를 의미한다. 케이스 선택 시 필요한 계산이 있다면 중간의 여러 산술/논리 계산식을 사용할 수 있다.

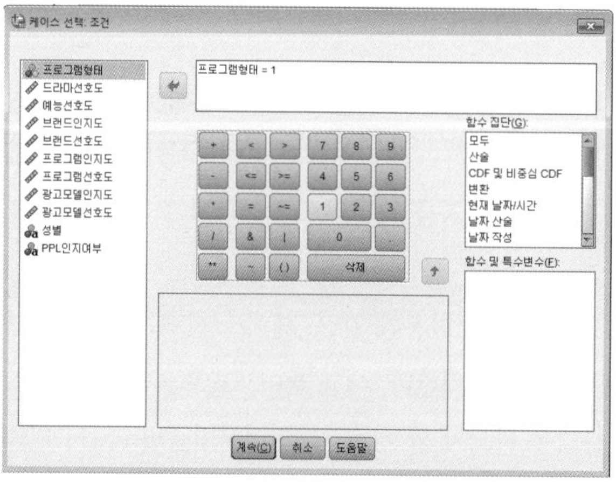

케이스 선택조건을 입력한 후 "계속"을 선택하여 다시 "케이스 선택" 메인 화면으로 돌아오면 다음과 같이 "조건" 옆에 앞서 입력한 케이스 선택조건인 "프로그램형태=1"이 명시된다.

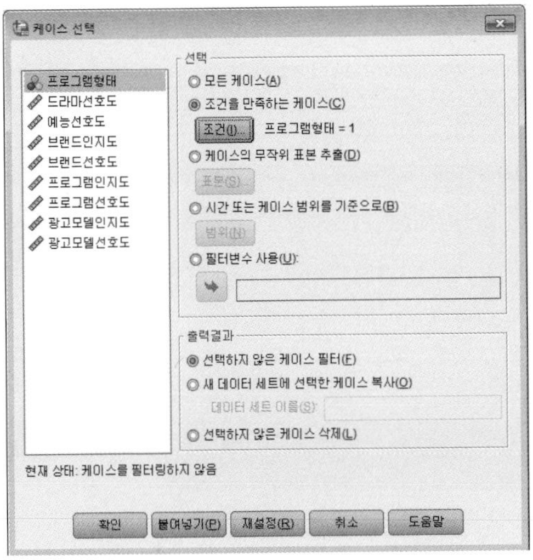

케이스 선택조건을 확인한 후 "확인"을 선택하면, 다음과 같이 케이스 선택결과를 확인할 수 있다. SPSS "데이터 보기" 탭에서 왼쪽 케이스 번호 부분에 사선이 있는 케이스는 선택이 안 된 케이스를 의미하고 사선이 없는 케이스는 선택이 된 케이스를 의미한다. 이 상태에서 어떤 통계분석을 실시할 경우 사선이 없는 케이스, 즉 선택된 케이스만을 대상으로 통계분석이 실시된다.

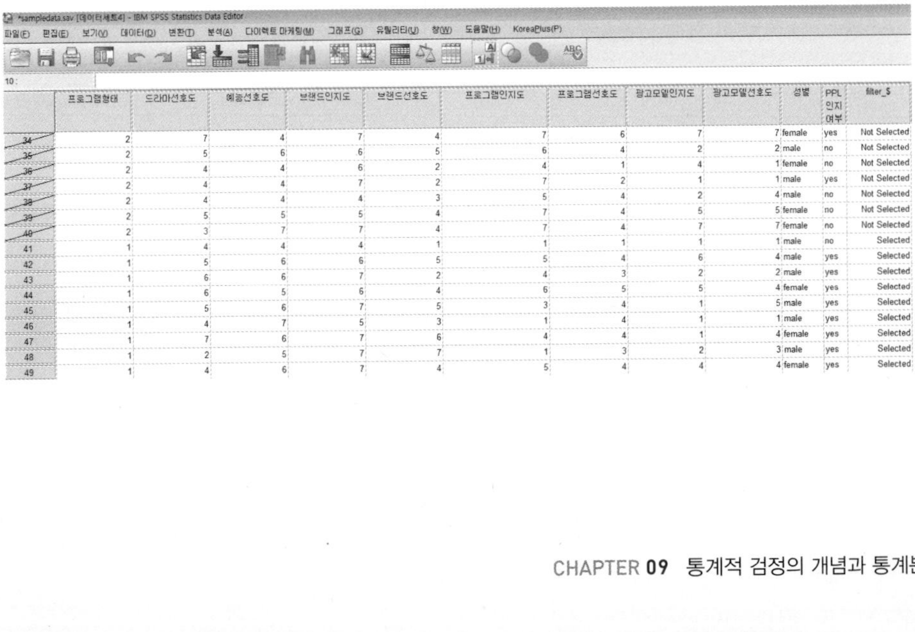

분석을 위한 모든 사전 준비가 끝났으면, 사전 준비사항을 포함한 모든 변경사항을 SPSS 데이터 포맷(sav)으로 저장하는 것이 좋다. 다음 화면과 같이 "파일" → "저장" 메뉴를 선택하면 간단하게 SPSS 데이터 포맷으로 현재의 데이터와 그 세부 설정을 저장할 수 있다.

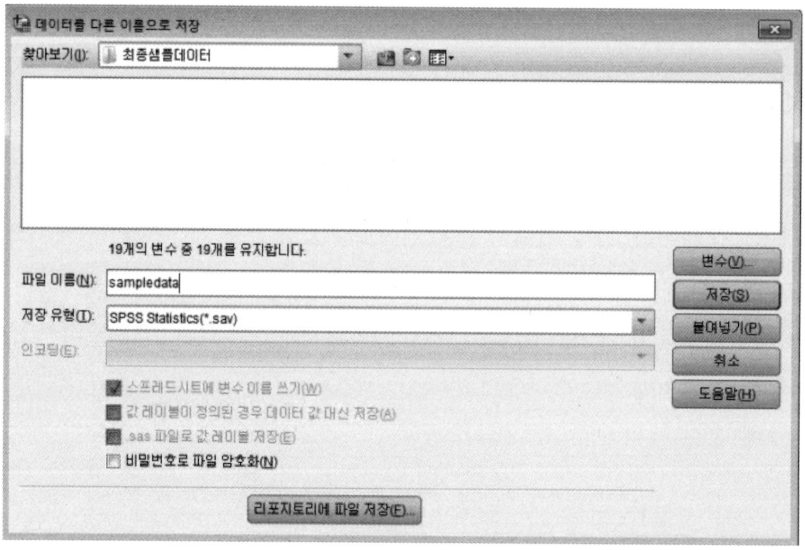

지금까지 SPSS를 활용하여 통계분석을 하기 위해 필요한 가장 기본적이고 기초적인 SPSS의 기능에 대해 살펴보았다. 본 장에서 언급한 SPSS의 기능은 앞으로 본 서에서 소개할 통계분석기법을 활용하기 위해 필요한 필수적인 기본 기능만을 언급하였음을 다시 한 번 상기하고 싶다. 만약, 더 자세한 SPSS의 기능에 대해 살펴보고자 할 경우 SPSS의 기능을 상세히 다룬 다른 관련 서적을 참고하기 바란다.

R 활용

Excel, SPSS와 더불어 본 서는 다음 장부터 통계분석 프로그래밍 언어인 R을 활용하여 통계분석을 하기 위한 방법을 소개한다. 이에 앞서 통계분석을 위해 R을 활용하기 위해 필요한 기본적인 설정사항과 사용방법에 대해 간단히 살펴보자. R은 유료 소프트웨어인 Excel과 SPSS와 달리 오픈소스를 기반으로 한 무료 소프트웨어이다. 또한 특정 기능을 수행하기 위해 프로그램으로 만들어진 Excel과 SPSS와는 다르게 통계분석을 위한 다양한 기능을 구현하기 위해 개발된 프로그래밍 언어이다.

R은 1990년대 초에 처음 소개된 이후 그동안 일부 통계전문가들이 주로 사용하여 통계전문가를 위한 특별한 방법으로서 일반인들이 접근하기 어렵다고 알려져 왔다. 하지만 최근 10년 사이에 IT기술의 발전, 고급 프로그램 사용자의 증가, 프로그래밍 언어 교육의 확산으로 인해 R에 대한 관심이 급격히 확장되고 있다. 특히 최근 산업계의 빅데이터 분석에 대한 높은 관심은 R에 대한 관심을 폭발적으로 증가시키고 있으며, 오픈소스라는 특징을 기반으로 최신 통계분석기술을 적용한 패키지의 빠른 대응은 사용자층을 급격히 확장시키고 있다. 비록 뛰어난 확장성과 기능의 융통성을 제공하는 프로그래밍 언어 기반으로 인해 본질적으로 사용 편의 면에서 아직까지 대중화에 어려움이 많이 존재하지만, 산업적 수요와 사용자의 IT 활용력 증가는 사용 편의에 대한 저항을 점차적으로 낮출 것으로 기대한다.

무료로 배포되는 R은 R 공식 홈페이지(www.r-project.org) 또는 R 공식 아카이브(cran.r-project.org)에서 직접 다운로드하여 설치 가능하다. R 공식 홈페이지나 R 공식 아카이브에서 현재 사용 중인 운영체제에 따라 적당한 버전을 선택하여 다운로드한다. 예를 들어, Windows 사용자의 경우 "Download R for Windows"를 선택한다.

The R Project for Statistical Computing

[Home]

Download

CRAN

R Project

About R
Logo
Contributors
What's New?
Reporting Bugs
Development Site
Conferences
Search

R Foundation

Foundation
Board
Members
Donors
Donate

Help With R

Getting Help

Documentation

Manuals
FAQs
The R Journal
Books
Certification
Other

Links

Bioconductor
Related Projects

Getting Started

R is a free software environment for statistical computing and graphics. It compiles and runs on a wide variety of UNIX platforms, Windows and MacOS. To **download R**, please choose your preferred CRAN mirror.

If you have questions about R like how to download and install the software, or what the license terms are, please read our answers to frequently asked questions before you send an email.

News

- The R Foundation welcomes five new ordinary members: Jennifer Bryan, Dianne Cook, Julie Josse, Tomas Kalibera, and Balasubramanian Narasimhan.
- **R version 3.3.2 (Sincere Pumpkin Patch)** has been released on Monday 2016-10-31.
- **The R Journal Volume 8/1** is available.
- The **useR! 2017** conference will take place in Brussels, July 4 - 7, 2017, and details will be appear here in due course.
- **R version 3.3.1 (Bug in Your Hair)** has been released on Tuesday 2016-06-21.
- **R version 3.2.5 (Very, Very Secure Dishes)** has been released on 2016-04-14. This is a rebadging of the quick-fix release 3.2.4-revised.
- **Notice XQuartz users (Mac OS X)** A security issue has been detected with the Sparkle update mechanism used by XQuartz. Avoid updating over insecure channels.
- The **R Logo** is available for download in high-resolution PNG or SVG formats.
- **useR! 2016**, hase taken place at Stanford University, CA, USA, June 27 - June 30, 2016.
- **The R Journal Volume 7/2** is available.
- **R version 3.2.3 (Wooden Christmas-Tree)** has been released on 2015-12-10.
- **R version 3.1.3 (Smooth Sidewalk)** has been released on 2015-03-09.

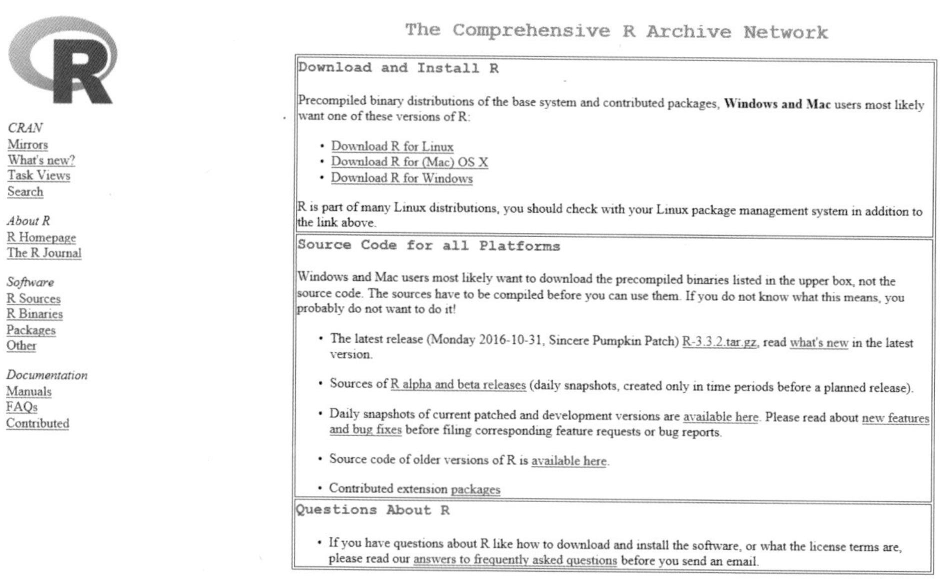
The Comprehensive R Archive Network

CRAN
Mirrors
What's new?
Task Views
Search

About R
R Homepage
The R Journal

Software
R Sources
R Binaries
Packages
Other

Documentation
Manuals
FAQs
Contributed

Download and Install R

Precompiled binary distributions of the base system and contributed packages, **Windows and Mac** users most likely want one of these versions of R:

- Download R for Linux
- Download R for (Mac) OS X
- Download R for Windows

R is part of many Linux distributions, you should check with your Linux package management system in addition to the link above.

Source Code for all Platforms

Windows and Mac users most likely want to download the precompiled binaries listed in the upper box, not the source code. The sources have to be compiled before you can use them. If you do not know what this means, you probably do not want to do it!

- The latest release (Monday 2016-10-31, Sincere Pumpkin Patch) R-3.3.2.tar.gz, read what's new in the latest version.
- Sources of R alpha and beta releases (daily snapshots, created only in time periods before a planned release).
- Daily snapshots of current patched and development versions are available here. Please read about new features and bug fixes before filing corresponding feature requests or bug reports.
- Source code of older versions of R is available here.
- Contributed extension packages

Questions About R

- If you have questions about R like how to download and install the software, or what the license terms are, please read our answers to frequently asked questions before you send an email.

설치 파일을 다운로드한 후 해당 설치 파일을 실행시켜 R 프로그램을 설치한다. 설치가 완료된 후 R 프로그램을 실행하면 다음과 같은 화면이 나타난다.

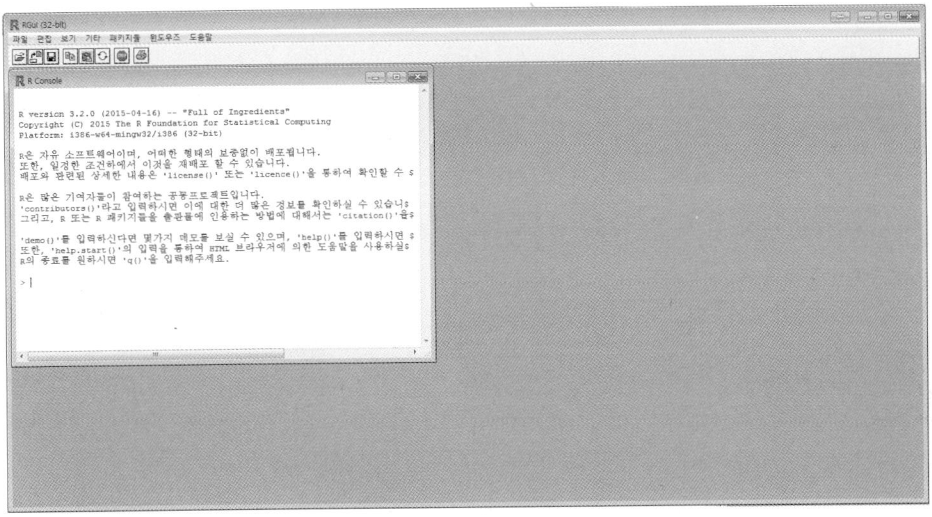

R 프로그램은 사실 "R 프로그램"을 의미하기보다는 통계분석 프로그래밍 언어인 R을 활용하여 컴퓨터 또는 운영체제에 명령을 전달하기 위한 번역기(Interpreter)의 의미를 갖는다. 다시 말해, R 언어를 이용하여 R 프로그램을 통해 "컴퓨터"에 특별한 명령을 전달하면 컴퓨터가 해당 명령을 수행하여 R 프로그램을 통해 명령의 결과를 전달하는 구조이다.

이때 명령을 전달하고 결과를 전달받는 역할을 하는 창구가 바로 "R Console"이다. 예를 들어, "R Console" 창에 "library(MASS)"라는 명령어를 전달하면 "R Console"은 이 명령어를 "컴퓨터"에 전달하여 정해진 작업을 하게 한다.

"library(MASS)" 명령은 다양한 수학 관련 기능들이 모여 있는 기능집합(패키지)을 사용하기 위해 준비하라는 명령으로서 수학 패키지를 불러오라는 명령어이다. 따라서 이 명령어를 "R Console"에 전달하면 "R Console"은 "MASS"라는 패키지를 사용 가능하게 준비해 준다.

유사하게 "data( )" 명령은 현재 사용 가능한 예제 자료를 보여 주는 명령어이다. 이 명령어에 의해 "R data sets"라는 새로운 창이 나타나고, 현재 사용 가능한 다양한 예제 자료를 보여 준다.

예를 들어, "MASS" 패키지에 있는 "Cars93"을 사용하고자 한다. "R data sets"에서 "Cars93" 자료의 정보를 확인해 보면 "Data from 93 Cars on Sale in the USA in 1993"로 설명이 되어 있어 어떤 자료인지 알 수 있다. "data(Cars93)"를 실행하면 "R Console"

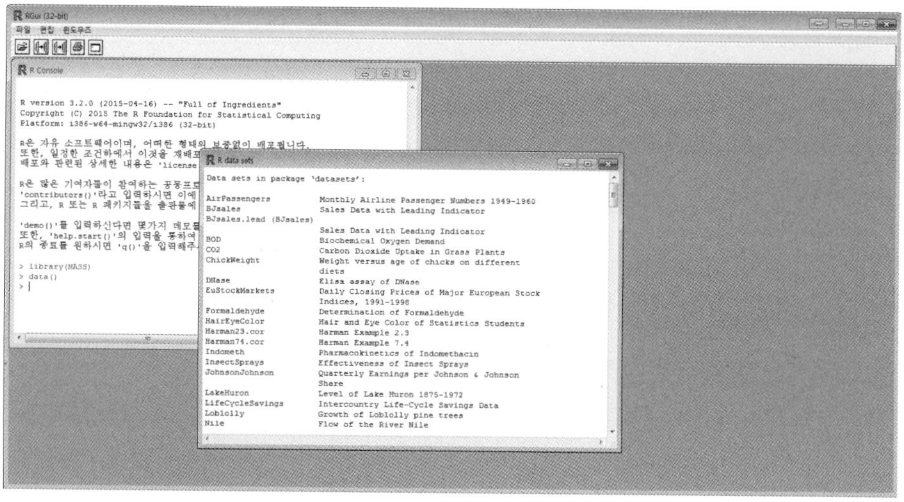

은 "Cars93" 자료를 사용할 수 있게 준비를 한다. "head(Cars93)" 명령은 "Cars93"의 자료 중 앞부분을 보여 준다. 다음과 같이 "head(Cars93)"를 실행하면, "Cars93" 자료에는 "Manufacturer(차량제조사)", "Model(차량모델)", "Type(차량종류)", "Min.Price(최저가격)", "Price(평균가격)" 등 어떤 정보 또는 변수들이 있는지 확인 가능하다.

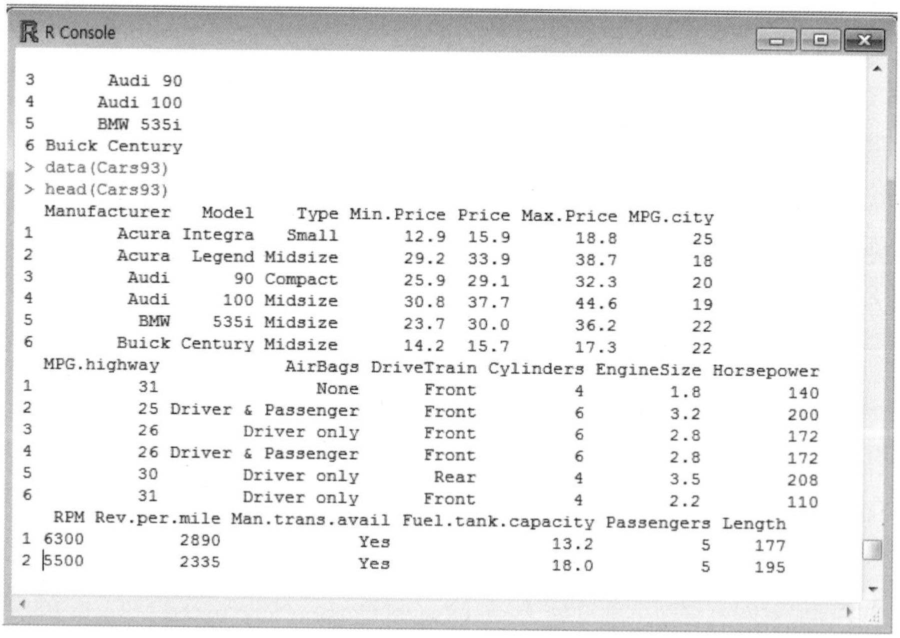

```
R Console
3       Audi 90
4      Audi 100
5      BMW 535i
6 Buick Century
> data(Cars93)
> head(Cars93)
  Manufacturer   Model    Type Min.Price Price Max.Price MPG.city
1        Acura Integra   Small      12.9  15.9      18.8       25
2        Acura  Legend Midsize      29.2  33.9      38.7       18
3         Audi      90 Compact      25.9  29.1      32.3       20
4         Audi     100 Midsize      30.8  37.7      44.6       19
5          BMW    535i Midsize      23.7  30.0      36.2       22
6        Buick Century Midsize      14.2  15.7      17.3       22
  MPG.highway            AirBags DriveTrain Cylinders EngineSize Horsepower
1          31               None      Front         4        1.8        140
2          25 Driver & Passenger      Front         6        3.2        200
3          26        Driver only      Front         6        2.8        172
4          26 Driver & Passenger      Front         6        2.8        172
5          30        Driver only       Rear         4        3.5        208
6          31        Driver only      Front         4        2.2        110
   RPM Rev.per.mile Man.trans.avail Fuel.tank.capacity Passengers Length
1 6300         2890             Yes               13.2          5    177
2 5500         2335             Yes               18.0          5    195
```

"Cars93"에 대해 더 자세한 설명을 원한다면 "?Cars93" 명령을 실행하면 된다. 여기서 "?"는 도움말을 요청하는 명령어이다. 예를 들어, 통계분석방법인 "t.test"의 사용방법을 정확히 알고 싶다면, 다음과 같이 "?t.test"라는 명령을 활용하여 "t.test"의 사용방법을 확인할 수 있다.

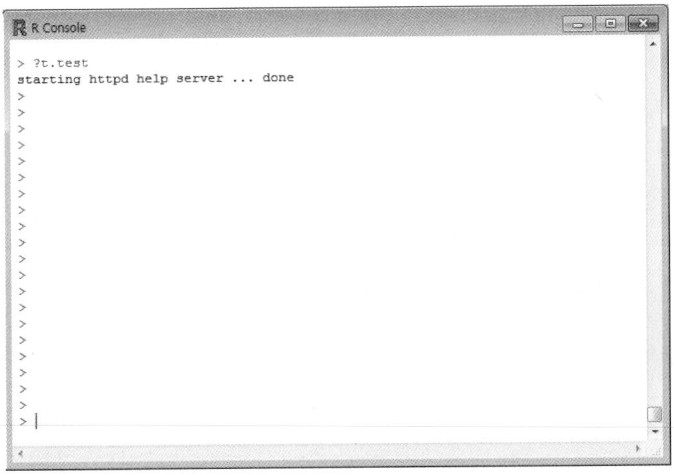

t.test {stats} R Documentation

Student's t-Test

Description

Performs one and two sample t-tests on vectors of data.

Usage

```
t.test(x, ...)

## Default S3 method:
t.test(x, y = NULL,
       alternative = c("two.sided", "less", "greater"),
       mu = 0, paired = FALSE, var.equal = FALSE,
       conf.level = 0.95, ...)

## S3 method for class 'formula'
t.test(formula, data, subset, na.action, ...)
```

Arguments

`x`
a (non-empty) numeric vector of data values.

`y`
an optional (non-empty) numeric vector of data values.

`alternative`
a character string specifying the alternative hypothesis, must be one of `"two.sided"` (default), `"greater"` or `"less"`. You can specify just the initial letter.

"R Console"에서 직접 자료를 입력할 수도 있지만, SPSS와 유사하게 사용자의 편의와 프로그램의 유용성이 상대적으로 좋은 Excel에 자료를 먼저 입력하고, 이를 "R Console"에서 불러와 통계분석과정을 진행하는 방식이 선호된다. Excel에 자료를 입력하는 방식은 앞서의 SPSS "데이터 보기" 탭의 형태와 동일하게 열은 변수들을 의미하고, 행은 개별 자료들을 의미하도록 입력하면 된다.

파일 홈 삽입 페이지 레이아웃 수식 데이터 검토 보기 novaPDF

G17 fx 1

	A	B	C	D	E	F	G
1	programtype	dramapref	varietypref	brandaware	brandpref	programaware	programpref
2	2	4	4	7	7	7	4
3	2	4	7	7	5	7	5
4	2	5	6	7	3	7	4
5	2	6	2	7	4	3	2
6	2	2	7	3	3	6	4
7	2	4	4	7	6	7	4
8	2	5	2	7	7	7	1
9	2	2	5	6	4	6	3
10	2	1	7	7	4	7	5
11	2	5	5	7	6	7	6
12	2	6	6	7	4	7	4
13	2	5	4	7	6	6	4
14	2	2	4	7	3	7	3
15	2	2	6	7	4	7	1
16	2	3	4	7	5	6	4
17	2	2	1	7	3	6	1
18	2	5	5	7	4	5	4
19	2	6	4	7	3	7	3
20	2	3	1	7	4	7	1
21	2	7	5	1	4	1	6
22	2	4	4	6	3	6	5
23	2	6	6	7	3	7	4
24	2	5	6	5	4	5	4
25	2	4	2	4	3	5	1
26	2	4	6	7	4	2	1
27	2	2	6	7	4	7	4
28	2	4	4	7	5	7	4
29	2	3	5	5	4	5	4
30	2	2	6	7	3	7	3
31	2	2	6	7	7	7	7

하지만 R의 자료 활용 시 가장 적합한 파일형태는 "CSV(Comma Separated Value)"로서 Excel에서 자료를 입력한 후 "다른 이름 저장"에서 저장 파일형태를 ".csv"로 선택하여 다음과 같이 저장하여야 한다. 본 예에서는 자료입력 파일을 "sampledata.csv"로 저장하였다.

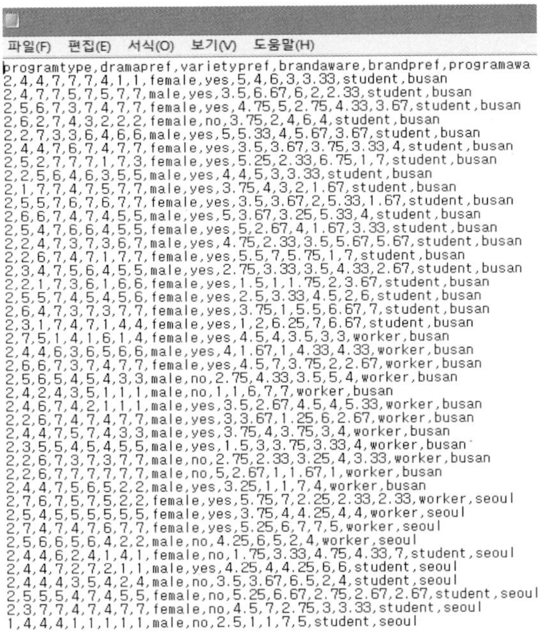

입력 자료를 ".csv" 형태로 저장한 뒤 "R 프로그램"에서 해당 자료 파일을 불러오기 위해 해당 파일이 저장된 디렉토리/폴더를 "작업 디렉토리"로 설정해야 한다. 이를 위해 다음과 같이 "작업 디렉토리 변경" 메뉴를 활용하여 입력 자료 파일이 저장된 위치를 "작업 디렉토리"로 먼저 설정을 해준다. 현재 "작업 디렉토리"는 "getwd( )" 함수로 확인할 수 있어, "getwd( )"로 "작업 디렉토리"가 잘 설정되었는지 확인한다. "작업 디렉토리"를 제대로 설정하지 않은 경우 자료 파일을 불러오는 명령을 실행할 때 "No such file or directory"와 같은 오류를 만날 수 있다.

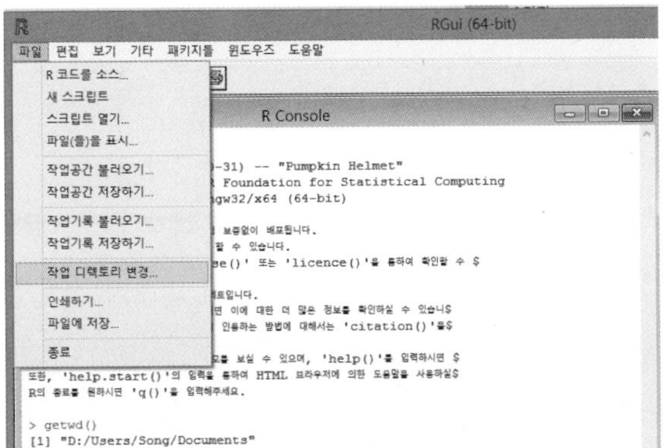

"작업 디렉토리"를 설정한 후 "read.csv( )" 기능을 이용하여 실제 CSV 입력 자료 파일의 자료를 "R Console"로 불러올 수 있다. 다음의 예 "sampledata=read.csv(sampledata.csv)"는 현재 "작업 디렉토리"에서 "sampledata.csv"를 "csv" 형태의 파일로 가정(read.csv이기 때문에)하여 불러와서 "sampledata"라는 이름으로 저장하라는 의미이다. 따라서 불러온 자료는 "sampledata"에 저장된다. 자료를 불러온 후 "sampledata"의 구체적 자료내용을 보기 위해 "sampledata"를 "R Console"에 입력하면 다음과 같이 불러온 입력자료를 확인할 수 있다.

```
RGui (64-bit) - [R Console]
파일  편집  보기  기타  패키지들  윈도우즈  도움말

> sampledata=read.csv("sampledata.csv")
> sampledata
   programtype dramapref varietypref brandaware brandpref programaware
1            2         4           4          7         7            7
2            2         4           7          7         5            7
3            2         5           6          7         3            7
4            2         6           2          7         4            3
5            2         2           7          3         3            6
6            2         4           4          7         6            7
7            2         5           2          7         7            7
8            2         2           5          6         4            6
9            2         1           7          7         4            7
10           2         5           5          7         6            7
11           2         6           6          7         4            7
12           2         5           4          7         6            6
13           2         2           4          7         3            7
14           2         2           6          7         4            7
15           2         3           4          7         5            6
16           2         2           1          7         3            6
17           2         5           5          7         4            5
18           2         6           4          7         3            7
19           2         3           1          7         4            7
20           2         7           5          1         4            1
21           2         4           4          6         3            6
22           2         6           6          7         3            7
23           2         5           6          5         4            5
24           2         4           2          4         3            5
25           2         4           6          7         4            2
26           2         2           6          7         4            7
27           2         4           4          7         5            7
28           2         3           5          5         4            5
29           2         2           6          7         3            7
30           2         2           6          7         7            7
31           2         4           4          7         5            6
32           2         7           6          7         5            7
33           2         5           4          5         5            5
```

불러온 자료를 확인한 후 자료의 자세한 구조를 확인하기 위해서는 "str( )" 함수를 활용할 수 있다. "str( )" 함수는 해당 자료에 어떤 변수들이 있고, 몇 개의 변수가 있으며, 그 변수의 종류는 어떤지 확인할 수 있게 해준다. "str(sampledata)"를 다음과 같이 실행하면, 18개의 변수가 있고, 176개의 관측치가 있음을 알려 주며, 동시에 각 변수가 정수형인지 문자형인지 확인이 가능하다.

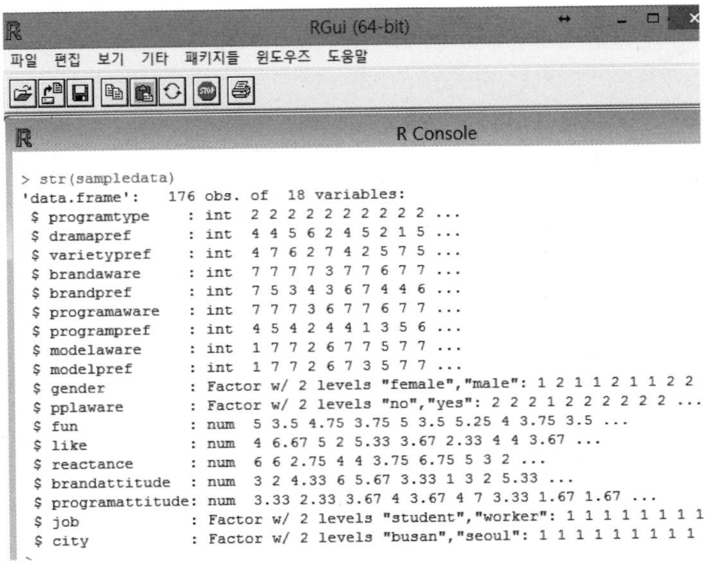

R의 가장 중요한 이점은 다양한 통계분석 기능을 쉽게 활용할 수 있다는 것이다. 이 이점을 활용하기 위해서는 다양한 통계분석 라이브러리/패키지를 R 프로그램에 설치하여야 한다. 다음은 어떻게 R 프로그램에 원하는 통계분석 라이브러리/패키지를 설치하는지 알아보자. 예를 들어, "aqfig"라는 통계 그래프 라이브러리를 활용하고 싶다면, 먼저 R 프로그램의 "패키지들" 메뉴에서 "패키지(들) 설치하기" 메뉴를 선택한다.

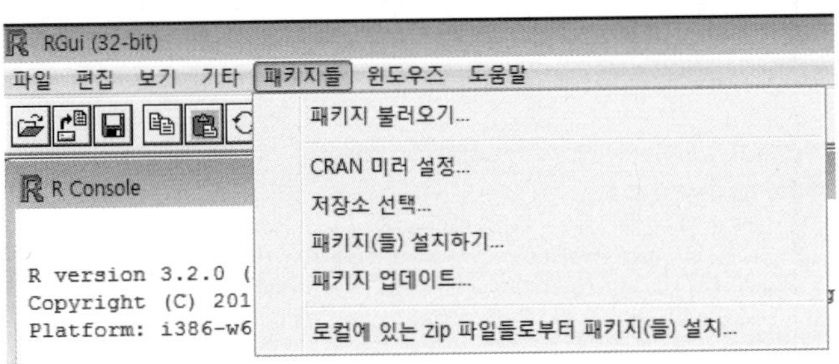

"패키지(들) 설치하기"를 선택하면 다음과 같이 처음에 패키지를 다운로드받을 국가 또는 서버를 설정하는 창이 먼저 나오고 이후 설치하고자 하는 패키지를 선택하는 창이 나타난다. 본 예에서는 "Korea"를 선택하고 설치대상 패키지로 "aqfig"를 선택하였다.

패키지의 설치가 완료되면, 다음과 같이 설치가 잘 이루어졌다는 메시지를 "R Console"에서 확인할 수 있다. 실제 패키지를 활용하여 패키지 내 다양한 함수를 활용하기 위해서는 "library(aqfig)" 명령으로 해당 패키지(aqfig)를 R 프로그램으로 불러와야 한다. R 프로그램이 기본적으로 제공하는 몇몇 패키지를 제외하고는 필요시마다 해당 패키지/라이브러리를 R 프로그램으로 불러와야 한다.

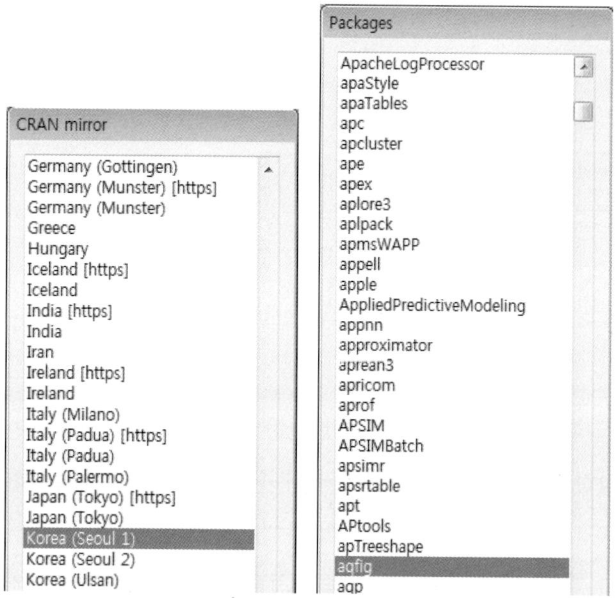

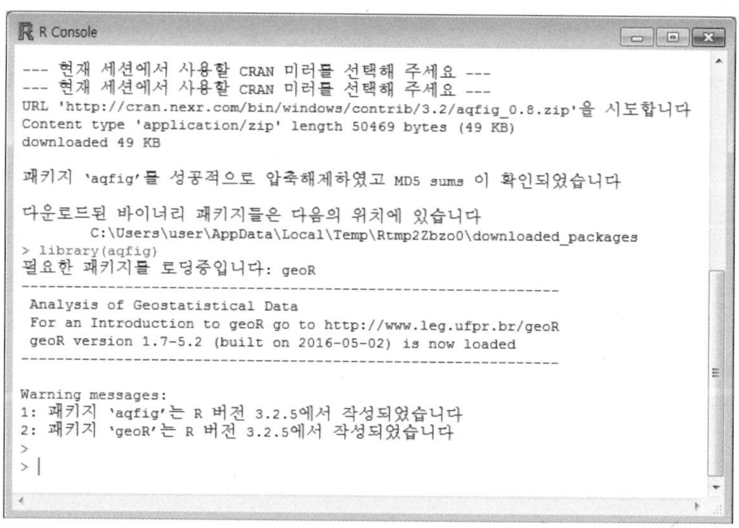

```
R Console
> install.packages("aqfig", repos='https://ftp.harukasan.org/CRAN/')
'C:/Users/user/Documents/R/win-library/3.5'의 위치에 패키지(들)을 설치합니다.
(왜냐하면 'lib'가 지정되지 않았기 때문입니다)
'RandomFieldsUtils', 'sp', 'splancs', 'RandomFields', 'geoR'(들)을 또한 설치합니$

URL 'https://ftp.harukasan.org/CRAN/bin/windows/contrib/3.5/RandomFieldsUtils_0.3.25.zip'을$
Content type 'application/zip' length 647622 bytes (632 KB)
downloaded 632 KB

URL 'https://ftp.harukasan.org/CRAN/bin/windows/contrib/3.5/sp_1.3-1.zip'을 시도합니다
Content type 'application/zip' length 1869135 bytes (1.8 MB)
downloaded 1.8 MB

URL 'https://ftp.harukasan.org/CRAN/bin/windows/contrib/3.5/splancs_2.01-40.zip'을 시도합니$
Content type 'application/zip' length 348708 bytes (340 KB)
downloaded 340 KB

URL 'https://ftp.harukasan.org/CRAN/bin/windows/contrib/3.5/RandomFields_3.1.50.zip'을 시도$
Content type 'application/zip' length 4589853 bytes (4.4 MB)
downloaded 4.4 MB

URL 'https://ftp.harukasan.org/CRAN/bin/windows/contrib/3.5/geoR_1.7-5.2.1.zip'을 시도합니다
Content type 'application/zip' length 1550360 bytes (1.5 MB)
downloaded 1.5 MB

URL 'https://ftp.harukasan.org/CRAN/bin/windows/contrib/3.5/aqfig_0.8.zip'을 시도합니다
Content type 'application/zip' length 58474 bytes (57 KB)
downloaded 57 KB

패키지 'RandomFieldsUtils'를 성공적으로 압축해제하였고 MD5 sums 이 확인되었습니다
패키지 'sp'를 성공적으로 압축해제하였고 MD5 sums 이 확인되었습니다
패키지 'splancs'를 성공적으로 압축해제하였고 MD5 sums 이 확인되었습니다
패키지 'RandomFields'를 성공적으로 압축해제하였고 MD5 sums 이 확인되었습니다
패키지 'geoR'를 성공적으로 압축해제하였고 MD5 sums 이 확인되었습니다
패키지 'aqfig'를 성공적으로 압축해제하였고 MD5 sums 이 확인되었습니다

다운로드된 바이너리 패키지들은 다음의 위치에 있습니다
        C:\Users\user\AppData\Local\Temp\Rtmp06JEnV\downloaded_packages
> |
```

마지막으로 R의 편집기(스크립트) 기능을 활용하면 효과적인 R 프로그래밍이 가능하다. "파일" → "새 스크립트 열기" 메뉴를 사용하면 다음과 같이 "R 편집기" 화면이 나타난다. 이 R 편집기 화면에서 원하는 R 프로그래밍을 편집한 뒤에 이 코드를 복사하여 "R Console"에 "붙여넣기" 기능을 활용하여 코드를 바로 실행할 수 있다. 또한 "편집" 메뉴에 "줄 또는 선택영역 실행"이나 "전부 실행하기" 메뉴를 활용하여 해당 코드들을 실행할 수 있다. "R 편집기"를 활용하여 프로그래밍을 하게 되면 지루하고 비효율적, 반복적인 타이핑을 피할 수 있으며 자신이 만든 소중한 코드를 저장해 놓고 다양하게 재활용도 가능하다.

```
제목없음 - R 편집기
age_level=rep(1,length(sampledata[,19]))
age_level[sampledata[,19]>=20]=2
age_level[sampledata[,19]>=30]=3
age_level=factor(age_level, labels=c("10","20","30"))
dramapref=sampledata[,2]
boxplot(dramapref ~ age_level)
aov1=aov(dramapref ~ age_level)
aov1
summary(aov1)
```

지금까지 통계분석 프로그래밍 언어인 R을 활용하여 통계분석을 하기 위해 필요한 가장 기본적이고 기초적인 R의 구조와 기능에 대해 살펴보았다. 본 장에서 언급한 R에 대한 설명은 앞으로 본 서에서 소개할 통계분석기법을 활용하기 위해 필요한 필수적이고 기본적인 설명만이 포함되어 있음을 다시 한 번 상기하고 싶다. 만약, 더 자세히 R에 대해 살펴보고자 할 경우 R에 대해 자세히 다룬 다른 관련 서적을 참고하기 바란다.

CHAPTER

10

자료의 요약 및 정리

MARKETING
RESEARCH

본 장에서는 다양한 형태와 방식으로 수집된 자료를 요약하고 정리하여 훑어보는 방법에 대해 설명한다. 엄밀하고 복잡한 통계분석 전에 수집된 자료에 대한 단순하지만 직관적인 분석방법의 수행은 자료에 대한 조사자의 기본적 이해를 높이고 신뢰를 형성하는 데 도움을 준다. 대표적인 기초분석으로는 기술통계량(평균, 분산 등), 빈도표, 히스토그램 등의 그래프 분석방법 등이 있다.

10.1 기술통계량

자료의 분포 또는 형태를 표현하기 위해 기본적으로 자료의 중심이 어디인지, 또한 자료가 얼마나 퍼져 있는지를 파악한다. 이를 위한 기본적인 척도로 중심 위치 척도(Measures of Location)와 변동성 척도(Measures of Variability)를 많이 사용한다.

중심 위치 척도는 자료의 분포의 중심 또는 가운데를 표현해 주는 척도로서 일반적으로 평균, 중앙값, 최빈값 등이 대표적인 중심 위치 척도이다. 중심 위치 척도, 즉 자료의 중심은 자료 분포에서 가장 빈도가 높거나 출현확률이 높을 가능성이 크기 때문에 자료를 대표하는 값으로 많이 활용된다.

변동성 척도는 자료가 다양성을 가지고 있는지 또는 자료의 중심으로부터 얼마나 퍼져 있는지 등 자료의 변동 정도를 표현해 주는 척도로서, 4분위수, 분산, 표준편차 등이 이에 해당한다. 변동성 척도는 중심 위치 척도의 대표성을 판단하는 데 중요하게 활용된다. 즉, 변동성 척도에 따라 중심 위치 척도가 자료를 어느 정도 대표하는지에 영향을 준다. 예를 들어, 자료의 변동성이 작은 경우가 큰 경우에 비해 관측치의 변화가 상대적으로 작고 관측치 간의 차이가 적어 중심 위치 척도가 해당 자료를 대표할 가능성이 크다.

10.1.1 중심 위치 척도

평균

가장 대표적인 기술통계량으로는 평균(Mean, Average)이 있다. 평균은 자료의 중심 성향을 측정하기 위해 가장 많이 사용하는 중심 성향 대푯값(Measure of Central Tendency)으로 등간척도와 비율척도로 측정된 자료에 적용할 수 있다. 우리가 일반적으로 사용하는 평균에는 산술평균, 기하평균, 조화평균의 세 가지 종류가 있으며 그중 가장 널리 쓰이는 평균은 산술평균이다.

산술평균

$$\bar{x} = \frac{x_1 + x_2 + \cdots x_n}{n}$$

기하평균

$$\bar{x} = \left(\prod_{i=1}^{n} x_i\right)^{\frac{1}{n}}$$

조화평균

$$\bar{x} = n \cdot \left(\sum_{i=1}^{n} \frac{1}{x_i}\right)^{-1}$$

예를 들어, 5명의 몸무게인 54kg, 72kg, 65kg, 81kg, 76kg의 산술평균은 $\frac{54+72+65+81+76}{5} = 69.6\text{kg}$ 이고, 한국의 2014년 각 분기별 성장률인 3.9%, 3.4%, 3.3%, 2.7%의 기하평균은 $(0.039 \times 0.034 \times 0.033 \times 0.027)^{\frac{1}{4}} = 0.0330(3.3\%)$ 이며, 30km/h, 40km/h, 50km/h의 조화평균은 $\left(\frac{3}{\frac{1}{30} + \frac{1}{40} + \frac{1}{50}}\right) = 38.30\text{km/h}$ 이다.

기하평균은 성장률과 같이 곱셈으로 표현되는 비율들의 평균을 계산하고자 할 때 적당하며, 조화평균은 속도와 같은 단위비율들의 평균을 계산하고자 할 때 적당하다.

중앙값/중위수

또 다른 대표적인 중심 성향 대푯값으로 중앙값(Median)을 들 수 있다. 중앙값은 자료들을 크기순으로 나열하였을 때, 가장 중앙에 위치하는 값을 의미한다. 만약 자료의 개수가 짝수일 때는 두 개의 관측치가 중앙에 위치하게 되므로 이 둘의 평균을 중앙값으로 취한다.

예를 들어, 앞서 5명의 몸무게 54kg, 72kg, 65kg, 81kg, 76kg의 경우, 몸무게를 크기순으로 나열하여 54kg, 65kg, 72kg, 76kg, 81kg 중앙에 위치하는 72kg이 중앙값이 된다.

대푯값으로 가장 많이 사용되는 평균은 모든 관측치의 값을 반영하기 때문에 극단치(Outlier: 지나치게 작거나 큰값)의 영향을 받게 되는 단점이 있지만, 중앙값의 경우 서열을 바탕으로 한 중심 성향 대푯값이므로 극단치의 영향을 상대적으로 덜 받게 되는 장점이 있다.

최빈값

최빈값(Mode)은 자료에서 가장 많이 관측되는 관측치를 의미한다. 최빈값은 경우에 따라 두 개 이상의 관측치가 될 수 있다. 최빈값은 자료의 표현에서 빈도수가 중요한 의미를 차지할 때 적절한 중심 위치 척도이다. 특히 척도가 범주형일 경우 최빈값은 가장 적절한 중심 위치 척도로 사용될 수 있다.

일반적으로 최빈값은 확률분포상의 최댓값을 의미한다. 자료의 분포가 대칭형태인 경우 평균, 중앙값, 최빈값은 동일하지만, 비대칭인 경우 평균은 자료값 출현확률의 중앙을, 중앙값은 자료빈도의 중앙을, 최빈값은 가장 빈도가 높은 관측값을 의미한다.

그림 10-1 중심 위치 척도의 비교

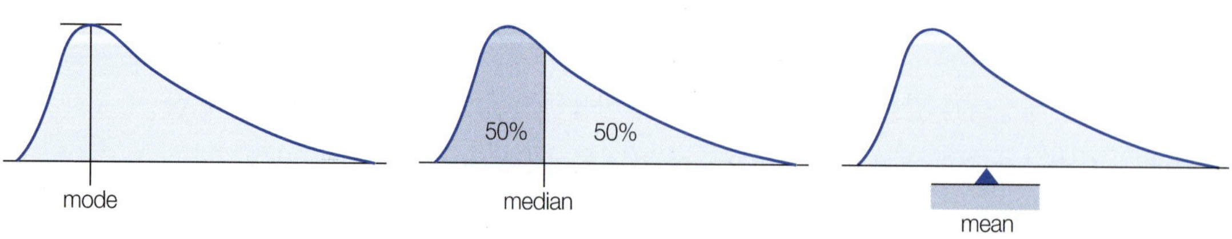

자료: Wikipedia

10.1.2 변동성 척도

사분위수

사분위수(Quartile)는 자료를 크기순으로 나열하였을 때, 누적 백분율을 4등분한 후의 각 위치에 있는 관측치를 의미하며, 25%, 50%, 75%, 100% 위치에 있는 관측치 각각을 제1사분위수, 제2사분위수, 제3사분위수, 제4사분위수라고 한다. 이때 제2사분위수는 중앙값(Median)과 동일하다. 제3사분위수와 제2사분위수의 차를 사분범위(Interquartile Range)라고 하고, 자료들의 분포가 어떤 형태인지를 쉽게 파악하기 위해 사용하며 표준편차보다 극단치에 영향을 덜 받는다는 장점이 있다. 예를 들어, 이 사분범위가 크면 자료는 흩어진 형태이고, 작으면 밀집된 형태로 판단할 수 있다.

분산 및 표준편차

분산(Variance)과 표준편차(Standard Deviation)는 자료가 흩어져 있는 정도, 즉 자료의 분포를 나타내는 척도 중 가장 널리 사용된다. 통계학에서는 확률분포의 변동성을 표현하기 위해 주로 분산과 표준편차를 활용한다. 분산은 기본적으로 자료의 관측치들과 평균과의 편차의 평균의 형태로 계산된다. 즉, 표준편차 또는 분산은 자료들이 평균적으로 평균으로부터 얼마나 떨어져 있는지를 의미하고, 자료분포에서 각각의 자료들의 흩어진 정도를 합리적으로 표현하는 척도가 된다.

먼저 모집단의 경우 분산(σ^2)은 모집단의 평균(μ)과 관측치(x_i) 차이의 제곱(거리만을 표현하기에 양의 값으로 전환)의 평균(N: 모집단의 크기)으로 계산하고, 표준편차(σ)는 자료와의 적절한 비교(동일단위의 사용)를 위해 분산의 제곱근으로 변환한다.

표본분산(Sample Variance: s^2)의 추정은 모집단의 분산추정보다는 다소 복잡하다. 일반적으로 자료조사의 대상이 되는 모집단을 직접적으로 조사하는 경우는 극히 드문 경우에 속하기 때문이다. 자료조사자가 알 수 있는 정보는 일반적으로 모집단으로부터 추출된 표본에 대한 정보가 전부인 경우가 대부분이고, 자료조사 전후 모집단의 분산은 사전에 알 수 없다. 따라서 모집단의 분산에 대한 계산을 통해 자료의 분산을 확인하는 것은 사실상 불가능하고, 자료조사자는 모집단의 표본으로부터 계산된 분산을 바탕으로 모집단의 분산을 추정하여야 한다.

즉, 표본평균($\bar{y}$)과 표본크기(n)로 표본자료의 분산(σ_y^2)을 직접적으로 계산하는 것과 표본분산(s^2)을 추정하는 것은 구별하여야 한다. 이들 간의 차이는 표본자료의 분산의 분모는 n이고 표본분산의 분모는 $n-1$이라는 점이다. 이는 표본자료의 분산이 $(n-1)/n$ 배만큼 편향(Biased)되었다는 것을 의미하고, 이 차이의 보정을 Bessel의 보정이라고 한다. 즉, 표본자료의 분산을 $n/(n-1)$배만큼 보정함으로써, 표본으로부터 계산된 편향된(Biased) 분산을 편향되지 않은(Unbiased) 표본분산으로 보정하여 모집단의 분산(σ^2)을 추정하게 된다.

예를 들어, 5명의 몸무게가 54kg, 72kg 65kg, 81kg, 76kg인 경우 평균은 69.6kg이다.

모집단의 분산은 $\frac{\{(54-69.6)^2+(72-69.6)^2+(65-69.6)^2+(81-69.6)^2+(76-69.6)^2\}}{5}=$ 88.24kg^{2}이고 표준편차는 9.39kg이다.

표본의 분산은 $\frac{\{(54-69.6)^2+(72-69.6)^2+(65-69.6)^2+(81-69.6)^2+(76-69.6)^2\}}{4}=$ 110.3Kg^{2}이고 표준편차는 10.50kg이다.

분산과 표준편차는 보통 절대적 기준으로 변동성의 크기를 제시하기보다는 자료들 간의 분산을 비교함으로써 자료들 간의 변동성의 상대적 크기를 확인하기 위해 주로 사용한다. 예를 들어, 자료 A의 표준편차가 9.39kg일 경우, 자료 A의 변동성의 정도는 판단하기 어렵지만, 이와 비교할 수 있는 유사형태의 자료 B의 표준편차가 10.5kg이라면, 자료 B의 변동성이 자료 A의 변동성보다 크다고 할 수 있다.

분산과 표준편차는 유사형태의 자료, 특히 단위가 동일한 자료들 간의 변동성 비교에 주로 사용되지만, 서로 다른 형태의 자료 또는 단위가 다른 자료의 비교에는 적절치 않다. 예를 들어, 월수입 자료인 자료 A와 몸무게 자료인 자료 B의 변동성의 비교는 불가능하다. 이러한 비교를 위해 변동계수(Coefficient of Variation)를 사용할 수 있다. 변동계수는 표준편차를 평균으로 나눈 것으로 표준편차를 평균으로 표준화시킴으로써 단위의 영향을 제거하였다.

10.1.3 통계분석 연습

Excel 활용

일반적으로 Excel에서는 기본적으로 기초통계량을 개별적으로 계산할 수 있는 함수들을 제공한다. 대표적으로 평균은 “AVERAGE( )” 함수를 이용하여 계산할 수 있고, 분산이나 표준편차는 “STDEV( )” 함수를 이용하여 계산할 수 있다. 하지만 여러 개의 기술통계량을 일일이 계산하는 것은 비효율적이기 때문에 Excel에서 제공하는 통계 패키지를 활용하여 기술통계량을 계산할 수도 있다. Excel에서 통계적 분석을 하기 위해서는 반드시 “분석 도구” 추가 기능을 활성화시켜야 한다. 예제 데이터에서 “브랜드선호도” 변수에 대한 기술통계량을 계산해 보도록 하자.

먼저, 다음과 같이 Excel에서 활성화된 “데이터 분석”을 선택한다.

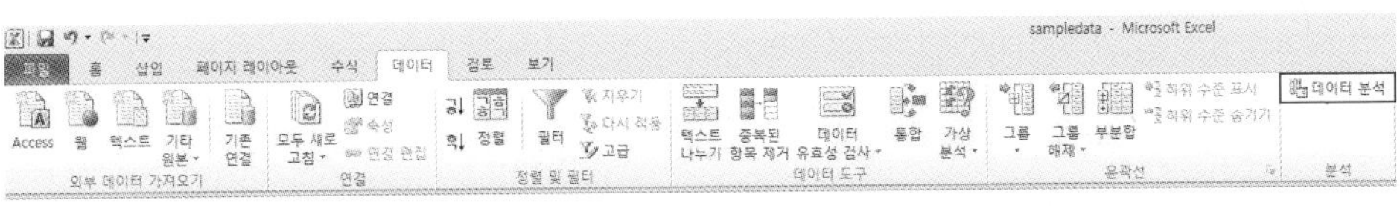

“데이터 분석”을 선택하면, 다음과 같이 분석할 통계방법을 선택하는 창이 나타난다. 여기서 “기술 통계법”을 선택하고 “확인”을 선택한다.

“기술 통계법”을 위한 여러 선택사항을 입력하는 창이 다음과 같이 나타난다. 여기서 “입력 범위”와 “출력 옵션”이 가장 중요한 입력사항이다. “입력 범위”는 기술통계로 분석할 데이터의 범위를 의미하며, 기술통계량을 계산하기 원하는 “브랜드선호도” 데이터가 E열 2행부터 177행에 있으므로, “$E$2:$E$177”을 입력하거나, 마우스로 선택한다. 다음으로 “출력 옵션”에서 출력값을 출력하는 방법으로 일반적으로 “새로운 워크시트”를 선택하고, 기술통계량을 계산하기 위해 “요약 통계량”을 선택한 후 “확인”을 선택한다.

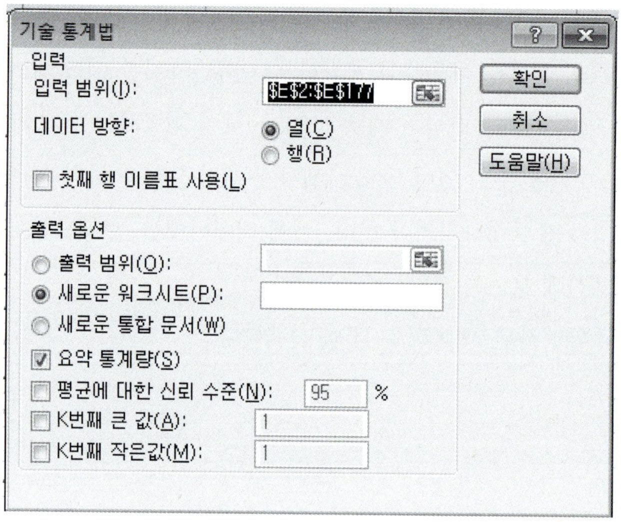

결과적으로 다음과 같은 기술통계량 결과를 확인할 수 있다.

	A	B
1	Column1	
2		
3	평균	4.068181818
4	표준 오차	0.0975648
5	중앙값	4
6	최빈값	4
7	표준 편차	1.294343337
8	분산	1.675324675
9	첨도	0.200259495
10	왜도	-0.09602369
11	범위	6
12	최소값	1
13	최대값	7
14	합	716
15	관측수	176

총 176명의 표본에서 "브랜드선호도"의 평균은 4.07이고, 표준편차는 1.29임을 알 수 있다. 평균과 표준편차 이외에도 다양한 기술통계량을 확인할 수 있다.

SPSS 활용

Excel 예제와 동일하게 SPSS에서 예제 데이터의 "브랜드선호도" 변수에 대한 기술통계량을 계산해 보도록 하자. 먼저, 다음과 같이 SPSS에서 "기술통계" 분석을 선택한다.

다음과 같은 "기술통계" 분석창에서 기술통계분석을 위해 원하는 변수를 선택한다. 본에는 "브랜드선호도"에 대한 기술통계를 계산하기 위해 "브랜드선호도" 변수를 선택하였다. 다음으로 계산과 관련된 기술통계량을 선택하기 위해 "옵션"을 선택한다.

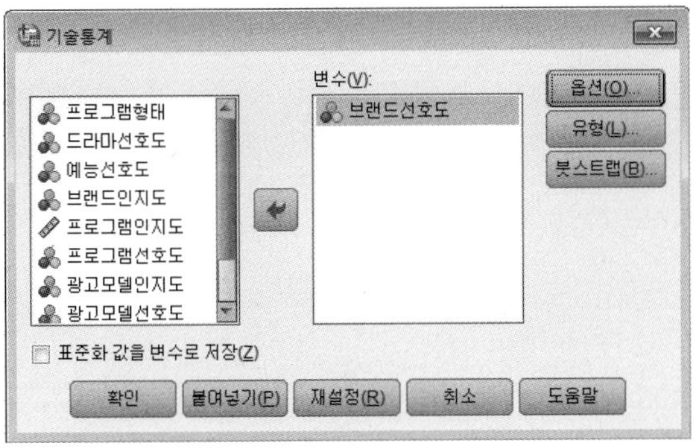

다음과 같은 기술통계량 선택창에서, 계산하고자 하는 기술통계량을 선택하고, "계속"을 선택한다. 다시 이전 창에서 "확인"을 선택하면 SPSS 출력창에서 기술통계량을 확인할 수 있다.

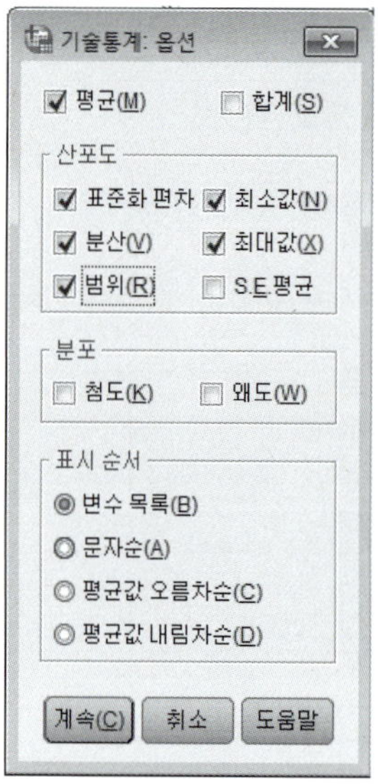

SPSS에 의해 계산된 기술통계량은 다음과 같다.

기술통계량

	N	범위	최소값	최대값	평균	표준편차	분산
브랜드선호도	176	6	1	7	4.07	1.294	1.675
유효 N(목록별)	176						

기술통계량은 Excel의 결과와 동일하다.

R 활용

R에서는 먼저 "read.csv( )" 함수를 이용하여 자료를 읽어 들인다.

```
> sampledata=read.csv("sampledata.csv")
```

"head( )" 함수를 사용하여 자료가 제대로 읽혀졌는지 확인한다. "head( )" 함수는 다음과 같이 자료의 앞부분만을 선택적으로 출력한다.

```
> head(sampledata)
```

```
  프로그램형태 드라마선호도 예능선호도 브랜드인지도 브랜드선호도 프로그램인지도 프로그램선호도 광고모델인지도
1            2            4          4            7            7              7              4              1
2            2            4          7            7            5              7              5              7
3            2            5          6            7            3              7              4              7
4            2            6          2            7            4              3              2              2
5            2            2          7            3            3              6              4              6
6            2            4          4            7            6              7              4              7
  광고모델선호도   성별 PPL인지여부
1              1 female         yes
2              7   male         yes
3              7 female         yes
4              2 female          no
5              6   male         yes
6              7 female         yes
```

가장 간단하게 기술통계량을 확인하는 방법은 "summary( )" 함수를 활용하는 방법이다. "summary( )" 함수는 다음과 같이 최솟값과 최댓값 그리고 4분위수를 출력한다. "브랜드선호도" 변수가 "sampledata"의 5번째 열에 존재하므로, "sampledata[,5]"로 "sampledata" 데이터프레임의 5번째 열을 참조한다.

```
> summary(sampledata[,5])
  Min. 1st Qu.  Median    Mean 3rd Qu.    Max.
 1.000   3.000   4.000   4.068   5.000   7.000
```

더 자세한 기술통계량을 확인하기 위해서는 기술통계량을 계산하는 개별 함수들을 활용한다. 기술통계량을 계산하는 함수들로는 "mean( ), median( ), var( ), sd( ), max( ), min( ), range( ), quantile( ), fivenum( ), length( )" 등이 있다.

```
> mean(sampledata[,5]) # Mean of all numeric variables
> median(sampledata[,5])
> var(sampledata[,5]) # Variance
> sd(sampledata[,5]) # Standard deviation
> max(sampledata[,5]) # Max value
> min(sampledata[,5]) # Min value
> range(sampledata[,5]) # Range
```

```
> quantile(sampledata[,5]) # Quantiles 25%
> quantile(sampledata[,5]), c(.3,.6,.9) # Customized quantiles
> fivenum(sampledata[,5]) # Boxplot elements. (minimum, lower-hinge, median,
                          # upper-hinge, maximum)
> length(sampledata[,5]) # Number of variables when a dataset is specify
```

10.2 다양한 그래프 활용하여 자료 훑어보기

본격적인 분석에 앞서 기술통계량을 활용하여 평균이나 분산과 같은 자료를 요약하는 대푯값들은 기본적으로 자료의 분포형태를 확인하는 데 중요한 역할을 하고 조사자가 자료를 이해하는 데 많은 도움을 줄 수 있다. 이와는 별도로 각 자료의 세세한 특성이나 자료 간의 관계를 대략적으로 훑어보는 것 역시 본조사 전의 중요한 사전수행 단계이다. 이 사전수행을 위해 주로 빈도표, 히스토그램, 산포도 등 다양한 표와 그래프 방법이 활용된다.

10.2.1 빈도표와 히스토그램

빈도표(도수분포표: Frequency Table)는 가장 널리 활용되는 자료의 표현방식으로 계급(값의 범위, 단위값, 분류)과 빈도(도수, 횟수, 절대빈도, 상대빈도)로 구성된다. 사실 빈도표는 빈도분포의 표형태로서 관측값의 분포를 표현하는 것을 주목적으로 한다. 빈도란 특정한 값의 출현 또는 관측 횟수라 할 수 있으며 여기서 특정한 값은 하나의 수치이거나 범위일 수 있다.

〈표 10-1〉은 7점 척도로 측정한 결과의 각 점수별 빈도의 분포를 보여 주고 있다. 첫 번째 열은 계급(값)으로 각 계급은 7점 척도의 해당 점수를 의미하여 두 번째 열의 빈도와

함께 1점은 1명, 2점은 0명, 3점은 14명, 4점은 25명, … 등임을 확인할 수 있다. 세 번째 열은 이 빈도의 누적을 표현하고 마지막 열은 상대빈도를 표현하여, 빈도표를 통해 6점이 가장 많고, 다음으로 5점, 다음으로 7점이 많음을 알 수 있다.

표 10-1 빈도표의 예

계급(값)	빈도	누적빈도	상대빈도
1	1	1	0.6%
2	0	1	0.0%
3	14	15	8.2%
4	25	40	14.7%
5	42	82	24.7%
6	52	134	30.6%
7	36	170	21.2%

히스토그램(Histogram)은 빈도표를 바탕으로 이를 그래프의 형태로 표현하는 것으로 수평축은 계급, 수직축은 빈도를 표시한다. 히스토그램은 다양하고 방대한 자료의 분포를 한눈에 그래프로 표시하는, 가장 많이 활용되는 방법이다. 히스토그램의 대표적인 사용목적은 관측치들에 어떤 특성이 있는지 그리고 자료분포형태가 어떤지, 예를 들어 자료분포의 대칭성 여부, 치우침 정도, 극단치 또는 이상치의 존재 여부를 파악하는 데 활용한다. 히스토그램은 복잡한 수학적 · 통계적 지식이 없어도 손쉽게 의사결정에 활용을 할 수 있기 때문에 본격적인 본조사 전에 일반적으로 가장 먼저 수행하는 사전분석 절차로 많이 사용된다. 앞서의 빈도표에 대응되는 히스토그램은 [그림 10-2]와 같다.

그림 10-2 히스토그램의 예

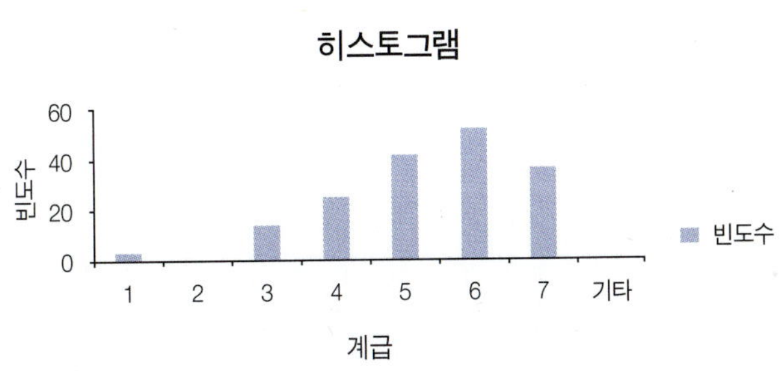

히스토그램과 빈도표는 간단하면서 중요한 역할을 하지만, 지나치게 단순화되는 과정에서 많은 자료의 정보가 손실되는 단점이 있고, 통계적 추론의 과정을 거치지 않는다는 점에서 중요한 의사결정이나 결론을 위해 활용되는 것은 극히 자제해야 한다. 다만, 앞서의 설명과 같이 본격적인 조사 전에 자료의 특성과 형태의 대략적 또는 즉각적 검토를 위해 사전분석 단계 정도로 활용하는 것을 권장한다.

10.2.2 상자그래프

상자그래프(Box Plot)는 최솟값, 제1사분위수, 중앙값, 제3사분위수, 최댓값을 상자형태로 간략히 표현한 그래프이다. 상자그래프를 활용하면 자료의 관측치들이 어떠한 모양으로 분포되어 있는지와, 극단값과 이상값들의 존재를 손쉽게 파악할 수 있다. 상자그래프는 먼저 제1사분위수와 제3사분위수를 양 끝으로 상자를 그리고, 상자 안에 중앙값을 수직선으로 표시한다. 최솟값과 최댓값을 수직선으로 표시하거나 상자 밑변의 길이, 즉 사분범위(Interquartile Range)의 1.5배 크고 작은 지점을 수직선으로 표시하고 이 범위에 없는 관측치는 별표(*)나 동그라미(◯) 등의 기호로 극단치 또는 이상치로 간주한다.

그림 10-3 상자그래프의 예

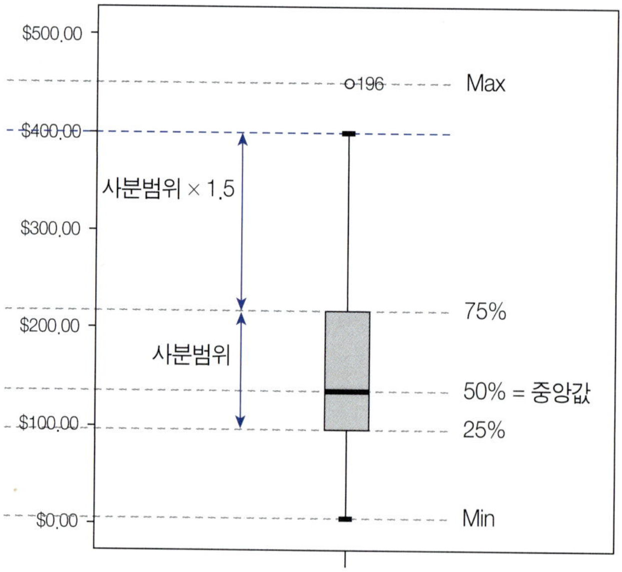

상자그래프는 히스토그램과 비교하여 대푯값들이 그래프에 표현되고 극단치에 한해 개별 관측치를 확인할 수 있어 분포의 형태를 좀 더 자세하게 확인할 수 있다는 장점이 있으며, 극단치 선별에 특히 많이 활용된다.

10.2.3 산포도

지금까지는 수집된 자료 중 한 가지 변수의 특성이나 분포를 파악하는 방법들만 다루었다. 그러나 통계분석은 어떤 현상의 특성이나 상태를 알기 위해 하기도 하지만 좀 더 일반적으로는 두 개 이상의 현상 간의 관계를 통계적 분석을 통해 파악하거나 예측한다. 본 장에서는 두 개 이상의 변수 간의 관계를 대략적으로 파악할 수 있는 방법으로 우리가 흔히 사용하는 산포도(Scatter Plot)에 대해 간략히 언급하고자 한다. 산포도는 서로 관련성 또는 연관성이 있어 보이는 변수들을 수집하여 분석하고 이들 변수 간에 어떤 영향을 줄 수 있는지를 대략적으로 살펴보고자 할 때 사용한다.

예를 들어, 어떤 브랜드의 "브랜드인지도"와 "고객선호도" 간에 어떠한 영향관계가 있는지 궁금한 경우, 사전분석으로 두 개의 변수 "고객선호도"와 "브랜드인지도"의 관계를 산포도로 간단히 확인해 볼 수 있다. [그림 10-4]는 "고객선호도"와 "브랜드인지도" 간의 관계를 보여 주는 산포도이다.

산포도를 통해 기본적으로 두 변수 간 관계의 형태와 강도를 어느 정도 파악할 수 있다. 산포도로 파악 가능한 관계의 형태는 두 변수가 서로 긍정적인 관계를 갖는 양의 상관관계, 서로 부정적인 관계를 갖는 부의 상관관계, 그리고 아무런 관계가 없는 관계가 있다. 특수한 경우, 직선의 형태가 아닌 곡선의 형태를 가지는 산포도도 확인이 가능하다.

하지만 두 변수 간의 상관관계를 표현하는 산포도 역시 앞서의 다른 기술통계, 그래프 방법들과 동일하게 통계적 추론을 포함하지 않기 때문에 그 해석에 있어서 상당한 주의가 요구되며, 본격적인 조사 전에 그 형태나 정도를 사전조사한 정도로 받아들여야 한다.

이러한 산포도의 단점에도 불구하고, 사전에 산포도를 확인하는 것을 권하는 이유는 본격적인 통계분석은 많은 시간과 비용이 소요되기 때문에 변수 간의 관계를 확인할 수 있는 단서가 있다면 이러한 시간과 비용을 줄일 수 있으며, 두 데이터의 관계를 사전에 파악하는 데 도움이 되기 때문이다.

그림 10-4 산포도의 예

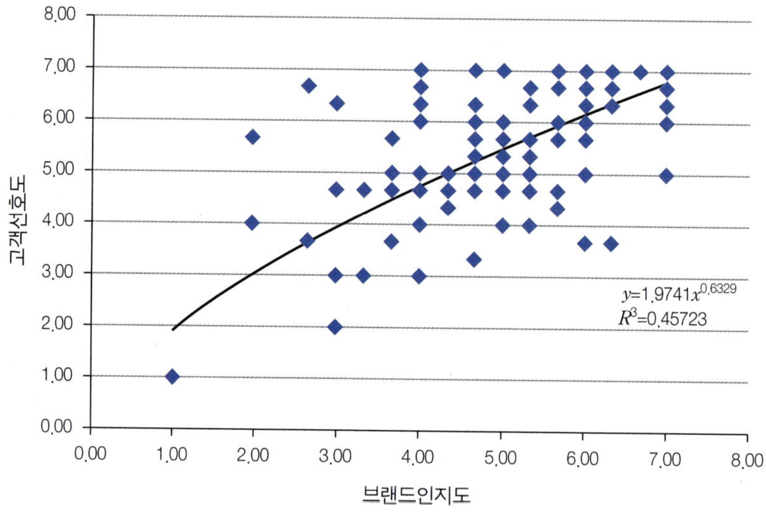

그림 10-5 산포도의 해석

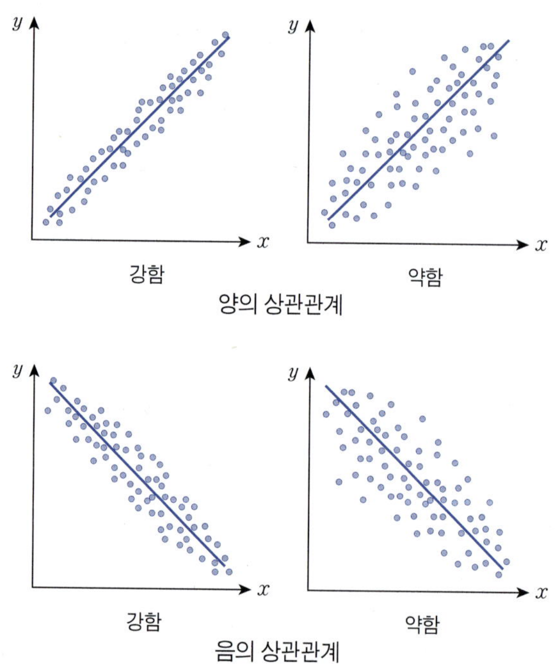

10.2.4 통계분석 연습

Excel 활용

① 빈도표와 히스토그램 그리기

예제 데이터에서 "브랜드선호도" 변수의 빈도표와 히스토그램을 출력해 보자.

히스토그램을 그리기 위해 먼저 계급을 결정해야 한다. 여기서는 계급을 1~7점까지 각각의 점수로 다음과 같이 입력하였다.

V
계급
1
2
3
4
5
6
7

먼저, 다음과 같이 Excel에서 활성화된 "데이터 분석"을 선택한다.

"데이터 분석"을 선택하면, 다음과 같이 분석할 통계방법을 선택하는 창이 나타난다. 여기서 "히스토그램"을 선택하고 "확인"을 선택한다.

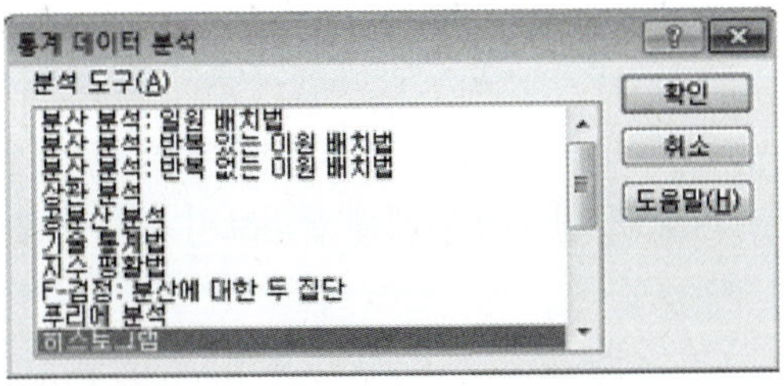

"히스토그램"을 선택하면, "히스토그램"을 그리기 위한 입력창이 나타난다. 입력창에서 "입력 범위"는 히스토그램 출력의 대상이 되는 데이터의 범위를 의미하며, 본 예제에서는 176개의 데이터가 포함된 열 E의 2번째 행($E$2)에서 177번째 행($E$177)까지가 해당된다. "계급 구간"은 출력된 빈도표 또는 히스토그램 출력 시 원하는 계급 구간을 의미하며 본 예제에서는 7개의 계급(1~7점)이 포함된 열 V의 2번째 행($V$2)에서 8번째 행($V$8)까지가 해당된다. "출력 옵션"에서 "차트 출력(히스토그램 출력)" 옵션을 선택하고 "확인"을 선택한다.

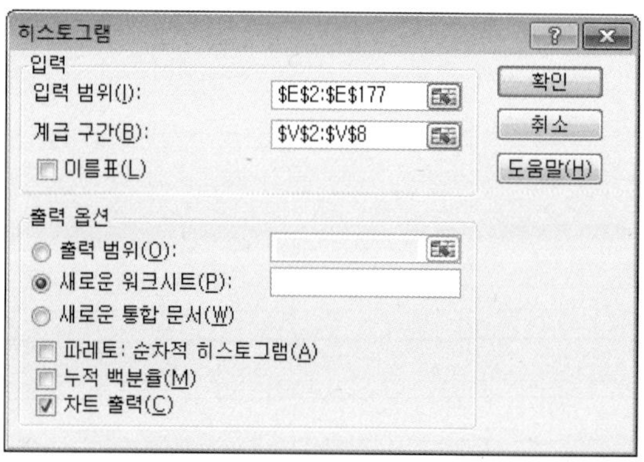

다음과 같은 빈도표와 히스토그램이 새로운 워크시트에 출력된다.

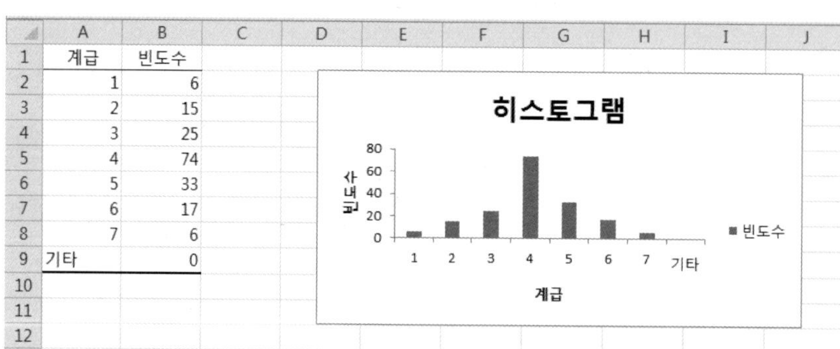

② 산포도 그리기

예제 데이터에서 "브랜드인지도"와 "브랜드선호도" 변수의 관계를 살펴보기 위해 산포도를 그려 보자.

D	E
브랜드인지도	브랜드선호도
7	7
7	5
7	3
7	4
3	3
7	6
7	7
6	4
7	4
7	6
7	4
7	6
7	3
7	4
7	5
7	3
7	4
7	3
7	4
1	4

산포도를 그리기 위해 다음과 같이 "브랜드인지도"와 "브랜드선호도" 자료의 열을 선택한 후, "삽입" 메뉴에서 도표형태를 "분산형" 도표로 선택한다.

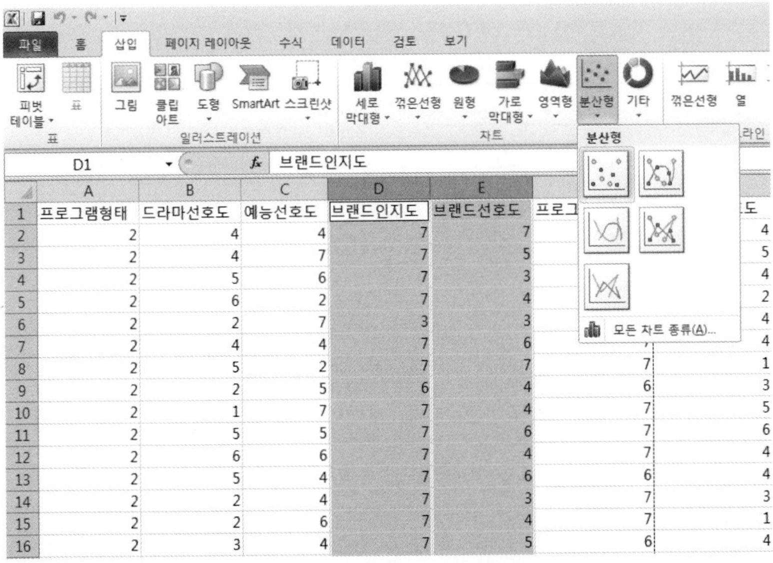

다음과 같은 "브랜드인지도"와 "브랜드선호도" 간의 관계를 보여 주는 산포도가 출력된다.

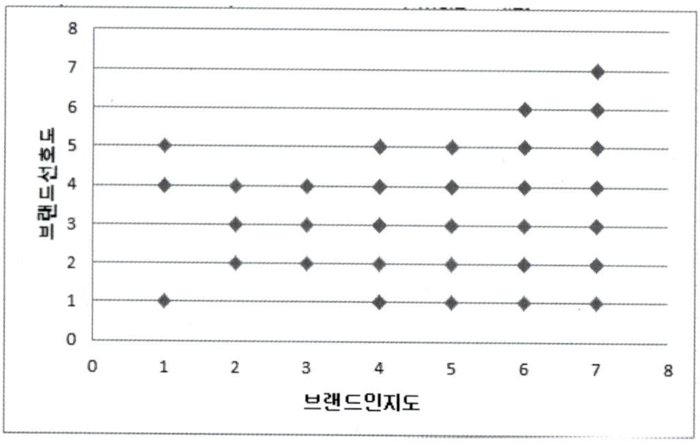

예제 데이터에서 "브랜드인지도"와 "브랜드선호도"가 1에서 7까지의 자연수 값을 가지고 있기 때문에, 이들 간의 순서쌍에는 많은 중복이 있을 수 있어 해당 순서쌍의 출현 횟수를 반영해야 정확한 산포 또는 상관관계를 파악할 수 있다. 그러나 Excel에서는 이를 표현할 수 없다. 다만, 다음과 같이 차트의 종류 및 레이아웃을 변경하여 도표의 형태를 가장 적당한 형태로 수정할 수 있다.

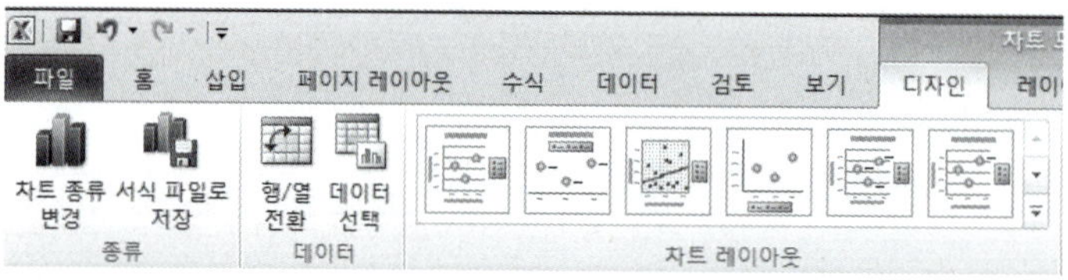

SPSS 활용

SPSS도 Excel과 유사하게 다양한 종류의 차트 레이아웃을 제공하여 손쉽게 다양한 도표를 그릴 수 있도록 "도표 작성기" 기능을 제공하고 있다. SPSS에서 다음과 같이 "도표 작성기" 메뉴를 선택한다.

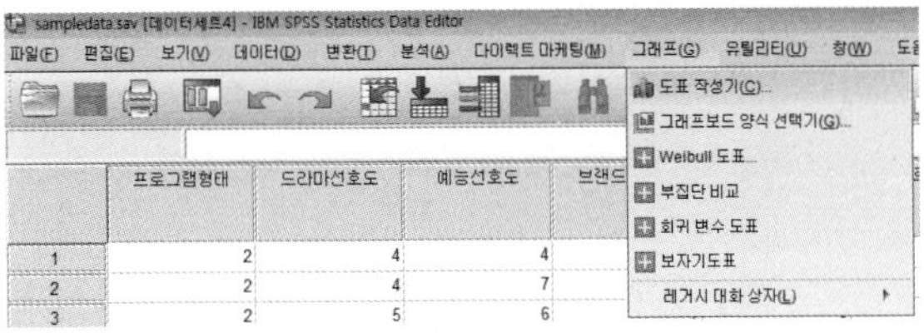

다음과 같은 "도표 작성기" 창의 아래쪽 "갤러리"에서 원하는 도표 양식을 찾아서 선택한 후 오른쪽 위의 "도표 미리 보기"란으로 해당 도표 양식을 "드래그 & 드롭"한다. 선택한 도표 양식에 따라 필요한 변수들을 선택하여 최종 도표를 출력할 수 있다.

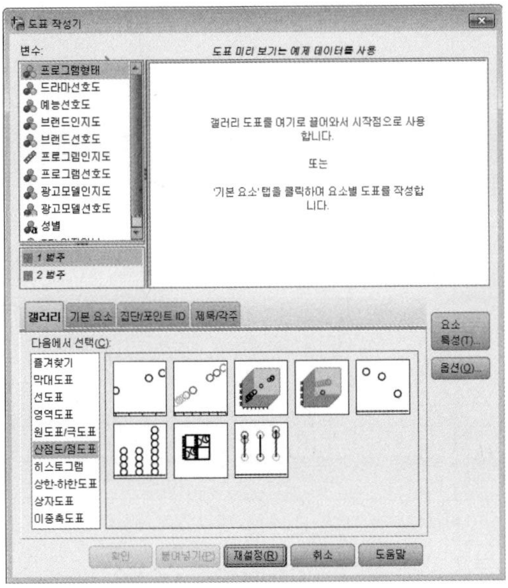

① 히스토그램 그리기

먼저 "브랜드선호도"의 히스토그램을 그리기 위해, 다음과 같이 "히스토그램" 도표 양식을 선택하여 "도표 미리보기"란으로 이동시킨다.

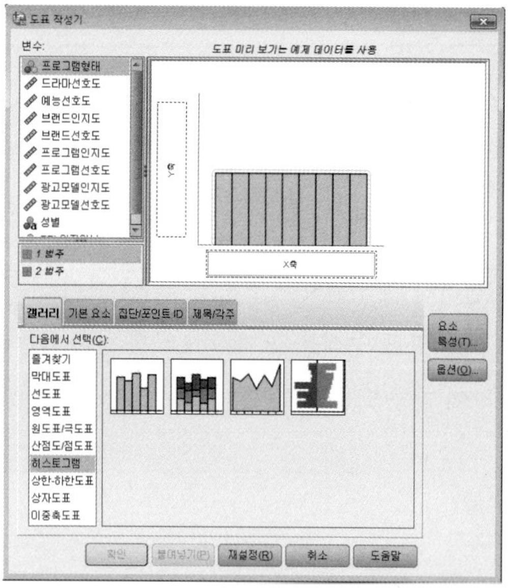

다음으로 "브랜드선호도"를 "도표 미리보기"란의 "X축"란으로 이동시킨다.

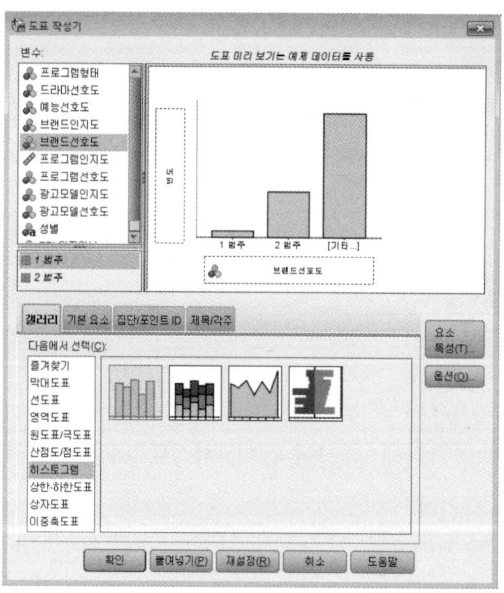

"확인"을 선택하면 SPSS 출력창에 다음과 같이 "브랜드선호도" 변수의 히스토그램이 출력된다.

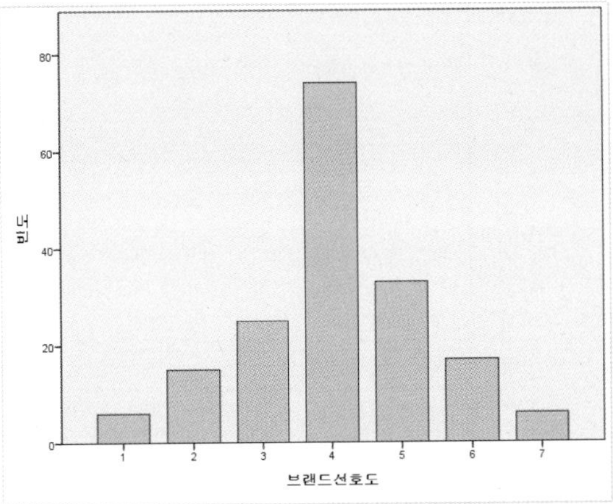

② 산포도 그리기

"브랜드선호도"와 "브랜드인지도" 변수 간의 관계를 확인하기 위한 산포도를 그려 보도록 하자. 히스토그램과 동일하게 "산점도" 도표 양식을 "도표 미리보기"로 이동한 후, "X축"에는 "브랜드인지도" 변수, "Y축"에는 "브랜드선호도" 변수를 이동시킨 후 "확인"을 선택한다.

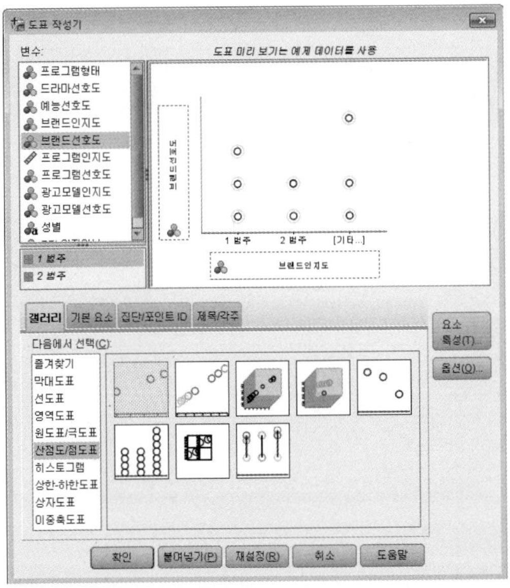

Excel의 산포도와 유사하게 SPSS에서도 순서쌍의 중복을 명확히 반영하기 어렵다. 다만, 다음 그림에서 볼 수 있듯이 진한 표식일수록 출현 횟수가 많고 흐린 표식일수록 출현 횟수가 적음을 표현해 주고 있다.

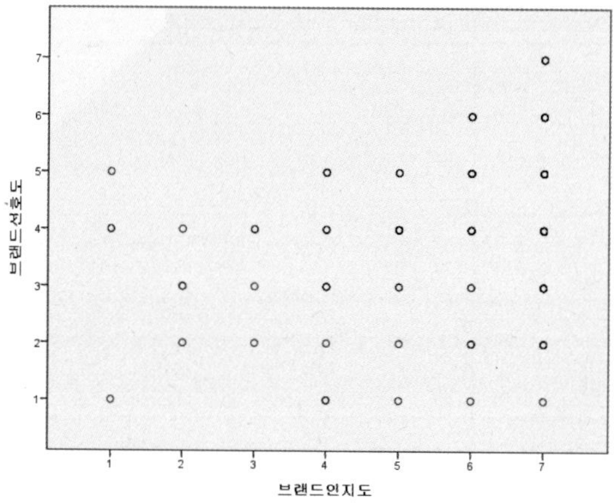

③ 상자도표 그리기

"브랜드선호도"의 전반적 분포형태를 파악하기 위해 상자도표를 그려 보도록 하자. 앞서 히스토그램과 산포도와 마찬가지로 "상자도표" 도표 양식 중 세 번째 "1차원 상자도표"를 선택하여 "도표 미리보기" 창으로 이동시킨다. 이후 "X축"에 "브랜드선호도"를 이동시킨 후 "확인"을 선택하여, 상자도표를 출력시킨다.

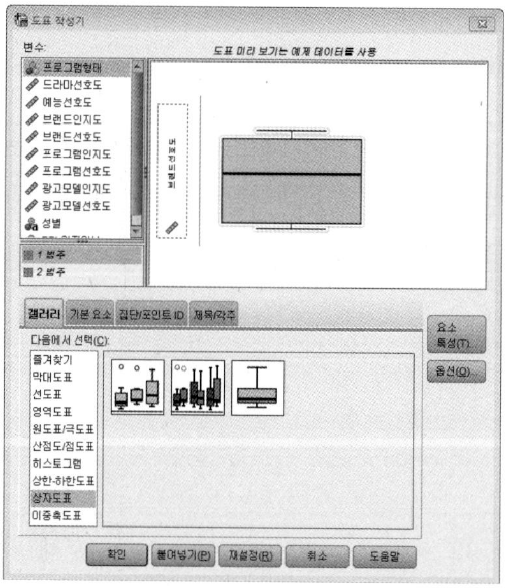

출력된 상자도표는 다음과 같다.

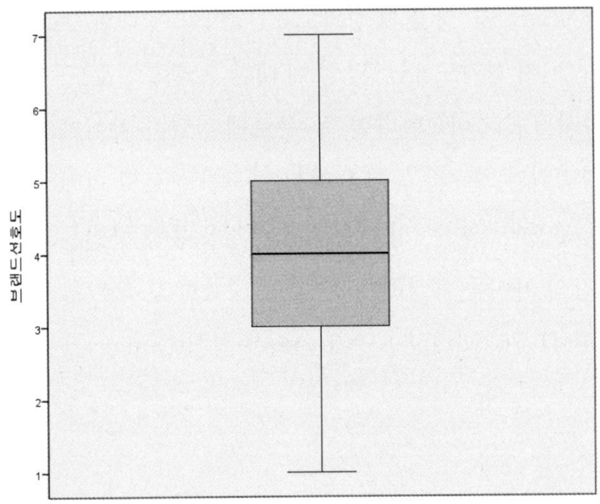

앞서의 상자도표는 전체 분포를 확인하였다면 집단을 나누어 집단 간 분포를 비교하는 상자도표도 확인해 볼 수 있다. 집단 간 분포를 비교하는 상자도표를 위해서 "상자도표" 도표 양식 중 첫 번째 "단순상자도표"를 선택하여 "도표 미리보기"란으로 이동시킨다. "X축"에는 "성별", "Y축"에는 "브랜드선호도"를 이동시킨 후, "확인"을 선택하여 상자도표를 출력시킨다.

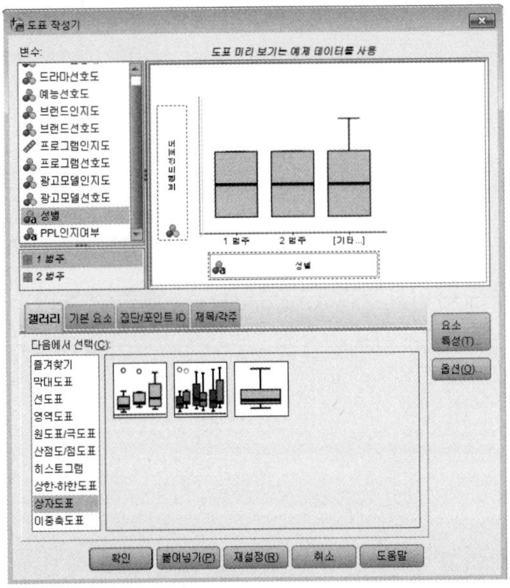

출력된 상자도표에는 두 개의 상자도표 중, 첫 번째 상자도표는 "여성"에 대한 "브랜드선호도" 변수의 분포를 나타내고, 두 번째 상자도표는 "남성"에 대한 "브랜드선호도" 변수의 분포를 보여 준다. 두 분포를 가시적으로 비교한다면, 두 분포에 상당한 차이가 존재함을 알 수 있다. 예를 들어, 사분위범위와 최솟값 등이 달라 전반적인 분포의 형태가 다르다는 것을 알 수 있다. 물론, 이들 분포의 차이는 향후 통계적 추정을 통해 확인을 해봐야 한다. 하지만 상자모형은 이들 간의 차이를 예상해 볼 수 있는 중요한 도구로 활용 가능하다. 특이하게 "남성"의 경우 4명(41, 76, 96, 158번 응답자)의 이상치(Outlier)가 존재함을 확인할 수 있다.

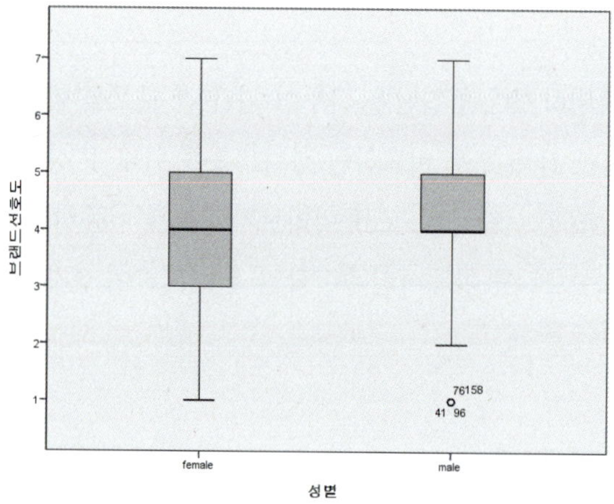

R 활용

제한된 도표 양식을 제공하는 Excel 및 SPSS와 달리, R에서는 거의 무제한에 가까운 다양한 도표 양식을 출력하기 위한 수많은 라이브러리를 제공한다. 수많은 종류의 도표 중에 본 장에서 다룬 가장 기본적인 도표 형태인 히스토그램, 상자도표 그리고 산포도 그리는 방법에 대해 살펴보자.

① 히스토그램 그리기

"브랜드선호도" 변수의 히스토그램을 그리기 위해 먼저 빈도표를 작성하고, 이를 바탕으로 히스토그램을 그린다. 먼저 "table( )" 함수를 사용하여 "브랜드선호도" 변수의 빈도표를 작성한다. "브랜드선호도" 변수가 "sampledata"의 5번째 열에 존재하기 때문에

"sampledata[,5]"로 "sampledata" 데이터프레임의 5번째 열을 참조한다.

```
> ft=table(sampledata[,5])
```

```
> ft

 1  2  3  4  5  6  7
 6 15 25 74 33 17  6
```

이 빈도표를 바탕으로 "barplot( )" 함수를 활용하여 히스토그램을 출력한다.

```
> barplot(ft)
```

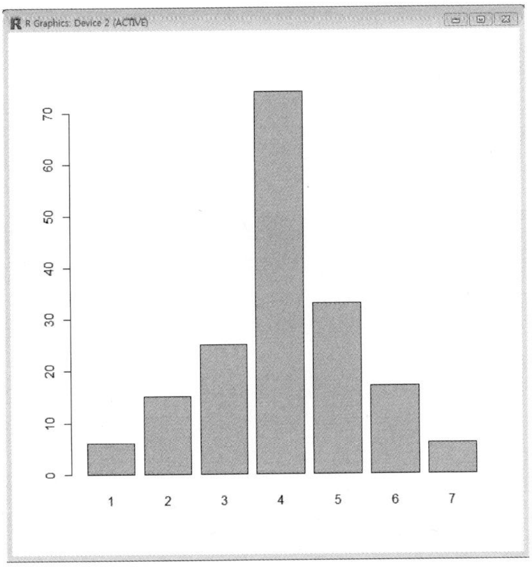

다음은 상대빈도를 이용하여 히스토그램을 그려 보자. "length( )" 함수를 활용하여 전체 표본수를 계산하고, 각 빈도를 나누어서 상대빈도를 계산하여 "barplot( )"으로 히스토그램을 그린다.

```
> barplot(ft/length(sampledata[,5]))
```

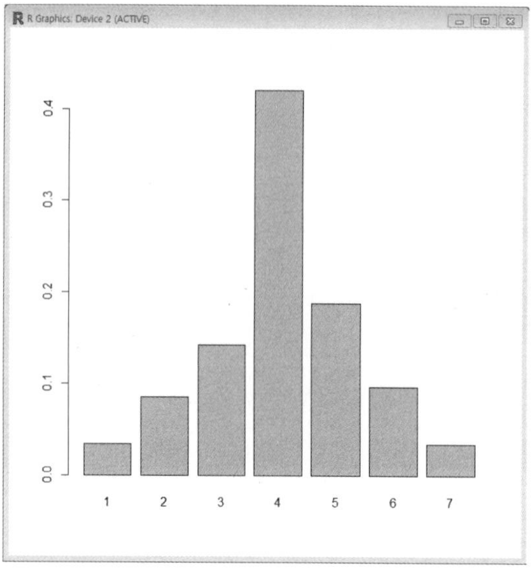

빈도표를 먼저 만들고 이를 바탕으로 히스토그램을 그리는 방법도 있지만, "hist( )" 함수를 사용하여 간단히 히스토그램을 그리는 방법도 있다.

```
> hist(sampledata[,5])
```

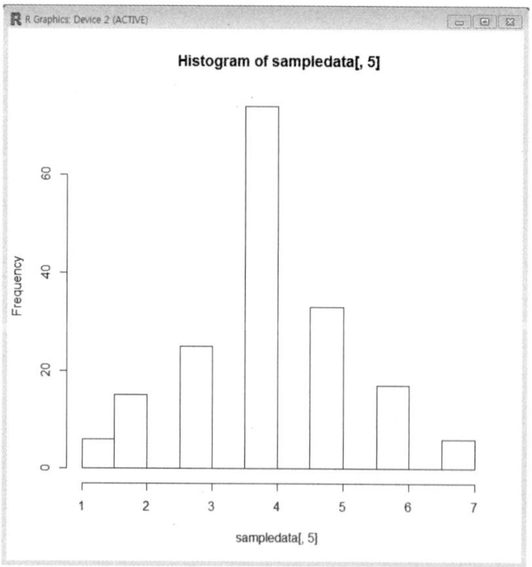

히스토그램과 비슷한 역할을 하지만 각 자료의 구체적 수치를 포함할 수 있는 줄기잎 도표를 “stem( )” 함수를 사용하여 그릴 수 있다.

```
> stem(sampledata[,5])
```

```
The decimal point is at the |

1 | 000000
1 |
2 | 000000000000000
2 |
3 | 0000000000000000000000000
3 |
4 | 00000000000000000000000000000000000000000000000000000000000000000000
4 |
5 | 000000000000000000000000000000000
5 |
6 | 00000000000000000
6 |
7 | 000000
```

② 상자도표 그리기

상자도표는 “boxplot( )” 함수를 사용하여 간단히 그릴 수 있다.

```
> boxplot(sampledata[,5])
```

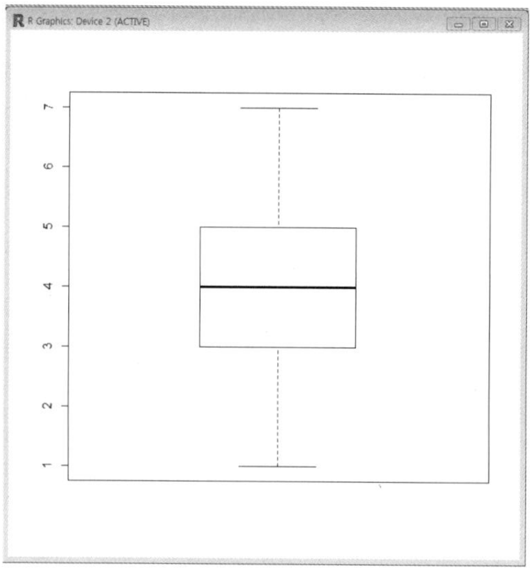

앞서의 SPSS 예제와 동일하게 "성별"에 따른 "브랜드선호도"의 분포를 가시적으로 비교하기 위해 두 집단의 상자도표를 다음과 같이 그릴 수 있다. "성별" 변수가 "sample-data"의 10번째 열에 존재하기 때문에 "sampledata[,10]"으로 "sampledata" 데이터프레임의 10번째 열을 참조한다. "Y~X"에서 Y는 종속변수, X는 독립변수를 의미하며, "~" 기호는 그 관계를 표현해 준다.

```
> boxplot(sampledata[,5] ~ sampledata[,10])
```

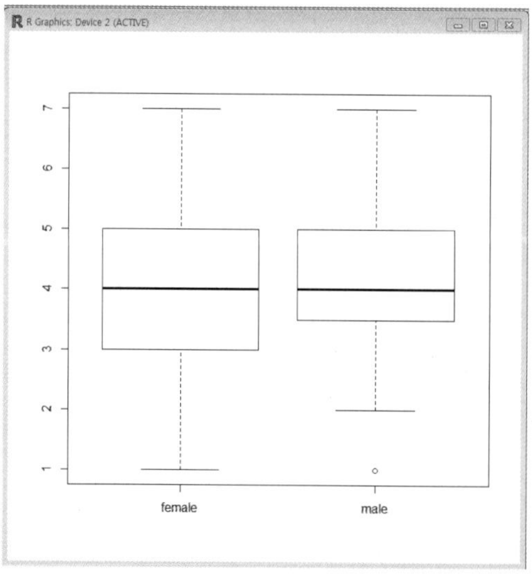

앞서 SPSS의 상자도표와 거의 유사한 형태의 상자도표를 얻을 수 있으며 결과에 대한 해석도 동일하다.

③ 산포도 그리기

"브랜드선호도"와 "브랜드인지도" 변수 간의 상관관계를 확인하기 위한 산포도를 그려 보자. "브랜드인지도" 변수가 "sampledata"의 4번째 열에 존재하기 때문에 "sample–data[,4]"로 "sampledata" 데이터프레임의 4번째 열을 참조한다. "plot( )" 함수로 먼저 산포도를 그린 후, "abline( )" 함수와 "lm( )" 함수를 이용하여 두 변수 간의 관계를 표현해 주는 직선을 그린다. "Y~X"에서 Y는 종속변수, X는 독립변수를 의미하며, "~" 기호는 그 관계를 표현해 준다.

```
> plot(sampledata[,4],sampledata[,5])
> abline(lm(sampledata[,5] ~ sampledata[,4]))
```

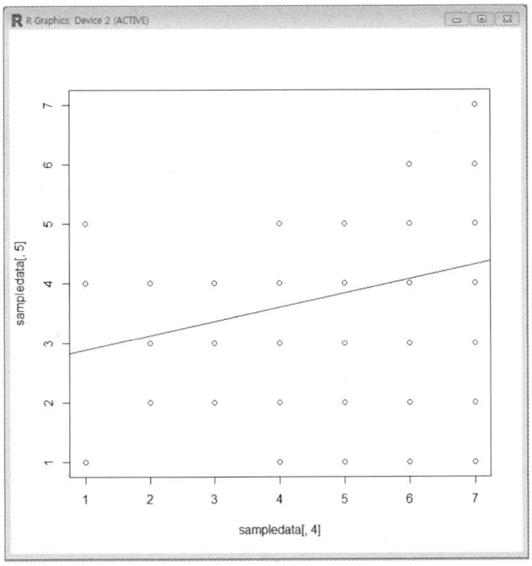

여기서도 Excel과 SPSS에서와 마찬가지로 중복의 문제를 반영하고 있지 못하다. 중복의 문제를 고려하기 위한 산포도를 그리기 위해 "aqfig" 라이브러리의 "scatterplot.density( )" 함수를 활용한다. 이 함수는 산포도를 그릴 때, 중복 횟수를 밀도(Density)의 형태로 간주하여 이를 색상으로 구분하여 준다.

```
> library(aqfig)
> scatterplot.density(sampledata[,4],sampledata[,5])
```

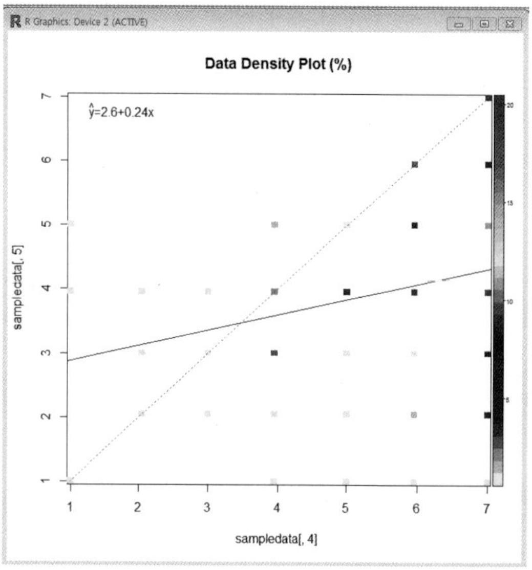

화면에서 보는 바와 같이 진하고 붉은 색상일수록 밀도가 높아짐을 의미하며, 밀도가 높아짐은 결국 중복 출현 횟수가 많다는 것을 의미한다. 밀도가 고려된 산포도는 앞서의 일반 산포도에 비해 두 변수 간의 관계를 좀 더 명확히 보여 주고 있다.

CHAPTER

11

척도의 평가

MARKETING
RESEARCH

측정은 조사의 과정에서 조사대상에 대한 비교 가능한 객관적 기술을 그 목적으로 하기 때문에 측정결과에 대한 객관성의 확보는 조사결과에 대한 신뢰를 뒷받침하는 중요한 근거가 된다. 따라서 조사자는 조사계획 단계에서부터 조사대상의 측정을 위한 객관적 척도의 탐색 및 개발에 유의하여야 한다. 또한 조사 이후에도 준비된 척도가 조사대상을 제대로 측정했는지 평가하여 측정의 결과에 대한 객관성을 반드시 확보하여야 한다.

하지만 설문조사와 같이 질의응답방식으로 피응답자의 주관적 의견이나 태도 등을 측정하는 경우, 조사대상 또는 계획한 개념을 정확히 측정하는 것이 거의 불가능하며 다양한 오류들이 존재한다. 예를 들어, 조사자가 조사계획에서 원하는 개념을 잘못 정의하거나, 조사대상 개념을 잘못된 척도로 측정할 수 있다. 또한 조사시점에 응답자가 질문을 잘못 이해하거나 또는 응답을 잘못할 수도 있으며, 코딩과정에서 오류가 일어날 수도 있다.

따라서 조사자는 사전에 준비한 척도를 사용하여 측정된 자료가 실제 측정하고자 하는 개념을 정확하고 올바르게 측정하였는지를 평가하고 제거 가능한 오류를 제거하여 보다 올바르게 측정치들만을 분석에 적용하여야 한다. 이때 정확하게 측정하였는지를 평가하는 기준을 신뢰성(Reliability)이라 하고 올바르게 측정하였는지를 평가하는 기준을 타당성(Validity)이라 한다. 본 장에서는 먼저 척도를 사용하여 개념을 측정할 때 발생할 수 있는 오류의 종류를 설명하고 측정된 자료의 신뢰성과 타당성을 분석하는 방법에 대해 살펴보기로 한다.

그림 11-1 척도의 평가

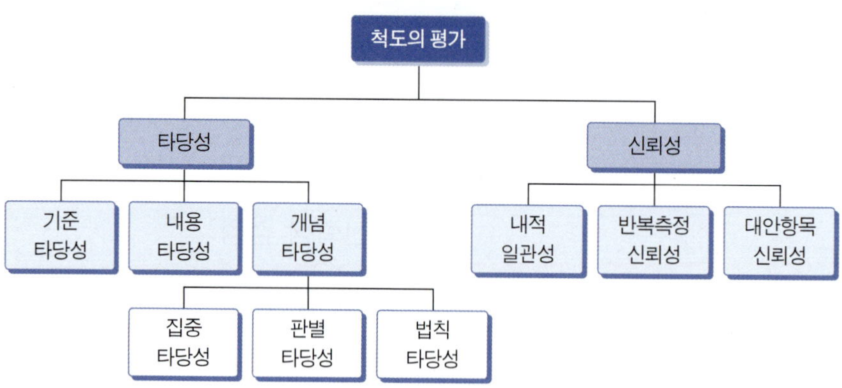

11.1 오류의 종류

일반적으로 측정오류(Measurement Error)는 조사자에 의해 만들어지거나 수반되는 측정과정에 의해 만들어지는 정보의 변동을 의미하며 측정의 전 과정에서 다양하게 발생할 수 있다. 오류의 종류를 체계화하기 위해 다음과 같이 측정값을 분리할 수 있다.

> 개념의 측정값=개념의 실제값+체계적 오차+비체계적/확률 오차

"개념의 실제값(True Score)"은 측정대상의 실제값이고 "개념의 측정값(Observed Score)"은 조사과정을 거쳐 해당 개념을 조사자가 측정한 값을 의미하고, 이 값의 차이를 오류 또는 오차라고 할 수 있다. 여기서 이 오차를 "체계적 오차(Systematic Error)"와 "비체계적/확률 오차(Random Error)"로 구분할 수 있다.

11.1.1 체계적 오차

체계적 오차(Systematic Error)는 일관되게 측정에 영향을 줌으로써 일정한 방향성을 가지는 구조적 오류로서 측정 시 측정값에 영향을 주는 안정적 요인에 의해 발생한다. 일반적으로 체계적 오차에 영향을 줄 수 있는 안정적 요인은 측정값에 영향을 주는 일관된 개인의 특성, 잘못된 측정문항, 설문지 자체의 기계적 결함 등을 들 수 있다. 체계적 오차는 구조적 오류의 발생요인을 제거함으로써 통제가 가능한 오차이다. 이는 측정대상에 적합한 측정도구를 개발하는 작업을 통하여 체계적인 오차를 줄이고, 이와 같은 오차를 줄임으로써 측정된 결과의 타당성을 높일 수 있다.

① 응답자 개인의 특성에 기인한 체계적 오차의 예

- 응답자의 지식수준/교육수준이 다른 경우
- 응답자의 긍정적/부정적 성향 등의 심리적 성격이 다른 경우
- 응답자의 윤리적 기준 등 사회적 준거기준이 다른 경우

② 잘못된 측정문항에 의한 체계적 오차의 예

- 측정문항에 자의적으로 새로운 문항을 추가한 경우
- 측정문항에서 자의적으로 하나 이상의 문항을 제거한 경우
- 측정문항에서 자의적으로 특정 문항을 변경한 경우

③ 설문지 자체의 기계적 결함에 의한 체계적 오차의 예

- 설문지의 인쇄 품질이 낮은 경우
- 질문에 너무 많은 측정문항이 있는 경우
- 설문지 편집수준이 좋지 않은 경우

11.1.2 비체계적/확률 오차

비체계적 오차 또는 확률 오차(Random Error)는 응답자 또는 측정환경의 우연한 변화와 차이에 의해 발생하는 측정오차이다. 비체계적 오차에 영향을 줄 수 있는 우연한 변화로는 단기간에만 나타나는 개인의 일시적 특성, 상황적 요인, 척도의 불명확성, 측정과정의 관리 등을 예로 들 수 있다. 비체계적 오차는 원인이 불분명하며 사실상 통제가 불가능한 오차요인이지만 표본크기를 크게 하여 비체계적 오차를 확률적으로 상쇄시킬 수 있다.

① 응답자 개인의 일시적 특성으로 인한 비체계적 오차의 예

- 특정 응답자의 건강상태가 좋지 않은 경우
- 특정 응답자가 특정 측정문항에서 감정상태가 일시적으로 변한 경우
- 응답자가 반복적 질문에 의해 특정 시점에서 피곤을 느끼기 시작한 경우
- 특정 응답시점이 식사시간과 겹칠 경우

② 응답상황의 상황적 요인으로 인한 비체계적 오차의 예

- 특정 응답자가 독특한 주변환경(지나치게 조용하거나, 시끄럽거나)에서 응답을 하는 경우
- 특정 응답상황에서 너무 덥거나 춥거나 하여 날씨나 온도가 응답에 영향을 주는 경우

• 특정 응답상황에서 응답자의 응답에 영향을 주는 동행이 있는 경우

③ 측정과정의 관리과정에 의해 나타나는 비체계적 오차의 예

• 질문자의 성별, 직업, 출신지역 등이 차이가 나는 경우
• 질문자가 측정문항에 영향을 줄 수 있는 특성을 가진 경우

그림 11-2 체계적 오차(Systematic Error)와 비체계적 오차(Random Error)의 관계

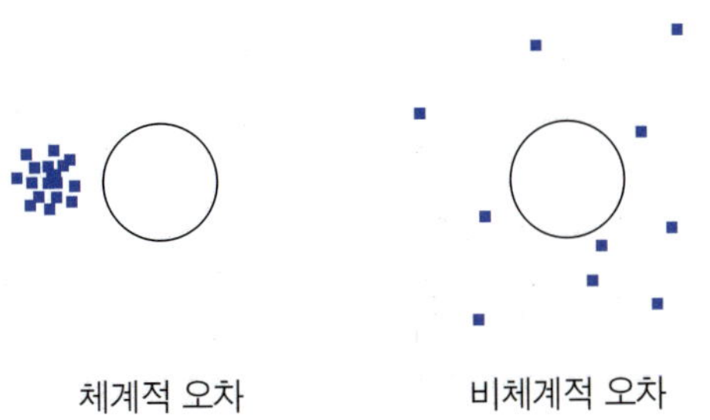

11.2 신뢰성 검정

신뢰성(Reliability)이란 반복적인 측정이 이루어졌을 때 척도가 일관되게 측정하는 정도를 의미한다. 체계적 오차는 일관되게 측정에 영향을 주어 비일관된 측정을 유도하는 것을 방지하므로 신뢰성에 직접적인 영향을 주지 않는다. 하지만 비체계적 오차는 우연한 변화로 비일관성을 만들어 내어 측정의 신뢰성에 직접적으로 부정적 영향을 준다. 따라서 신뢰성은 비체계적 오차의 정도로 정의할 수 있으며, 비체계적 오차가 적을 경우에 신뢰성은 높아진다고 할 수 있다.

신뢰성의 검증은 일반적으로 동일한 개념에 대하여 동일한 측정도구로 측정하였을 때 동일한 응답이 나오는 정도를 확인함으로써 이루어진다. 이러한 신뢰성 검증방법에는, ① 검증-재검증(Test-Retest), ② 대안항목(Alternative Forms), ③ 내적 일관성

(Internal Consistency) 검증의 3가지 방법이 있으며, 일반적으로 통계적인 신뢰성 측정 방법인 내적 일관성 검증으로 신뢰성을 검증한다.

11.2.1 검증-재검증 신뢰성

검증-재검증 신뢰성(Test-Retest Reliability)은 동일한 대상에게 동일한 측정도구를 가지고 다른 시간에 반복적으로 측정한 반복측정결과를 비교하는 방법이다. 반복적으로 측정된 측정값 간의 관계가 깊거나 일치하는 비율이 높을수록 검증-재검증 신뢰성은 높다고 판단한다. 검증-재검증 신뢰성 검증은 매우 직관적이고 단순하지만 그 실시 과정에는 몇 가지 중요한 고려사항이 있다.

첫째, 검증-재검증 신뢰성 검정은 측정 간의 시간 간격에 상당한 영향을 받는다. 다른 조건이 동일한 상황에서 측정시간 간격이 너무 긴 경우, 긴 시간 동안 여러 가지 요인의 영향을 받을 확률이 높아 결과적으로 낮은 신뢰성을 초래할 수 있다. 반대로 그 기간이 너무 짧은 경우 앞서의 측정대답을 응답자가 기억하고 반복측정에 동일한 응답을 함으로써 잘못된 방식으로 신뢰성을 높일 수 있다.

둘째, 검증-재검증 신뢰성 검정은 반복측정의 형태로 인해 앞의 측정이 뒤의 측정에 영향을 줄 가능성이 존재한다. 예를 들어, 특정 제품의 "브랜드인지도"를 측정하고자 하는 경우 측정과정 중 브랜드에 노출되어지기 때문에 첫 번째 측정보다 두 번째 측정에서 일반적으로 "브랜드인지도"가 올라갈 가능성이 높다.

마지막으로, 검증-재검증 신뢰성 검정이 사실상 불가능할 수도 있다. 새로운 영화에 대한 관객반응을 조사하는 경우, 첫 번째 관객반응 측정 후 두 번째 관객반응의 측정은

그림 11-3 검증-재검증 신뢰성 개념

첫 번째 측정 두 번째 측정

다를 수밖에 없다. 일반적으로 재검증은 첫 번째 검증 후 2~4주 이후에 이루어지고 2회 측정 사이의 유사도 정도를 계산하여 신뢰성을 검증한다.

11.2.2 대안항목 신뢰성

대안항목 신뢰성(Alternative Forms Reliability)은 두 개의 동등한 측정문항을 만들어 동일한 대상에게 다른 시간에 각각 다른 측정항목으로 측정을 실시한 후, 그 상관관계를 계산하여 신뢰성을 검증한다. 그러나 이 방법은 동등한 측정문항을 개발하는 것이 상당한 시간적 · 금전적 비용이 발생한다는 문제점이 있다. 또한 동등한 측정항목을 개발하는 것 자체 역시 어려운 작업이다. 결과적으로 두 측정항목의 측정결과의 낮은 상관관계가 신뢰성이 낮아 나타난 결과인지 동등하다고 여겨지는 두 측정항목 자체의 차이로 인한 결과인지 구별하기가 어려울 수 있다.

그림 11-4 대안항목 신뢰성 개념

11.2.3 내적 일관성 신뢰성

내적 일관성 신뢰성(Internal Consistency Reliability)은 여러 개의 측정문항의 총합 형태로 구성된 측정개념의 경우 여러 개의 측정문항에 대한 응답의 유사성을 평가하여 하나로 총합구성된 측정개념의 신뢰성을 평가하는 방법이다. 여기서 여러 개의 측정문항 각각은 하나의 측정개념을 측정하기 위한 전체 척도의 각 부분을 측정하고 각 측정문항들 간의 일관성을 평가함으로써, 측정항목의 내적 일관성의 신뢰성을 평가한다.

그림 11-5 내적 일관성 신뢰성 개념

가장 간단한 내적 일관성의 신뢰성 평가방법은 분할 신뢰성(Split-half Reliability)이다. 분할 신뢰성은 척도의 측정문항을 반으로 나누어 별도로 측정한 후 이렇게 분할된 측정문항의 상관관계를 계산하여 신뢰성을 평가한다. 분할 신뢰성은 비록 단순하고 간단하지만 분할방법에 따라 그 결과가 달라질 수 있다는 문제점을 가지고 있다. 이러한 문제점을 해결하기 위해 가장 널리 활용하는 방법은 Cronbach's α이다. Cronbach's α는 측정항목들의 분할 가능한 모든 측정문항집합 간 상관관계의 평균으로 정의된다. 이 값이 0.6보다 크다면 내적 일관성을 가지는 것으로 알려져 있다. 측정항목들 중 상관관계가 낮은 측정항목을 제거시킴으로써 전체 척도의 내적 일관성을 높일 수 있다.

표 11-1 내적 일관성 신뢰성 측정의 예

Cronbach's α	Internal Consistency
$\alpha \geq 0.9$	Excellent
$0.9 > \alpha \geq 0.8$	Good
$0.8 > \alpha \geq 0.7$	Acceptable
$0.7 > \alpha \geq 0.6$	Questionable
$0.6 > \alpha \geq 0.5$	Poor
$0.5 > \alpha$	Unacceptable

11.2.4 통계분석 연습

SPSS 활용

SPSS에서는 통계적으로 신뢰성을 확인할 수 있는 방법인 내적 일관성 신뢰성 측정방법을 제공한다. 이번 연습에는 신뢰성과 타당성 실습을 위한 샘플 데이터 “sampledata (ch11_factor)_kor.csv"를 활용한다. 다음과 같이 "분석" → "척도분석" → "신뢰도 분석" 메뉴를 통해 내적 일관성 신뢰성 분석을 할 수 있다.

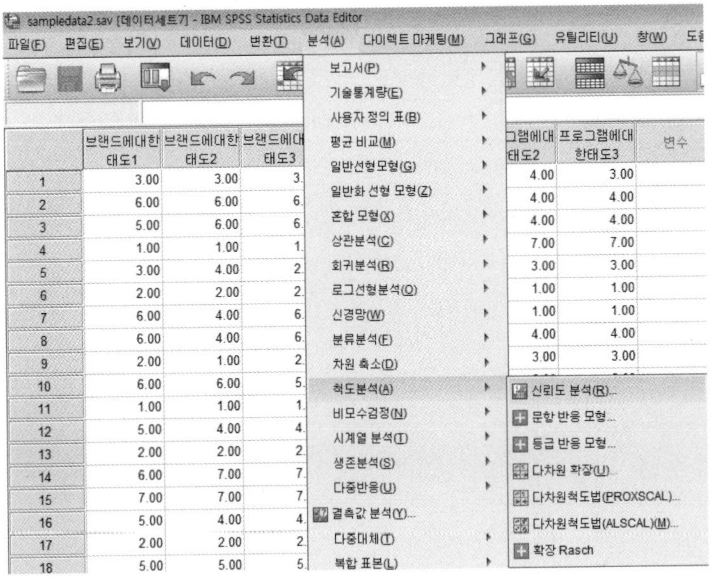

"신뢰도 분석"을 실행하면 다음과 같이 신뢰도 분석대상이 되는 척도의 측정항목을 선택하는 창이 나타난다. 본 예에서는 "브랜드에대한태도" 척도를 측정하기 위해 4개의 항목(브랜드에대한태도1, 브랜드에대한태도2, 브랜드에대한태도3, 브랜드에대한태도4)을 사용하였고, "프로그램에대한태도" 척도를 측정하기 위해 3개의 항목(프로그램에대한태도1, 프로그램에대한태도2, 프로그램에대한태도3)을 사용하였다. 그중 "브랜드에대한태도" 척도에 대한 신뢰도 분석을 하기 위해, "브랜드에대한태도" 측정항목 4개를 선택하여 이동화살표를 사용하여 "항목" 창으로 이동한다.

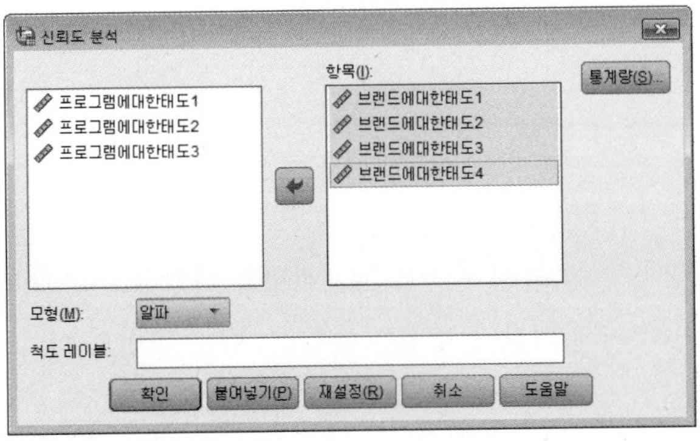

이후 "통계량" 옵션을 선택하면 다음과 같이 다양한 신뢰도 분석 통계량 관련 옵션들이 포함된 창이 나타난다. 이 중 간략하게 "항목"과 "항목제거시 척도" 선택항목을 선택한 후 "계속"을 선택한다.

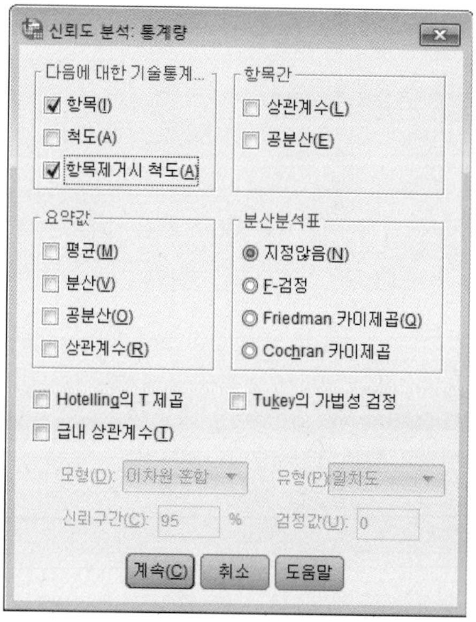

"통계량" 옵션들을 선택한 후 "확인"을 선택하면 해당 척도 "브랜드에대한태도"에 대한 신뢰도 분석결과를 얻을 수 있다. 신뢰도 분석결과에서 "신뢰도 통계량"은 내적 일관성 신뢰성 지표인 "Cronbach의 알파" 통계량을 통해 확인할 수 있으며, 본 예에서는 "0.873"으로, 내적 일관성 신뢰성 판단기준을 바탕으로 "Good"이라고 판단할 수 있고, 해당 척도 측정에 신뢰성은 확보되었다고 볼 수 있다.

신뢰도 통계량

Cronbach의 알파	항목 수
.873	4

다음으로 추가분석을 통해 측정항목들 중 특정 항목을 제거하였을 때의 "Cronbach의 알파" 통계량을 확인하여 척도의 측정에 대한 신뢰성을 높일 수 있는 방법도 있다.

다음은 "브랜드에대한태도" 척도의 측정항목 4개 각각을 척도측정항목에서 제거하였을 때 "Cronbach의 알파"를 보여 준다. 예를 들어, "브랜드에대한태도4"를 제거할 경우 "Cronbach의 알파"는 "0.936"으로, 오히려 4개의 측정항목으로 척도를 측정한 경우보다 "브랜드에대한태도4"를 제외한 3개의 측정항목으로 척도를 측정한 경우가 측정에 대해 더 높은 신뢰성을 보여 준다. 본 예의 경우에는 4개의 측정항목으로 척도를 측정한 경우의 신뢰성이 상당히 높기 때문에 굳이 "브랜드에대한태도4"를 제외시켜 측정의 신뢰도를 높일 필요가 없다. 하지만 원측정항목의 신뢰성이 낮은 경우 신뢰성을 낮추는 일부 측정항목을 찾아 이를 제외하여 척도에 대한 측정의 신뢰성을 높이기 위해 이 방법을 활용할 수 있다.

항목 총계 통계량

	항목이 삭제된 경우 척도 평균	항목이 삭제된 경우 척도 분산	수정된 항목-전체 상관계수	항목이 삭제된 경우 Cronbach 알파
브랜드에대한태도1	13.4615	17.770	.849	.788
브랜드에대한태도2	13.4923	18.298	.788	.813
브랜드에대한태도3	13.3692	17.475	.854	.785
브랜드에대한태도4	12.7308	23.097	.453	.936

R 활용

R에서는 다양한 유형의 신뢰성 분석 기능을 지원한다. 본 장에서는 SPSS와 동일하게 내적 일관성(Cronbach의 알파) 신뢰성 분석방법에 대해 살펴보자.

내적 일관성 분석 기능을 제공하는 여러 다양한 라이브러리 중 "psych" 라이브러리의 "alpha( )" 함수를 활용하여 내적 일관성 신뢰성 분석을 할 수 있다. "psych" 라이브러리를 사용하기 위해서 먼저 해당 라이브러리를 설치한 후 "library(psych)"를 명령어로 "psych"를 불러온다. 다음으로 분석할 척도와 측정항목이 포함된 데이터 파일을 불러온다[sampledata=read.csv(sampledata2.csv)]. 분석할 측정항목이 결정되면 해당 측정항목들을 대상으로 "alpha( )" 함수를 사용하여 내적 일관성 통계량(Cronbach의 알파)을 계산하여 다음과 같은 결과를 확인한다. "alpha( )" 함수의 자세한 활용법은 "help(alpha)" 또는 "?alpha"를 사용하여 확인할 수 있는 매뉴얼을 통해 확인하기 바란다. 내적 일관성 신뢰성 분석결과는 SPSS와 동일하다. SPSS와 유사한 형태로 분석결과를 보여 주지만 "alpha( )" 함수는 좀 더 자세한 통계량 계산결과를 보여 준다. 결과의 해석 방법은 SPSS의 결과해석과 같다.

```
R Console
> library(psych)
> sampledata=read.csv("sampledata2.csv")
> alpha(sampledata[,1:4])

Reliability analysis
Call: alpha(x = sampledata[, 1:4])

  raw_alpha std.alpha G6(smc) average_r S/N   ase mean  sd
      0.87      0.87    0.88      0.63 6.7 0.019  4.4 1.4

 lower alpha upper     95% confidence boundaries
0.84 0.87 0.91

 Reliability if an item is dropped:
                 raw_alpha std.alpha G6(smc) average_r  S/N alpha se
브랜드에대한태도1      0.79      0.78    0.79      0.55  3.6   0.0337
브랜드에대한태도2      0.81      0.81    0.81      0.59  4.3   0.0295
브랜드에대한태도3      0.79      0.78    0.76      0.55  3.6   0.0335
브랜드에대한태도4      0.94      0.94    0.91      0.83 14.5   0.0099

 Item statistics
                   n raw.r std.r r.cor r.drop mean  sd
브랜드에대한태도1 130  0.92  0.92  0.90   0.85  4.2 1.7
브랜드에대한태도2 130  0.89  0.88  0.87   0.79  4.2 1.7
브랜드에대한태도3 130  0.93  0.92  0.93   0.85  4.3 1.7
브랜드에대한태도4 130  0.66  0.67  0.48   0.45  5.0 1.6

Non missing response frequency for each item
                     1    2    3    4    5    6    7 miss
브랜드에대한태도1 0.04 0.13 0.19 0.24 0.12 0.16 0.12    0
브랜드에대한태도2 0.04 0.15 0.16 0.25 0.13 0.14 0.12    0
브랜드에대한태도3 0.04 0.15 0.13 0.25 0.16 0.14 0.14    0
브랜드에대한태도4 0.02 0.04 0.15 0.22 0.15 0.18 0.24    0
> |
```

11.3 타당성 평가

신뢰성이 비체계적 오차를 최소화하여 정확하게 개념을 측정하는 정도를 의미한다면 타당성은 체계적 오차를 최소화하여 올바르게 개념을 측정하는 정도를 의미한다. 일반적으로 타당성(Validity)은 측정값의 체계적 오차의 정도가 작을수록 더 높다. 즉, 측정도구와 상황에서 일관되고 지속적인 체계적 오류가 많이 발생한다면, 그 측정값은 타당성에 문제가 있다고 판단할 수 있다. 특히 타당성이 낮은 척도는 신뢰성 검정과 같이 반복측정을 하더라도 체계적 오류의 특성상 동일한 오류가 발생하게 된다.

타당성의 평가유형으로는 크게 내용 타당성(Content Validity), 기준 타당성(Criterion Validity), 구성개념 타당성(Construct Validity)으로 구분되고, 구성개념 타당성은 다시 수렴 타당성(Convergent Validity), 판별 타당성(Discriminant Validity), 법칙 타당성(Nomological Validity)으로 구분된다. 일반적으로 조사자는 앞서 언급한 모든 유형의 타당성 평가에서 높은 평가결과를 얻어야 해당 척도의 타당성이 확보되었다고 볼 수 있다.

11.3.1 내용 타당성

내용 타당성(Content Validity)은 표면 타당성(Face Validity)이라고도 알려져 있는데 어떤 개념을 측정하기 위해 개발된 척도나 측정항목들이 그 개념을 구성하고 있는 모든 측면을 포괄적으로 반영하고 있는 정도를 의미한다.

예를 들어, 자동차에 대한 소비자 태도를 조사하는 경우, 자동차에 대한 태도는 안전성, 경제성, 성능, 디자인의 네 가지 측면으로 구성되어 있다고 가정할 수 있고, 따라서 자동차에 대한 태도의 측정척도는 이들 네 가지 측면의 측정지표를 포괄적으로 반영하여야 내용 타당성을 확보했다고 할 수 있다. 그러나 만약 자동차에 대한 태도를 측정하기 위해 경제성만을 중심으로 측정하는 척도를 사용하였다면, 자동차에 대한 태도를 측정하기 위한 척도가 해당 개념을 측정하기 위한 모든 측면을 반영하고 있지 않으므로 내용 타당성을 확보하고 있다고 할 수 없다.

척도에 대한 내용 타당성의 평가는 해당 조사영역에 대한 전문지식을 갖고 있는 조사자의 주관적 판단에 의하여 평가되기 때문에 척도 또는 측정도구의 개발 시 조사자는 해당 분야의 전문가가 개발된 측정문항들이 원하는 개념을 측정하는 데 적절한지를 평가하도록 하여 타당성이 높은 측정항목들만을 선별해야 한다. 내용 타당성 평가과정은 측정도구가 조사과정에서 효과적으로 실행되기 위해서 필요한 측정항목이나 방법에 대한 내용적 측면에서 조사자와 응답자 사이에 합치의 정도를 사전에 평가하는 과정으로 볼 수 있다.

11.3.2 기준 타당성

기준 타당성(Criterion Validity)은 측정결과를 평가할 수 있는 외적 기준을 선정하여 타당성을 평가하는 방법으로, 예측 타당성(Predictive Validity)과 동시 타당성(Concurrent Validity)의 방법이 있다.

예측 타당성은 측정하고자 하는 개념과 그 개념과 높은 상관관계가 예상되는 다른 개념이 실제로 얼마나 높은 상관관계를 나타내는가를 확인함으로써 측정개념이 예측개념을 예측하는 정도로 타당성을 평가하는 방법이다. 예를 들어, 한 브랜드의 구매의도를 측정하는 척도를 개발한 후, 실제 구매이력을 파악할 수 있는 패널 데이터를 통해 해당 브랜드의 실제 구매이력과 비교하여 이 둘 간의 상관관계를 확인함으로써 예측 타당성을 확보할 수 있다.

동시 타당성은 측정하고자 하는 개념의 척도로 측정한 결과와 동시에 유사한 개념을 측정한 다른 척도로 측정한 결과의 상관관계를 비교함으로써 타당성을 평가하는 방법이다. 예를 들어, 배우에 대한 선호도 척도와 해당 배우가 출연한 영화에 대한 선호도 척도의 상관관계를 비교함으로써 배우에 대한 선호도 척도와 영화에 대한 선호도 척도의 동시 타당성을 평가할 수 있다.

11.3.3 구성개념 타당성

현실적으로 마케팅조사의 대상이 되는 측정대상은 대부분 직접적 관찰이 불가능한 선호, 태도, 이미지, 인지도 등 추상적 개념들이 대부분이다. 이들 추상적 개념들을 제한적으로 관찰 가능한 구체적 개념으로 재정의하고, 이들을 측정하기 위해 개발된 척도를 통해 측정을 한 후, 이를 활용하여 추상적 개념을 추론하여 측정한다.

예를 들어, 소비자의 "브랜드충성도"를 측정하기 위해 "친근감", "신뢰감", "사용경험", "반복구매" 등 다양한 여러 항목들을 이용하여 측정하는데, 이 경우 추상적 개념인 "브랜드충성도"를 측정하기 위한 측정항목들이 과연 적절히 "브랜드충성도"를 추론할 수 있는지에 대한 평가가 필요하다.

특히 추상적 개념을 측정 가능한 수준의 항목으로 변환시키는 것을 "조작적 정의"라고 하는데, 구성개념 타당성(Construct Validity)은 이 조작적 정의가 적절히 이루어졌는지에 대한 평가를 의미한다. 따라서 앞서의 내용 타당성과 기준 타당성이 추상적 개념수준에서 개념 자체에 대한 주관적 평가에 초점을 맞추어 타당성 평가를 했다면, 구성개념 타당성은 추상적 개념수준에서 더 나아가 측정 가능한 구체적 수준(조작적 정의 수준)에서 개념의 타당성을 구조적이고 객관적으로 검증한다. 구성개념 타당성의 종류로는 수렴 타당성(Convergent Validity), 판별 타당성(Discriminant Validity), 법칙 타당성(Nomo-logical Validity)이 있다.

수렴 타당성

수렴 타당성(Convergent Validity)은 이론적으로 관계가 깊은 개념들을 측정하기 위한 척도를 이용하여 측정한 두 개의 측정값이 실제 관계된 정도로 정의한다. 즉, 측정값의 상관관계가 높을수록 수렴 타당성이 높다. 예를 들어, "브랜드충성도"를 측정하기 위해 개발한 척도로 측정한 "브랜드충성도" 측정값이 이론적으로 "브랜드충성도"와 높은 상관관계를 보이는 "재구매의도"를 측정하기 위해 개발한 척도로 측정한 "재구매의도" 측정값과 높은 상관관계를 보인다면 "브랜드충성도"는 수렴 타당성을 가졌다고 판단할 수 있다.

또는 하나의 개념 이상으로 구성된 다차원개념의 경우, 이들 구성개념 간의 높은 상관관계를 확인하는 것을 통해 수렴 타당성을 평가할 수 있다. 예를 들어, 앞서 자동차에 대한 태도는 안전성, 경제성, 성능, 디자인의 네 가지 개념으로 구성된 다차원개념이다. 이 다차원 측정 개념들이 이론적으로 자동차에 대한 태도와 함께 높은 상관관계를 가질 것으로 예상된다. 따라서 이들 네 가지 개념의 척도 측정값 간에 높은 상관관계를 가진다면, 다차원개념인 자동차에 대한 태도는 수렴 타당성을 가진다고 볼 수 있다.

판별 타당성

판별 타당성(Discriminant Validity)은 수렴 타당성과는 반대로 이론적으로 관계가 적은 개념들을 측정하기 위한 척도를 이용하여 두 개의 측정값이 실제 관계된 정도로 정의한다. 판별 타당성은 수렴 타당성과 반대로 측정값의 상관관계가 낮을수록 높게 나타난다. 수렴 타당성이 관련된 개념 간 구체적 추정치의 높은 상관관계를 확인하는 것을 목적으로 한다면, 판별 타당성은 구별되는 개념 간 구체적 추정치의 낮은 상관관계를 확인하는 것을 목적으로 한다. 예를 들어, "브랜드충성도"와 별개의 개념인 "소비자개성"은 각각의 측정값들의 상관관계 역시 낮게 나와야 "브랜드충성도"와 "소비자개성"의 판별 타당성이 확보될 수 있을 것이다.

그림 11-6 타당성 평가의 종류

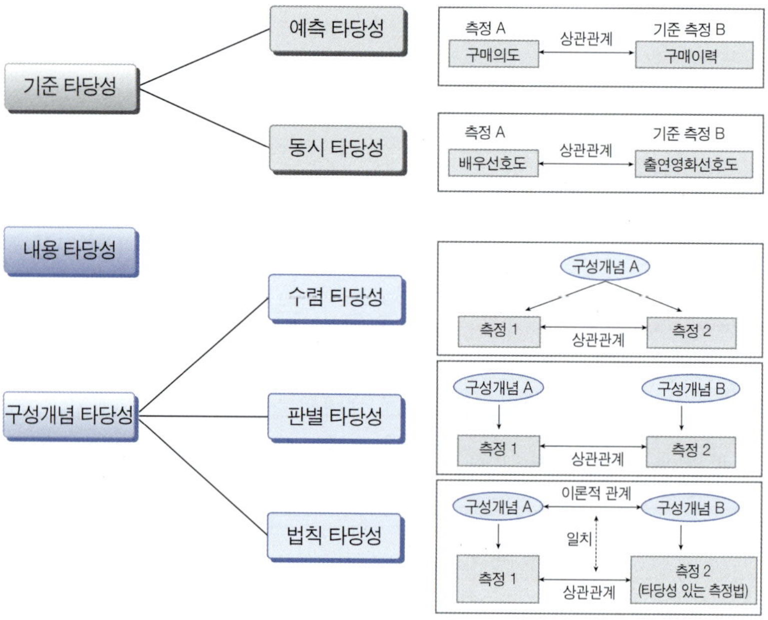

11.3.4 신뢰성과 타당성의 관계

이론적으로 측정이 완벽한 경우(개념의 측정값=개념의 실제값), 완벽한 타당성을 가지게 되며 체계적 오차와 비체계적 오차가 모두 0으로, 신뢰성도 동시에 완벽하게 확보된다. 반대로 신뢰성이 확보되지 않았다는 의미는 타당성이 확보되지 않았으며, 동시에 비체계적 오차도 존재할 수 있음을 의미한다. 완벽한 타당성은 완벽한 신뢰성을 의미한다. 하지만 완벽한 신뢰성은 완벽한 타당성을 의미하지 않는다. 이는 체계적 오류에 의해 타당성이 발생하기 때문이다.

타당성은 측정상의 체계적 오류로, 주로 개념에 대한 모호한 정의, 잘못된 척도의 사용 등에서 발생하게 된다. 따라서 타당성의 많은 부분은 조사담당자의 조사분야에 대한

그림 11-7 신뢰성과 타당성의 관계

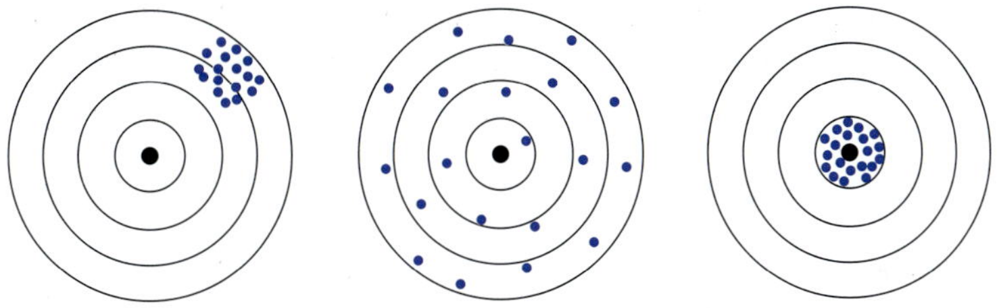

(a) 신뢰성은 높지만 타당성은 낮음　(b) 신뢰성과 타당성 낮음　(c) 신뢰성과 타당성 모두 높음

이론적 지식의 정도에 의해 좌우되는 경우가 많다. 예를 들어, "브랜드충성도"와 관련된 조사를 할 경우 "브랜드충성도"에 대한 조사자의 이론적 지식과 이를 바탕으로 한 "브랜드충성도"의 명확한 정의의 선택 또는 개발, 그리고 조사에 가장 적절한 해당 개념 측정을 위한 척도의 선택 또는 개발이 선행되어야 적절한 수준의 타당성을 확보할 수 있다. 즉, 상대적으로 객관적 비교와 계량화가 가능한 신뢰성에 비해 타당성은 조사자의 지식수준과 경험에 많이 의존하는 경향이 있다. 따라서 타당성 있는 측정의 실시를 위해 조사자는 반드시 조사분야에 대한 충분한 지식습득과 측정방법에 대한 높은 이해를 가지고 있어야 한다.

일반적으로 타당성을 손쉽게 확보하기 위해서는 특정 척도를 직접 개발하는 것보다는 이미 타당성 확보가 이루어진 척도를 이용하는 것이 효과적이다. 이미 여러 조사나 문헌에서 성공적으로 활용된 척도는 내용 타당성과 기준 타당성의 확보가 이루어졌기 때문에 요인분석 등을 활용하여 조작적 정의 수준에서 구성개념 타당성을 일부 확인하거나 검토를 하는 것으로 척도의 타당성 평가가 가능하다. 그렇지 않은 경우, 새로운 척도를 개발하기 위해서는 타당성 전 부분에 대한 평가를 거쳐야 하는 어려움이 존재한다.

11.3.5 통계분석 연습

SPSS 활용

SPSS에서는 통계적으로 타당성을 확인할 수 있는 방법인 탐색적 요인분석(Explanatory Factor Analysis) 방법을 제공한다. 여기서 요인(Factor)은 척도(Scale) 또는 변수(Variable)에 대응되는 관측치를 의미하며, 사실상 유사한 의미로 해석하면 된다. 탐색적 요인분석은 척도 또는 변수의 측정에 대한 타당성 평가기준 중 구성개념 타당성의 집중 타당성과 판별 타당성의 평가방법으로 활용될 수 있다. 하지만 타당성 평가는 통계적으로 비체계적 오차의 정도를 점검하는 신뢰성 평가와는 다르게 통계적 방법으로 완벽하게 평가하는 것은 불가능하다. 다만, 측정항목 간의 상관관계를 바탕으로 측정항목과 척도의 관계를 추론함으로써 부분적으로 타당성을 평가하고 있다.

타당성의 평가방법으로는 탐색적 요인분석방법 외에 확증적 요인분석(Confirmatory Factory Analysis)방법이 활용될 수 있으며, 이들 분석방법을 활용하여 집중 타당성 및 판별 타당성 평가를 위한 다양한 분석방법이 사용되고 있다. 본 장에서는 척도 또는 변수의 측정에 대한 타당성 평가의 가장 기초가 되는 탐색적 요인분석을 살펴보도록 한다.

다음과 같이 "분석" → "차원 축소" → "요인분석" 메뉴를 통해 탐색적 요인분석을 할 수 있다.

SPSS에서 탐색적 요인분석을 실행하면 다음과 같이 요인분석에 포함될 측정문항을 선택하는 창이 나타난다. 이 창에서 요인분석에 포함할 측정문항을 선택한다. 일반적으로, 요인분석 시 여러 가지 척도의 측정문항을 모두 함께 선택하여 요인분석을 한다. 예를 들어, 종속변수를 위한 측정문항 전체 또는 독립변수들을 위한 측정문항 전체를 하나의 요인분석에 포함시킨다. 그 이유는 분석에 포함된 척도들에 대한 측정문항들 간의 관계를 동시에 확인하여 해당 척도들에 대한 집중 타당성과 판별 타당성을 동시에 확인하기 위함이다. 반대로 각각의 척도에 해당하는 측정문항들만을 포함하여 각각의 요인분석을 할 경우에는 해당 척도에 대한 집중 타당성의 점검은 가능하지만 판별 타당성의 점검은 사실상 불가능하다.

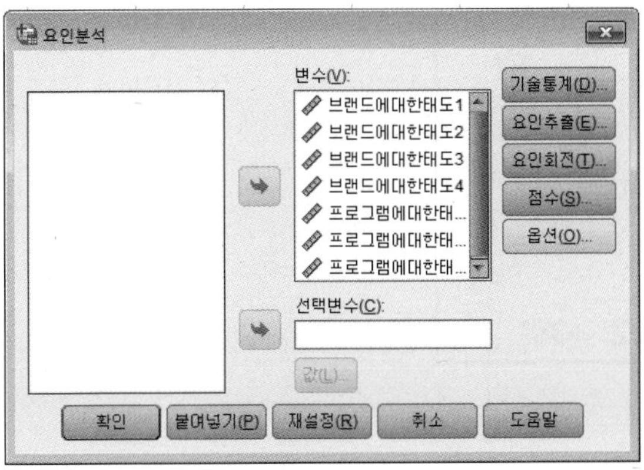

요인분석에 포함될 측정문항을 선택하였다면, 다음으로 요인추출의 방법을 선택하여야 한다. 일반적으로, "주성분"을 이용한 방법을 사용하며, 요인추출기준은 "고유값(Eigen Value)"이 "1"보다 큰 요인을 추출하는 방법을 사용한다.

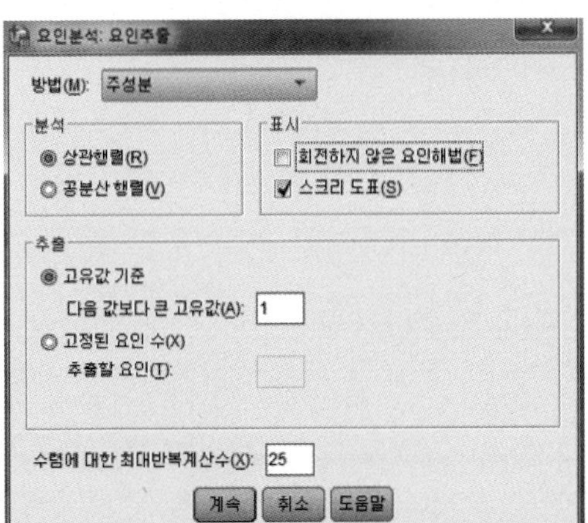

요인추출방법이 선택된 후에는 요인회전(Factor Rotation)의 방법을 선택한다. 요인회전이란 일차적으로 추출된 요인을 일정한 기준에 따라 조사자가 해석하기 편하게 조

정하는 절차를 의미한다. 즉, 요인과 측정항목 사이의 관계를 명확히 보여 주기 위해 측정항목과 요인이 단순한 구조가 되도록 요인구조의 축을 변화시켜 관측된 요인들과 척도 또는 변수의 관계를 쉽게 이해할 수 있도록 한다. 요인회전의 원리를 그림으로 살펴보면 다음과 같다.

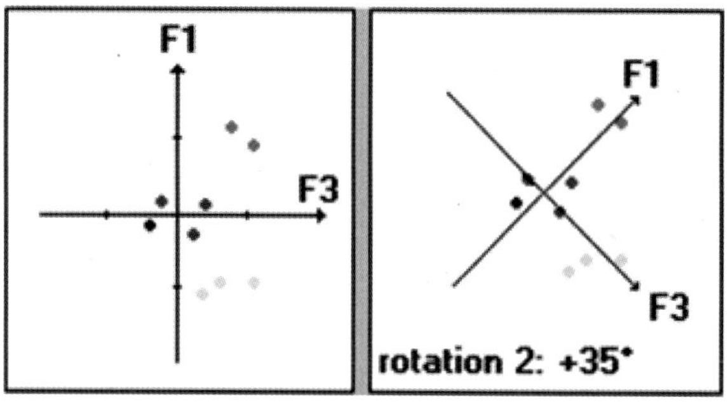

요인회전의 방법으로는 직각회전(Varimax: 베리멕스)과 사각회전(Oblimin: 오블리민)이 주로 사용된다. 직각회전은 요인 간의 상관이 0이 되도록 요인 간의 각도를 직각으로 유지시키면서 축을 회전시키는 방법이다. 직교회전에 의해 추출된 요인은 서로 독립적이어서 각 요인을 해석하기가 상대적으로 쉽다. 반면에 사각회전은 요인 간에 상관이 있도록 요인 간의 각도를 직각이 아닌 다른 각도로 유지하면서 축을 회전시키는 방법으로 요인 간에 상관이 있다고 가정되는 경우에 사용되지만 요인의 해석이 상대적으로 어렵다. 따라서 특별한 경우가 아니면 직각회전(베리멕스)방법을 많이 사용한다.

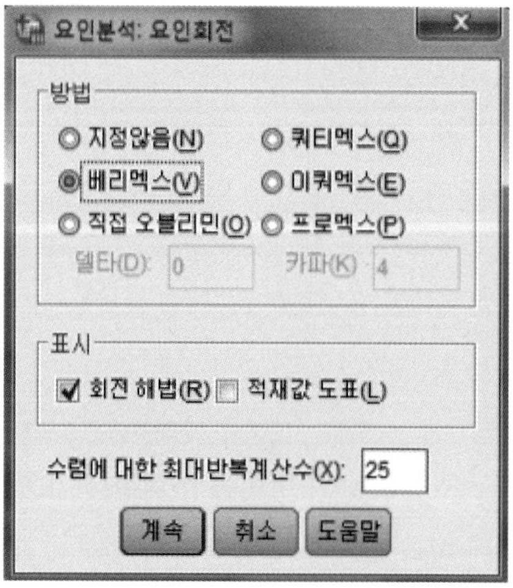

요인회전방법을 선택하면 사실상 요인분석의 모든 준비는 끝났다. 그러나 추출된 요인에 대한 검증과 해석을 용이하게 하기 위해 다음과 같이 "옵션" 창에서 출력방식을 "크기순 정렬"을 선택해 준다. 이 옵션을 선택해 주면, SPSS에서는 추출된 요인과 관계가 깊은 측정항목순으로 측정항목을 나열해 주기 때문에, 측정항목 간의 관계를 파악하기가 용이하다.

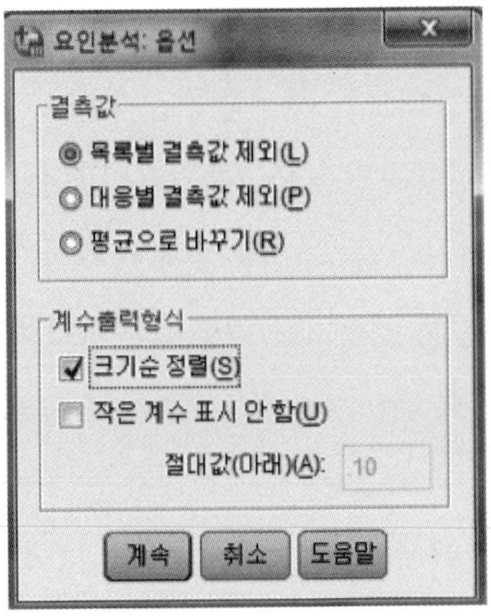

SPSS에서 탐색적 요인분석을 실행하면 다음과 같이 분석결과를 출력한다. "설명된 총분산"을 통해 추출된 총 요인의 개수를 파악할 수 있다. 측정항목이 7개인 점을 감안하여 최대 7개의 요인을 추출할 수 있지만, 요인추출의 기준인 고유값이 1보다 큰 경우가 2개이기 때문에 7개의 측정항목을 2개의 요인으로 추출하는 것이 최적임을 알 수 있다. 또한 2개의 요인으로 7개의 측정항목에 대한 "설명된 총분산"이 약 75%임을 알 수 있다. 측정항목 7개를 2개의 요인으로 축소하였기 때문에 필수적으로 정보의 손실이 발생하게

설명된 총분산

성분	초기 고유값			추출 제곱합 적재량			회전 제곱합 적재량		
	전체	% 분산	누적 %	전체	% 분산	누적 %	전체	% 분산	누적 %
1	3.347	47.817	47.817	3.347	47.817	47.817	2.936	41.947	41.947
2	1.891	27.009	74.826	1.891	27.009	74.826	2.302	32.879	74.826
3	.747	10.672	85.498						
4	.528	7.542	93.040						
5	.204	2.920	95.959						
6	.188	2.681	98.640						
7	.095	1.360	100.000						

추출 방법: 주성분 분석.

되지만, 7개 항목으로 100%를 설명하는 것과 비교해서 2개 항목으로 75%를 설명하는 것이 효율성 면에서 더 뛰어나다고 판단할 수 있다.

마지막으로 추출된 요인 2개와 각 요인과의 측정항목 간의 관계를 "회전된 성분행렬"을 통해 확인한다. "회전된 성분행렬"에는 두 개의 성분(요인) 1과 2가 추출되었음을 표시하고, 7개의 측정항목과 각 성분 간의 관계의 정도, 즉 요인적재값(Factor Loading)을 보여 준다.

예를 들어, "브랜드에대한태도1" 측정항목의 경우 성분 1에 대해서는 ".932", 성분 2에 대해서는 ".056"의 요인적재값를 가지고 있어 "브랜드에대한태도1" 측정항목은 성분 1과 더 높은 관계를 가지고, 결국 성분 1을 측정하기 위한 측정항목임을 알 수 있다. 반대로 "프로그램에대한태도3" 측정항목의 경우 성분 1에 대해서는 ".223", 성분 2에 대해서는 ".906"의 요인적재값을 가지고 있어 "프로그램에대한태도3"은 성분 2를 위한 측정항목이라고 판단할 수 있다.

즉, 각 측정항목의 각 성분에 대한 요인적재값을 비교하여 가장 큰 요인적재값을 가지는 성분을 해당 측정항목이 측정하고자 하는 성분으로 판단한다. 하지만 요인적재값이 0.4보다 작은 항목은 집중 타당성을 저해하는 항목으로 간주하여 배제되고, 동시에 여러 성분에서 높은 요인적재값을 가지는 측정항목은 척도의 판별 타당성을 저해하는 항목으로 간주하여 배제할 수 있다.

회전된 성분행렬[a]

	성분	
	1	2
브랜드에대한태도1	.932	.056
브랜드에대한태도2	.869	.274
브랜드에대한태도3	.926	.153
브랜드에대한태도4	.630	-.044
프로그램에대한태도1	.080	.797
프로그램에대한태도2	-.017	.861
프로그램에대한태도3	.223	.906

추출 방법: 주성분 분석.
회전 방법: Kaiser 정규화가 있는 베리멕스.
a. 3 반복계산에서 요인회전이 수렴되었습니다.

요인적재값과 관련 성분에 대한 검토를 마친 후 "브랜드에대한태도1", "브랜드에대한태도2", "브랜드에대한태도3", "브랜드에대한태도4"는 성분 1을 위한 측정항목으로, "프로그램에대한태도1", "프로그램에대한태도2", "프로그램에대한태도3"은 성분 2를 위한 측정항목으로 판단한다. 각 성분의 측정항목을 바탕으로 성분 1을 "브랜드태도"로, 성분 2를 "프로그램태도"로 명명할 수 있다. 요인분석을 완료한 후에는 해당 요인을 실제로 분석에 활용할 요인점수를 계산해야 한다. 요인점수로 활용 가능한 지표로는 SPSS에서 자동으로 계산해 주는 요인점수값, 측정항목들의 총합, 그리고 측정항목들의 평균이 활용될 수 있다.

R 활용

R에서는 탐색적 요인분석과 확증적 요인분석을 포함한 다양한 유형의 요인분석을 지원한다. 본 장에서는 SPSS와 동일하게 주성분분석에 기반한 탐색적 요인분석에 대해 살펴보자.

앞서 신뢰성 분석에서 활용한 "psych" 라이브러리의 "principal( )" 함수를 활용하여 요인분석을 할 수 있다. "psych" 라이브러리를 사용하기 위한 방법은 앞서 신뢰성 분석의 과정을 참고하기 바란다. 분석할 척도와 측정항목이 포함된 데이터 파일을 불러온 [sampledata=read.csv(sampledata2.csv)] 후 분석할 측정항목이 결정되면 해당 측정항목들을 대상으로 "principal( )" 함수를 사용하여 다음과 요인분석결과를 확인할 수 있다. "principal( )" 함수의 자세한 활용법은 "help(principal)" 또는 "?principal"을 사용하여 확인할 수 있는 매뉴얼을 통해 확인하기 바란다. "principal( )" 함수를 사용한 R에서 요인분석결과는 SPSS와 동일하다. 다만, SPSS와 달리 원하는 요인의 숫자를 미리 정의하고, 요인분석의 옵션을 사전에 정의[principal(sampledata,2,rotate=varimax)]해야 한다. SPSS와 유사한 형태로 다음과 같은 분석결과를 보여 준다.

첫 번째 항목은 앞서 살펴본 SPSS의 "회전된 성분행렬"의 출력결과와 유사하다. "RC1"은 성분 1을 "RC2"는 성분 2를 의미한다. RC1과 RC2의 요인적재값을 확인할 수 있으며, 이를 바탕으로 각 요인에 대한 측정항목을 결정할 수 있다. 다음 항목은 SPSS의 "설명된 총분산" 표와 유사하다. 특히 "Cumulative Var" 항목의 경우, 두 개 요인의 총 누적분산이 0.75임을 확인해 준다. 다음으로 SPSS에서는 고유값을 기준으로 적정한 요인의 수를 결정하지만 R에서 "principal( )" 함수는 적정한 요인의 수에 대한 가설검정을

R Console

```
> principal(sampledata,2,rotate="varimax")
Principal Components Analysis
Call: principal(r = sampledata, nfactors = 2, rotate = "varimax")
Standardized loadings (pattern matrix) based upon correlation matrix
                  RC1   RC2   h2   u2 com
브랜드에대한태도1    0.93  0.06 0.87 0.13 1.0
브랜드에대한태도2    0.87  0.28 0.83 0.17 1.2
브랜드에대한태도3    0.93  0.16 0.88 0.12 1.1
브랜드에대한태도4    0.63 -0.04 0.40 0.60 1.0
프로그램에대한태도1  0.08  0.80 0.64 0.36 1.0
프로그램에대한태도2 -0.02  0.86 0.74 0.26 1.0
프로그램에대한태도3  0.22  0.91 0.87 0.13 1.1

                       RC1  RC2
SS loadings           2.93 2.31
Proportion Var        0.42 0.33
Cumulative Var        0.42 0.75
Proportion Explained  0.56 0.44
Cumulative Proportion 0.56 1.00

Mean item complexity =  1.1
Test of the hypothesis that 2 components are sufficient.

The root mean square of the residuals (RMSR) is  0.08
 with the empirical chi square  37.89  with prob <  7.9e-06

Fit based upon off diagonal values = 0.97>
```

한다. 본 예에서는 해당 가설이 지지되어 2개의 요인이 적절함을 확인할 수 있다. 또한 요인수를 변경하면서 최적의 요인수를 결정할 수 있다.

CHAPTER

12

차이에 기반한 가설검정 I : 두 개 집단

MARKETING RESEARCH

통계적 추론의 과정은 마케팅조사실무에 있어서 최종적 마케팅의사결정을 위한 중요한 참고자료로 활용된다. 따라서 성공적 마케팅의사결정을 위한 엄격한 통계적 추론은 아주 중요한 과정이라고 할 수 있다. 통계적 추론이 필요한 여러 가지 마케팅상황 중에서 차이에 대한 검정은 마케팅의사결정을 위한 가장 기본적이고 빈번한 상황이다. 예를 들어, 각 세분시장을 위한 최적화된 마케팅활동을 계획하기 위해 각 세분시장의 고객반응이나 행동의 차이를 조사하거나 전반적인 시장환경의 변화를 예측하기 위해 전체 고객집단의 성향을 파악하는 조사는 마케팅의사결정을 위한 중요한 정보를 제공해 준다.

본 장에서는 가장 기본적인 통계적 추론인 차이에 기반한 가설검정을 위한 분석방법에 대해 살펴보고자 한다. 먼저, 표본으로부터 조사된 자료를 바탕으로 모집단의 특성을 파악하는 모집단에 대한 가설검정을 살펴보도록 한다.

12.1 모집단에 대한 가설검정

모집단의 특성 또는 모수를 확인하기 위한 가설검정은 크게 단일 모집단의 평균을 검증하는 것과 단일 모집단의 비율을 검증하는 것으로 나눌 수 있다. 단일 모집단의 평균에 대한 검증은 평균이 계산 가능한 비율척도나 등간척도인 경우에 적용하며, 단일 모집단의 비율에 대한 검증은 측정척도가 빈도형태로 평균이 계산 불가능한 서열척도나 명목척도인 경우 적용 가능하다.

12.1.1 모집단평균에 대한 통계적 추론

모집단평균에 대한 통계적 추론은 표본의 크기에 따라 Z검정 또는 t검정을 시행할 수 있다. 단일 표본집단으로부터 수집된 자료를 바탕으로 모집단의 평균을 검증하기 위해 조사자는 다음의 순서를 따른다.

그림 12-1 가설검정의 형태

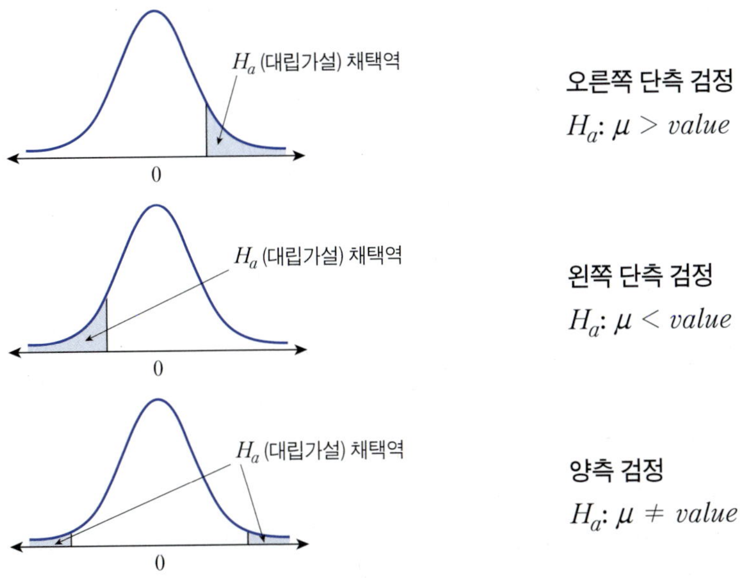

① 모집단의 평균에 대한 가설(귀무가설과 대립가설)을 결정

② 표본의 기술통계량(표본평균, 표본분산/표준편차)을 계산

③ 표본분포(정규분포/t분포) 가정 또는 분석방법(Z-test/t-test)의 결정

④ 분석방법에 따른 적당한 검정통계량(Z값/t값)을 귀무가설이 맞다는 가정하에 계산

⑤ 가설채택기준인 임계치(예: $z=1.96$) 또는 유의수준(예: $\alpha=0.05$)을 결정

⑥ 임계치와 검정통계량을 비교하거나 유의수준과 유의확률(p-value)을 비교하여 가설채택 여부 결정

검증할 가설의 형태에 따라 조사자는 양측 검정(Two-tailed Test) 또는 단측 검정(One-tailed Test)을 적용할 수 있다. 일반적으로 방향성이 없는 가설은 양측 검정과 크기 구분이 있는 단측 검정을 할 수 있다. 양측 검정의 경우 가설기각역이 양측에 위치하지만 단측 검정의 경우 가설기각역이 오른쪽 또는 왼쪽에 존재한다. 특히 모집단의 평균이 특정값보다 크다는 가설을 검증하기 위해서는 오른쪽 단측 검정을, 모집단의 평균이 특정값보다 작다는 가설을 검증하기 위해서는 왼쪽 단측 검정을 실시할 수 있다.

하지만 단측 검정의 경우 동일 유의수준에서 양측 검정에 비해 가설기각역이 넓어져

그림 12-2 양측 검정과 단측 검정의 기각역 비교

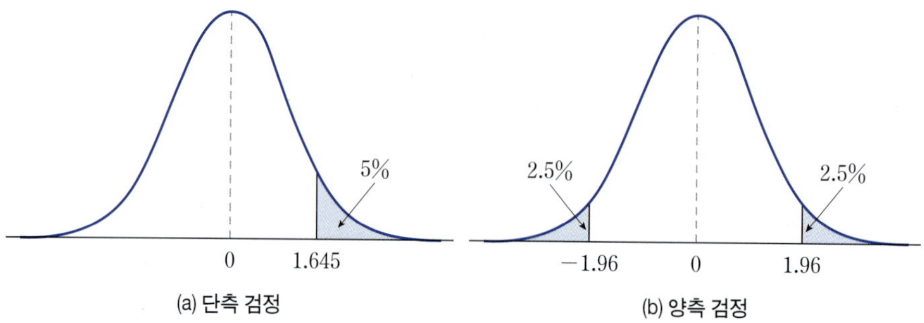

귀무가설을 좀 더 쉽게 기각할 수 있어 통계적 추론의 엄격성을 다소 완화시킬 가능성이 높다. 예를 들어, Z−test의 경우 5% 유의수준에 대해 단측 검정의 임계치는 1.65이고 양측 검정의 임계치는 1.96으로, 귀무가설을 기각하고 대립가설을 채택하기 위해 필요한 검정통계량값(Z값)은 양측 검정의 경우 1.96 이상의 값이 필요하지만, 단측 검정의 경우 1.65 이상이기만 하면 대립가설을 채택할 수 있다. 따라서 검증할 가설의 방향성에 상관없이 통계적 추론의 엄격성을 유지하기 위해 양측 검정을 할 것을 권장한다.

모집단의 평균에 대한 통계적 추론을 위해 일반적으로 Z−test 또는 t−test의 두 가지 분석방법이 활용된다. Z−test는 표본의 크기가 30보다 클 경우 중심 극한 정리(Central Limit Theorem)에 따라 표본분포를 정규분포(Normal Distribution)로 가정하고 표본크기가 충분히 크기 때문에 모집단의 표준편차 근사치로 표본표준편차를 사용하여 Z값을 검정통계량으로 사용한다. 하지만 표본의 크기가 상대적으로 작고 모집단의 분산(표준편차)을 모를 경우에 표본표준편차를 모집단의 표준편차로 근사할 수 없어 정확한 정규분포를 구할 수 없다. 따라서 자유도가 $n-1$인 t분포로 근사하여 Z값 대신 t값을 검정통계량으로 사용한다. t분포는 종 모양의 대칭형 분포로 그 모양이 정규분포와 아주 유사하다. 그러나 t분포는 정규분포에 비해 양쪽 꼬리 부분이 두껍고, 중심이 상대적으로 더 얇다. 이는 t분포의 경우 모집단의 분산이 표본분산에 의해 추정되기 때문이다[표본분산은 모집단의 분산보다 $n/(n-1)$배 더 크다]. 표본의 크기가 커질 경우 t분포는 정규분포에 점점 가까워지고 표본크기가 120 이상이 되면 두 분포는 거의 동일하다.

그림 12-3 표본크기/자유도에 따른 t분포 그래프

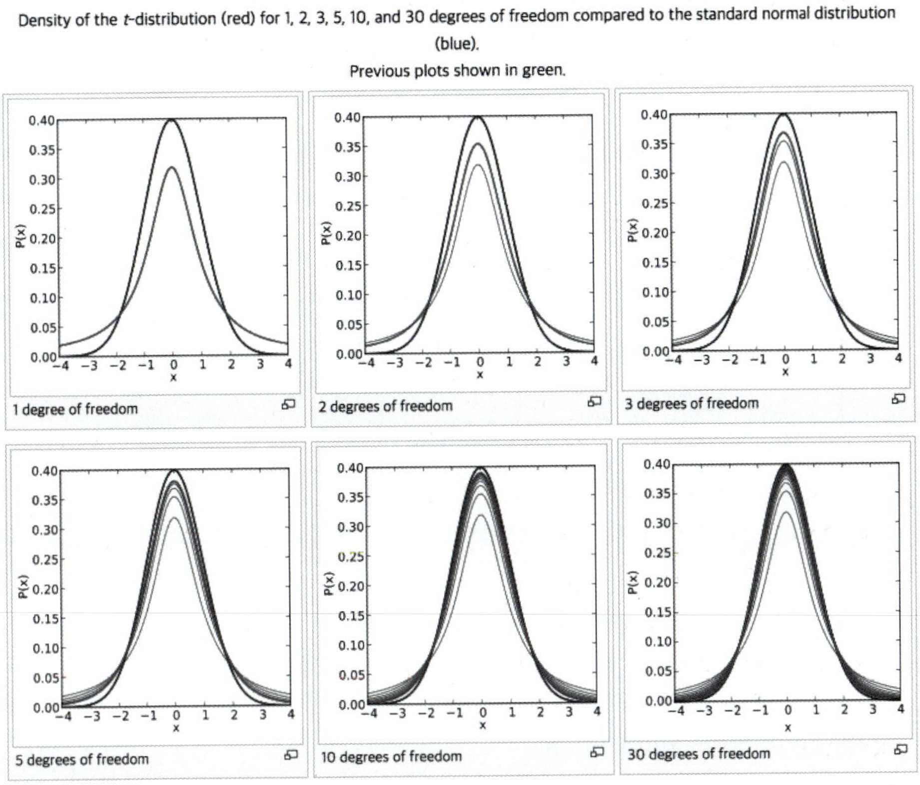

Z-test

$$\overline{X} = \frac{1}{n}\sum_{i=1}^{n} X_i$$

$$S^2 = \frac{1}{n-1}\sum_{i=1}^{n}(X_i - \overline{X})^2$$

$$Z = \frac{\overline{X}-\mu}{\frac{\sigma}{\sqrt{n}}} \approx \frac{\overline{X}-\mu}{\frac{S}{\sqrt{n}}}$$

$$\overline{x} = \frac{x_1 + \cdots + x_n}{n}$$

$$s^2 = \frac{1}{n-1}\sum_{i=1}^{n}(x_i - \overline{x})^2$$

$$t = \frac{\overline{x}-\mu}{s/\sqrt{n}}$$

예를 들어, 특정 브랜드의 "브랜드충성도"가 전달에 7점 척도 기준 5점이었는데, 이번 달에 펼친 다양한 마케팅활동을 통해 이것이 증가했는지를 확인하는 조사를 시행하였다고 가정하자. 100명을 표본으로 추출하여 7점 척도의 다문항으로 조사하였다. 조사과정에서 "브랜드충성도"의 측정척도에 대해 신뢰성과 타당성이 검증되었고, 단일 변수화(다문항의 평균값)가 이루어졌다. "브랜드충성도"의 기술통계분석 결과, 표본의 "브랜드충성도" 평균은 5.5점이고 표본표준편차는 0.5였다.

통계적 추론의 과정

① 가설의 설정

- 귀무가설 H_0: $\mu=5$
- 대립가설 H_a: $\mu>5$

② 표본의 기술통계량

- 평균 $(\overline{X})=5.5$
- 표본표준편차 $(s)=0.5$

③ 표본분포의 결정

표본크기가 30보다 크기 때문에 정규분포와 t분포 모두 가정 가능

④ 검정통계량 계산

- $Z=(5.5-5)/0.5/10=10$
- $t=(5.5-5)/0.5/10=10$

⑤ 임계치와 유의수준의 결정

- 양측 검정 시행
- 유의수준=0.05, Z값 임계치=1.96, t값 임계치(자유도=99)=1.98

⑥ 가설채택 여부 결정

- Z값 통계량과 t값 통계량 모두 Z값 임계치와 t값 임계치보다 큼
- Z분포 유의확률 0, t분포 유의확률 0으로 모두 유의수준보다 작음
- 검정통계량이 모두 기각영역에 있어 유의수준 0.05에서 귀무가설을 기각하고 대립가설을 채택

그림 12-4 위 예제에서의 검정통계량과 임계치의 비교

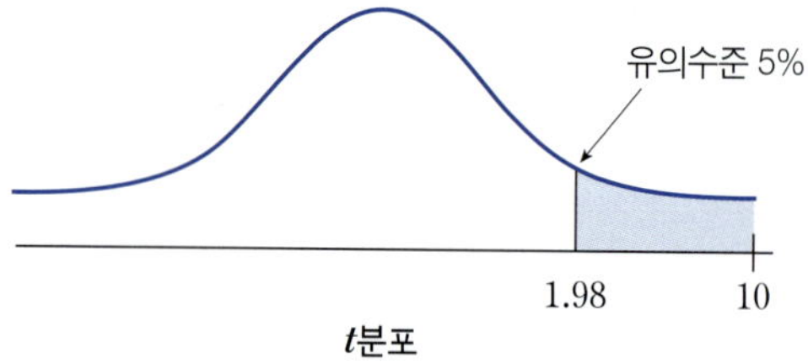

따라서 통계분석결과 (다른 요인에 변화가 없다면) 이달의 다양한 마케팅활동결과 "브랜드충성도"는 증가하였다고 볼 수 있다.

12.1.2 통계분석 연습

SPSS 활용

SPSS에서는 모집단에 대한 통계적 추론을 위해 "일표본 T 검정" 기능을 제공한다. SPSS에서 다음과 같이 "분석" → "평균 비교" → "일표본 T 검정"을 통해 모집단의 통계적 추론을 할 수 있다.

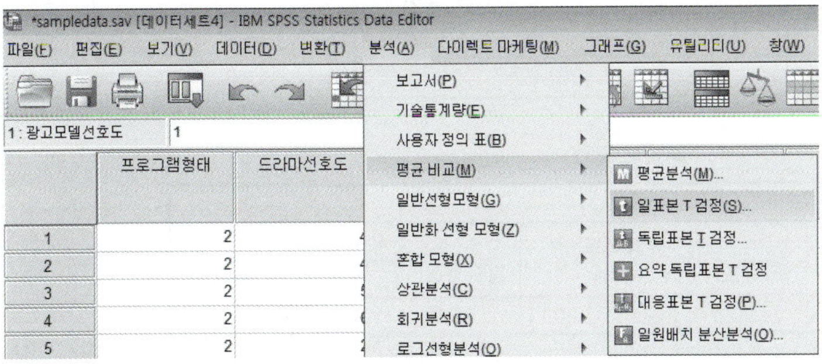

"일표본 T 검정"을 실행하면 다음과 같은 창이 나타난다. 다른 분석들과 유사하게 왼쪽 변수창에서 분석을 원하는 변수를 선택하여 오른쪽 변수창으로 이동 화살표를 이용해 이동시킨다. 이후 원하는 검정값을 "검정값"란에 입력한다. 여기서 검정값을 0으로 한다면, 이 분석의 가설은 "드라마선호도가 0과 같지 않다."가 된다.

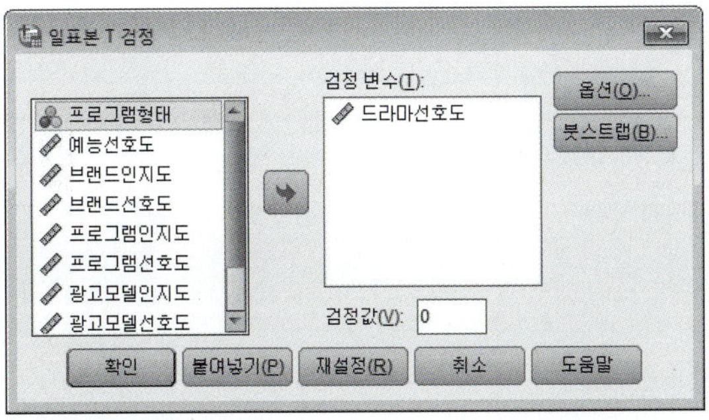

"일표본 T 검정" 결과는 다음의 표들과 같다. 먼저 첫 번째 표는 기본적인 기술통계량을 보여 준다. 이를 통해 표본의 크기는 "176"명이며, "드라마선호도"의 평균은 "4.28"이고, 표준편차는 "1.488"임을 알 수 있다. 두 번째 표는 통계적 추론에 대한 검정결과로서 "검정값=0", 즉 "드라마선호도가 0과 같지 않다."는 가설에 대한 통계적 추론결과를 보여준다. 두 번째 표는 여러 가지 통계량 관련 수치가 있다. 자유도는 175이고, 앞서의 추정방식을 설명한 t값은 38.151로서 상당히 크고, 당연히 유의확률(p-value)은 거의 0에 가깝고, 평균차이는 4.278(4.278-0)이다. 95% 신뢰구간은 4.06에서 4.50으로 검정값이 0을 포함하지 않는다. 따라서 유의수준 0.05에서 "검정값=0"인 귀무가설은 기각할 수 있고, 연구가설 "드라마선호도가 0과 같지 않다."는 채택할 수 있다.

일표본 통계량

	N	평균	표준편차	평균의 표준오차
드라마선호도	176	4.28	1.488	.112

일표본 검정

	검정값 = 0					
					차이의 95% 신뢰구간	
	t	자유도	유의확률 (양측)	평균차이	하한	상한
드라마선호도	38.151	175	.000	4.278	4.06	4.50

앞서의 예가 "검정값=0"이라는 귀무가설을 검정했는데, "드라마선호도"가 7점 척도로 측정된 변수라는 점에서 현실성이 다소 떨어진다. 따라서 조사자가 검정값을 4로 변경하여, "드라마선호도가 4와 같지 않다."로 수정하여 통계적 추론을 하고자 할 경우, 다음과 같이 검정값을 "4"로 수정하면 된다.

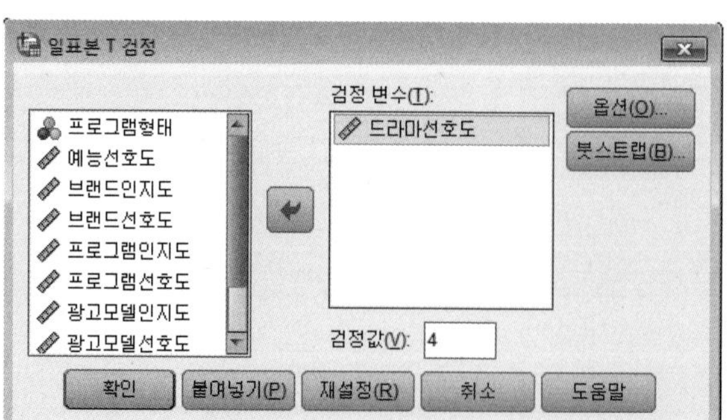

검정값을 "4"로 변경하여 통계적 추론을 한 결과는 다음과 같다. 먼저 t값이 앞서 "검정값=0"인 조건에 비해 많이 줄어들었고, 유의확률도 0.014로 다소 높아졌으며, 평균차는 은 0.278(4.278−4)이고 95% 신뢰구간은 0.06에서 0.50이 되었다. "검정값=0"인 경우에 비해 검정력은 낮아졌지만, 여전히 유의수준 0.05에서 "드라마선호도는 4와 같지 않다"고 판단할 수 있다.

일표본 검정

	검정값 = 4					
	t	자유도	유의확률 (양측)	평균차이	차이의 95% 신뢰구간	
					하한	상한
드라마선호도	2.483	175	.014	.278	.06	.50

R 활용

R에서 모집단의 평균에 대한 통계적 추론을 위해서는 "t.test( )" 함수를 활용한다. 앞 장의 예에서와 같이 먼저 "read.csv( )" 함수를 활용하여 "sampledata.csv" 파일을 "sampledata"에 저장한다. SPSS의 예와 동일하게 "드라마선호도" 변수에 대한 모집단의 평균 검정을 하자. "드라마선호도"는 순서상 "sampledata"의 두 번째 열에 있기 때문에 "sampledata[,2]"가 "드라마선호도" 변수의 변수값들이 된다. "드라마선호도"에 대한 모집단의 평균에 대한 통계적 추론(검정값=0) 분석결과는 다음과 같다. 통계량은 SPSS의 분석결과와 동일하고 해석도 동일하다. "t.test( )" 함수에 대한 자세한 사항은 "help(t.test)" 또는 "?t.test"로 확인할 수 있다.

```
R Console
> sampledata=read.csv("sampledata.csv")
> sampledata[,2]
  [1] 4 4 5 6 2 4 5 2 1 5 6 5 2 2 3 2 5 6 3 7 4 6 5 4 4 2 4 3 2 2 4 7 5 7 5 4
 [37] 4 4 5 3 4 5 6 6 5 4 7 2 4 4 4 5 3 4 6 3 5 5 5 6 4 7 4 4 7 4 4 6 6 3 6 4
 [73] 4 4 4 1 2 3 4 2 6 6 6 4 4 4 6 2 2 6 4 3 4 1 4 6 5 4 4 3 5 4 6 4 4 7 4 2
[109] 6 4 7 4 5 1 4 2 3 4 4 5 4 5 7 4 4 5 6 6 4 5 4 4 5 3 3 1 4 3 5 4 7 2 6 4
[145] 6 4 3 7 5 6 3 2 6 6 5 6 4 3 5 5 3 7 3 4 5 4 4 4 4 1 6 4 5 5 1 4
> t.test(sampledata[,2],mu=0)

        One Sample t-test

data:  sampledata[, 2]
t = 38.151, df = 175, p-value < 2.2e-16
alternative hypothesis: true mean is not equal to 0
95 percent confidence interval:
 4.057078 4.499740
sample estimates:
mean of x
 4.278409

>
>
>
```

검정값이 0이 아닌 4인 경우의 결과는 다음과 같다.

```
R Console
> t.test(sampledata[,2],mu=4)

        One Sample t-test

data:  sampledata[, 2]
t = 2.4826, df = 175, p-value = 0.01399
alternative hypothesis: true mean is not equal to 4
95 percent confidence interval:
 4.057078 4.499740
sample estimates:
mean of x
 4.278409
```

다음은 모집단평균에 대한 통계적 추론에서 t분포를 기반으로 하는 t검정이 아닌 Z분포를 기반으로 하는 Z검정의 예이다. R에서는 Z검정을 직접적으로 지원하지 않기 때문에, "z.test( )"라는 함수를 직접 만들어 사용하였다. 표본크기가 상대적으로 크기 때문에 Z값은 앞서 살펴본 예의 t값과 거의 유사하며, 결과와 그 해석도 동일하다.

```
R Console
> z.test = function(a, mu, var){
+    zeta = (mean(a) - mu) / (sqrt(var / length(a)))
+    return(zeta)
+ }
> z.test(sampledata[,2],4,var(sampledata[,2]))
[1] 2.482576
>
```

12.1.3 모집단의 비율에 대한 통계적 추론

모집단의 비율에 대한 통계적 추론은 앞서 모집단의 평균에 대한 통계적 추론과 유사하고, 다만 사용하는 검정통계량의 계산이 변한다. 즉, 검정통계량은 변화가 없이 모집단 분포의 가정이 변하여 분산의 추정방식이 변한다. 일반적으로 비율이라면 n번의 시도 중 k번 성공한 횟수를 의미한다고 볼 수 있다. 따라서 이러한 과정은 이산분포를 따르게 되고, 성공확률이 p일 때 n회 시도하였다면 성공확률에 대한 이산분포의 분산은 $np(1-p)$

이다. 이를 활용하여 Z값을 계산하면 다음과 같다.

$$Z = \frac{p-\mu}{\sqrt{\frac{(1-p)}{n}}}$$

예를 들어, 특정 브랜드에 대한 재구매비율을 높이기 위한 프로모션 집행 후에 재구매비율이 증가했는지를 조사하고자 한다. 일반적으로 재구매율이 20%보다 커야 프로모션에 의해 재구매율이 향상되었다고 평가할 수 있다. 100명을 표본으로 추출하여 이들의 재구매 여부를 확인하였을 때 25% 정도가 재구매를 하였다고 응답하였다.

통계적 추론의 과정

① 가설의 설정
- 귀무가설 H_0: $\mu=0.2$
- 대립가설 H_a: $\mu>0.2$

② 표본의 기술통계량
평균($\overline{X}$)=0.25

③ 표본분포의 결정
표본크기가 30보다 크기 때문에 정규분포 가정 가능

④ 검정통계량 계산
$Z=(0.25-0.2)/0.04=1.25$

⑤ 임계치와 유의수준의 결정
- 양측 검정 시행
- 유의수준=0.05, Z값 임계치=1.96

⑥ 가설채택 여부 결정
- Z값 통계량이 Z값 임계치보다 작음
- Z분포 유의확률 0.89로 유의수준보다 큼
- 검정통계량이 기각영역 밖에 있어 유의수준 0.05에서 귀무가설을 기각할 수 없어 대립가설을 기각

따라서 통계분석결과 (다른 요인에 변화가 없다면) 프로모션은 재구매율을 20% 초과하여 증가시키는 데 실패하였다고 볼 수 있다.

12.1.4 통계분석 연습

R 활용

SPSS는 모집단비율에 대한 통계적 추론방법을 직접적으로 제공하지 않는다. R에서도 Z검정을 바탕으로 한 모집단비율에 대한 통계적 추론방법은 제공하지 않지만, "χ-squared" 검정에 기반한 "prop.test( )"를 활용하여 모집단비율에 대한 통계적 추론이 가능하다. 다음은 앞서의 예와 동일하게 100명 중 25명이 찬성하였을 때, 모집단의 찬성비율이 20%(0.2)보다 더 크다고 할 수 있는지를 분석한 결과이다. 분석결과는 유의확률(p-value)이 0.2606으로 유의수준 0.05보다 크기 때문에 "찬성률이 0.2와 같다."는 귀무가설을 기각할 수 없으므로, "찬성률이 0.2보다 크다."는 대립가설을 채택할 수 없다고 할 수 있다.

R Console

```
> prop.test(25,100,p=0.2)

        1-sample proportions test with continuity correction

data:  25 out of 100, null probability 0.2
X-squared = 1.2656, df = 1, p-value = 0.2606
alternative hypothesis: true p is not equal to 0.2
95 percent confidence interval:
 0.1711755 0.3483841
sample estimates:
   p
0.25

> |
```

다음은 앞서 설명한 모집단비율에 대한 Z검정으로, R에서 직접적으로 해당 분석을 제공하지 않기 때문에 "z.prop.test( )" 함수를 직접 만들어 분석한 예이다. 먼저 "z.prop.test( )" 함수를 다음과 같이 정의한 후 "z.prop.test(25,100,p=0.20)"으로 모집단비율에 대한 Z검정을 실시한다. 분석결과, 앞서의 통계적 추론과정 예와 동일하게 Z통계량 1.25, 유의확률 0.89가 나왔으며, 결과의 해석도 동일하다.

```
> z.prop.test <- function(x,n,p=NULL,conf.level=0.95,alternative="less") {
+     ts.z <- NULL
+     cint <- NULL
+     p.val <- NULL
+     phat <- x/n
+     qhat <- 1 - phat
+
+     if(length(p) > 0) {
+           q <- 1-p
+           SE.phat <- sqrt((p*q)/n)
+           ts.z <- (phat - p)/SE.phat
+           p.val <- pnorm(ts.z)
+           if(alternative=="two.sided") {
+              p.val <- p.val * 2
+           }
+           if(alternative=="greater") {
+              p.val <- 1 - p.val
+           }
+      } else {
+     SE.phat <- sqrt((phat*qhat)/n)
+      }
+      cint <- phat + c(
+           -1*((qnorm(((1 - conf.level)/2) + conf.level))*SE.phat),
+           ((qnorm(((1 - conf.level)/2) + conf.level))*SE.phat) )
+     return(list(estimate=phat,ts.z=ts.z,p.val=p.val,cint=cint))
+ }
> z.prop.test(25,100,p=0.20)
$estimate
[1] 0.25

$ts.z
[1] 1.25

$p.val
[1] 0.8943502

$cint
[1] 0.1716014 0.3283986

>
```

12.2 독립된 두 집단의 평균차이 비교

12.2.1 독립된 집단의 평균차이에 대한 통계적 추론

마케팅조사실무에서는 특정 고객집단을 모집단으로 하여 특정 고객집단의 특성을 파악하기 위한 모집단평균에 대한 통계적 추론 또는 모집단비율에 대한 통계적 추론도 자주 실시하지만, 좀 더 전략적으로 두 개 이상의 고객집단의 특성을 비교하여 두 집단의 차별화된 특성을 파악하기 위한 조사도 많이 실시한다. 이렇게 두 개 이상의 집단을 비교 · 분석하는 방법을 독립집단 차이검정(Independent two-sample t-test)이라고 한다.

남자고객과 여자고객의 특정 브랜드에 대한 "브랜드충성도"의 차이를 조사하고자 하는 경우, "브랜드충성도"가 비율 또는 등간척도로 측정되었다면 평균이 가능한 두 집단의 평균의 차이를 비교 · 분석하는 경우에 해당된다. 이때 일반적으로 사용하는 검정통계량은 자유도가 $d.f.$ 인 t분포를 따르는 t통계량이다.

독립집단 t검정

$$t=\frac{\overline{X_1}-\overline{X_2}}{s_{\overline{\triangle}}}$$

$$s_{\overline{\triangle}}=\sqrt{\frac{s_1^2}{n_1}+\frac{s_2^2}{n_2}}$$

$$d.f.=\frac{(s_1^2/n_1+s_2^2/n_2)^2}{(s_1^2/n_1)^2/(n_1-1)+(s_2^2/n_2)^2/(n_2-1)}$$

여기서, n_1: 첫 번째 집단의 표본크기
n_2: 두 번째 집단의 표본크기

예를 들어, 특정 브랜드의 "브랜드충성도"가 남성고객과 여성고객 사이에 차이가 있는지 조사하려고 한다. 남성 60명, 여성 50명을 표본으로 추출하여 7점 척도 다문항으로 조사하였다. 조사과정에서 "브랜드충성도"의 측정척도에 대한 신뢰성과 타당성이 검증되었고 단일 변수화(다문항의 평균값)가 이루어졌다. "브랜드충성도"의 기술통계분석 결과 남성표본의 "브랜드충성도" 평균은 5.5점, 표준편차는 0.9이고 여성표본의 "브랜드충성도" 평균은 5.2점, 표준편차는 0.9였다.

통계적 추론의 과정

① 가설의 설정
- 귀무가설 H_0: $\mu_{남성}=\mu_{여성}$
- 대립가설 H_a: $\mu_{남성}\neq\mu_{여성}$

② 표본의 기술통계량
- 남성평균 $(\overline{X_1})=5.5$
- 여성평균 $(\overline{X_2})=5.2$
- 남성 표준편차 $(s_1)=0.9$
- 여성 표준편차 $(s_2)=0.9$

③ 표본분포의 결정

t분포 가정 가능

④ 검정통계량 계산

$$t=\frac{5.5-5.2}{\sqrt{\frac{0.9^2}{60}+\frac{0.9^2}{50}}}=1.74$$

⑤ 임계치와 유의수준의 결정

- 양측 검정 시행
- 유의수준=0.05, t값 임계치(자유도=108)=1.98

⑥ 가설채택 여부 결정

- t값 통계량이 t값 임계치보다 작음
- t분포 유의확률 0.08로 모두 유의수준보다 큼
- 검정통계량이 모두 기각영역 밖에 있어 유의수준 0.05에서 귀무가설을 기각할 수 없어 대립가설을 기각(단, 유의수준을 0.10으로 할 경우 대립가설을 채택할 수 있음)

따라서 통계분석결과 (다른 요인에 차이가 없다면) 남성고객과 여성고객의 "브랜드충성도"에는 차이가 없다고 볼 수 있다.

12.2.2 통계분석 연습

Excel 활용

Excel에서는 "데이터 분석" 툴에서 t검정 기능을 제공한다. 독립된 두 집단의 통계분석을 위해서는 "t-검정: 이분산 가정 두집단"을 활용하면 된다. 두 집단의 통계분석을 실시하기 전에 평균차이를 비교할 두 집단을 선택해야 한다. 본 예에서는 "프로그램형태"에 따라, 즉 "드라마"와 "예능"을 본 집단에 따라 "드라마선호도"에 차이가 있는지를 분석하려고 한다. 따라서 두 집단은 "프로그램형태" 변수에 의해 구별되는 "드라마" 집단과 "예능" 집단이며, "드라마" 집단을 "1"로 정의하였고, "예능" 집단을 "2"로 정의하였다. 분석과정에서 변수의 선택을 용이하게 하기 위해 다음과 같이 "프로그램형태"를 기준으로 정렬을 한다.

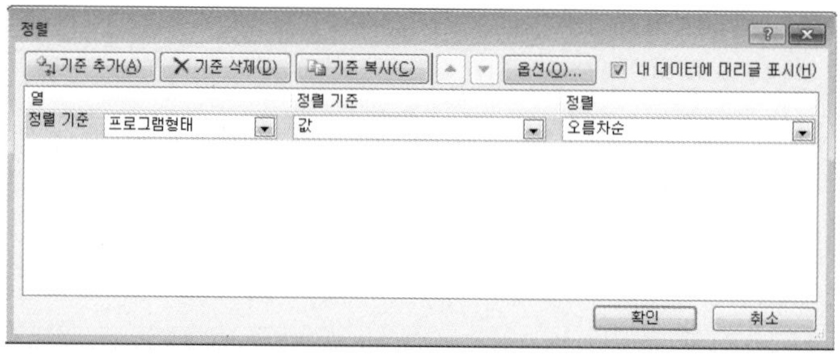

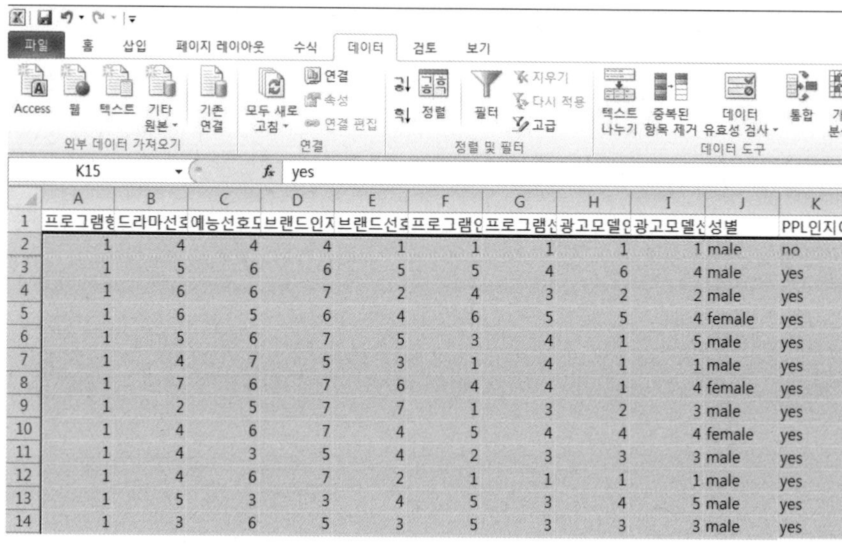

이제 정렬된 자료를 대상으로 통계 데이터 분석을 실시한다. "데이터 분석"을 선택하여 다음과 같은 다양한 통계분석방법 중 "t-검정: 이분산 가정 두집단"을 선택한다. Excel에서는 3가지 t검정 분석방법을 제공하는데, "쌍체비교"는 추후 설명할 예정이며, "등분산 가정 두집단"은 두 집단의 분산이 동일하다는 가정을 바탕으로 차이검정을 할 때 활용한다. 본 예에서는 "이분산 가정 두집단", 즉 두 집단의 분산이 동일하지 않다는 좀 더 일반적 가정을 사용한다.

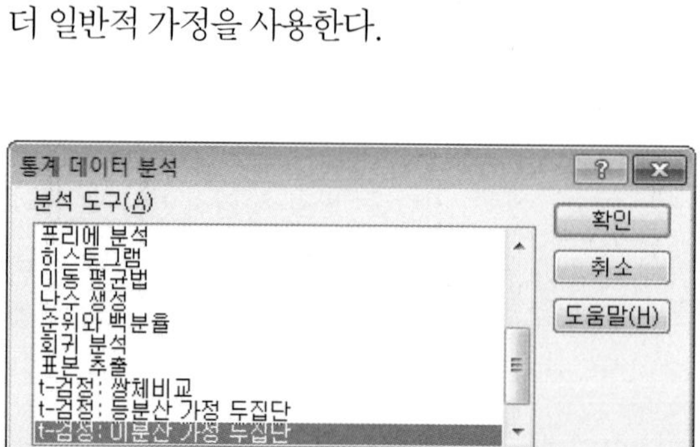

분석방법이 결정되면 다음과 같이 분석대상자료를 선택해야 한다. 앞서 두 집단 구분 변수(프로그램형태)에 따라 자료가 정렬이 되어 있기 때문에, 순서대로 "드라마" 집단의 "드라마선호도"를 입력(B2:B89)하고, 다음으로 "예능" 집단의 "드라마선호도"를 입력(B90:B177)한 후, "확인"을 눌러 t검정을 실시한다.

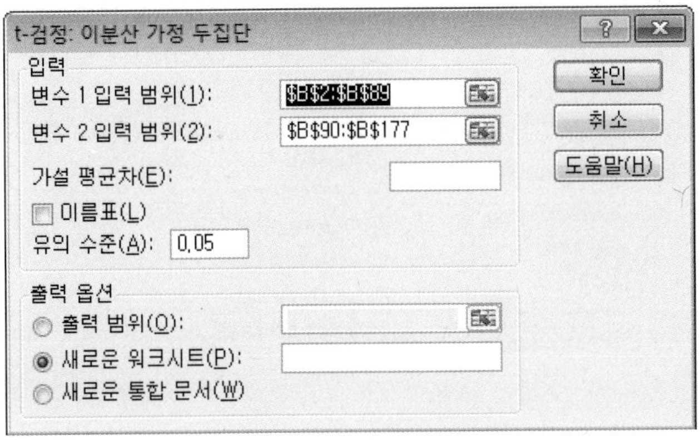

다음의 예는 독립된 두 집단의 평균차이 t검정의 분석결과를 보여 준다. 변수 1은 "드라마" 집단의 "드라마선호도"를 의미하고, 변수 2는 "예능" 집단의 "드라마선호도"를 의미한다. "드라마" 집단의 "드라마선호도"의 평균은 4.39, "예능" 집단의 "드라마선호도"는 4.17로, "드라마" 집단의 "드라마선호도"가 수치상으로 더 높다. 하지만 통계추론결과 t통계량은 0.96으로 유의수준 0.05에 대한 임계치보다 작고, 유의확률 역시 0.34로 높아 두 집단의 "드라마선호도"는 통계적으로 유의한 차이가 없다고 결론을 내릴 수 있다.

t-검정: 이분산 가정 두 집단

	변수 1	변수 2
평균	4.386364	4.170455
분산	2.101881	2.326933
관측수	88	88
가설 평균차	0	
자유도	174	
t 통계량	0.962429	
P(T<=t) 단측 검정	0.168585	
t 기각치 단측 검정	1.653658	
P(T<=t) 양측 검정	0.33717	
t 기각치 양측 검정	1.973691	

SPSS 활용

SPSS에서는 다음과 같이 "평균비교" 메뉴에서 "독립표본 T 검정"을 통해 독립된 두 집단의 평균차이 검정을 실시할 수 있다.

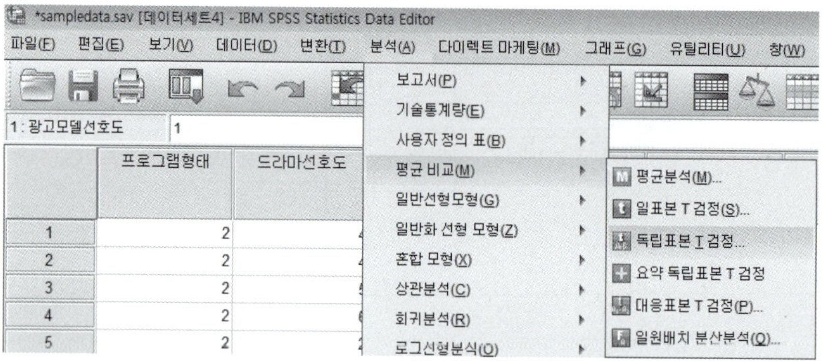

"독립표본 T 검정"을 위해 검정의 대상이 되는 변수(종속변수)와 집단변수(독립변수)를 정의하여야 한다. Excel과 동일하게 검정변수로 "드라마선호도", 집단변수로 "프로그램형태"를 선택한다.

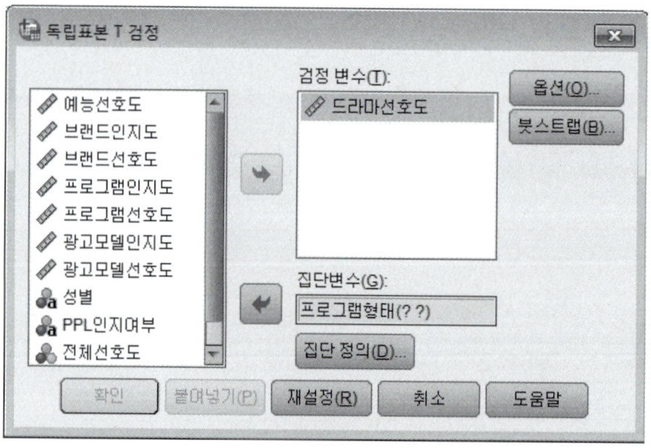

집단변수의 경우, 각각의 집단을 다음과 같이 정의하여야 한다. t검정의 경우 두 개 집단만을 대상으로 하기 때문에, 여러 개의 집단/범주가 있는 경우에도 집단 1과 2를 정의하면 해당되는 두 개 집단만을 대상으로 t검정이 가능하다. 또한 집단변수가 아닌 연속변수의 경우 "절단점", 즉 집단을 구분하는 값을 정의하여 주면 자동으로 두 개 집단으로 구분해 줄 수도 있다.

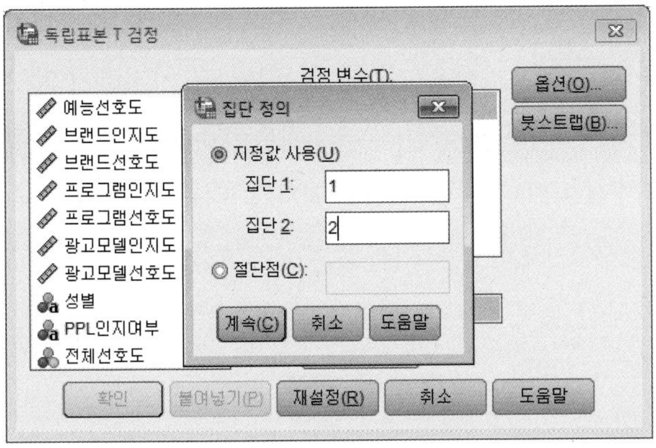

이렇게 집단변수와 분석에 포함할 집단범주를 결정하면 다음과 같이 집단변수에 집단범주가 나타난다. "확인"을 선택하여 "독립표본 T 검정"을 실시한다.

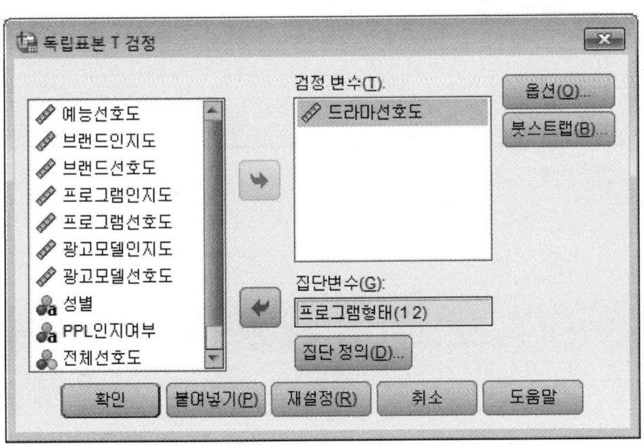

다음은 "독립표본 T검정" 분석결과를 보여 준다. 첫 번째 표는 각 "프로그램형태"에 따라 "드라마선호도"에 대한 기술통계량을 보여 준다. "프로그램형태"가 "1", 즉 "드라마"인 경우는 88명이 응답했고, "드라마선호도"가 4.39이고, 표준편차는 1.450이며, "프로그램형태"가 "2", 즉 "예능"인 경우는 동일하게 88명이 응답했으며, "드라마선호도"가 4.17이고, 표준편차는 1.525임을 알 수 있다. 따라서 수치상으로는 "예능" 집단에 비해 "드라마" 집단의 "드라마선호도"가 더 높다.

두 번째 표는 이 두 집단에서 "드라마선호도"의 차이가 통계적으로 유의한지 보여 준다. 먼저 앞쪽 열의 "Levene의 등분산 검정"은 두 비교집단의 분산이 동일한지 아닌지를 확인한다. 만약 유의확률이 유의수준보다 크다면 "두 비교집단의 분산이 같다."는 귀무가설을 기각할 수 없어 등분산 가정이 유지되어 첫 번째 행의 결과를 바탕으로 통계적 유의성을 판단하지만, 그렇지 않을 경우 귀무가설을 기각하고 등분산을 가정하지 않고 두 번째 행의 결과를 바탕으로 통계적 유의성을 판단한다. 유의확률이 0.691로 유의수준 0.05보다 크기 때문에 등분산 가정이 유지되어 첫 번째 행의 결과를 바탕으로 통계적 유의성을 확인한다. 첫 번째 행에서 *t*값은 0.962이고, 유의확률은 0.337로서 유의수준 0.05에서 통계적으로 유의하지 않다. 따라서 분석결과 두 집단 "드라마"와 "예능" 집단의 "드라마선호도"의 차이는 없다고 판단할 수 있다.

집단통계량

	프로그램형태	N	평균	표준편차	평균의 표준오차
드라마선호도	1	88	4.39	1.450	.155
	2	88	4.17	1.525	.163

독립표본 검정

		Levene의 등분산 검정		평균의 동일성에 대한 T 검정						
		F	유의확률	t	자유도	유의확률 (양측)	평균차이	차이의 표준오차	차이의 95% 신뢰구간 하한	차이의 95% 신뢰구간 상한
드라마선호도	등분산을 가정함	.158	.691	.962	174	.337	.216	.224	-.227	.659
	등분산을 가정하지 않음			.962	173.552	.337	.216	.224	-.227	.659

R 활용

R에서의 두 집단 평균에 대한 통계적 추론에도 모집단의 평균에 대한 통계적 추론과 동일하게 "t.test( )" 함수를 활용한다. 다만, 모집단의 평균에 대한 통계적 추론에는 하나의 변수만 포함되었다면, 두 집단의 평균비교를 위해서는 두 집단에 각각 두 개의 변수값이 필요하다. 하나의 변수에 일반적으로 두 개의 집단에 대한 변수값이 섞여 있기 때문에 이를 분리하는 작업이 필요하다. 이는 "sampledata[sampledata[,1]==1,2]" 명령을 통해 "드라마"의 경우에 대해서만 "드라마선호도" 자료를 추출하게 된다. "sample-data[,1]==1"은 첫 번째 열이 1인 경우에 대해서 두 번째 열의 값을 추출하라는 의미이다. 따라서 "예능"의 경우에 대해서만 "드라마선호도" 자료를 추출하기 위해서는 "sam-pledata[sampledata[,1]==2,2]" 명령을 사용하면 된다. 이 두 변수를 각각 "x"와 "y"에 저장하고 이를 "t.test( )" 함수의 입력값으로 사용한다. 다음으로 SPSS에서 설명했듯이 두 비교집단의 분산의 동질성을 확인할 필요가 있기 때문에, "t.test( )"를 위한 옵션 "var.equal=FALSE"를 사용하여 두 집단의 분산이 동일하지 않다는 가정을 적용해 본다.

"t.test( )" 함수의 사용법과 옵션에 대한 자세한 사항은 "help(t.test)" 또는 "?t.test"로 확인할 수 있다. 다음 분석결과의 통계량은 SPSS의 통계량들과 동일하고, 따라서 해석도 동일하게 하면 된다.

```
R Console
> x=sampledata[sampledata[,1]==1,2]
> y=sampledata[sampledata[,1]==2,2]
> t.test(x,y,var.equal=FALSE)

        Welch Two Sample t-test

data:  x and y
t = 0.96243, df = 173.55, p-value = 0.3372
alternative hypothesis: true difference in means is not equal to 0
95 percent confidence interval:
 -0.2268724  0.6586906
sample estimates:
mean of x mean of y 
 4.386364  4.170455 

> |
```

12.3 독립하지 않은 두 변수 간의 평균차이 비교

12.3.1 독립하지 않은 두 변수 간의 평균차이에 대한 통계적 추론

앞서의 두 독립집단 간의 평균차이에 대한 통계적 추론은 두 집단이 상호독립적인 별개의 집단이라고 가정하였다. 상호독립적이라는 의미는 두 집단 간의 영향이 전혀 존재하지 않는 상황으로 두 집단 간의 공통요소가 전혀 존재하지 않는다는 것을 의미한다. 그러나 한 집단 내에서 두 개의 서로 다른 변수 또는 동일변수에 대해 시간적 차이를 두고 측정한 값의 차이를 조사하고 싶은 경우에도 평균차이에 대한 통계적 추론을 적용해 볼 수 있다. 이것을 독립하지 않은 두 변수 간의 평균차이 검정 또는 짝을 이룬 집단의 평균차이 검정(Paired-samples *t*-test)이라고 한다.

예를 들어, 새로운 광고를 방영하기 전과 후의 "브랜드선호도"의 차이를 검증하고자 할 경우, 방영 전과 후의 고객의 "브랜드선호도"를 각각 측정한 측정값의 차이를 통계적으로 추론하여 새로운 광고의 효과를 조사할 수 있다. 이 경우 두 독립집단의 동일변수에 대한 평균차이를 검증하기보다 하나의 동일집단 내에서 동일변수의 시점에 따른 다른 측정치 또는 다른 변수의 평균차이를 통계적으로 추론하는 것으로 짝을 이룬 집단의 평균차이 검정이 적당하다.

일반적으로 독립하지 않은 두 변수 또는 짝을 이룬 집단의 두 측정값은 동일 응답자로 측정되었기 때문에 서로 독립적이지 않게 된다. 결국, 독립집단 평균차이 검정은 독립된 두 변수의 평균차이 검정이고, 짝을 이룬 집단의 평균차이 검정은 독립되지 않은 두 변수의 평균차이 검정이라 볼 수 있다. 독립하지 않은 두 변수 간의 평균차이 검정은 일반적으로 $n-1$의 자유도를 가지는 t분포를 따르는 t통계량을 사용하여 검정한다. 개념상으로는 독립하지 않은 두 변수 간의 차이를 하나의 변수로 보고 모집단의 차이변수의 평균이 0(두 변수 간의 차이=0)이라는 귀무가설을 검증하기 방식이기 때문에, 앞서의 모집단평균에 대한 통계적 추론방법을 그대로 적용할 수 있다.

대응표본 t검정

$$t=\frac{\overline{X}_D-\mu_0}{\frac{s_D}{\sqrt{n}}}$$

여기서, $\overline{X}_D$: 두 변수 간의 차이의 평균 $\overline{X}_D=\text{sigma}\,(X_2-X_1)/n$

n: 표본크기

S_D : 두 변수 간의 차이의 표준편차 $S_D=\text{sigma}\,\{(X_2-X_1-X_D)^2\}/(n-1)$

예를 들어, 새로운 광고 전후의 특정 브랜드에 대한 "브랜드선호도"를 조사하기 위해 고객 60명을 표본으로 추출하여 7점 척도로 다문항으로 조사하였다. 조사과정에서 "브랜드선호도"의 측정척도에 대해 신뢰성과 타당성이 검증되었고, 단일 변수화(다문항의 평균값)가 이루어졌다. 기술통계분석 결과 "브랜드선호도"의 광고 전후 차이의 평균은 0.15점, 표준편차는 0.5였다.

통계적 추론의 과정

① 가설의 설정

- 귀무가설 H_0: $\mu_2 - \mu_1 = d = 0$
- 대립가설 H_a: $\mu_2 - \mu_1 = d > 0$

여기서, μ_1 : 첫 번째 변수의 모집단의 평균(광고 전 "브랜드선호도")

μ_2 : 두 번째 변수의 모집단의 평균(광고 후 "브랜드선호도")

② 표본의 기술통계량

- 두 변수 간의 평균 $(\overline{X}_D) = 0.5$
- 표본표준편차 $(s) = 0.35$
- 표본크기 $(n) = 60$

③ 검정통계량 계산

$$t = \frac{0.15 - 0}{\frac{0.5}{\sqrt{60}}} = 2.32$$

④ 임계치와 유의수준의 결정

- 양측 검정 시행
- 유의수준=0.05, t값 임계치(자유도=59)=2.00

⑤ 가설채택 여부 결정

- t값 통계량이 t값 임계치보다 큼
- t분포 유의확률 0.024로 유의수준보다 작음
- 검정통계량이 모두 기각영역에 있어 유의수준 0.05에서 귀무가설을 기각하고 대립가설을 채택

그림 12-5 위 예제에서의 검정통계량과 임계치의 비교

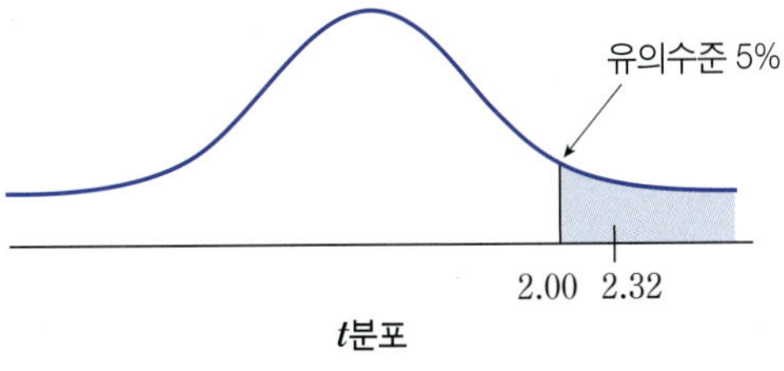

따라서 통계분석결과 (다른 요인의 영향이 없다면) 새로운 광고의 방영으로 "브랜드선호도"가 증가하였다고 볼 수 있다.

12.3.2 통계분석 연습

Excel 활용

"드라마선호도"와 "예능선호도"에 차이가 있는지를 조사할 경우, "쌍체비교 t-검정"을 실시할 수 있다. 다른 통계분석과 동일하게 "데이터 분석"을 선택하여 다음과 같은 다양한 통계분석방법 중 독립되지 않은 집단의 두 변수를 비교하기 위해 "t-검정: 쌍체비교"를 선택한다.

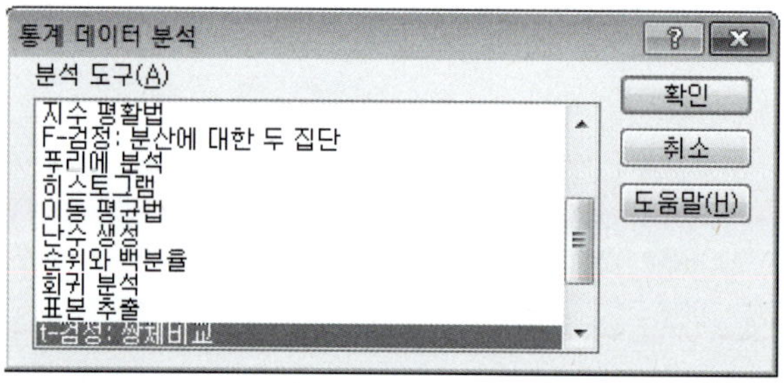

"통계 데이터 분석" 창에서 분석방법을 선택하면, 다음과 같이 "t-검정: 쌍체비교" 창이 나타나고, 변수 1과 변수 2를 입력한다. "변수 1"에는 "드라마선호도"에 해당하는 셀들(B2:B177)을 입력하고, "변수 2"에는 "예능선호도"에 해당하는 셀들(C2:C177)을 입력한 후, "확인"을 선택하여 t검정을 실시한다.

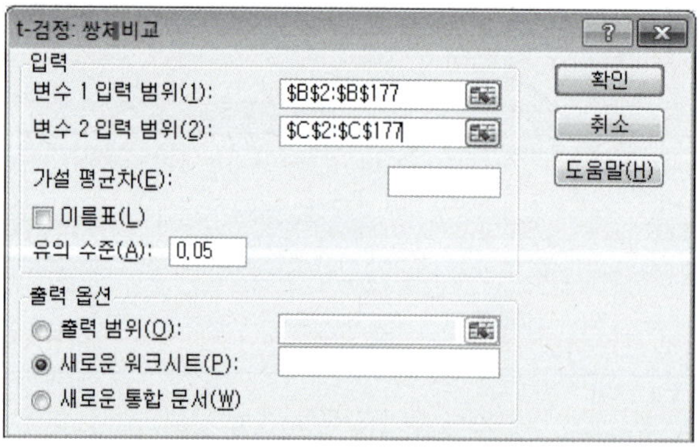

다음은 쌍체비교 t검정의 분석결과를 보여 준다. 변수 1은 "드라마선호도"를 의미하

고, 변수 2는 "예능선호도"를 의미한다. "드라마선호도"의 평균은 4.28, "예능선호도"는 4.97로 "예능선호도"가 "드라마선호도"에 비해 더 높다. 통계추론결과 *t*통계량의 절댓값은 4.77로 유의수준 0.05에 대한 임계치보다 크고, 유의확률 역시 아주 작기 때문에 "드라마선호도"와 "예능선호도"는 통계적으로 유의한 차이가 있으며, 결론적으로 "예능선호도"가 "드라마선호도"보다 높다고 판단할 수 있다.

t-검정: 쌍체 비교

	변수 1	변수 2
평균	4.278409091	4.971590909
분산	2.213474026	2.18775974
관측수	176	176
피어슨 상관 계수	0.15682116	
가설 평균차	0	
자유도	175	
t 통계량	-4.773706785	
P(T<=t) 단측 검정	1.9017E-06	
t 기각치 단측 검정	1.653607437	
P(T<=t) 양측 검정	3.8034E-06	
t 기각치 양측 검정	1.973612462	

SPSS 활용

SPSS에서는 다음과 같이 "평균비교" 메뉴에서 "대응표본 T 검정"을 통해 쌍을 이루는 변수의 평균차이 검정을 실시할 수 있다.

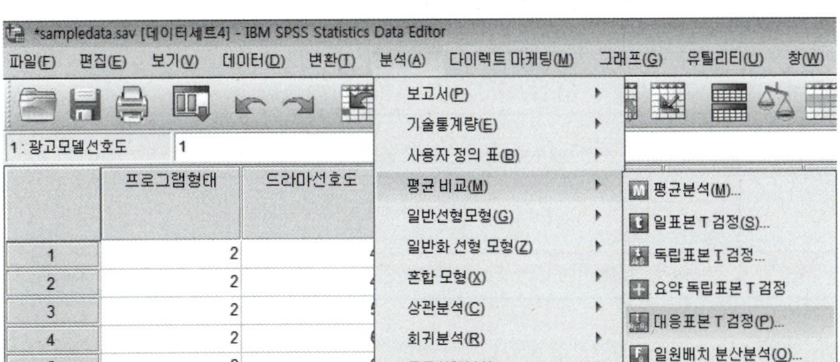

"대응표본 T 검정"을 위해서는 검정의 대상이 되는 두 개의 변수(변수 1, 변수 2)를 정

의하여야 한다. Excel과 동일한 예로서, 두 변수로 "드라마선호도"와 "예능선호도"를 대응변수로 선택한다.

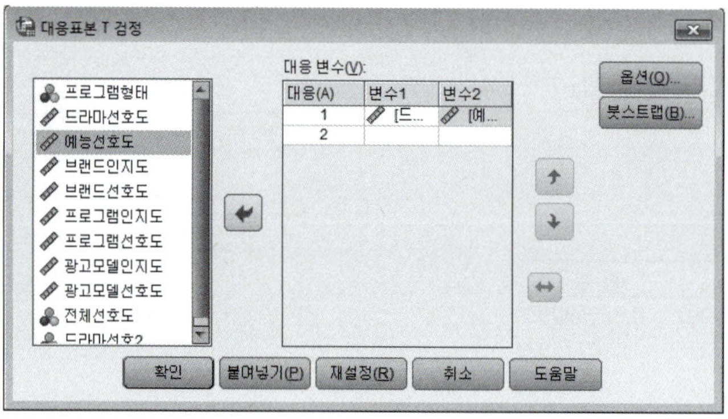

다음은 "대응표본 T 검정" 분석결과를 보여 준다. 첫 번째 표는 두 변수 "드라마선호도"와 "예능선호도"에 대한 기술통계량을 보여 준다. "드라마선호도"의 평균은 4.28, "예능선호도"의 평균은 4.97로 수치상으로는 "예능선호도"가 "드라마선호도"에 비해 더 높다. 두 번째 표는 이 두 변수의 평균차이가 통계적으로 유의한지 보여 준다. Excel과 동일하게 평균차이는 0.693이고 t값은 −4.774이고, 유의확률은 0.000으로서 유의수준 0.05에서 통계적으로 유의하다. 따라서 분석결과, 두 변수 중에서 "예능선호도"가 "드라마선호도"보다 더 높다고 판단할 수 있다.

대응표본 통계량

		평균	N	표준편차	평균의 표준오차
대응 1	드라마선호도	4.28	176	1.488	.112
	예능선호도	4.97	176	1.479	.111

대응표본 검정

		대응차					t	자유도	유의확률 (양측)
		평균	표준편차	평균의 표준오차	차이의 95% 신뢰구간				
					하한	상한			
대응 1	드라마선호도 - 예능선호도	-.693	1.926	.145	-.980	-.407	-4.774	175	.000

R 활용

R에서의 "대응표본 T 검정"을 위해서는 모집단의 평균에 대한 통계적 추론과 "독립표

본 T 검정"과 동일하게 "t.test( )" 함수를 활용한다. "독립표본 T 검정"과 동일하게 "대응표본 T 검정"도 두 개의 변수 입력이 필요하다. R 활용에서도 Excel과 SPSS 활용과 동일하게 "드라마선호도"와 "예능선호도"를 비교하고자 한다. "t.test( )" 함수에 "드라마선호도"를 위한 "sampledata[,2]" 변수와 "예능선호도"를 위한 "sampledata[,3]" 변수를 입력하고, "대응표본 T 검정"을 위해 "paired=TRUE"를 입력한다. "t.test( )" 함수의 사용법과 옵션에 대한 자세한 사항은 "help(t.test)" 또는 "?t.test"로 확인할 수 있다. 다음 분석결과의 통계량은 SPSS의 통계량들과 동일하고, 따라서 해석도 동일하게 실시한다.

R Console

```
> t.test(sampledata[,2],sampledata[,3],paired=TRUE)

        Paired t-test

data:  sampledata[, 2] and sampledata[, 3]
t = -4.7737, df = 175, p-value = 3.803e-06
alternative hypothesis: true difference in means is not equal to 0
95 percent confidence interval:
 -0.9797667 -0.4065969
sample estimates:
mean of the differences
             -0.6931818

> |
```

12.4 두 집단 간 빈도 또는 비율 비교

12.4.1 두 집단 간 빈도 또는 비율차이에 대한 통계적 추론

지금까지 집단 또는 변수 간의 평균차이 검정에 대해 살펴보았다. 마케팅조사 분야에서 가장 많이 이루어지는 분석 중 하나가 바로 차이 검정이다. 그러나 평균으로 계산 가능한 측정척도는 등간척도와 비율척도만 가능하기 때문에 그 외 서열척도와 명목척도로 측정된 변수의 차이 검정은 앞서의 t-test로는 검정이 불가능하다. 본 절에서는 서열척도 또는 명목척도로 측정된 변수에 대해 차이를 검정할 수 있는 교차분석에 대해 살펴보고자 한다.

본질적으로 서열척도 또는 명목척도의 기술통계기법은 빈도를 기반으로 한다. 따라서 서열척도 또는 명목척도로 측정된 변수의 차이는 빈도 또는 비율의 차이를 의미한다. 예를 들어, 고객들이 좋아하는 브랜드를 조사하고자 하는 경우, 특정 브랜드를 좋아하는 횟수 또는 그 비율로 조사할 수 있다.

이 비율 또는 빈도의 차이에 대한 통계적 추론은 두 가지 형태의 분석방법을 사용할 수 있다. 먼저 집단 간의 빈도차이를 나타내 주는 교차표를 바탕으로 집단 간의 비율을 비교하여 통계적 추론을 하는 교차분석방법이 있다. 다른 하나로는 집단 간의 비율차이를 Z분포를 바탕으로 비교하는 Z검정이 있다. 교차분석방법은 3개 이상의 집단 간의 비율을 비교할 수 있기 때문에 다음 장에서 알아보기로 하고 이 장에서는 Z검정에 대해서만 설명한다.

두 집단 간의 비율차이를 검증하는 경우 독립적으로 추출된 두 독립표본들 간의 측정비율에 차이가 있는지를 통계적으로 추론하기 위해 정규분포를 따르는 Z통계량을 사용하여 검정한다. 개념적으로는 두 집단의 비율이 같다는 귀무가설을 검정하기 위해 두 집단의 비율이 고려된 분산인 $\frac{p_0 q_0}{n_1} + \frac{p_0 q_0}{n_2}$를 사용하여 앞서 단일 모집단의 비율검정방법을 그대로 적용할 수 있다. 이를 활용하여 Z값을 계산하면 다음과 같다.

$$Z = \frac{\hat{p}_1 - \hat{p}_2}{\sqrt{\hat{p}(1-\hat{p})\left(\frac{1}{n_1} + \frac{1}{n_2}\right)}}$$

$$\hat{p} = \frac{n_1 p_1 + n_2 p_2}{n_1 + n_2}$$

예를 들어, 두 개의 고객집단(A, B)에서 특정 브랜드를 인지하는 비율을 비교하는 조사를 하고자 한다. 각각의 집단에서 100명의 고객을 표본으로 추출하여 "브랜드인지도"를 조사하였더니, 집단 A에서는 25%의 고객이 특정 브랜드를 인지한 반면, 집단 B에서는 29%의 고객이 특정 브랜드를 인지하였다. 이때 두 집단의 특정 브랜드에 대한 인지 비율 차이를 통계적으로 추론하면 다음과 같다.

통계적 추론의 과정

① 가설의 설정

- 귀무가설 H_0: $p_1 - p_2 = 0$
- 대립가설 H_a: $p_1 - p_2 \neq 0$

② 표본의 기술통계량

- 집단 A의 비율(p_1)=0.25
- 집단 B의 비율(p_2)=0.29
- 표본크기(n_1, n_2)=100

③ 검정통계량 계산

- $\hat{p} = \dfrac{100(0.25+0.29)}{100+100} = 0.27$
- $z = \dfrac{0.25-0.29}{\sqrt{0.27(1-0.27)\left(\dfrac{1}{100}+\dfrac{1}{100}\right)}} = -0.64$

④ 임계치와 유의수준의 결정

- 양측 검정 시행
- 유의수준=0.05, Z값 임계치=1.96

⑤ 가설채택 여부 결정

- Z값 통계량이 Z값 임계치보다 작음
- Z분포 유의확률 0.52로 유의수준보다 큼
- 검정통계량이 기각영역 밖에 있어 유의수준 0.05에서 귀무가설을 기각할 수 없어 대립가설을 기각

따라서 통계분석결과 (다른 요인에 변화가 없다면) 두 집단에서 특정 브랜드를 인지하는 비율에는 차이가 없다.

12.4.2 통계분석 연습

R 활용

SPSS는 비율차이에 대한 통계적 추론방법을 직접적으로 제공하지 않는다. R에서도 Z검정을 바탕으로 한 비율차이에 대한 통계적 추론방법은 제공하지 않지만, χ^2 검정에 기반한 "prop.test( )"를 활용하여 비율차이에 대한 통계적 추론이 가능하다. 다음은 앞서

의 예와 동일하게, 첫 번째 집단에서 100명 중 25명이 브랜드를 인지하였고, 두 번째 집단에서 100명 중 29명이 브랜드를 인지하였을 때 두 집단 간의 "브랜드인지도"에 차이가 있는지를 분석한 결과이다. 분석결과는 유의확률(p-value)이 유의수준 0.05보다 큰 0.633이기 때문에 "두 집단의 브랜드인지도 비율이 같다."는 귀무가설을 기각할 수 없어, 두 집단 간의 브랜드인지비율에는 차이가 없다고 판단할 수 있다.

```
R Console
> prop.test(c(25,29),c(100,100))

        2-sample test for equality of proportions with continuity correction

data:  c(25, 29) out of c(100, 100)
X-squared = 0.22831, df = 1, p-value = 0.6328
alternative hypothesis: two.sided
95 percent confidence interval:
 -0.17293209  0.09293209
sample estimates:
prop 1 prop 2
  0.25   0.29

> |
```

R에서 직접적으로 해당 분석을 제공하지 않기 때문에 "z.prop.test( )" 함수를 직접 만들어 분석한 예이다. 먼저 "z.prop.test( )" 함수를 통계수식을 적용하여 코딩한 후 "z.prop.test(25,29,100,100)"으로 모집단비율에 대한 Z검정을 실시한다. 분석결과, 앞서의 통계적 추론 과정의 예와 동일하게 Z통계량이 −0.64로 나왔으며, 결과의 해석도 동일하다.

```
R Console
> z.prop.test = function(x1,x2,n1,n2){
+   numerator = (x1/n1) - (x2/n2)
+   p.common = (x1+x2) / (n1+n2)
+   denominator = sqrt(p.common * (1-p.common) * (1/n1 + 1/n2))
+   z.prop.ris = numerator / denominator
+   return(z.prop.ris)
+ }
> z.prop.test(25,29,100,100)
[1] -0.6370913
> |
```

CHAPTER

13

차이에 기반한 가설검정 II : 세 개 집단 이상

MARKETING RESEARCH

13.1 세 개 이상 집단 간 평균차이

13.2 공변량을 고려한 집단의 평균차이 검정

13.3 두 개 이상의 집단요인의 상호작용효과

13.4 3개 이상 집단 간의 빈도차이

지금까지는 주로 두 개 집단의 특성차이를 통계적으로 추론하는 방법으로 t-test에 대해 살펴보았다. 여러 번의 t-test를 통해 여러 쌍의 두 집단을 비교·분석한다면 세 개 이상의 집단 간 차이도 검정이 가능하다. 하지만 그러한 방법은 효율적이지 않을 뿐만 아니라, 세 개 이상의 집단 간의 특성을 제대로 반영할 수 없다. 본 장에서는 세 개 이상의 집단의 특성의 차이를 통계적으로 추론하기 위해 주로 사용되는 분석기법인 분산분석(ANalyis Of VAriance: ANOVA)에 대해 살펴본다.

사실, t-test는 검정 가능한 집단의 수가 제한된다는 점 외에도 단 하나의 집단특성을 반영할 수밖에 없다는 또 다른 제한점이 있다. 예를 들어, 특정 브랜드에 대한 "브랜드선호도"가 성별(남/여)에 따라 차이가 나는지를 조사하는 경우와, 지역(수도권/비수도권)에 따라 차이가 나는지를 조사하는 경우, 각각의 분석은 t-test를 활용하여 분석 가능하다. 하지만 이 두 요인(성별, 지역별)을 고려하는 분석은 t-test를 통해 할 수 없다. 즉, 수도권의 여성고객과 비수도권의 남성고객의 비교는 사실상 분석하는 것이 불가능하다. 두 요인 이상 또는 두 가지 이상의 집단 분류를 동시에 고려하는 통계적 추론은 분산분석으로 수행이 가능하다.

분산분석의 경우 명목척도로 측정된 집단구분변수가 독립변수(Independent Variable) 또는 처치변수(Treatment Variable)가 되고, 등간척도 또는 비율척도로 측정된 연속변수가 종속변수(Dependent Variable) 또는 반응변수(Response Variable)가 된다. 분산분석은 하나의 독립변수 또는 요인(Factor)이 있는 일원(배치) 분산분석

그림 13-1 분산분석의 개념

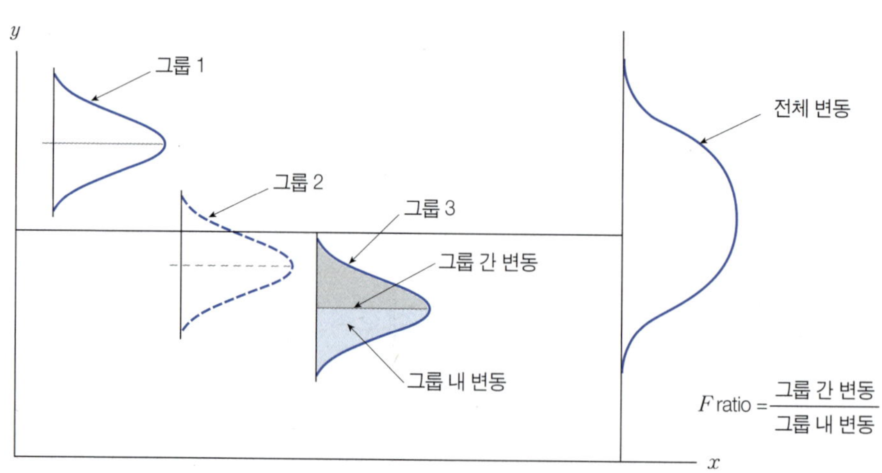

(One-way ANOVA)부터 여러 개의 독립변수 또는 요인을 가지는 다원 또는 다중 분산분석(Multi-way ANOVA)이 가능하다. 마케팅조사에서는 일원(하나의 집단구분변수 대상, 예: 성별), 이원(두 개의 집단구분변수 대상, 예: 성별과 지역), 삼원(세 개의 집단구분변수 대상, 예: 성별, 지역, 학력) 분산분석이 주로 많이 사용된다.

분산분석은 개념적으로 "전체 변동/분산"을 고려하고 "집단 간 변동/분산"과 "집단 내 변동/분산"을 비교하여, "집단 간 변동/분산"이 큰 경우 집단 간 차이가 발생한다고 추론한다. 즉, 집단 간 변동이 상대적으로 클수록 집단 내 변동보다는 집단 간 변동이 전체 변동의 원인이 될 가능성이 높다는 것이다. 이 가능성이 높아질수록 집단 내에서 발생하는 차이보다 집단 간에 발생하는 차이가 커지게 된다.

13.1 세 개 이상 집단 간 평균차이

13.1.1 분산분석(ANOVA)

먼저, 하나의 집단구분변수(독립변수, 요인)가 있는 상황에서 집단 내 어떤 특성(종속변수)의 차이에 대한 통계적 추론을 할 경우, 일원(배치) 분산분석이라고 한다. 예를 들어, 연령별로 특정 브랜드의 선호도 차이를 조사한다고 하자. 이때 연령이 10대, 20대, 30대, 40대, 50대 이상으로 구분이 되어 있다면, 일원(배치) 분산분석이 가능하다. 여기서, "연령"은 일원(배치) 분산분석에서 독립변수 또는 요인이 되고, "브랜드선호도"는 종속변수가 된다. 일원(배치) 분산분석은 집단 간 변량과 집단 내 변량의 비율이 F분포를 따른다고 가정하여 F통계량을 바탕으로 통계적 추론을 한다.

일원(배치) 분산분석의 전제조건들

- 집단 간 독립성
- 오차분포의 정규성
- 집단의 모집단의 분산 동질성

일원(배치) 분산분석

$$\overset{①}{\sum_{i=1}^{r}\sum_{j=1}^{n}(Y_{ij}-\overline{Y})^2}=\overset{②}{\sum_{i=1}^{r}n(\overline{Y}_i-\overline{Y})^2}+\overset{③}{\sum_{i=1}^{r}\sum_{j=1}^{n}(Y_{ij}-\overline{Y}_i)^2}$$

$SST=SSTR+SSE$

① SST: 총제곱합(Total Sum of Squares)
② $SSTR$: 처리제곱합(Treatment Sum of Squares)
③ SSE: 오차제곱합(Error Sum of Squares)

여기서, Y_{ij} : 종속변수 Y의 개별 측정값
$\overline{Y}$: 종속변수의 전체평균
n : 집단의 표본수
r : 집단수
$\overline{Y}_i$: 집단 i의 평균

일반적으로 분산분석은 집단 내 분산과 집단 간 분산의 비교를 통해 통계적 추론을 실시한다. 즉, 전체 변동(SST)은 집단 내 변동(SSE)과 집단 간 변동($SSTR$)의 합으로 구성되고, 이들 간의 비율의 크기를 이용하여 집단 간의 차이가 유의한지를 검정한다. 이를

그림 13-2 집단 간 변동 vs. 집단내 변동

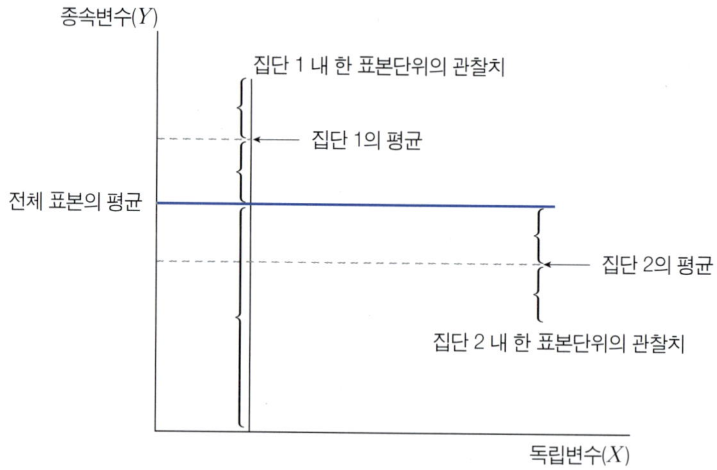

표 13-1 분산분석표

요인	제곱합	자유도	평균제곱	F값	유의확률
처리	$SS_{tr}=n\sum_{i=1}^{k}(\overline{y_{i.}}-\overline{y_{..}})^2$	$k-1$	$MS_{tr}=\frac{SS_{tr}}{k-1}$	$F=\frac{MS_{tr}}{MSE}$	$P(F\geq f)$
잔차	$SSE=\sum_{i=1}^{k}\sum_{j=1}^{n}(y_{ij}-\overline{y_{i.}})^2$	$N-k$	$MSE=\frac{SSE}{N-k}$		
계	$SST=\sum_{i=1}^{k}\sum_{j=1}^{n}(y_{ij}-\overline{y_{..}})^2$	$N-1$			

그림으로 나타내면 [그림 13-2]와 같다.

전체 변동은 각 측정값들이 전체 표본의 평균으로부터 얼마의 변동을 보이는가를 의미하고, 집단 간 변동은 독립변수(집단변수)에 의해 나누어진 각 집단의 평균이 전체 표본의 평균을 중심으로 어느 정도의 변동을 보이는지를 의미하며, 집단 내 변동은 각 집단 내 개별 측정값들이 각 집단의 평균을 중심으로 어느 정도의 변동을 보이는지를 의미한다. 이 집단 내 변동과 집단 간 변동의 비율을 바탕으로 F통계량을 추정하여 집단 간 차이를 검증한다. 집단 내 변동, 집단 간 변동, 그리고 전체 변동 등을 포함하여 F통계량을 계산하는 과정을 하나의 표로 요약한 것이 〈표 13-1〉의 분산분석표이다.

조사자는 분산분석표를 활용하여 다음과 같은 일반적 가설검정과정을 거친다. ① 가설을 설정하고, ② 분산분석의 기술통계량에 해당하는 분산분석표를 작성하고, ③ 검정통계량인 F통계량을 계산한 후, ④ 유의수준과 임계치를 결정한 후, ⑤ 가설채택 여부를 결정한다. F통계량은 자유도 $k-1$과 $N-k$의 F분포를 따르며, 조사자는 유의수준(α)에 따라 자유도 $k-1$과 $N-k$의 F값을 임계치로 결정하여 가설검정을 한다. F통계량이 임계치보다 큰 경우, 귀무가설이 기각되고 대립가설이 채택된다. 따라서 조사자는 집단 간에 평균에서 차이가 있으며, 독립변수(집단, 요인)와 종속변수(결과, 반응) 사이에 관계가 있다고 결론 내릴 수 있다.

13.1.2 사후분석: 다중비교

분산분석은 세 개 이상의 집단 간 차이를 검정하기 위해 활용한다. 하지만 세 개 이상 집단 간에 차이가 있다고 결론이 난다 할지라도, 모든 집단들이 모두 다 다르다는 것을 의미하지는 않는다. 예를 들어, A, B, C 세 개 집단의 차이를 조사하고자 할 경우, 분산분석은 이 세 집단 전체에서 차이가 있는지를 검정하지만, 구체적으로 어떤 집단 간에 차이가 있는지를 검정하지는 않는다. 즉, A, B, C 세 개 집단에서 유의한 차이가 있다고 결론이 난 경우, 분산분석은 그중 A, B 두 집단은 유의한 차이가 있고, 집단 C는 유의한 차이가 없는지, 아니면 A, B, C 세 집단 모두 유의한 차이가 있는지를 명확히 알려주지 않는다. 따라서 분산분석을 통해 집단 간의 유의한 차이를 확인한 후 구체적으로 어떤 집단 간에 유의한 차이가 있는지를 확인하기 위해 집단 간의 쌍비교를 할 필요가 있다. 물론 분산분석결과 집단 간 차이가 없다고 결론이 날 경우에는 사후검정을 할 필요가 없다.

집단 간의 쌍비교를 위해 앞서 살펴본 t-test를 개별 집단의 비교 각각에 직접적으로 적용할 수 있지만, 여러 집단을 반복해서 비교하는 t-test를 시행할 경우 각 개별 t-test의 제1종 오류가 누적이 되어 전체적으로 제1종 오류의 크기가 커지는 문제가 생긴다. 따라서 여러 집단을 반복해서 비교하더라도 전체적으로 제1종 오류의 크기가 기대하는 수준을 넘지 않도록 하기 위해 다중비교(Multiple Comparison)를 적용한다.

다중비교방법으로는 LSD검정, Duncan검정, Tukey검정, Scheffe검정 등이 있다. LSD검정은 가장 잘 쓰여지는 방법 중 하나로 집단 간의 표본수가 달라도 사용이 가능하며 가능한 모든 집단의 평균을 비교할 수 있다. Duncan검정은 동일한 표본일 때 사용되며, 각 집단의 평균을 크기대로 배열하여 가장 큰 집단과 작은 집단을 비교한 뒤 그 다음 큰 것과 작은 것을 순차적으로 비교해 가는 방식이다. Tukey검정은 집단 간 표본수가 동일한 경우에만 사용되고, 가능한 모든 집단의 평균을 비교할 수 있다. Scheffe검정은 집단 간 표본의 수가 일정하지 않아도 되고, 가능한 모든 집단의 평균을 비교할 수 있는 가장 보수적 방법으로 검증력이 상대적으로 약하다.

13.1.3 통계분석 연습

Excel 활용

Excel에서는 3가지 형태(① 분산 분석: 일원 배치법, ② 분산 분석: 반복 있는 이원 배치법, ③ 분산 분석: 반복 없는 이원 배치법)의 분산분석을 제공한다. "분산 분석: 일원 배치법"을 활용하여 세 개 이상의 집단 간 평균차이에 대한 통계적 추론방법을 살펴보고자 한다.

본 서가 제공하는 예제자료에는 세 개 이상의 집단을 포함하는 변수가 없다. 이에 분산분석을 위해 집단 구성이 가능한 "나이" 변수를 변환하여 세 개 이상의 집단을 포함하는 집단변수 "나이대"를 만든다. 이를 위해 다음과 같이 "나이" 변수가 있는 "J" 열의 값을 확인하여 "20" 미만은 "10대" 집단인 "1"로, "20" 이상 "30" 미만은 "20대" 집단인 "2"로, 그 이상은 "30대" 집단인 "3"으로 변환시키는 Excel 수식 "IF(J2<20,1,IF(J2<30,2,3))"을 활용하여 "나이대" 변수가 있는 열인 "M" 열에 집단변수값을 생성한다.

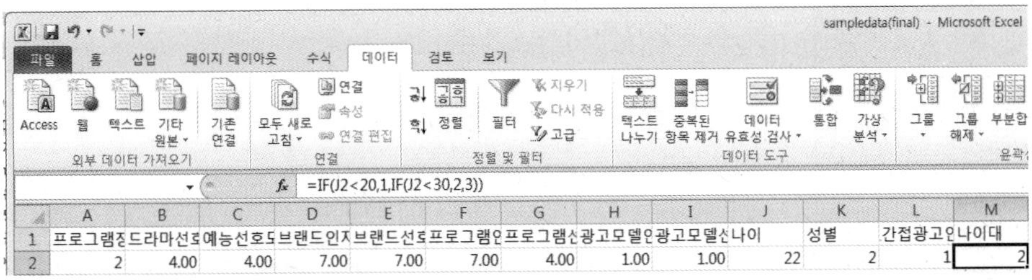

세 개 이상의 집단을 포함하는 집단변수인 "나이대" 변수를 활용하여 분석을 위한 자료의 배치형식을 맞추기 위해 "10대" 열, "20대" 열, "30대" 열로 각 "나이대"별로 분석의 대상이 되는 종속변수인 "드라마선호도"의 값을 3개 집단으로 구별하여 배치시켜야 한다. 이를 위해 Excel 수식 "IF($M2=1,$B2,"")"을 활용하여 3개 집단(10대, 20대, 30대)에 "브랜드선호도" 변수값을 다음과 같이 재배치한다.

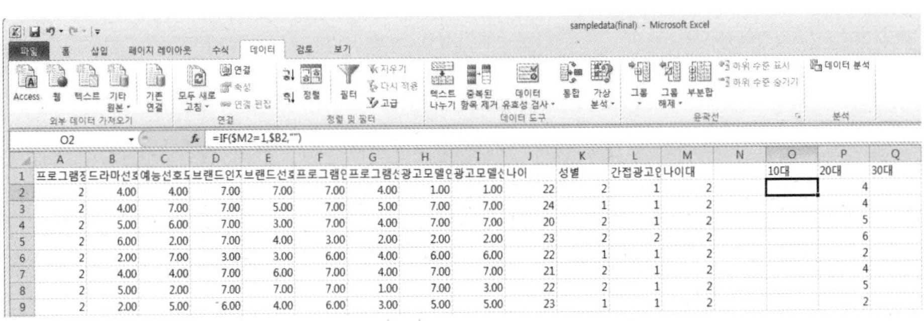

Excel에서 분산분석의 방법은 분석을 위한 자료의 처리과정이 다소 복잡한 면이 있다. 각 집단별로 자료를 재배치한 이후 재배치된 값들의 형식을 "숫자"로 맞춰 주어야 한다. 이를 위해 먼저 다음과 같이 해당 데이터를 복사하여 "값 붙여넣기"를 통해 "수식"을 제거한 "값"만을 자료로 제공해야 한다.

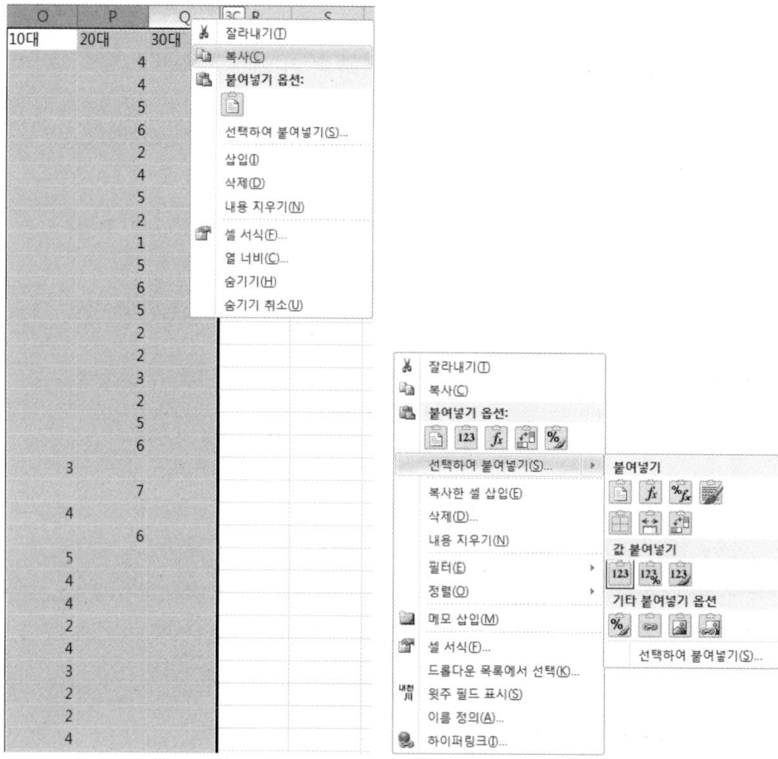

마지막으로, "숫자"만 자료에 포함되도록 하기 위해 "텍스트 나누기" 기능을 활용하여 다시 한 번 "숫자"만 자료에 포함되도록 준비한다. 이와 같이 "값 붙여넣기" 기능과 "텍스트 나누기"를 활용하여 "숫자"만 자료에 포함되게 자료를 정제한다.

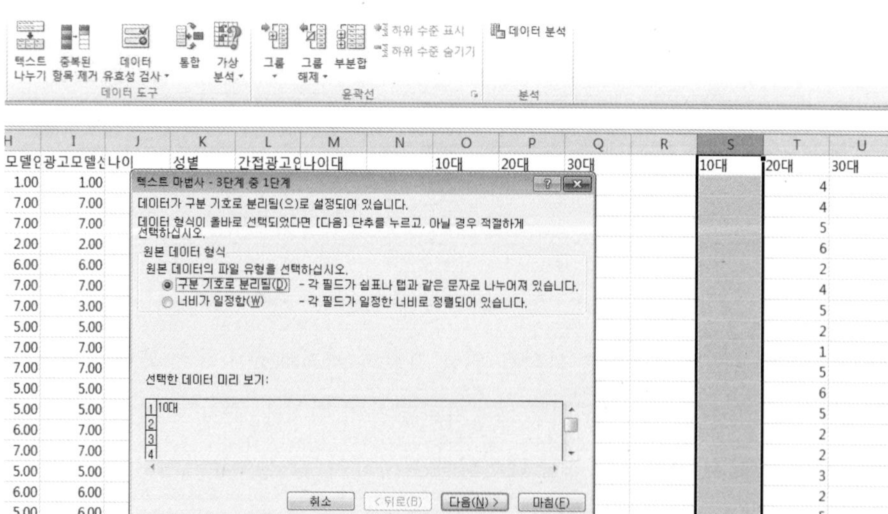

데이터 정제가 완료되면, “데이터 분석”을 선택하여 다음과 같이 “통계 데이터 분석” 창에서 “분산 분석: 일원 배치법”을 선택한다.

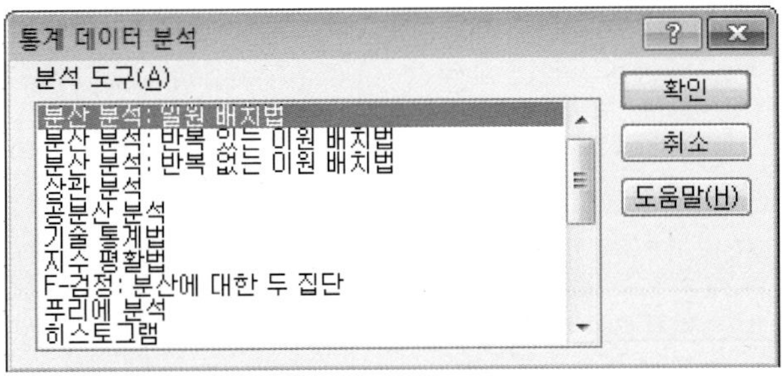

다음으로 “분산 분석: 일원 배치법” 입력창에서 분산분석을 위한 자료를 선택한다. 이전에 재배치된 분석자료에서 집단변수를 의미하는 열과 케이스(응답자)수를 의미하는 행을 기준으로 분석대상자료의 영역을 선택한다. 본 예에서는 “10대”, “20대”, “30대”에 해당하는 세 개의 집단범주를 의미하는 “S”, “T”, “U” 열과 전체 케이스를 포함하는 177번째 행까지 “S1:U177”을 자료영역으로 선택한다. 이때 첫째 행은 범주명이 정의되어 있어서 입력창에서 “첫째 행 이름표 사용”을 선택하여 자료가 아닌 범주명(Label)으로 설정한다.

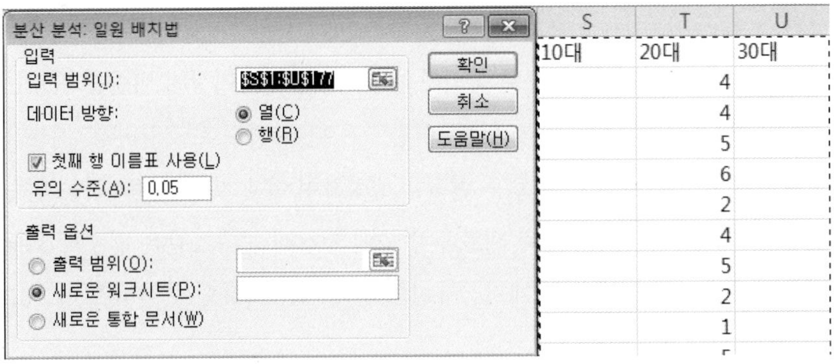

다음은 일원배치 분산분석의 결과를 보여 준다. 첫 번째 표는 각 범주(10대, 20대, 30대)별 기술통계량을 보여 주고 있다. “10대”의 경우 “드라마선호도”의 평균은 3.94, “20대”의 경우 4.37, “30대”의 경우 4.17로, 수치상으로 “20대”의 “드라마선호도”가 가장 높은 것으로 보인다. 두 번째 표인 분산분석표를 통해 이 차이가 통계적으로 유의한지 확인할 수 있다. F값과 P값을 확인하면, F값은 유의수준 0.05에 대응되는 임계치보다 작고, P값 역시 0.32로 유의수준 0.05보다 크다. 따라서 "세대(나이대)에 따라 드라마선호도에는 차이가 없다."는 귀무가설을 유의수준 0.05에서 기각할 수 없다. 따라서 "세대에 따른 드라마 선호도는 같다."는 결론을 내릴 수 있다.

분산 분석: 일원 배치법

요약표

인자의 수준	관측수	합	평균	분산
10대	34	134	3.941176	2.299465
20대	136	594	4.367647	2.263834
30대	6	25	4.166667	0.166667

분산 분석

변동의 요인	제곱합	자유도	제곱 평균	F 비	P-값	F 기각치
처리	5.024621	2	2.512311	1.136782	0.323234	3.048212
잔차	382.3333	173	2.210019			
계	387.358	175				

SPSS 활용

Excel에서와 마찬가지로 SPSS에서도 분산분석을 위해 세 개 이상의 범주를 가지는 새로운 집단변수를 만들어야 한다. 이를 위해 "변환" → "다른 변수로 코딩변경" 기능을 활용한다. "다른 변수로 코딩변경"은 새로운 변수를 생성하여 현재 자료에 존재하는 변수를 특수한 규칙에 따라 변환하여 생성된 새로운 변수에 저장해 준다. "같은 변수로 코딩변경"의 경우 변환된 값은 원래 변수에 재저장되기 때문에 기존 자료의 손실이 일어날 수 있어 각별히 유의할 필요가 있다.

"다른 변수로 코딩변경" 입력창에서 변경할 변수(나이)를 왼쪽 창에서 선택하여 이동 화살표를 이용, 오른쪽 창(숫자변수 → 출력변수)으로 이동한다. "출력변수"의 "이름"란에 변경한 후의 새로운 변수명(나이대)을 입력하고 "변경"을 선택하면 다음과 같이 "나이" 변수를 "나이대" 변수로 변경했음을 의미하는 "나이 → 나이대"가 표시된다.

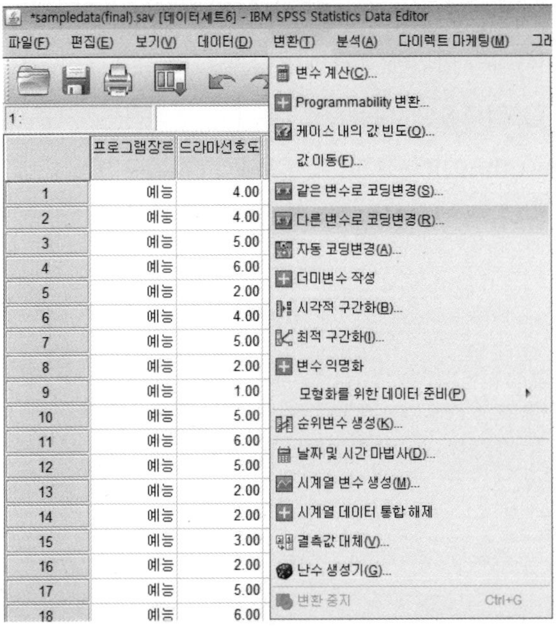

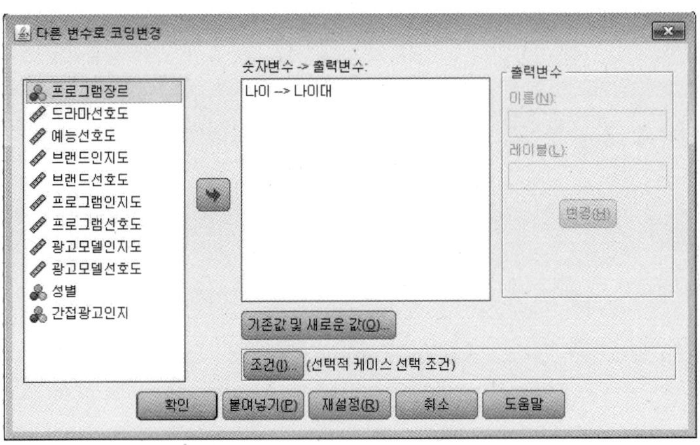

변경된 기존 변수와 새로운 변수를 정의한 후 기존 변수값의 변경규칙을 정해야 한다. 이를 위해 "기존값 및 새로운 값"을 선택하면, 기존 변수에서 새로운 변수로의 변경규칙을 정의하는 다음의 창이 나타난다. 이 창은 왼쪽의 기존값에 대한 영역과 오른쪽의 새로운 값에 대한 영역으로 나뉘고, 기존값 영역과 새로운 값의 영역을 서로 대응시켜 변환규칙을 정의한다. 다음은 "나이대" 변수를 10대, 20대, 30대로 구분하기 위해 "10대"는 "1"로, "20대"는 "2"로, "30대"는 "3"으로 코딩한다고 하자. 이 경우 "나이" 변수값 "19" 이하는 "나이대" 변수 "1"로, "20"이상 "30" 미만은 "2"로, "30" 이상은 "3"으로 변경해야 한다. 이를 위해, 먼저 "기존값" 영역에서 "최저값에서 다음 값까지 범위"란에 "19"를 입력한다. 이는 "나이" 변수의 값에서 최저값에서 "19"까지의 범위에 해당하는 값들을 의미한다. 다음으로, "새로운 값" 영역의 "기준값"에 "1"을 입력한다. 다음으로 "추가"를 선택하면 "기존값 → 새로운 값" 영역에 해당사항 "Lowest thru 19 → 1"로 표시된다. 이와 같은 방식을 모든 기존 변수값의 영역을 대상으로 만들어 주면 "다른 변수로 코딩변경"을 할 수 있다.

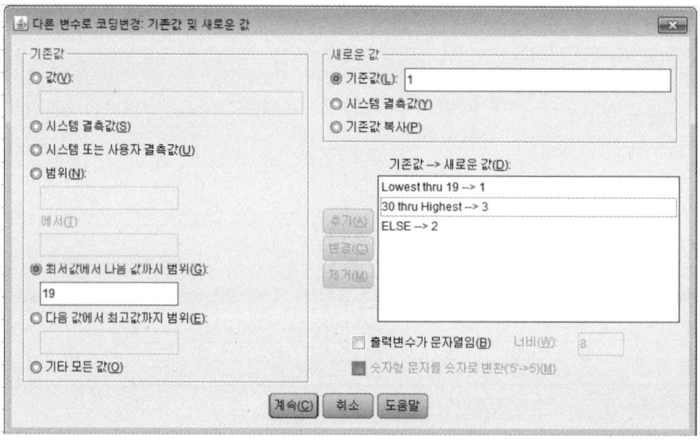

모든 기존 변수값의 영역에 대해 새로운 변수값의 영역을 대응시키는 규칙을 만들어 "다른 변수로 코딩변경"을 실시하면, 다음과 같이 "나이대" 변수가 생성된다.

	이름	유형	너비	소수점이...	레이블	값	결측값	열	맞춤	측도	역할
7	프로그램선호도	숫자	8	2		없음	없음	8	오른쪽	척도	입력
8	광고모델인지도	숫자	8	2		없음	없음	8	오른쪽	척도	입력
9	광고모델선호도	숫자	8	2		없음	없음	8	오른쪽	척도	입력
10	나이	숫자	8	0		없음	없음	8	오른쪽	순서형	입력
11	성별	숫자	8	0		{1, 남자}...	없음	8	오른쪽	명목형	입력
12	간접광고인지	숫자	8	0		없음	없음	8	오른쪽	명목형	입력
13	나이대	숫자	8	2		없음	없음	11	오른쪽	명목형	입력

분석의 편의와 분석결과의 해석을 용이하게 하기 위해 변수의 구성을 좀 더 상세하게 할 필요가 있다. "나이대" 변수는 "명목형" 척도로 정의한다. 다음으로 "값" 열에서 "나이대"의 범주값에 범주명을 대응시킬 수 있다. 앞의 그림에서 "나이대" 행의 "값" 열의 "…" 버튼을 선택하면, 다음과 같이 "값 레이블" 입력창이 나타난다. "기준값"란에는 범주값을, "레이블"란에는 그에 해당하는 "범주명"을 입력해 준다. 예를 들어, "기준값"이 "1"인 경우, "레이블"은 "10대"로 입력해 준다.

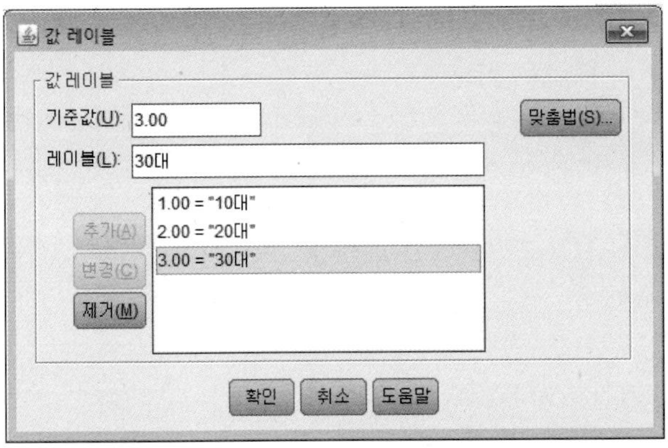

자료의 구성이 완료되면 "평균 비교" 메뉴에서 "일원배치 분산분석" 기능을 통해 분산분석을 실시할 수 있다.

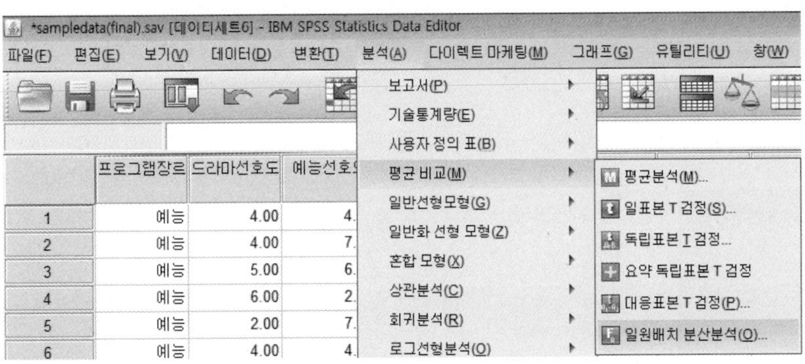

다음과 같이 "일원배치 분산분석" 입력창에서 종속변수(드라마선호도)와 독립변수/요인(나이대)을 왼쪽 창의 변수 리스트에서 선택한다.

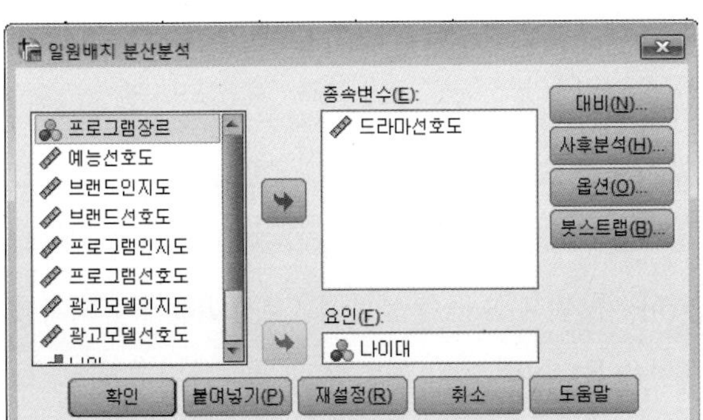

"사후분석"을 선택하여 사후분석방법을 선택한다.

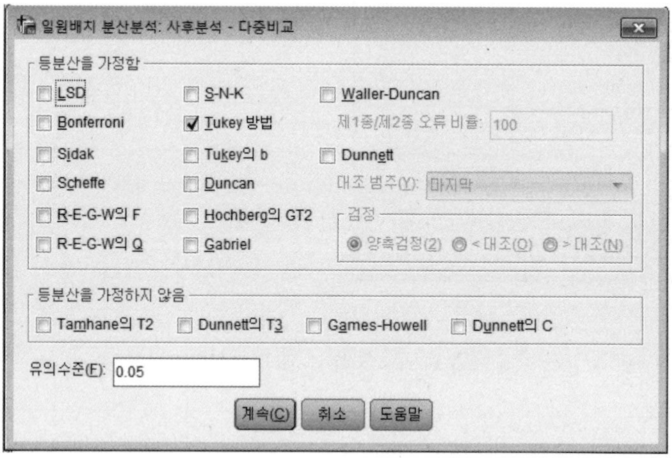

기술통계와 도표를 출력에 포함시키기 위해 "옵션"을 선택하여 원하는 통계량을 선택하고, "평균 도표"를 선택한다.

다음의 분산분석결과 첫 번째 표는 기술통계로, 앞서 Excel의 기술통계량과 일치하며 더 다양한 기술통계량을 보여 주고 있다. 두 번째 표는 분산분석표로서 *F*값과 유의확률을 확인할 수 있으며, 결과에 대한 해석은 Excel의 예와 동일하다. 즉, "나이대"별로 "드라마선호도"에는 차이가 없다고 결론을 내릴 수 있다.

기술통계

드라마선호도

	N	평균	표준편차	표준오차	평균에 대한 95% 신뢰구간		최소값	최대값
					하한	상한		
10대	34	3.9412	1.51640	.26006	3.4121	4.4703	1.00	7.00
20대	136	4.3676	1.50460	.12902	4.1125	4.6228	1.00	7.00
30대	6	4.1667	.40825	.16667	3.7382	4.5951	4.00	5.00
전체	176	4.2784	1.48777	.11215	4.0571	4.4997	1.00	7.00

ANOVA

드라마선호도

	제곱합	자유도	평균제곱	F	유의확률
집단-간	5.025	2	2.512	1.137	.323
집단-내	382.333	173	2.210		
전체	387.358	175			

SPSS는 입력창에서 선택한 바와 같이 "사후분석" 또는 "다중비교" 기능을 지원한다. 세 개 이상의 집단 비교에서 두 개의 집단 비교쌍별 차이에 대한 통계적 유의성 검정을 함으로써 세 개 이상의 집단에서 어떤 집단 간에 차이가 발생하는지 구체적으로 조사할 수 있다. 본 예에서는 세 개 이상의 집단에서 차이가 나지 않기 때문에, 이론적으로는 두 개의 집단쌍에서 차이가 나는 경우는 존재하지 않을 가능성이 높다. 다음의 사후분석결과에서 유의확률을 확인하면 유의수준 0.05에서 유의한 차이는 존재하지 않음을 알 수 있다. 첫 번째 행의 경우, 10대와 20대의 "드라마선호도"는 0.43의 차이가 있지만, 유의확률이 0.295로 유의수준 0.05보다 커 통계적으로 유의한 차이가 아님을 알 수 있다. 따라서 10대와 20대의 "드라마선호도"에는 차이가 없다고 결론을 내릴 수 있으며, 다른 비교쌍도 유사한 방식으로 통계적 추론이 가능하다.

다중비교

종속변수: 드라마선호도

Tukey HSD

(I) 나이대	(J) 나이대	평균차이(I-J)	표준오차	유의확률	95% 신뢰구간	
					하한	상한
10대	20대	-.42647	.28505	.295	-1.1003	.2474
	30대	-.22549	.65828	.937	-1.7817	1.3307
20대	10대	.42647	.28505	.295	-.2474	1.1003
	30대	.20098	.62015	.944	-1.2651	1.6671
30대	10대	.22549	.65828	.937	-1.3307	1.7817
	20대	-.20098	.62015	.944	-1.6671	1.2651

사후분석과 더불어 SPSS는 집단 간 평균을 비교해 주는 도표를 다음과 같이 보여 준다. 도표로부터 20대가 가장 "드라마선호도"가 높고 다음으로 30대가 높은 듯이 보인다. 하지만 이미 앞선 분산분석에서 이들 집단 간의 평균차이가 통계적으로 유의하지 않기 때문에 도표에서 보이는 차이는 통계적으로 유의하지 않다. 사실상 본 예에서 평균 도표는 큰 의미를 가지지 않는다. 하지만 통계적으로 유의한 차이를 가지는 경우 이 평균 도표는 분석의 결과를 명확하게 보여 주는 역할을 할 수 있다.

평균 도표

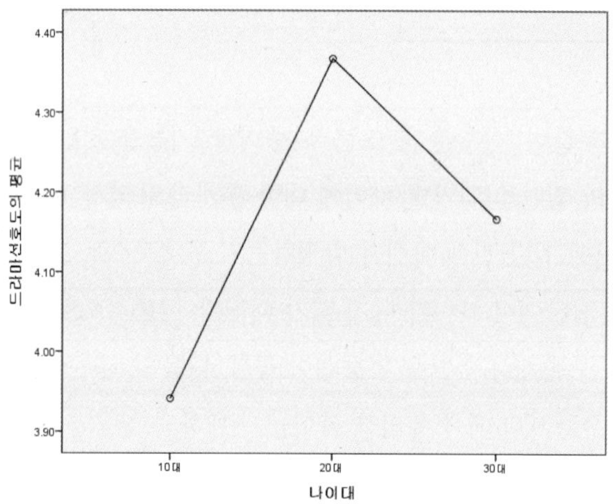

SPSS에서는 "일원배치 분산분석" 외에 좀 더 일반적인 분산분석을 실시할 수 있는 방법을 제공한다. "일반선형모형" 메뉴에서 "일변량" 기능을 통해 일반화된 분산분석을 실시할 수 있다.

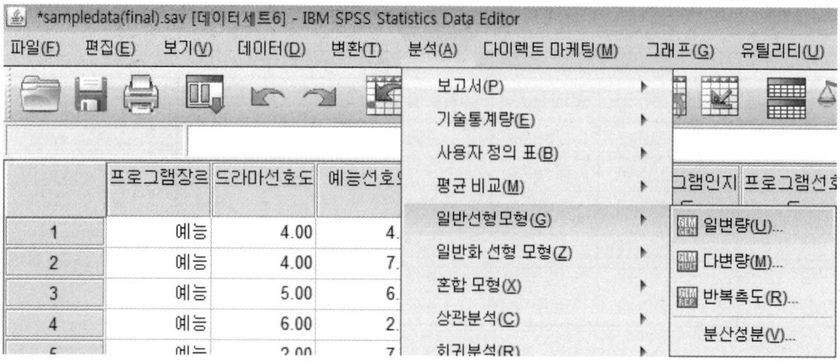

다음과 같이 "일변량" 입력창에서 종속변수(드라마선호도)와 독립변수/요인(나이대)를 왼쪽 창의 변수 리스트에서 선택한다.

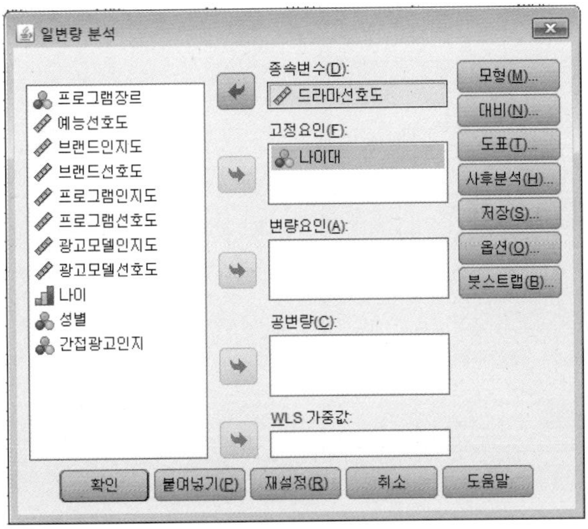

도표를 출력에 포함시키기 위해 "도표"를 선택하면 다음과 같이 "일변량: 프로파일 도표" 입력창을 볼 수 있다. 도표의 수평축에서 구분될 "수평축 변수"를 입력하고, 필요한 경우에는 도표 내에서 선의 색으로 구분될 "선구분 변수"를 입력하고 "추가"를 선택하여 도표란에 추가시킨다. 여러 개의 도표를 정의하여 분석 후 도표를 출력할 수 있다.

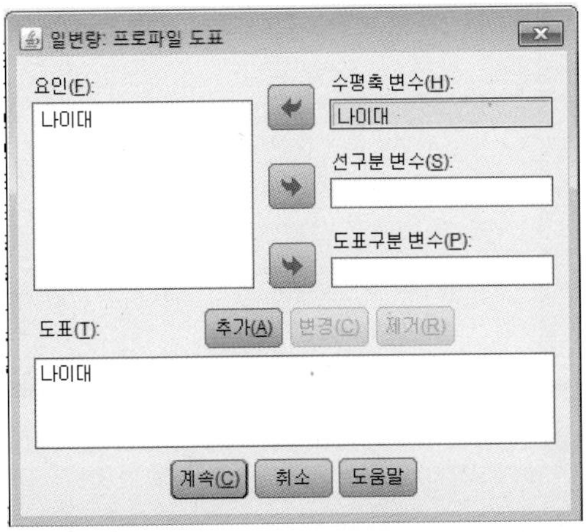

일원배치 분산분석과 동일하게 "사후분석"을 선택하여 사후분석방법을 선택한다.

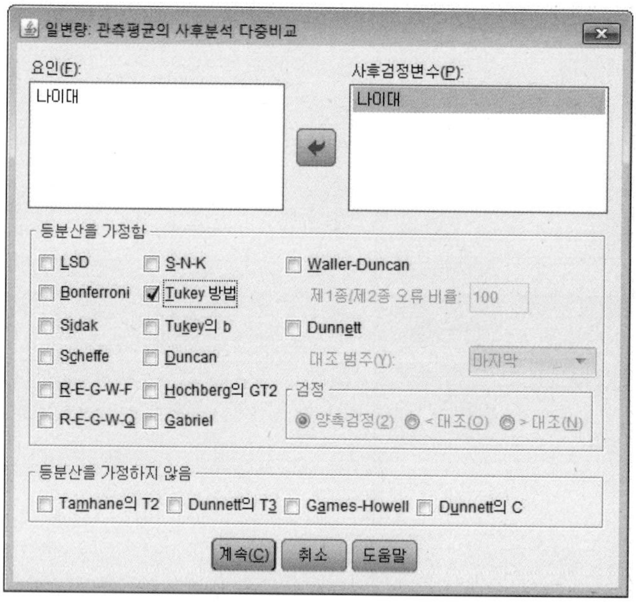

기술통계량을 포함하기 위해 "옵션"을 선택하여 원하는 통계량을 선택한다.

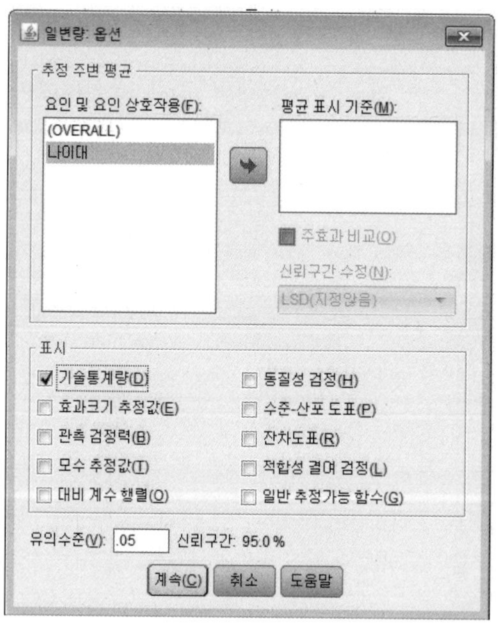

다음의 분산분석결과, 첫 번째 표는 기술통계를 나타내며, Excel의 기술통계량과 일치하고 더 다양한 기술통계량을 보여 주고 있다. 두 번째 표는 분산분석표로서 *F*값과 유

의확률을 확인할 수 있으며, 결과에 대한 해석은 Excel의 예와 동일하다. 즉, "나이대"별로 "드라마선호도"에는 차이가 없다고 결론을 내릴 수 있다.

기술통계량

종속변수: 드라마선호도

나이대	평균	표준편차	N
10대	3.9412	1.51640	34
20대	4.3676	1.50460	136
30대	4.1667	.40825	6
전체	4.2784	1.48777	176

개체-간 효과 검정

종속변수: 드라마선호도

소스	제 III 유형 제곱합	자유도	평균제곱	F	유의확률
수정된 모형	5.025[a]	2	2.512	1.137	.323
절편	765.063	1	765.063	346.179	.000
나이대	5.025	2	2.512	1.137	.323
오차	382.333	173	2.210		
전체	3609.000	176			
수정된 합계	387.358	175			

a. R 제곱 = .013 (수정된 R 제곱 = .002)

앞서의 일원배치 분산분석과 동일하게 다음과 같이 사후검정결과를 확인할 수 있다.

사후검정

나이대

다중비교

종속변수: 드라마선호도
Tukey HSD

(I) 나이대	(J) 나이대	평균차이(I-J)	표준오차	유의확률	95% 신뢰구간 하한	95% 신뢰구간 상한
10대	20대	-.4265	.28505	.295	-1.1003	.2474
	30대	-.2255	.65828	.937	-1.7817	1.3307
20대	10대	.4265	.28505	.295	-.2474	1.1003
	30대	.2010	.62015	.944	-1.2651	1.6671
30대	10대	.2255	.65828	.937	-1.3307	1.7817
	20대	-.2010	.62015	.944	-1.6671	1.2651

관측평균을 기준으로 합니다.
오차항은 평균제곱(오차) = 2.210입니다.

R 활용

Excel과 SPSS에서와 마찬가지로 R에서도 분산분석을 위해 세 개 이상의 범주를 가지는 새로운 집단변수를 만들어야 한다. 이를 위해, "나이" 변수인 "sampledata[,10]"을 바탕으로 새로운 "나이대" 변수인 "age_level"을 생성한다. "나이대" 변수를 10대, 20대, 30대로 구분하기 위해서, "10대"는 "1", "20대"는 "2", "30대"는 "3"으로 다음과 같이 코딩한다.

먼저 "age_level"을 모두 1로 하기 위해 "age_level=rep(1,176)" 명령을 실행하고, "20대" 이상은 "2"로 하기 위해 "age_level[sampledata[,10]>=20]=2" 명령을 실행한 후 "30대" 이상은 "3"으로 하기 위해 "age_level[sampledata[,10]>=30]=3" 명령을 실행한다.

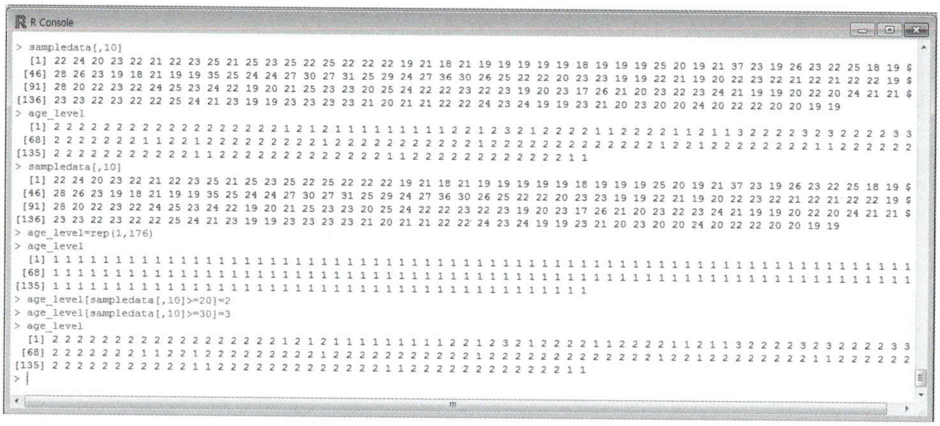

```
R Console
> sampledata[,10]
  [1] 22 24 20 23 22 21 22 23 25 21 25 23 25 22 25 22 22 22 19 21 18 21 19 19 19 19 19 18 19 19 19 25 20 19 21 37 23 19 26 23 22 25 18 19 $
 [46] 28 26 23 19 18 21 19 19 35 25 24 24 27 30 27 31 25 29 24 27 36 30 26 25 22 22 20 23 23 19 19 22 21 19 20 22 23 22 21 22 21 22 22 19 $
 [91] 28 20 22 23 22 24 25 23 24 22 19 20 21 25 23 23 20 25 24 22 22 23 22 23 19 20 23 17 26 21 20 23 22 23 24 21 19 19 20 22 20 24 21 21 $
[136] 23 23 22 23 22 22 25 24 21 23 19 19 23 23 23 23 21 20 21 21 22 22 24 23 24 19 19 23 21 20 23 20 20 24 20 22 22 20 20 19 19
> age_level
  [1] 2 2 2 2 2 2 2 2 2 2 2 2 2 2 2 2 2 2 1 2 1 2 1 1 1 1 1 1 1 1 1 2 2 1 2 3 2 1 2 2 2 2 1 1 2 2 2 2 1 1 2 1 1 3 2 2 2 2 3 2 3 2 2 2 2 3 3
 [68] 2 2 2 2 2 2 2 1 1 2 2 1 2 2 2 2 2 2 2 2 2 1 2 2 2 2 2 2 2 2 2 2 2 1 2 2 2 2 2 2 2 2 2 2 2 2 2 1 2 2 1 2 2 2 2 2 2 2 2 1 1 2 2 2 2 2 2
[135] 2 2 2 2 2 2 2 2 2 2 2 1 1 2 2 2 2 2 2 2 2 2 2 2 2 2 1 1 2 2 2 2 2 2 2 2 2 2 2 2 1 1
> sampledata[,10]
  [1] 22 24 20 23 22 21 22 23 25 21 25 23 25 22 25 22 22 22 19 21 18 21 19 19 19 19 19 18 19 19 19 25 20 19 21 37 23 19 26 23 22 25 18 19 $
 [46] 28 26 23 19 18 21 19 19 35 25 24 24 27 30 27 31 25 29 24 27 36 30 26 25 22 22 20 23 23 19 19 22 21 19 20 22 23 22 21 22 21 22 22 19 $
 [91] 28 20 22 23 22 24 25 23 24 22 19 20 21 25 23 23 20 25 24 22 22 23 22 23 19 20 23 17 26 21 20 23 22 23 24 21 19 19 20 22 20 24 21 21 $
[136] 23 23 22 23 22 22 25 24 21 23 19 19 23 23 23 23 21 20 21 21 22 22 24 23 24 19 19 23 21 20 23 20 20 24 20 22 22 20 20 19 19
> age_level=rep(1,176)
> age_level
  [1] 1 1 1 1 1 1 1 1 1 1 1 1 1 1 1 1 1 1 1 1 1 1 1 1 1 1 1 1 1 1 1 1 1 1 1 1 1 1 1 1 1 1 1 1 1 1 1 1 1 1 1 1 1 1 1 1 1 1 1 1 1 1 1 1 1 1 1
 [68] 1 1 1 1 1 1 1 1 1 1 1 1 1 1 1 1 1 1 1 1 1 1 1 1 1 1 1 1 1 1 1 1 1 1 1 1 1 1 1 1 1 1 1 1 1 1 1 1 1 1 1 1 1 1 1 1 1 1 1 1 1 1 1 1 1 1 1
[135] 1 1 1 1 1 1 1 1 1 1 1 1 1 1 1 1 1 1 1 1 1 1 1 1 1 1 1 1 1 1 1 1 1 1 1 1 1 1 1 1 1 1
> age_level[sampledata[,10]>=20]=2
> age_level[sampledata[,10]>=30]=3
> age_level
  [1] 2 2 2 2 2 2 2 2 2 2 2 2 2 2 2 2 2 2 1 2 1 2 1 1 1 1 1 1 1 1 1 2 2 1 2 3 2 1 2 2 2 2 1 1 2 2 2 2 1 1 2 1 1 3 2 2 2 2 3 2 3 2 2 2 2 3 3
 [68] 2 2 2 2 2 2 2 1 1 2 2 1 2 2 2 2 2 2 2 2 2 1 2 2 2 2 2 2 2 2 2 2 2 1 2 2 2 2 2 2 2 2 2 2 2 2 2 1 2 2 1 2 2 2 2 2 2 2 2 1 1 2 2 2 2 2 2
[135] 2 2 2 2 2 2 2 2 2 2 2 1 1 2 2 2 2 2 2 2 2 2 2 2 2 2 1 1 2 2 2 2 2 2 2 2 2 2 2 2 1 1
> |
```

새로운 변수 "age_level"이 생성된 후 이 변수의 값을 범주와 대응시키기 위해 "age_level=factor(age_level, labels=c("10","20","30"))" 명령을 실행한다. 종속변수로 "드라마선호도"인 "sampledata[,2]"를 "dramapref"에 저장한다. 집단별 패턴을 확인하기 위해 다음과 같이 상자그래프를 출력한다. 마지막으로 "aov( )" 함수를 사용하여 분산분석을 실시한다. 통계적 유의성을 확인하기 위해 "summary( )" 함수를 사용할 수도 있다.

```
> age_level=factor(age_level, labels=c("10","20","30"))
> dramapref=sampledata[,2]
> boxplot(dramapref~age_level)
> aov(dramapref~age_level)
Call:
   aov(formula = dramapref ~ age_level)

Terms:
                age_level Residuals
Sum of Squares     5.0246  382.3333
Deg. of Freedom         2       173

Residual standard error: 1.486613
Estimated effects may be unbalanced
> summary(aov(dramapref~age_level))
             Df Sum Sq Mean Sq F value Pr(>F)
age_level     2    5.0   2.512   1.137  0.323
Residuals   173  382.3   2.210
> |
```

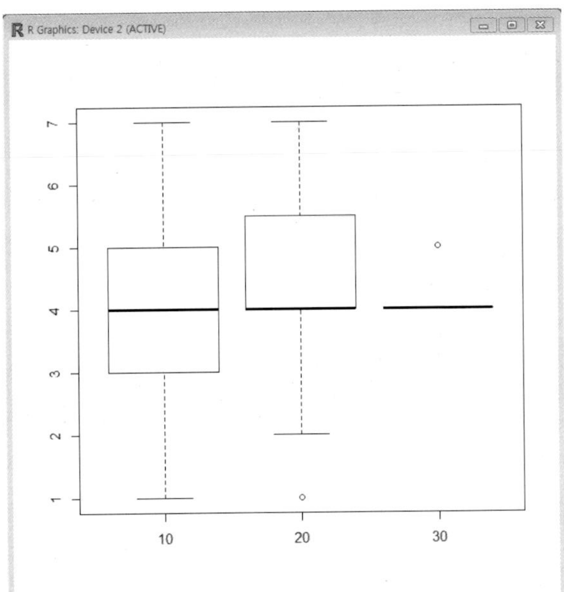

13.2 공변량을 고려한 집단의 평균차이 검정

13.2.1 공분산분석(ANCOVA)

지금까지 하나의 독립변수(처치변수, 요인)와 하나의 종속변수(결과변수, 반응변수)만을 고려한 분산분석을 살펴보았다. 분산분석은 두 집단 간에 종속변수의 차이를 검정하는 것을 목적으로 하지만 하나의 변수, 처치, 또는 요인에서만 두 집단의 차이가 발생한다는 것을 전제로 한다. 즉, 독립변수가 종속변수에 미치는 효과를 정확히 조사하기 위해서는 독립변수 이외의 다른 요인들(외생변수, 환경변수 등)이 종속변수에 영향을 주지 않도록 하여야 한다.

이러한 외생변수들을 통제하기 위해 조사자는 실험방법과 같이 직접적으로 조사 또는 측정 전에 이를 강제로 통제할 수도 있지만 현실적으로 이러한 강제적 통제방법을 직접적으로 사용할 수 없는 경우가 많이 존재한다. 이렇게 강제로 외생변수를 통제하지 못하는 경우, 분산분석에서는 이 외생변수를 "공변량"으로 간주하여 외생변수의 별도의 효과를 통계적 방법을 활용하여 간접적으로 통제한다.

예를 들어, 연령대별로 특정 브랜드의 "브랜드충성도"를 비교하는 조사의 경우, 연령대별로 교육수준의 차이가 발생할 수 있는 가능성이 있다. 조사자의 목적은 연령대별 "브랜드충성도"의 차이를 조사하는 것이지만, 교육수준 역시 "브랜드충성도"에 영향을 줄 수 있다면, 조사결과 "브랜드충성도"에 유의한 차이가 있다 할지라도 그 차이가 "연령"이라

그림 13-3 공변량의 개념

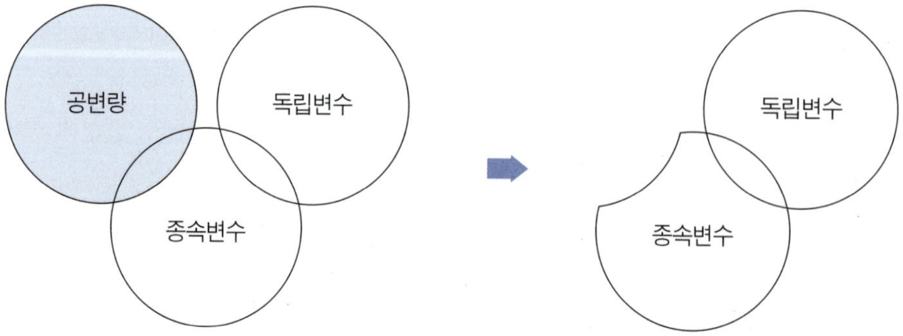

는 요인에서만 기인했다고 하기 어렵게 된다. "교육수준"이라는 요인을 통제할 필요가 있지만, 고객들에게 이미 만들어진 교육수준을 강제적으로 통제하는 것은 불가능하다. 따라서 교육수준을 공변량으로 간주하고 분산분석에 포함하여 동시에 분석함으로써 간접적으로 공변량(교육수준)의 효과를 제거하여 주요인(연령)의 순수효과만으로 집단 간의 유의한 차이를 통계적으로 추론한다.

13.2.2 통계분석 연습

SPSS 활용

공분산분석을 위해 "일반선형모형" 메뉴에서 "일변량" 기능을 통해 일반화된 분산분석을 실시할 수 있다. 먼저 종속변수를 "예능선호도"로, 독립변수를 "나이대"로 하여 분산분석을 실시한 후 공분산분석과 비교해 보도록 하자. 먼저, 앞서의 일원배치 분산분석을 동일하게 실행한다.

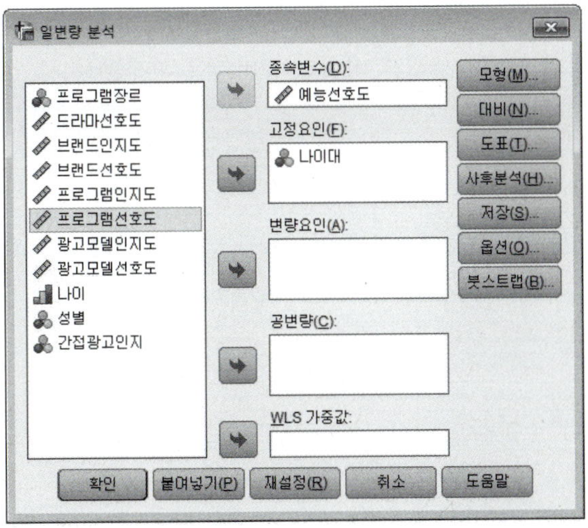

분산분석의 실시결과는 다음과 같다. 유의확률이 0.094로 유의수준 0.05에서는 귀무가설 "나이대에 따라 예능선호도에는 차이가 없다."를 기각할 수 없지만, 유의수준 0.10에서는 귀무가설을 기각하여 "나이대에 따라 예능선호도에 차이가 존재할 수 있음"을 알 수 있다.

기술통계량

종속변수: 예능선호도

나이대	평균	표준편차	N
10대	4.5294	1.54204	34
20대	5.1029	1.45693	136
30대	4.5000	1.22474	6
전체	4.9716	1.47911	176

개체-간 효과 검정

종속변수: 예능선호도

소스	제 III 유형 제곱합	자유도	평균제곱	F	유의확률
수정된 모형	10.329[a]	2	5.164	2.398	.094
절편	981.773	1	981.773	455.928	.000
나이대	10.329	2	5.164	2.398	.094
오차	372.529	173	2.153		
전체	4733.000	176			
수정된 합계	382.858	175			

a. R 제곱 = .027 (수정된 R 제곱 = .016)

다음과 같이 일원배치 분산분석에서는 "공변량" 변수(프로그램선호도)를 선택하여 공분산분석을 실시할 수 있다. 분산분석과 공변량분석은 이처럼 공변량을 분산분석 시 고려하는지 여부의 차이만 존재한다.

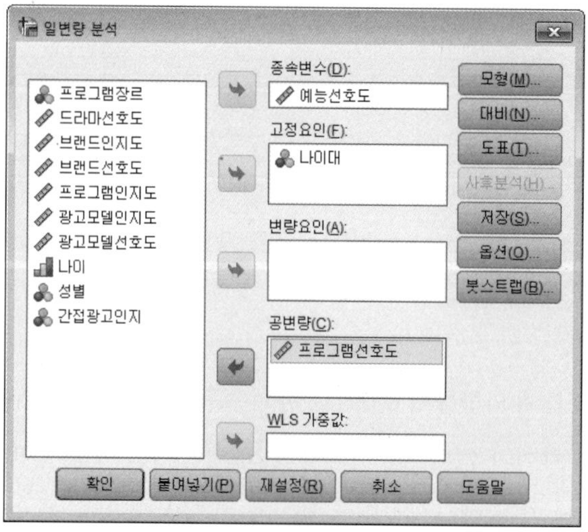

공변량분석의 결과는 다음의 공변량분석표에 나타난다.

공변량인 "프로그램선호도"는 유의수준 0.10에서 "예능선호도"에 유의한 영향을 준다. 즉, "프로그램선호도"가 높아질수록 "예능선호도"도 높아지게 된다고 볼 수 있다. 다음으로 핵심변수인 "나이대"는 앞서 공변량을 포함하지 않은 분산분석과 달리 유의수준 0.10에서도 "예능선호도"에 유의한 영향을 주지 않으므로, "나이대"에 따라 "예능선호도"에 차이가 없음을 알 수 있다. 앞서의 분산분석에서는 "나이대"가 "예능선호도"에 유의한 영향을 주는 것으로 나타났지만, 새로운 공변량을 포함한 공분산분석에서는 "나이대"가 유의한 영향을 주지 않는 새로운 결과가 나타났다. 따라서 공변량 "프로그램선호도"를 고려한 공분산분석을 통해 조사자는 "나이대"의 영향을 좀 더 명확하게 구분하여 판단할 수 있게 되었다.

개체-간 효과 검정

종속변수: 예능선호도

소스	제 III 유형 제곱합	자유도	평균제곱	F	유의확률
수정된 모형	22.576[a]	3	7.525	3.593	.015
절편	314.913	1	314.913	150.341	.000
프로그램선호도	12.247	1	12.247	5.847	.017
나이대	9.219	2	4.609	2.201	.114
오차	360.282	172	2.095		
전체	4733.000	176			
수정된 합계	382.858	175			

a. R 제곱 = .059 (수정된 R 제곱 = .043)

다음은 "나이대"별 "예능선호도"의 차이를 직접적으로 보여 주고 있다. 공분산분석의 결과, 통계적으로 유의한 차이가 없기 때문에 그림에서 나타난 "나이대" 간 "예능선호도"의 차이는 큰 의미를 부여할 수 없게 되었다.

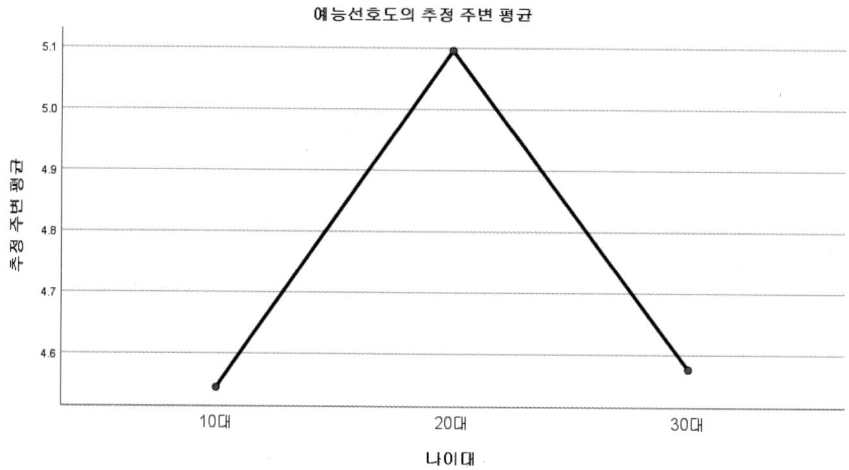

모형에 나타나는 공변량은 다음 값에 대해 계산됩니다.: 프로그램선호도 = 3.40

R 활용

먼저, "tapply( )" 함수를 사용하여 "예능선호도(enterpref)"의 기술통계량을 확인할 수 있다. "10대"의 "예능선호도" 평균은 4.53, "20대"의 "예능선호도" 평균은 5.10, "30대"의 "예능선호도" 평균은 4.5임을 알 수 있다.

```
> tapply(enterpref, age_level, summary)
$`10`
   Min. 1st Qu.  Median    Mean 3rd Qu.    Max.
  1.000   4.000   5.000   4.529   6.000   7.000

$`20`
   Min. 1st Qu.  Median    Mean 3rd Qu.    Max.
  1.000   4.000   5.000   5.103   6.000   7.000

$`30`
   Min. 1st Qu.  Median    Mean 3rd Qu.    Max.
    3.0     4.0     4.0     4.5     5.5     6.0

> |
```

R에서 공분산분석을 위해 패키지 "car"를 설치하여 "Anova( )" 함수를 활용하여 실시할 수 있다. 일원배치 분산분석이 "aov(enterpref~age_level)"과 같이 하나의 독립변수만을 포함하게 "aov( )" 함수를 사용하였다면, 공분산분석은 일반적인 회귀분석 함수인 "lm( )" 함수를 활용하여 "lm(enterpref~age_level+progpref)"와 같이 두 개의 독립변수(age_level, progpref)를 포함한 회귀분석을 실시한다. 이 회귀분석의 결과를 "car" 함

수에서 지원하는 “Anova( )” 함수(제III유형 제곱합 적용)를 활용하여 분석결과를 표시한다. 분석결과의 해석은 앞서 SPSS의 분석결과 해석과 동일하다.

R Console

```
> enterpref=sampledata[,3]
> progpref=sampledata[,7]
> summary(aov(enterpref ~ age_level))
             Df Sum Sq Mean Sq F value Pr(>F)
age_level     2   10.3   5.164   2.398 0.0939 .
Residuals   173  372.5   2.153
---
Signif. codes:  0 '***' 0.001 '**' 0.01 '*' 0.05 '.' 0.1 ' ' 1
> ancova1=lm(enterpref~age_level + progpref)
> install.packages("car")
'C:/Users/user/Documents/R/win-library/3.5'의 위치에 패키지(들)을 설치합니다.
(왜냐하면 'lib'가 지정되지 않았기 때문입니다)
경고: 패키지 'car'가 사용중이므로 설치되지 않을 것입니다
> library(car)
> Anova(ancova1,type="III")
Anova Table (Type III tests)

Response: enterpref
            Sum Sq  Df  F value  Pr(>F)
(Intercept) 248.00   1 118.3951 < 2e-16 ***
age_level     9.22   2   2.2006 0.11385
progpref     12.25   1   5.8470 0.01665 *
Residuals   360.28 172
---
Signif. codes:  0 '***' 0.001 '**' 0.01 '*' 0.05 '.' 0.1 ' ' 1
> |
```

13.3 두 개 이상의 집단요인의 상호작용효과

13.3.1 다원 분산분석(Multi-way ANOVA)

일원(배치) 분산분석은 하나의 독립변수(요인)와 종속변수 간의 관계 또는 한 가지 집단요인에 기반한 집단 간 종속변수의 평균차이를 검증하기 위해 이용할 수 있었다. 하지만 조사자는 두 가지 이상의 집단요인에 대해 관심을 가질 수 있고, 현실적으로 두 개 이상의 집단요인 간의 복잡한 관계들이 시장에 영향을 주곤 한다. 예를 들어, 연령대에 따라 “브랜드충성도”에 미치는 영향을 조사할 경우, 동시에 성별이 “브랜드충성도”에 영향

을 줄 수도 있음을 고려해야 할 수도 있다. 이러한 상황에서 조사자는 각 요인(연령대, 성별)별로 개별 일원(배치) 분산분석을 수행하여 결론을 얻을 수 있지만, 이 경우 연령대와 성별이 동시에 작용하여 만들어 낼 수 있는 추가적인 상호작용효과를 고려할 수 없다.

예를 들어, 일반적으로 20대가 30대보다, 그리고 여성이 남성보다 특정 브랜드의 "브랜드충성도"가 높다고 하자. 이 두 개 집단의 효과 각각을 "주효과"라 한다. 특히 20대의 경우가 30대의 경우보다, 여성이 남성보다, 특정 브랜드에 대한 "브랜드충성도"가 훨씬 높을 경우 연령과 성별 사이에 상호작용효과가 있다고 보지만, 개별 일원(배치) 분산분석으로는 이 상호작용효과를 검정할 수 없다. 따라서 상호작용효과를 검정하기 위해서는 두 개 이상의 요인을 동시에 분석할 수 있는 다원 분산분석(Multi-way ANOVA)를 실시하여야 한다.

다원 분산분석의 과정은 앞서의 일원(배치) 분산분석과 동일하고 F통계량으로 검정한다. 이론적으로 다원 분산분석은 4개 이상의 집단요인을 대상으로 분석이 가능하지만, 그 해석이 복잡해지는 문제가 있다. 따라서 일반적으로 이원(Two-way) 또는 삼원(Three-way) 분산분석이 주로 많이 사용된다. 본 장에서는 이원 분산분석을 대상으로 설명을 하기로 한다. 삼원 분산분석의 경우 집단요인이 많아 상호작용의 개수가 증가하지만 해석의 방법은 이원 분산분석의 해석방식과 기본적으로 동일하다.

이원 분산분석의 올바른 해석을 위해 상호작용효과에 대한 이해는 필수적이다. 상호작용효과란 종속변수에 영향을 주는 두 개 이상의 독립변수가, 각 독립변수가 독립적으로 가지는 효과(주효과) 이외에 독립변수 간 관계에 의해 추가적으로 발생하는 효과를 의

그림 13-4 상호작용효과의 예

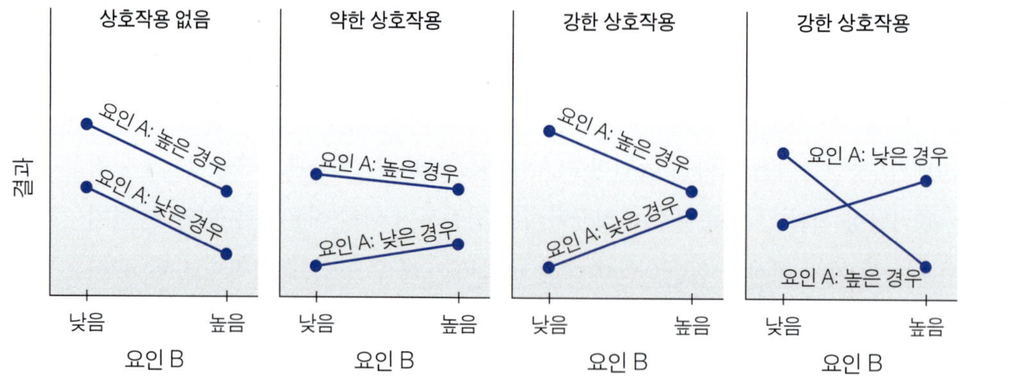

미한다. 여기서 추가적으로 발생하는 효과는 주효과를 강화시키기도 하고 약화시키기도 한다. 또한 두 개 이상의 독립변수 중 하나의 변수가 종속변수에 주는 효과가 다른 변수들에 의해 영향을 받으므로 조절효과라 하기도 한다.

[그림 13-4]는 두 개의 요인 A, B에 발생할 수 있는 상호작용효과의 예이다.

첫 번째 그래프는 요인 A는 높은 경우가 낮은 경우보다 항상 결과가 크며, 요인 B는 낮은 경우가 높은 경우보다 항상 결과가 크기 때문에 요인 A와 요인 B는 결과에 대해 주효과만 존재하고 상호작용효과는 존재하지 않는 예이다.

두 번째 그래프는 첫 번째 그래프와 같이 요인 A의 주효과는 존재하지만 요인 B의 주효과는 확실하지 않다. 그러나 요인 A의 효과는 요인 B의 상태에 따라 달라지는데 요인 B가 낮은 경우 요인 A의 효과, 즉 높을 때와 낮을 때 결과에 미치는 효과의 차이가 매우 큰 반면, 요인 B가 높은 경우 요인 A의 효과는 상대적으로 작아지는 상호작용효과가 존재한다.

세 번째 그래프는 두 번째 그래프와 비교해 그 차이가 더욱 명백히게 니티니 있다. 따라서 세 번째 그래프는 두 번째 그래프에 비해 더 강한 상호작용을 표시하고 있다. 마지막 그래프는 상호작용효과가 극적으로 나타나는데, 각각의 요인의 주효과는 거의 존재하지 않고, 요인 B의 상태에 따라 요인 A의 효과가 반대로 나타나는 아주 강한 상호작용효과만이 존재한다. 즉, 요인 B의 상태가 낮은 경우 요인 A가 높을 때 결과가 더 큰 반면, 요인 B가 높은 경우 요인 A가 낮을 때 결과가 더 크게 나타난다. 이와 같이 상호작용효과는 종속변수에 영향을 미치는 특정 독립변수에 다른 변수들이 영향을 주는 것을 의미하고, 앞서 그래프의 설명에서 볼 수 있듯이 다른 변수의 영향을 조절하는 효과를 결과적으로 얻게 된다.

이원(배치) 분산분석은 일원(배치) 분산분석과 유사하게 전체 변동에서 집단 간 변동과 집단 내 변동의 비율을 계산한 F통계량으로 가설을 검정한다. 하지만 요인의 수가 더 많아 고려해야 할 변동의 종류가 더 많아지고 상호작용에 의한 변동까지 고려해야 해서 F통계량 계산이 더 복잡하다. 이원(배치) 분산분석에서 전체 변동은 각각 a와 b개의 범주(수준)를 가지는 독립변수(요인) A와 B 각각의 변동과 이 두 요인의 상호작용에 의해 발생하는 변동, 그리고 집단 내 변동인 잔차로 구성되는데, 이를 수식으로 나타내면 다음과 같다.

이원배치 분산분석

$SS(\text{Total}) = SS(A) + SS(B) + SS(AB) + SSE$

여기서, $SS(A) = rb\sum_{i=1}^{a}(\overline{y_{i..}} - \overline{y_{...}})^2$

$SS(B) = ra\sum_{j=1}^{b}(\overline{y_{.j.}} - \overline{y_{...}})^2$

$SS(AB) = r\sum_{j=1}^{b}\sum_{i=1}^{a}(\overline{y_{ij.}} - \overline{y_{i..}} - \overline{y_{.j.}} + \overline{y_{...}})^2$

$SSE = \sum_{k=1}^{r}\sum_{j=1}^{b}\sum_{i=1}^{a}(y_{ijk} - \overline{y_{ij.}})^2$

$SS(\text{Total}) = \sum_{k=1}^{r}\sum_{j=1}^{b}\sum_{i=1}^{a}(y_{ijk} - \overline{y_{...}})^2$

요인 A의 집단/범주 간 변동, 요인 B의 집단/범주 간 변동, 그리고 두 요인 사이의 상호작용에 의한 변동, 집단/범주 내 변동 그리고 전체 변동 등을 포함하여 F통계량을 계산하는 과정을 하나의 표로 요약한 분산분석표는 〈표 13-2〉와 같다.

표 13-2 이원(배치) 분산분석표

요인	제곱합	자유도	평균제곱	F값
인자 A	SS_A	$I-1$	MS_A	$F_A = MS_A / MSE$
인자 B	SS_B	$J-1$	MS_B	$F_B = MS_B / MSE$
교호작용	$SS_{A\times B}$	$(I-1)(J-1)$	$MS_{A\times B}$	$F_{A\times B} = MA_{A\times B} / MSE$
잔차	SSE	$IJ(n-1)$	MSE	
계	SST	$IJ-1$		

조사자는 이원(배치) 분산분석표를 활용하여 다음의 과정을 거쳐 가설검정을 할 수 있다. 먼저, 적당한 가설을 설정한다. 이원(배치) 분산분석으로 검정할 수 있는 가설은 두 가지 종류가 있는데, 첫째로는 일원(배치) 분산분석과 동일하게 집단 간 차이를 직접적으로 다루는 가설이 있다. 예를 들어, "연령대별로 브랜드충성도에는 차이가 있다."와 같은 가설을 세울 수 있으며, 다른 형태는 일원(배치) 분산분석으로는 검증이 불가능한 상호작용효과가 포함된 가설이다. 예를 들어, "연령과 성별이 브랜드충성도에 상호작용하여 영향을 준다.", "연령이 브랜드충성도에 미치는 영향은 성별에 따라 다르다." 또는 "연령이

브랜드충성도에 미치는 영향은 성별에 의해 조절된다."와 같은 가설을 세울 수 있다. 좀 더 구체적으로는 "10대의 경우 남성이 여성보다 브랜드충성도가 높지만, 20대의 경우 여성이 남성보다 브랜드충성도가 높다."와 같은 가설을 세울 수도 있다.

설정된 가설을 검증하기 위해 앞서의 다양한 통계량을 계산하여 분산분석표를 작성한다. 이 분산분석표는 분산분석에 있어서 기술통계량과 유사한 역할을 한다. 작성된 분산분석표를 바탕으로 최종적으로 각각의 가설을 검정하기 위한 검정통계량인 F통계량들을 계산한다.

이원(배치) 분산분석은 앞서 가설설정과정에서 살펴보았듯이 하나의 분석으로 여러 개의 가설검정이 가능하다. 분산분석표에서 보듯이 3개의 F통계량이 있는데, 첫 번째와 두 번째 F통계량은 요인 A와 B의 주효과를 검정하기 위한 것으로 자유도가 $a-1, ab(n-1)$인 F분포와 $b-1, ab(n-1)$인 F분포를 따른다. 세 번째 F통계량은 요인 A와 요인 B의 상호작용효과를 검정하기 위한 것으로 자유도가 $(a-1)(b-1), ab(n-1)$인 분포를 따른다. 조사자가 검정을 원하는 가설형태에 따라 필요한 F통계량을 활용하여 가설을 검정할 수 있다. 다음으로 다른 가설검정과 같이 유의수준과 임계치를 결정하여 가설채택 여부를 결정한다. F통계량이 임계치보다 큰 경우, 귀무가설이 기각되고 대립가설이 채택되며, 조사자는 집단 간에 평균에서 차이가 있거나 상호작용효과가 있어 독립변수(집단, 요인)와 종속변수(결과, 반응) 사이에 관계가 있다고 결론을 내릴 수 있다.

13.3.2 통계분석 연습

Excel 활용

Excel에서 이원배치 분산분석을 위해서는 다음과 같이 자료를 입력하여야 한다.

입력 범위

	집단 1	집단 2
시험 1	75	58
	68	56
	71	61
	75	60
시험 2	66	62
	70	60
	68	59
	68	68

"데이터 분석" 선택창에서 "분산 분석: 반복 없는 이원 배치법"을 선택한다.

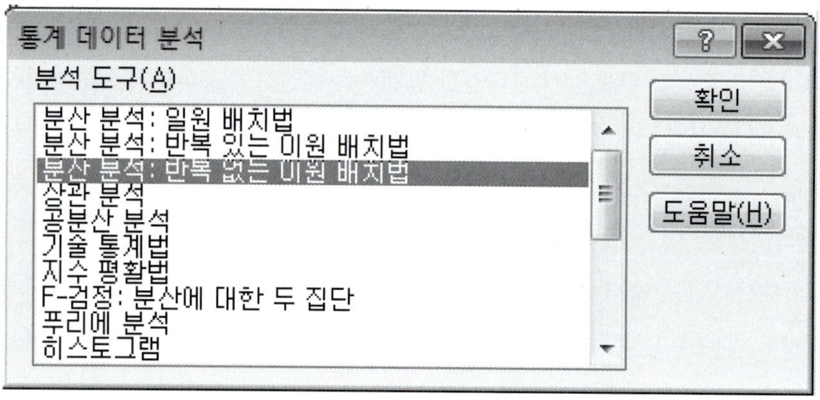

입력범위에 앞서 입력한 자료영역을 선택하여 준다.

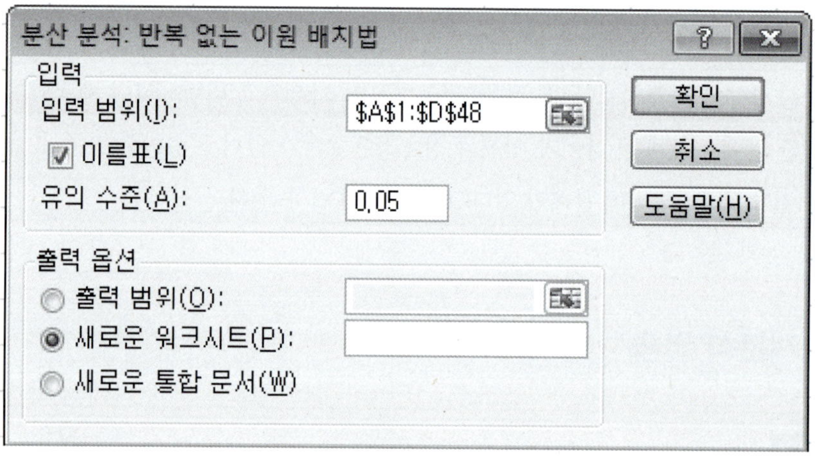

SPSS 활용

"일반선형모형" 메뉴에서 "일변량" 기능을 통해 이원배치 분산분석을 실시할 수 있다. 다음과 같이 "일변량" 입력창에서 종속변수(예능선호도)와 두 개의 독립변수/요인(성별, 나이대)을 왼쪽 창의 변수 리스트로 이동한다.

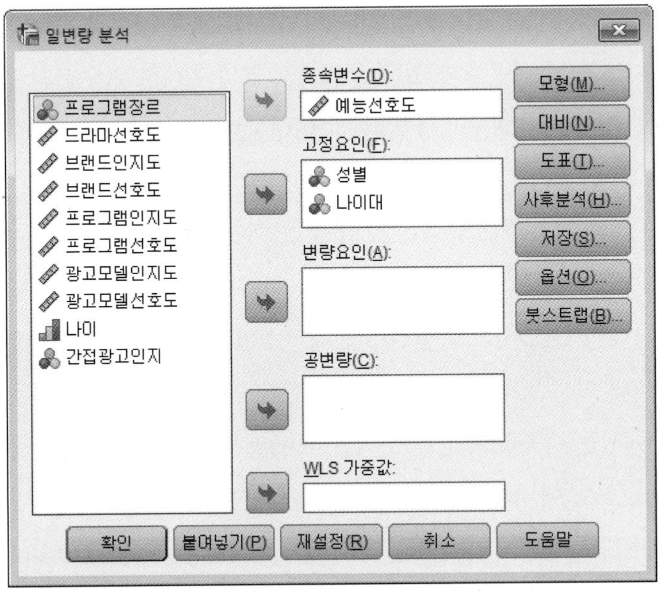

도표를 출력에 포함시키기 위해 "도표"을 선택하면 다음과 같이 "일변량: 프로파일 도표" 입력창을 볼 수 있다. 도표의 수평축에서 구분될 "수평축 변수"를 입력하고, 필요한 경우 도표 내에서 선의 색으로 구분될 "선구분 변수"를 입력하고 "추가"를 선택하여 도표란에 추가시킨다. 여러 개의 도표를 정의하여 분석 후 도표를 출력할 수 있다.

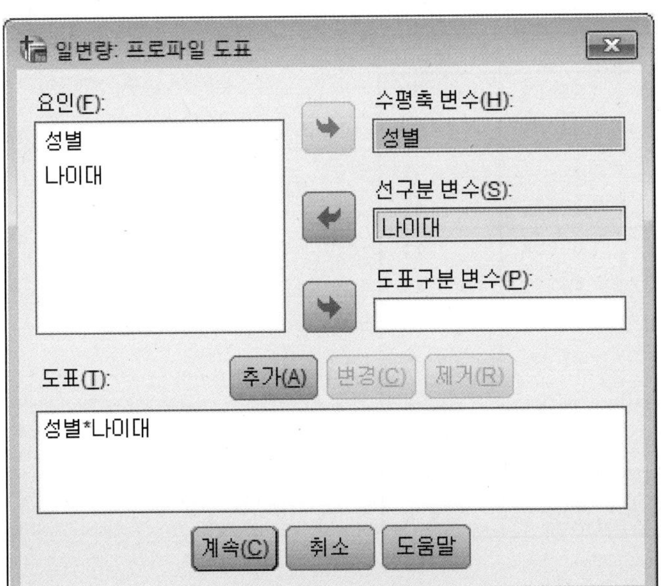

일반적으로 "*"의 표시는 두 개 변수에 의한 상호작용 또는 조절효과를 의미하며, 예를 들어 A*B는 변수 A와 변수 B의 상호작용효과 또는 변수 A의 효과에 대한 변수 B의 조절효과를 의미한다. 따라서 "성별*나이대"는 "성별"과 "나이대" 변수의 상호작용효과를 보기 위한 도표를 출력하게 된다.

다음의 분산분석결과, 첫 번째 표는 기술통계를 보여 준다. 두 개의 독립변수(집단변수)에 대해 2(남자 vs. 여자)×3(10대, 20대, 30대)=6개 집단분류에 대한 기술통계량을 보여 준다. 두 번째 표는 분산분석표로서 각 독립변수에 대한 F값과 유의확률을 확인할 수 있다. 먼저, "성별"과 "나이대"의 주효과는 각각 유의확률 0.059와 0.029로 "성별"은 "예능선호도"에 유의수준 0.10에서는 유의한 영향을 주지만, 0.05에서는 유의한 영향을 주지 않는다. "나이대"는 "예능선호도"에 유의수준 0.05에서 유의한 영향을 준다. "예능선호도"는 "나이대"에 따라 차이가 나며 성별에 따라 부분적으로(Marginally, 유의수준 0.10에서 유의하기 때문에) 유의한 차이가 있다고 할 수 있다. 두 변수의 상호작용인 "성별*나이대"는 유의확률 0.10에서 유의하다. 따라서 두 변수의 상호작용은 부분적으로 존재한다고 볼 수 있다. 즉, "성별"에 따라 "예능선호도"가 다른 정도는 "나이대"에 따라 차이가 있다는 해석이 가능하다.

기술통계량

종속변수: 예능선호도

성별	나이대	평균	표준편차	N
남자	10대	4.9565	1.29609	23
	20대	5.1379	1.47201	87
	30대	6.0000	.	1
	전체	5.1081	1.42925	111
여자	10대	3.6364	1.68954	11
	20대	5.0408	1.44279	49
	30대	4.2000	1.09545	5
	전체	4.7385	1.54391	65
전체	10대	4.5294	1.54204	34
	20대	5.1029	1.45693	136
	30대	4.5000	1.22474	6
	전체	4.9716	1.47911	176

개체-간 효과 검정

종속변수: 예능선호도

소스	제 III 유형 제곱합	자유도	평균제곱	F	유의확률
수정된 모형	26.293[a]	5	5.259	2.507	.032
절편	614.332	1	614.332	292.896	.000
성별	7.576	1	7.576	3.612	.059
나이대	15.210	2	7.605	3.626	.029
성별 * 나이대	10.754	2	5.377	2.564	.080
오차	356.565	170	2.097		
전체	4733.000	176			
수정된 합계	382.858	175			

a. R 제곱 = .069 (수정된 R 제곱 = .041)

다음 도표는 "성별"과 "나이대"가 "예능선호도"에 미치는 영향의 상호작용을 보여 준다. 10대와 30대의 경우 남자가 여자보다 예능을 선호하는 정도가 훨씬 높은 반면, 20대의 경우 남자와 여자의 예능 선호 정도가 유사하다. 물론 분산분석표를 통해 이 상호작용이 아주 강하기보다는 부분적임을 확인할 수 있다(유의확률이 0.05보다는 크고 0.10보다 작다는 점에서).

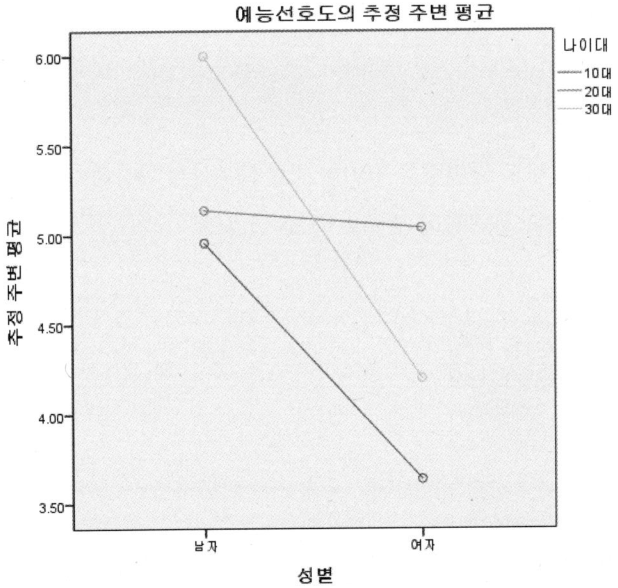

도표 옵션 선택 시 "수평축 변수"와 "선구분 변수"를 변경하면 다음과 같이 다른 각도

에서의 도표를 출력할 수도 있다. 이 도표는 전반적으로 남자가 여자보다 예능을 더 선호한다는 것을 나타내 주면서 동시에 "나이대"에 따른 "예능선호도"의 차이 또는 추세가 남자와 여자가 다르다는 것을 명백히 보여 준다. 남자의 경우 "나이대"가 높아질수록 예능 선호 정도가 높아지는 반면, 여자의 경우 20대 때 가장 높고 10대와 30대에는 상대적으로 예능 선호 정도가 낮음을 알 수 있다.

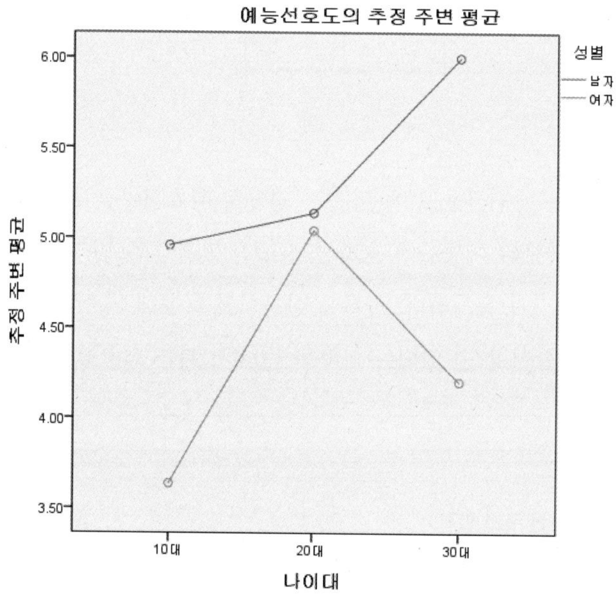

다음과 같이 이원배치 분산분석에서도 공변량을 고려한 공분산분석이 가능하다. 동일한 조건에서 고려하고자 하는 공변량을 선택하여 분석을 할 수 있다.

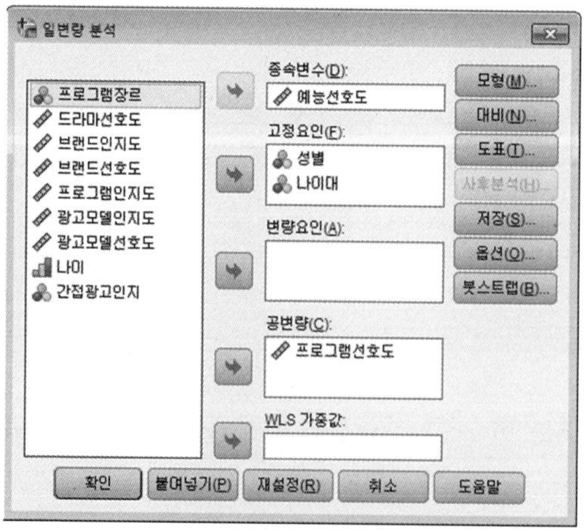

다음은 공변량을 고려한 이원배치 분산분석의 결과를 보여 준다. 앞서 이원배치 분산분석의 결과와 비교하면 모든 효과("성별"과 "나이대"의 주효과, "성별"과 "나이대"의 상호작용효과)들의 유의확률이 높아져 그 효과들이 좀 더 불명확해졌다고 볼 수 있다. 따라서 공변량 "프로그램선호도"는 분석에서 중요하게 고려되어져야 하는 공변량으로 간주하여야 한다.

개체-간 효과 검정

종속변수: 예능선호도

소스	제 III 유형 제곱합	자유도	평균제곱	F	유의확률
수정된 모형	39.025[a]	6	6.504	3.197	.005
절편	241.225	1	241.225	118.567	.000
프로그램선호도	12.733	1	12.733	6.258	.013
성별	6.911	1	6.911	3.397	.067
나이대	14.331	2	7.165	3.522	.032
성별 * 나이대	9.926	2	4.963	2.440	.090
오차	343.833	169	2.035		
전체	4733.000	176			
수정된 합계	382.858	175			

a. R 제곱 = .102 (수정된 R 제곱 = .070)

R 활용

R에서의 이원배치 분산분석도 "aov( )" 함수를 활용하여 실시할 수 있다. 일원배치 분산분석이 "aov(enterpref~age_level)"과 같이 하나의 독립변수만을 포함하게 "aov( )" 함수를 사용하였다면, 이원배치 분산분석은 "aov(enterpref~age_level+gender+age_level*gender)"와 같이 두 개의 독립변수(age_level, progpref)의 주효과와 상호작용효과(age_level*gender)를 "aov( )" 함수에 입력하여 분산분석을 실시한다. 분석결과의 해석은 앞서 살펴본 SPSS의 분석결과의 해석과 동일하다.

```
R Console
5              4              6              6   22    1         1
6              4              7              7   21    2         1
> gender=sampledata[,11]
> gender
  [1] 2 1 2 2 1 2 2 1 1 2 1 2 1 2 1 2 2 2 2 2 1 2 1 1 1 1 1 1 1 1 1 2 2 2 1 2 1 1 2 2 1
 [42] 1 1 2 1 1 2 1 2 1 1 1 1 2 1 2 2 1 1 1 2 2 2 2 2 2 2 2 2 1 2 1 1 1 1 1 1 1 2 1 1 1
 [83] 1 2 1 1 2 1 1 2 1 1 1 1 1 1 1 1 1 1 1 1 2 1 1 2 1 1 1 1 2 1 2 1 2 1 1 1 1 1 2 1 1
[124] 1 1 1 1 2 1 1 2 1 1 2 1 1 1 1 1 1 2 1 1 1 1 1 2 1 2 1 1 1 2 2 2 1 1 1 1 2 2 2 1 2
[165] 2 1 1 2 1 2 2 1 1 2 2 1
> aov(enterpref~age_level+gender+age_level*gender)
Call:
   aov(formula = enterpref ~ age_level + gender + age_level * gender)

Terms:
                age_level   gender age_level:gender Residuals
Sum of Squares    10.3285   5.2102          10.7540  356.5652
Deg. of Freedom         2        1                2       170

Residual standard error: 1.448255
Estimated effects may be unbalanced
> summary(aov(enterpref~age_level+gender+age_level*gender))
                  Df Sum Sq Mean Sq F value Pr(>F)
age_level          2   10.3   5.164   2.462 0.0883 .
gender             1    5.2   5.210   2.484 0.1169
age_level:gender   2   10.8   5.377   2.564 0.0800 .
Residuals        170  356.6   2.097
---
Signif. codes:  0 '***' 0.001 '**' 0.01 '*' 0.05 '.' 0.1 ' ' 1
> anova(lm(enterpref~age_level+gender+age_level*gender))
Analysis of Variance Table

Response: enterpref
                  Df Sum Sq Mean Sq F value  Pr(>F)
age_level          2  10.33  5.1643  2.4622 0.08828 .
gender             1   5.21  5.2102  2.4841 0.11686
age_level:gender   2  10.75  5.3770  2.5636 0.08000 .
Residuals        170 356.57  2.0974
---
Signif. codes:  0 '***' 0.001 '**' 0.01 '*' 0.05 '.' 0.1 ' ' 1
> |
```

13.4 3개 이상 집단 간의 빈도차이

13.4.1 교차분석

교차분석은 앞서 설명한 바와 같이 명목이나 서열척도와 같은 범주형 변수들에 대한 빈도 또는 비율의 차이를 검정하기 위해 사용하는 통계적 추론방법이다. 앞의 두 집단의 비율차이 검정은 두 개의 집단 간의 비교와 단일변수에 대한 비율차이 검정으로 제한되어 있지만, 교차분석은 2개 이상의 집단을 비교할 수 있을 뿐만 아니라 여러 개의 변수에 대한 비율차이를 동시에 검정할 수 있다. 예를 들어, 한국, 미국, 중국의 고객들이 좋아하는 K-POP 가수의 비율의 차이는 앞서의 두 집단의 비율차이 검정으로 검정하는 것이 불가능하고 교차분석으로 통계적 추론을 해야 한다.

일반적으로 교차분석은 분포를 따르는 통계량을 활용하여 검정을 실시한다. 교차분석을 위해서는 먼저 교차표(Cross Tabulation) 또는 분할표(Contingency Table)라고 하는 각 변수들의 출현빈도를 표시하는 표를 작성하는 것을 시작으로 분석을 시행한다.

예를 들어, 세 명의 K-POP 가수(가수 A, 가수 B, 가수 C)에 대해 한국, 미국, 중국고객들의 선호도를 조사하는 교차표가 〈표 13-3〉과 같다고 하자. 한국고객들은 가수 C를 가장 좋아하고, 가수 B를 가장 덜 좋아하는 반면, 미국고객들은 가수 B를 가장 선호하고, 가수 A를 가장 덜 선호한다. 반면에 중국고객들은 가수 A를 가장 선호하고 가수 C를 가장 덜 선호한다. 이와 같은 조사결과를 바탕으로 한국, 미국, 중국고객들의 K-POP 가수 선호비율에 차이가 있는지를 검증하려고 한다.

표 13-3 교차표

구분	가수 A	가수 B	가수 C
한국	30	20	50
미국	20	50	30
중국	50	30	20

카이제곱 교차분석은 실제 관측빈도(Observed Frequency, O_i)와 각 셀에서 통계적으로 기대할 수 있는 기대빈도(Expected Frequency, E_i) 간의 차이를 카이제곱분포(Chi-squared Distribution)를 참조해 통계적으로 검증하는 통계기법이다. 여기서 기대빈도란 교차표에서 각 행과 열의 빈도의 합을 곱셈한 후 총빈도수를 나눈 것으로 각 행과 열의 총합기준 평균빈도를 의미한다. 즉, 전체 모집단에서 각 선택대안들이 갖게 되는 평균빈도를 기대빈도로 간주한다.

표 13-4 기대빈도가 포함된 교차표

	가수 A	가수 B	가수 C	합계
한국	30(33.3)	20(33.3)	50(33.3)	100
미국	20(33.3)	50(33.3)	30(33.3)	100
중국	50(33.3)	30(33.3)	20(33.3)	100
	100	100	100	300

주: ( )는 기대빈도임.

예를 들어, 교차표의 확인결과 한국의 경우, 가수 A를 선호하는 사람이 기대빈도인 33.3명보다 다소 적은 30명으로 나타났고, 가수 C의 경우 기대빈도인 33.3명보다 많은 50명으로 나타났다. 이를 바탕으로 카이제곱 교차분석을 하면 조사자는 한국, 미국, 중국에서 K-POP 가수를 선호하는 형태의 차이를 확인할 수 있게 된다.

카이제곱 교차분석은 기대빈도와 관측빈도의 전체 차이 정도가 카이제곱분포를 따른다고 가정하고, 기대빈도와 관측빈도의 차이를 기대빈도를 나눈 비율의 총합인 카이제곱 통계량을 바탕으로 통계적 검정을 한다.

교차분석

$$\chi^2 = \sum_{i=1}^{n} \frac{(O_i - E_i)^2}{E_i}$$

$$\chi^2 = \frac{(33.3-30)^2}{33.3} + \frac{(33.3-20)^2}{33.3} + \frac{(33.3-50)^2}{33.3} + \frac{(33.3-20)^2}{33.3} + \frac{(33.3-50)^2}{33.3}$$
$$+ \frac{(33.3-30)^2}{33.3} + \frac{(33.3-50)^2}{33.3} + \frac{(33.3-30)^2}{33.3} + \frac{(33.3-20)^2}{33.3} = 42.04$$

유의수준이 0.05이고, 카이제곱 임계치 $\chi^2(5)=1.15$이므로, 카이제곱 통계량이 임계치보다 크므로, "세 집단의 K-POP 선호형태는 같다."라는 귀무가설을 기각하고 대립가설을 채택한다. 따라서 "한국, 미국, 중국고객들이 좋아하는 K-POP 가수들은 차이가 있다."라고 할 수 있다.

13.4.2 통계분석 연습

SPSS 활용

"기술통계량" 메뉴에서 "교차분석" 기능을 통해 교차분석을 실시할 수 있다.

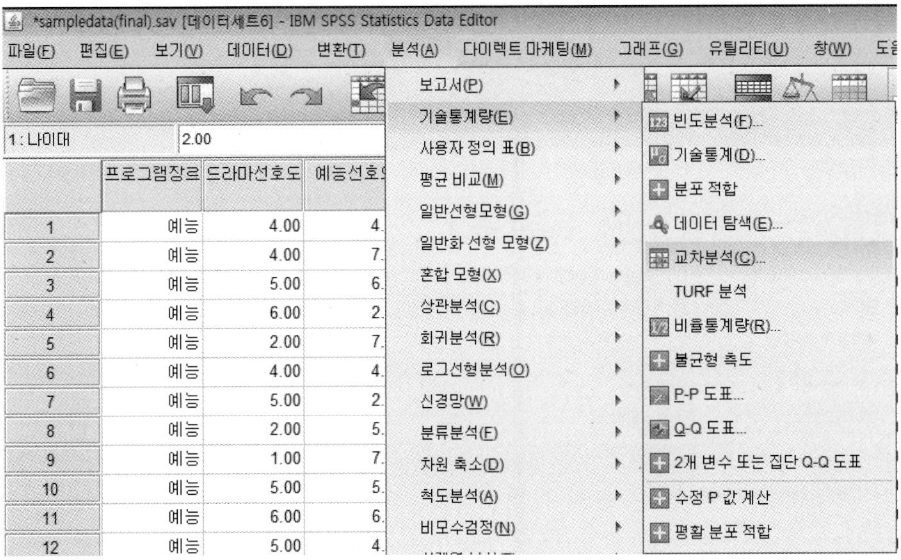

"교차분석" 입력창에서 두 개의 변수(명목 또는 집단변수)를 왼쪽 창의 변수 리스트에서 선택하여, 각각 행과 열란으로 이동한다.

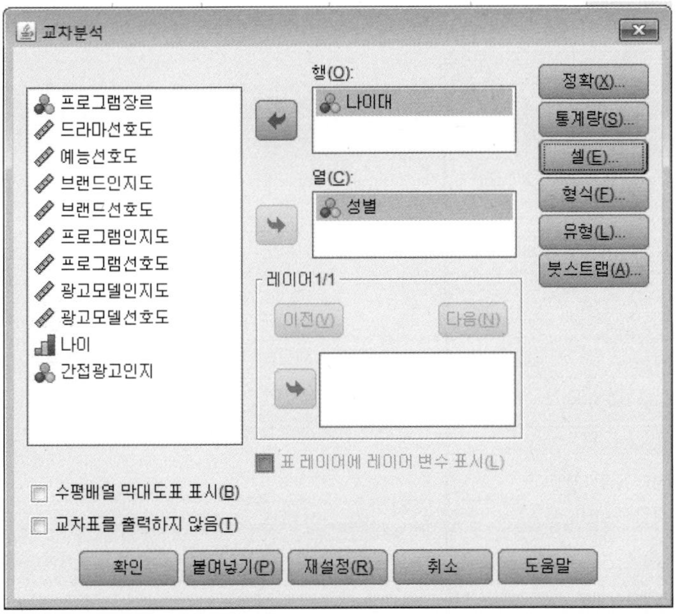

"통계량"을 선택하여 통계량 입력창에 "카이제곱"을 선택한다.

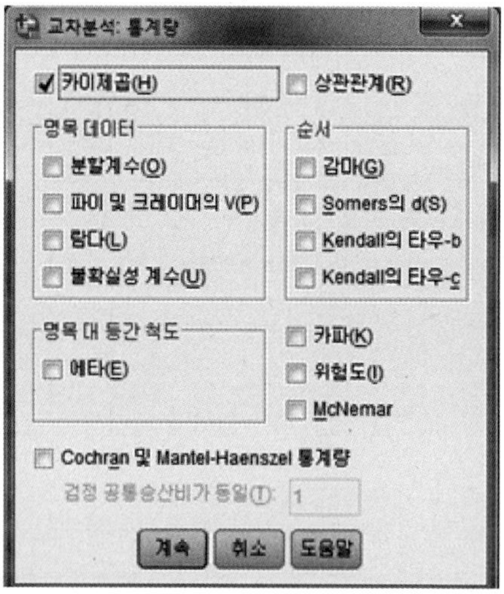

"셀 옵션"을 선택하여 셀 표시 입력창에서 관측빈도와 기대빈도를 모두 셀에 표시하게 선택한다.

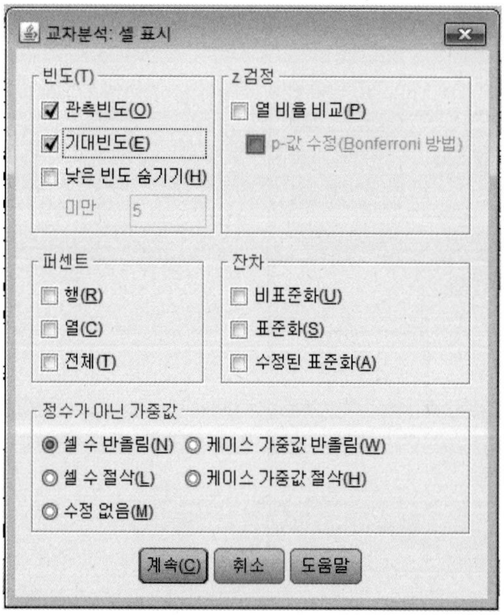

다음은 교차분석결과이다. 첫 번째 표는 "성별"에 따른 "나이대"의 차이를 조사하고자

하는 교차표를 보여 준다. 남자의 경우 10대가 21%, 20대가 86%, 30대가 4%인 반면, 여자의 경우 10대가 13%, 20대가 50%, 30대가 2%로 남자와 여자에 따라 "나이대"의 비율이 다름을 알 수 있다. 두 번째 표는 이 차이가 통계적으로 유의미한지를 판단하는 통계량을 보여 준다. 본 예에서는 Pearson 카이제곱을 기준으로 통계적 유의성을 검정한다. 검정 결과 유의확률이 0.052로 유의수준 0.05보다는 크지만 유의수준 0.10보다는 작아 부분적으로 유의하다고 판단할 수 있다.

나이대 * 성별 교차표

			성별		전체
			남자	여자	
나이대	10대	빈도	23	11	34
		기대빈도	21.4	12.6	34.0
	30대	빈도	87	49	136
		기대빈도	85.8	50.2	136.0
	30대	빈도	1	5	6
		기대빈도	3.8	2.2	6.0
전체		빈도	111	65	176
		기대빈도	111.0	65.0	176.0

카이제곱검정

	값	자유도	근사 유의확률 (양측 검정)
Pearson 카이제곱	5.900[a]	2	.052
우도비	5.836	2	.054
선형 대 선형결합	2.263	1	.132
유효 케이스 수	176		

a. 2 셀 (33.3%)은(는) 5보다 작은 기대빈도를 가지는 셀입니다. 최소 기대빈도는 2.22입니다.

R 활용

R에서는 교차표를 위해 "table( )" 함수를 사용하고, 교차분석을 위해 "chisq.test( )"를 다음과 같이 사용한다.

```
R Console
> table(gender,age_level)
      age_level
gender 10 20 30
     1 23 87  1
     2 11 49  5
> chisq.test(table(gender,age_level))

        Pearson's Chi-squared test

data:  table(gender, age_level)
X-squared = 5.8999, df = 2, p-value = 0.05234

Warning message:
In chisq.test(table(gender, age_level)) :
  카이제곱 approximation은 정확하지 않을수도 있습니다
> |
```

CHAPTER

14

관계에 기반한 가설검정

MARKETING RESEARCH

14.1 상관분석

14.2 단순회귀분석

14.3 다중회귀분석

14.4 복잡한 회귀분석: 더미변수를 포함한 회귀분석

지금까지 차이에 기반한 통계적 추론방법으로 t-test, 분산분석, 교차분석을 살펴보았다. 차이에 기반한 통계적 추론은 사실 독립변수가 비연속적인 경우, 독립변수와 종속변수의 관계를 조사하기 위해 사용하는 방법이다. 즉, 독립변수가 명목형태인 경우, 명목 독립변수에 의해 구분되는 집단형태에서 특정 집단이 다른 집단(들)과 비교하여 어떤 다른 관계를 갖는지를 조사하는 것이다. 따라서 차이에 기반한 통계적 추론방법은 관계를 기반한 추론방법의 제한된 형태로 분류할 수 있다. 본 장에서는 명목형태의 비연속형 변수와 동시에 연속형 변수까지 다룰 수 있는 관계에 기반한 통계적 추론방법인 상관분석과 회귀분석에 대해 살펴보고자 한다.

상관관계분석은 등간척도나 비율척도로 측정된 하나의 독립변수와 종수변수 간의 선형적 관계를 단편적으로 조사할 수 있는 통계적 추론방법이다.

회귀분석은 개념적으로 여러 개의 상관관계분석을 동시에 수행하는 방법으로서 일반적으로 등간척도나 비율척도로 측정된 여러 개의 독립변수들과 종속변수 간의 선형적 관계들을 동시에 분석하기 위한 방법이다. 비록 회귀분석이 일반적으로 등간척도나 비율척도로 측정된 독립변수들을 대상으로 하는 분석방법이지만, 앞서 설명하였듯이 비연속적 척도인 명목척도나 서열척도로 측정된 독립변수들을 대상으로 적용하는 것도 가능하고, 결국 집단 간의 차이에 대한 조사에도 이론적인 적용이 가능하다.

14.1 상관분석

14.1.1 상관관계의 개념

상관분석은 등간척도나 비율척도로 측정된 두 변수 간의 선형적 연관의 정도의 형태와 강도를 조사하기 위한 통계적 추론방법으로, 상관계수(r)를 계산하여 두 변수 간의 선형적 관계를 통계적 수치로 표현한다. 즉, 상관계수는 한 변수의 변화에 따라 다른 변수가 어떻게 변화하는지를 비율로서 보여 주는 지표라고 하겠다. 예를 들어, 기업들을 대상

그림 14-1 상관관계의 종류

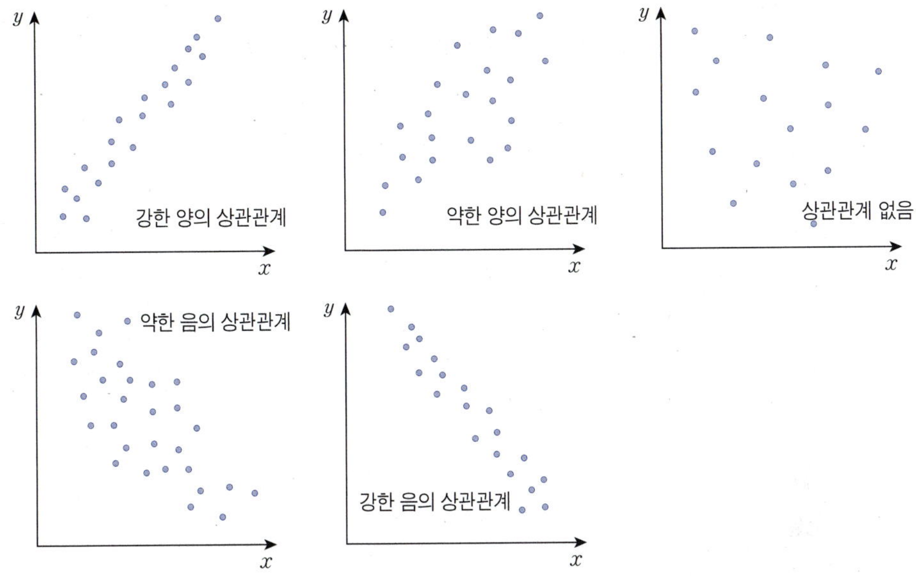

으로 광고액과 매출액의 관계를 조사하고자 할 경우, 각 기업의 광고액과 매출액을 산포도(Scattergram)의 형태로 그릴 수 있다.

이때, x축을 광고액, y축을 매출액으로 하여 그래프를 그릴 경우 [그림 14-1]과 같이 다섯 가지 그래프 중 하나의 형태를 따를 것이다. 그림은 강한 양의 상관관계, 약한 양의 상관관계, 상관관계가 없는 관계, 약한 음의 상관관계, 강한 음의 상관관계들의 예를 보여 주고 있다. 개념적으로 상관계수는 두 변수를 각각 x좌표와 y좌표로 하였을 때, x좌표와 y좌표의 비율을 의미하고, −1부터 1까지의 값을 가진다. 상관계수에 따라 상관관계는 크게 세 가지 형태로 분류되어 해석된다.

첫 번째 경우는 광고액이 증가할 때 매출액도 같이 커지는 경향을 보이는 것으로 두 변수 간에 양(Positive)의 상관관계가 있다고 하며 상관계수(r)가 통계적으로 0보다 크게 나타난다($0<r<1$). 또한 그 정도가 강할 때, 즉 상관계수가 +1에 근접할수록 강한 양의 상관관계, 그 정도가 약할 때, 즉 상관계수가 0에 근접할수록 약한 양의 상관관계라 한다.

두 번째 경우는 그 반대로서, 광고액이 증가할수록 매출액이 줄어드는 경향을 보이는 것으로 두 변수 간에 음(Negative)의 상관관계가 있다고 하며 상관계수(r)가 통계적으로 0보다 작게 나타난다($-1<r<0$). 또한 그 정도가 강할 때, 즉 상관계수가 −1에 근접할수

록 강한 음의 상관관계, 그 정도가 약할 때, 즉 상관계수가 0에 근접할수록 약한 음의 상관관계라 한다.

마지막으로, 광고액의 변화가 매출액의 변화에 거의 영향을 주지 않는 경우, 두 변수 사이에는 상관관계가 존재하지 않으며, 상관계수가 통계적으로 0과 다르지 않은 경우이다($r=0$). 상관계수는 일반적으로 측정척도에 따라 추정방법이 두 가지로 구분된다. 먼저 산술계산이 가능한 척도인 등간척도나 비율척도의 경우 일반적으로 상관계수로 널리 알려진 피어슨 적률상관계수(Pearson's Product Moment Correlation Coefficient) 또는 피어슨 상관계수(Pearson's Correlation Coefficient)를 사용한다. 반면에, 산술평균이 불가능한 서열척도의 경우 스피어만 등위상관계수(Spearman Rank Order Correlation Coefficient)를 사용한다.

14.1.2 피어슨 상관계수

피어슨 상관계수는 개념적으로 두 변수 사이의 공분산(Covariance)의 크기를 각 변수의 독립적 분산과 비교하는 것이다. 공분산은 두 변수 사이의 공통분산을 의미하는 것으로 두 변수의 관계가 깊을수록 공통분산은 크게 나타나며, 이 크기가 각 변수의 독립적 분산보다 클 경우 상관관계가 높다는 것을 의미하고, 이를 식으로 나타내면 다음과 같다.

피어슨 상관계수

$$\rho_{X,Y} = \frac{cov(X,Y)}{\sigma_X \sigma_Y}$$

여기서, $cov(X,Y)$: 공분산

σ_X : X의 표준편차

σ_Y : Y의 표준편차

σ_X와 σ_Y는 변수 x와 y 각각의 표준편차를, $cov(x, y)$는 변수 x, y의 공분산을 의미하고 이를 직접적 계산식으로 변환하면 다음과 같다.

$$r = \frac{\sum_{i=1}^{n}(x_i - \bar{x})(y_i - \bar{y})}{\sqrt{\sum_{i=1}^{n}(x_i - \bar{x})^2}\sqrt{\sum_{i=1}^{n}(y_i - \bar{y})^2}}$$

여기서, $\bar{x} = \frac{1}{n}\sum_{i=1}^{n} x_i$

$\bar{y} = \frac{1}{n}\sum_{i=1}^{n} y_i$

n: 표본크기

여기서 x_i와 y_i는 각 변수 x, y의 측정치를 의미하고 $\bar{x}$와 $\bar{y}$는 변수 x와 y의 평균값을, n은 표본크기를 의미한다.

피어슨 상관계수에 대한 통계적 추론을 통한 유의성 검정을 위해 검정통계량은 t통계량을 따르고, t통계량은 자유도 $n-2$의 t분포를 따른다고 가정한다.

피어슨 상관계수의 검정통계를 위한 과정은 일반적인 가설검정과 동일하며 다음과 같다.

통계적 추론의 과정

① 가설의 설정

- H_0: $r=0$
- H_a: $r>0$ 또는 $r<0$

② 상관계수의 계산

③ 검정통계량의 계산

$$t = r\sqrt{\frac{n-2}{1-r^2}}$$

④ 유의수준 결정과 임계치의 계산

유의수준을 결정하고 t분포와 자유도 $n-2$를 활용하여 임계치를 계산

⑤ 가설채택 여부 결정

14.1.3 스피어만 상관계수와 켄달의 타우

두 변수가 연속적인 양적 변수가 아니라 서열척도에 의한 비연속적인 양적 변수일 때 두 변수 간의 상관 정도를 측정하기 위해 사용한다. 이 방법은 분포의 정상성을 가정하지 않은 비모수적 통계방법으로서, 피어스만 상관계수와 동일하게, −1.0에서 +1.0 사이의 값을 가진다. 이 상관계수는 비교적 간편하게 산출할 수 있고 서열척도로 측정된 경우 사용될 수 있는 장점이 있지만, 피어슨 상관계수에 비해 다양한 수리적 특성을 갖고 있지 못하다. 스피어만 상관계수는 개념적으로 피어슨 상관계수를 다소 간편화한 것으로서, 스피어만 상관계수에 대한 해석은 피어슨 상관계수와 사실상 동일하다.

스피어만 상관계수

$$r_s = 1 - \frac{6\sum d_i^2}{n(n^2-1)}$$

여기서, $d_i = rg(X_i) - rg(Y_i)$: X_i와 Y_i의 서열차이

n: 표본크기

켄달의 타우는 스피어만 상관계수보다 가설검증의 타당성에 있어서 보다 많은 장점을 가지고 있다. 켄달의 등위상관계수는 한 순위를 다른 순위와 비교할 때 반전의 개수에 기초를 둔 순위상관계수로서, 대상물에 대해 순위를 부여한 변수 사이의 연관성의 척도로서 두 변수 사이에 연관성이 어느 정도 존재하는지를 알아보고자 할 때 사용하는 비모수적 방법이다. 즉, 켄달의 등위상관계수 타우는 일련의 등위들의 순서가 얼마나 일관성을 가지고 있는가를 보여 주는 지표이다.

14.1.4 통계분석 연습

Excel 활용

Excel은 상관분석을 위해 피어슨 상관계수를 활용한다. 앞서의 여러 분석 연습과 같이 "데이터 분석"을 선택하여 "통계 데이터 분석" 선택창에서 "상관 분석"을 선택한다.

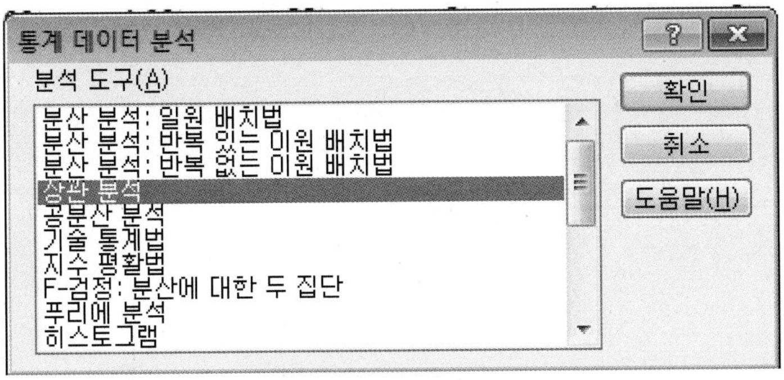

다음으로 상관분석에 필요한 자료의 범위를 입력한다. 이때 첫째 행을 이름표로 사용하기 위해 "첫째 행 이름표 사용" 옵션을 선택할 수 있다. 이때 입력 가능한 분석대상변수의 수는 2개 이상도 가능하다. 예를 들어, 3개의 변수에 대한 상관관계분석을 한다면, 3개 변수들에 대해 3개의 변수 간 비교쌍이 있기 때문에 각 변수 비교쌍에 대한 3개의 상관계수를 계산해 준다.

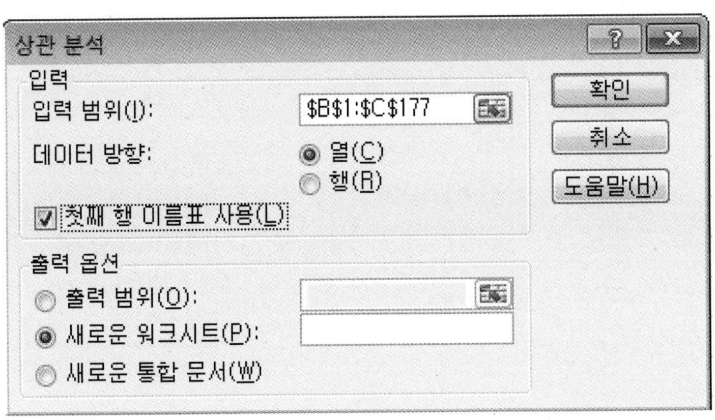

상관분석의 결과는 다음과 같다. 본 예에서는 "드라마선호도"와 "예능선호도" 간의 상관관계를 분석한 것으로 두 변수의 상관계수는 0.16이고 이는 "예능선호도"가 1 증가하면 "드라마선호도"가 0.16 정도 같이 증가함을 의미한다. 상관계수가 계산되었지만, 이 상관계수가 통계적으로 유의한지 역시 확인해 봐야 한다. 즉, 상관계수가 0.16이지만 이 상관계수가 0과 통계적으로 유의하게 다르게 나타나야 상관계수가 유의한 의미를 가진다고 할 수 있다. 그러나 Excel에서는 상관계수의 통계적 유의성 검정 기능을 제공하지 않는다.

	A	B	C
1		드라마선호도	예능선호도
2	드라마선호도	1	
3	예능선호도	0.15682116	1

SPSS 활용

SPSS에서 상관분석을 위해 "분석" 메뉴에서 "상관분석" 메뉴 중 "이변량 상관"을 선택한다.

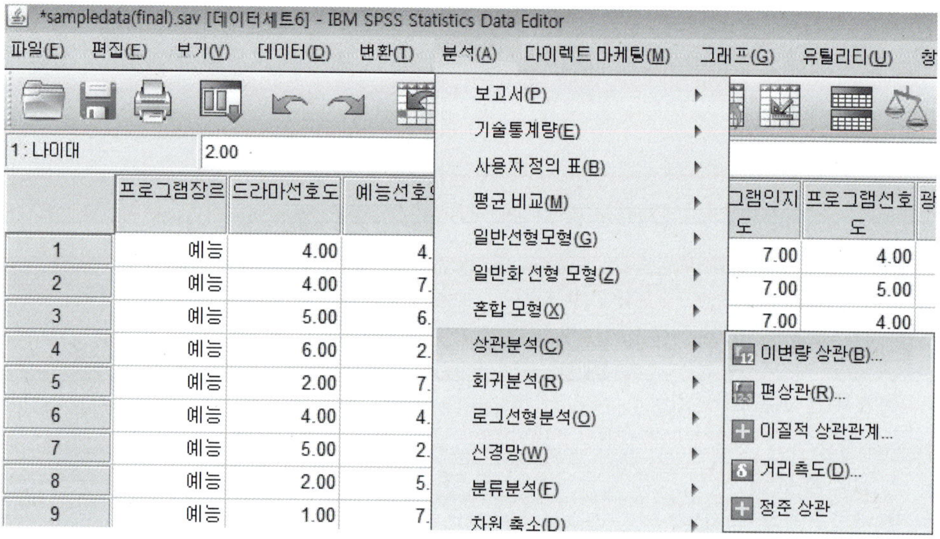

다음의 "상관분석" 입력창에서 상관관계를 분석하고자 하는 변수들을 왼쪽 변수 리스트에서 선택하여 오른쪽 변수창으로 이동시킨다. 이때 상관관계의 대상이 되는 변수들은 Excel과 동일하게 여러 개의 변수를 분석대상으로 할 수 있다. 다음으로 상관계수 추정방법으로는 세 가지 방법의 선택이 가능하다. 앞서 설명한 피어슨, 스피어만, 켄달의 타우 모두 활용 가능하고, 분석대상변수의 척도에 따라 추정방법을 선택할 수 있다. 일반적으로 유의성 검정은 양측 검정을 하고, "유의한 상관계수 플래그" 옵션을 선택하면, 상관분석결과 확인 시 유의성이 높은 상관계수에 별도로 표시를 해주어 상관계수가 많은 경우 유의성이 높은 상관관계 파악에 도움이 된다.

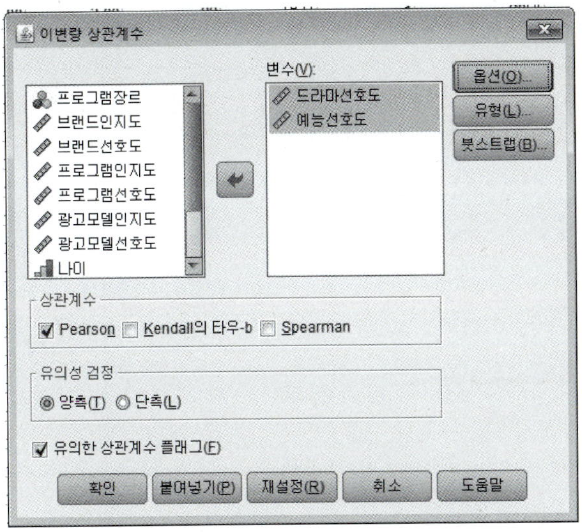

다음은 상관관계 분석결과이다. “드라마선호도”와 “예능선호도”의 상관계수는 0.157이고 상관계수의 유의확률은 0.038로 유의수준 0.05에서 유의함을 확인할 수 있다. “드라마선호도”와 “예능선호도”는 유의한 양의 상관관계가 있다고 결론을 내릴 수 있다.

상관관계

		드라마선호도	예능선호도
드라마선호도	Pearson 상관	1	.157*
	유의확률 (양측)		.038
	N	176	176
예능선호도	Pearson 상관	.157*	1
	유의확률 (양측)	.038	
	N	176	176

*. 상관관계가 0.05 수준에서 유의합니다(양측).

R 활용

R에서 상관분석을 위해 “cor.test( )” 함수를 사용한다. 두 개의 변수 “드라마선호도”와 “예능선호도”를 “dramapref, enterpref” 변수로 저장하고 이들 간의 상관관계를 확인하기 위해 “cor.test(dramapref, enterpref)” 명령을 실행한다. 실행결과 피어슨 상관계수가 계산되고, 그에 대한 유의확률을 확인할 수 있다. 결과의 해석은 SPSS의 결과와 동일하다.

```
R Console
> dramapref
  [1] 4 4 5 6 2 4 5 2 1 5 6 5 2 2 3 2 5 6 3 7 4 6 5 4 4 2 4 3 2 2 4 7 5 7 5 4 4 4 5 3 4 5
 [43] 6 6 5 4 7 2 4 4 4 5 3 4 6 3 5 5 5 6 4 7 4 4 7 4 4 6 6 3 6 4 4 4 4 1 2 3 4 2 6 6 6 4
 [85] 4 4 6 2 2 6 4 3 4 1 4 6 5 4 4 3 5 4 6 4 4 7 4 2 6 4 7 4 5 1 4 2 3 4 4 5 4 5 7 4 4 5
[127] 6 6 4 5 4 4 5 3 3 1 4 3 5 4 7 2 6 4 6 4 3 7 5 6 3 2 6 6 5 6 4 3 5 5 3 7 3 4 5 4 4 4
[169] 4 1 6 4 5 5 1 4
> enterpref
  [1] 4 7 6 2 7 4 2 5 7 5 6 4 4 6 4 1 5 4 1 5 4 6 6 2 6 6 4 5 6 6 4 6 4 4 6 4 4 4 5 7 4 6
 [43] 6 5 6 7 6 5 6 3 6 3 6 3 6 6 6 5 6 6 6 5 5 5 4 4 4 6 2 6 6 5 5 4 4 4 6 5 4 4 5 7 6 5
 [85] 4 5 6 5 5 6 1 6 4 7 6 6 6 6 6 5 5 4 6 6 6 4 5 6 6 5 2 5 7 1 2 5 4 6 5 5 6 6 5 6 6 5
[127] 7 4 6 3 4 5 6 5 7 1 2 5 7 6 6 7 5 1 6 6 3 7 7 5 4 5 7 5 6 7 6 1 5 6 5 5 4 4 6 4 4 7
[169] 6 5 6 7 3 4 1 6
> cor.test(dramapref,enterpref)

        Pearson's product-moment correlation

data:  dramapref and enterpref
t = 2.0945, df = 174, p-value = 0.03766
alternative hypothesis: true correlation is not equal to 0
95 percent confidence interval:
 0.009112476 0.297832409
sample estimates:
      cor
0.1568212

> |
```

14.2 단순회귀분석

14.2.1 회귀분석의 기본

상관분석을 통한 두 변수 간의 상관계수에 대한 통계적 추론을 통해 두 변수 간의 관계를 파악할 수 있지만, 상관계수를 바탕으로 한 변수의 변화를 통해 다른 변수의 변화를 예측하는 것은 쉽지 않다. 예를 들어, 상관분석을 통해 기업의 광고투입액과 매출액 사이 강한 양의 상관관계가 있다는 것을 알게 되었다 할지라도, 추정된 상관계수로는 광고투입예상액으로 매출예상액을 예측하는 것은 어렵고, 이를 예측하기 위해 추가적인 여러 일들이 필요하다. 또한 상관분석은 두 개의 변수의 관계만을 확인하는 것이 가능하기 때문에, 다양한 변수들이 동시에 영향을 주는 마케팅환경을 고려한 분석을 위해서는 그 활용의 범위가 상당히 제한적이다. 예를 들어, 상관분석은 매출액에 영향을 줄 수 있는 요인들이 광고투입액, 점포수, 영업사원수 등 다양할 경우, 이들 변수들이 어떻게 매출액에 영향을 주는지를 종합적으로 판단하는 것이 불가능하다. 상관분석은 이들 변수 간의 관계를 여러 개의 "두 개의 변수 간의 상관관계분석"으로 분리하여 부분적으로 판단하는 것만이 가능하다. 이 경우 종합적인 상황 파악은 사실상 불가능하다. 하지만 회귀분석(Regression Analysis)은 이들 변수 간의 종합적 판단이 가능할 뿐만 아니라, 여러 변수들 간의 다양한 관계를 동시에 고려하여 상관분석과는 비교할 수 없는 상세하고 구체적인 관계를 파악할 수 있는 장점이 있다. 일반적인 회귀분석의 목적은 다음과 같다.

① 여러 독립변수들이 동시에 종속변수에 미치는 영향을 구체적 수치로 제시하고 통계적으로 추론한다. 즉, 독립변수의 특정 변화가 종속변수에 구체적으로 어떻게/얼마나 영향을 줄 수 있는지를 명확히 파악할 수 있으며, 이때 종속변수에 동시에 영향을 주는 여러 독립변수들의 순수한 영향을 통계적으로 추론할 수 있다.

② 종속변수에 영향을 주는 다양한 독립변수들 간의 영향의 정도를 비교할 수 있어 독립변수 간의 영향 정도를 통계적으로 비교할 수 있다.

③ 회귀분석의 결과를 활용하여 미래를 예측할 수 있다. 예를 들어, 광고투입액, 점포수, 영업사원수 등과 매출액의 관계를 회귀분석으로 파악하고, 통계적으로 추론된 회귀분석결과를 바탕으로 임의의 광고투입액, 점포수, 영업사원수에 따른 예상매출액을 예측할 수 있다.

비록 회귀분석이 독립변수들과 종속변수 사이의 관계, 특히 상관관계를 통계적으로 추정하지만, 회귀분석으로 추정된 상관관계가 인과관계를 의미하지는 않는다. 회귀분석의 통계적 모형은 종속변수와 독립변수의 변수 간의 성격을 사전에 검증하지 않고 단지 이들 간의 통계적 또는 수학적인 관련성만을 검정한다. 즉, 회귀분석의 통계적 추정결과는 종속변수와 독립변수 간의 관계의 정도와 방향에 대한 추론을 뒷받침해 줄 수는 있지

그림 14-2 상관관계와 인과관계의 비교

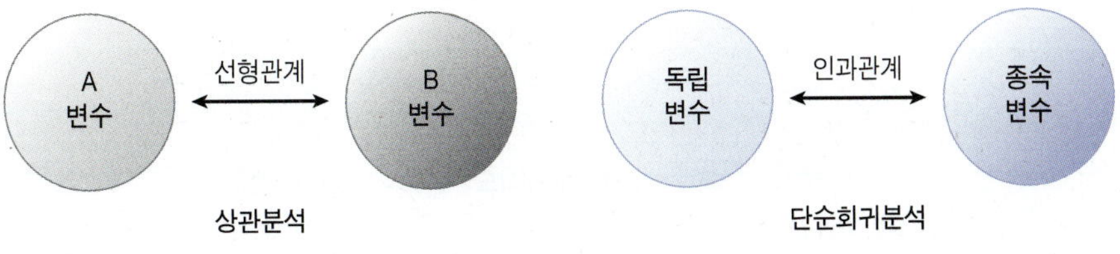

만, 반드시 종속변수와 독립변수 간의 순서관계나 종속관계 또는 의존관계까지 검정하거나 추론하지는 않는다. 따라서 이들 변수 간의 인과관계를 확정 짓기 위해서는 이들 변수들의 성격이나 인과성, 즉 원인과 결과의 관계를 명확히 할 이론적 검증 또는 실험적 절차 등 사전검증절차를 통계적 분석 이전에 조사자가 진행하여야 한다.

회귀분석에는 "단순회귀분석", "다중회귀분석", "더미가 포함된 회귀분석", "로지스틱회귀분석" 등 다양한 종류가 있다. 먼저, 독립변수의 수에 따라 독립변수가 하나인 경우 단순회귀분석(Simple Regression), 두 개 이상인 경우 다중회귀분석(Multiple Regression)으로 구분할 수 있다. 독립변수의 척도가 등간이 아닌 명목/서열인 경우 더미(Dummy)변수를 이용하여 회귀분석을 할 수 있다. 또 종속변수의 척도가 명목/서열인 경우에는 일반회귀분석이 아닌 로지스틱회귀분석을 활용하여 분석할 수 있다. 독립변수와 종속변수의 관계가 선형인 가정을 할 수 없는 경우, 다양한 형태의 비선형적 관계를 가정할 수 있는 비선형회귀분석의 활용도 가능하다. 이렇게 다양한 회귀분석들이 있지만, 먼저 회귀분석의 가장 기초가 되는 단순회귀분석을 바탕으로 회귀분석을 좀 더 자세히 살펴보자.

그림 14-3 회귀분석의 종류

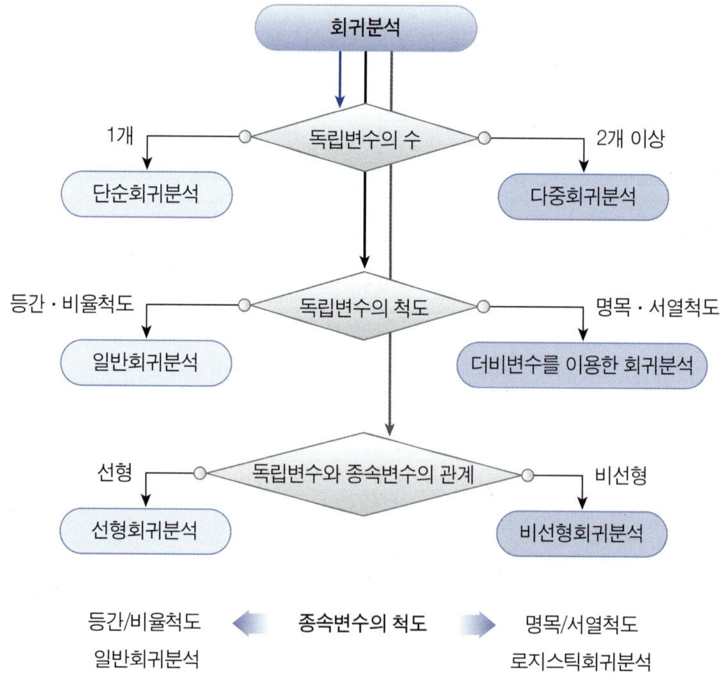

14.2.2 단순회귀분석모형의 추정

단순회귀분석은 하나의 종속변수와 하나의 독립변수 간의 통계적 관계를 추정한다. 사실 단순회귀분석의 결과는 두 변수 간의 상관관계를 추정한다는 점에서 앞서의 상관관계분석의 결과와 거의 동일한 결과를 보여 주므로, 다중회귀분석에 비해 분석의 결과에 대한 효용성은 떨어지는 것이 사실이다. 그러나 하나의 독립변수만을 다루기 때문에 회귀분석 추정방법이 단순화되고 간략화되는 장점이 있어 회귀분석의 통계적 추정과정에 대한 개념적 설명에는 유용하다.

기본적인 단순회귀분석을 위한 회귀모형은 다음과 같다.

$$Y_i = \alpha + \beta X_i + \varepsilon_i$$

여기서 Y_i는 종속변수이고, X_i는 독립변수이다. α와 β는 회귀계수로서 α는 회귀선의 절편, β는 회귀선의 기울기이며, ε_i는 i번째 관찰치의 오차항을 의미한다. 이 회귀모형에서는 X_i가 Y_i에 미치는 영향은 회귀선의 기울기인 β에 의해 결정된다. β의 크기가 클수록 X_i가 Y_i에 미치는 영향이 크고, β의 부호가 양인 경우 긍정적 영향을, 음인 경우 부정적 영향을 X_i가 Y_i에 미친다. 회귀선의 절편은 X_i가 없을 때, Y_i의 값으로서 Y_i의 조건부 평균값을 의미한다. 일반적으로 회귀분석이 변수 간의 영향관계를 확인

그림 14-4 회귀분석과 회귀식의 개념

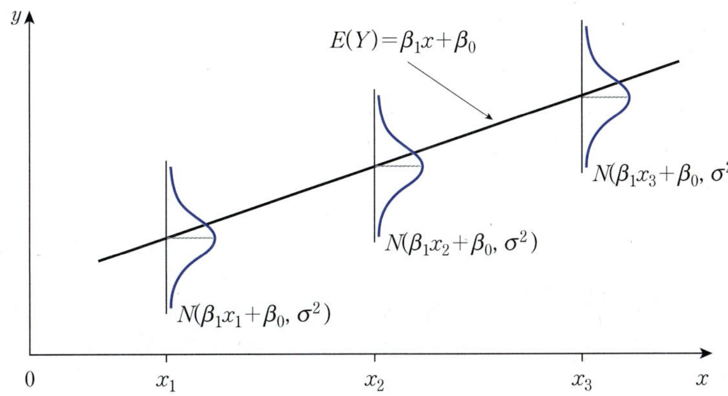

그림 14-5 회귀계수의 추정방법

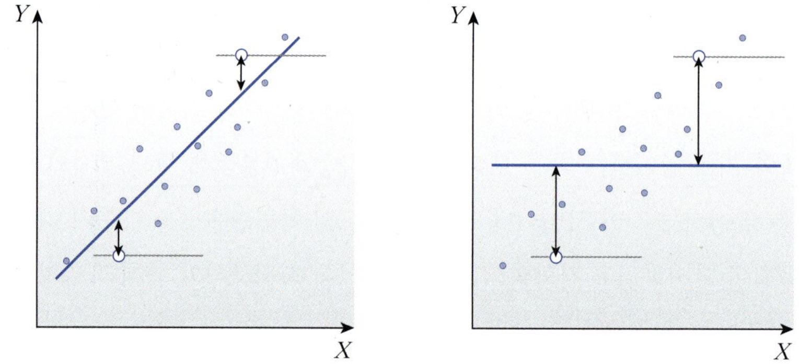

(a) (b)

하기 위한 분석이라는 점에서 회귀선의 절편은 관심의 대상이 아니다. 마지막으로, 오차항(ε_i)은 독립변수 X가 종속변수 Y에 주는 영향을 제외한 다른 효과들의 총집합이라고 볼 수 있으며, 측정할 수 없는, 또는 알 수 없는 오류를 의미한다.

대부분의 통계적 추정방법이 개념적으로 이 오차항을 가능한 작게 하는 방법을 적용하여 회귀선을 통계적으로 추정한다. 회귀선의 절편과 회귀선의 기울기를 추정하기 위해서는 다양한 추정방법이 존재하지만, 가장 많이 손쉽게 활용되는 최소자승법(Ordinary Least Square: OLS)에 대해 살펴보자. 최소자승법은 기본적으로 관찰자료에 가장 적당한 회귀선을 추정하는 방법이다. 특히 관측치와 회귀선의 예측치 간의 차이의 총합이 최소가 되도록 하는 회귀선을 추정한다.

[그림 14-5]의 (a)와 (b)를 비교해 보면, (a)의 회귀선이 (b)의 회귀선보다 관찰자료에 더 적당함을 바로 알 수 있으며, 회귀선의 예측치와 관측치의 차이가 (a)가 (b)보다 훨씬 작을 것으로 보인다. 최소자승법은 이와 같은 이유로 (b)의 회귀선보다는 (a)의 회귀선을 더 적합하다고 판단한다. 좀 더 구체적으로 $Y=a+bX$의 형태로 관찰자료 X, Y에 대한 임의의 회귀식 또는 회귀모형이고, a와 b는 각각 회귀식의 절편(α)과 기울기(β)의 추정량으로 비표준화 회귀계수들이다. 결국, b는 X가 한 단위 변할 때 Y에 있어서의 기대변화를 가리킨다. 최소자승법에 의해 조사자는 회귀식의 절편과 기울기의 추정량 a와 b를 다음과 같이 추정할 수 있다.

그림 14-6 최소자승법에 의한 회귀계수의 추정

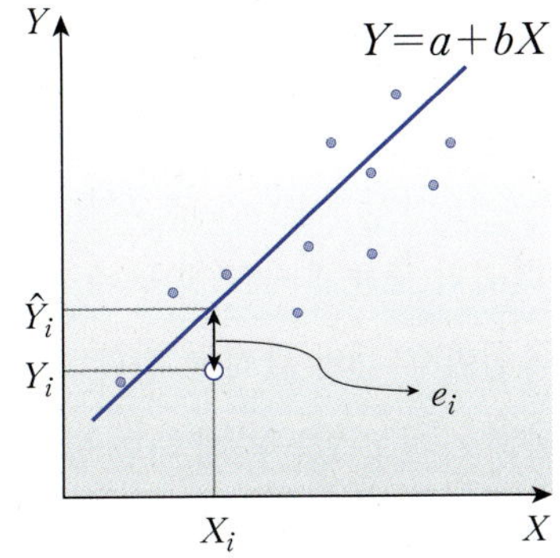

$$e_i=|Y_i-\hat{Y}_i|=|Y_i-a-bX_i|$$

$$SSE=\sum_{i=1}^{n}e_i^2$$

결국 *SSE*(Sum of Squared Errors)를 최소화하는 a와 b를 추정하면 다음과 같다.

$$\overline{X}=\frac{\sum_{i=1}^{n}X_i}{n},\quad \overline{Y}=\frac{\sum_{i=1}^{n}Y_i}{n}$$

$$b=\frac{\sum_{i=1}^{n}(X_i-\overline{X})(Y_i-\overline{Y})}{\sum_{i=1}^{n}(X_i-\overline{X})^2},\quad a=\overline{Y}-b\overline{X}$$

여기서, $\overline{X}$: X의 평균

$\overline{Y}$: Y의 평균

이때 회귀식의 기울기는 원자료에 의해 추정된 비표준화 회귀계수이다. 특히 계수의 크기를 비교하기 위해서는 표준화가 필요할 수 있다. 표준화는 원자료의 평균이 0이고 분산이 1인 변수로 변환하는 과정으로, 자료가 표준화되면 절편은 0이 된다. 다음의 방식으로 계수의 표준화가 가능하다.

$$b' = b\frac{s_x}{s_y}$$

단순회귀분석에서 표준화 회귀계수는 단순상관계수와 동일하게 된다.

회귀분석은 단순히 회귀식 또는 회귀모형을 추정하는 것으로 끝나지 않는다. 추정된 회귀식이 종속변수와 독립변수 간의 관계를 정확히 설명하고 있는지, 그리고 추정된 회귀계수가 유의미한 의미를 가지고 있는지에 대한 통계적 검정을 실시해야 한다.

추정된 회귀식 자체에 대한 통계적 검정은 결정계수(R^2)와 적합성 검정을 통해 이루어진다. 결정계수(Coefficient of Determination)는 변수들이 가지고 있는 추정된 회귀식이 얼마나 관찰자료를 잘 설명하는지를 의미한다. 결정계수는 0부터 1 사이의 값으로 1인 경우는 추정된 회귀식이 관찰자료를 완벽하게 설명함을 의미하고, 0인 경우는 추정된 회귀식이 관찰자료를 전혀 설명하지 못한다고 할 수 있으며, 결정계수는 다음과 같다.

$SSTO$(Sum of Squares in TOtal)는 관찰자료가 가지는 총변량을 의미하고, SSR(Sum of Squares in Regresion)은 관찰자료가 가지는 총변량 중 회귀식으로 설명 가능한 변량을 의미하며, SSE(Sum of Squares in Error)는 관찰자료의 총변량 중 회귀식으로 설명 불가능한 변량을 의미한다. 결국 결정계수는 전체 변량 중 회귀식으로 설명 가능한 변량을 의미하며, 결국 독립변수에 의해 몇 %의 종속변수의 분산이 설명되는지를 일컫는 지표이다.

그림 14-7 회귀식의 적합성과 결정계수의 개념

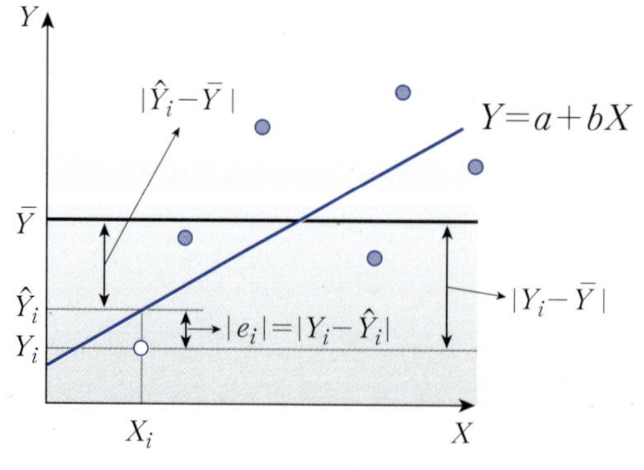

$$e_i = Y_i - \hat{Y}_i = (Y_i - \overline{Y}) - (\hat{Y}_i - \overline{Y})$$
$$\Rightarrow \sum_{i=1}^{n}(Y_i - \overline{Y})^2 = \sum_{i=1}^{n}(\hat{Y}_i - \overline{Y})^2 + \sum_{i=1}^{n} e_i^2$$
$$\Rightarrow SSTO = SSR + SSE$$
$$R^2 = \frac{SSR}{SSTO}$$

하지만 결정계수는 단지 추정된 회귀식의 설명력을 설명해 줄 뿐, 통계적 검정결과를 의미하지는 않는다. 추정된 회귀식에 대한 통계적 유의성 검증은 다음의 가설에 대한 F 검정을 통해 이루어진다.

귀무가설(H_0): 모든 회귀계수가 0과 같다(회귀모형이 유의미하지 않다).

대립가설(H_a): 회귀계수 중 일부 또는 모두가 0과 다르다(회귀모형이 유의미하다).

위의 가설은 추정된 회귀식의 모든 계수가 만약 0과 같다면 추정된 회귀식 자체가 의미가 없다는 것을 의미하고 그렇지 않다면 추정된 회귀식이 유의한 의미를 가진다고 가정한다. 이를 검증하기 위해 다음과 같은 F검정을 실시한다.

$$F = \frac{\text{회귀식으로 설명 가능한 변량의 평균}}{\text{회귀식으로 설명하지 못하는 변량의 평균}} = \frac{MSR}{MSE}$$
$$MSR = \frac{SSR}{k-1}$$
$$MSE = \frac{SSE}{n-k}$$

여기서, n: 개체수
k: 회귀계수의 수

하지만 단순회귀분석에서는 회귀모형의 적합성을 검정하는 F검정결과와 추정된 하나의 회귀계수에 대한 t검정결과가 동일하기 때문에 별도의 F검정을 실시할 필요는 없다.

결정계수를 계산하고 회귀모형의 적합성에 대한 유의성 검정이 완료되면, 마지막으로 구체적으로 추정된 회귀모형의 개별 회귀계수의 유의성을 검정한다. 회귀계수에 대한 통계적 검정은 다음 가설에 대한 통계적 검정을 기반으로 한다.

귀무가설(H_0): $\beta=0$, 독립변수 X는 종속변수 Y에 영향을 주지 않는다.

대립가설(H_a): $\beta\neq0$, 독립변수 X는 종속변수 Y에 영향을 준다.

$$T=\frac{\text{회귀식의 기울기}(b)-0}{b\text{가 가질 수 있는 변량}}=\frac{b}{s(b)}$$

$$s(b)=\sqrt{\frac{MSE}{\sum_{i=1}^{n}(X_i-\overline{X})^2}}$$

14.2.3 통계분석 연습

Excel 활용

Excel에서의 회귀분석을 위해 여러 분석 연습과 같이 "데이터 분석"을 선택하여 "통계 데이터 분석" 선택창에서 "회귀 분석"을 선택한다.

다음으로 회귀분석에 필요한 자료의 범위를 입력한다. 독립변수인 X축 입력범위로 하나의 열, 즉 하나의 변수를 선택하고, 종속변수인 Y축 입력범위로 하나의 열을 선택한다. 본 예에서는 "드라마선호도"를 종속변수로 "예능선호도"를 독립변수로 하는 회귀분석을 실행한다. 그리고 첫째 행을 이름표로 사용하기 위해 "이름표" 사용 옵션을 선택할 수 있다. 다음으로 기본적으로 회귀모형의 가정 만족 여부를 확인하기 위해 "잔차도", "표준 잔차", "선적합도", "정규 확률도" 등의 옵션을 선택할 수 있다.

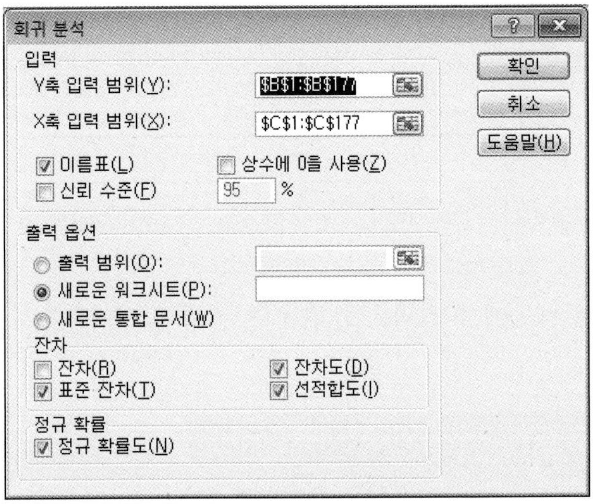

다음은 Excel에서의 회귀분석결과이다. 첫 번째 표는 결정계수와 조정된 결정계수를 통해 모형의 적합성을 확인할 수 있다. 본 예에서는 결정계수 2.46%, 조정된 결정계수 1.90%임을 알 수 있다. 모형의 설명력이 높지는 않은 편이다. 다음으로 모형의 분산분석결과로 모형의 유의확률은 약 0.038로 유의수준 0.05에서 예제의 회귀모형(종속변수가 "드라마선호도"이고 독립변수가 "예능선호도"인 회귀모형)은 통계적으로 유의한 의미를 갖는다. 마지막으로, "예능선호도"의 회귀계수는 0.158로서 유의수준 0.05보다 유의확률이 0.037로 작기 때문에 회귀계수는 통계적으로 유의하다. 따라서 "드라마선호도"에 "예능선호도"가 미치는 긍정적 영향은 통계적으로 유의하다. 사실, 단순회귀분석의 회귀계수는 두 변수 간의 상관계수와 동일하다.

요약 출력	
회귀분석 통계량	
다중 상관계수	0.156821
결정계수	0.024593
조정된 결정계수	0.018987
표준 오차	1.473583
관측수	176

분산 분석

	자유도	제곱합	제곱 평균	F 비	유의한 F
회귀	1	9.526246	9.526246	4.387051	0.037661
잔차	174	377.8317	2.171447		
계	175	387.358			

	계수	표준 오차	t 통계량	P-값	하위 95%	상위 95%	하위 95.0%	상위 95.0%
Y 절편	3.49419	0.390542	8.947029	5.33E-16	2.723381	4.264999	2.723381	4.264999
예능선호도	0.15774	0.075311	2.094529	0.037661	0.0091	0.30638	0.0091	0.30638

SPSS 활용

SPSS에서 회귀분석을 위해 "분석" 메뉴에서 "회귀분석" 메뉴 중 "선형"을 선택한다.

다음의 "회귀분석" 입력창에서 회귀분석을 하고자 하는 변수들의 종속변수와 독립변수를 구분하여 왼쪽 변수 리스트에서 선택하여 오른쪽 변수창으로 이동시킨다.

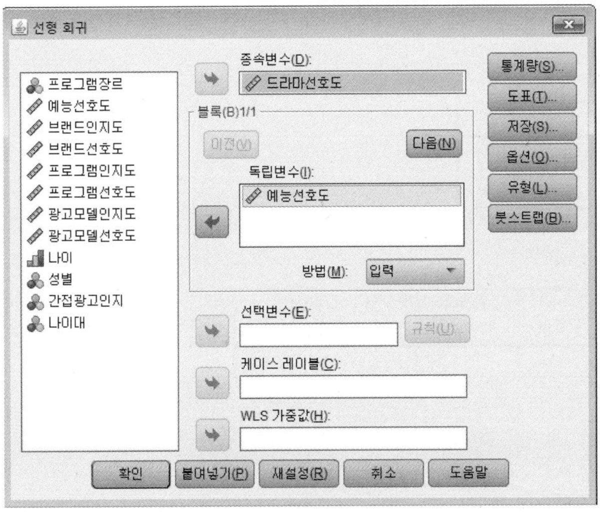

다음으로 "통계량"을 선택하여 어떤 통계량을 활용하고 출력할지를 선택한다. 일반적으로 회귀계수의 "추정값", "모형 적합", "기술통계", 그리고 자기상관점검을 위한 "Durbin–Watson" 검정을 선택한다.

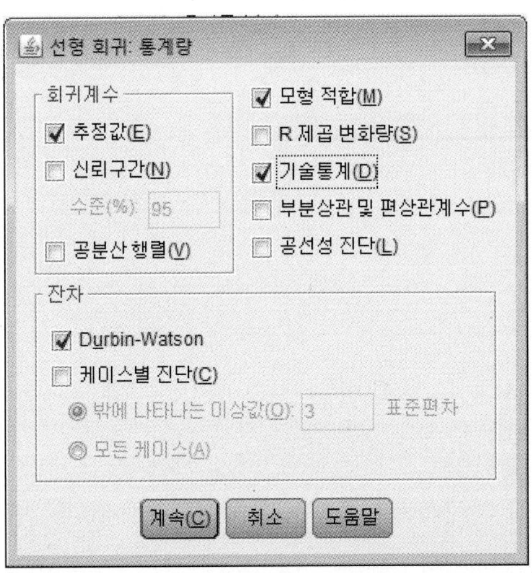

다음은 단순회귀분석의 결과를 보여 준다. 기본적으로 변수에 대한 기술통계량을 보

여 주고 다음으로 모형적합도, Durbin-Watson 검정값 등 모형에 대한 요약을 보여 준다. 다음은 모형에 대한 분산분석결과를 보여 주며 회귀계수에 대한 결과를 확인할 수 있다. 모든 분석결과에 대한 해석은 Excel의 활용 예와 동일하다.

기술통계량

	평균	표준편차	N
드라마선호도	4.2784	1.48777	176
예능선호도	4.9716	1.47911	176

모형 요약[b]

모형	R	R 제곱	수정된 R 제곱	추정값의 표준오차	Durbin-Watson
1	.157[a]	.025	.019	1.47358	2.013

a. 예측자: (상수), 예능선호도

b. 종속변수: 드라마선호도

ANOVA[a]

모형		제곱합	자유도	평균제곱	F	유의확률
1	회귀	9.526	1	9.526	4.387	.038[b]
	잔차	377.832	174	2.171		
	전체	387.358	175			

a. 종속변수: 드라마선호도

계수[a]

모형		비표준화 계수		표준화 계수	t	유의확률
		B	표준오차	베타		
1	(상수)	3.494	.391		8.947	.000
	예능선호도	.158	.075	.157	2.095	.038

a. 종속변수: 드라마선호도

R 활용

R에서 회귀분석을 위해 "lm( )" 함수를 사용한다. 두 개의 변수 "드라마선호도"와 "예능선호도"를 "dramapref, enterpref" 변수로 저장하고 회귀모형에 독립변수로 "예능선호도"를, 종속변수로 "드라마선호도"를 포함하여 분석하기 위해 "reg1=lm(dramapref~enterpref)" 명령을 실행한다. 이 명령은 "reg1" 변수에 회귀모형(드라마선호도$=a+b*$예능선호도)의 분석결과를 저장하라는 의미이다. 실행결과는 앞서 Excel과 SPSS 활용 예와 유사한 결과를 보여 주며 결과의 해석은 Excel의 결과와 동일하다.

R Console

```
> reg1=lm(dramapref~enterpref)
> reg1

Call:
lm(formula = dramapref ~ enterpref)

Coefficients:
(Intercept)    enterpref
     3.4942       0.1577

> summary(reg1)

Call:
lm(formula = dramapref ~ enterpref)

Residuals:
    Min      1Q  Median      3Q     Max
-3.5984 -0.5984 -0.1252  0.9143  3.1903

Coefficients:
            Estimate Std. Error t value Pr(>|t|)
(Intercept)  3.49419    0.39054   8.947 5.33e-16 ***
enterpref    0.15774    0.07531   2.095   0.0377 *
---
Signif. codes:  0 '***' 0.001 '**' 0.01 '*' 0.05 '.' 0.1 ' ' 1

Residual standard error: 1.474 on 174 degrees of freedom
Multiple R-squared:  0.02459,	Adjusted R-squared:  0.01899
F-statistic: 4.387 on 1 and 174 DF,  p-value: 0.03766

> |
```

14.3 다중회귀분석

14.3.1 회귀분석의 가정

일반적으로 회귀분석은 통계적 추정방법에 따라 오차항(ε_i)에 대한 엄격한 가정을 한다. 가장 손쉽고 널리 사용하는 최소자승법(Ordinary Least Squares: OLS)에서 적용하는 오차항(ε_i)에 대한 가정은 다음과 같다.

① 오차항(ε_i)은 정규분포를 따른다.

② 오차항(ε_i)의 평균은 0이다.

③ 독립변수는 선형적으로 독립적이다. 즉, 독립변수 간 다중공선성(Multicollinearity)이 없다.

④ 오차항(ε_i)은 관측치에 관계 없이 서로 상관되지 않았다. 즉, 자기상관(Autocorrelation)이 없다.

⑤ 오차항(ε_i)의 분산은 관측치에 관계없이 일정하다. 즉, 이분산성(Heteroscedasticity)이 없다.

이러한 가정을 충족시키지 못하는 경우, 다른 통계적 추정방식을 이용하거나 해당 가정을 벗어나는 상황에 적용 가능한 통계적 추정모형을 개발하여야 한다. 따라서 이러한 가정이 통계적 이론을 바탕으로 하기 때문에 다소 복잡하고 어렵지만, 회귀분석을 OLS 방식으로 추정할 경우 해당 가정을 충족하는지를 확인하는 것은 통계적 분석의 타당성을 확보하기 위한 아주 중요한 절차이다.

〈표 14-1〉은 각각의 중요 가정에 대한 설명, 분석결과의 문제점, 확인방법, 그리고 해결방법을 설명해 주고 있다.

표 14-1 회귀분석의 가정

구분	이분산성 (Heteroscedasticity)	자기상관 (Autocorrelation)	다중공선성 (Multicollinearity)
정의	독립변수의 값이 증가 또는 감소함에 따라 분산이 달라지는 현상	관측값이 선행 관측값들과 상관관계를 갖는 현상	다중공선성은 3개 이상의 독립변수들 간의 강한 선형관계를 보이는 현상
오류	계수추정의 정확성을 상실하고 회귀계수의 표준오차가 필요 이상으로 증가	추정회귀모형이 통계적 검정을 통해 부당하게 강조되거나 정당화될 수 있음	회귀계수의 계산을 불가능하게 만들거나 회귀계수의 표준오차를 크게 부풀려 정확한 검정을 할 수 없게 함
검정방법	• 잔차의 산점도 • Cook-Weisberg 검정 • Goldfeld-Quandt 검정으로 탐색	• 잔차의 산점도 • Geary 검정 • Durbin-Watson 검정으로 탐색	• 독립변수 간 상관관계 > 독립변수와 종속변수의 상관관계 • 독립변수, 사례 제거 시 회귀계수 변화폭이 큰 경우 등
해결방법	변수 변환으로 제거	변수 변환으로 제거	• 자료 보완 • 변수 제거 • 주성분회귀분석 • 표준화 등의 방법으로 보정

14.3.2 회귀분석의 과정

일반적인 회귀분석의 과정을 정리하면 [그림 14-8]과 같다.

그림 14-8 회귀분석의 과정

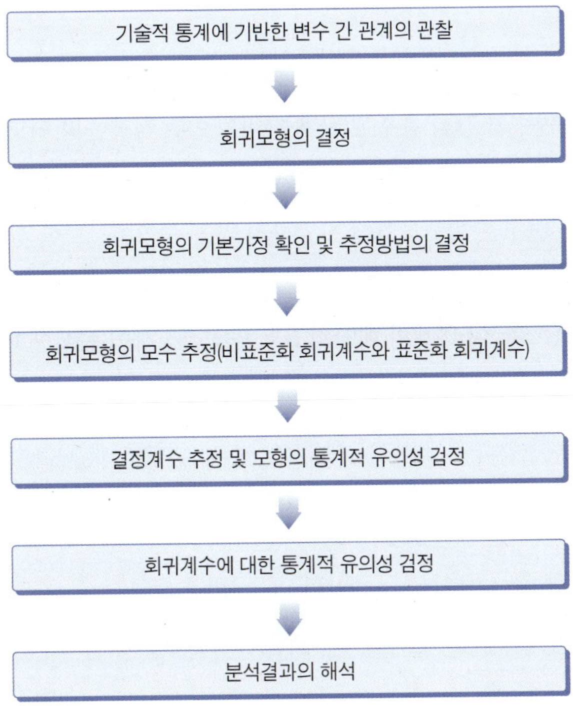

변수 간 관계의 관찰

먼저 변수들 간의 관계를 통계적으로 추론하기 전에 관찰자료를 바탕으로 기술적 통계에 기반한 변수 간의 관계를 관찰할 필요가 있다. 관찰자료에서 나타난 변수 간의 관계는 향후 통계적 추론을 위한 회귀모형결정에 중요한 토대자료로 활용될 수 있다. 기술적 통계에 기반한 변수 간의 관계를 관찰하기 위해 가장 널리 사용되는 방법은 산포도(Scatter Diagram)을 활용하여 변수 간의 관계를 도식화하여 확인하는 방법과 상관계수를 통해 두 변수 간의 관계를 통계적으로 확인하는 방법이 있다.

산포도는 산포도의 수직축에 종속변수를, 수평축에 독립변수를 두고 두 변수 사이의 관계의 형태나 패턴을 확인하는 데 유용하게 활용되며, 상관계수는 이들 간의 관계를 좀 더 통계적 수치로서 표현하여 그 강도를 확인하는 데 유용하게 활용된다. 하나의 종속변수에 여러 개의 독립변수가 영향을 줄 수 있는 경우 여러 쌍의 종속변수와 독립변수 간의 산포도와 상관계수가 나타난다.

회귀모형의 결정

다양한 쌍의 종속변수와 독립변수 간의 관계를 확인한 후, 조사자는 이들 기술적 통계를 통한 두 변수들 간의 유추된 관계를 바탕으로 적당한 회귀모형을 결정할 수 있다. 이때 조사자는 종속변수와 강하고 유의한 상관관계를 가지는 변수를 회귀모형에 반영하고, 그렇지 않은 변수는 회귀모형에 반영하지 않을 수 있다. 또한 상관관계의 형태가 선형일 수도 있고 비선형일 수도 있으며, 조사자는 최종회귀모형에 상관관계의 적절한 형태를 반영할 수 있으며, 여러 개의 대안회귀모형을 결정하여 분석에 반영할 수도 있다. 다음은 다중회귀모형의 일반적인 형태이다.

$$Y_i = \beta_0 + \beta_1 X_{i1} + \cdots + \beta_p X_{ip} + \varepsilon_i$$

종속변수　회귀계수　독립변수　오차항

회귀모형의 결정에 있어서 변수들의 도입은 조사자의 이론에 기반하여야 한다. 따라서 변수 간의 상관관계 또는 잔차들에 관한 조사는 회귀모형에 투입된 변수에 대한 중요한 근거자료로서 활용될 수 있다. 또한 투입될 변수와 종속변수 간의 선형성에 대한 분석 역시 필요하고, 분석결과에 따라 대수, 제곱근, 역수, 로그 등을 활용한 변수 변환을 통해 변수의 분산을 안정화시키기도 한다.

종속변수에 영향을 줄 가능성이 있는 여러 개의 독립변수들을 회귀모형에 포함시킬 때, 기술적인 변수입력방법을 활용할 수 있다. 변수입력방법에는 단계적 변수입력방법(단계적 회귀분석: Stepwise Regression)과 동시적 변수입력방법이 있다.

동시적 입력방법은 각 독립변수의 통계적 유의성에 관계 없이 모든 독립변수를 모형에 동시에 포함시키고 각 독립변수의 계수들을 추정하는 방법이다. 여러 독립변수를 동시에 포함시켜 하나의 모형으로 회귀계수를 추정할 수 있다는 장점이 있지만, 유의하지 않은 다수의 독립변수를 회귀모형에 포함함으로써 전반적으로 모형의 설명력이 떨어지는 단점이 있다. 따라서 회귀모형의 탐색적 단계나 공선성 검증을 위해 분석 초기에 활용될 수 있다.

단계적 회귀분석의 목적은 다수의 독립변수로부터 종속변수에 가장 큰 영향을 주는 독립변수들의 최적의 집합을 찾는 것이다. 따라서 독립변수들은 한 번에 하나씩 회귀모형에 투입되거나 제거되는 것을 반복한다. 단계적 회귀분석에는 다음 세 가지 접근방법이 있다.

전진도입법(Forward Inclusion)은 독립변수를 하나씩 추가하는 방법이다. 독립변수 투입 시 F비율 기준을 충족한다면 해당 변수는 추가되고 그렇지 않으면 제거된다. 독립변수가 투입되는 순서는 설명된 분산에 대한 공헌이 높은 순으로 투입된다.

후진제거법(Backward Elimination)은 모든 독립변수가 있는 회귀모형에서 독립변수를 하나씩 제거하는 방식이다. F비율이 기준 이하이면 제거한다.

단계적 해결법(Stepwise Solution)은 각 단계에서 특정 기준을 더 이상 충족하지 않는 예측변수들을 제거하는 방법과 전진도입법이 결합된 형태이다.

단계적 회귀분석은 주어진 수의 독립변수들에 대해 R^2을 최대화하기 위한 방법이기 때문에 최적의 회귀모형을 산출하지는 못한다. 즉, 독립변수들 간의 상관관계 때문에 어떤 중요한 변수가 포함되지 않거나, 중요하지 않은 변수가 결과적으로 회귀모형에 포함되기도 한다. 따라서 이론적 연구나 조사에서는 단계적 회귀분석방법의 사용은 그리 권장되지 않는다. 사전에 조사된 이론들을 바탕으로 변수의 투입을 결정하고 이를 바탕으로 회귀모형을 결정하는 것이 일반적인 과정이다. 그러나 아주 초기의 조사형태이거나 탐색적 조사의 경우 단계적 회귀분석은 변수 간의 상관관계를 보여 주고, 통계적 중요도를 파악할 수 있다.

회귀모형 추정방법(OLS)의 가정 점검

적절한 회귀모형이 결정되었다면, 조사자는 관찰자료를 바탕으로 앞서 설명한 회귀모형의 기본가정을 확인하는 절차를 진행한다. 관찰자료가 회귀모형의 추정방법에 대한 기본가정에 적합한 자료인지 아닌지는 회귀모형을 통해 해당 관찰자료를 분석하였을 때 분석결과에 대한 타당성을 정당화할 수 있는 중요한 기준이 된다. 만약, 회귀모형의 추정방법에 대한 기본가정에 적절하지 않다고 판단될 경우, 분석결과는 적절한 타당성을 확보하는 데 실패하게 되며, 해당 관찰자료는 해당 추정방법으로 분석하면 안 되고 다른 적절한 추정방법을 찾거나 해당 관찰자료를 위해 가장 적당한 추정방법을 새로이 개발할 필요가 있다. 일반적으로 분산팽창계수(Variation Inflation Factor: VIF)가 10보다 큰 경우 독립변수의 다중공선성이 존재하는 것으로 판단한다. 분산팽창계수의 계산은 다음과 같다.

$$VIF_i = \frac{1}{1-R_i^2}$$

여기서, R_i^2 : i 번째 독립변수를 종속변수로 하고 나머지를 독립변수로 하여 회귀모형에 적합하였을 때의 결정계수

Durbin–Watson 검정을 통해 오차항 분산들 간의 독립성을 검정(자기상관검정)할 수 있다. Durbin–Watson 검정 결과 0~4의 값을 취하며, 제시된 값이 0이나 4에 가까워지면 독립성의 가정에 문제가 있으며, 2에 근접하면 각 관측치의 분산들 간의 독립성에 큰 문제가 없다고 판단할 수 있다.

그림 14-9 Durbin–Watson 검정기준

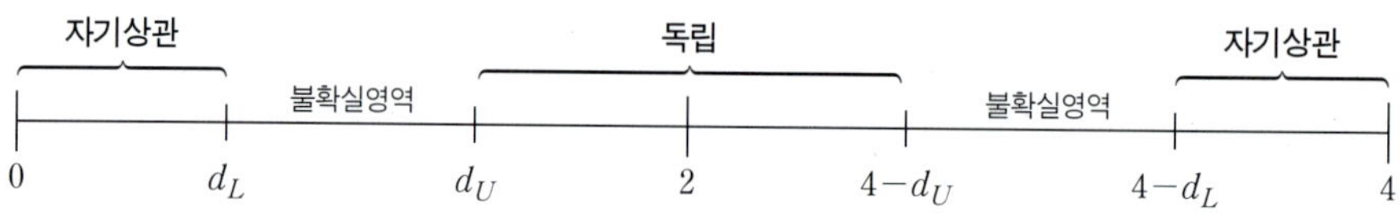

Durbin–Watson 통계량은 다음과 같다.

$$DW = \frac{\sum_{i=2}^{k}(e_i - e_{i-1})^2}{\sum_{i=1}^{k} e_i^2}$$

이분산성(Heteroscedasticity)은 주로 잔차 그래프를 확인하여 이분산성에 문제가 있

그림 14-10 잔차 그래프

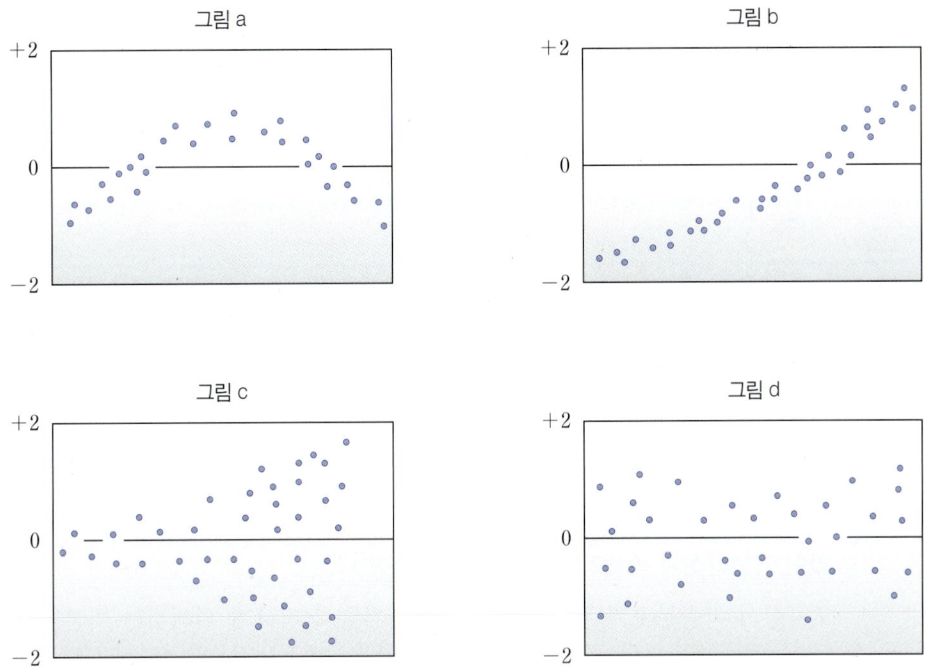

는지 없는지를 확인하는 방법이 많이 사용되며, 통계적 검정으로는 Goldfeld−Quandt 검정을 사용한다. [그림 14−10]은 잔차 그래프(Residual Plot)를 활용하여 이분산성과 선형성을 확인하는 예를 보여 주고 있다. 잔차 그래프는 표준화 잔차(Standardized Re−sidual)를 세로축, 종속변수의 예측치($\hat{Y}$) 혹은 독립변수(X_i)를 가로축으로 하여 변수에 따르는 잔차의 변화를 도식화한 도표이다.

그림 a는 변수의 값이 증가함에 따라 잔차가 음과 양으로 반복적으로 변화하는 양상을 보이고 있는데, 이러한 자료는 오차항의 분산이 변수와 비선형적 관계를 가지고 있다는 것을 의미하여 이분산성이 있다고 판단할 수 있으며, 회귀모형도 비선형적 관계(예: 2차식 관계)를 고려하여 결정하여야 한다.

그림 b는 관측값에 따라 잔차의 변화패턴이 명확하여 이분산성의 존재를 확인할 수 있다.

그림 c는 관측값이 증가함에 따라 잔차의 분산이 넓어지는 것을 확인할 수 있어 역시 이분산성의 존재를 확인할 수 있다.

그림 14-11 정규확률도

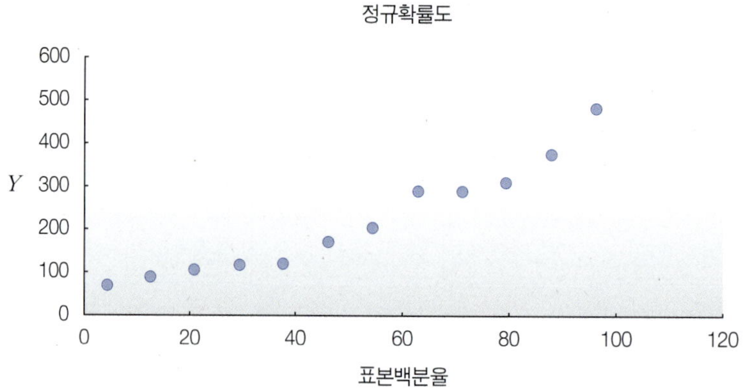

그림 d는 수평 기준축을 중심으로 잔차가 대칭적으로 고르게 분포되어 있음을 확인할 수 있어 이분산성의 존재가 없다고 판단할 수 있다.

오차항의 확률분포가 정규분포를 따르는지를 검정하기 위해서는 기본적으로 잔차(Residual)의 히스토그램을 작성할 수도 있고 잔차의 정규확률도(Normal Probability Plot, Q-Q Plot)를 활용할 수도 있다. 정규확률도는 잔차의 정규분포하에서의 기댓값을 가로축으로 하고 실제 관찰된 잔차를 세로축으로 하여 그린 도표이다. 이 그래프가 45도의 기울기를 가진 직선에 가까우면 가까울수록 오차항이 정규분포를 따른다고 판단한다. 오차항의 정규성을 검정하는 통계적 방법으로 Shapiro-Wilk 검정법이 있으며, 1에 가까워질수록 오차항의 정규성은 높아지는 것으로 판단한다.

회귀모형의 모수 추정

다중회귀모형은 다음의 모형에 의해 추정된다.

$$\hat{Y}=a+b_1X_1+b_2X_2+\cdots+b_nX_n$$

앞서 단순회귀모형과 같이 회귀식의 절편(a)과 여러 변수들의 종속변수의 영향을 의미하는 회귀식의 기울기(b)가 추정해야 할 회귀계수가 된다. 다중회귀모형도 단순회귀모형과 같이 최소자승법을 활용하여 추정 가능하며, 잔차의 최소제곱합(*SSE*)을 최소화할 수 있도록 모수를 추정한다. 이 최소자승법에 따른 다중회귀모형 추정은 실제값(Y)과 예측값($\hat{Y}$) 간의 상관관계를 최대화시키게 된다. 앞서 단순회귀모형에서 적용한 최소자승법에 의한 모수 추정방법의 개념은 다중회귀모형의 추정에도 그대로 적용된다. 다만, 수학적 난해함으로 인해 구체적 추정방식에 대한 설명은 생략하고 그 절차만을 [통계분석 연습] 섹션에서 설명하도록 한다(구체적 추정방식에 대한 수학적 설명은 다양한 통계 및 계량경제학 관련 서적을 참고하기 바란다).

결정계수 및 모형의 통계적 유의성

다중회귀모형에서도 단순회귀모형과 동일하게 결정계수를 계산할 수 있다. 다만, 여러 개의 독립변수를 동시에 고려하는 다중회귀모형이기 때문에 고려해야 할 점이 존재한다. 이론적으로 독립변수들이 통계적으로 독립적이라면, 다중회귀모형의 R^2은 종속변수에 대한 각 독립변수의 상관계수의 제곱의 합이 될 것이다. 이 경우 R^2은 각 독립변수에 대한 독립된 단순회귀모형의 결정계수의 총합과 같게 되어, 독립변수들이 회귀모형에 추가될 때 감소되지 않을 것이다. 그러나 수확체감이 일어난다면 회귀모형에 독립변수들이 추가될 때 뒤에 추가될수록 결정계수의 변화량은 줄어들게 된다. 따라서 결정계수(R^2)가 독립변수들의 수에 의해 영향받는 정도를 제어할 필요가 있고, 이를 제어한 결정계수를 '수정된 결정계수(Adjusted R^2)'라고 하고 다음과 같이 계산한다.

$$\text{Adjusted } R^2 = 1 - \frac{(1-R^2)(N-1)}{N-p-1}$$

수정된 결정계수는 투입된 독립변수까지 고려하여 분석에 사용된 다중회귀모형의 설명력을 판단할 수 있게 해준다. 예를 들어, 독립변수가 3개인 다중회귀모형 A와, 4개인 다중회귀모형 B의 수정된 결정계수가 각각 0.7과 0.8이라고 하자. 이는 다중회귀모형 A가 전체 종속변수 변량의 70%를 설명하는 반면, 다중회귀모형 B는 전체 종속변수 변량의 80%를 설명한다는 것을 의미한다. 일반적으로 더 많은 독립변수가 투입되면 모형의 설명도가 높아지는데, 여기서는 수정된 결정계수를 사용하였기 때문에 독립변수 숫자에 의한 영향은 어느 정도 통제되었다고 볼 수 있다. 따라서 조사자는 다중회귀모형 B가 다중회귀모형 A에 비해 더 설명력이 높은 모형이라고 판단할 수 있다.

다음으로 전반적 회귀모형에 대한 검정 역시 단순회귀모형과 동일하게 다음의 가설에 대한 통계적 검정을 시행하여 검정할 수 있다.

귀무가설(H_0) : 모든 회귀계수가 0과 같다(회귀모형이 유의미하지 않다).
대립가설(H_a) : 회귀계수 중 일부 또는 모두가 0과 다르다(회귀모형이 유의미하다).

회귀계수의 통계적 유의성

전반적 회귀모형에 대한 귀무가설이 기각되면, 단순회귀분석과 동일하게 구체적인 회귀계수에 대한 통계적 유의성 검정을 다음의 가설들을 활용하여 실시한다.

귀무가설(H_0) : $\beta=0$, 독립변수 X는 종속변수 Y에 영향을 주지 않는다.
대립가설(H_a) : $\beta\neq0$, 독립변수 X는 종속변수 Y에 영향을 준다.

분석결과의 해석

다중회귀모형에 대한 분석결과의 해석은 앞서 단순회귀모형에 대한 분석결과에 대한 해석과 큰 차이가 없다. 즉, 독립변수 X가 종속변수 Y에 미치는 영향을 회귀계수(b)의 방향(양/음)과 크기를 바탕으로 해석한다. 그러나 단순회귀모형과 달리, 여러 개의 독립변수를 고려하는 다중회귀모형에서는 독립변수의 종속변수에 대한 영향에 관한 해석 시 다른 독립변수와의 관계를 동시에 검토하여야 한다. 예를 들어, 두 개의 독립변수가 있는 다음과 같은 다중회귀모형과 동일하지만, 하나의 독립변수만을 고려하는 단순회귀모형을 생각해 보자.

$$\hat{Y}=a+b_1X_1$$
$$\hat{Y}=a+b_1X_1+b_2X_2$$

단순회귀분석에서 b_1에 대한 해석은 X_1의 변화에 대한 Y의 변화량을 의미하는 반면,

다중회귀분석에서 b_1의 해석은 X_2가 통제된 상황, 다시 말하면 X_2가 일정할 경우 X_1의 변화에 대한 Y의 변화량을 의미하며, 동일하게 b_2는 X_1이 일정할 때(통제되었을 때), X_2의 변화에 대한 Y의 변화량을 의미한다. 즉, 단순회귀분석에서의 b_1과 다중회귀분석에서의 b_1은 그 값도 다를 뿐만 아니라 의미도 다르다. 단순회귀분석에서의 회귀계수는 단순한 독립변수의 효과를 의미하지만, 다중회귀분석에서의 회귀계수 각각은 다른 변수 또는 공변량이 통제된 해당 독립변수의 순수효과를 의미한다. 예를 들어, 조사자가 X_1으로부터 X_2의 효과를 제거하기를 원할 경우, 다중회귀분석에 X_1과 X_2를 동시에 고려하여 분석함으로써 Y에 미치는 X_1의 효과 조사 시 X_2의 효과를 통제할 수 있다.

14.3.3 통계분석 연습

Excel 활용

Excel에서 다중회귀분석은 이전의 단순회귀분석과 동일하다. 다만, 다음과 같이 여러 개의 열, 즉 여러 개의 독립변수를 X축의 입력범위에 입력하면 된다. 본 예에서는 종속변수로 앞서 단순회귀분석의 예와 동일하게 "드라마선호도"를, 독립변수로 "예능선호도"와 "브랜드인지도"를 선택하였다.

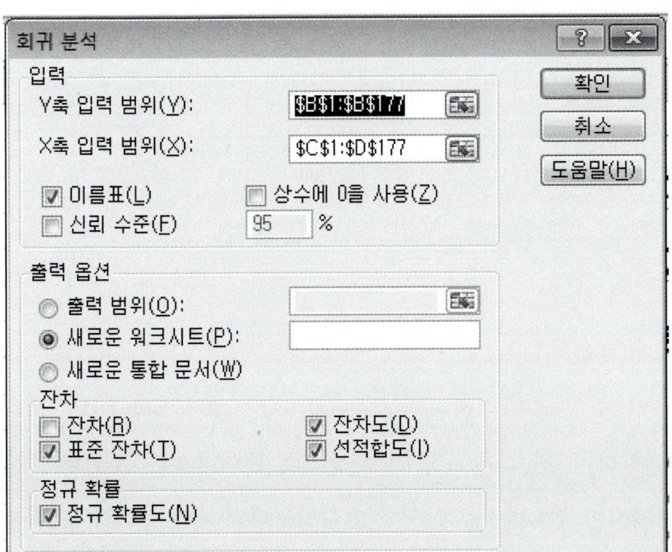

Excel에서의 다중회귀분석결과는 다음과 같다. 첫 번째 표는 회귀분석에 대한 기본적 통계량으로 결정계수는 0.03, 조정된 결정계수(Adjusted R^2)는 0.02로 나타났다. 모형에 대한 분산분석의 결과 0.058로 유의수준 0.05에서 유의함을 알 수 있다. 비록 유의수준 0.05에서 유의하지 않아 모형의 회귀계수에 대한 해석이 유의미하지 않지만, 유의수준 0.10에서 부분적으로 유의하기 때문에 회귀계수를 해석해 볼 수 있다. “예능선호도”의 회귀계수는 0.176이고 유의확률이 0.023으로 유의수준 0.05에서 유의하다. 따라서 “예능선호도”는 “드라마선호도”에 긍정적인 영향을 통계적으로 유의하게 미친다. 하지만 “브랜드인지도”의 경우 회귀계수가 −0.09로 나타났지만 유의확률이 0.24로 통계적으로 유의하지 않아 “브랜드인지도”는 “드라마선호도”에 통계적으로 유의한 영향을 주지 않는다고 판단할 수 있다. 비록 이와 같이 Excel에서 다중회귀분석을 실행할 수 있지만 다중공선성 진단 등의 기능이 제공되지 않아 완벽한 다중회귀분석 결과의 도출에 제한이 존재하는 단점을 고려해야 한다.

요약 출력

회귀분석 통계량	
다중 상관계수	0.179776
결정계수	0.032319
조정된 결정계수	0.021132
표준 오차	1.471971
관측수	176

분산 분석

	자유도	제곱합	제곱 평균	F 비	유의한 F
회귀	2	12.51911	6.259556	2.888983	0.058321
잔차	173	374.8388	2.166699		
계	175	387.358			

	계수	표준 오차	t 통계량	P-값	하위 95%	상위 95%	하위 95.0%	상위 95.0%
Y 절편	3.949136	0.549573	7.185821	1.91E-11	2.864404	5.033869	2.864404	5.033869
예능선호도	0.176351	0.076877	2.293948	0.022996	0.024614	0.328089	0.024614	0.328089
브랜드인지도	-0.09142	0.077784	-1.17529	0.241494	-0.24495	0.062109	-0.24495	0.062109

SPSS 활용

SPSS에서는 다중회귀분석을 위해 단순회귀분석과 동일하게 “분석” 메뉴에서 “회귀분석” 메뉴 중 “선형”을 선택한다. 다만, 다음과 같이 여러 개의 독립변수를 “독립변수”란으로 선택할 수 있다. 본 예에서는 종속변수로 앞서 단순회귀분석의 예와 동일하게 “드라마선호도”를, 독립변수로 “예능선호도”와 “프로그램선호도”를 선택하였다.

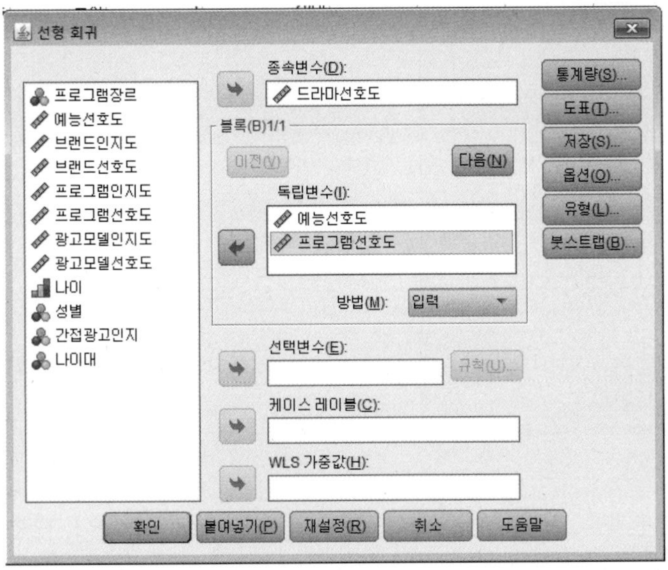

다음으로 "통계량"을 선택하여 어떤 통계량을 활용하고 출력할지를 선택한다. 일반적으로 회귀계수의 "추정값", "모형 적합", "기술통계", 그리고 자기상관 점검을 위한 "Durbin-Watson" 검정을 선택한다.

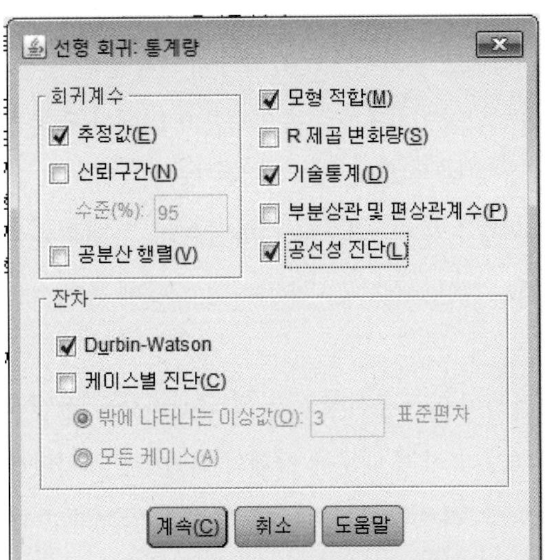

마지막으로, 회귀모형의 가정을 확인하기 위해 필요한 잔차도표를 선택할 수 있다.

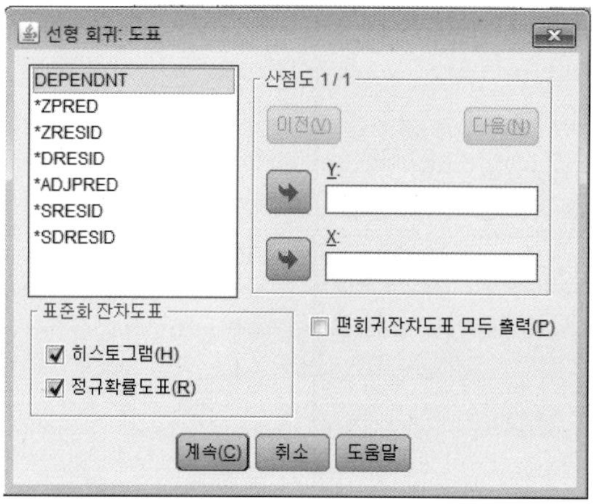

다음은 다중회귀분석의 결과를 보여 주며 단순회귀분석에 비해 다소 복잡하다. 단순회귀분석과 동일하게 기본적으로 변수에 대한 기술통계량을 보여 준 후, 세 개의 변수들 중 각 두 개 변수쌍의 상관계수를 계산하여 보여 준다. "드라마선호도"와 "예능선호도", "드라마선호도"와 "프로그램선호도", "예능선호도"와 "프로그램선호도", "드라마선호도"와 "프로그램선호도" 모두 통계적으로 유의한 양의 상관관계가 있다.

다음으로 모형적합도, Durbin-Watson 검정값 등 모형에 대한 요약을 보여 준다. Durbin-Watson의 값이 2 근처에 있으므로 자기상관이 없다고 판단할 수 있다.

다음으로 모형에 대한 분산분석결과 0.000으로 유의수준 0.01에서 유의함을 알 수 있다. 예능선호도의 회귀계수는 0.108이고 유의확률이 0.149로 유의수준 0.10에서 유의하지 않다. 따라서 "예능선호도"는 "드라마선호도"에 통계적으로 유의한 영향을 미치지 않는다. 하지만 "프로그램선호도"의 경우 회귀계수가 0.283으로 나타났으며, 유의확률이 0.000으로 통계적으로 유의하게 나타나 "프로그램선호도"는 "드라마선호도"에 통계적으로 유의한 영향을 준다고 판단할 수 있다.

다음으로 회귀계수표에서 *VIF*값을 확인하여 다중공선상 가정에 위배되는지 점검할 수 있다. 점검결과 두 변수의 *VIF*값 모두 10보다 작기 때문에 예제의 회귀모형(드라마선호도$=a+b_1*$예능선호도$+b_2*$프로그램선호도)은 다중공선성 문제를 가지지 않는다고 할 수 있다.

기술통계량

	평균	표준화 편차	N
드라마선호도	4.28	1.488	176
예능선호도	4.97	1.479	176
프로그램선호도	3.40	1.407	176

상관계수

		드라마선호도	예능선호도	프로그램선호도
Pearson 상관	드라마선호도	1.000	.157	.287
	예능선호도	.157	1.000	.187
	프로그램선호도	.287	.187	1.000
유의확률 (단측)	드라마선호도	.	.019	.000
	예능선호도	.019	.	.007
	프로그램선호도	.000	.007	.
N	드라마선호도	176	176	176
	예능선호도	176	176	176
	프로그램선호도	176	176	176

모형 요약[b]

모형	R	R 제곱	수정된 R 제곱	추정값의 표준오차	Durbin-Watson
1	.306[a]	.094	.083	1.425	1.924

a. 예측자: (상수), 프로그램선호도, 예능선호도

b. 종속변수: 드라마선호도

ANOVA[a]

모형		제곱합	자유도	평균제곱	F	유의확률
1	회귀	36.244	2	18.122	8.929	.000[b]
	잔차	351.114	173	2.030		
	전체	387.358	175			

a. 종속변수: 드라마선호도

b. 예측자: (상수), 프로그램선호도, 예능선호도

계수[a]

모형		비표준화 계수		표준화 계수	t	유의확률	공선성 통계량	
		B	표준화 오류	베타			공차	VIF
1	(상수)	2.782	.426		6.536	.000		
	예능선호도	.108	.074	.107	1.451	.149	.965	1.036
	프로그램선호도	.283	.078	.267	3.628	.000	.965	1.036

a. 종속변수: 드라마선호도

마지막으로, 다음의 표준화 잔차 히스토그램과 정규확률도(P-P 도표)를 통해 잔차의 정규분포 여부를 점검해 볼 수 있다.

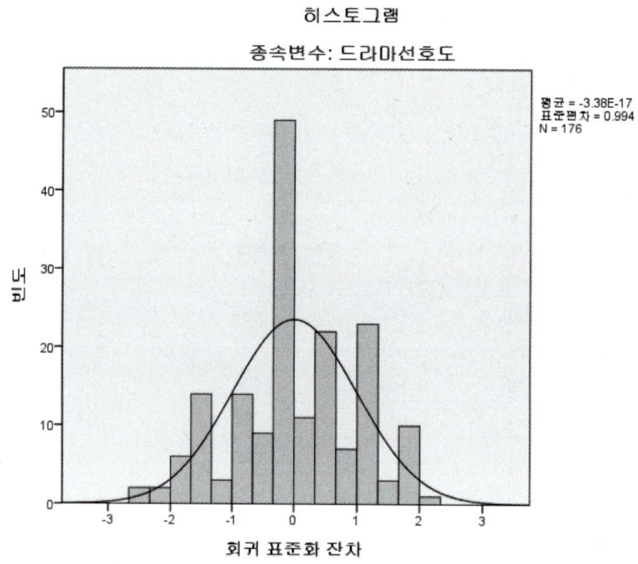

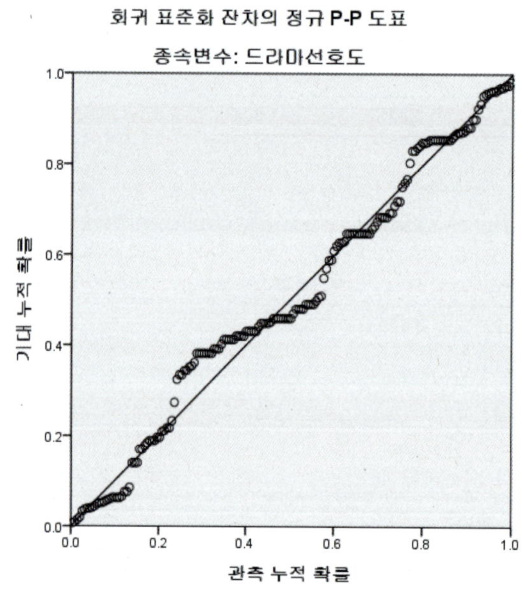

R 활용

R에서의 다중회귀분석 역시 단순회귀분석에서 사용했던 "lm( )" 함수를 사용한다. 세 개의 변수 "드라마선호도", "예능선호도"와 "프로그램선호도"를 "dramapref, enterpref, progpref" 변수로 저장하고, 회귀모형에 독립변수로 "예능선호도"와 "프로그램선호도"

를, "종속변수"로 "드라마선호도"를 포함하여 분석하기 위해 "reg2=lm(dramapref~enterpref+progpref)" 명령을 실행한다. 이 명령은 "reg2" 변수에 회귀모형(드라마선호도 $=a+b_1*$예능선호도$+b_2*$프로그램선호도)의 분석결과를 저장하라는 의미이다. 실행결과 앞서 Excel과 SPSS 활용 예와 유사한 결과를 보여 준다. 결과의 해석은 SPSS의 결과 해석과 동일하다.

```
R Console
> reg2=lm(dramapref ~ enterpref + progpref)
> reg2

Call:
lm(formula = dramapref ~ enterpref + progpref)

Coefficients:
(Intercept)    enterpref     progpref
     2.7817       0.1075       0.2827

> summary(reg2)

Call:
lm(formula = dramapref ~ enterpref + progpref)

Residuals:
    Min      1Q  Median      3Q     Max
-3.9479 -0.7165 -0.0039  0.8437  3.1153

Coefficients:
            Estimate Std. Error t value Pr(>|t|)
(Intercept)  2.78170    0.42558   6.536 6.81e-10 ***
enterpref    0.10751    0.07411   1.451 0.148679
progpref     0.28271    0.07792   3.628 0.000375 ***
---
Signif. codes:  0 '***' 0.001 '**' 0.01 '*' 0.05 '.' 0.1 ' ' 1

Residual standard error: 1.425 on 173 degrees of freedom
Multiple R-squared:  0.09357,	Adjusted R-squared:  0.08309
F-statistic: 8.929 on 2 and 173 DF,  p-value: 0.000204

> |
```

14.4 복잡한 회귀분석: 더미변수를 포함한 회귀분석

일반적으로 회귀분석은 종속변수와 독립변수 모두 등간척도인 경우 적용 가능한 것으로 알려져 있지만, 실제로는 독립변수가 명목척도이거나 서열척도인 경우에도 더미변수(Dummy Variable)를 활용하여 회귀분석을 할 수 있다. 더미변수를 활용한 회귀분석에 대한 설명에 앞서 어떻게 명목척도나 서열척도와 같은 범주형 변수가 더비변수로 변환되어 코딩되는지를 살펴보자. 〈표 14-2〉와 같이 범주형 변수의 범주 개수에 따라 필요한 더미변수의 개수가 결정된다. 예를 들어, "성별"이라는 범주형 변수는 남/여의 두 개 범주가 있기 때문에 하나의 더미변수로 변환이 된다. 그러나 "직급"이라는 범주형 변수는 5개의 범주가 있으므로 총 4개의 더미변수로 변환될 수 있다. 변환되는 방법은 〈표 14-2〉를 통해 이해할 수 있다.

표 14-2 더미변수의 정의 예

성별 더미변수: 2-1=1개

성별	더미변수 1
남	1
여	0

직급 더미변수: 5-1=4개

직급	더미변수 1	더미변수 2	더미변수 3	더미변수 4
사원급	1	0	0	0
대리급	0	1	0	0
과장급	0	0	1	0
차장급	0	0	0	1
부장급	0	0	0	0

다음의 회귀모형은 범주형 변수인 "계절"을 더미변수로 변환한 회귀모형이다. 봄인 경우, D1=0, D2=0, D3=0이고, 여름인 경우, D1=1, D2=0, D3=0, 가을인 경우, D1=0, D2=1, D3=0, 겨울인 경우, D1=0, D2=0, D3=1로 변환된다. 이를 바탕으로 회귀모형을 앞서 설명된 다중회귀모형 추정방법으로 추정할 수 있게 된다.

다중회귀모형 추정결과에 대한 해석에서 일반적인 연속형 변수의 회귀계수에 대한 해석은 일반적인 다중회귀모형의 해석과는 동일하지만, 범주형 변수의 회귀계수에 대한 해석은 일반적인 해석과 다르다. 예를 들어, D1의 회귀계수 β_{D1}이 유의할 경우 "여름(D1=1, D2=0, D3=0)이 봄(D1=0, D2=0, D3=0)보다 β_{D1} 만큼 더 좋다"라고 해석할 수 있다. 마찬가지로, D2의 회귀계수 β_{D2}가 유의할 경우 "가을(D1=0, D2=1, D3=0)이 봄(D1=0, D2=0, D3=0)보다 β_{D2} 만큼 더 좋다"라고 해석할 수 있다. 여기서 중요한 것은 범주형 변수의 회귀계수 해석 시 반드시 기준(이 예에서는 봄)과 비교하여 그 효과를 설명한다는 것이다. 이때, 이 기준이 되는 범주를 "참조범주"라고 하고, 이를 바탕으로 더미변수의 효과를 설명한다.

$$z_t=\beta_0+\underbrace{\beta_1^t}_{\text{시점 }t\text{에서의 시계열 추세}}+\underbrace{\beta_{D1}D_{1,t}+\beta_{D2}D_{2,t}+\beta_{D3}D_{3,t}}_{\text{시점 }t\text{에서의 계절효과}}+\underbrace{\varepsilon_t}_{\text{시점 }t\text{에서의 오차}}$$

회귀모형의 교정

예측변수들의 상대적인 중요도를 판단하거나 다른 어떤 추론을 하기 전에, 회귀모델에 대해 교정할 필요가 있다. 회귀절차와 다른 다변량절차들은 자료에 있어서의 비체계적 오차들에 영향을 받는다. 이로 인해 모델을 추정하기 위해 사용된 특정 자료에 과도하게 민감한 회귀모델 또는 회귀방정식이 생겨난다. 회귀와 관련한 이 문제와 다른 문제들에 대해 회귀모델을 평가할 수 있는 한 가지 방법은 모형교정(Model Calibration)을 하는 것이다. 모형교정은 회귀모델이 추정에 이용되지 않은 비교할 만한 자료에 대해 계속적으로 유효한지 검토하는 것이다. 마케팅조사에서 사용되는 대표적인 모형교정절차는 다음과 같다.

① 회귀모델이 전체 자료집합을 사용하여 추정된다.

② 입수된 자료를 두 개의 부분, 즉 추정표본과 교정표본으로 반분한다. 추정표본은 일반적으로 전체 표본의 50%에서부터 90%까지 포함한다.

③ 회귀모델은 단지 추정표본의 자료만을 이용하여 추정된다. 편회귀계수의 크기와 부호에 있어서 이 모델은 전체 표본자료로 추정된 모델과 일치하는지를 결정하기 위해 비교된다.

④ 추정된 모델은 교정표본의 관찰된 값에 대한 종속변수의 값들 $\hat{Y}_i$를 예측하기 위해 교정표본의 자료에 적용된다.

⑤ 교정표본에 있어서 관찰값 Y_i와 예측값 $\hat{Y}_i$는 단순결정계수 r^2을 결정하기 위해 상관분석된다. 이 측도 r^2은 전체표본의 R^2과 비교되고 수축(Shrinkage)의 정도를 판단하기 위해 추정표본의 R^2과 비교된다.

CHAPTER

15

시장세분화 활용을 위한 분석방법

MARKETING RESEARCH

지금까지 통계적 추론에 기반한 기본적인 통계분석방법에 대하여 살펴보았다. 이들 통계분석방법들은 다양한 현실의 문제들에 대한 원인과 결과 등의 관계를 조사하고 이를 통계적으로 추론하여 조사 및 분석결과를 일반화하는 것을 목표로 한다. 하지만 다양한 마케팅의 현실은 항상 통계적 추론만을 바탕으로 하지 않는다. 본 장에서는 여러 마케팅분석기법 중 마케팅전략의 실행에 활용 가능한 자료분석방법인 군집분석과 판별분석을 소개한다.

현대 마케팅전략은 STP(Segmentation/시장세분화, Targeting/목표시장 선정, Positioning/포지셔닝)전략을 근간으로 한다. 즉, 시장을 세분화하고, 가장 매력적인 목표시장을 선정하여 기업 또는 브랜드의 가장 경쟁력 있는 포지션을 결정하여 세부 마케팅계획을 실행하는 것이다. 따라서 마케팅전략을 수립하거나 실행하려는 마케팅 담당자는, 먼저 고객의 다양한 특성을 조사하고 유사한 특성을 보이는 고객집단을 구분하는 과정을 반드시 실행하여야 한다.

이와 같이 유사한 특성을 보이는 집단을 구분하는 통계분석방법 중 많이 사용하는 기법이 군집분석으로 설문조사, 고객구매자료, 고객패널자료 등을 활용하여 고객의 개인적 특성(예: 성별, 연령, 직업, 교육수준, 가족형태 등)과 행동특성(예: 선호 편익, 가격민감도, 평균구매량, 평균구매주기, 추천 성향 등)을 관찰하고 이를 바탕으로 중요한 요인들을 추출하고 유사한 특성을 보이는 집단을 구분하는 방식이다. 시장을 유사한 집단과 그렇지 않은 집단으로 구분하였다면, 다음으로 각 개별 고객들이 어떤 세분시장에 속해 있는지를 구별할 필요가 있다.

표본조사를 기반으로 구분된 세분시장의 정보만으로는 각 개별 고객들이 어떤 세분시장에 소속되어 있는지를 파악할 수 없어 마케팅계획 실행 시, 각 고객들을 구분하여 대응하는 것이 어렵다. 이렇게 분석된 세분시장의 특성을 반영하여 전체시장의 고객들을 세분시장으로 분류하기 위해 사용할 수 있는 대표적인 분석기법으로 판별분석이 있다. 판별분석은 각 집단을 구분할 수 있는 중요 특성의 영향을 사전에 측정하고 각 고객의 해당 특성을 반영하여 고객의 세분집단을 구별하는 방식으로, 각 고객이 소속될 세분시장을 예측하는 데 활용할 수 있다.

15.1 군집분석

15.1.1 군집분석의 개념

군집분석(Cluster Analysis)은 고객 또는 그 외 개별 측정대상(또는 개체) 중에서 유사한 속성을 지닌 대상을 몇 개의 군집(집단, Cluster)으로 구분하는 탐색적인 분석방법으로, 분석결과를 바탕으로 각 집단의 성격, 특성 등을 파악할 수 있고, 데이터 전체의 구조에 대해 간략하고 쉽게 이해할 수 있는 기법이다. 최근에는 빅데이터와 같은 대용량의, 이종의 다양한 데이터분석 시 사전 정보가 거의 없어도 데이터의 중요한 특성과 요인 등을 쉽게 탐색할 수 있는 다양한 방법들이 있다.

특히, 데이터의 전반적 구조를 간략히 요약하여 쉽게 현황을 파악할 수 있는 비지도(Unsupervised) 기법으로서 전통적 통계분석방법을 넘어 데이터 마이닝(Data Mining), 기계학습(Machine Learning), 패턴인식(Pattern Recognition), 사회/의미망분석(Social/Semantic Network Analysis: SNA) 등이 군집분석을 위한 최신 분석기법으로 활용되고 있다. 마케팅분야에서는 인구통계학적 변수(성별, 연령, 직업, 수입, 교육수준 등) 또는 고객행동변수(선호 효익, 구매량, 구매빈도, 최근 구매일시, 추천 성향 등)를 바탕으로 군집분석을 실행하여 유사성이 높은 고객들을 하나의 군집으로, 유사성이 높지 않은 고객들을 다른 군집으로 구분하고 각 군집(세분시장)의 특성을 파악함으로써 시장세분화 전략 수립에 활용할 수 있다.

예를 들어, 가전제품 제조업체는 고객들로부터 고객 특성 정보와 가전제품 사용 정보에 대한 자료를 조사하여 해당 가전제품의 세분시장을 파악하고 해당 세분시장의 특성을 파악하여 가장 매력적인 세분시장을 선정하고 각 세분시장에 최적화된 마케팅계획을 수립할 수 있다.

그림 15-1 군집분석에 따른 집단 구분 결과 예

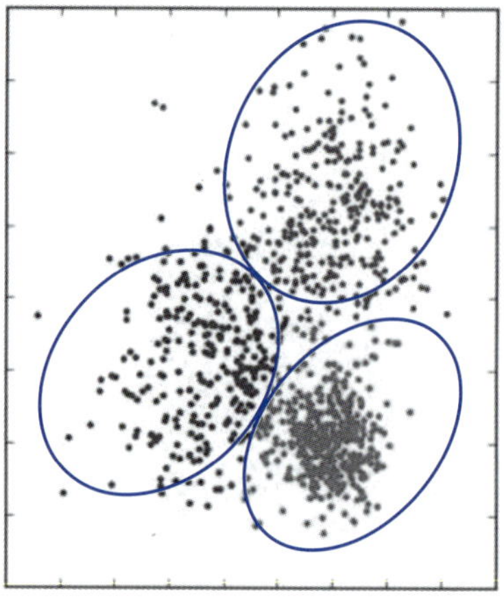

15.1.2 군집분석의 실행과정

군집분석의 실행과정을 살펴보면 [그림 15-2]와 같다.

그림 15-2 군집분석의 실행과정

적절한 변수/속성의 선택(Appropriate Attributes)

↓

자료수집(Data Collection) 및 데이터의 표준화(Data Standardization)

↓

이상치 제거(Excluding Outliers)

↓

유사성(거리) 측정(Measuring Distance)

↓

군집 알고리즘의 선택(Clustering Algorithm) 및 군집분류(Clustering)

↓

군집의 시각화(Visualization)

↓

군집개수의 결정(The Number of Clusters) 및 군집명칭 명명(Naming)

↓

군집결과의 해석

적절한 변수/속성의 선택(Appropriate Attributes)

군집분석의 첫 번째 단계는 데이터를 군집화하고 유사성을 측정하는 데 중요하다고 판단되는 속성 또는 변수를 선정하는 것이다. 군집분류에 필요한 속성들의 중요성을 평가하기 위해 조사자는 분석대상 또는 해당 분야의 전문가들을 대상으로 심층면접을 수행하거나 사전조사를 실시하여 조사대상의 분류에 유의미한 영향을 줄 수 있는 변수들을 사전에 선정하여야 한다. 아무리 철저하고 완벽한 군집분석을 실시한다고 하여도 처음 분석에 포함될 속성을 잘못 선택한 문제를 극복할 수 없기 때문에, 군집분석에 포함될 속성들은 신중히 결정되어야 한다.

자료수집(Data Collection) 및 데이터의 표준화(Data Standardization)

분석에 포함될 속성이 결정된다면 이를 바탕으로 필요한 자료를 수집한다. 일반적으로 수집된 변수의 측정값들은 다양한 형태와 분산을 가지고 있으며, 측정값의 범위 또는 분산의 차이가 큰 변수는 분석결과에 큰 영향을 미치는 경우가 발생할 수 있다. 이런 문제를 피하기 위해 데이터를 표준화할 필요가 있다. 특히, 거리 측정을 바탕으로 유사성을 비교하는 군집분석의 경우 더욱 이러한 영향에 노출될 가능성이 크다. 데이터 표준화에 가장 많이 활용되는 방법으로 정규화 기법이 있으며, 이는 각 변수를 평균 0, 표준편차 1로 표준화하는 것이다.

이상치 제거(Excluding Outliers)

분산의 차이에 따른 편향을 제거하기 위해 데이터 표준화를 하였듯이, 거리 측정에 많은 영향을 줄 수 있는 이상치(Outliers)에 의한 평균의 편향을 제거하는 과정 역시 군집분석에서 필요하다. 특히, 군집분석은 이상치에 민감하여 이상치가 있는 경우 군집분석의 결과가 왜곡될 가능성이 크다.

유사성(거리) 측정(Measuring Distance)

데이터 표준화와 이상치 제거를 통해 분석을 위한 데이터가 준비되었다면, 이 데이터를 바탕으로 각 개체 간의 유사성을 측정할 필요가 있다. 많은 군집분석 알고리즘은 유사

그림 15-3 3개 변수에 대한 유클리디안 거리 측정 예

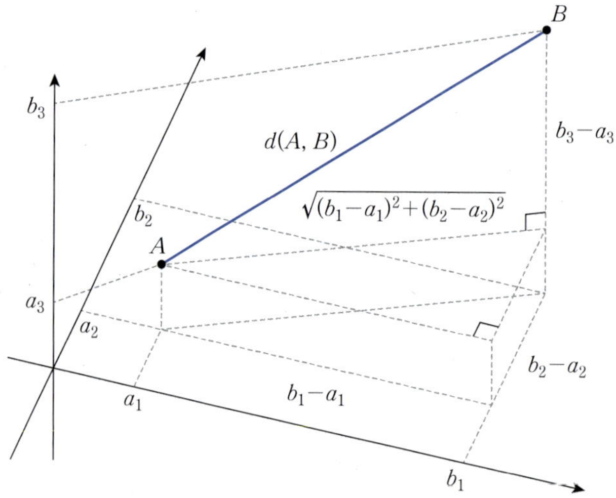

성을 측정하기 위한 방법으로 각 개체들의 속성들의 차이를 바탕으로 한 거리(Distance)를 활용하며 측정된 거리는 군집분석의 기본적 분류기준으로 활용된다. 즉, 두 개체 간의 측정된 거리가 가까울수록 유사하여 같은 군집으로 분류될 가능성이 높아지며, 거리가 멀수록 유사하지 않아 다른 군집으로 분류될 가능성이 높아진다.

두 개체 간의 거리를 측정하는 방법으로는 유클리디안 거리(Euclidean Distance), 표준화 거리 또는 통계적 거리(Statistical Distance), 민코우스키(Minkowski) 거리, 마할라노비스(Mahalanobis) 거리, 캔버라(Canberra) 거리, 체비셰프(Chebychev) 거리, 맨해튼(Manhattan) 거리 등의 방법이 있으며 유클리디안 거리가 가장 대표적이다.

[그림 15-3]은 각 개체의 측정된 속성이 3개일 경우 유클리디안 거리의 측정 개념을 도식화한 것으로, 이 경우 측정식은 다음과 같다.

$$d_{AB}=\sqrt{(a_1-b_1)^2+(a_2-b_2)^2+(a_3-b_3)^2}$$

여기서, d_{AB} : 대상 A와 대상 B 간의 거리

$a_1, a_2, a_3, b_1, b_2, b_3$: 유사성 측정에 활용된 변수들

군집 알고리즘의 선택(Clustering Algorithm) 및 군집분류(Clustering)

유사성이 모두 측정된 뒤에는 어떻게 측정된 유사성을 바탕으로 군집을 분류할 것인지, 즉 군집 알고리즘을 결정해야 하며, 이때 군집 알고리즘의 방법으로는 크게 두 가지 형태가 있다.

첫 번째 방법으로 계층적 군집방법(Hierarchical Agglomerative Clustering)이 있다. 계층적 군집방법은 기본적으로 군집을 합병해 가는 방식으로, 처음에 n개의 군집으로부터 시작하여 가장 유사한 군집들끼리 반복적으로 합병(Agglomeration)시켜 가는 방식으로 결국 마지막에는 한 개의 군집을 만들게 된다. 계층적 군집방법에는 군집 간 거리에 대한 정의에 따라 단일결합법(Single Linkage, 또는 최단결합법, Shortest Distance), 완전결합법(Complete Linkage, 또는 최장결합법, Longest Distance), 평균결합법(Average Linkage), 그리고 Ward법 등이 있다.

단일결합법은 한 군집의 개체와 다른 군집의 개체 사이의 가장 짧은 거리를 기준으로 유사성을 측정하고, 완전결합법은 반대로 한 군집의 개체와 다른 군집의 개체 사이의 가장 긴 거리를 기준으로 유사성을 측정하며, 평균결합법은 한 군집의 개체와 다른 군집의 개체 사이의 거리들의 평균으로 유사성을 측정한다. 단일결합법은 긴 모양의 군집이 만들어지는 경향이 있으며, 유사하지 않은 관측치들의 중간 관측치들이 유사하기 때문에 하나의 군집으로 합쳐지는 것을 의미한다. 완전결합법은 거의 비슷한 직경을 갖는 군집을 만드는 경향이 있으며 이상치에 민감한 것으로 알려져 있다. 평균결합법은 앞선 두 가지 방법의 타협적 방법으로 긴 군집과 이상치에 덜 민감한 분산이 적은 군집을 만드는 경향이 있다. Ward법은 두 군집 간의 거리를 계산할 때, 두 군집을 구성하는 대상들이 평균으로부터 떨어진 정도, 즉 편차의 제곱을 이용하여 거리를 계산하여 이상치에 민감한 평균결합법의 단점을 해소할 수 있다. 계층적 군집분석방법은 군집이 형성되는 과정을 정확하게 파악할 수 있는 반면, 자료의 크기가 크면 분석하기 어려워진다는 단점을 가지고 있다.

반복적으로 군집을 합병하는 계층적 군집방법과 달리 군집의 기준을 미리 정한 뒤 해당 기준에 최적화시키는 군집분석인 비계층적 군집방법은 먼저 군집의 개수 K를 정한 후 데이터를 무작위로 K개의 군집으로 배정한 후 반복적으로 다시 계산하여 군집을 이루는 최적의 조건을 찾는 방식이다.

가장 많이 사용하는 비계층적 군집방법으로 K–평균법(K–means Method)이 있다.

K-평균법은 전체 개체를 *K*개의 군집으로 나누는 방법으로 계층적 군집방법과는 달리 한 개체가 속해 있던 군집에서 다른 군집으로 이동시키며 재배치를 하여 최적의 군집구성(군집에 개체를 배치)을 찾는 방법이다. *K*-평균법은 초기값에 따라 최종 군집의 형태가 달라질 수 있어 다양한 초기값을 시도하여 일관된 군집결과가 나오는지 확인하고 비교해 볼 필요가 있다. *K*-평균법은 계층적 군집분석에 비해 큰 데이터를 대상으로 분석을 할 수 있으며, 측정치가 군집에 영구히 할당되는 것이 아니라 최종 군집의 결과를 개선시키는 방향으로 최적화된다. 하지만 유사성 측정을 위해 평균을 사용하기 때문에 연속형 변수를 대상으로만 적용할 수 있으며, 이상치에 많은 영향을 받는 경향이 있다. 또한 군집개수 *K*의 결정이 주관적일 수 있으며, 작은 그룹에서는 표본이 추출되지 않을 수 있어 사전에 인지한 *K*개의 군집이 의미가 없게 될 수도 있다.

군집의 시각화(Visualization)

군집의 과정을 시각적으로 확인하면 어떻게 군집들이 묶이게 되었는지 그 과정을 확인할 수 있다. 보통 나무구조그림(Tree Diagram) 형태를 보이며, 대표적으로 덴드로그램(Dendrogram)이 있다. [그림 15-4]는 덴드로그램의 예를 보여 준다.

그림 15-4 덴드로그램의 예

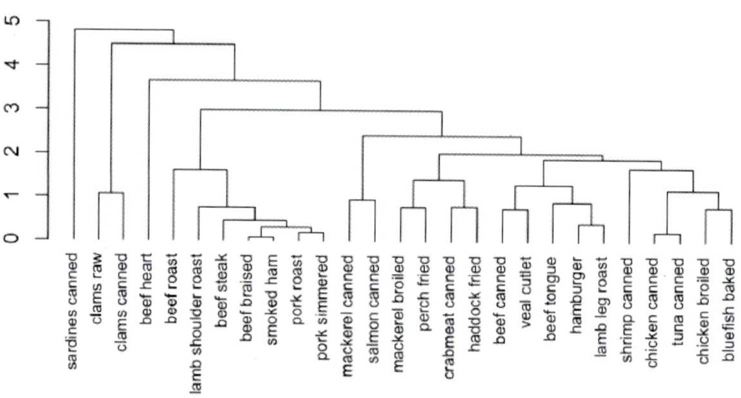

군집개수의 결정(The Number of Clusters) 및 군집명칭 명명(Naming)

군집 알고리즘을 통해 군집결과를 얻게 되면 조사자는 몇 개의 군집이 적절한지 결정하여야 한다. 계층적 군집방법은 나무구조그림에서 수평선을 이용하여 가지를 잘라냄으로써 적절한 개수의 군집을 결정할 수 있다. 합병되는 과정에서 군집 간의 거리 차이에 큰 변화를 보이는 경우를 고려하여 군집의 개수를 택하면 된다. 데이터의 상황을 최적화시키는 군집의 개수는 데이터 분석 경험과 데이터 특성상의 중요성, 기준하고자 하는 통계량의 급격한 변화 등을 고려해 결정하게 되지만 최선의 선택을 위한 통계적 방법은 존재하지 않아 조사자의 주관이 개입될 여지가 상대적으로 크다. [그림 15-4]의 경우 어느 수준에서 수평선을 그리는가(군집의 기준)에 따라 다른 군집의 개수가 결정된다. 예를 들어, 수준 4에서 수평선을 그리게 되면 3개의 군집이 발생하고, 수준 3에서 수평선을 그리게 되면 4개의 군집이 분류된다. 군집의 개수가 결정되면 각 군집의 특성을 대표할 수 있는 군집의 이름을 명명해 주는 것이 향후 분석과 해석에 용이하다.

군집결과의 해석

군집개수의 결정을 통해 최종 군집결과가 나온 후 조사자는 최종 군집결과를 해석하고, 각 군집의 특성을 파악할 필요가 있다. 각 군집 간의 차이점과 공통점을 분리하고 다른 군집과의 차이의 원인변수와 같은 군집 내의 공통변수를 파악하고 이에 대한 다양한 통계량을 활용하여 요약할 수 있다. 이를 바탕으로 조사자는 각 집단에 대한 마케팅계획과 같은 적절한 대응방안을 마련할 수 있다.

15.1.3 통계분석 연습

SPSS 활용

계층적 군집분석의 덴드로그램을 확인하기 위해 전체 데이터의 수를 제한할 필요가 있다. 데이터의 수(케이스의 수)가 너무 방대하면 덴드로그램을 통해 군집을 확인하거나 분류하는 것이 아주 어렵거나 불가능하다. 따라서 군집분석의 연습에 사용할 샘플 데이터를 그동안 연습에 활용한 샘플 데이터(sample_data.xlsx) 중 프로그램 형태가 예능(2)인 데이터로만 제한하여 샘플 데이터의 수를 150개 이하인 88개로 줄여서 통계분석 연습을 하도록 하자.

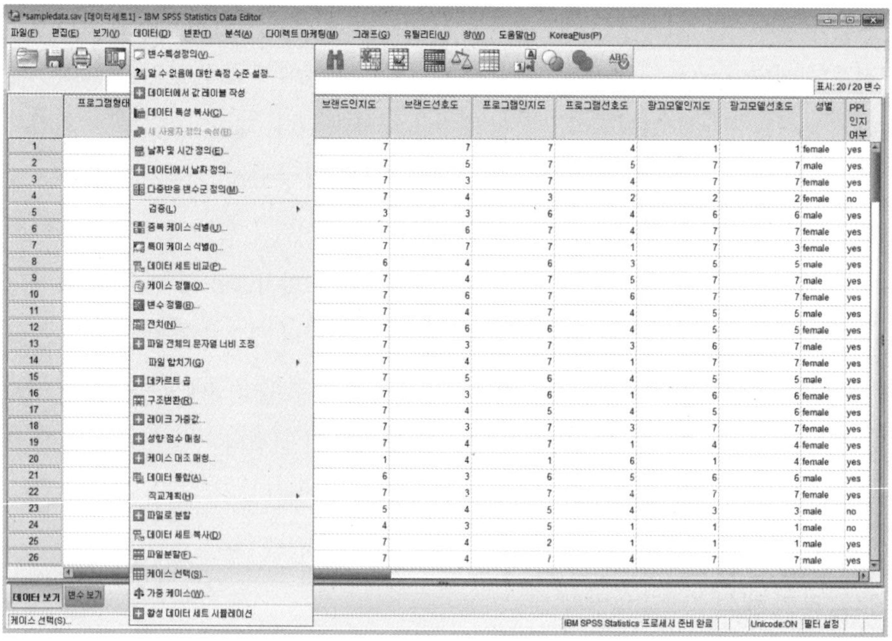

예능 데이터(프로그램형태=2)만을 선택하기 위해 위와 같이 "데이터" → "케이스 선택" 메뉴를 통해 케이스를 선택하면 다음과 같이 케이스를 선택할 수 있는 창이 나타난다.

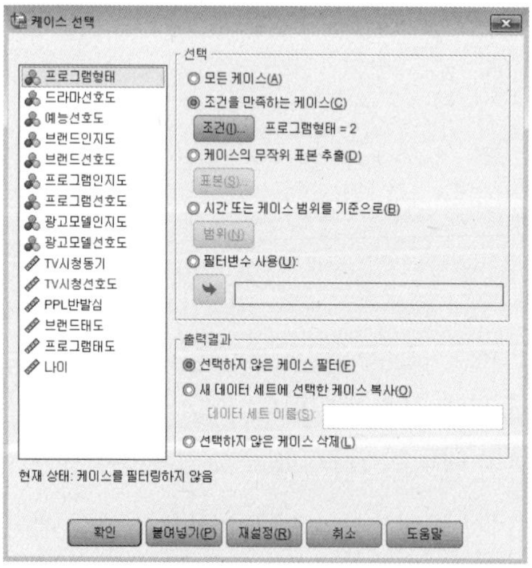

이때 "조건을 만족하는 케이스" 아래의 "조건" 버튼을 선택하면 케이스 선택 조건을 선택할 수 있는 창이 또 나타난다. 이 창에서 "프로그램형태"를 선택하여 예능 케이스만이 선택되도록 "프로그램형태=2" 조건식을 입력하고, "확인"을 선택하면 전체 176개의 케

이스 중 예능이 대상인 케이스 88개만이 분석의 대상이 되게 선택이 된다. 자세한 사항은 제9장 통계분석 연습의 준비 부분을 참고하기 바란다.

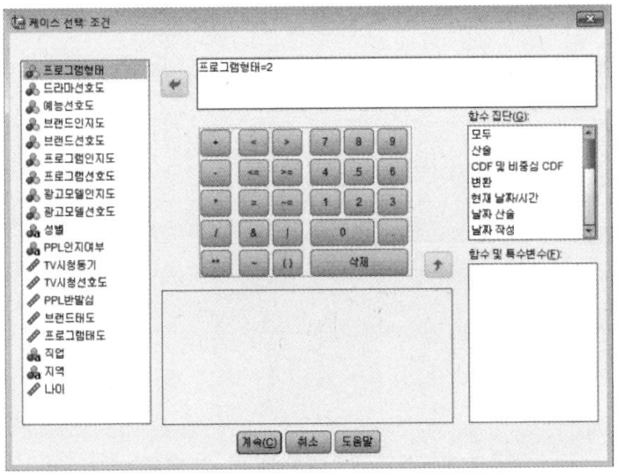

① 계층적 군집분석

■ 예능 시청자 시장에 대한 탐색적 시장세분화

연습에 활용할 데이터가 준비되었다면 계층적 군집분석을 위해 "분석" → "분류분석" → "계층적 군집" 메뉴를 다음과 같이 선택한다.

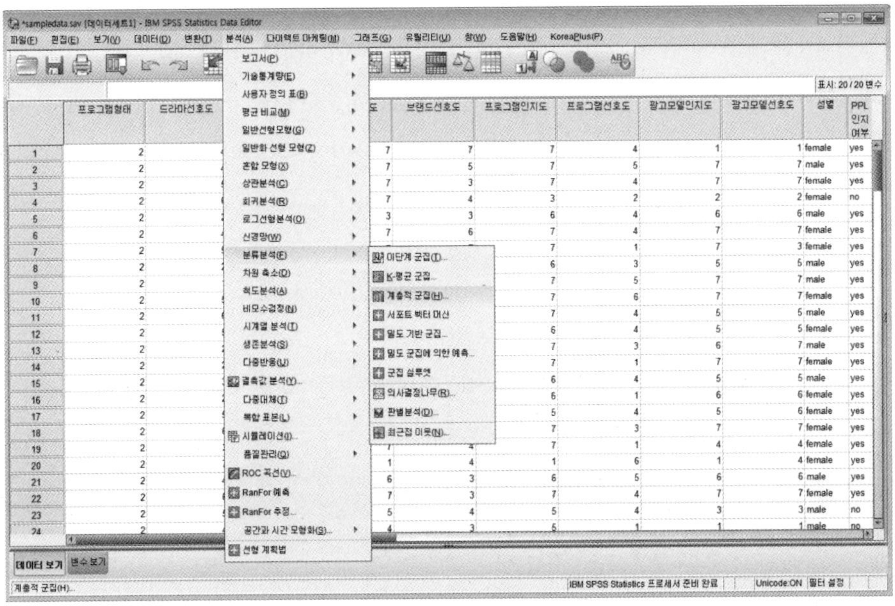

계층적 군집분석을 위해 어떤 변수들을 중심으로 군집을 구성할지 결정하여야 한다. 군집분석에 사용할 변수는 조사자의 주관적 경험과 다른 조사의 결과들을 바탕으로 군집을 구분하는 데 유의한 영향을 줄 수 있는 변수를 선택하여야 한다. 이번 연습에서는 "드라마선호도", "예능선호도", "브랜드선호도", "프로그램선호도"를 임의로 선택하였고, 이 4가지 변수를 기준으로 군집을 분석하려고 한다. 다른 변수들을 기준으로 군집을 분류할 경우 다른 형태의 군집들로 분류될 가능성이 높다. 다음의 창에 군집분석에 활용할 변수들을 선택한다.

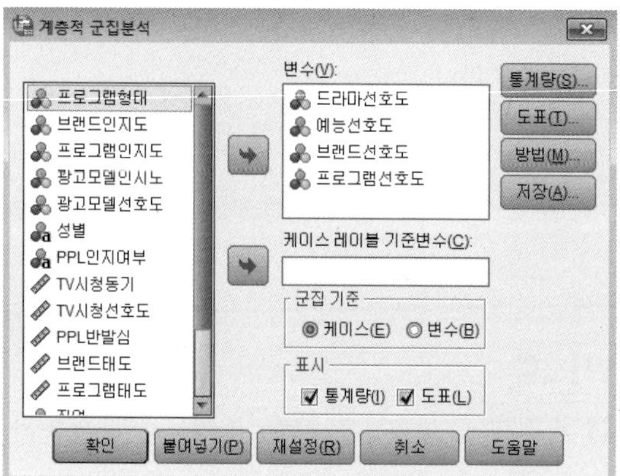

다음으로 "통계량"을 선택하여 어떤 통계량을 결과에 포함할지 결정한다. 만약 각 응답자(케이스) 간의 유사 정도(거리)를 확인하고 싶은 경우 "근접행렬"을 선택하면 이번 군집분석에서 계산된 응답자 간의 거리 계산 결과를 보여 준다. 즉, 근접행렬을 통해 각 응답자(케이스) 중 누가 누구와 가까운지를 직접적으로 확인할 수 있다.

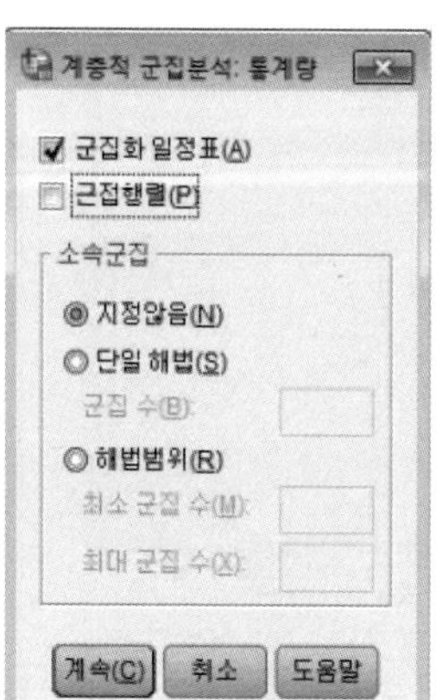

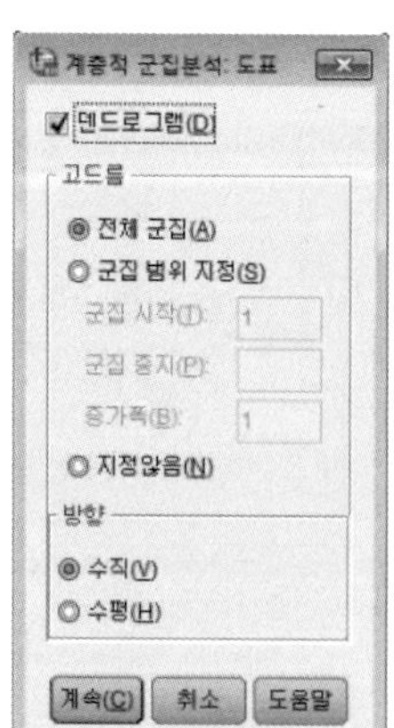

다음으로 “도표”를 선택하여 덴드로그램 도표를 결과에 포함할지 결정한다. 덴드로그램은 수직 또는 수평 형태로 표시할 수 있다. 도표의 표시가 결정이 되면 구체적으로 어떤 방법으로 군집을 분류할지 결정하기 위해 “방법”을 선택한다. 군집의 방법은 앞서 설명한 여러 방식이 있다. SPSS에서는 평균연결법을 특이하게 “집단–간 연결”로 명명하고 있다. 다른 군집방법은 앞서 설명한 방식에 따라 이해할 수 있다. 이번 연습에서는 가장 일반적인 군집방법인 “집단–간 연결” 방법을 선택한다. 다음으로 유사성 측도를 어떤 기법을 활용할지를 결정한다. 가장 많이 사용하는 유클리디안 거리를 선택한다.

마지막으로 군집분석에 포함될 변수들의 측정 척도와 단위의 차이로 인해 발생할 수 있는 문제를 제거하기 위해 실제 유사성 측도 시 표준화된 값의 사용 여부를 선택하여야 한다. 예를 들어, 군집분석에 사용될 변수의 단위가 크게 차이가 난다면 단위가 크고 분산이 큰 변수에 유사성 측도 결과가 큰 영향을 받을 수 있다. 이 경우 반드시 각 변수를 표준화하여 사용하는 것이 좋다. 하지만 이번 연습에서는 모두 7점 리커트 척도로 측정된 변수를 사용하기 때문에 표준화를 선택할 필요가 없다.

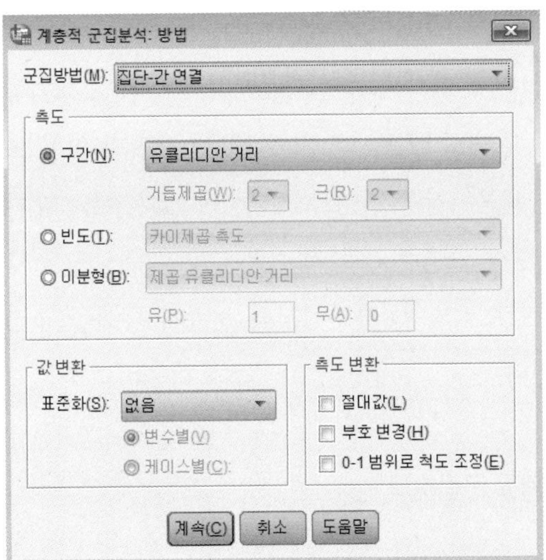

이와 같이 “통계량”, “도표”, 그리고 “방법” 등 군집분석을 위한 기본 설정을 완료한 후 군집분석을 실제 실행하면 군집분석의 결과를 확인할 수 있다. 군집분석의 일반적 결과는 “근접행렬”, “군집화일정표”, “수평/수직 고드름표”, 그리고 “덴드로그램”으로 구성되어 있다. “근접행렬”은 앞서 설명했듯이 각 케이스/개체/응답자 간 유사 정도를 구체적 수치(이번 연습의 경우 유클리디안 거리)로 보여 준다. 유사성 수치가 작을수록 두 케이스 간 유

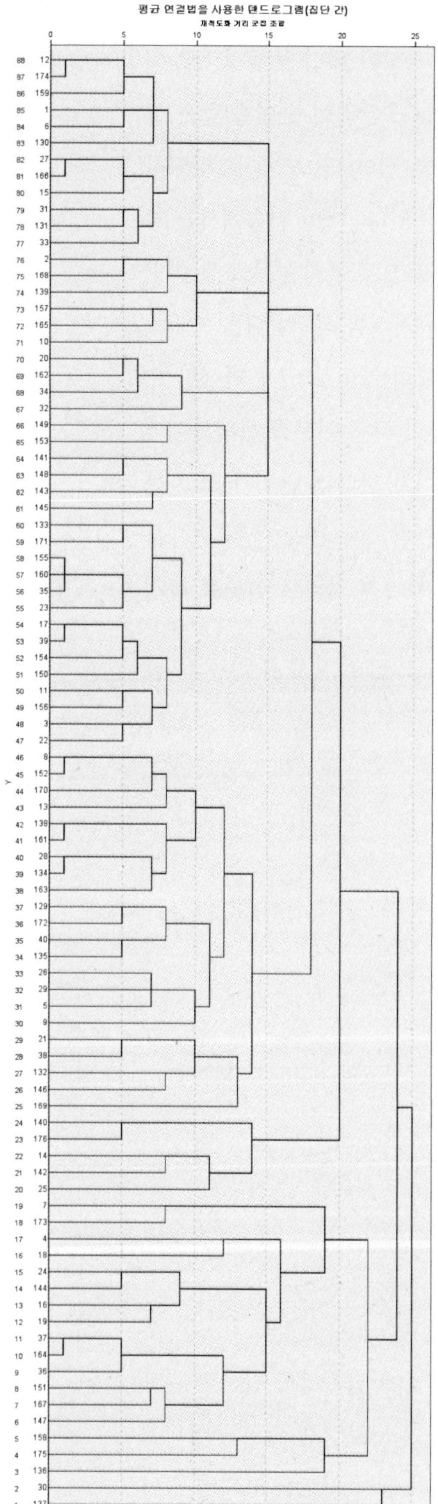

사 정도가 높은 것이며, 반대로 유사성 수치가 클수록 두 케이스 간 유사 정도가 낮은 것을 의미한다. "군집화일정표"는 각 케이스들이 군집화되는 과정을 보여 준다. "수평/수직 고드름표"는 최종군집이 어떻게 결정될지 감을 잡을 수 있도록 도와준다. 마지막으로 "덴드로그램"은 케이스들이 군집화되는 과정을 그림으로 보여 주며, 군집화일정표의 동일한 결과에 대한 시각적 표현으로 이해할 수 있다. 다음 덴드로그램의 결과를 바탕으로 얼마나 많은 군집으로 분류될 수 있는지 조사자가 결정할 수 있다. 이때 조사자의 직관과 주관적 경험이 군집수의 결정에 영향을 줄 수 있으며 다음 덴드로그램을 통해 조사자는 3개 또는 4개의 군집 또는 세분시장이 존재한다고 판단해 볼 수 있다. 이와 같은 계층적 군집분석을 통해 마케팅조사자는 예능 시청자 시장의 세분시장이 3개 정도 있음을 탐색적으로 확인할 수 있다. 나아가, 12번 응답자와 174번 응답자는 동일 세분시장에 포함될 가능성이 높으며, 반대로 37번 응답자와 164번 응답자 역시 또 다른 동일 세분시장을 형성할 가능성이 있다. 이와 같이 각 세분시장에 포함된 응답자(시청자)들의 특성을 조사하고 파악함으로써 각 세분시장의 전반적 특성을 규명할 수도 있다.

② K-평균 군집분석

■ 예능 시청자 시장에 대한 확정적 시장세분화와 특성 파악

계층적 군집분석이 군집개수에 대한 결정하지 않은 탐색적 분류방법이라면, K-평균 군집분석은 반대로 군집의 개수를 결정하는 확인적 분류방법이다. K-평균 군집분석을 위해 "분석" → "분류분석" → "K-평균 군집"을 선택한다.

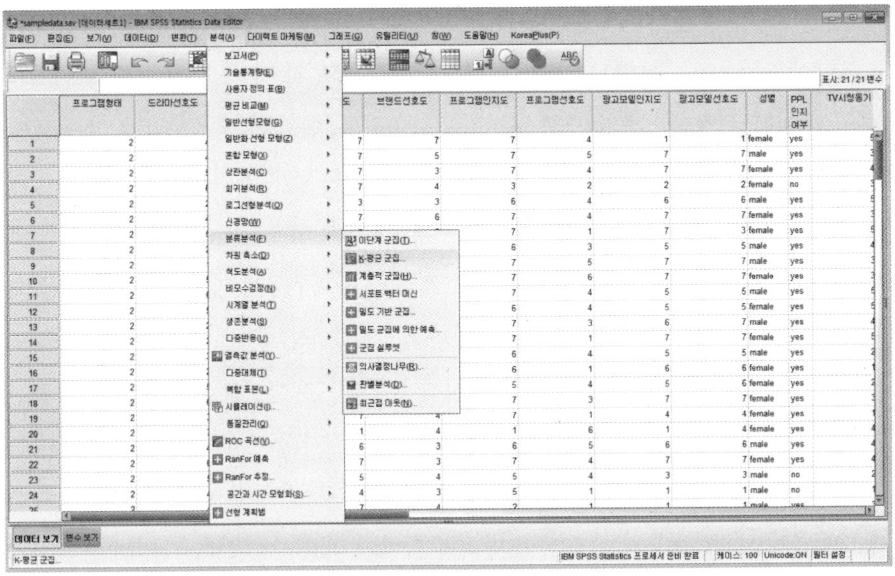

계층적 군집분석과 같이 어떤 변수들을 중심으로 군집을 구성할지 결정해야 하며, 이전 계층적 군집분석 연습과 동일하게 "드라마선호도", "예능선호도", "브랜드선호도", "프로그램선호도"를 임의로 선택하고, 이 4가지 변수를 기준으로 *K*-평균 군집을 분석한다. *K*-평균 군집분석에서는 또한 군집수를 사전에 결정하여 해당 군집수에 맞게 분석을 실시하는데, 이번 연습에서는 앞서 탐색적 군집분석인 계층적 군집분석을 통해 파악된 군집개수 "3"개를 적용해 보도록 한다. 군집의 개수를 결정했다면 "저장"을 선택하여 *K*-평균 군집분석 결과로 예측된 "소속 군집"을 데이터에 새로 저장하도록 설정한다.

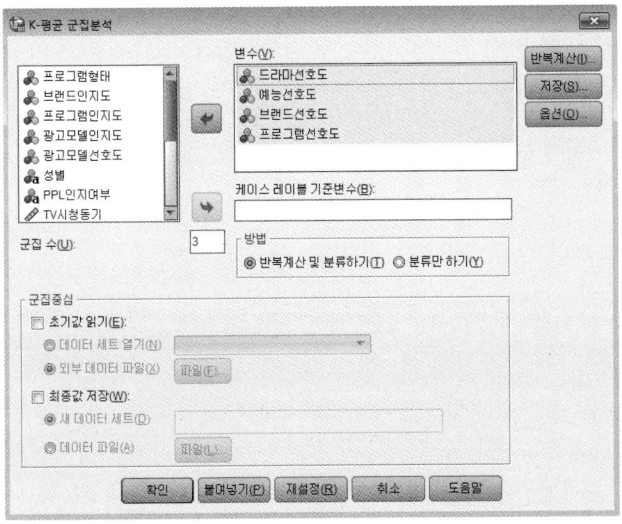

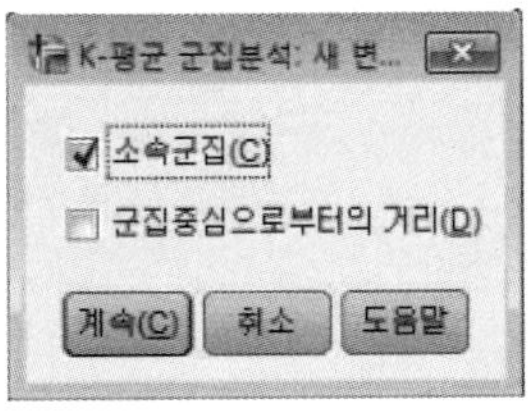

예능 시청자 시장에 대한 K-평균 군집분석의 결과는 다음과 같다. 이번 분석은 "드라마선호도", "예능선호도", "브랜드선호도", "프로그램선호도"의 네 개 시장 변수들을 기준으로 예능 시청자 시장을 3개의 세분시장으로 분류하고, 분류된 세분시장에 각 응답자(시청자)들을 분류하여 배치하게 된다. 또한 분류된 세분시장의 각 변수들의 특성도 동시에 확인할 수 있어 각 세분시장별 소비자의 전반적 특성과 그에 맞는 마케팅전략 수립에 기초자료로 활용할 수 있다. 다음 "최종 군집중심"표는 분류된 3개 세분시장의 중심을 보여 준다. 예를 들어, 세분시장 1의 경우, "드라마선호도"는 상대적으로 다른 세분시장에 비해 낮고, "예능선호도"는 다른 세분시장에 비해 높으며, "브랜드선호도"와 "프로그램선호도"는 중간 정도의 선호를 가지는 세분시장으로 볼 수 있다. 이렇게 분류된 최종 세분시장 분석 결과는 "각 군집의 케이스 수"를 통해 확인할 수 있으며, 이번 연습의 경우 25명의 응답자(시청자)가 세분시장 1로, 16명의 응답자가 세분시장 2로, 47명의 응답자가 세분시장 3으로 다음과 같이 분류되었다.

최종 군집중심

	군집		
	1	2	3
드라마선호도	3	4	5
예능선호도	6	2	5
브랜드선호도	4	3	5
프로그램선호도	3	2	5

각 군집의 케이스 수

군집	1	25.000
	2	16.000
	3	47.000
유효		88.000
결측		.000

K-평균 군집분석으로 예측된 응답자들의 소속 세분시장은 데이터 세트에 별도로 새로이 저장된다. 다음의 "QCL_1"은 이번 연습의 K-평균 군집분석으로 예측된 세분시장을 표시해 주고 있다. 예를 들어, 3번 응답자는 세분시장 3으로, 4번 응답자는 세분시장 2로, 5번 응답자는 세분시장 1로, 6번 응답자는 세분시장 3으로 분류되었음을 알 수 있다.

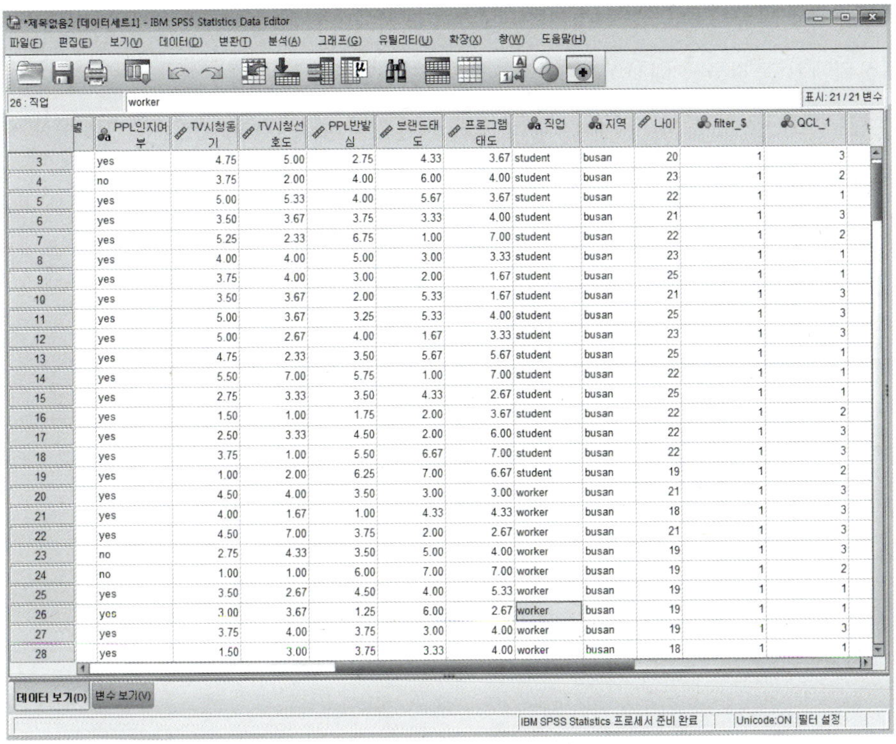

*제목없음2 [데이터세트1] - IBM SPSS Statistics Data Editor

26 : 직업 | worker | 표시: 21 / 21 변수

	PPL인지여부	TV시청동기	TV시청선호도	PPL반발심	브랜드태도	프로그램태도	직업	지역	나이	filter_$	QCL_1
3	yes	4.75	5.00	2.75	4.33	3.67	student	busan	20	1	3
4	no	3.75	2.00	4.00	6.00	4.00	student	busan	23	1	2
5	yes	5.00	5.33	4.00	5.67	3.67	student	busan	22	1	1
6	yes	3.50	3.67	3.75	3.33	4.00	student	busan	21	1	3
7	yes	5.25	2.33	6.75	1.00	7.00	student	busan	22	1	2
8	yes	4.00	4.00	5.00	3.00	3.33	student	busan	23	1	1
9	yes	3.75	4.00	3.00	2.00	1.67	student	busan	25	1	1
10	yes	3.50	3.67	2.00	5.33	1.67	student	busan	21	1	3
11	yes	5.00	3.67	3.25	5.33	4.00	student	busan	25	1	3
12	yes	5.00	2.67	4.00	1.67	3.33	student	busan	23	1	3
13	yes	4.75	2.33	3.50	5.67	5.67	student	busan	25	1	1
14	yes	5.50	7.00	5.75	1.00	7.00	student	busan	22	1	1
15	yes	2.75	3.33	3.50	4.33	2.67	student	busan	25	1	1
16	yes	1.50	1.00	1.75	2.00	3.67	student	busan	22	1	2
17	yes	2.50	3.33	4.50	2.00	6.00	student	busan	22	1	3
18	yes	3.75	1.00	5.50	6.67	7.00	student	busan	22	1	3
19	yes	1.00	2.00	6.25	7.00	6.67	student	busan	19	1	2
20	yes	4.50	4.00	3.50	3.00	3.00	worker	busan	21	1	3
21	yes	4.00	1.67	1.00	4.33	4.33	worker	busan	18	1	3
22	yes	4.50	7.00	3.75	2.00	2.67	worker	busan	21	1	3
23	no	2.75	4.33	3.50	5.00	4.00	worker	busan	19	1	3
24	no	1.00	1.00	6.00	7.00	7.00	worker	busan	19	1	2
25	yes	3.50	2.67	4.50	4.00	5.33	worker	busan	19	1	1
26	yes	3.00	3.67	1.25	6.00	2.67	worker	busan	19	1	1
27	yes	3.75	4.00	3.75	3.00	4.00	worker	busan	19	1	3
28	yes	1.50	3.00	3.75	3.33	4.00	worker	busan	18	1	1

데이터 보기(D) 변수 보기(V)

IBM SPSS Statistics 프로세서 준비 완료 | Unicode:ON | 필터 설정

R 활용

[SPSS 활용] 연습과 동일한 결과를 확인하기 위해 이번 [R 활용] 연습에서도 샘플 데이터(sample_data.xlsx) 중 프로그램 형태가 예능(2)인 데이터로만 제한한 데이터를 연습에 활용하도록 하자. 다음과 같이 샘플 데이터를 R의 "data" 변수에 저장한다.

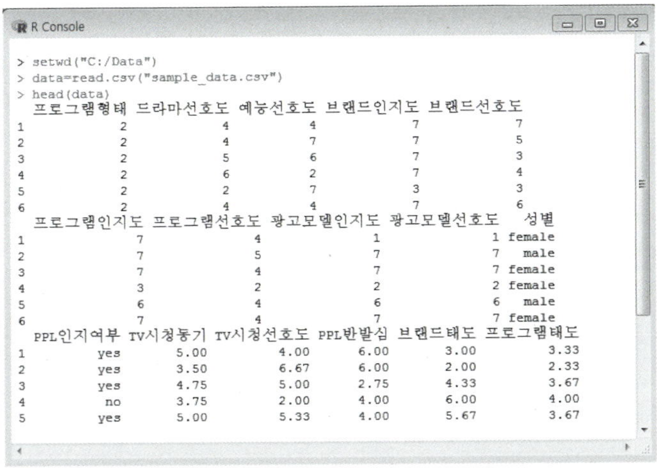

```
R Console
> setwd("C:/Data")
> data=read.csv("sample_data.csv")
> head(data)
  프로그램형태 드라마선호도 예능선호도 브랜드인지도 브랜드선호도
1            2            4          4            7            7
2            2            4          7            7            5
3            2            5          6            7            3
4            2            6          2            7            4
5            2            2          7            3            3
6            2            4          4            7            6
  프로그램인지도 프로그램선호도 광고모델인지도 광고모델선호도   성별
1              7              4              1              1 female
2              7              5              7              7   male
3              7              4              7              7 female
4              3              2              2              2 female
5              6              4              6              6   male
6              7              4              7              7 female
  PPL인지여부 TV시청동기 TV시청선호도 PPL반발심 브랜드태도 프로그램태도
1         yes       5.00         4.00      6.00       3.00         3.33
2         yes       3.50         6.67      6.00       2.00         2.33
3         yes       4.75         5.00      2.75       4.33         3.67
4          no       3.75         2.00      4.00       6.00         4.00
5         yes       5.00         5.33      4.00       5.67         3.67
```

저장된 데이터에서 "프로그램형태"가 예능인 데이터만(data[,1]==2)을 추출하고, 이번 연습에서는 군집분석 대상 변수로 활용할 "드라마선호도", "예능선호도", "브랜드선호도", "프로그램선호도"를 변수만[c(2,3,5,7), "data" 변수의 2번째, 3번째, 5번째, 7번째 열의 변수를 대상]을 선택하여 "data1" 변수에 저장한다.

```
R Console
> data1=data[data[,1]==2,c(2,3,5,7)]
> head(data1)
  드라마선호도 예능선호도 브랜드선호도 프로그램선호도
1            4          4            7              4
2            4          7            5              5
3            5          6            3              4
4            6          2            4              2
5            2          7            3              4
6            4          4            6              4
> d=dist(data1)
> as.matrix(d)[1:5,1:5]
         1        2        3        4        5
1 0.000000 3.741657 4.582576 4.582576 5.385165
2 3.741657 0.000000 2.645751 6.244998 3.000000
3 4.582576 2.645751 0.000000 4.690416 3.162278
4 4.582576 6.244998 4.690416 0.000000 6.782330
5 5.385165 3.000000 3.162278 6.782330 0.000000
> |
```

① 계층적 군집분석

■ 예능 시청자 시장에 대한 탐색적 시장세분화

계층적 군집분석을 위해 먼저 케이스 간의 유클리디안 거리를 "dist( )" 함수를 활용하여 계산한다[d=dist(data1)]. 이전 예에서 측정된 유클리디안 거리를 보여 주는 행렬[as.matrix(d)]을 확인할 수 있다. 예를 들어, 1번 응답자와 2번 응답자의 유클리디안 거리는 3.74이고, 1번 응답자와 5번 응답자의 유클리디안 거리는 5.39로, 1번 응답자는 5번 응답자에 비해 2번 응답자와 더 유사하다고 볼 수 있다. "dist( )" 함수를 사용하면 "euclidean(유클리디안)" 방법을 포함, "maxium", "manhattan", "canberra", "minkowski" 등 다양한 방식의 거리 측도 방법을 사용할 수 있다.

```
R Console
> d=dist(data1)
> clust.single=hclust(d,method="single")
> clust.complete=hclust(d,method="complete")
> clust.average=hclust(d,method="average")
> clust.wardD=hclust(d,method="ward.D")
> plot(clust.single,hang=-1,cex=.8,main="Single Linkage Clustering")
> |
```

케이스 간의 거리 계산이 완료되면, 이 측도된 거리를 바탕으로 "hclust( )" 함수를 활용하여 계층적 군집분석을 실시할 수 있다. "hclust( )" 함수는 기본적으로 두 개의 입력이 필요하며, 첫 번째 입력은 거리 계산 결과로서 이번 연습에서는 "d"이고, 다음으로 두 번째 입력은 군집분석 알고리즘이다. "hclust( )" 함수는 기본적으로 "single(Single Linkage, 단일결합법)", "complete(Complete Linkage, 최장결합법)", "average(Average Linkage, 평균결합법)", "ward.D(Ward법)" 등 다양한 군집 알고리즘을 지원한다. 이번 연습에서는 앞서 나열한 군집 알고리즘을 모두 비교하여 확인해 보도록 한다. 마지막으로 군집분석이 완료되면 이들 각각의 결과를 저장(clust.single, clust.complete, clust.average, clust.wardD)하고 각각의 결과를 덴드로그램으로 표시할 수 있다. 덴드로그램의 표시는 위의 예와 같이 "plot( )" 함수를 활용하여 사용할 수 있다. 이때 입력 "hang"과 "cex"는 각각 라벨의 표시 위치와 글자 크기를 의미한다.

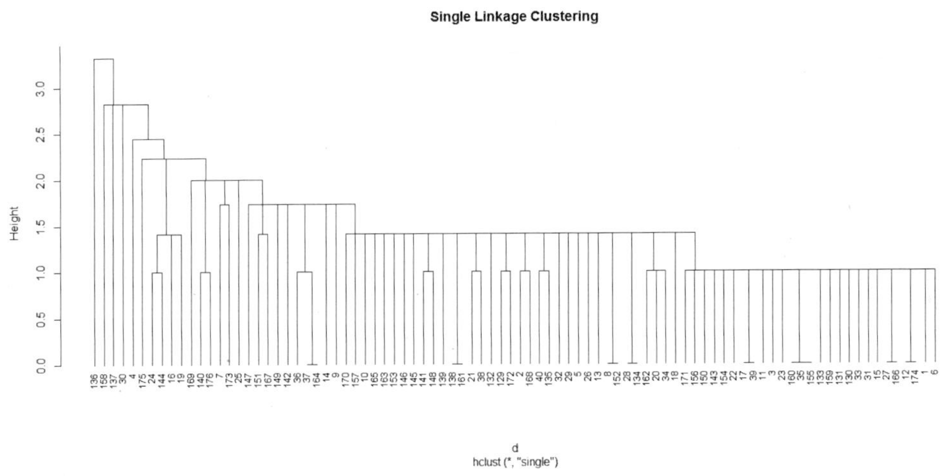

위 그림은 단일결합법(Single Linkage)으로 계층적 군집분석한 결과로서 다소 편향된(매우 적은 케이스들로 군집을 구성하는 등 군집 내 케이스의 수가 균등하지 않은) 군집분류 형태를 보여 줘 군집분류로서의 유의미한 활용이 다소 어렵다고 판단할 수 있다. 다음과 같이 다른 다양한 군집 알고리즘을 활용한 군집분류들(clust.complete, clust.average, clust.wardD)의 덴드로그램을 확인해 보도록 하자.

```
> plot(clust.complete,hang=-1,cex=.8,main="Complete Linkage Clustering")
> plot(clust.average,hang=-1,main="Average Linkage Clustering")
> plot(clust.wardD,hang=-1,main="Ward D Clustering")
> |
```

다음 덴드로그램을 통해 보는 바와 같이 완전결합법, 평균결합법 그리고 Ward법은 단일결합법에 비해 균형 있는 군집분류를 보여 주고 있다. 특히, 분산을 기준으로 하는 Ward법은 가장 균형된 군집분류를 보여 주고 있다. 각각의 군집 알고리즘의 장단점은 앞서 이미 설명하였지만, 어떤 군집분류방법을 사용할지는 조사자의 주관적 견해에 달려 있다. 따라서 실제 응답자들의 분류결과를 면밀히 조사하여 어떤 분류방법을 기준으로 한 세분시장 분류를 활용할지를 결정하여야 한다.

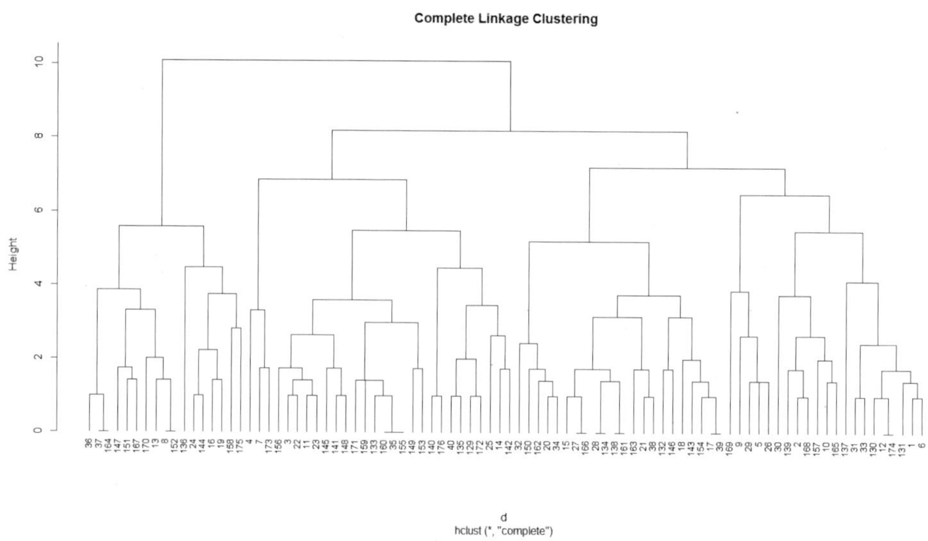

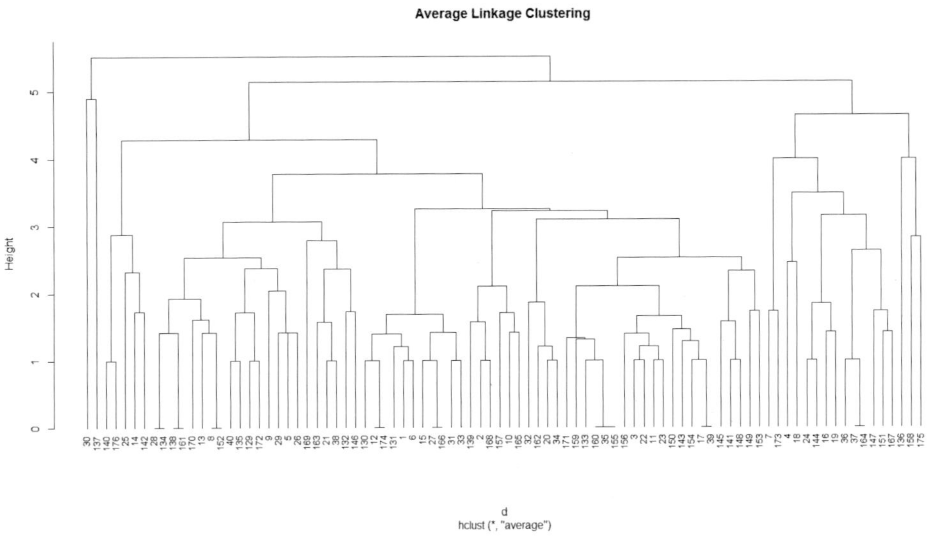

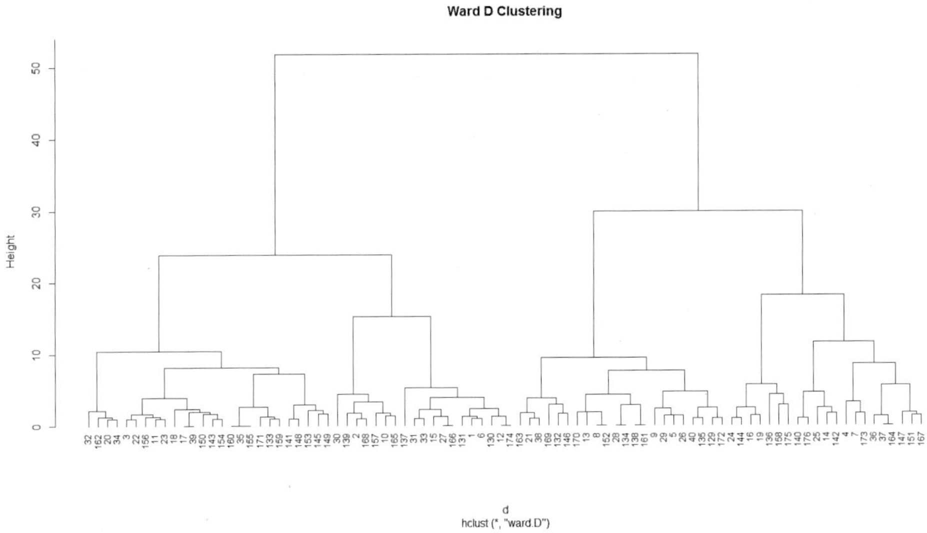

시장세분의 전반적 형태가 결정되었다면 다음으로 가장 적절한 세분시장의 수를 결정하는 방법을 알아볼 필요가 있다. [SPSS 활용]에서는 적절한 세분시장의 수를 평가할 수 있는 방법을 제공하지 않지만, R에서는 이를 위한 라이브러리를 제공한다. 적절한 세분시장의 수를 파악하기 위해 먼저 다음과 같이 "NbClust" 라이브러리를 설치한다. 라이브러리 설치에 관한 내용은 제9장의 상세 설명을 참조하기 바란다.

```
R Console
> install.packages("NbClust",repos='https://ftp.harukasan.org/CRAN/')
'C:/Users/user/Documents/R/win-library/3.5'의 위치에 패키지(들)을 설치합니다.
(왜냐하면 'lib'가 지정되지 않았기 때문입니다)
URL 'https://ftp.harukasan.org/CRAN/bin/windows/contrib/3.5/NbClust_3.0.zip'을 시도합니다
Content type 'application/zip' length 122138 bytes (119 KB)
downloaded 119 KB

패키지 'NbClust'를 성공적으로 압축해제하였고 MD5 sums 이 확인되었습니다

다운로드된 바이너리 패키지들은 다음의 위치에 있습니다
        C:\Users\user\AppData\Local\Temp\Rtmp6DPLsP\downloaded_packages
> |
```

"NbClust" 라이브러리가 적절히 설치되었다면, 설치된 라이브러리를 R로 불러들이고[library(NbClust)], "NbClust" 함수를 실행하여 가장 적절한 세분시장(군집)의 개수를 찾도록 하자. "NbClust" 함수를 실행하기 위해 군집분석을 위한 데이터로 "data1"을 사용하고, 유사성 측도의 방식으로 "euclidean"을 최소 군집수(min.nc)는 2개, 최대 군집수는(max.nc)는 15개로, 마지막으로 군집 알고리즘은 평균연결법(average)으로 설정한다.

```
R Console
> library(NbClust)
> devAskNewPage(ask=TRUE)
> nc=NbClust(data1,distance="euclidean",min.nc=2,max.nc=15,method="average")
페이지 변경을 확인하기 위해 기다리는 중...
*** : The Hubert index is a graphical method of determining the number of clusters.
                In the plot of Hubert index, we seek a significant knee that corresponds $
                significant increase of the value of the measure i.e the significant peak$
                index second differences plot.

페이지 변경을 확인하기 위해 기다리는 중...
*** : The D index is a graphical method of determining the number of clusters.
                In the plot of D index, we seek a significant knee (the significant peak $
                second differences plot) that corresponds to a significant increase of th$
                the measure.

*******************************************************************
* Among all indices:
* 7 proposed 2 as the best number of clusters
* 6 proposed 3 as the best number of clusters
* 1 proposed 6 as the best number of clusters
* 2 proposed 8 as the best number of clusters
* 4 proposed 9 as the best number of clusters
* 1 proposed 14 as the best number of clusters
* 2 proposed 15 as the best number of clusters

                   ***** Conclusion *****

* According to the majority rule, the best number of clusters is  2


*******************************************************************
```

"NbClust" 함수의 실행 결과는 다양한 군집개수 평가기준을 검토해 본 결과, 7개의 평가기준이 2개의 군집을, 6개의 평가기준이 3개의 군집을, 가장 적절한 군집개수로 평가

하고 있음을 보여 주고 있다. 다음 그림은 다양한 군집개수 평가기준 중 "Hubert" 지수와 "D" 지수를 예로써 보여 주고 있다. 각 지수 모두 군집개수가 2개일 때 가장 유의한 증가(Second Differences)가 일어남을 보여 주고 있다.

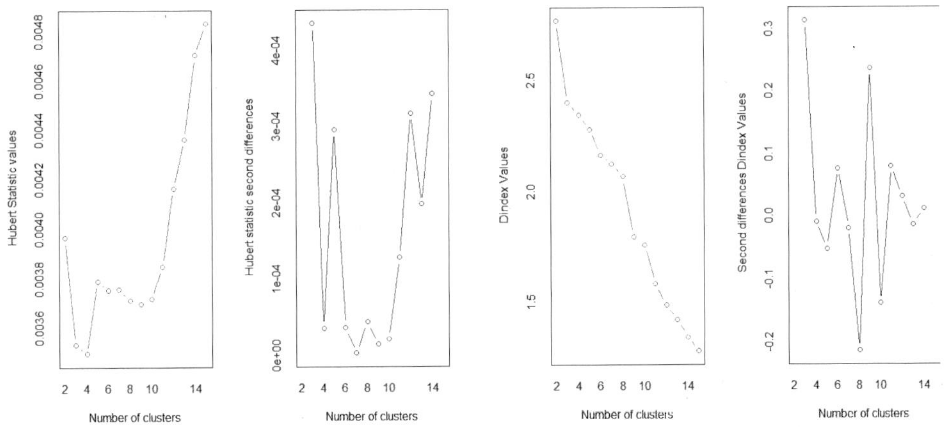

다음 군집 알고리즘별 적절한 군집개수의 변화를 확인할 수 있다. 앞서 "NbClust" 함수의 마지막 인자(입력)인 "method"의 입력을 "Complete", "Single", "ward.D" 등으로 다양하게 입력하여 얻은 결과를 다음과 같이 "barplot" 함수를 사용하면 쉽게 확인할 수 있다.

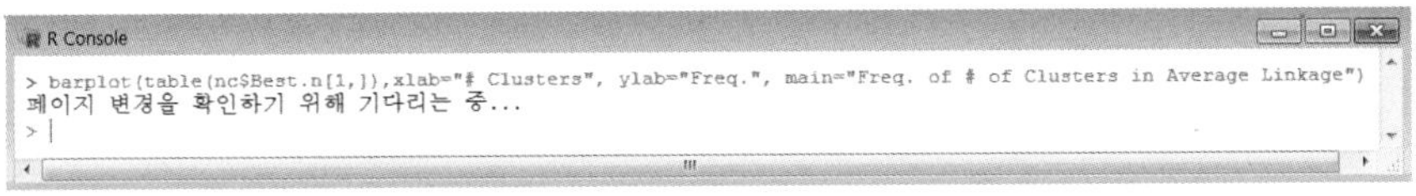

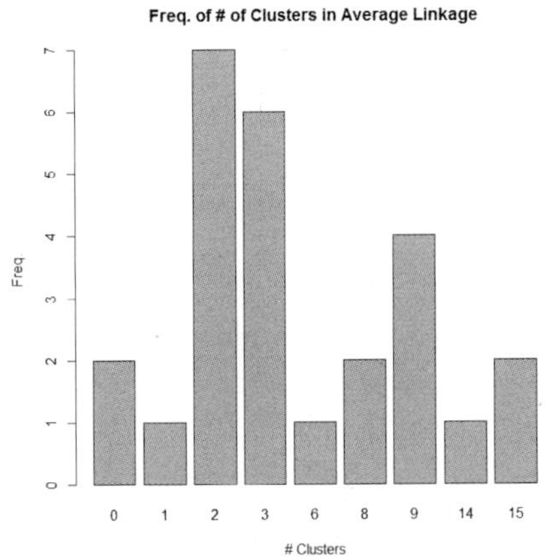

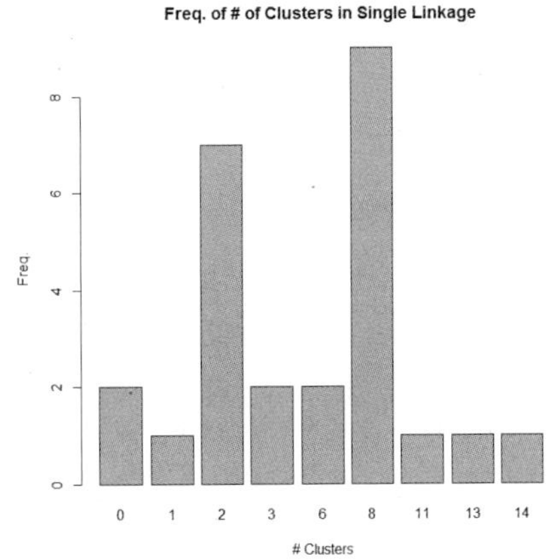

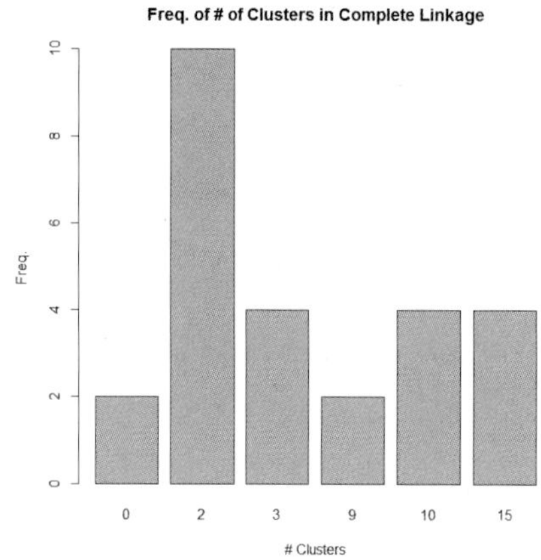

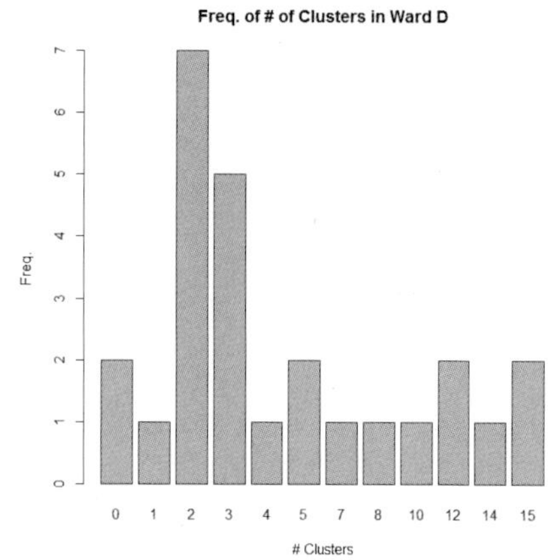

전반적으로 단일결합법(Single Linkage)을 제외하고는 2개의 군집이 가장 적절한 군집개수로 일치된 결과를 보여 준다.

비록, 2개의 군집이 가장 적절한 군집으로 평가되고 있지만, 이번 분석이 연습이고 좀 더 다양한 군집의 출현이 여러 형태의 연습을 할 수 있다는 점에서 다음으로 적절한 군집개수로 평가되고 있는 3개 군집을 기준으로 군집분석 연습을 진행하도록 하자. 다음은 3개의 세분시장으로 응답자(시청자)를 분류하여 각 세분시장별 응답자수와 덴드로그램 내 응답자의 분포를 확인해 보도록 하자.

R Console

```
> clusts.3=cutree(clust.average,k=3)
> barplot(table(clusts.3),main="Freq. of Clusters")
> plot(clust.average,hang=-1,cex=.8,main="Average Linkage Clustering 3 Clusters Solution")
> rect.hclust(clust.average,k=3)
> |
```

"cutree" 함수를 활용하여 계층적 군집분석의 군집개수를 정의하여 응답자들을 군집(세분시장)별로 구분하고, 이를 빈도표로 만들어 주는 "table" 함수와 빈도 그래프를 만들어 주는 "barplot" 함수를 사용하여 세분시장별 응답자수를 확인하자.

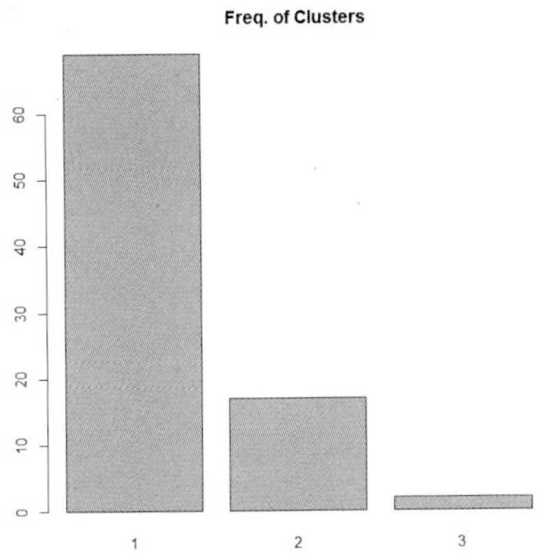

"plot" 함수를 사용하여 덴드로그램을 만들고, "rect.hclust" 함수를 사용하여 덴드로그램 내 세분시장을 표시하면 다음과 같다.

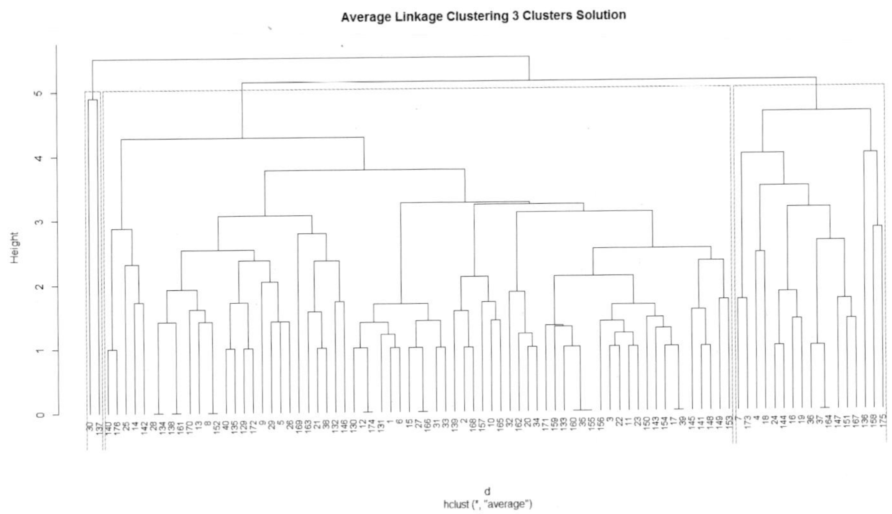

이로써 덴드로그램을 기준으로 어떤 형태의 세분시장이 존재하고, 어떻게 응답자들이 세분시장을 구성하는지 명확히 파악할 수 있게 되었다.

② K–평균 군집분석

■ 예능 시청자 시장에 대한 확정적 시장세분화와 특성 파악

계층적 군집분석을 통해 군집의 형태와 개수가 파악이 되었다면 다음으로 해당

군집의 세부적 특성을 면밀히 파악할 필요가 있다. 이를 위해 *K*–평균 군집분석과 PAM(Partitioning Around Medoids) 군집분석을 연습해 보도록 하자.

R Console

```
> clust.kmean=kmeans(data1,3,nstart=25)
> clust.kmean
K-means clustering with 3 clusters of sizes 47, 16, 25

Cluster means:
  드라마선호도 예능선호도 브랜드선호도 프로그램선호도
1     5.085106   5.191489     4.765957       4.531915
2     3.500000   2.375000     3.437500       1.625000
3     2.880000   5.800000     4.200000       2.960000

Clustering vector:
  1   2   3   4   5   6   7   8   9  10  11  12  13  14  15  16  17  18  19  20  21  22  23  24  25  26  27  28 
  1   1   1   2   3   1   2   3   3   1   1   1   3   3   3   2   1   1   2   1   1   1   1   2   3   3   1   3 
 29  30  31  32  33  34  35  36  37  38  39  40 129 130 131 132 133 134 135 136 137 138 139 140 141 142 143 144 
  3   1   1   1   1   1   1   2   2   1   1   3   3   1   1   3   1   3   3   2   1   3   1   3   1   3   1   2 
145 146 147 148 149 150 151 152 153 154 155 156 157 158 159 160 161 162 163 164 165 166 167 168 169 170 171 172 
  1   3   2   1   3   1   2   3   1   1   1   1   1   2   1   1   3   1   1   2   1   1   2   1   1   3   1   3 
173 174 175 176 
  2   1   2   3 

Within cluster sum of squares by cluster:
[1] 245.0638 107.4375 105.6000
 (between_SS / total_SS =  43.3 %)

Available components:

[1] "cluster"      "centers"      "totss"        "withinss"     "tot.withinss" "betweenss"    "size"        
[8] "iter"         "ifault"      
> plot(data1[,1:2],pch=16,col=clust.kmean$cluster)
> plot(data1[,1:3],pch=16,col=clust.kmean$cluster)
```

"kmeans" 함수를 사용하여 분석대상인 데이터(data1), 군집의 개수(3), 초기 군집 중심의 개수(nstart=25)를 설정하고 *K*–평균 군집분석을 실행한다. 실행 결과는 SPSS와 동일하며 자세한 해석은 [SPSS 활용] *K*–평균 군집분석 부분을 참고하기 바란다. SPSS의 결과와 유사하게 각 세분시장에 대한 변수별 평균값을 확인할 수 있다. 그리고 이를 활용한 각 세분시장별 특성을 비교할 수 있다([SPSS 활용] *K*–평균 군집분석 부분을 참고). 또한 각 응답자(시청자)들이 모두 분류된 세분시장들 각각으로 분류되어 있다(Clustering Vector). 다음 그림은 "plot" 함수를 이용하여 각 변수들의 특성에 따른 세분시장의 분포를 시각적으로 보여 주는 함수로서 각 포인트의 색깔은 3가지 세분시장을 반영하고 있어 각 세분시장의 해당 변수들의 기준에 따른 위치(Positioning)를 분석할 수 있는 기초자료로 활용할 수 있다.

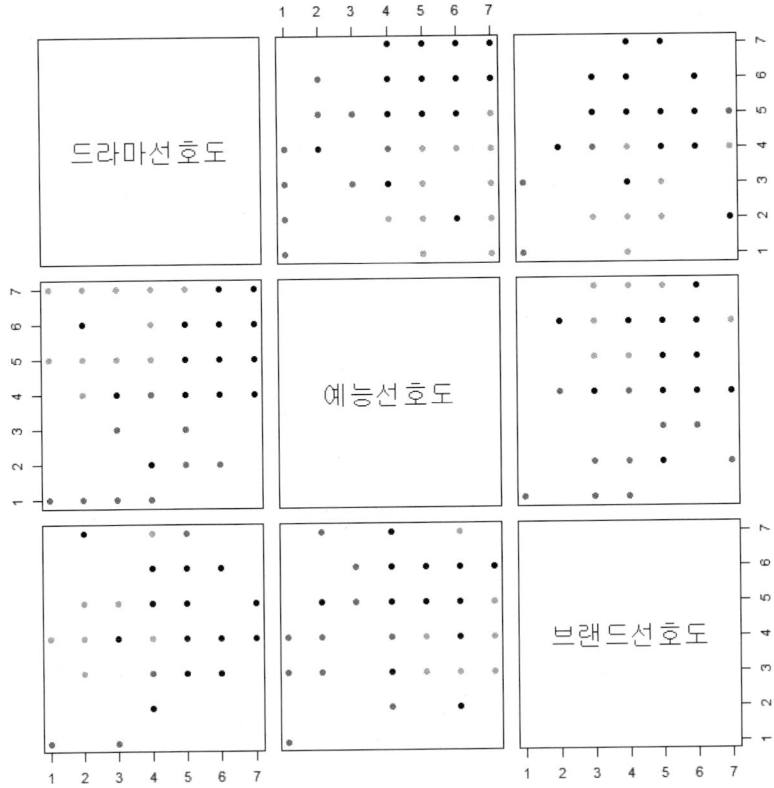

③ PAM 군집분석

앞서 K–평균 군집분석은 평균을 이용하기 때문에 평균의 단점인 이상치에 민감하다. 이러한 단점을 보완한 방법이 PAM(Partitioning Around Medoids) 군집분석으로 K–평균 군집분석에서 각 군집을 중심값(Centroid, 변수들의 평균 벡터)으로 나타내는 것과 달리 각 군집은 하나의 관찰치(Medoid)로 대표된다. 또한 K–평균 군집분석에서 유클리디안 거리만을 사용하는 것과 달리 PAM에서는 다른 거리 측정법도 사용할 수 있기 때문에 연속형 변수들뿐만 아니라 다양한 형태의 변수들의 조합에도 적합할 수 있다.

```
> library(cluster)
> set.seed(1111)
> clust.pam = pam(data1,3,stand=TRUE)
> clust.pam
Medoids:
    ID 드라마선호도 예능선호도 브랜드선호도 프로그램선호도
6    6           4          4            6              4
23  23           5          6            4              4
151 63           3          4            4              2
Clustering vector:
  1   2   3   4   5   6   7   8   9  10  11  12  13  14  15  16  17  18  19  20  21  22  23  24  25  26  27  28
  1   2   2   3   2   1   1   3   2   1   2   1   3   3   1   3   2   2   3   2   2   2   2   3   3   3   1   3
 29  30  31  32  33  34  35  36  37  38  39  40 129 130 131 132 133 134 135 136 137 138 139 140 141 142 143 144
  3   1   1   2   1   2   2   3   3   2   2   2   2   1   1   2   1   3   2   3   1   3   2   3   2   3   2   3
145 146 147 148 149 150 151 152 153 154 155 156 157 158 159 160 161 162 163 164 165 166 167 168 169 170 171 172
  2   2   3   2   2   2   3   3   2   2   2   2   2   3   1   2   3   2   1   3   2   1   3   2   2   3   2   2
173 174 175 176
  1   1   3   1
Objective function:
   build     swap
1.868790 1.837039

Available components:
 [1] "medoids"    "id.med"     "clustering" "objective"  "isolation"  "clusinfo"   "silinfo"    "diss"
 [9] "call"       "data"
> clusplot(clust.pam, main="Two Dimenional Cluster Plot")
> 
```

다음은 PAM 군집분석으로 분류된 세분시장의 군집도표를 보여 주는 것으로 "clustplot" 함수를 활용하여 만들 수 있다. 세 개의 심볼 각각의 세 개의 세분시장을 보여 주고 있으며, 두 개의 구분기준(Component 1, Component 2)으로 각 세분시장의 위치를 파악할 수 있다. 십자가(+) 세분시장과 세모(△) 세분시장은 상당히 구분되어 있는 반면, 원(○) 세분시장은 앞서 두 세분시장과 상당히 겹쳐서 존재하고 있음을 확인할 수 있다. PAM 군집분석뿐만 아니라 *K*−평균 군집분석, 계층적 군집분석 역시 "clustplot" 함수나 "plotcluster" 함수 등을 활용하면 군집의 형태를 다양한 형태로 시각화하여 확인할 수 있어 세분시장 파악에 많은 도움을 줄 수 있다.

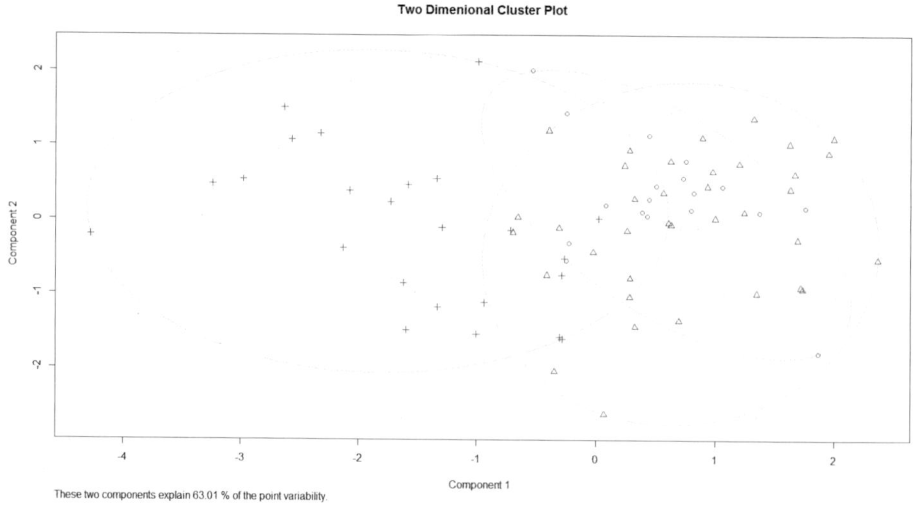

15.2 판별분석

15.2.1 판별분석의 개념

군집분석이 고객 또는 그 외 개별 측정대상(또는 개체) 중에서 유사한 속성을 지닌 대상을 몇 개의 군집으로 구분하는 것이라면, 판별분석(Discriminant Analysis)은 분류된 집단의 특성을 파악하여 집단의 분류가 정확히 잘 이루어졌는지를 판단하거나, 기존 집단에 포함되어 있지 않은 새로운 대상이 출현하였을 때, 이 대상이 어느 집단으로 분류될 수 있는지를 결정하는 탐색적인 분석방법이다. [그림 15-5]는 군집분석과 판별분석의 차이를 잘 보여 주고 있다. 판별분석은 먼저 분류되어 있는 집단 간의 차이를 의미 있게 설명해 줄 수 있는 요인(독립변수)을 찾아내어 변수의 선형결합으로 판별식을 만들고 이 판별식을 활용하여 분류하고자 하는 대상을 집단으로 분류한다.

하지만 판별분석을 위해 반드시 군집분석이 필요한 것이 아니다. 예를 들어, 자동차 제조업체의 경우, 일반 세단 구매자, SUV 구매자, 미니밴 구매자의 정보를 수집하여 다른 차종 구매자 간의 특성 차이를 파악할 수 있으며, 파악된 특성을 바탕으로 새로운 잠재고객이 원하는 차종을 예측할 수도 있다. 또 다른 예로, 은행에서 고객에게 신용 대출을 할 경우 대출 심사를 위해 신용점수를 활용하는데, 이때 신용점수 역시 판별분석을 활

그림 15-5 군집분석 vs. 판별분석

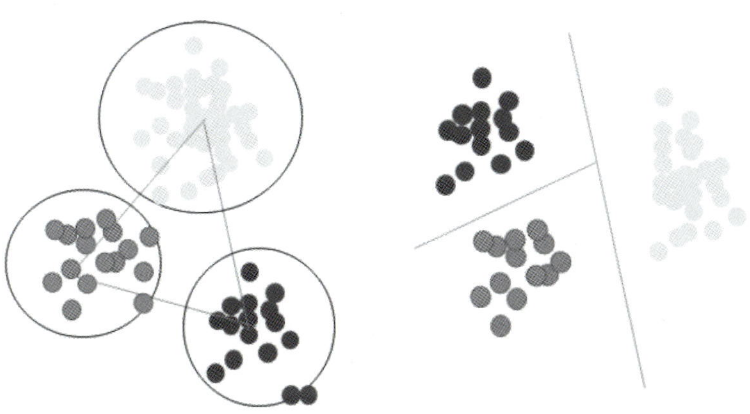

용한 판별식의 목푯값의 한 응용 예로 볼 수 있다. 즉, 대출 상환 행동에 대한 집단(예: 신용불량자 vs. 우량자 또는 신용등급)을 구별하고, 각 집단의 고객들의 특성 중 집단분류에 유의한 영향을 주는 요인을 파악하여 이를 활용하여 판별식을 개발할 수 있다.

판별분석은 정량적 자료(등간척도나 비율척도)로 측정된 독립변수를 이용해 명목자료(명목척도, 서열척도)로 측정된 종속변수의 집단을 구분하는 것을 목적으로 한다. 이때, 어떤 집단에 속하는지 판별하기 위한 변수로서, 독립변수 중 판별력이 높은 변수를 판별변수라 하며, 좋은 판별변수는 판별변수 간의 상관관계가 낮아 좋은 판별함수를 만들 수 있는 변수를 의미한다. 자료에 몇 개의 집단이 존재하는지를 알 수 없는 군집분석과 달리, 판별분석에서는 자료에 속한 각 대상은 여러 집단 중에서 어느 집단에 속해 있는지 알려져 있어야 하며, 소속집단이 이미 알려진 경우에 대하여 변수들을 측정하고 이들 변수들을 이용하여 각 집단을 가장 잘 구분해 낼 수 있어야 한다. 판별분석의 과정은 먼저 집단의 특성 간 차이를 반영할 수 있는 독립변수의 선정, 선정된 독립변수를 이용한 판별함수의 도출, 판별능력에 있어 독립변수들의 상대적 중요도 평가, 판별함수의 판별능력 평가, 새로운 판별대상에 대한 예측력 평가 등을 포함한다.

15.2.2 판별함수의 도출방법

가장 많이 사용하는 판별함수의 형태는 선형 판별함수(Linear Discriminant Function)로 독립변수 간의 선형결합으로서, 다음과 같이 표현된다.

$$Z=\beta_0+\beta_1X_1+\beta_2X_2+\cdots+\beta_nX_n$$

여기서, Z: 판별점수

X_n : 판별점수

β_n : 판별계수

판별함수의 도출원리는 분류된 집단 내 분산에 비해 집단 간 분산의 차이를 최대화하는 판별변수의 선형조합을 찾는 것이다. 따라서 집단 간 분산이 같은 경우와 다른 경우에 판별함수의 도출방법이 달라질 수 있다. 자세한 사항은 통계학 관련 책을 찾아보기 바라며 여기서는 활용방법만을 설명하기로 한다. 일반적으로 판별함수가 안정적으로 도출되기 위해 필요한 관측치(자료)의 개수(데이터의 크기, 표본의 크기)는 판별변수 개수의 20배 이상이 필요하고, 각 집단에 최소한 20개 이상의 관측치가 존재하여야 한다.

판별분석의 도출을 위해 다음의 가정들이 필요하다. 하지만 자료 또는 표본의 크기가 매우 클 경우에 이러한 가정은 크게 중요하지 않을 수도 있다.

① 독립변수들의 결합확률분포는 다변량 정규분포이다.
② 모집단에서 종속변수의 각 집단별 독립변수들의 공분산 구조가 같다.
③ 각 집단에 소속될 사전 확률은 같다.

15.2.3 판별분석의 절차

첫째, 조사자는 종속변수의 집단 개수와 판별분석에 사용될 판별변수(독립변수)를 선택하여야 한다. 즉, 조사자는 전체 자료 또는 표본에 몇 개의 집단이 존재하는지를 파악하거나 사전에 집단의 구분을 정의하여야 하며, 이때 각 집단은 상호배타적이고, 각 대상들은 여러 집단 중 한 집단에만 소속되어야 하며, 집단의 구분이 명확하고 논리적이며, 각 집단 속 자료의 수가 같거나 비슷하여야 한다. 또한 조사자는 기존 연구나 조사, 또는 경험을 통해 각 집단의 특성의 차이를 유의하게 반영하는 변수들을 사전에 조사하여 판별변수로 선택하여야 한다.

둘째, 판별분석의 기본 가정인 집단별 독립변수들의 등분산을 확인해 보아야 한다. 이를 위해 Box−M 검정을 활용한다. 만약 Box−M 검정을 통해 등분산 가정이 만족되지 않으면 선형판별함수가 아닌 이차판별함수 등 비선형판별함수를 활용하여야 한다. 이에 대해서는 관련 통계학 도서를 확인해 보기 바란다.

셋째, 판별분석에 포함하여야 하는 자료 또는 표본의 크기를 확보해야 한다. 전체 자료의 크기는 독립변수의 개수보다 3배 이상 또는 최소 2배 이상 되어야 하며 각 집단의 자료의 크기가 모두 독립변수의 개수보다 많아야 한다.

넷째, 실제 판별분석의 추정방법은 회귀분석과 유사하며, 이때 독립변수 선정방법으로 동시 포함법, 전진 선택법(Forward 방법), 후진 제거법(Backward 방법), 단계적 추출법(Stepwise 방법) 등이 활용된다. 여기서 동시 포함법은 조사자가 직접 변수들을 선택하는 방법으로 조사자가 직접 변수들을 선정해서 가장 좋은 판별식을 찾는 방법이다. 전진 선택법은 독립변수들 중 집단 간 차이를 크게 하는 변수 순서대로 판별함수에 포함시키는 방법이다. 후진 제거법은 모든 변수를 모두 포함한 후 집단 간 차이가 없는 변수를 순서대로 판별함수에서 제거시키는 방법이다. 단계적 추출법은 전진 선택법과 후진 제거법이 통합된 형태로 집단 간 차이를 크게 하는 변수로 먼저 포함되었지만 만약 다른 변수가 포함되어 그 차이가 줄어들게 된다면 제거하여 가장 좋은 판별함수를 도출하는 방식이다.

15.2.4 통계분석 연습

SPSS 활용

판별분석 연습을 위한 데이터는 이전 군집분석에서 준비한 데이터를 그대로 사용하도록 한다. 판별분석을 위해 "분석" → "분류분석" → "판별분석" 메뉴를 다음과 같이 선택한다.

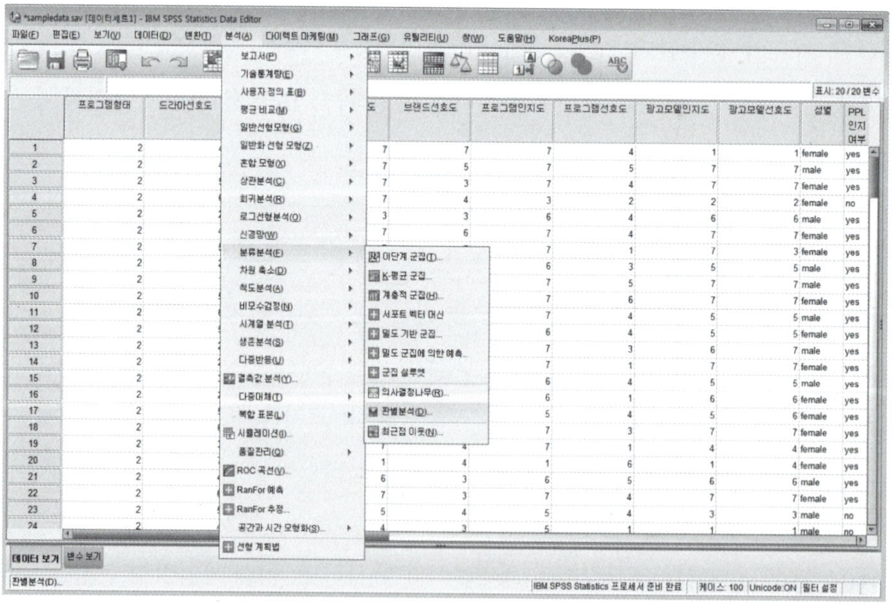

판별분석은 판별하기 위한 집단이 사전에 정의되어 있어야 하기 때문에 어떤 집단을 대상으로 판별할지를 사전에 결정해야 한다. 이번 연습에서는 이전 군집분석에서 분류한 세분시장 집단을 대상으로 판별분석 연습을 실행해 보도록 하자. 판별분석 메뉴를 선택하면 다음과 같이 판별분석 설정을 위한 창이 나타난다.

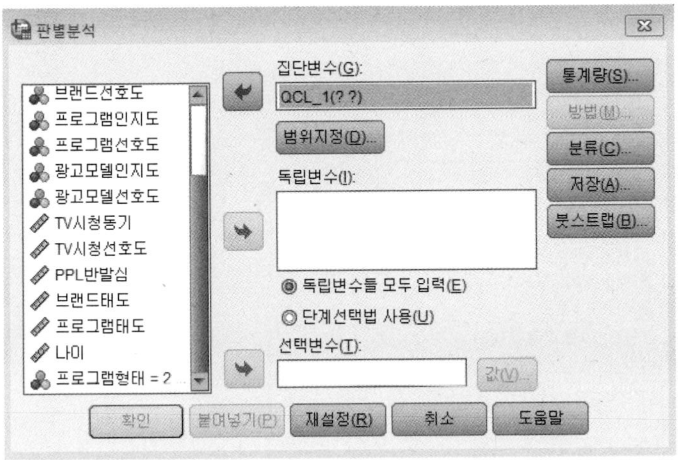

여기서 집단변수로 이전 군집분석(*K*−평균 군집분석) 결과 소속집단으로 새로이 저장된 변수 “QCL_1”을 지정하고, 이 변수의 집단 범위를 최솟값 1, 최댓값 3으로 다음과 같이 설정한다(*K*−평균 군집분석의 군집개수가 3개였음).

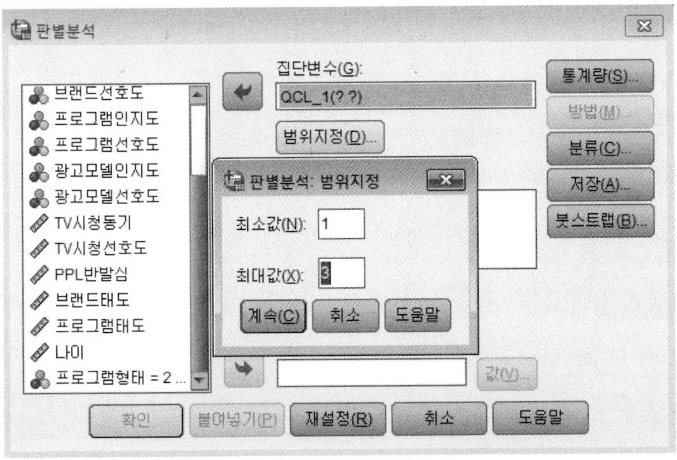

다음으로 어떤 변수들을 판별분석에 포함할지를 결정하여야 한다. 이전 군집분석에서 활용한 4개의 변수를 이미 알고 있지만, 이번 연습은 별도의 판별분석 연습이기 때문에 집단 구별에 활용된 변수를 현 조사자는 모른다고 가정하고 8가지 변수들(드라마선호도, 예능선호도, 브랜드인지도, 브랜드선호도, 프로그램인지도, 프로그램선호도, 광고모델인지도, 광고모델선호도)을 선택하고, 이들 변수로 판별식을 추정해 보도록 한다.

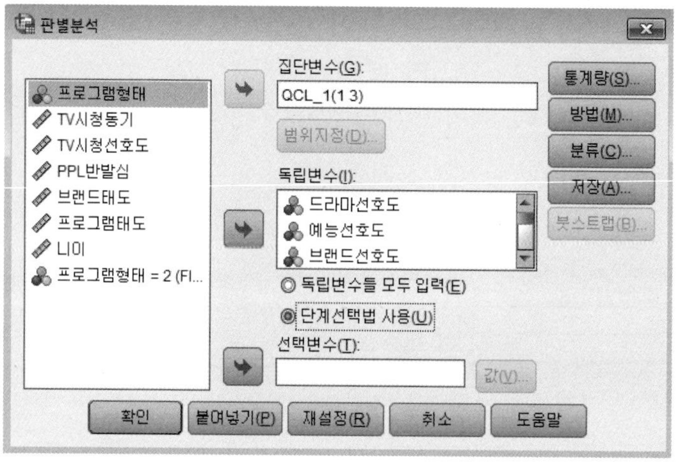

판별분석의 설정 창에서 효율적 판별식 추정을 위해 "단계선택법 사용"을 설정하고, "통계량" 설정에서는 다음과 같이 평균, 공분산 행렬의 동일성 가정을 검증하기 위한 "Box의 M" 설정을 선택하고, 함수의 계수 표시 방식은 정확한 판별식 표시를 위해 "비표준화" 계수 설정을 선택한다.

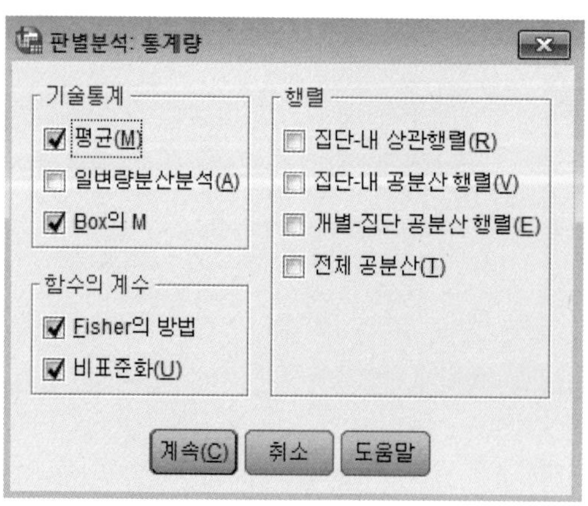

"분류" 설정에서는 다양한 도표를 통해 판별분석의 결과를 확인하기 위해 "결합–집단", "개별–집단", "영역도" 등의 도표를 선택하도록 하자.

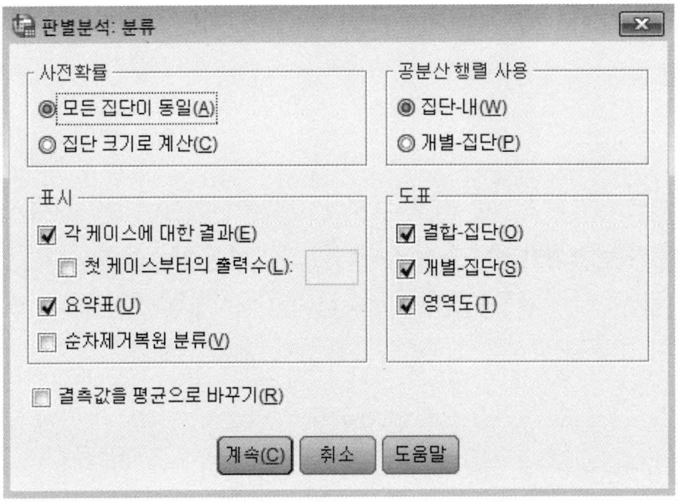

마지막으로 현재의 데이터 세트에 이번 판별분석을 통해 예측된 소속집단과 판별점수를 저장하여 다른 분석에 활용할 수 있도록 "저장" 설정에서 "예측 소속집단"과 "판별점수" 설정을 선택하도록 한다.

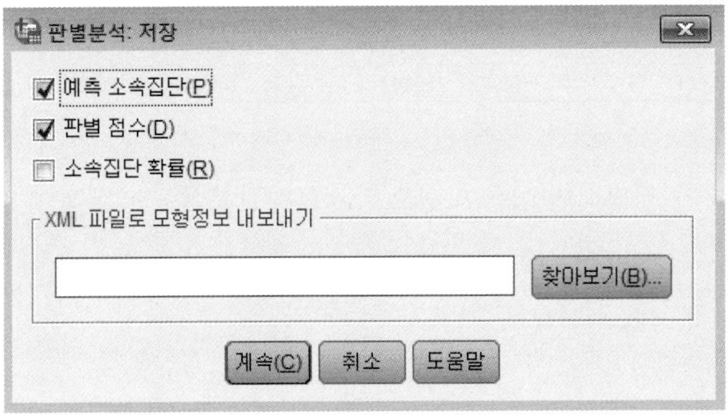

다음은 판별분석의 결과로, 먼저 "Box의 M" 검정을 통해 집단의 공분산 행렬이 동일하다는 귀무가설을 기각할 수 없어(유의확률 0.957) 집단의 공분산 행렬이 동일해야 한다는 공분산 행렬의 동일성 가정이 충족됨을 확인할 수 있다.

검정 결과

Box의 M		5.387
F	근사법	.420
	자유도1	12
	자유도2	10587.858
	유의확률	.957

모집단 공분산 행렬이 동일하다는 영가설을 검정합니다.

이번 판별분석은 효율적인 판별식 분석을 위해 "단계선택법"을 사용하였으며, 따라서 8개의 변수 중 집단판별에 가장 유의한 변수들이 선택되어 판별식에 활용될 것이다. 분석결과 3개의 변수(예능선호도, 프로그램선호도, 드라마선호도)가 집단판별에 유의한 변수들로 선정되었다. 이 변수들이 선정된 근거는 다음 표에서 보는 바와 같이 이들 변수들이 각 집단별 또는 세분시장별 유의미한 차이를 보이는 변수이며, 이는 결국 집단에 따라 통계적으로 유의미한 차이를 나타내는 변수들이 집단분류 시 판별력이 높을 가능성이 크기 때문이다.

입력/제거된 변수[a,b,c,d]

		Wilks의 람다							
						정확한 F			
단계	입력된	통계량	자유도1	자유도2	자유도3	통계량	자유도1	자유도2	유의확률
1	예능선호도	.473	1	2	85.000	47.398	2	85.000	.000
2	프로그램선호도	.245	2	2	85.000	42.905	4	168.000	.000
3	드라마선호도	.127	3	2	85.000	50.055	6	166.000	.000

이렇게 판별식에 포함될 변수가 결정되면 이를 바탕으로 정준상관분석을 실행하여 3개 변수를 바탕으로 한 판별함수(판별요인)식을 추정한다. 이번 판별분석의 경우 2개의 판별함수(판별요인)가 다음과 같이 추출되었다.

고유값

함수	고유값	분산의 %	누적 %	정준 상관
1	2.560[a]	67.8	67.8	.848
2	1.217[a]	32.2	100.0	.741

정준 판별함수 계수

	함수	
	1	2
드라마선호도	.551	-.608
예능선호도	.274	.810
프로그램선호도	.798	-.077
(상수)	-6.464	-1.121

비표준화 계수

첫 번째 판별함수를 Z_1, 두 번째 판별함수를 Z_2라고 할 때, 위의 “정준 판별함수 계수”를 바탕으로 다음과 같은 판별함수식을 추정할 수 있다. 이때 판별분석 설정 시 “비표준화” 계수 옵션을 선택하였기 때문에 “정준 판별함수 계수”가 비표준화 형태로 나타난다. “비표준화” 계수를 선택하지 않는 경우 “(상수)” 항이 나타나지 않은 표준화 형태로 나타나 정상적인 판별함수식을 추정하기 어렵게 된다.

$$Z_1 = -6.464 + 0.551 \times \text{드라마선호도} + 0.274 \times \text{예능선호도} + 0.798 \times \text{프로그램선호도}$$
$$Z_2 = -1.121 - 0.608 \times \text{드라마선호도} + 0.810 \times \text{예능선호도} - 0.077 \times \text{프로그램선호도}$$

판별함수는 다음의 분류함수와는 다른 의미로서 일종의 3개 변수에 대한 요인분석 결과로 이해해도 무방하다. 즉, 이번 판별분석을 위해 3개의 변수를 상관관계가 전혀 없는 분류기준 2개 요인을 추출하고, 이 두 요인(판별함수)으로 판별분석을 수행하여 집단을 판별하게 된다.

분류 함수 계수

	케이스 군집 번호		
	1	2	3
드라마선호도	2.022	2.959	4.478
예능선호도	4.114	1.190	3.162
프로그램선호도	3.485	2.394	5.472
(상수)	-21.098	-9.635	-33.091

Fisher의 선형 판별함수

“분류 함수 계수”표는 분류함수의 계수를 나타내 주는 표로 새로운 응답자 또는 케이스가 발생하였을 때 해당 케이스의 “드라마선호도”, “예능선호도”, “프로그램선호도” 수준을 바탕으로 케이스의 소속 군집을 예측할 수 있다. 예를 들어, 새로운 시청자가 시청 시도를 할 경우 해당 시청자의 “드라마선호도”, “예능선호도”, “프로그램선호도”를 파악하여 이를 바탕으로 이 새로운 시청자가 소속될 수 있는 세분시장을 세 개의 세분시장 중에 예측할 수 있고 그에 맞는 마케팅을 실행할 수 있다. 이와 같은 분석결과의 활용을 위해 판별식이 아주 중요한 역할을 하며 “분류 함수 계수”표를 바탕으로 다음과 같은 판별식이 도출될 수 있다. 각 판별식에 해당 변수의 값(수준)을 대입하여 각 판별식의 판별점수를 계산하고 그중 가장 큰 판별점수가 나온 집단(세분시장)에 해당 응답자가 속하게 된다.

세분시장 1 판별식 = −21.098 + 2.022 × 드라마선호도 + 4.114 × 예능선호도 + 3.485 × 프로그램선호도

세분시장 2 판별식 = −9.635 + 2.959 × 드라마선호도 + 1.190 × 예능선호도 + 2.394 × 프로그램선호도

세분시장 3 판별식 = −33.091 + 4.478 × 드라마선호도 + 3.162 × 예능선호도 + 5.472 × 프로그램선호도

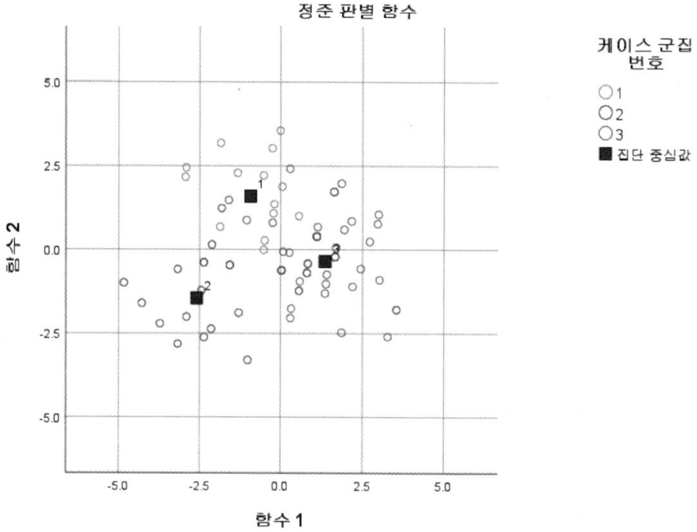

위의 그림은 두 개의 판별함수(요인)를 기준으로 각각의 군집들의 분포와 집단 중심값을 보여 주고 있다. 집단 중심값은 각 집단의 요인별 특성을 보여 주고 있다. 예를 들어, 세분시장 1은 판별함수 1번보다 2번이 더 높은 특성을 가지고 있고, 세분시장 3은 반대로 판별함수 1번이 2번보다 더 큰 특성을 가지고 있으며, 세분시장 2의 경우 판별함수 1, 2번 모두 낮은 특성을 가지고 있다. 여기서 높고, 낮은 수준의 가치는 실제 판별함수의 특성에 따라 그 가치 해석이 달라질 수 있음에 유의하자. 또한 이 중심값들을 중심으로 각각의 세분시장 구성원(응답자)들이 분포하고 있음을 알 수 있으며, 정준상관분석을 수행함에 따라 각 세분시장의 교집합이 거의 존재하지 않음을 알 수 있다. 이는 추출된 두 판별함수가 아주 높은 판별력을 가지는 요인임을 알려 주고 있다.

분류 결과[a]

		케이스 군집 번호	예측 소속집단 1	2	3	전체
원래값	빈도	1	24	0	1	25
		2	0	16	0	16
		3	0	0	47	47
	%	1	96.0	.0	4.0	100.0
		2	.0	100.0	.0	100.0
		3	.0	.0	100.0	100.0

a. 원래의 집단 케이스 중 98.9%이(가) 올바로 분류되었습니다.

마지막으로 실제 집단과 예측 소속 집단을 비교해 본 결과, 한 경우를 제외하고는 이번 판별분석은 모든 응답자(케이스)를 정확히 예측(98.9%)했음을 할 수 있다. 실제 판별식을 도출한 데이터에 실제 판별식을 대입한 결과라 상당한 예측력을 보여 주는 것이 일반적이다. 일반적으로 판별식의 판별력 평가를 위해 전체 데이터의 약 70%를 가지고 판별식을 도출하고, 나머지 30%를 이용하여 도출된 판별식의 실제 판별력을 평가하는 방법이 많이 활용된다.

R 활용

샘플 데이터(data)에서 "프로그램형태"가 "예능"인 데이터만(data[,1]==2)을 선택하고, 중 8개의 변수(드라마선호도, 예능선호도, 브랜드인지도, 브랜드선호도, 프로그램인지도, 프로그램선호도, 광고모델인지도, 광고모델선호도)값을 포함한 데이터 세트(2:9)에 K-평균 군집분석의 군집분석 결과(clust.kmean$cluster)인 "집단" 변수{names(data2)[9]="집단"}를 추가한 "data2"를 사용하여 판별분석을 수행한다.

```
R Console
> data2=cbind(data[data[,1]==2,2:9],clust.kmean$cluster)
> names(data2)[9]="집단"
> head(data2)
  드라마선호도 예능선호도 브랜드인지도 브랜드선호도 프로그램인지도 프로그램선호도 광고모델인지도 광고모델선호도
1            4          4            7            7              7              4              1              1
2            4          7            7            5              7              5              7              7
3            5          6            7            3              7              4              7              7
4            6          2            7            4              3              2              2              2
5            2          7            3            3              6              4              6              6
6            4          4            7            6              7              4              7              7
  집단
1    1
2    1
3    1
4    2
5    3
6    1
> library(MASS)
> da1=lda(집단~드라마선호도+예능선호도+브랜드인지도+브랜드선호도+프로그램인지도+프로그램선호도+광고모델인지도+광고모델선호도,
+ data=data2,prior=c(1,1,1)/3)
> p1=predict(da1)
```

판별분석을 위해 "lda" 함수를 사용하고, 종속변수는 "집단"으로 독립변수는 "드라마선호도", "예능선호도", "브랜드인지도", "브랜드선호도", "프로그램인지도", "프로그램선호도", "광고모델인지도", "광고모델선호도"로 하여 판별식을 다음과 같이 정의한다.

> 집단~드라마선호도+예능선호도+브랜드인지도+브랜드선호도+프로그램인지도+
> 프로그램선호도+광고모델인지도+광고모델선호도

다음으로 분석에 적용되는 데이터로 앞서 생성한 "data2"를 활용(data=data2)하고, 사전 집단 확률을 균일하게 각 집단별로 1/3로 설정[prior=c(1,1,1)/3]한다. 판별분석의 결과는 "da1"에 저장되고, 이를 활용하여 예측을 하고, 이 결과를 "p1"에 저장[p1=predit(da1)]한다.

판별분석의 결과는 다음과 같다. 8개의 변수 중 SPSS의 결과와 같이 더 판별력이 좋은 변수도 있을 수 있지만, 이번 판별분석에서는 8개의 모든 변수를 활용하도록 한다(SPSS에서 "독립변수를 모두 입력"한 경우와 동일함).

R Console

```
> da1
Call:
lda(집단 ~ 드라마선호도 + 예능선호도 + 브랜드인지도 + 브랜드선호도 +
    프로그램인지도 + 프로그램선호도 + 광고모델인지도 + 광고모델선호도,
    data = data2, prior = c(1, 1, 1)/3)

Prior probabilities of groups:
        1         2         3
0.3333333 0.3333333 0.3333333

Group means:
  드라마선호도 예능선호도 브랜드인지도 브랜드선호도 프로그램인지도 프로그램선호도 광고모델인지도 광고모델선호도
1     5.085106   5.191489     6.276596     4.765957       6.170213       4.531915       4.787234        4.87234
2     3.500000   2.375000     5.687500     3.437500       5.250000       1.625000       3.937500        3.62500
3     2.880000   5.800000     6.520000     4.200000       6.400000       2.960000       5.880000        5.84000

Coefficients of linear discriminants:
                       LD1         LD2
드라마선호도   -0.25148886 -0.75461339
예능선호도     -0.53016240  0.61645911
브랜드인지도   -0.11630568  0.15764055
브랜드선호도   -0.20852082 -0.07742388
프로그램인지도 -0.02581741 -0.19843227
프로그램선호도 -0.67822056 -0.38881666
광고모델인지도  0.23826904  0.07733053
광고모델선호도 -0.24622355  0.09238857

Proportion of trace:
   LD1    LD2
0.6828 0.3172
> table(data2$집단,p1$class)

     1  2  3
  1 47  0  0
  2  0 15  1
  3  0  0 25
> 
```

결과적으로 두 개의 판별함수식이 도출되었고 각각의 판별함수식을 [SPSS 활용] 예와 같이 도출할 수 있다.

```
R Console
> plot(p1$x, type="n", xlab="LD1", ylab="LD2", main="Results of Determinant Analysis")
> text(p1$x,as.character(p1$class),col=as.numeric(data2$집단),cex=1.5)
> abline(v=0,col="gray")
> abline(h=0,col="gray")
> |
```

판별분석의 결과는 다음과 같이 시각적 표현으로 확인해 볼 수 있다.

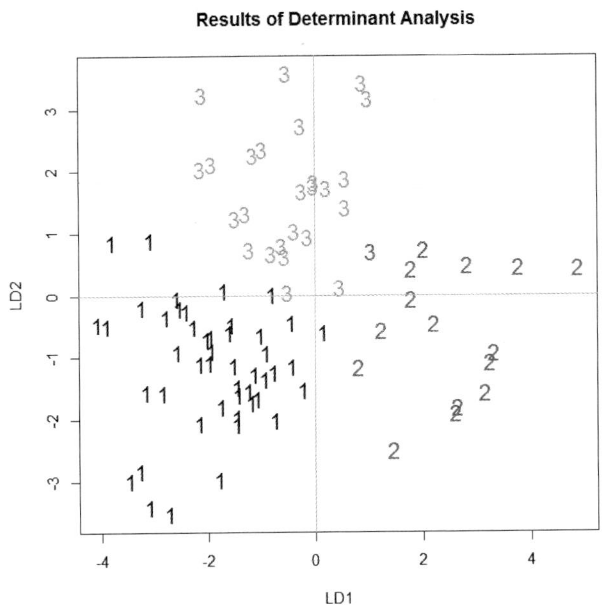

APPENDIX

부록

MARKETING
RESEARCH

부록 A. Python을 활용한 데이터분석 연습

부록 B. 영화시장 데이터를 이용한 데이터분석 연습

부록 A Python을 활용한 데이터분석 연습

A.1 Python 데이터분석 연습 준비

Jupyter Notebook 설치 및 사용법

Python(파이썬)은 R과 마찬가지로 오픈소스를 기반으로 하는 무료 소프트웨어이다. 하지만 R과 달리 통계분석만을 위해 개발된 프로그래밍 언어는 아니다. Python은 1990년대 초 Guido Van Rossem에 의해 조금 더 읽기 쉽고 쓰기 편한 프로그래밍 언어를 만들자는 생각에서 개발되었다. 다시 말해, Python은 개발용 언어이다. 즉, 통계분석 작업만 놓고 봤을 때는 R이 가지는 장점이 분명 존재한다.

예를 들어, 데이터분석에서 가장 중요한 자료형을 꼽자면 데이터 프레임(Data Frame)이라고 할 수 있는데 행렬과 같은 형태로 표나 엑셀 시트에 저장되는 자료를 생각하면 이해가 쉽다. 하지만 행렬과 다르게 각 원소들의 자료형이 다르게 구성될 수도 있고 각각의 열이나 행에 고유한 이름을 부여할 수 있다는 특징을 가진다.

R은 특별한 패키지 설치 없이 자체 프로그램만으로 데이터 프레임을 읽고 수정할 수 있지만, Python은 이를 위해 Pandas라는 패키지를 따로 설치해야 한다. 그럼에도 불구하고, Python 역시 강력한 통계분석 언어로 떠오르고 있는 이유는 역설적이지만 Pandas 패키지가 가지고 있는 데이터 클리닝, 탐색 등에서의 강점 때문이다.

이 외에도 Scipy, Scikit-learn과 같은 패키지들이 추가되고 있는 중이다. 구글에서 오픈소스로 공개한 기계학습 라이브러리 텐서플로(Tensor Flow) 또한 Python을 활용하여 연산처리를 할 수 있기 때문에 그 중요성이 강조되고 있다. 이번 장의 목표는 앞에서 다른 프로그램들을 활용하여 진행하였던 통계분석을 Python을 사용하여 수행해 보는 것이다.

본 장에서의 분석은 Jupyter Notebook으로 진행할 것이다. Jupyter Notebook을 사용하는 이유는 대화형 인터페이스를 통해 입력과 출력의 관계를 확인하기에 용이하기 때문이다. 참고로, 설치방법은 Windows를 기준으로 설명할 것이다.

Python 설치

Python은 구글(Google)에서 "Python Download" 검색을 통해 쉽게 다운받을 수 있다.

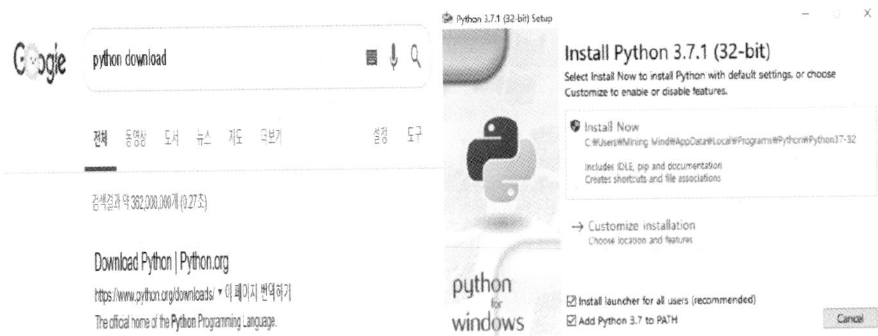

설치 파일을 실행하면 오른쪽 화면이 나오는데, "Add Python 3.7 to PATH"를 체크하는 것이 좋다. 왜냐하면 컴퓨터 시스템 전반에 걸쳐 환경변수를 설정하기 때문에 어느 디렉터리에 있든지 Python을 실행시킬 수 있게 해준다. 체크 후 "Install Now"를 클릭한다.

Anaconda 설치

Anaconda 역시 구글 검색을 통해 쉽게 다운받을 수 있다.

Jupyter 설치

Python과 Anaconda 설치를 완료했다면 Windows 시스템에서 명령 프롬프트를 열거나 혹은 '실행' 파일을 검색하여 "cmd"를 입력 후 확인을 눌러 준다. 다음의 화면을 볼 수 있을 것이다.

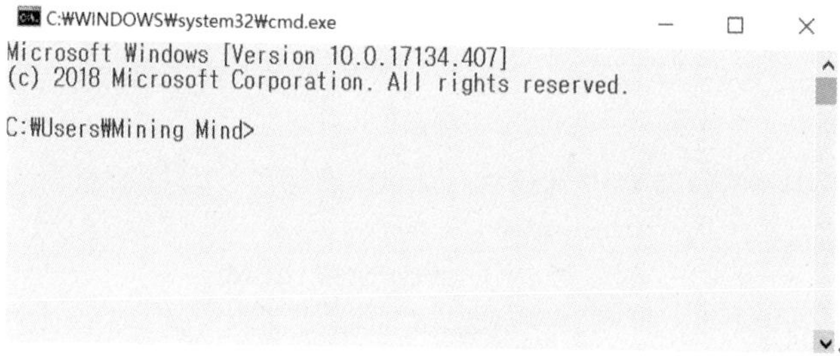

"C:\Users\Mining Mind〉" 부분은 현재 작업 디렉터리를 나타내며 맨 마지막 부분은 자신이 설정했던 Windows 사용자 이름으로 설정된다. 이제, 프롬프트에서 차례대로 다음의 명령어들을 입력해 준다.

```
C:\Users\user name〉pip install jupyter
C:\Users\user name〉ipython profile create
```

생성 후, "C:\Users\user name\.ipython\profile_default"에서 "ipython_config.py"를 열어 다음의 두 가지를 수정해야 한다. 파일은 메모장으로 실행할 수 있다.

```
c.interactiveShellApp.matplotlib='inline'
c.interactiveShellApp.pylab='inline'
```

여기까지 완료됐다면 "C:\Users\user name"에서 자신이 작업하고자 하는 폴더를 하나 생성한다. 여기서는 "jupyter_work"라는 이름으로 생성했다.

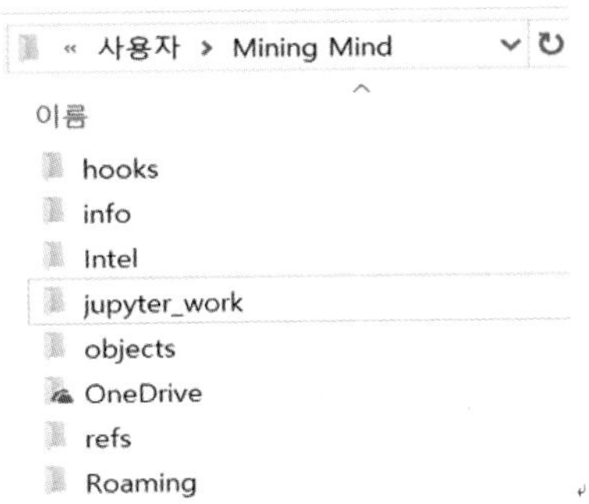

작업 폴더 생성 후 다음의 명령어들을 입력해 주자.

```
C:\Users\user name>cd jupyter_work
C:\Users\user name\jupyter_work>jupyter notebook
```

정상적으로 Jupyter Notebook이 설치됐다면 다음의 화면을 볼 수 있을 것이다.

New 아이콘을 클릭해 Python3를 실행한다.

"C:\Users\user name\jupyter_work"에 들어가 보면 자신이 작업한 파일이 폴더에 생성되어 있는 것을 알 수 있다. 파일 이름 또한 변경할 수 있으며, 새 폴더를 만들어 작업 목록을 정리할 수도 있다. 이러한 점 역시 Jupyter Notebook이 가지는 장점이다.

이와 같이 입력 "print('Hello Python')"과 출력 "Hello Python"을 한눈에 볼 수 있다. 사실, Python에서는 출력을 위해 "print( )" 문법을 사용한다. 하지만 R의 경우 "print( )" 문법이 있기는 하지만, 통상적으로 사용하지 않는다. 따라서 본 부록에서도 비슷한 형태의 출력을 위해 "print( )"를 활용하기보다는 대화형 인터프리터를 최대한 활용할 계획이다.

필수 패키지 설치

앞서 말했듯이, Python은 R과 달리 통계분석용으로 개발된 언어가 아니다. 따라서 몇 가지 패키지들을 설치할 것이다. 다음의 명령어들을 입력해 주자. 이 외에도 필요한 패키지들이 생기면 언제든지 명령 프롬프트에서 "pip install 패키지 이름 명령어"로 설치할 수 있다. Python 통계분석을 위한 준비 작업이 모두 끝났다.

```
C:\Users\user name〉pip install numpy
C:\Users\user name〉pip install pandas
C:\Users\user name〉pip install matplotlib
C:\Users\user name〉pip install seaborn
C:\Users\user name〉pip install scipy
```

A.2 통계분석 연습

A.2.1 통계적 검정의 개념과 통계분석 연습 준비(본문 제9장)

중심 극한 정리의 증명

중심 극한 정리의 핵심은 표본의 크기가 충분히 큰 경우 확률변수의 표본평균의 분포가 정규분포를 따른다는 것이다. 즉, 표본의 모집단의 분포에 제약을 받지 않는다. 따라서 중심 극한 정리를 증명한다는 것은 표본의 분포가 꼭 정규분포를 따르지 않더라도 표본통계량의 분포는 정규분포를 따른다는 것을 보여 주는 것이다. 지수분포를 따르는 표본을 이용해 모의실험을 해보자.

```
#패키지 설치
import numpy as np    # 난수 생성
import matplotlib.pyplot as plt # 그래픽 패키지
```

```
#지수분포 그래프
fig = plt.figure()
for lamda in [0.5, 1, 1.5]:
    x = np.linspace(0, 5, 30)
    y = lamda * np.exp(-lamda * x)
    plt.plot(x, y, label='λ={}'.format(lamb))
plt.xlabel('x')
plt.ylabel('p(x)')
plt.legend();
```

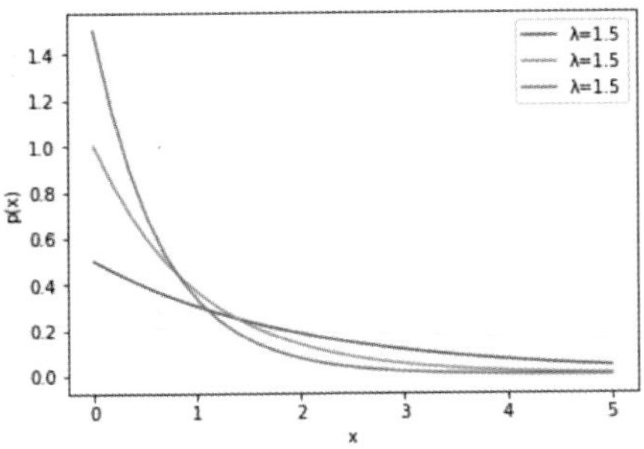

지수분포의 그래프는 위와 같이 정규분포와는 확연히 모양이 다른 것을 알 수 있다. 이제 모의실험을 진행해 보자.

```
"""중심 극한 정리 모의 실험"""
n = 30 # sample size
lamda = 1 #Parameter for distribution
smean = np.zeros(10000)

for i in range(0, 10000):
    S = np.random.exponential(lamda, n)
    smean[i] = (np.mean(S) - (1/lamda))/np.sqrt(1/lamda)/np.sqrt(n)
```

```
fig, ax = plt.subplots(2)
ax[0].hist(S, bins='auto', density=True)
ax[1].hist(smean, bins='auto', density=True);
```

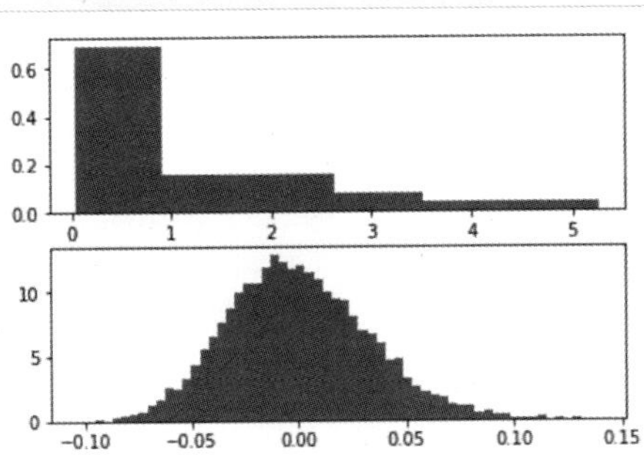

그래프에서 확인할 수 있듯이, 오른쪽의 표본평균의 분포가 훨씬 더 정규분포와 유사한 것을 알 수 있다. 여기서 중요한 것은, 정확히 정규분포와 일치한다는 것이 아니라 근사적으로 비슷하다는 것이다.

통계분석 연습의 준비

Python은 기본적으로 통계분석을 위한 언어가 아니라 개발을 위한 언어이다. 따라서 데이터 프레임(Data Frame) 형태의 자료구조를 불러오기 위한 준비가 필요하다.

그래서 앞서 "pip install pandas"를 이용해 Python에서 Data Frame형 자료구조를 읽어 들일 수 있는 Pandas라는 패키지를 설치하였다. 이제 이 패키지를 이용하여 기본적으로 자료를 불러오고 자료의 정보를 확인하는 작업을 Python으로 진행해 볼 것이다. 본 장에서 쓰일 예제는 "sample_data_final_1_kor.csv" 파일이다.

R에서는 파일을 불러오기 위해 해당 파일이 저장된 디렉터리/폴더를 '작업 디렉터리'로 설정해야 했다. 하지만 Python은 파일이 저장된 주소와 저장 파일 이름을 통해 읽어 올 수 있다. 혹시나, 호출과정에서 오류가 생긴다면 "engine='python'과 encoding='euc-kr'을 입력"하면 대부분의 경우 해결된다.

한 가지 방법을 추천하자면 파일이 저장된 디렉터리의 주소를 복사한 다음 '붙여넣기'를 한다. 이때, "\"를 "/"로 바꿔 주어야 한다. "\"를 "/"로 바꿔 준 후 "/파일이름.csv"를 입력하면 쉽게 파일을 읽어 들일 수 있다. 또한 전체 파일 이름과 주소 이름은 따옴표로 감싸 주어야 한다. 정상적으로 코드가 입력됐다면 다음의 화면을 볼 수 있을 것이다.

```
#패키지 설치
import pandas as pd
data = pd.read_csv('C:/Users/Mining Mind/Desktop/비즈니스 애널리틱스를 위한 마케팅조사_예제 파일/sample_data_final_1_kor.csv',
                   engine='python')
```

```
data.head()
```

	프로그램형태	드라마선호도	예능선호도	브랜드인지도	브랜드선호도	프로그램인지도	프로그램선호도	광고모델인지도	광고모델선호도	성별	PPL인지여부	TV 시청도이기	TV시청선호도	PPL반발심	브랜드태도	프로그램태도	직업	지역	나이
0	2	4	4	7	7	7	4	1	1	female	yes	5.00	4.00	6.00	3.00	3.33	student	busan	22
1	2	4	7	7	5	7	5	7	7	male	yes	3.50	6.67	6.00	2.00	2.33	student	busan	24
2	2	5	6	7	3	7	4	7	7	female	yes	4.75	5.00	2.75	4.33	3.67	student	busan	20
3	2	6	2	7	4	3	2	2	2	female	no	3.75	2.00	4.00	6.00	4.00	student	busan	23
4	2	2	7	3	3	6	4	6	6	male	yes	5.00	5.33	4.00	5.67	3.67	student	busan	22

다음으로 데이터 구조를 확인해 보자.

```
#데이터 구조 확인하기
data.info(verbose=True)
```

```
<class 'pandas.core.frame.DataFrame'>
RangeIndex: 176 entries, 0 to 175
Data columns (total 19 columns):
프로그램형태       176 non-null int64
드라마선호도       176 non-null int64
예능선호도        176 non-null int64
브랜드인지도       176 non-null int64
브랜드선호도       176 non-null int64
프로그램인지도      176 non-null int64
프로그램선호도      176 non-null int64
광고모델인지도      176 non-null int64
광고모델선호도      176 non-null int64
성별           176 non-null object
PPL인지여부      176 non-null object
TV 시청도이기     176 non-null float64
TV시청선호도      176 non-null float64
PPL반발심       176 non-null float64
브랜드태도        176 non-null float64
프로그램태도       176 non-null float64
직업           176 non-null object
지역           176 non-null object
나이           176 non-null int64
dtypes: float64(5), int64(10), object(4)
memory usage: 26.2+ KB
```

Pandas로 불러들인 데이터 프레임 객체에 대해 특정 동작을 수행하는 함수를 사용하기 위해서는 "데이터 프레임 객체 이름.메서드( )" 형태의 문법을 사용해야 한다. 여기서는 "데이터 프레임 객체 이름=data"에 데이터의 구조에 대한 정보를 전달해 주는 "info( )"라는 함수를 사용하였다. "Verbose"는 '말이 많다'라는 뜻으로 사용된다. 따라서 "Verbose"를 "True"로 설정해 주면 데이터 구조에 대한 모든 정보를 확인할 수 있다. "False"로 설정할 경우 일부의 정보만 확인할 수 있다.

19개의 변수들에 대해 176개의 정보가 있는 것으로 확인된다. 그리고 "0 to 175"라고 되어 있다. 왜냐하면 Python의 "index"는 1이 아니라 0에서부터 시작하기 때문이다. 또한 R에서는 "factor"라고 출력되었던 변인들이 Python에서는 "object"라고 표현된다. 왜냐하면 R은 "numeric"하지 않은 변수를 범주형 변수로 보기 때문이다.

이 장에서 사용될 문법들은 다음의 두 가지만 기억하자.

> 데이터 프레임 이름.함수(=메서드)이름( )
> 데이터 프레임 이름['열 이름'].함수(=메서드)이름( )

쉽게 생각해 데이터 프레임 전체가 아니라 특정 열에 함수를 적용하고 싶을 때는 "[ ]"를 사용한다.

A.2.2 자료의 요약 및 정리(본문 제10장)

기술통계량

기술통계량을 파악하는 이유는 자료의 중심과 자료가 퍼져 있는 정도를 파악해 궁극적으로 자료의 형태와 분포를 표현하기 위함이다. 중심 위치 척도와 변동성 척도를 Python에서는 어떻게 파악할 수 있는지 알아보자.

중심 위치 척도

중심 위치 척도는 흔히 대푯값으로 많이 사용된다. 그 이유는 자료의 중심은 자료 분포에서 가장 빈도가 높거나 출현확률이 가장 높기 때문이다.

앞서 불러왔던 "sample_data_final_1_kor.csv" 파일을 이용해 중심 위치 척도를 알아보자. 여기서 사용할 문법은 "데이터 프레임 이름['열 이름'].메서드 이름( )"이다.

```
#평균
data['프로그램선호도'].mean()
```

```
3.403409090909091
```

```
#중앙값
data['프로그램선호도'].median()
```

```
4.0
```

```
#최빈값
data['프로그램선호도'].mode()[0]
```

```
4
```

실제 Jupyter의 입출력 결과이다. 평균, 중앙값, 최빈값을 각각 "mean( )", "median( )", "mode( )"를 이용해 알 수 있다. 최빈값에서 "[0]"을 사용한 이유는 앞서 말했듯이 Python의 "index"는 0부터 시작하기 때문이다. 이때 "mode"는 최빈값 다음의 값을 출력할 수도 있기 때문에 특정 "index"를 지정하여 최빈값만 출력하도록 한다.

변동성 척도

변동성 척도를 알아보는 이유는 중심 위치 척도가 실제 대푯값으로 사용될 수 있는지 여부를 파악하기 위함이다. 자료의 변동성이 크다는 것은 자료가 넓게 퍼져 있다는 뜻이다. 이러한 경우에는 중심 위치 척도가 해당 자료를 대표할 가능성이 낮다. 하지만 자료의 변동성이 낮다면 중심 위치를 기준으로 자료가 모여 있다고 판단할 수 있고 중심 위치 척도가 해당 자료를 대표할 가능성이 크다고 판단할 수 있다. "var( )"과 "std( )"를 사용해 분산과 표준편차를 각각 살펴볼 수 있다.

```
#분산
data['프로그램선호도'].var()
```

```
1.9791883116883118
```

```
#표준편차
data['프로그램선호도'].std()
```

```
1.4068362774993797
```

또한 "decribe( )"를 이용해 사분위수를 포함한 기술통계량을 다음과 같이 확인할 수 있다.

```
#사분위수를 포함한 기술통계치 확인
data.describe()
```

	프로그램형태	드라마선호도	예능선호도	브랜드인지도	브랜드선호도	프로그램인지도	프로
count	176.000000	176.000000	176.000000	176.000000	176.000000	176.000000	176.(
mean	1.500000	4.278409	4.971591	5.988636	4.068182	5.465909	3.4
std	0.501427	1.487775	1.479108	1.461853	1.294343	1.703434	1.4
min	1.000000	1.000000	1.000000	1.000000	1.000000	1.000000	1.(
25%	1.000000	4.000000	4.000000	5.000000	3.000000	5.000000	3.(
50%	1.500000	4.000000	5.000000	7.000000	4.000000	6.000000	4.(
75%	2.000000	5.000000	6.000000	7.000000	5.000000	7.000000	4.(
max	2.000000	7.000000	7.000000	7.000000	7.000000	7.000000	7.(

그래프를 통한 자료의 확인

앞서 사용했던 "sample_data_final_1_kor.csv" 데이터를 사용할 것이다. "numpy"와 "pandas"가 설치되어 있다는 가정하에 다음의 패키지를 추가할 것이다.

```
import matplotlib.pyplot as plt #그래프 생성을 위한 패키지
#한글 폰트 깨짐 방지
from matplotlib import font_manager, rc
font_name = font_manager.FontProperties(fname="c:/Windows/Fonts/malgun.ttf").
get_name( )
rc('font', family=font_name)
```

"matplotlib"은 그래프를 그리기 위한 함수이며, 간혹 그래프에서 한글 표시 시 깨지는 현상이 발생하기 때문에 그것을 방지하기 위한 코드를 첨부하였다.

빈도표, 히스토그램, 산포도 등의 다양한 표와 그래프를 그리는 이유는 자료를 요약하는 값들과는 별개로 각 자료의 세세한 특성이나 자료 간의 관계를 훑어보기 위함이다.

빈도표와 히스토그램

빈도표는 특정한 값이 출현하는 빈도를 표로 구성하는 것이다. 빈도표를 통해 관측값의 분포를 알 수 있다. 이러한 빈도표를 그래프로 나타낸 것이 히스토그램이다. 수평축에는 계급이 수직축에는 빈도가 표시된다. 히스토그램을 통해 분포를 파악하여 자료의 대칭성 여부 및 치우침 정도를 알 수 있고, 이 외에도 이상치의 존재 여부를 알 수 있다. 하지만 지나치게 단순화된다는 측면에서 정보의 손실 가능성이 있고 통계적 추론을 거치지 않는다는 점에서 중요한 의사결정에 활용되는 것은 자제해야 한다.

여기서는 "브랜드선호도"에 대해 알아볼 것이다. Python에서 빈도표는 Pandas 패키지의 "crosstab( )"을 이용하여 손쉽게 출력할 수 있다.

```
#crosstab으로 빈도표 출력하기
table = data['브랜드선호도']
pd.crosstab(table, columns='브랜드선호도')
```

col_0	브랜드선호도
브랜드선호도	
1	6
2	15
3	25
4	74
5	33
6	17
7	6

지금까지는 Pandas만 사용해 왔지만, 히스토그램을 그리기 위해서는 다른 추가적인 패키지가 필요하다. 앞서 "import"한 "matplotlib"이라는 패키지를 이용해야 한다.

```
#히스토그래프 그리기
plt.hist(data['브랜드선호도']);
```

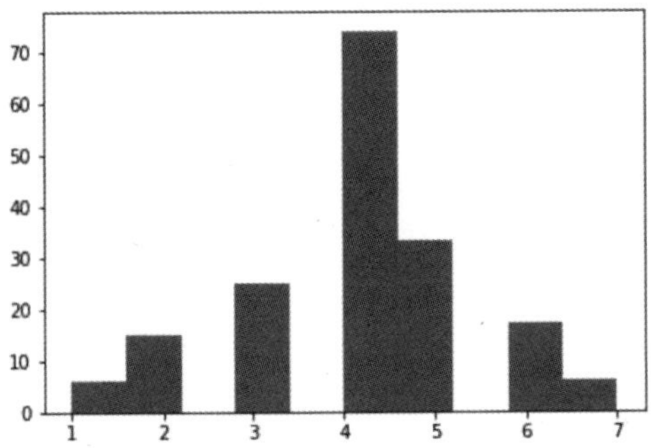

"plt.hist"라는 함수 안에 데이터를 넣어 히스토그램을 그릴 수 있다. 참고로 x축 y축, 그리고 제목 이름을 입력하기 위해서는 추가적으로 다음의 함수들을 사용하여야 한다.

```
plt.xlabel('x축 이름')
plt.ylabel('y축 이름')
plt.title('그래프 이름')
```

상자그래프

상자그래프에는 크기순으로 최솟값, 제1사분위수, 중앙값, 제3사분위수, 최댓값이 들어 있다. 이렇게 자료를 표현하는 목적은 관측치들의 분포와 극단치 및 이상치의 존재를 손쉽게 파악하기 위해서이다. "plt.boxplot" 함수를 사용하여 그릴 수 있다.

```python
#상자그림그리기
plt.boxplot(data['브랜드선호도']);
```

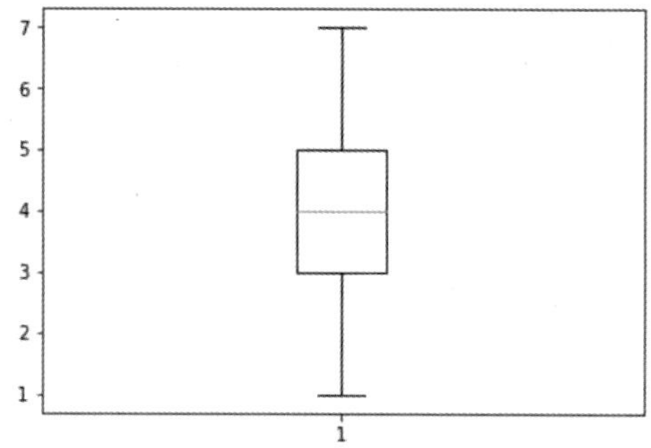

성별을 기준으로 "브랜드선호도"에 대한 상자그림을 그리기 위해서는 "seaborn"이라는 패키지가 필요하다.

사실, 이런 점들이 Python이 R에 비해서 가지는 약점이다. R의 경우 같은 "boxplot"으로 "~" 기호를 통해 변수 간의 관계를 표시할 수 있다. 하지만 Matplotlib의 "boxplot"의 경우 데이터 입력에 관한 파라미터를 하나밖에 가지지 못한다. 그렇기 때문에 두 변인 간의 관계를 살펴볼 수 없다.

Seaborn 패키지는 이러한 측면에서 조금 더 유연한 시각화를 제공해 준다. Matplotlib과 달리 3번째 파라미터의 "data"를 입력해 주면 열 이름만으로 x와 y를 입력할 수 있다. 결과는 다음과 같다.

```python
#성별에 대한 상자그림
import seaborn as sns
sns.boxplot(x='성별', y='브랜드선호도', data=data)
```

```
<matplotlib.axes._subplots.AxesSubplot at 0x1c33c46b780>
```

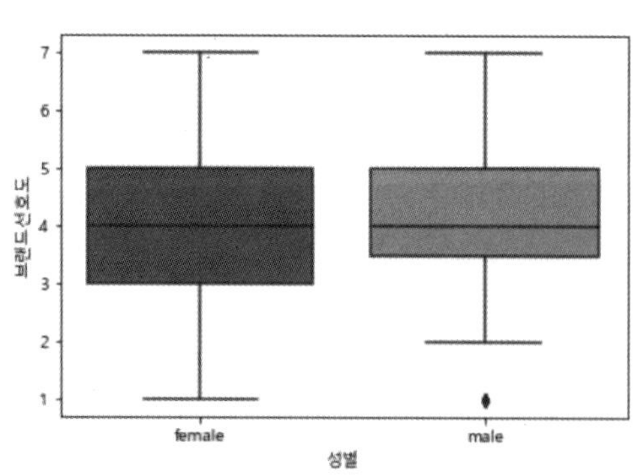

산포도

산포도는 관심 있어 보이는 두 개 이상의 변수 간의 관계를 대략적으로 파악하기 위해 사용한다. 산포도를 통해서 파악할 수 있는 변인 간의 관계는 형태와 강도가 있다. 즉, 그래프를 지나는 중심의 직선의 기울기의 부호에 따라 긍정, 부정의 형태를, 0~1에 해당하는 기울기의 크기에 따라 관련성의 강도를 알 수 있다.

여기서는 "브랜드선호도"와 "브랜드인지도" 변수 간의 상관관계를 파악하기 위한 산포도를 그려 볼 것이다.

```
#산점도 그리기
plt.scatter(data['브랜드인지도'], data['브랜드선호도'])
```

<matplotlib.collections.PathCollection at 0x1c33c941da0>

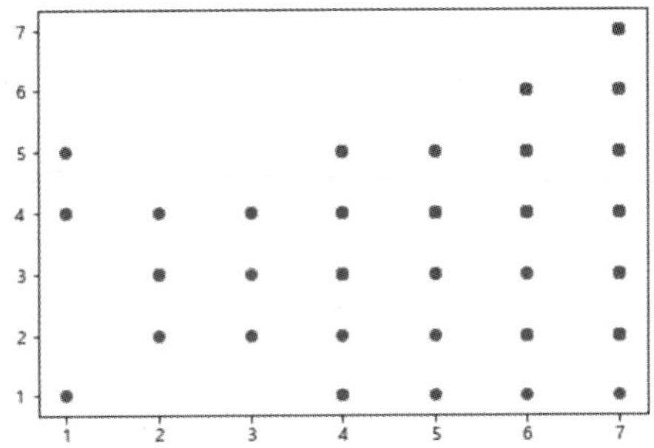

회귀선이 없는 산점도는 Matplotlib의 "plt.scatter" 함수를 이용해 그릴 수 있다. 하지만 "abline"을 그리기 위해서는 "nmpy" 모듈의 "polyfit( )"이라는 함수를 사용해야 한다.

```
#회귀선을 포함한 산점도 그리기
plt.scatter(data['브랜드인지도'], data['브랜드선호도'])
slope, intercept = np.polyfit(data['브랜드인지도'], data['브랜드선호도']
                              , deg=1)
plt.plot(data['브랜드인지도'], data['브랜드인지도']*slope + intercept)
```

[<matplotlib.lines.Line2D at 0x1c33db93860>]

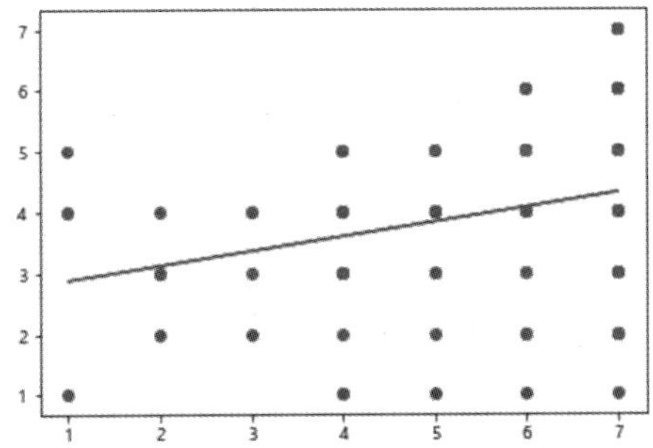

"data['브랜드선호도']~data['브랜드인지도']"는 R에서 "브랜드선호도"라는 변인이 "브랜드인지도"라는 변인에 종속됨을 나타낸다. 즉, 종속변인, 독립변인의 순서이다. 하지만 Python은 반대의 순서를 가진다. 즉, "=np.polyfit(data['브랜드인지도'], data['브랜드선호도'], deg=1)"로 독립변인, 종속변인의 순서로 표시된다. 여기서 "deg"는 식이 적합되는 차수를 말한다. "slope"와 "intercept"라는 변수로 기울기와 절편이 각각 대입된다.

마지막으로 "plt.plot" 함수에 변인들을 대입한다. "data['브랜드인지도']*slope+intercept"는 "np.polyfit"을 통해 생성한 "slope"와 "intercept" 변수를 이용하여 만든 회귀식이다.

이 책에서는 "aqfig" 라이브러리의 "scatterplot.density" 함수를 이용해 손쉽게 그렸다. Python은 이에 비해 조금 더 복잡하다. 우선, "colors"라는 변수에 데이터 안의 원소 개수만큼의 무작위값들을 생성한다. 그 이유는 데이터 안의 각 원소마다 색상을 할당하기 위해서이다.

"cmap='RdGy'"는 빨간색과 회색을 위주로 자동으로 색상을 할당해 준다. 마지막으로 "plt.colorbar( )" 함수를 사용하면 다음과 같이 밀도에 따라 색상이 표시된다.

```
#색상을 포함한 산점도 그리기
colors = np.random.rand(176)
plt.scatter(data['브랜드인지도'], data['브랜드선호도'], c=colors,
            cmap='RdGy')
plt.colorbar();
slope, intercept = np.polyfit(data['브랜드인지도'], data['브랜드선호도'],
                              deg=1)
plt.plot(data['브랜드인지도'], data['브랜드인지도']*slope + intercept)
```

```
[<matplotlib.lines.Line2D at 0x1c33dd67f60>]
```

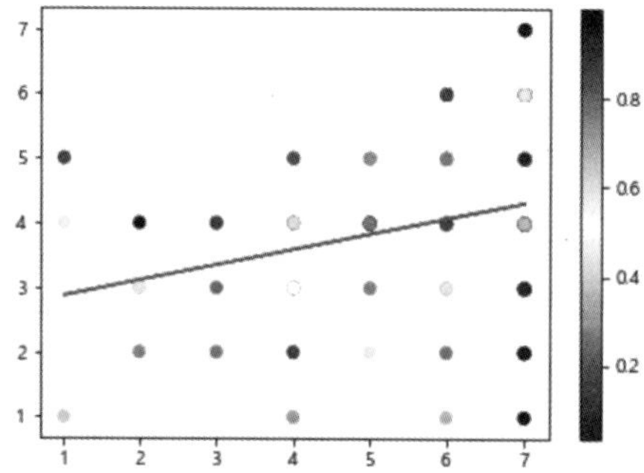

A.2.3 척도의 평가(본문 제11장)

내적 일관성 신뢰성

질문지가 여러 문항으로 하나의 개념을 측정하는 식으로 구성되어 있는 경우에 여러 개의 측정문항에 대한 응답의 유사성을 평가한다. 이러한 유사성 평가를 통해 측정개념의 신뢰성을 평가할 수 있다.

여기서는 "sampledata(ch11_factor)_kor.csv" 파일을 사용하였다.

```
#패키지 설치
import pandas as pd
```

```
#데이터 불러오기
data = pd.read_csv('C:/Users/Mining Mind/Desktop/비즈니스 애널리틱스를 위한 마케팅조사_예제 파일/sampledata(ch11_factor)_kor.csv',
          engine='python')
```

```
data.head()
```

	브랜드에대한태도1	브랜드에대한태도2	브랜드에대한태도3	브랜드에대한태도4	프로그램에대한태도1	프로그램에대한태도2	프로그램에대한태도3
0	3	3	3	4	3	4	3
1	6	6	6	3	4	4	4
2	5	6	6	5	3	4	4
3	1	1	1	3	7	7	7
4	3	4	2	6	4	3	3

Python 안에 Cronbach의 알파를 계산할 수 있는 패키지가 없기 때문에 직접 계산식을 구현하여야 한다. 우선 "question_numbers"라는 변수에 파악할 문항의 수를 넣는다. 그런 다음 "question_variance_sum"에서 행별로 분산을 구하여 모두 더한다. 그다음 "question_total_var" 변수에 열별 값들의 합의 분산을 구하여 대입한다. 마지막으로 아래의 계산식을 통해 값을 출력하면 다음과 같다.

```
q_num = 4
q_var_sum = float(data[['브랜드에대한태도1', '브랜드에대한태도2',"브랜드에대한태도3",
                        '브랜드에대한태도4']].var(axis=0, ddof=1).sum())
q_tot_var = float(data[['브랜드에대한태도1', '브랜드에대한태도2',"브랜드에대한태도3",
                      '브랜드에대한태도4']].sum(axis=1).var(ddof=1))

(q_num / float(q_num - 1) * (1 - q_var_sum  / q_tot_var ))
```

```
0.8733423464680616
```

교재의 항목수가 4개일 때의 알파값과 일치한다.

요인분석

```
#탐색적 요인분석 _ 패키지 설치
import pandas as pd
from factor_analyzer import FactorAnalyzer
Factor_Analyzer = FactorAnalyzer()
Factor_Analyzer.analyze(data, 2, rotation='varimax')
Factor_Analyzer.loadings
Factor_Analyzer.get_factor_variance()
```

	Factor1	Factor2
브랜드에대한태도1	0.920302	0.047649
브랜드에대한태도2	0.844938	0.260312
브랜드에대한태도3	0.935806	0.143452
브랜드에대한태도4	0.473524	0.003906
프로그램에대한태도1	0.098680	0.638625
프로그램에대한태도2	0.010432	0.741345
프로그램에대한태도3	0.216244	0.975520

```
Factor_Analyzer.get_factor_variance()
```

	Factor1	Factor2
SS Loadings	2.717441	1.999701
Proportion Var	0.388206	0.285672
Cumulative Var	0.388206	0.673877

A.2.4 차이에 기반한 가설검정 I: 두 집단(본문 제12장)

t-test는 두 집단의 평균이 유의미한 차이를 가지는지를 통계적으로 검정하기 위해 시행한다. 여기서 유의미한 차이란 두 집단의 평균 간 차이가 우연에 의해 발생할 확률이 매우 미미하다는 뜻이다. 이러한 검정을 근거로 표본으로 추출한 두 집단의 차이가 모집단에서도 반복될 수 있는지에 대해 추론할 수 있다.

일표본 t검정

R에서는 모집단의 평균에 대한 통계적 추론을 위해 "t.test( )" 함수를 사용했다. Python은 이를 위해 "scipy"라는 패키지를 추가적으로 필요로 한다. 여기서는 '브랜드선호도' 변수에 대한 일표본 t-test를 할 것이다. 데이터는 "sample_data_final_1_kor.csv"를 이용한다.

일표본 t검정은 "scipy" 패키지의 "stats.ttest_1samp"를 이용해 시행할 수 있다. 일표본 t검정은 차이가 없다고 생각되는 모집단과 일표본을 비교하는 것이다. 그래서 일표본(=data['드라마선호도'])과 차이의 기준이 되는 모집단의 평균(popmean=0)을 파라미터로 입력해 주어야 한다.

기본적으로 "numpy"와 "pandas" 외에 다음의 패키지들이 추가적으로 더 필요하다.

```
import scipy.cluster
from scipy import stats
```

```
#일표본t검정
stats.ttest_1samp(data['드라마선호도'], popmean=0)
```

```
Ttest_1sampResult(statistic=38.15060480339317, pvalue=9.832197859524066e-8
7)
```

"e−93"은 "1/10"을 93번 곱한 것이다. 즉, 모평균=0에서 "브랜드선호도" 변수에 대한 t−test는 유의하다.

두 독립표본 t검정

프로그램 형태에 따라 두 집단을 구분하여 "드라마선호도"에 차이가 있는지 분석할 것이다.

```
#iid t-test를 위한 샘플링
x1 = data['드라마선호도'][data['프로그램형태']==1]
x2 = data['드라마선호도'][data['프로그램형태']==2]

#두 독립표본 티테스트
scipy.stats.ttest_ind(x1, x2, equal_var=True)
```

```
Ttest_indResult(statistic=0.9624286529525526, pvalue=0.33716990940434943)
```

R에서는 "데이터프레임이름[조건, 추출할 열]"의 문법으로 집단을 나누었다. 하지만 Python Pandas에서는 중괄호를 위와 같이 두 번 써주어야 한다.

"데이터프레임이름['추출할 열 이름'][데이터프레임이름['조건 열 이름']조건]"의 형태가 되는 것이다. 이렇게 1번 프로그램을 선택한 사람들과 2번 프로그램을 선택한 사람들로 집단을 나누었다. 검정은 "scipy.stats.ttest_ind" 함수를 사용하여 진행할 수 있다. 첫 번째와 두 번째 파라미터에 비교할 두 집단을 입력하고 마지막 "equal_var" 파라미터를 수정하여 등분산가정 여부를 결정할 수 있다. 여기서는 True, 등분산을 가정했다. 결과는 위와 같다. False를 가정할 경우에는 이분산검정이 시행된다.

모비율 추정

앞선 모집단평균에 대한 통계적 추론과 유사하나 검정통계량 계산이 변한다. 왜냐하면 비율은 n번의 시도 중 k번 성공한 횟수를 의미하는 것이다. 따라서 이러한 과정은 이산분포를 따르게 된다. 그렇기 때문에 분산이 $np(1-p)$로 바뀌게 된다.

이 장에서는 100명 중 25명이 재구매의사를 밝힌 조사를 토대로 재구매율이 20%보다 크다는 대립가설을 검정할 것이다. 본격적인 검정을 시작하기 전에 χ-squared 검정을 위해서는 명령 프롬프트에서 다음의 패키지를 설치해야 한다.

```
pip3 install statsmodels
```

```
#1-smaple 모비율 추정
from statsmodels.stats.proportion import proportions_ztest
stat, pval = proportions_ztest(25, 100, 0.2, alternative='two-sided')
print(pval)
```

```
0.24821307898992362
```

"Statsmodels.stats.proportion" 모듈에서 "proportions_ztest" 함수를 사용하여 검정을 수행할 수 있다. R 패키지와 마찬가지로 찬성 인원과 전체 투표 인원, 그리고 비율을 순서대로 입력하면 된다. 마지막 "alternative" 파라미터를 수정해 양측, 단측 검정 여부를 결정할 수 있다. 단측 검정을 진행할 경우, 파라미터를 "smaller", "larger"로 설정해 주면 된다. 결과는 위와 같다.

Paired-samples *t*검정

한 집단 내에서 두 개의 서로 다른 변수 또는 동일변수에 대해 시간적 차이를 두고 측정한 값의 차이를 조사하는 경우에는 두 집단의 독립을 가정할 수 없다. 이때는 짝을 이룬 집단의 평균차이 검정을 사용해야 한다.

여기서는 동일한 사람의 "드라마선호도"와 "예능선호도"를 비교하고자 한다. "scipy.stats.ttest" 함수를 사용하여 분석을 진행할 수 있다. 파라미터는 순서대로 비교할 데이터만 입력해 주면 된다. 결과는 다음과 같다.

```
#Paired t-test
scipy.stats.ttest_rel(data['드라마선호도'], data['예능선호도'])
```

```
Ttest_relResult(statistic=-4.773706784611076, pvalue=3.8034006092980517e-0
6)
```

두 집단 간 빈도 또는 비율 비교

범주형 변수의 차이 검정은 *t*-test로는 불가능하다. 여기서는 범주형 변수에 대해 차이를 검정할 수 있는 교차분석에 대해 살펴볼 것이다. R에서는 "prop.test" 함수를 사용하여 비율 검정을 진행했다.

Python에서는 Scipy 패키지의 "stats.chi2_contingency( )" 함수를 사용하여 검정을 진행할 수 있다. 여기서 한 가지 알고 가야 할 것이 있다. R 같은 경우 다음과 같은 형식으로 데이터가 입력되었다.

```
((x1_브랜드인지o, x2_브랜드 인지o), (x1_전체, x2_전체))
```

하지만 Python은 다음과 같은 형태로 데이터가 입력된다.

```
[[x1_브랜드인지o, x1_브랜드 인지x], [x2_브랜드인지o, x2_브랜드인지x]]
```

즉, 각 행의 합이 전체 데이터의 표본수가 된다. 결과는 다음과 같다.

```
#두 집단 비율 검정
stats.chi2_contingency([[25, 75], [29, 71]])
```

```
(0.228310502283105, 0.6327794050553699, 1, array([[27., 73.],
        [27., 73.]]))
```

앞서 이야기한 바와 같이 한 행의 합이 해당 데이터의 전체 표본수가 되도록 입력해 주면 된다. 여기서, "0.22831 = χ −squared"이고 "0.63277 = p−value"이다.

A.2.5 차이에 기반한 가설검정 II: 세 집단(본문 제13장)

t−test는 집단의 수와 독립변인의 수, 이 두 가지의 제약을 받는다. 그렇기 때문에, 평균이 아니라 분산을 고려하는 분석법을 사용하게 되는데, 그것이 ANOVA이다. 즉, 집단 전체의 분산과 집단 간 분산을 비교하여 집단 간 분산이 큰 경우 집단 간 차이가 발생한다고 추론하는 것이다.

분산분석(ANOVA)

우선 하나의 요인에 대한 집단 간의 차이를 분석할 때는 일원 분산분석을 사용한다. 일원 분산분석은 F분포를 활용하여 통계량을 계산하기 때문에 F통계량을 바탕으로 통계적 추론을 진행한다. 하지만 한 가지 문제가 있다. 집단 전체의 분산과 집단 간 분산을 비교한다고 하였는데, 이러한 단순한 비교만을 통해서는 정확히 어떤 집단이 차이가 나는지 알 수 없다. 그렇기 때문에 사후검정이라는 것을 진행한다.

10대, 20대, 30대, 세 집단 간의 "드라마선호도"에 있어서의 차이를 살펴보자. 데이터는 "sample_data_final_1_kor.csv"를 이용할 것이다.

```
#연령 변수 생성
data['나이_수준'] = 1
data['나이_수준'][data['나이'] >= 20] = 2
data['나이_수준'][data['나이'] >= 30] = 3
pd.crosstab(data['나이_수준'], columns='비율')
```

R과 비슷한 방식으로 변수를 변환하였다. 우선, "data" 내부에 모두 1의 값을 가진 "나이_수준"이라는 새로운 변수를 생성하였다. 이후, 나이를 조건 열로 지정하여 20대와 30대 연령을 모두 2와 3의 값으로 지정하였다. 앞서 나왔던, "crosstab"을 이용하여 살펴보면 다음의 비율로 연령 데이터가 분할되었다.

col_0	비율
나이_수준	
1	34
2	136
3	6

```
#나이별 드라마선호도에 대한 상자그림
import seaborn as sns
sns.boxplot(x='나이_수준', y='드라마선호도', data=data);
```

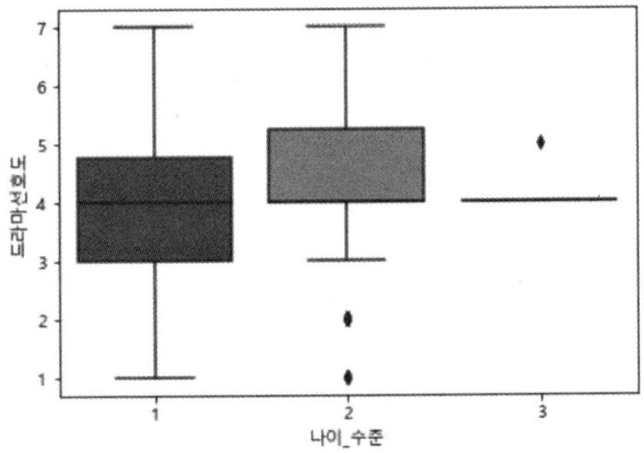

연령별로 "드라마선호도"에 대한 상자그림이다. 대체적으로 20대에서 선호 비율이 높고 30대는 표본수가 매우 적은 것을 확인할 수 있다.

다음으로, R에서는 범주형 변인을 "factor"라 하지만, Python에서는 "object"라고 한다. 따라서 현재 모든 연령들을 특정 기준(10대, 20대, 30대)에 따라 1, 2, 3으로 범주화했기 때문에 이들을 "object"형으로 변환해 줄 필요가 있다. 변환하여 일원 분산분석을 적용한 결과는 다음과 같다.

```
#새 데이터 프레임 생성
data['나이_수준'] = data['나이_수준'].astype(object)
```

```
#일원분산분석
from statsmodels.formula.api import ols
from statsmodels.stats.anova import anova_lm
model = ols('드라마선호도~나이_수준', data).fit()
anova_lm(model)
```

	df	sum_sq	mean_sq	F	PR(>F)
나이_수준	2.0	5.024621	2.512311	1.136782	0.323234
Residual	173.0	382.333333	2.210019	NaN	NaN

앞서 "데이터프레임['열 이름'].메서드( )"의 문법을 배웠다. 여기서도 마찬가지의 문법에 "astype"라는 메서드를 적용하였다. "astype" 메서드는 데이터의 형식을 바꿔 주는 함수이다. "object"로 데이터를 변경해 주었다. "ols"는 잔차 제곱을 최소화하는 회귀식을 구해 주는 함수이다. 여기에 "드라마선호도"라는 종속변인을 "~나이_수준"이라는 독립변인에 "fitting"시킨 후 이 값을 "model"이라는 객체에 저장하였다.

"statsmodels.stats.anova" 모듈의 "anova_lm( )" 함수를 적용하여 확인한 일원 분산분석의 결과는 위와 같다.

공분산분석(ANCOVA)

검정의 목적은 '독립변인'과 '종속변인' 간의 명확한 관계를 규명하는 것이다. 이때 전제는 독립변인 이외의 다른 요인들이 종속변인에 영향을 주지 않는다는 것이다. 앞서 일원 분산분석에서는 하나의 독립변인만을 가정했다. 하지만 독립변인 이외의 다른 변수를 통제하지 못했을 경우에는 이 외생변수를 '공변량'으로 간주해서 통제한다. 이것을 공분산분석이라고 한다.

여기서는 "예능선호도"를 종속변수로 "나이_수준"을 독립변인으로 "프로그램선호도"를 공변량으로 하여 분석을 진행할 것이다.

그룹별 평균을 Python에서는 "groupby"라는 메서드를 이용해 확인할 수 있다.

```
데이터프레임이름.groupby('기준열 이름')['확인할 열 이름'].메서드( )
```

위의 문법으로 기준열을 기준으로 다른 열의 평균 혹은 중앙값 등 통계량들을 볼 수 있다. "나이_수준"을 기준열로 한 "예능선호도"의 평균값을 확인해 보자.

```
#나이별 예능선호도 평균
data.groupby('나이_수준')['예능선호도'].mean()
```

```
나이_수준
1    4.529412
2    5.102941
3    4.500000
Name: 예능선호도, dtype: float64
```

R과 동일한 값을 확인할 수 있다. 다음으로, Python에서 공분산분석의 문법은 R과 매우 유사하다. R과 마찬가지로 "종속변수~독립변수+공변량변수"의 형태를 유지한다. 앞선 일원 분산분석에 공변량변수만 추가해 주면 된다. 명령어 및 결과는 다음과 같다.

```
#공분산분석
model = ols('예능선호도~나이_수준 + 프로그램선호도', data).fit()
anova_lm(model)
```

	df	sum_sq	mean_sq	F	PR(>F)
나이_수준	2.0	10.328543	5.164271	2.465443	0.087970
프로그램선호도	1.0	12.247421	12.247421	5.846966	0.016648
Residual	172.0	360.281991	2.094663	NaN	NaN

공분산분석에 대한 모델 요약의 결과는 다음과 같다.

```
#공분산분석 모델 요약
model.summary()
```

OLS Regression Results

Dep. Variable:	예능선호도	**R-squared:**	0.059
Model:	OLS	**Adj. R-squared:**	0.043
Method:	Least Squares	**F-statistic:**	3.593
Date:	Fri, 28 Dec 2018	**Prob (F-statistic):**	0.0149
Time:	10:19:29	**Log-Likelihood:**	-312.78
No. Observations:	176	**AIC:**	633.6
Df Residuals:	172	**BIC:**	646.2
Df Model:	3		
Covariance Type:	nonrobust		

	coef	std err	t	P>|t|	[0.025	0.975]
Intercept	3.9032	0.359	10.881	0.000	3.195	4.611
나이_수준[T.2]	0.5514	0.278	1.986	0.049	0.003	1.099
나이_수준[T.3]	0.0315	0.641	0.049	0.961	-1.234	1.298
프로그램선호도	0.1884	0.078	2.418	0.017	0.035	0.342

Omnibus:	22.459	**Durbin-Watson:**	2.022
Prob(Omnibus):	0.000	**Jarque-Bera (JB):**	26.782
Skew:	-0.891	**Prob(JB):**	1.53e-06
Kurtosis:	3.692	**Cond. No.**	23.6

다원 분산분석(Multi-way ANOVA)

때로는 연구자가 두 개 이상의 독립변인에 대해 관심을 가질 수 있다. 여기서는 종속변수 "예능선호도"에 대한 "나이_수준"과 "성별", 두 독립변인의 효과를 알아볼 것이다. 한 가지 유의할 점은 변수가 2개로 늘어났기 때문에 각 변인의 효과 이외에 두 변인 간 상호작용도 함께 볼 수 있다는 점이다.

```
#이원배치분산분석
model = ols('예능선호도~나이_수준 + 성별 + 나이_수준:성별', data).fit()
anova_lm(model, typ=2)
```

	sum_sq	df	F	PR(>F)
나이_수준	9.937353	2.0	2.368922	0.096664
성별	5.210216	1.0	2.484081	0.116863
나이_수준:성별	10.754024	2.0	2.563604	0.080002
Residual	356.565171	170.0	NaN	NaN

기존의 모델에 "성별"을 추가해 주고 "상호작용" 항은 "나이_수준:성별"로 표시할 수 있다. 마지막으로 "anova_lm( )" 함수에 "model"을 추가하고 "typ"를 "2"로 설정해 주면 된다. 모델에 대한 요약은 다음과 같다.

```
#이원배치분산분석 모델 요약
model.summary()
```

OLS Regression Results

Dep. Variable:	예능선호도	R-squared:	0.069
Model:	OLS	Adj. R-squared:	0.041
Method:	Least Squares	F-statistic:	2.507
Date:	Fri, 28 Dec 2018	Prob (F-statistic):	0.0321
Time:	10:24:50	Log-Likelihood:	-311.86
No. Observations:	176	AIC:	635.7
Df Residuals:	170	BIC:	654.8
Df Model:	5		
Covariance Type:	nonrobust		

	coef	std err	t	P>|t|	[0.025	0.975]
Intercept	3.6364	0.437	8.328	0.000	2.774	4.498
나이_수준[T.2]	1.4045	0.483	2.907	0.004	0.451	2.358
나이_수준[T.3]	0.5636	0.781	0.722	0.472	-0.978	2.106
성별[T.male]	1.3202	0.531	2.487	0.014	0.272	2.368
나이_수준[T.2]:성별[T.male]	-1.2230	0.591	-2.071	0.040	-2.389	-0.057
나이_수준[T.3]:성별[T.male]	0.4798	1.673	0.287	0.775	-2.823	3.782

Omnibus:	27.439	Durbin-Watson:	2.062
Prob(Omnibus):	0.000	Jarque-Bera (JB):	34.944
Skew:	-1.001	Prob(JB):	2.58e-08
Kurtosis:	3.870	Cond. No.	25.4

교차분석

여기서는 교차분석을 통해 세 집단 이상의 범주형 변수에 대한 분석을 시행하는 방법을 알아볼 것이다. 우선 "성별"과 "나이_수준"을 기준으로 하는 6개 집단에 대한 교차표를 그려 볼 것이다.

```
#교차분석 테이블
x = data['성별']
y = data['나이_수준']
z = pd.crosstab(x, y)
z
```

나이_수준	1	2	3
성별			
female	11	49	5
male	23	87	1

앞에서도 "pd.crosstab"을 이용하여 빈도표를 그려 보았다. 하지만 여기서의 차이점은 "columns" 파라미터를 지정해 줄 필요가 없다는 것이다. 왜냐하면 분석해야 할 범주형 변수가 2개일 때, "pd.crosstab" 함수는 앞의 변수의 수준을 행의 "index"로, 뒤의 변수의 수준을 열의 "이름"으로 사용하기 때문이다. 보고자 하는 두 변수 "성별"과 "나이_수준"을 각각 x와 y라는 객체에 저장 후 이들의 교차표를 z라는 객체에 넣어 출력하였다.

이들에 대한 교차분석의 결과는 다음과 같다.

```
#교차분석 결과
stats.chi2_contingency(z)
```

```
(5.899908958732489,
 0.05234208853924585,
 2,
 array([[12.55681818, 50.22727273,  2.21590909],
        [21.44318182, 85.77272727,  3.78409091]]))
```

"stats" 모듈의 "stats.chi2_contingency" 함수에 z교차표를 입력하면 분석이 진행된다. 다음은 "stats.chi2_contingency(z)"의 "index"를 이용하여 결과를 깔끔하게 호출한 것이다.

```
#교차분석 결과 요약
print('X-squared :',stats.chi2_contingency(z)[0])
print('p-value :',stats.chi2_contingency(z)[1])
print('df :',stats.chi2_contingency(z)[2])
```

```
X-squared : 5.899908958732489
p-value : 0.05234208853924585
df : 2
```

A.2.6 관계에 기반한 가설검정(본문 제14장)

상관분석은 보통 연속형 변수 간 선형적 연관의 정도의 형태와 강도를 조사하기 위해 사용한다. 선의 기울기 값이 1에 가까울수록 선형적 연관성이 강하며, 기울기의 부호에 따라 음과 양의 상관관계가 결정된다.

피어슨 상관분석

피어슨 상관계수는 공분산의 크기를 각 변수의 독립적 분산의 크기와 비교하는 것이다. 공분산의 크기가 클수록 분자의 값이 커지기 때문에 상관계수의 값이 커지고 두 변수의 관계가 깊은 것으로 간주된다.

"sample_data_final_1_kor.csv" 데이터를 사용하여 "드라마신호도"와 "예능선호도" 간의 상관관계를 알아볼 것이다.

```
#상관분석
from scipy.stats.stats import pearsonr
x = data['드라마선호도']
y = data['예능선호도']
pearsonr(x, y)
```

```
(0.156821160170036, 0.037661356979117974)
```

상관분석을 위해 "scipy.stats.stats" 모듈의 "pearsonr" 함수를 설치해야 한다. 이후, 상관관계를 분석할 두 변수 "드라마선호도"와 "예능선호도"를 x와 y 객체에 저장한 후 "pearsonr( )" 함수에 입력하였다. 다음은 "index"를 이용하여 결과를 보기 좋게 정리한 것이다.

```
print('상관계수 :',pearsonr(x, y)[0])
print('p-value :',pearsonr(x, y)[1])
```

```
상관계수 : 0.156821160170036
p-value : 0.037661356979117974
```

단순회귀분석

회귀변수는 상관계수를 바탕으로 한 변수의 변화를 통해 다른 변수의 변화를 예측하는 것이다. 또한 여러 변수들 간의 영향관계를 한 번에 파악할 수 있다. 여기서는 하나의 종속변수와 하나의 독립변수 간의 통계적 관계를 추정하는 단순회귀분석을 실행해 볼 것이다. 앞선 상관분석과 마찬가지로 "예능선호도"와 "드라마선호도"에 대해 단순회귀분석을 진행할 것이다.

```
#단순회귀분석
scipy.stats.linregress(x, y)
```

```
LinregressResult(slope=0.15590759075907584, intercept=4.304554455445545, rvalue=0.15682116017003594, pvalue=0.037661356979117905, stderr=0.07443564146863964)
```

앞서 설치했던 "scipy" 모듈의 "scipy.stats.linregress( )" 함수를 이용해 단순회귀분석을 진행할 수 있다.

다중회귀분석

여기서는 "드라마선호도"를 종속변수로 "예능선호도"와 "프로그램선호도"를 독립변수로 지정하여 다중회귀분석을 진행할 것이다. 앞서 사용하였던 "ols( ).fit( )" 함수를 이용하여 다음의 분석을 진행할 수 있다.

```
#다중회귀분석
model = ols('드라마선호도 ~ 예능선호도 + 프로그램선호도', data).fit()
model.summary()
```

OLS Regression Results

Dep. Variable:	드라마선호도	**R-squared:**	0.094
Model:	OLS	**Adj. R-squared:**	0.083
Method:	Least Squares	**F-statistic:**	8.929
Date:	Fri, 28 Dec 2018	**Prob (F-statistic):**	0.000204
Time:	13:02:16	**Log-Likelihood:**	-310.51
No. Observations:	176	**AIC:**	627.0
Df Residuals:	173	**BIC:**	636.5
Df Model:	2		
Covariance Type:	nonrobust		

	coef	std err	t	P>|t|	[0.025	0.975]
Intercept	2.7817	0.426	6.536	0.000	1.942	3.622
예능선호도	0.1075	0.074	1.451	0.149	-0.039	0.254
프로그램선호도	0.2827	0.078	3.628	0.000	0.129	0.437

Omnibus:	1.183	**Durbin-Watson:**	1.924
Prob(Omnibus):	0.553	**Jarque-Bera (JB):**	1.282
Skew:	-0.159	**Prob(JB):**	0.527
Kurtosis:	2.730	**Cond. No.**	25.3

A.2.7 시장세분화 활용을 위한 통계분석(본문 제15장)

군집분석

"sample_data_final_1_kor.csv" 데이터에서 "드라마선호도", "예능선호도", "브랜드선호도", "프로그램선호도"라는 4가지의 변수를 활용하여 분석을 진행할 것이다.

```
#패키지 설치
import pandas as pd
```

```
data = pd.read_csv("C:/Users/Mining Mind/OneDrive - pusan.ac.kr/바탕 화면/비즈
```

```
#데이터 세분화
data_program2 = data.loc[data.프로그램형태 == 2, ['드라마선호도',
                                              '예능선호도', '브랜드선호도',
                                              '프로그램선호도']]
```

```
data_program2.head()
```

	드라마선호도	예능선호도	브랜드선호도	프로그램선호도
0	4	4	7	4
1	4	7	5	5
2	5	6	3	4
3	6	2	4	2
4	2	7	3	4

"loc"는 변수 열의 이름으로 데이터 프레임을 추출할 수 있게 하는 메서드이다. "loc" 메서드를 활용하여 "data.프로그램형태==2"라는 조건을 주어 "data_program2"를 추출하였다. 다음으로, 데이터 간의 거리를 계산하여야 한다.

```
#패키지 설치
from matplotlib import pyplot as plt
from scipy.cluster.hierarchy import dendrogram, linkage
import numpy as np
from scipy.spatial.distance import pdist, squareform
```

```
#점과점사이 거리 계산
dist_between_data = pdist(data_program2 , metric='euclidean')
df_dist = pd.DataFrame(squareform(dist_between_data))
df_dist.iloc[:5, :5]
```

	0	1	2	3	4
0	0.000000	3.741657	4.582576	4.690416	5.477226
1	3.741657	0.000000	2.645751	6.324555	3.162278
2	4.582576	2.645751	0.000000	4.795832	3.316625
3	4.690416	6.324555	4.795832	0.000000	7.071068
4	5.477226	3.162278	3.316625	7.071068	0.000000

시작하기 전에 필요한 패키지들을 모두 설치하였다. 점과 점 사이의 거리는 "scipy.spatial.distance" 모듈의 "pdist( )" 함수를 이용하여 구할 수 있다. "squareform"을 이용하면 계산 결과를 데이터 프레임으로 저장해 준다. 아래의 표는 "squareform"을 통해 결과를 출력한 것이다.

단일결합법(Single Linkage)

단일결합법은 한 군집의 개체와 다른 군집의 개체 사이의 가장 짧은 거리를 기준으로 유사성을 측정하는 것이다. 단일결합법을 실행하고 그 결과를 "dendrogram"을 통해 출력해 보자.

```
#군집분석 모델생성
from matplotlib import pyplot as plt
from scipy.cluster.hierarchy import dendrogram, linkage
import numpy as np


linkage_matrix = linkage(dist_between_data, 'single', metric='euclidean')
# calculate full dendrogram
plt.figure(figsize=(25, 10))
plt.title('Hierarchical Clustering Dendrogram')
plt.xlabel('sample index')
plt.ylabel('distance')
dendrogram(
    linkage_matrix,
    leaf_rotation=90.,
    leaf_font_size=8., );
```

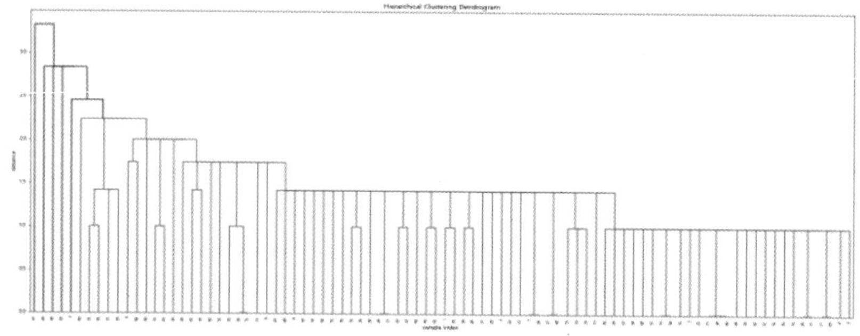

군집분석은 "scipy.cluster.hierarchy" 모듈의 "linkage( )" 메서드를 이용하여 수행할 수 있다. "linkage(데이터 이름, 사용할 방법, 거리 계산 방법)" 옆의 파라미터들을 순서대로 입력해 주면 된다. 위의 그림은 "single method" 사용 방법에 대한 결과이고 가운데의 "사용할 방법"만 변경해 주면 다른 방법들의 결과를 볼 수 있다.

완전결합법(Single → Complete)

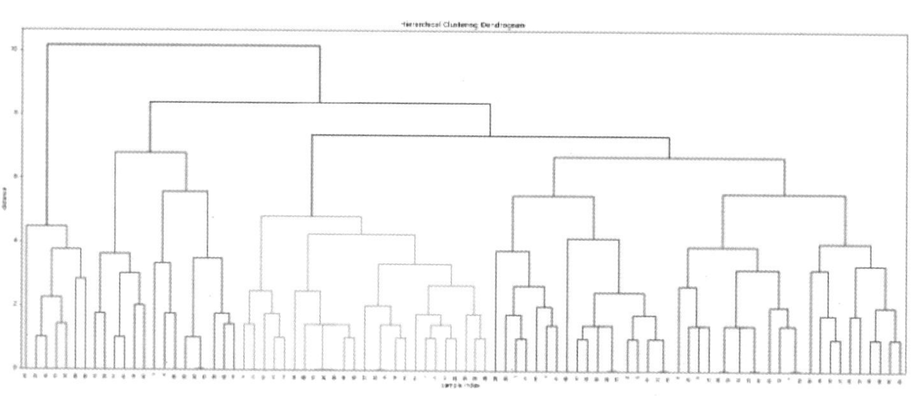

평균결합법(Single → Average)

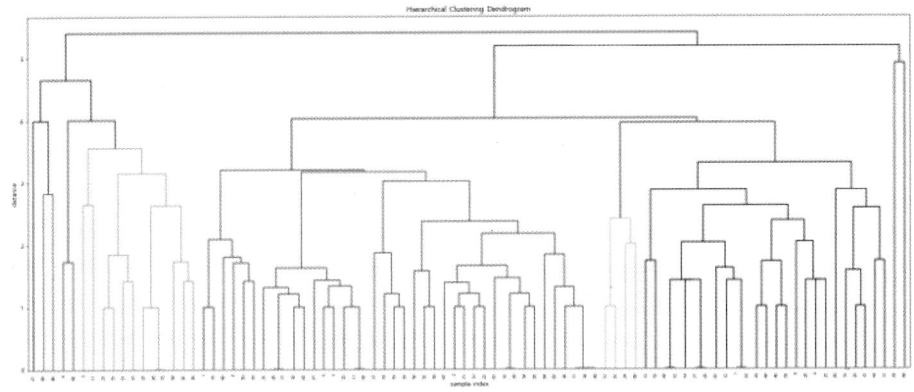

Ward법(Single → Ward)

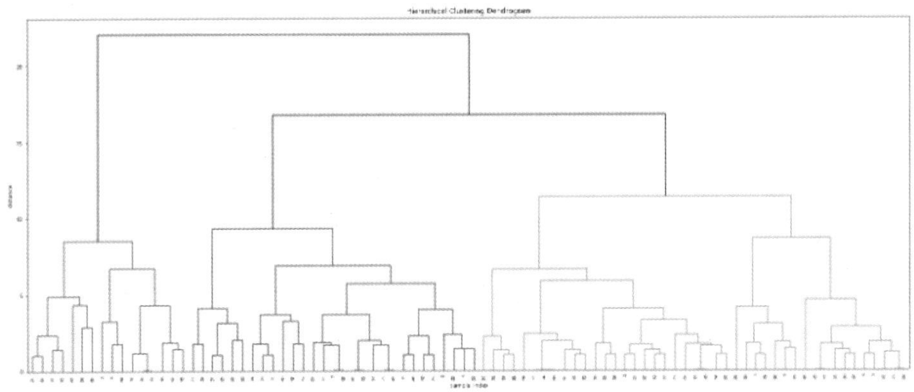

Python의 결과와 약간 차이를 보인다. 그 이유는 R의 경우 데이터 프레임 추출 시 원래의 "index"가 활용되었다. 하지만 Python은 "index"가 0부터 다시 재정렬되었기 때문이다. Pandas 관련 문서를 참조하면 이 부분에 대해서 자세히 알 수 있다.

K-means 군집분석

데이터는 앞선 군집분석과 같은 "data_program2" 데이터를 활용할 것이다.

```
#필수 패키지 설치
import numpy as np
import pandas as pd
from sklearn.cluster import KMeans
import seaborn as sns
```

```
data_program2_value = data_program2.values
type(data_program2_value)
```

```
numpy.ndarray
```

```
#구하고자하는 클러스터 개수 = 3, 초기 군집 개수 25로 설정한 kmeans 분류기
data_kmeans = KMeans(n_clusters=3, n_init=25).fit(data_program2_value)
```

```
data_kmeans.labels_
```

```
array([1, 1, 1, 2, 0, 1, 2, 0, 0, 1, 1, 1, 0, 0, 0, 2, 1, 1, 2, 1, 1, 1,
       1, 2, 0, 0, 1, 0, 0, 1, 1, 1, 1, 1, 1, 2, 2, 1, 1, 0, 0, 1, 1, 0,
       1, 0, 0, 2, 1, 0, 1, 0, 1, 0, 1, 2, 1, 0, 2, 1, 0, 1, 2, 0, 1, 1,
       1, 1, 1, 2, 1, 1, 0, 1, 1, 2, 1, 1, 2, 1, 1, 0, 1, 0, 2, 1, 2, 0])
```

```
#원본 데이터에 라벨을 추가해준다.
data_program2_cluster = data_program2
data_program2_cluster['label'] = data_kmeans.labels_
```

우선, "sklearn" 라이브러리를 설치해 주어야 한다. 앞서 "pip install"을 사용하는 방법을 활용하면 된다. "pip"이 잘 작동하지 않을 경우, "pip3"를 사용해 주면 수월하게 설치할 수 있다.

K-means 군집분석은 "sklearn.cluster"의 "KMeans"를 사용하여 실행할 수 있다. 그 전에 "data frame"을 "numpy ndarray"로 바꾸어 주기 위해 "data_program2"에 "value"라는 메서드를 사용하여 "data_program2_value"라는 새로운 객체를 생성하였다.

"KMeans(군집의 수, 최초 군집의 수)"를 설정한 후 "fit" 메서드를 활용하여 데이터를 적합시켰다. 아래의 "data_kmeans.labels_"는 추출한 라벨들이다. 아래에는 "label" 값들을 추가한 "data_program2_custer"라는 새로운 데이터 프레임을 추가한 것이다. 그 결과로 다음의 변수별 K-means 군집분석 결과 그래프를 그릴 수 있다.

```
sns.pairplot(data_program2_cluster, hue='label')
```

```
<seaborn.axisgrid.PairGrid at 0x1a5f600cc18>
```

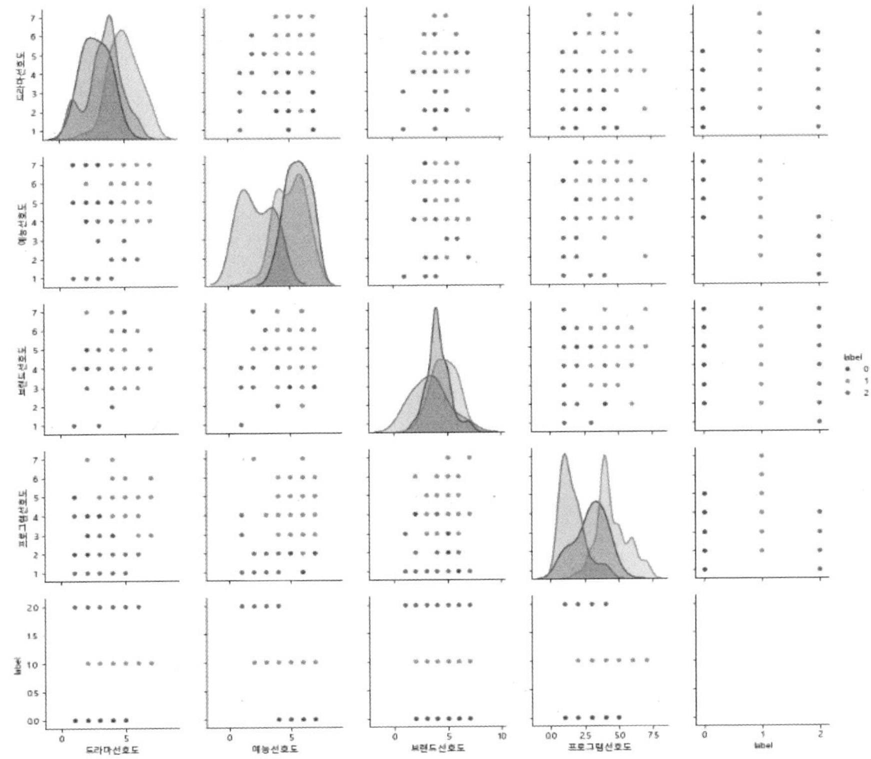

최적 K-means Cluster 개수 결정하기

K-means의 "sum of squared" 값을 계산하여 다음처럼 그래프로 최적의 K-means Cluster 개수를 결정할 수 있다.

```
#적절한 k-means 군집 개수 정하기
squared_sum = []
N = range(1,10)
for n in N:
    kmeans = KMeans(n_clusters=n, n_init=25).fit(data_program2_value)
    squared_sum.append(kmeans.inertia_)

plt.plot(N, squared_sum, 'bx-')
plt.xlabel('cluster_n')
plt.ylabel('squared_sum')
plt.title('Optimal n')
```

```
Text(0.5,1,'Optimal n')
```

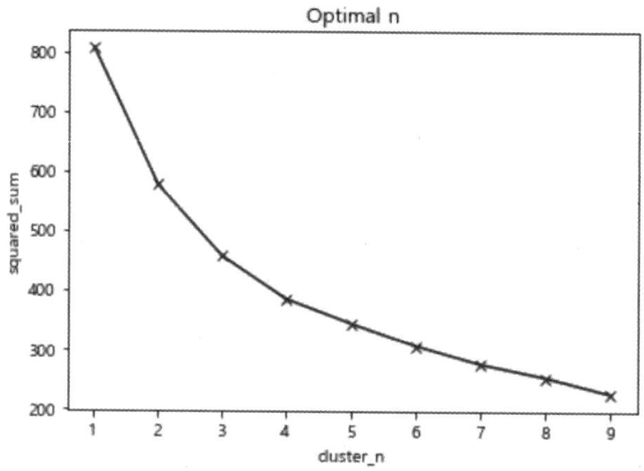

보통의 경우 그래프가 하강하는 기울기가 급격히 줄어드는 지점에서 Cluster의 개수가 결정된다.

Kmedoids 군집분석

"Partitioning Around Medolids" 분석이라고 한다. K−means가 이상치에 민감한 단점을 보완한다. 왜냐하면 각 군집이 하나의 관찰치로 대표되기 때문이다. 또한 다른 거리 측정법들을 사용해 연속형 변수들뿐 아니라 다양한 형태의 변수들도 사용할 수 있다.

```
from pyclustering.cluster.kmedoids import kmedoids
```

```
cluster = kmedoids(data_program2_value, nclusters=3
                   , initial_index_medoids=[0, 1, 2],
             data_type='distance_matrix')
```

```
cluster.process()
cluster_id = cluster.get_clusters()
cluster_medoids = cluster.get_medoids();
```

```
print(cluster_medoids)
```

```
[24, 6, 43]
```

```
print(cluster_id[0])
```

```
[24, 4, 8, 9, 11, 14, 15, 16, 18, 19, 21, 23, 28, 30, 33, 34, 36, 40, 44,
46, 50, 52, 53, 58, 63, 64, 66, 67, 68, 69, 72, 74, 75, 76, 80, 81, 82, 8
3, 84, 86, 87]
```

```
print(cluster_id[1])
```

```
[6, 1, 12, 13, 17, 20, 25, 26, 29, 31, 32, 39, 41, 42, 45, 48, 49, 54, 55,
56, 57, 60, 61, 62, 65, 70, 71, 79, 85]
```

```
print(cluster_id[2])
```

```
[43, 0, 2, 3, 5, 7, 10, 22, 27, 35, 37, 38, 47, 51, 59, 73, 77, 78]
```

우선, "pip3 install pyclustering"이라는 명령어를 통해 "pyclustering" 모듈을 설치해야 한다. 그런 다음, 내부의 Kmedoids를 "import"하여 사용할 수 있다. Kmedoids에는 순서대로 데이터, 클러스터 개수, 군집 인덱스가 포함된다. "data_type"을 "distance_matrix"로 설정해 주면 거리를 계산한 행렬을 이용하여 분석을 진행한다. 아래에는 초기 중심 관측치와 그에 대한 각 군집별 분석결과를 차례대로 출력한 것이다.

판별분석(LDA)

```
#판별분석을 위한 데이터 생성
data_for_lda = data[data.프로그램형태==2].iloc[:, 1:9]
data_for_lda['집단'] = data_program2_cluster['label']
data_for_lda.head()
```

	드라마 선호도	예능선 호도	브랜드 인지도	브랜드 선호도	프로그램 인지도	프로그램 선호도	광고모델 인지도	광고모델 선호도	집단
0	4	4	7	7	7	4	1	1	1
1	4	7	7	5	7	5	7	7	1
2	5	6	7	3	7	4	7	7	1
3	6	2	7	4	3	2	2	2	2
4	2	7	3	3	6	4	6	6	0

"iloc" 메서드는 인덱스를 이용하여 데이터 프레임을 추출할 수 있게 해준다. 이를 이용하여 책과 같이 "드라마선호도"에서 "광고모델선호도"까지 순서대로 변수를 출력하고 앞서 K-means에서 추출하였던 "label"을 "집단"이라는 이름으로 변수에 추가하였다.

```
#LDA with sklearn
import pandas as pd
import numpy as np
import matplotlib.pyplot as plt
from sklearn.model_selection import train_test_split
from sklearn.discriminant_analysis import LinearDiscriminantAnalysis

#데이터 불러오기
X = data_for_lda.drop(['집단'], axis=1)
target = data_for_lda['집단']
X_train, X_test, y_train, y_test = train_test_split(X,target,test_size=0.3,
                                                    random_state=0)
#lda 모델 생성
LDA = LinearDiscriminantAnalysis(n_components=3)
learned_data = LDA.fit_transform(X_train,y_train)
# 그래프로 결과 확인하기
markers = ['s','x','o']
colors = ['r','g','b']
fig = plt.figure(figsize=(10,6))
for l,m,c in zip(np.unique(y_train),markers,colors):
    plt.scatter(learned_data[:,0][y_train==l],
                learned_data[:,1][y_train==l],c=c,marker=m)
```

"sklearn.discriminant_analysis" 모듈의 "LinearDiscriminantAnalysis"를 사용해 분석을 진행할 수 있다. 우선, 종속변수가 되는 '집단'변수를 삭제하여 "X"라는 객체에 저장하였고, 또 "target"이라는 객체에 '집단'변수만을 따로 저장하여 종속변수로 만들었다.

판별분석은 데이터를 7:3 정도의 비율로 나누어 7의 비율에 해당하는 데이터로 학습시키고 3의 비율에 해당하는 데이터로 결과를 평가하는 식으로 진행된다. 이를 하기 위해 "sklearn.model_selection"에서 "train_test_split"이라는 함수를 "import"하였다. 이후, 데이터를 "X_train, X_test, y_train, y_test"로 분할하였다.

"LinearDiscriminantAnalysis"에 "n_components" 개수를 "3"으로 지정해 주고 "fit_transform" 메서드를 이용해 데이터를 학습시켰다. 다음은 학습에 대한 결과를 그래프로 나타낸 것이다.

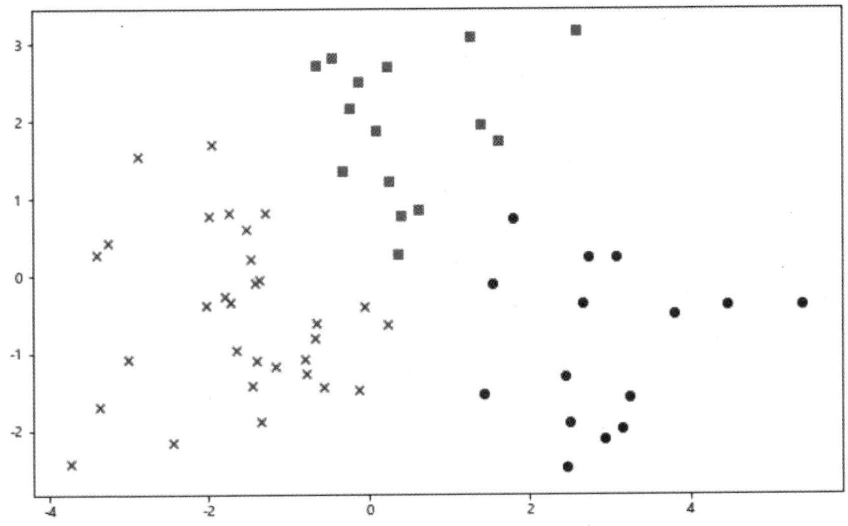

부록 B

영화시장 데이터를 이용한 데이터분석 연습

이 책 전체에 걸쳐 통계분석 연습에 활용하고 있는 샘플 데이터는 설문에 대한 소비자 응답(또는 실험에 대한 소비자 반응)의 결과이다. 하지만 마케팅조사가 설문의 형태로만 이루어지지 않을 뿐만 아니라 많은 마케팅시장 자료들이 마케팅조사의 대상이 된다는 점에서 설문을 기반으로 한 샘플 데이터를 통한 통계분석 연습은 다소 부족한 면이 있다.

부록 B에서는 이와 같은 제한된 샘플 데이터의 한계로 인해 마케팅조사와 분석방법에 대한 편향된 지식과 관점을 피하고, 확장된 마케팅조사기법을 적용할 수 있도록 2차 자료를 바탕으로 수집된 실증 데이터를 제공하고자 한다. 부록 B에서 활용한 실증 데이터의 구성은 다음과 같다.

샘플 실증 데이터

설명: 국내 개봉 영화 관련 시장 데이터

케이스의 수: 220개

주요 변수: 관객수, 광고량, 만족도, 전체댓글수, 부정댓글수, 긍정댓글수, 중립댓글수, 스크린수,

개봉 계절: 봄, 여름, 가을, 겨울

장르: 액션, 코미디, 드라마, 공포, SF, 기타

등급: 1(12세 이상), 2(15세 이상), 3(전체관람가)

시리즈물: 1(시리즈), 0(단편)

제작국가: 1(국내), 0(국외)

출연진의 관객동원력

부록 B에서는 실증 데이터를 대상으로 본문에서 SPSS를 이용하여 수행했던 다양한 통계분석방법을 동일하게 수행한다. 따라서 분석방법의 과정은 간단히 설명하고 분석결과의 해석에 좀 더 초점을 맞춰 설명하였다. 따라서 이 부록 B의 완전한 이해를 위해서는 반드시 본문에 대한 이해가 필수적이며, 각 부분에 관련한 본문 부분(장)을 명시하였다.

SPSS 활용

SPSS 통계분석 연습을 위해 먼저 샘플 실증 데이터(sample_moviedata.xlsx)를 다음과 같이 열어야 한다. 이 부분에 대한 자세한 설명은 본문 "제9장. 통계적 검정의 개념과 통계분석 프로그램 – 9.3 통계분석 연습의 준비"를 참고하기 바란다.

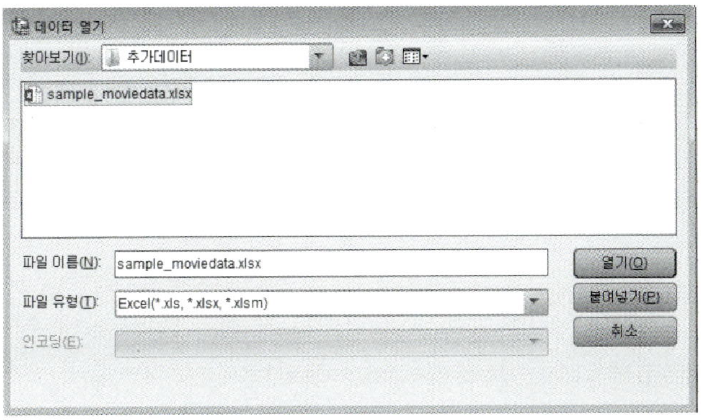

Excel 형식의 샘플 데이터를 SPSS에서 열면 데이터 포맷 설정을 위한 다음의 창이 나타나는데, 샘플 데이터의 경우 모든 부분이 사전에 설정이 되어 있어 "확인"을 선택하면 자동적으로 SPSS에서 샘플 데이터가 열리게 된다.

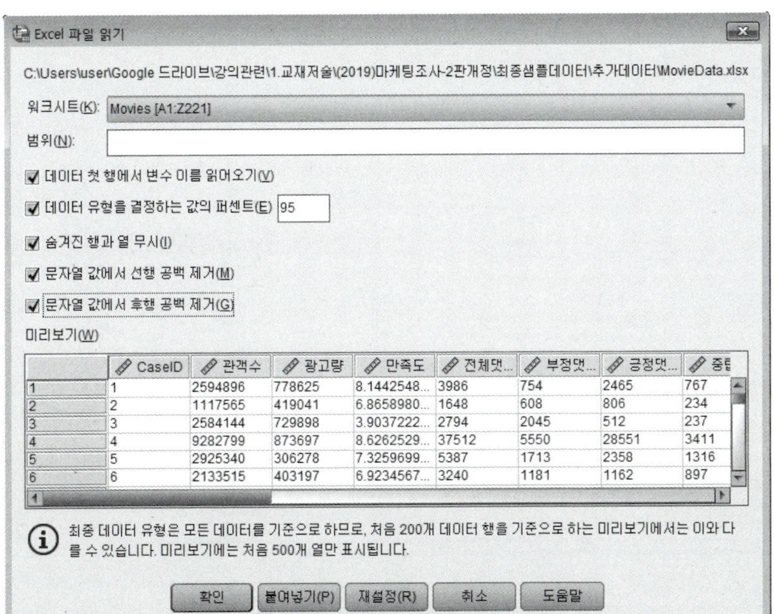

SPSS로 데이터를 연 이후, 특정 명목척도의 값을 사전에 정의해 주면 향후 분석결과 해석 시에 코드(명목척도의 특정값)를 손쉽게 이해할 수 있다. 예를 들어, "등급" 변수는 명도척도로서, 값 1은 12세 이상의 영화를, 값 2는 15세 이상의 영화를, 값 3은 전체관람가 영화를 의미한다. 이를 사전에 정의하기 위해 SPSS의 "변수 보기" 탭에서 해당 변수의 값 열을 클릭하면 다음과 같은 창이 별도로 나타나고 각 명목척도 기준값에 해당하는 레이블(명칭)을 입력해 두도록 하자.

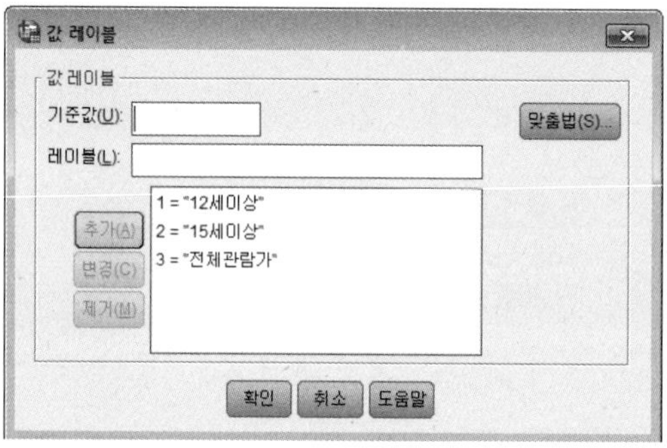

각 명목척도의 레이블을 입력하면 다음 화면과 같이 해당 명목척도에 대한 레이블이 입력이 되어 별도로 확인할 수 있어 향후 데이터 세트를 쉽게 이해할 수 있도록 한다.

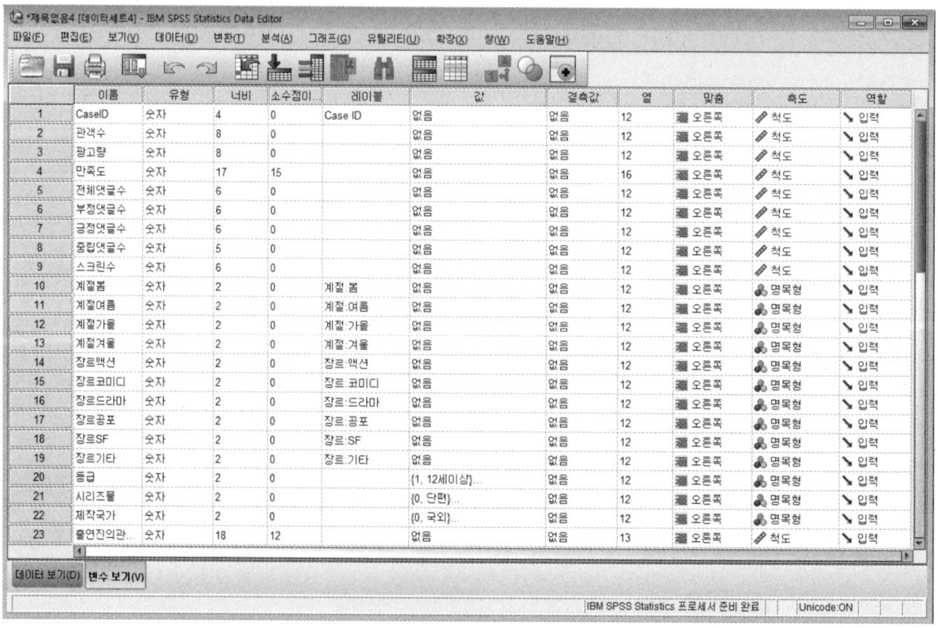

*제목없음4 [데이터세트4] - IBM SPSS Statistics Data Editor

	이름	유형	너비	소수점이...	레이블	값	결측값	열	맞춤	측도	역할
1	CaseID	숫자	4	0	Case ID	없음	없음	12	오른쪽	척도	입력
2	관객수	숫자	8	0		없음	없음	12	오른쪽	척도	입력
3	광고량	숫자	8	0		없음	없음	12	오른쪽	척도	입력
4	만족도	숫자	17	15		없음	없음	16	오른쪽	척도	입력
5	전체댓글수	숫자	6	0		없음	없음	12	오른쪽	척도	입력
6	부정댓글수	숫자	6	0		없음	없음	12	오른쪽	척도	입력
7	긍정댓글수	숫자	6	0		없음	없음	12	오른쪽	척도	입력
8	중립댓글수	숫자	5	0		없음	없음	12	오른쪽	척도	입력
9	스크린수	숫자	6	0		없음	없음	12	오른쪽	척도	입력
10	계절봄	숫자	2	0	계절:봄	없음	없음	12	오른쪽	명목형	입력
11	계절여름	숫자	2	0	계절:여름	없음	없음	12	오른쪽	명목형	입력
12	계절가을	숫자	2	0	계절:가을	없음	없음	12	오른쪽	명목형	입력
13	계절겨울	숫자	2	0	계절:겨울	없음	없음	12	오른쪽	명목형	입력
14	장르액션	숫자	2	0	장르:액션	없음	없음	12	오른쪽	명목형	입력
15	장르코미디	숫자	2	0	장르:코미디	없음	없음	12	오른쪽	명목형	입력
16	장르드라마	숫자	2	0	장르:드라마	없음	없음	12	오른쪽	명목형	입력
17	장르공포	숫자	2	0	장르:공포	없음	없음	12	오른쪽	명목형	입력
18	장르SF	숫자	2	0	장르:SF	없음	없음	12	오른쪽	명목형	입력
19	장르기타	숫자	2	0	장르:기타	없음	없음	12	오른쪽	명목형	입력
20	등급	숫자	2	0		{1, 12세이상}...	없음	12	오른쪽	명목형	입력
21	시리즈물	숫자	2	0		{0, 단편}...	없음	12	오른쪽	명목형	입력
22	제작국가	숫자	2	0		{0, 국외}...	없음	12	오른쪽	명목형	입력
23	출연진의관...	숫자	18	12		없음	없음	13	오른쪽	척도	입력

데이터 세트가 준비되었다면 샘플 실증 데이터를 활용하여 간단한 도표를 그려 보도록 하자. 이 부분에 대한 자세한 설명은 본문의 "제10장. 자료의 요약 및 정리" 부분을 참고하기 바란다.

① 히스토그램 차트 작성방법

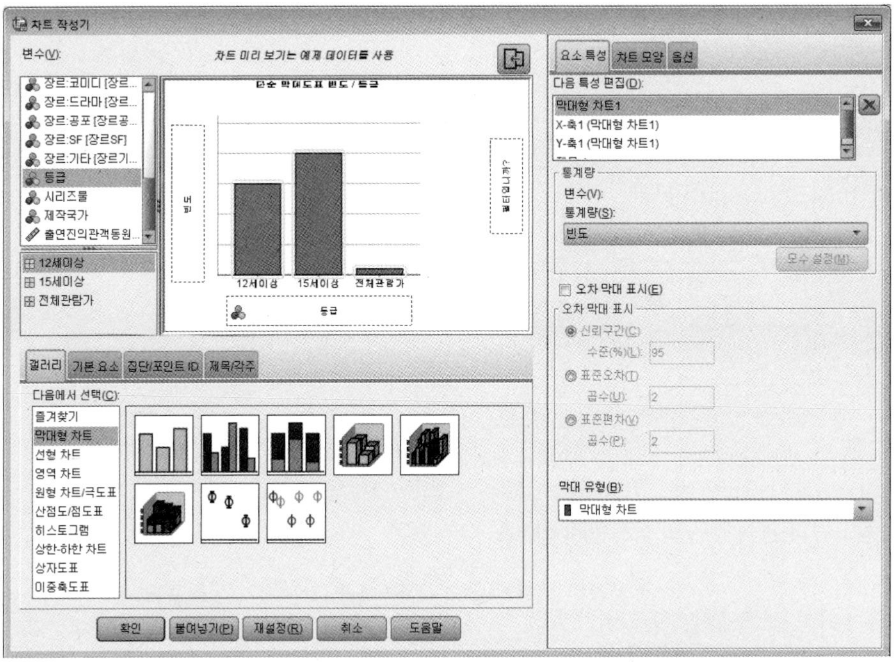

② 등급별 영화 빈도에 대한 히스토그램

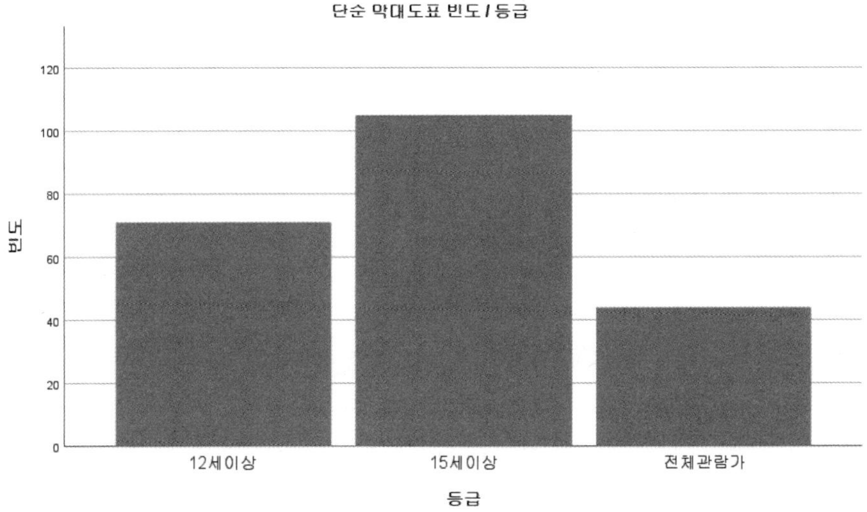

③ 산포도 차트 작성방법

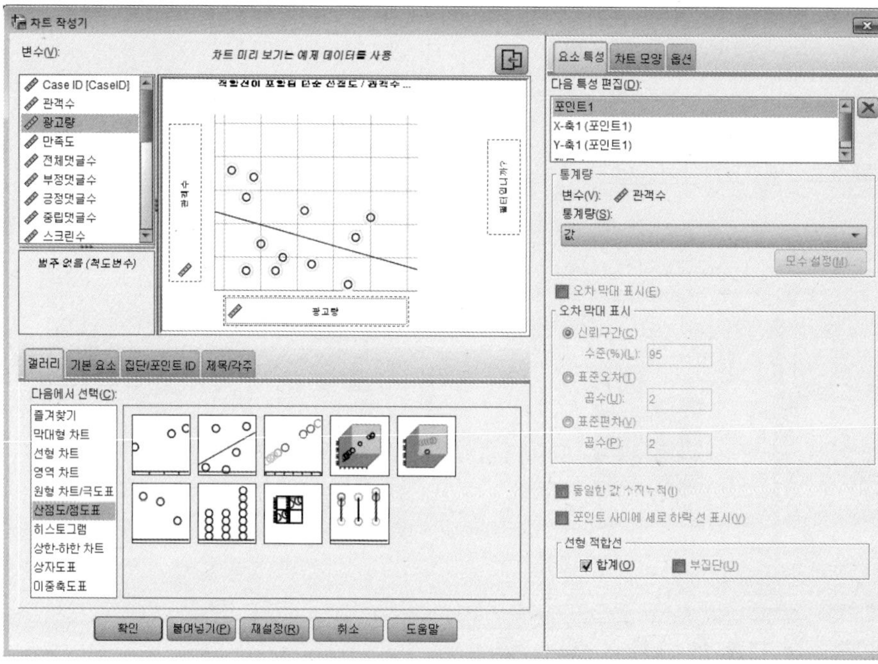

④ 광고량과 관객수 간의 상관관계 산포도

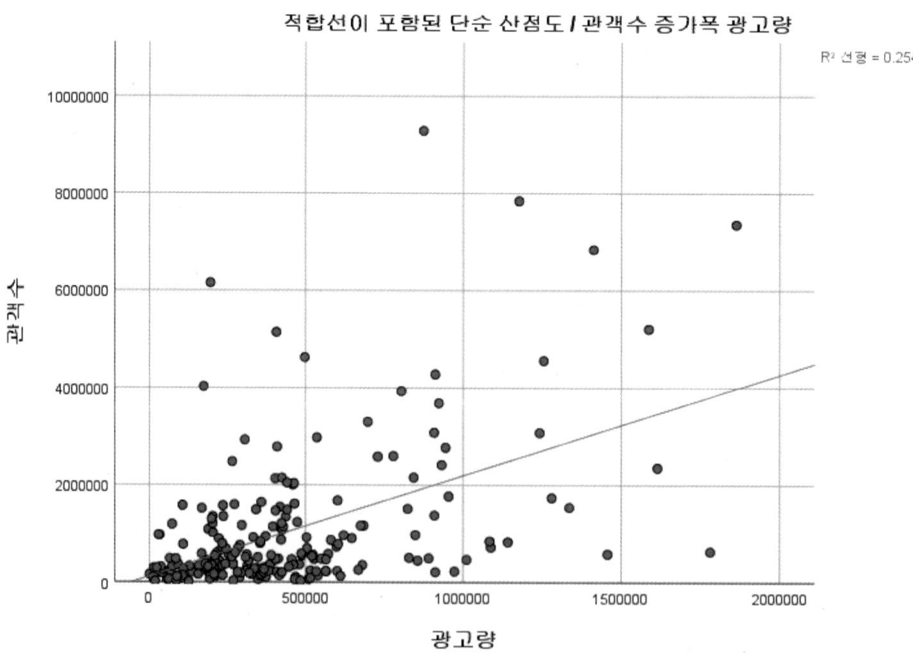

⑤ 상자도표 차트 작성방법

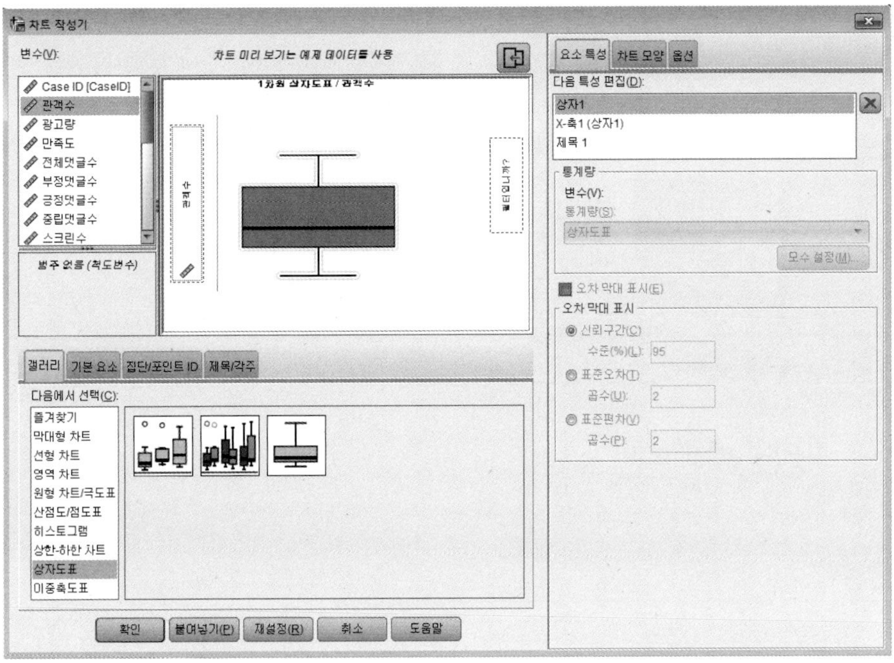

⑥ 관객수에 대한 상자도표

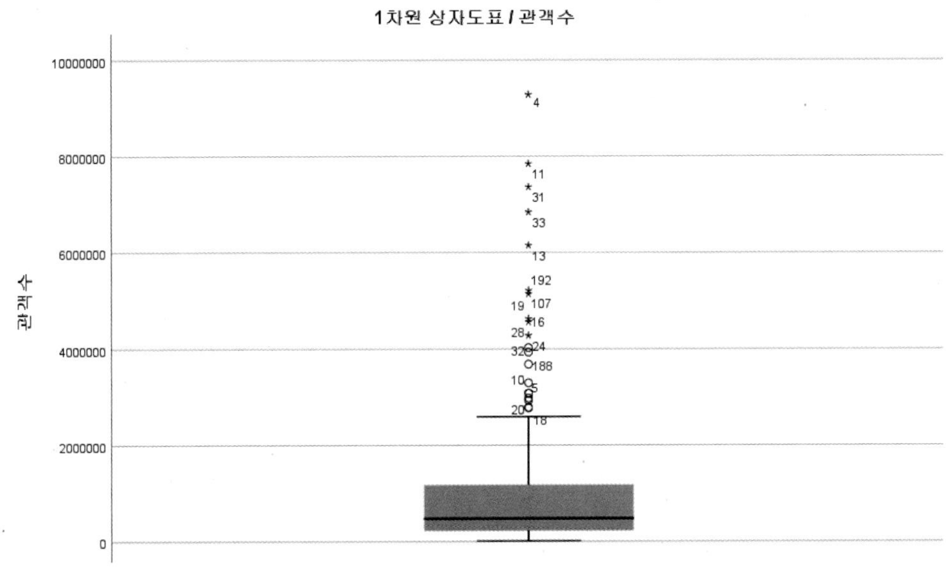

⑦ 집단별 상자도표 차트 작성기

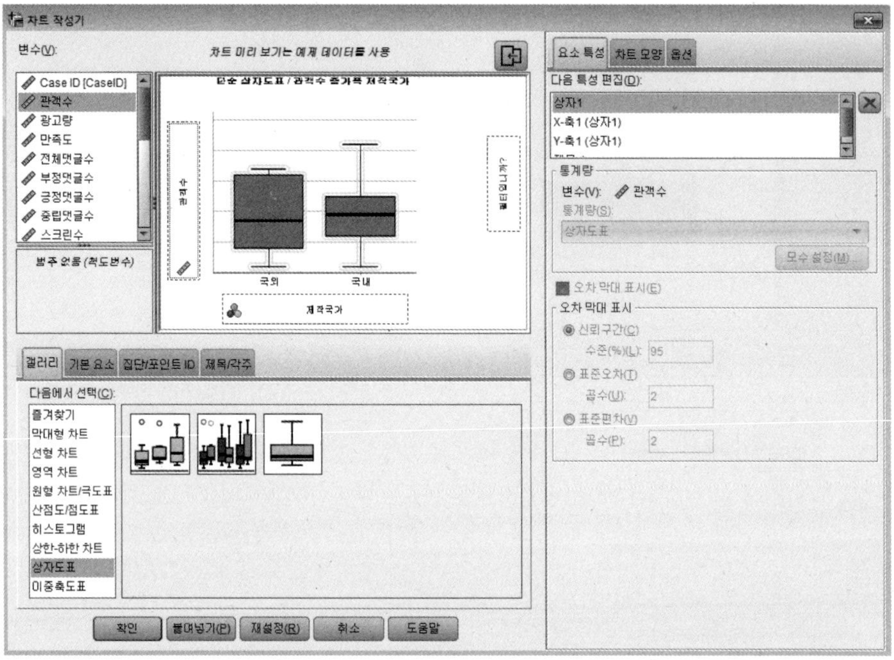

⑧ 제작 국가별 관객수 상자도표

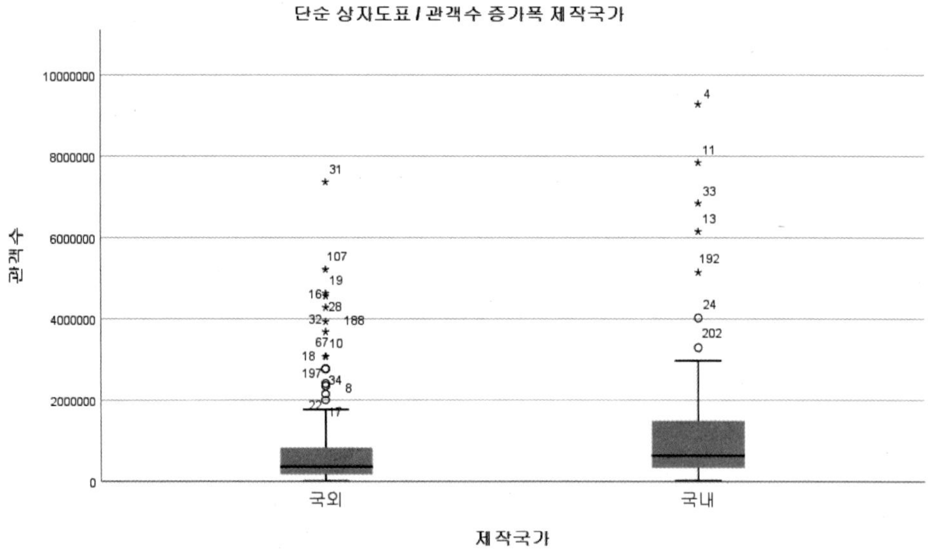

다음으로 가장 기본적인 통계 검정인 "일표본 T 검정"을 실행해 보자. 자세한 설명은 본문 "제12장. 차이에 기반한 가설검정 I: 두 개 집단 – 12.1 모집단에 대한 가설검정" 부

분을 참고하기 바란다.

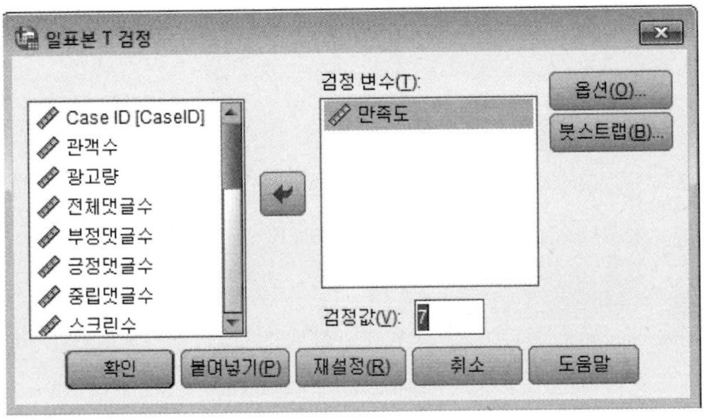

만족도 평균이 7과 같은지 여부를 판단하기 위한 "일표본 T 검정"으로 현재 만족도 평균은 7.22로 이를 명확히 판단하기 어려워 통계적 검정인 "일표본 검정"으로 그 유의성을 판단할 수 있다.

일표본 통계량

	N	평균	표준화 편차	표준오차 평균
만족도	219	7.220432715	1.303926283	.0881111728

검정결과는 유의확률(p=0.013)이 유의수준 0.05보다 작아 5% 유의수준에서 만족도 평균은 7과 다르고, 평균값이 7.22로 7보다 크기 때문에 영화의 전반적 만족도의 평균은 7보다 통계적으로 유의하게 크다고 판단할 수 있다.

일표본 검정

검정값 = 7

	t	자유도	유의확률 (양측)	평균차이	차이의 95% 신뢰구간 하한	차이의 95% 신뢰구간 상한
만족도	2.502	218	.013	.2204327147	.0467739107	.3940915187

두 개의 집단의 평균을 통계적으로 검정할 수 있는 "독립표본 T 검정"을 실행해 보자. 자세한 설명은 본문 "제12장. 차이에 기반한 가설검정 I: 두 개 집단 – 12.2 독립된 두 집단의 평균차이 비교" 부분을 참고하기 바란다.

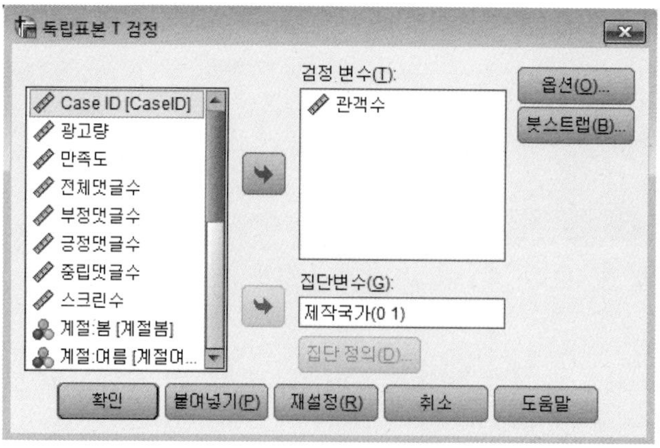

이번 "독립표본 T 검정" 연습에서는 독립변수인 집단변수(반드시 명목척도여야 함)를 "제작국가(0: 국외, 1: 국내)"로 선택하였고, 종속변수는 "관객수"로 선택하였다. 따라서 통계적으로 검정하고자 하는 분석내용은 제작국가(국내 또는 국외)에 따른 관객수의 차이 여부가 된다. 두 집단의 평균을 확인해 보면, 국외 영화의 경우 123개 영화의 평균 관객수가 약 83만 명, 국내 영화의 경우 97개 영화의 평균 관객수는 약 125만 명이다. 이 통계를 통해 국내 영화가 국외 영화보다 평균적으로 더 많은 관객을 동원할 수 있는 듯하나 아직은 통계적으로 명확한 결론을 내릴 수 없다.

집단통계량

	제작국가	N	평균	표준화 편차	표준오차 평균
관객수	국외	123	825952.18	1208254.627	108944.651
	국내	97	1253870.46	1605494.953	163013.314

통계적으로 명확한 결론을 내리기 위해 다음 독립표본 검정의 결과를 확인해야 한다. 먼저 두 집단의 분산은 동일하며(유의확률이 0.137로 귀무가설인 두 집단의 등분산성을 기각할 수 없음), 또한 두 집단의 평균은 유의수준 5%에서 통계적으로 유의한 차이(유의확률 0.025)가 있다. 따라서 국내 영화의 평균 관객수가 더 크기 때문에 국내 영화의 평균 관객수가 국외 영화의 평균 관객수보다 통계적으로 유의하게 더 많다고 판단할 수 있다.

독립표본 검정

		Levene의 등분산 검정		평균의 동일성에 대한 T 검정		
		F	유의확률	t	자유도	유의확률 (양측)
관객수	등분산을 가정함	2.230	.137	-2.255	218	.025
	등분산을 가정하지 않음			-2.183	173.649	.030

동일 영화에서 "부정댓글수"와 "긍정댓글수"의 차이의 존재를 확인하기 위해서는 "대응표본 T 검정"을 실시하여야 한다. 자세한 설명은 본문 "제12장. 차이에 기반한 가설검정 I: 두 개 집단 – 12.3 독립하지 않은 두 변수 간의 평균차이 비교" 부분을 참고하기 바란다.

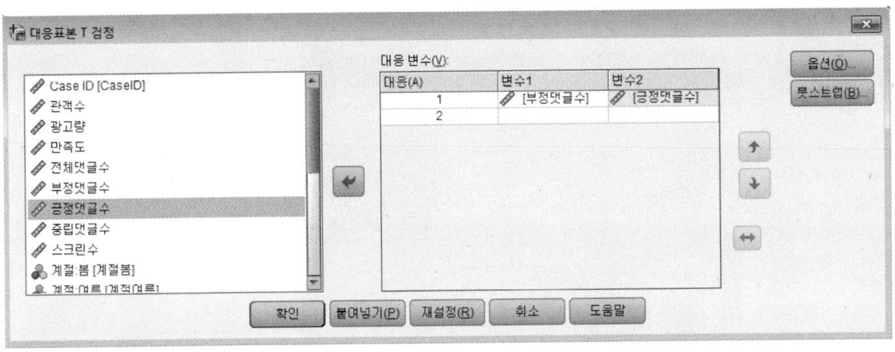

분석결과 "부정댓글수"는 평균적으로 845개, "긍정댓글수"는 1,683개로 "긍정댓글수"가 약 2배 이상 많이 발생하고 있다.

대응표본 통계량

		평균	N	표준화 편차	표준오차 평균
대응 1	부정댓글수	844.70	220	1593.894	107.460
	긍정댓글수	1682.57	220	3281.545	221.242

대응표본 검정 결과, 유의수준 1%에서 "긍정댓글수"와 "부정댓글수"의 차이는 통계적으로도 유의한 차이를 가지고 있다(유의확률 0.000).

대응표본 검정

		대응차					
			차이의 95% 신뢰구간				
		평균	하한	상한	t	자유도	유의확률 (양측)
대응 1	부정댓글수 - 긍정댓글수	-837.864	-1217.481	-458.247	-4.350	219	.000

집단의 수가 2개 이하일 경우 "T 검정"으로 통계적 검정을 실시할 수 있지만, 집단의 수가 3개 이상인 경우 분산분석을 실시하여야 한다. 영화 등급에 따른 관객수의 차이에 대한 통계적 검정을 "일원배치 분산분석"으로 실시한다. 자세한 설명은 본문 "제13장. 차이에 기반한 가설검정 II: 세 개 집단 이상 – 13.1 세 개 이상 집단 간 평균차이" 부분을 참고하기 바란다.

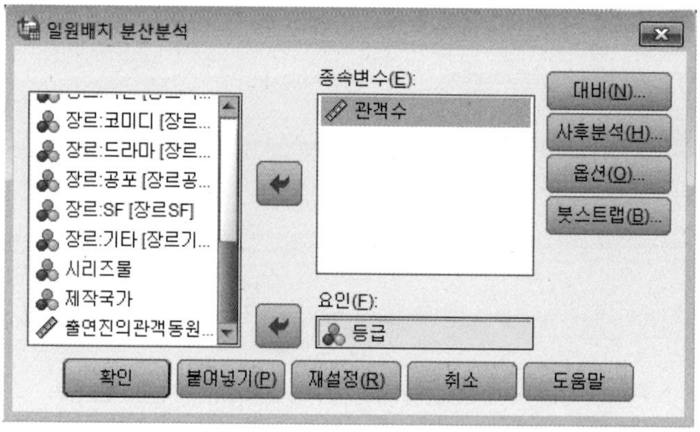

분석결과 세 집단의 관객수 평균과 기술통계는 다음의 표와 같다.

기술통계

관객수

	N	평균	표준화 편차	표준화 오류	평균에 대한 95% 신뢰구간 하한	평균에 대한 95% 신뢰구간 상한	최소값	최대값
12세이상	71	1428824.59	1991013.595	236289.842	957559.36	1900089.82	19317	9282799
15세이상	105	778664.73	925460.307	90315.678	599565.35	957764.11	10430	5210238
전체관람가	44	909345.68	1082730.528	163227.769	580165.51	1238525.85	57088	4279141
전체	220	1014625.24	1410150.457	95072.324	827251.44	1201999.04	10430	9282799

분산분석의 결과 세 집단의 관객수 평균은 유의수준 1%에서 유의한 차이를 보이고 있다(유의확률 0.009). 즉, 12세 이상 영화가 평균적으로 가장 많은 관객을 동원하고, 다음

으로 전체관람가 영화가 많은 관객을 동원하게 된다. 다음의 다중비교 표는 이 결론을 부분적으로 지지한다.

ANOVA

관객수

	제곱합	자유도	평균제곱	F	유의확률
집단-간	1.851E+13	2	9.257E+12	4.818	.009
집단-내	4.170E+14	217	1.922E+12		
전체	4.355E+14	219			

다중비교

종속변수: 관객수

	(I) 등급	(J) 등급	평균차이(I-J)	표준화 오류	유의확률	95% 신뢰구간 하한	95% 신뢰구간 상한
Tukey HSD	12세이상	15세이상	650159.858*	212988.513	.007	147526.32	1152793.39
		전체관람가	519478.910	265960.462	.126	-108163.61	1147121.43
	15세이상	12세이상	-650159.858*	212988.513	.007	-1152793.39	-147526.32
		전체관람가	-130680.948	248940.649	.859	-718158.26	456796.36
	전체관람가	12세이상	-519478.910	265960.462	.126	-1147121.43	108163.61
		15세이상	130680.948	248940.649	.859	-456796.36	718158.26
Tamhane	12세이상	15세이상	650159.858*	252962.074	.035	34790.07	1265529.65
		전체관람가	519478.910	287186.688	.204	-176705.96	1215663.78
	15세이상	12세이상	-650159.858*	252962.074	.035	-1265529.65	-34790.07
		전체관람가	-130680.948	186548.187	.864	-586918.69	325556.79
	전체관람가	12세이상	-519478.910	287186.688	.204	-1215663.78	176705.96
		15세이상	130680.948	186548.187	.864	-325556.79	586918.69

*. 평균차이는 0.05 수준에서 유의합니다.

다음의 평균 도표는 집단 간 유의한 차이를 시각화하여 쉽게 판단할 수 있도록 한다. 주의할 점은 이번 분산분석의 결과는 12세 이상 영화와 15세 이상 영화의 관객수의 평균차이가 통계적으로 유의함을 보여 주고 있지만, 다른 집단 간의 평균차이는 유의하지 않다고 보여 주고 있다. 분산분석의 결과를 살펴볼 때, 이와 같은 집단 간 차이의 유의성을 세밀하게 검토할 필요가 있다.

평균 도표

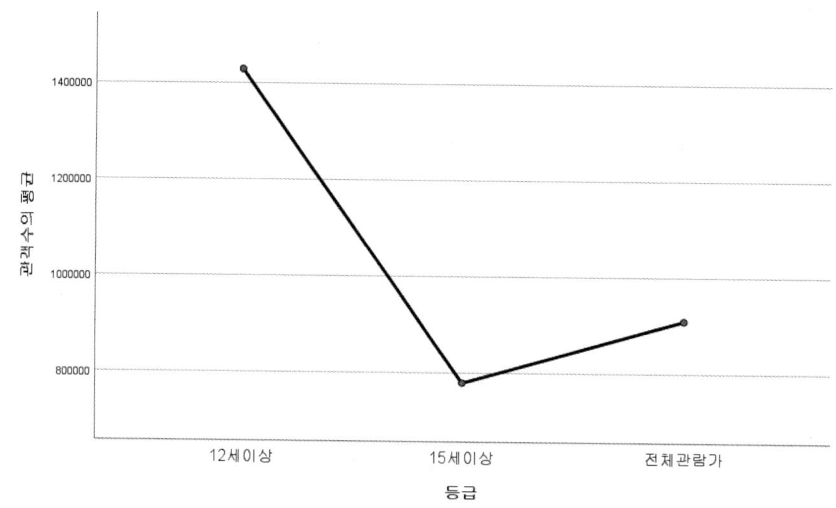

영화 등급에 따른 관객수의 차이에 대한 통계적 검정에서 관객수의 차이에 영향을 줄 수 있는 외부요인(환경요인)으로 "스크린수"는 통제할 필요가 있다. 이와 같이 집단 간의 차이 검정 시 외부요인으로 통제할 필요가 있는 변수를 공변량이라고 한다. 이와 같은 공변량을 포함한 분산분석을 공변량분석이라고 하며, 자세한 설명은 본문 "제13장. 차이에 기반한 가설검정 II: 세 개 집단 이상 – 13.2 공변량을 고려한 집단의 평균차이 검정" 부분을 참고하기 바란다.

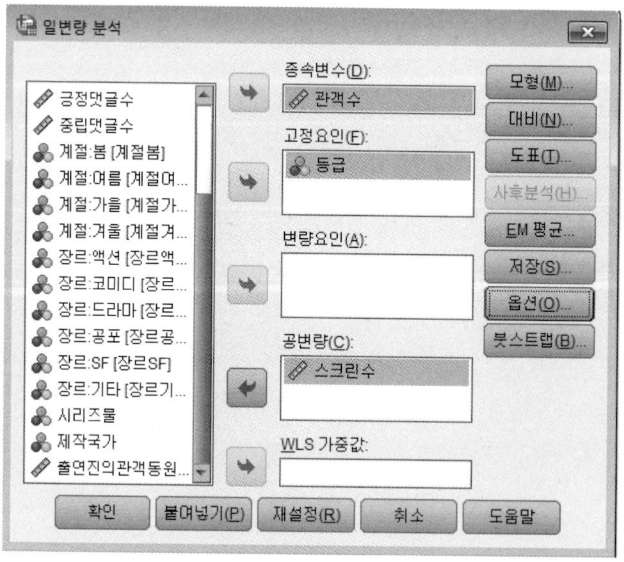

다음의 "개체-간 효과 검정" 표는 공변량인 "스크린수"를 포함한 분산분석의 결과를 보여 주고 있다. 공변량인 "스크린수"를 포함한 결과 이전 분산분석에서 나타났던 등급에 따른 관객수의 차이가 통계적으로 유의하지 않고(유의확률 0.341), "스크린수"에 따른 관객수의 차이가 유의수준 1%에서 유의한 것으로 나타났다. 이는 "스크린수"를 통계적으로 통제한 결과, 등급에 따른 관객수의 차이는 실제로 통계적으로 유의한 차이가 존재하지 않게 되는 결과로, 기존의 등급에 따른 관객수의 차이는 사실 스크린수에 따른 차이의 착시로 나타났을 수도 있어 좀 더 세밀한 분석이 필요하다.

개체-간 효과 검정

종속변수: 관객수

소스	제 III 유형 제곱합	자유도	평균제곱	F	유의확률
수정된 모형	2.745E+14[a]	3	9.151E+13	122.788	.000
절편	4.135E+13	1	4.135E+13	55.483	.000
스크린수	2.560E+14	1	2.560E+14	343.519	.000
등급	1.610E+12	2	8.050E+11	1.080	.341
오차	1.610E+14	216	7.452E+11		
전체	6.620E+14	220			
수정된 합계	4.355E+14	219			

a. R 제곱 = .630 (수정된 R 제곱 = .625)

다음의 평균 도표는 이전 분산분석의 평균 도표와 그 형태가 다를뿐더러 "스크린수"를 통계적으로 통제(스크린수=1804.95)한 이후 관객수의 최댓값과 최솟값의 범위가 상대적으로 많이 줍아졌다는 것을 알 수 있다.

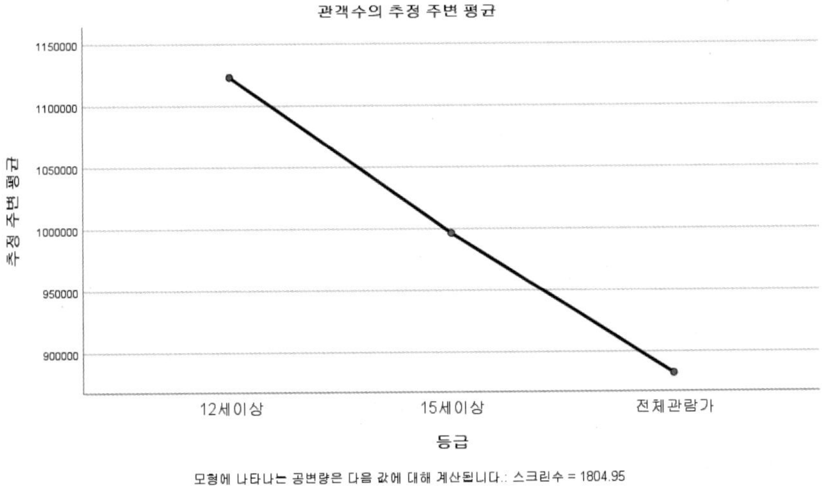

두 개 이상의 집단변수에 따른 관객수의 차이를 확인하기 위해 상호작용이 있는 일변량분석을 실시한다. 이번 분산분석은 집단변수로 "시리즈물"과 "제작국가"의 상호작용을 확인하고자 한다. 첫 번째 확인하고자 하는 조사내용은 시리즈물 여부에 따른 관객수의 차이 여부이고, 두 번째 조사내용은 제작국가에 따른 관객수의 차이 여부이며, 마지막 세 번째 조사내용은 시리즈물과 제작국가의 조합에 따른 관객수의 차이 여부이다. 상호작용이 있는 분산분석에 대한 자세한 설명은 본문 "제13장. 차이에 기반한 가설검정 II: 세 개 집단 이상 – 13.3 두 개 이상의 집단요인의 상호작용효과" 부분을 참고하기 바란다.

상호작용이 있는 분산분석의 해석 시 도표의 역할이 상당히 중요하기 때문에, 반드시 도표와 관련된 설정을 다음과 같이 설정해 주기 바란다.

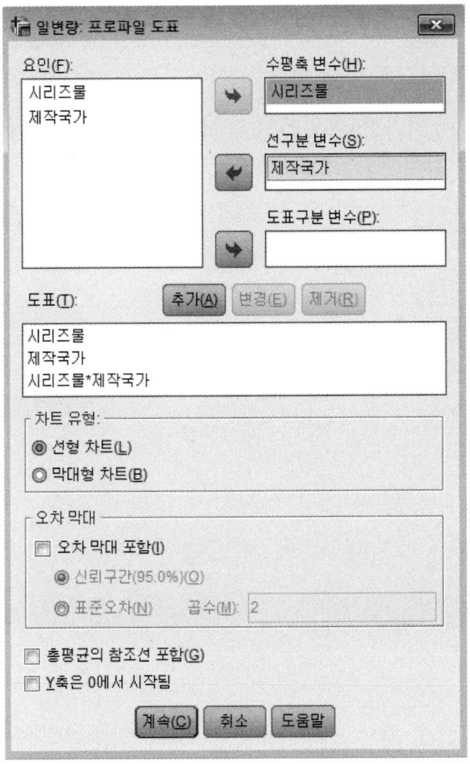

다음의 기술통계량은 시리즈물과 제작국가의 조합의 따른 각 조합의 기술통계량을 보여 주고 있다. 예를 들어, 시리즈물이고 국외 영화의 경우 평균 관객수는 약 268만 명이며, 국내 단편 영화의 경우 평균 관객수는 약 124만 명이다.

기술통계량

종속변수: 관객수

시리즈물	제작국가	평균	표준편차	N
단편	국외	606574.09	935109.783	110
	국내	1236141.30	1625025.895	94
	전체	896668.78	1333517.529	204
시리즈	국외	2682228.31	1650846.462	13
	국내	1809384.33	674412.025	3
	전체	2518570.06	1537751.976	16
전체	국외	825952.18	1208254.627	123
	국내	1253870.46	1605494.953	97
	전체	1014625.24	1410150.457	220

상호작용이 있는 분산분석의 결과는 다음 "개체-간 효과 검정" 표를 통해 확인할 수

있다. 먼저, 유의수준 1%에서 시리즈 영화가 단편 영화에 비해 평균 관객수가 통계적으로 유의하게 더 많다(유의확률 0.002, 252만>90만). 하지만 제작국가의 경우 평균 관객수는 통계적으로 유의한 차이를 보이지 않는다. 마지막으로 우리의 관심인 이 두 변수의 상호작용은 유의수준 10%에서 한계적으로 유의한 것으로 판단할 수 있다.

개체-간 효과 검정

종속변수: 관객수

소스	제 III 유형 제곱합	자유도	평균제곱	F	유의확률
수정된 모형	6.097E+13[a]	3	2.032E+13	11.722	.000
절편	9.331E+13	1	9.331E+13	53.819	.000
시리즈물	1.632E+13	1	1.632E+13	9.412	.002
제작국가	1.376E+11	1	1.376E+11	.079	.778
시리즈물 * 제작국가	5.250E+12	1	5.250E+12	3.028	.083
오차	3.745E+14	216	1.734E+12		
전체	6.620E+14	220			
수정된 합계	4.355E+14	219			

a. R 제곱 = .140 (수정된 R 제곱 = .128)

평균 도표를 바탕으로 해석한다면, 단편 영화의 경우 국내 영화의 평균 관객수가 국외 영화의 평균 관객수보다 더 많은 반면, 시리즈물 영화의 경우 국외 영화의 평균 관객수가 국내 영화의 평균 관객수보다 통계적으로 더 많다고 볼 수 있다. 물론, 이와 같은 결론을 통계적으로 완벽하게 내기 위해서는 대조분석(Contrast Analysis)과 같은 별도의 분석을 실시한다는 점에 주의해야 한다.

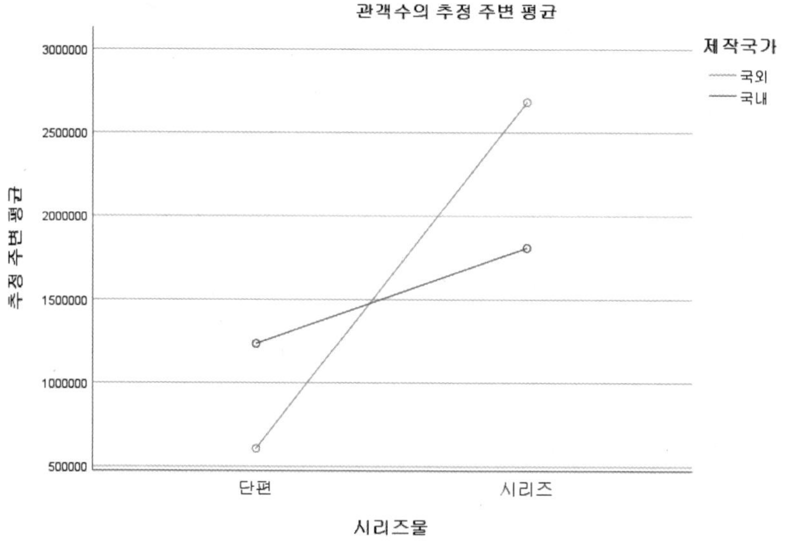

지금까지 집단 간 평균차이 검정에 집중했다면, 다음으로 변수 간의 관계를 조사하기 위한 회귀분석을 연습해 보도록 하자. 광고량과 관객수 간의 관계를 분석하기 위한 단순회귀분석을 실시한다. 자세한 설명은 "제14장. 관계에 기반한 가설검정 – 14.2 단순회귀분석"을 참고하기 바란다.

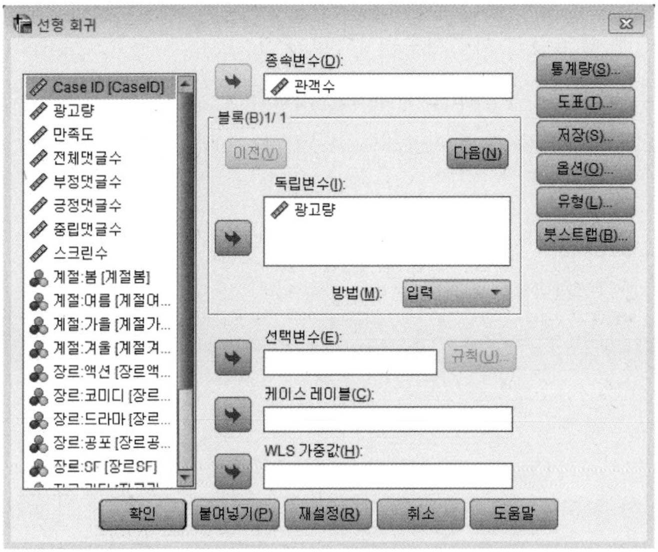

분석결과 모형 설명력은 $R^2=0.254$이고 Durbin–Watson값도 1.463으로 2에 근접하기 때문에 오차항이 독립임을 만족한다.

모형 요약[b]

모형	R	R 제곱	수정된 R 제곱	추정값의 표준 오차	Durbin-Watson
1	.504[a]	.254	.251	1220565.139	1.463

a. 예측자: (상수), 광고량

b. 종속변수: 관객수

다음의 모형분석결과는 통계적으로 유의미한 차이(유의확률 0.000)를 보이는 것으로 나타났다.

ANOVA[a]

모형		제곱합	자유도	평균제곱	F	유의확률
1	회귀	1.107E+14	1	1.107E+14	74.316	.000[b]
	잔차	3.248E+14	218	1.490E+12		
	전체	4.355E+14	219			

a. 종속변수: 관객수

b. 예측자: (상수), 광고량

마지막으로 회귀계수의 경우 광고량의 회귀계수는 유의수준 1%에서 통계적으로 유의하다(유의확률 0.000). 즉, 광고량은 관객수에 통계적으로 유의하게 긍정적인 영향을 주고 있다. 예를 들어, 광고량이 1단위 증가하면 관객수는 약 2.073단위 증가하게 된다.

계수[a]

모형		비표준화 계수		표준화 계수	t	유의확률
		B	표준화 오류	베타		
1	(상수)	123514.591	132124.307		.935	.351
	광고량	2.073	.240	.504	8.621	.000

a. 종속변수: 관객수

관객수에 영향을 주는 다양한 변수들과의 관계를 종합적으로 분석하기 위해 다중회귀분석을 실시한다. 자세한 설명은 “제14장. 관계에 기반한 가설검정 – 14.3 다중회귀분석”을 참고하기 바란다. 종속변수는 “관객수”를 선택하고, 관객수에 영향을 줄 수 있는 독립변수로 “광고량”, “부정댓글수”, “긍정댓글수”, “스크린수”를 선택하여 다중회귀분석을 실시하였다.

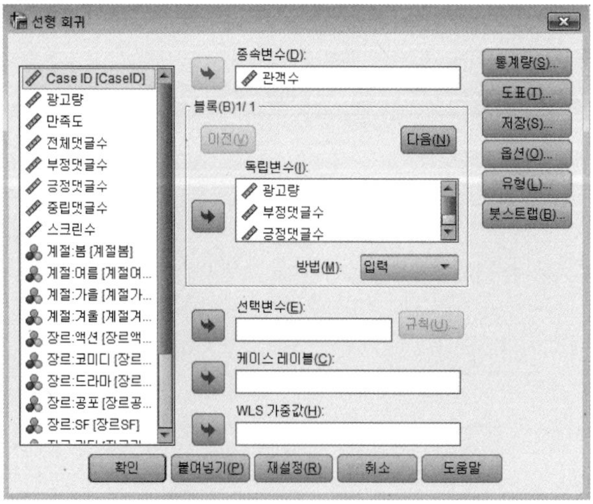

다중회귀분석은 단순회귀분석과 달리 독립변수 간의 공선성 존재 여부가 회귀모형의 적합성에 중요한 고려사항이기 때문에 반드시 "공선성 진단" 통계량을 선택해 주어야 한다.

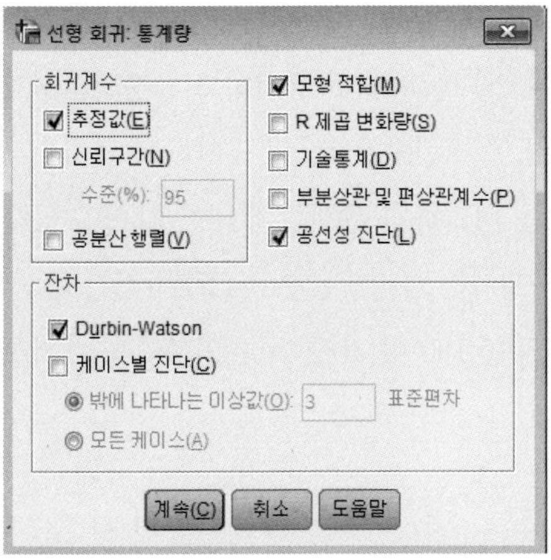

분석결과 모형 설명력은 $R^2=0.816$이고 Durbin-Watson값도 2.135로 2에 근접하기 때문에 오차항이 독립임을 만족한다. 단순회귀분석에 비해 모형 설명력이 상당히 높아졌다.

모형 요약[b]

모형	R	R 제곱	수정된 R 제곱	추정값의 표준오차	Durbin-Watson
1	.903[a]	.816	.812	611191.187	2.135

a. 예측자: (상수), 스크린수, 부정댓글수, 광고량, 긍정댓글수

b. 종속변수: 관객수

다음의 모형분석결과는 통계적으로 유의미한 차이(유의확률 0.000)를 보이는 것으로 나타났다.

ANOVA[a]

모형		제곱합	자유도	평균제곱	F	유의확률
1	회귀	3.552E+14	4	8.879E+13	237.698	.000[b]
	잔차	8.031E+13	215	3.736E+11		
	전체	4.355E+14	219			

a. 종속변수: 관객수

b. 예측자: (상수), 스크린수, 부정댓글수, 광고량, 긍정댓글수

회귀계수 분석결과 모든 변수의 공선성 통계량이 10보다 작기 때문에 독립변수의 독립성을 만족한다고 볼 수 있다. 각 회귀계수의 영향은 "부정댓글수"를 제외한 모든 변수의 회귀계수가 유의수준 1%에서 통계적으로 유의하다(유의확률 0.000). 즉, "광고량", "긍정댓글수", "스크린수"는 관객수에 통계적으로 유의하게 긍정적인 영향을 주고 있다. 예를 들어, 광고량이 1단위 증가하면 관객수는 약 0.780단위 증가하고 긍정댓글수가 1단위 증가하면 관객수가 187.667만큼 증가하며, 스크린수가 1단위 증가하면 관객수가 150.527만큼 증가하게 된다. 또한 표준화 계수를 비교하면 관객수에 대한 각 변수들의 상대적 영향력을 비교할 수 있다. 이번 분석결과에서는 긍정댓글수(0.437)가 가장 큰 영향력을 가지며, 다음으로 스크린수(0.432), 광고량(0.190)이 가장 낮은 영향력을 가지고 있다고 판단할 수 있다.

계수[a]

모형		비표준화 계수		표준화 계수			공선성 통계량	
		B	표준화 오류	베타	t	유의확률	공차	VIF
1	(상수)	48559.966	67138.479		.723	.470		
	광고량	.780	.131	.190	5.969	.000	.850	1.177
	부정댓글수	51.445	29.800	.058	1.726	.086	.756	1.323
	긍정댓글수	187.667	17.879	.437	10.496	.000	.496	2.018
	스크린수	150.527	13.329	.432	11.293	.000	.585	1.710

a. 종속변수: 관객수

영화의 군집을 분석하기 위해 특성변수로 "관객수", "광고량", "스크린수", "출연진의 관객동원력"을 선택하여 계층적 군집분석을 실시한다. 자세한 설명은 "제15장. 시장세분화 활용을 위한 분석방법 – 15.1 군집분석"을 참고하기 바란다.

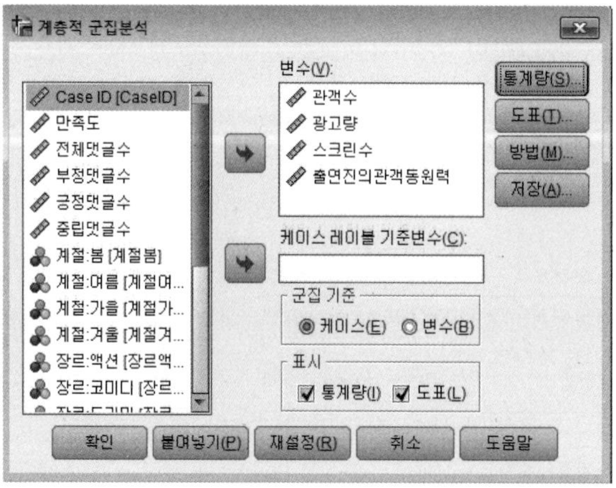

다음 분석결과의 덴드로그램 부분을 통해 2개 정도의 군집이 있음을 확인할 수 있다.

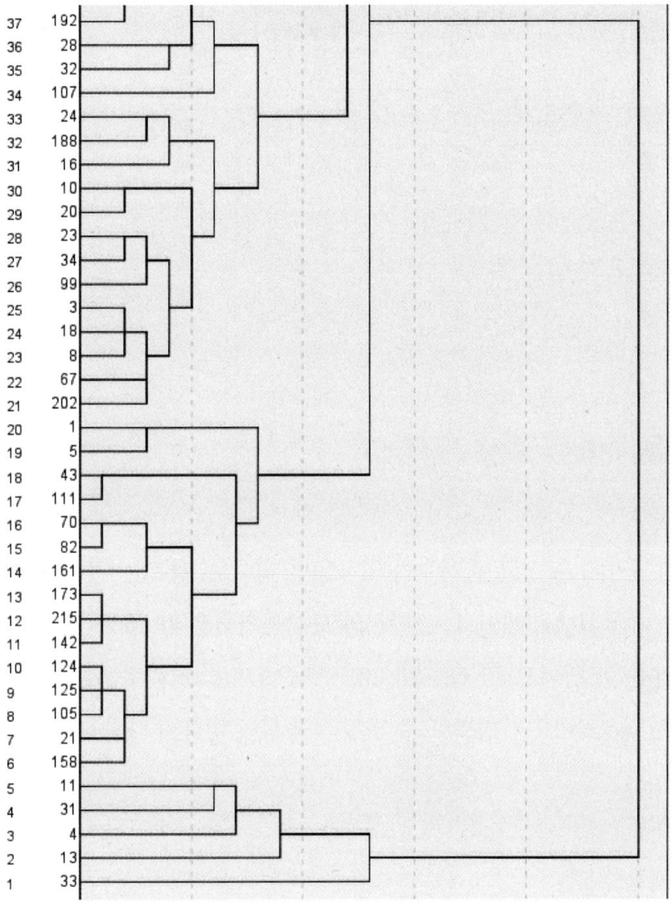

계층적 군집분석을 통해 대략의 군집의 개수를 파악한 후 이를 바탕을 K-평균 군집분석을 실시한다. 자세한 설명은 "제15장. 시장세분화 활용을 위한 분석방법 – 15.1 군집분석"을 참고하기 바란다.

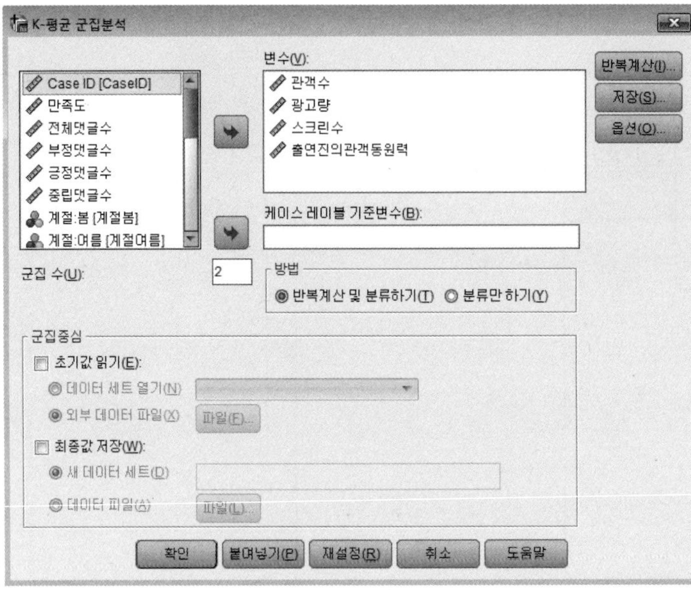

K−평균 군집분석 결과 군집 1은 평균 관객수가 약 450만 명이고, 광고는 평균 약 85만 번을 하며, 스크린수는 평균 10,572개이고, 출연진의 관객동원력은 약 166만 명이다. 군집 2는 평균 관객수가 약 63만 명이고, 광고는 약 38만 번을 하며, 스크린수는 평균 831개이며, 출연진의 관객동원력은 약 91만 명으로 두 군집의 특징이 명확히 다름을 확인할 수 있다.

최종 군집중심

	군집	
	1	2
관객수	4501318	627215
광고량	846786	383597
스크린수	10572	831
출연진의관객동원력	1664652.133	909097.4865

분류된 군집의 각 소속 케이스의 수는 군집 1은 22개 영화, 나머지 198개 영화는 군집 2에 포함된다. 전반적인 군집의 특성을 고려하면 군집 1은 대형 상업 영화 군집으로 판단되고, 군집 2는 그 외 영화들의 집단으로 분류되어진다고 볼 수 있다.

각 군집의 케이스 수

군집	1	22.000
	2	198.000
유효		220.000
결측		.000

마지막으로 영화 등급을 다른 영화 특성들을 바탕으로 구분하는 판별분석을 시도해 보자. 판별분석에 대한 자세한 설명은 "제15장. 시장세분화 활용을 위한 분석방법 – 15.2 판별분석"을 참고하기 바란다.

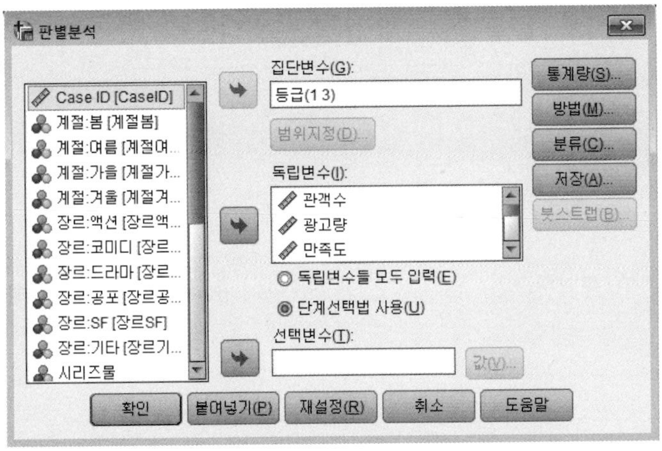

판별분석에 포함될 영화 특성 변수로 "관객수", "광고량", "만족도", "전체댓글수", "부정댓글수", "긍정댓글수", "중립댓글수", "스크린수", "출연진의 관객동원력", 모두 9개의 변수를 바탕으로 영화 등급을 판별해 보도록 하자.

검정 결과

Box의 M		137.485
F	근사법	11.191
	자유도1	12
	자유도2	94289.485
	유의확률	.000

모집단 공분산 행렬이 동일하다는 영가설을 검정합니다.

먼저 "Box의 M" 검정을 통해 집단의 공분산 행렬이 동일하다는 귀무가설을 기각할 수 있어(유의확률 0.957) 집단의 공분산 행렬이 동일해야 한다는 공분산 행렬의 동일성 가정을 충족하지 못함을 알 수 있다. 따라서 이 판별분석은 유의미한 분석결과를 도출할 수 없다. 하지만 이 분석이 판별분석의 연습임을 감안하여 이후 분석결과를 모두 해석해 보도록 한다.

입력/제거된 변수a,b,c,d

		Wilks의 람다							
						정확한 F			
단계	입력된	통계량	자유도1	자유도2	자유도3	통계량	자유도1	자유도2	유의확률
1	만족도	.916	1	2	216.000	9.893	2	216.000	.000
2	중립댓글수	.852	2	2	216.000	8.939	4	430.000	.000
3	관객수	.816	3	2	216.000	7.644	6	428.000	.000

각 단계에서 전체 Wilks의 람다를 최소화하는 변수가 입력됩니다.

a. 최대 단계 수는 18입니다.

b. 입력에 대한 최소 부분 F는 3.84입니다.

c. 제거에 대한 최대 부분 F는 2.71입니다.

d. F 수준, 공차 또는 VIN 부족으로 계산을 더 수행할 수 없습니다.

분석결과 3개의 변수(만족도, 중립댓글수, 관객수)가 집단 판별에 유의한 변수들로 선정되었다.

정준 판별함수 계수

	함수 1	함수 2
관객수	.000	.000
만족도	.718	.224
중립댓글수	-.003	.002
(상수)	-4.741	-2.437

비표준화 계수

분류 함수 계수

	등급: 12세이상	15세이상	전체관람가
관객수	0.000E+0	0.000E+0	0.000E+0
만족도	4.892	4.550	5.262
중립댓글수	-.003	-.003	-.006
(상수)	-19.140	-16.311	-21.210

Fisher의 선형 판별함수

"정준 판별함수 계수" 표와 "분류 함수 계수" 표를 통해 도출할 수 있는 판별함수식과 분류함수식은 다음과 같다.

$$Z_1 = -4.741 + 0.000 \times \text{관객수} + 0.718 \times \text{만족도} - 0.003 \times \text{중립댓글수}$$
$$Z_2 = -2.437 + 0.000 \times \text{관객수} + 0.224 \times \text{만족도} + 0.002 \times \text{중립댓글수}$$

12세 이상=−19.140+0.000×관객수+4.892×만족도−0.003×중립댓글수
15세 이상=−16.311+0.000×관객수+4.550×만족도−0.003×중립댓글수
전체관람가=−21.210+0.000×관객수+5.260×만족도−0.006×중립댓글수

앞서 판별분석의 기본 가정을 충족하지 못했기 때문에, 이 판별분석은 유의미한 결과를 도출하는 것이 어렵다는 것을 반영하듯 도출된 판별식을 바탕으로 분류결과는 51.1%로 아주 좋지 못하다.

분류 결과[a]

		등급	예측 소속집단 12세이상	15세이상	전체관람가	전체
원래값	빈도	12세이상	21	23	27	71
		15세이상	21	60	23	104
		전체관람가	6	7	31	44
	%	12세이상	29.6	32.4	38.0	100.0
		15세이상	20.2	57.7	22.1	100.0
		전체관람가	13.6	15.9	70.5	100.0

a. 원래의 집단 케이스 중 51.1%이(가) 올바로 분류되었습니다.

군집을 표현해 주는 다음 도표 역시 군집 케이스들의 많은 중복을 확인할 수 있어, 현재 판별분석으로 도출된 판별식이 좋지 못함을 반영하고 있다.

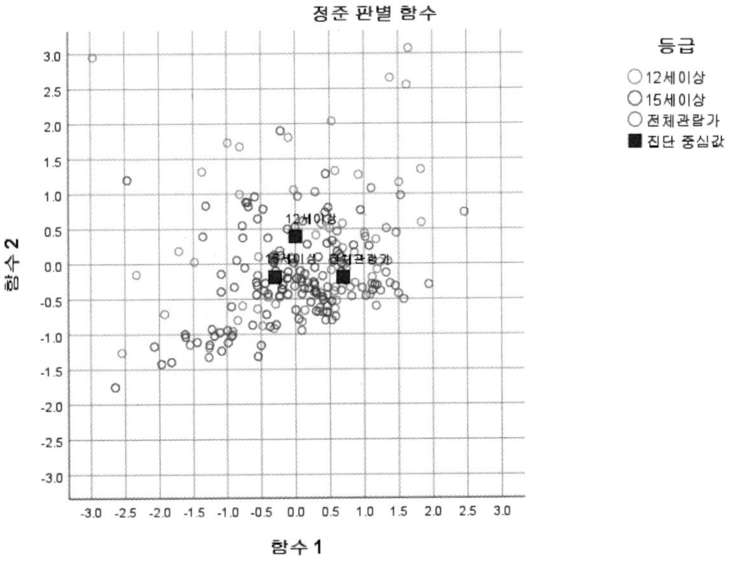

참고문헌
REFERENCE

- Best Global Brands 2016, http://www.interbrand.com
- Google Analytics, https://www.google.com/analytics/analytics
- Python 공식 홈페이지, https://www.python.org
- Qualtrics, http://www.qualitrics.com
- R 공식 홈페이지, https://www.r-project.org
- VOSviewer, http://www.vosviewer.com

- 2015년 캐딜락 홈페이지 리뉴얼 기념 이벤트, http://www.motoya.co.kr
- 2016년 제25차 한국산업의 고객만족도 조사 개요 및 결과, http://www.kmac.co.kr
- 2016년 제18차 한국산업의 브랜드파워(K-BPI) 조사 결과, http://www.kmac.co.kr
- 2016년 한국산업의 서비스 품질지수 고객접점 부문 조사 결과 발표, http://www.kmac.co.kr

- 국가고객만족도, http://www.ncsi.or.kr
- 국가고객만족도 공개용 설문지, http://www.ncsi.or.kr/images/ncsi/questionnaire.pdf
- 네이버 키워드 검색 광고, https://searchad.naver.com
- 마우스 추적 시스템의 예: AttentionWizard, http://www.attentionwizard.com
- 분기별 조사 대상 기업 NCSI, http://www.ncsi.or.kr
- 웹로그분석의 예: ACE Counter, http://www.acecounter.com
- 하이스트 브랜드, http://www.brandstock.co.kr
- 한국산업의 고객만족도, http://www.kmac.co.kr

- 안광호 · 임병훈, 마케팅조사원론, 제5판, 학현사, 2011.
- Sharan B. Merriam 저, 강윤수 외 7인 역, 정성연구방법론과 사례연구, 교우사, 2005.
- Naresh K. Malhotra, *Marketing Research: An Applied Orientation*, 6th Ed., Pearson Education, 2009.

찾아보기
INDEX

저자소개
AUTHORS

김상용

고려대학교 경영대학 교수

서울대학교 인문대학 서양사학과를 졸업하고, 미국 Carnegie Mellon University에서 MSIA 학위를, Duke University에서 Ph.D. 학위를 1995년에 취득했다. 한림대학교와 KAIST 교수를 거쳐, 2001년부터 고려대학교에 재직하고 있다. 고려대학교에서는 기업경영연구원 부원장, 경영전문대학원 부원장, 대외협력처장을 역임하였고, 그간 10여 차례의 우수강의상과 미국마케팅학회 학술대회 최우수논문상(2017)을 수상하기도 했다.

저서로는 『하루 만에 배우는 경영학: 마케팅 입문』, 『경영학 키워드 101』, 『마케팅 키워드 101』, 『고객지향적 유통관리』, 『마케팅 에피소드』, 『인터넷 마케팅』 등이 있다.

학술지 「*Asia Marketing Journal*」의 초대 편집위원장(2013~2014), 서비스마케팅학회 회장(2015), 한국마케팅학회 회장(2017~2018)을 역임하였고, 한국소비자학회 회장(2019)을 맡고 있다. 2012년에는 KBS1라디오의 「3분 라디오 MBA」, 그리고 2014년에는 한국여론방송(KPBS-TV)의 「김상용 교수의 어떻게 생각하십니까?」를 진행했고, 2016년에는 KBS1TV 「아침마당」에서 흥미로운 마케팅 강의를 6회 진행했다.

송태호

부산대학교 경영대학 부교수

KAIST(한국과학기술원) 전산학과를 졸업한 후 소프트웨어 벤처기업을 잘 운영하기 위해 경영학과 마케팅에 많은 관심을 가져왔다. 기업에서 계속 활동하는 대신 고려대학교 경영대학에서 경영학 석사학위(MS)와 박사학위(Ph.D)를 받고 미국 UCLA Anderson School of Management에서 박사후과정(Post Doc.)을 거쳐 2012년부터 부산대학교 경영대학에 재직하고 있다.

부산대학교에서는 경영연구원 부원장, 미래경영학 전공 책임교수, 국제화위원회 위원, 경영학과 마케팅 전공 운영교수를 역임하였고, 현재 중국연구소 소장으로 있으며, 부산대학교 젊은교육자상, 미국마케팅학회 학술대회 최우수논문상, CRM연구대상, 한국마케팅학회 우수논문상 등을 수상하였다.

경영과 마케팅 분야 유명 학술지인 「마케팅연구」, 「경영학연구」, 「소비문화연구」 등의 다양한 전문학술지에 편집위원과 심사위원으로 참여하였고, 국내외 유수 학술지에 여러 논문을 게재하는 등 왕성한 학술활동을 하고 있다.

비즈니스 애널리틱스를 위한

마케팅조사(제2판)

2017년 2월 28일 1판 1쇄 발행
2024년 2월 21일 2판 2쇄 인쇄
2024년 2월 28일 2판 2쇄 발행

저 자 김상용 · 송태호

발행인 김사설

발행처 도서출판 **창명**
12946 경기도 하남시 더우개로 37-20(신장동)
전화 (031)795-1214 팩스 (031)795-7168
이메일 kimsaseol@hanmail.net

출판등록 2016년 5월 19일
신고번호 제2016-000005호

정가 36,000원 ISBN 979-11-88109-10-4